国家检察官学院
检察教育专题库

检察前沿报告

——理论与实务

（第五辑）

主　编　胡卫列　石少侠
副主编　郭立新　徐鹤喃

中国检察出版社

图书在版编目（CIP）数据

检察前沿报告：理论与实务．第5辑/胡卫列，石少侠主编．—北京：中国检察出版社，2015.12
ISBN 978－7－5102－1523－0

Ⅰ.①检… Ⅱ.①胡… ②石… Ⅲ.①检察机关－工作－中国－文集 Ⅳ.①D926.3－53

中国版本图书馆CIP数据核字（2015）第262729号

检察前沿报告
——理论与实务
（第五辑）

主编 胡卫列 石少侠 副主编 郭立新 徐鹤喃

出版发行：中国检察出版社
社　　址：北京市石景山区香山南路111号（100144）
网　　址：中国检察出版社（www.zgjccbs.com）
编辑电话：（010）68682164
发行电话：（010）68650015 68650016 68650029
经　　销：新华书店
印　　刷：河北省三河市燕山印刷有限公司
开　　本：A5
印　　张：26.375印张
字　　数：706千字
版　　次：2015年12月第一版 2015年12月第一次印刷
书　　号：ISBN 978－7－5102－1523－0
定　　价：62.00元

出版说明

为适应新形势对检察教育培训工作的新要求，进一步提高检察教育培训的质量，促进检察教育培训的正规化、科学化建设，国家检察官学院在深入开展检察教育培训体系改革的基础上，于2004年决定启动专题库、案例库、师资库和影像资料库等“四库”建设工程，历经11年，已见成效。

总结国家检察官学院24年来特别是自21世纪初以来开展正规化检察教育培训的经验，我们深深地认识到：检察官继续教育区别于普通高校法学教育的重要特点，就在于这种培训已不再是相对稳定的基础知识的系统传授，而是站在理论与实务的前沿对专门业务的专题讲授和研讨，特别是在检察教育实行分类培训以来，更加凸显因人施教和因材施教的特点。检察教育培训的对象和特点，一方面决定了培训教材应具有鲜明的时效性和针对性，一部教材很难适应不同形势和不同对象的工作需要，必须因人而异，与时俱进，不断地进行修订和补充。否则，即便是使用时间较短，因时过境迁，也有可能成为故纸一堆；另一方面，又决定了检察教育培训必须采用专题讲授的形式，以弥补教材的不足，适应不同时期、不同对象的不同需求。这显然是干部教育培训工作的特点或规律，也是干部培训教学改革和教材建设必须解决的实际问题。为此，在改进和加强基本教材建设的同时，必须针对不同培训对象、不同培训班次辅之以不同内容的专题讲义，这无疑是一种更为简便、灵活、实用的教材或辅助教材模式。

为了建立高质量、高水平的专题库，以适应初任检察官和高级检察官教育培训工作的需要，国家检察官学院在广泛征求学院教师和高检院机关各业务厅、局意见的基础上，精选出50个检察理论与检察业务专题，并决定把这些专题作为国家检察官学院的科研项目，在学院专职、兼职教师以及国家检察官学院分院和教学示范基地的检察院范围内招标，对中标者拨出专款予以资助，力争尽快建立起适应检察教育培训工作要求的、具有相当水准的检察教育培训专题库。这一举措，将检察理论研究与检察教育培训有机地融为一体，既深化了检察理论研究，又丰富了检察教育培训的内容，满足了检察教育培训的需求，可谓一举多得。收入本书的29篇专题论文是我院专题库建设的第五批成果，其中有的已在教学培训中以活页讲义的形式印发给学员并颇受好评，现结集出版，以飨读者。

本书收入的29篇专题研究成果在选题上具有较强的针对性和实用性，涉及检察基础理论问题、初任检察官培训制度、刑法各罪实务热点问题、附条件逮捕制度、证据制度、量刑程序改革、刑事申诉检察制度、民行检察制度等问题。作者主要由两部分组成：一部分作者是国家检察官学院的教授和副教授，其中许多人具有在检察机关挂职锻炼的经历，既有较精深的专业理论功底，又有较丰富的检察实务经验；另一部分作者来自检察实务部门，他们都具有多年从事检察业务的经验，同时又长期关注和践行检察理论与实务，对实践中的诸多问题都有较强的敏感度和研究热情。由这样的作者撰写的专题研究论文无疑值得一读，读者阅后也一定会受益匪浅。基于编写和出版本书的目的，本书与已出版的前四辑一样，既是国家检察官学院部分教师的科研成果，同时也是检察官教育培训不可缺少的辅助教材，我们真诚地希望本书能够在深化检察基础理论与实践问题研究和提升检察教育培训质量方面发挥其应有的作用。

尽管本书是从近3年成果中精选出来的部分论文，但由于水平和条件的局限，其中粗疏错漏之处在所难免，我们真诚地期待读者不吝赐教，提出宝贵的修改意见。

为了本书的付梓出版，国家检察官学院科研部的工作人员，以及中国检察出版社的编辑，都付出了辛勤的劳动。在此，一并致谢。

编　者

2015 年 6 月 3 日于北京

目　录

检察权的优化配置研究

王敏远　孙春雨　王　伟　张翠松*

检察权是检察制度的核心，也是检察学研究的重要内容，如何科学合理地配置检察权，特别是如何对法律赋予检察机关的各种权力进行优化组合，是关涉到检察机关的宪法定位，关涉到整个司法权的合理调配，关涉到检察改革发展方向，关涉到检察事业长远发展的重大理论和实践问题。从宏观上看，检察权的优化配置涉及检察权与审判权、行政权等国家权力之间的配置。这种配置的状况将直接决定检察权的权力属性及检察机关的宪法定位。从微观上看，检察权的优化配置涉及检察权内部的权力划分和配置。这种配置状况将直接决定检察权运行的模式、路径、法律监督的权威、效率和效果。近年来，随着理论界对检察权的概念、性质等重大问题逐渐形成共识，研究的重点逐渐转向了检察权的内部优化配置上，根据我国现行《宪法》、《人民检察院组织法》、“三大诉讼法”以及《监狱法》、《人民警察法》等相关法律的规定，检察机关享有的职权包括诉讼监督权、刑事公诉权、职务犯罪侦查权以及审查批捕权

* 作者简介：王敏远，中国社会科学院法学研究所研究员、博士生导师，中国刑事诉讼法学研究会副会长；孙春雨，北京市人民检察院第二分院法律政策研究室主任；王伟，北京市人民检察院第二分院法律政策研究室主任助理；张翠松，北京市人民检察院第二分院法律政策研究室科长。

等，这些职权根据权力的性质和运作规律、特点的不同，可以概括为诉讼职权和监督职权，其中，公诉权、批捕权、职务犯罪侦查权属于诉讼职能，而诉讼监督职能包括刑事立案监督、侦查活动监督、刑事审判监督、刑罚执行和监管活动监督、民事行政诉讼监督等权能。

检察权的优化配置涉及多个层次，既有诉讼职权本身的优化配置，比如职务犯罪侦查权的优化配置需要建立反贪和反渎部门联合工作机制，公诉权的优化配置需要设置专业化的公诉机构等，也涉及监督职权的优化配置，比如侦查监督权的优化配置需要将检察机关对自侦案件的监督与对公安、安全等机关的监督分开等，还涉及诉讼职权与监督职权之间的优化配置，而诉讼职权与监督职权的优化配置是更为重要的核心问题，因为近年来，法学界关于检察机关定位的讨论一直围绕着诉讼职权与监督职权二者之间关系的争论进行，但始终没有达成一致认识。因此，如何科学合理地配置诉讼职权和监督职权，特别是如何对法律赋予检察机关的诉讼职权和监督职权进行优化组合，关系到检察权效能的发挥和检察机制的良好运行，因而是我国检察制度发展进程中必须研究并加以解决的重大问题，也是司法体制和工作机制改革始终要面对的重大问题。

近年来，一些地方检察机关在实践上先行一步，探索将诉讼职能与监督职能适度分离，并对现有的机构职责、工作机制进行一定的调整，成立专门的诉讼监督机构。专门诉讼监督机构设立后，其在实践运行中效果如何，至今还没有全面、系统的实证研究予以论证。可以说，目前，检察机关诉讼职权与监督职权优化配置问题，在理论认识上还存有许多争议，在司法实践中还面临不少难题，这也是本课题研究的目的和意义所在。

要解决好检察机关诉讼职权与监督职权优化配置的问题，我们认为，应当重点理解和把握好以下几个问题：即诉讼职能与监督职能概念的内涵、外延，检察机关的性质、检察权的性质和内容、诉讼职权与监督职权的关系，诉讼职权与监督职权优化配置的原则，实现诉讼职权与监督职权优化合理配置的具体路径等相关问题，上述问题构成了诉讼职权与监督职权优化配置的概念界定、理论前提、决定因素和方式尺度。

一、概念界定及理论前提

（一）诉讼职能和监督职能的名称及内涵

1. 公诉职能、控诉职能、追诉职能还是诉讼职能

在笔者所能查阅到的关于检察机关诉讼职能与监督职能二者之间关系的相关研究文献中，发现学界对与检察机关监督职能相对应的“诉讼职能”[①] 概念使用名称并不统一，有的称为“追诉职能”[②]，有的称为“控诉职能”[③]，有的称为“公诉职能”[④]，有的称为“诉讼职能”[⑤]，虽然名称各不相同，但各位作者研究的语境和场域均主要是指检察机关的刑事公诉职能，只是叫法不同而已。我们认为，当与监督职能相对使用时，“诉讼职能”的叫法是比较恰当的，理由在于如果叫作追诉职能、控诉职能和公诉职能的话，人们很容易就把职权限定在刑事公诉上，而检察机关的职权不仅仅涉及刑事领域，目前民事和行政领域的公诉制度（公益诉讼制度）也是检察机关通过实践积极探索的一项职权，不应该把该项职权排除在检察机关的职能之外。因此，使用“诉讼职能”这一概念比较妥当，其内涵和外延较为丰富，对检察职权的概括也更为全面。

2. 诉讼监督职能还是法律监督职能

这个问题其实又回到法律监督还是诉讼监督这一对概念辨析的

---

① 笔者这里暂且使用“诉讼职能”这一名称。

② 参见朱孝清：《检察机关集追诉与监督于一身的利弊选择》，载《人民检察》2011 年第 3 期。

③ 参见吕涛、杨红光：《刑事诉讼监督新论》，载《人民检察》2011 年第 8 期。

④ 参见樊崇义：《法律监督职能哲理论纲》，载《人民检察》2010 年第 1 期。

⑤ 参见陈卫东：《检察机关角色矛盾的解决之策——法律监督职能与诉讼职能的分离》，载《法制日报》2011 年 2 月 23 日第 12 版。

老问题上，由于篇幅和研究目的所限，我们不对此进行专门研究，但在本文的语境下，我们认为其内涵为诉讼监督职能是比较恰当的，理由如下，根据我国《宪法》第129条的规定，人民检察院是国家的法律监督机关，检察机关行使的职能，无论是诉讼职能还是监督职能，均包含在法律监督的范围内，当与诉讼职能相对使用时，监督职能的内涵应为法律监督职能的下位概念——诉讼监督职能。

上述是对检察机关诉讼职能和监督职能概念名称的界定，关于诉讼职能和监督职能这两个概念的内涵及如何区分，我们同意中国人民大学陈卫东教授的说法即所谓诉讼职权是指凡是法律规定的，由检察机关自己行使的诉讼权力都是诉讼职权，包括自侦案件的侦查、批准逮捕、提起公诉。相应地，不是由检察机关直接、自我行使的职权，也就是说借由对其他机关或者个人行使的权力进行监督的行为，可以划归为诉讼监督行为，比如说立案监督，对侦查活动、审判活动、执行活动是否合法的监督。①

（二）探讨诉讼职权与监督职权优化配置的内在动因

《宪法》第129条规定："中华人民共和国人民检察院是国家的法律监督机关。"理所当然，法律监督应当成为检察机关首当其冲的"主业"，而实践中人民检察院所充当的角色更多地外在表现为"公诉机关"，以致法律监督在相当长一段时间反倒成为若有若无、可有可无的"副业"，法制运行的实然状态与立法规定的应然状态渐行渐远、本末倒置。可以说，有关检察机关诉讼职权和监督职权是否应当分离的讨论，在相当程度上是由于司法实然状态对立法应然状态的背离，即检察机关实际定位与宪法定位不相符所造成的，并进而产生了关于检察机关的性质、检察权的性质、诉讼职权和监督职权的关系等一系列理论争鸣。

检察机关的性质即它区别于其他国家机关的职能属性，这是由

---

① 参见陈卫东：《检察机关角色矛盾的解决之策——法律监督职能与诉讼职能的分离》，载《法制日报》2011年2月23日第12版。

一个国家的国体、政体以及国家机构的分工所决定的。关于我国检察机关的性质，尽管宪法和法律均作出了明确规定，但是，在理论上仍然存在不同的认识，在实践中也存在淡化或违背检察机关法律监督性质的问题。正是由于实践中检察机关的监督职能长期被诉讼职能所遮蔽、所掩盖，检察机关的法律监督力度在现实中才被长期弱化，这里一个很重要的原因就是法律监督权在配置上过于分散，某些监督职权与诉讼职权交叉、混同行使。

从现有监督权运行情况看，以刑事诉讼为例，[①] 检察机关内部只有监所检察部门是承担刑罚执行监督职责的专门监督部门，在其他如批捕、公诉等部门，相对于诉讼职权而言，监督职权基本上是这些业务部门的附属职权，有时为了使其主要职能顺利实现，不得已作出某种让步，甚至以牺牲监督职能为代价。这种实践中诉讼监督职能的分散状态和其辅助性、从属性的地位，必然导致检察机关法律监督地位的淡化和法律监督力度的弱化。[②] 可以说，职能冲突源于同一部门行使多种职能，即职能的未分化状态。[③] 笔者认为，在检察机关内部对诉讼职权和监督职权进行适度分离可以促使检察机关向着宪法的应然定位理性回归，即在职权配置上，诉讼职权和监督职权统一于法律监督，又由不同的职能部门分别行使；在机构设置上，各职能部门统一于检察长，又保持相对独立性。这样，可以实现法律监督由分散到集中、由弱化到强化、由模糊到清晰。

此外，在讨论诉讼职权和监督职权适度分离时，我们还必须明确以下两点：

---

① 由于在刑事诉讼中，公检法三机关的关系最为错综复杂，有配合、有制约、有监督，因此，本文主要以检察机关在刑事诉讼中的职权配置和作用发挥为视角来进行具体分析。

② 参见许海峰、慕平主编：《法律监督——实践者的理性思考》，法律出版社 2005 年版，第 245 页。

③ 参见左卫民、赵开年等：《侦查监督制度的考察与反思——一种基于实证的研究》，载《中国检察》（第 15 卷），北京大学出版社 2007 年版，第 25 ~ 43 页。

第一，检察制度的本质属性是法律监督。检察制度的本质属性，是对各国检察制度共同点的抽象和概括的理性认识。如果作横向的考察，很容易发现现代各国检察制度的共同点是国家公诉制度。但如果作纵向的考察，就会发现古今中外各种类型的检察制度在不同的范围内和不同的程度上以不同的形式具有法律监督的性质，因而法律监督是检察制度的本质属性。正如我国台湾地区著名学者林钰雄所言："创设检察官制度的目的有三，即确立权力分立原则、以一受严格法律训练及法律拘束之公正客观的官署来控制警察活动的合法性、守护法律……检察官之责不单单在于刑事被告之追诉，并且也在于国家权力的双重控制。"[①] 因此，对于检察机关而言，提起诉讼和参与诉讼只是实行法律监督的一种形式，而不是它的本质，也不是它唯一的形式。[②] 法律监督的本质属性与"两权"适度分离的外在形式是一种由里及表的关系，也可以说，诉讼模式的演进为检察官提供了平台和载体，而检察制度的产生和发展始终是围绕着分权制衡与监督制约。

第二，检察权优化配置的目的是强化法律监督。在宪法中明确规定检察机关是国家的法律监督机关，是我国政治制度和检察制度的重大特色，对我国检察制度的研究和改革应当以此为出发点和着眼点。[③] 也就是说，行使法律监督权的主体不能分离，但在检察机关内部具体职权的配置上可以适度分离。检察权的配置应当围绕实现和强化法律监督的目的的内在需求设置，离开了法律监督的目的要求，讨论检察机关应当具有哪些职权、不应当具有哪些职权，都将是无的放矢的空谈，检察权的优化配置也就会迷失方向。目前，实践中检察机关法律监督属性被弱化和虚置的现象，是我们通过检察

---

① 林钰雄：《检察官论》，法律出版社 2008 年版，第 6 ~ 9 页。

② 参见王桂五主编：《中华人民共和国检察制度研究》，中国检察出版社 2008 年版，第 170 ~ 172 页。

③ 参见何家弘主编：《检察制度比较研究》，中国检察出版社 2008 年版，第 476 页。

权的优化配置去改革、去完善现有制度的内在动因，其本身并不是质疑检察机关作为国家的法律监督机关这一基本定位的理由。必须明确的是，所谓权力分立与制衡理论只是权力协调的一种精神，而不是作为唯一固定的一种模式存在，其真正目的在于保障国家权力的和谐和有效运行。因此，对诉讼职权和监督职权适度分离的讨论是对检察机关宪法定位的理性回归，本质上是为了进一步强化法律监督，而不是将诉讼职权或监督职权从检察机关剥离出去。

（三）探讨诉讼职权与监督职权优化配置的理论前提

检察权，是指为了实现检察职能，国家法律赋予检察机关的各项职权的总称，是国家通过法律赋予检察机关的一种国家权力，是由国家强制力保障行使的一项权力，具有国家权力的一般属性。[①]从我国检察权的内容和形式来看，是“一体两翼”的结构模式，“一体”即法律监督，“两翼”即诉讼职权和监督职权，无论是诉讼职权还是监督职权，都是检察权的具体体现，也是法律监督的具体体现。

第一，检察权和检察职权之间是抽象和具体的关系。检察权是一种抽象的权力，是各种检察职权的概括和抽象，检察职权是检察权的具体化，各种检察职权都是检察权的具体表现形式，检察权本质属性的唯一性与具体形态的多样性两者之间并不矛盾。检察职权内容丰富，具有复合性和多层次性，在总体上包含侦查权、公诉权和诉讼监督权，其中每一类又包括许多种权能，从检察权的具体内容上看，包括侦查权、批准逮捕权、起诉权、对诉讼活动的监督权，而上述各项权力之间的关系也影响到不同诉讼主体之间的关系。

第二，检察权和法律监督之间是内在统一的关系。按照王桂五先生的观点：“检察和监督是一致的，检察也就是一种特殊性质的

① 参见朱孝清、张智辉主编：《检察学》，中国检察出版社 2010 年版，第 319 页。

监督，即法律监督。”[①] 因此，在我国，检察权和法律监督是一体的，检察机关行使检察权是实行法律监督的具体表现形式，法律监督则是检察权的本质属性，二者是一个事物的两个方面。检察权与法律监督的一体化，不仅表现在各项具体检察权都具有法律监督的性质，而且也表现在我国的法律监督必须通过各项具体检察权来实现。法律监督是本质、是目的，各项具体的检察职权是形式、是载体。[②] 关于检察权与法律监督的内在一致性，从人民检察院职能变迁和发展变化的过程也可以看出来，这一过程基本上是以检察机关法律监督的性质加以确立和完善的。[③]

第三，检察权本质上应当是被强化和保障的法律监督权。检察机关的性质和职权具有特殊性、专门性和独立性，检察人员最根本的宪法职责应是强调对法律的一种强势监督，其他职责只是这种根本职责的派生。而对于检察权，既不是完全意义上的行政权，也不是通常意义上的司法权，本质上应当被强化与保障的法律监督权。从法律监督的范围上看，应当与国家法制的发展状况相适应，即检察机关应当全面承担起保障法律实施的责任，而不是仅仅局限于保障某一方面的法律实施。[④] 将检察权定位于法律监督权，不仅符合检察权本身具有的多重属性，也是国家权力制约机制内在规律的必然选择，是国家权力分配和有效控制的重要保障。

二、诉讼职权与监督职权的关系

在理论层面厘清检察机关诉讼职权和监督职权之间的关系是检

---

① 王桂五：《王桂五论检察》，中国检察出版社 2008 年版，第 26 页。

② 参见朱孝清、张智辉主编：《检察学》，中国检察出版社 2010 年版，第 326 ~ 328 页。

③ 参见张朝霞、温军、贾晓文：《论检察职权内部配置的基础与路径》，载《政法论坛》2009 年第 1 期。

④ 参见樊崇义：《一元分立权力结构模式下的中国检察权》，载《人民检察》2009 年第 3 期。

察权优化配置的前提和基础，关于两者的关系，理论界与实务界见仁见智、众说纷纭，归纳起来有“一元论”和“非一元论”，后者包括“二元论”、①“三元论”、②“四元论”③，其中，以“二元论”为代表。

一元论有两种含义：一是指在我国权力结构中，即在国家权力机关的隶属下，只能有一个专门行使国家法律监督权的系统，即检察系统；二是指检察机关的各项职能都应当统一于法律监督，都是法律监督的一种表现形式。应当注意的是，检察职能的法律监督一元化，并不排斥监督内容和监督形式的多样性，而是表现为一元化和多样性的统一。④

二元论认为，检察权的内容基本上可以分为两类：一类是诉讼职权，另一类是监督职权，二者的运行规律不同、法律授权不同，应当区别对待。至于诉讼职权和监督职权如何区分，陈卫东教授的观点比较具有代表性，他认为：凡是法律规定的，由检察机关自己行使的诉讼权力都是检察诉讼职能的具体表现，相应地，不是由检察机关直接、自我行使的职权，而是借由对其他机关或者个人行使的权力进行监督的行为，可以划归为诉讼监督行为。⑤

之所以会有一元论和非一元论的争论，主要是侧重点不同，一

---

① 目前持该观点的学者主要有中国政法大学的樊崇义教授、中国人民大学的陈卫东教授以及以山东省人民检察院吕涛副检察长为代表的检察系统内部的理论研究者。参见樊崇义：《法律监督职能哲理论纲》，载《人民检察》2010 年第 1 期；陈卫东：《检察机关角色矛盾的解决之策》，载《法制日报》2011 年 2 月 23 日；吕涛、杨红光：《刑事诉讼监督新论》，载《人民检察》2011 年第 8 期。

② 参见徐汉明：《我国检察职权优化配置的路径选择》，载《人民检察》2010 年第 3 期。

③ 参见马岭：《我国检察机关的性质分析》，载《河南省政法管理干部学院学报》2010 年第 1 期。

④ 参见王桂五主编：《中华人民共和国检察制度研究》，中国检察出版社 2008 年版，第 177 ~ 181 页。

⑤ 参见陈卫东：《检察机关角色矛盾的解决之策——法律监督职能与诉讼职能的分离》，载《法制日报》2011 年 2 月 23 日。

元论更多强调的是检察机关诉讼职权和监督职权具有法律监督属性的共性，二元论则强调二者之间的差异。非一元论与一元论的最根本区别在于将诉讼职权从法律监督职权中独立出来，而不是用一个统一泛化的法律监督概念来统辖。笔者认为，人民代表大会制度赖以建立的理论基础即人民民主专政理论是我们研究问题的现实合理性的分析工具，正是这个政治理论决定了中国的政治制度具有权力一元化的倾向。中国的体制因为特殊国情而排斥分权，但同时，对权力进行适度的分离设置和建立制约机制始终是现代法治的共同精神，这对于检察权的优化配置同样适用。具体到诉讼职权和监督职权的关系，两者之间既有联系亦有区别，但联系大于区别。我们应当在坚持一元论观点的同时，也要看到我国检察机关行使职权具有多元化的特点，[①] 可以将两者的关系具体界定为“一元共生”而非二元或者多元，具体来说：

从联系方面看，两者相互依存、相辅相成。一方面，诉讼职权是监督职权存在的前提，没有诉讼职权，检察机关就找不到着力点和突破口，就无法有效行使监督职权。[②] 另一方面，监督职权是诉讼职权的保障，检察机关没有监督职权，就无法确保诉讼活动的正常进行，行使诉讼职权的效果就得不到彰显。实践的发展也印证了理性的判断，正是因为检察机关在行使诉讼职权、全程参与刑事诉讼活动的过程中，才有条件发现与诉讼活动相关的监督线索和问题，得以及时进行监督纠正。同时，对于严重违法、构成犯罪的案

---

① 参见何家弘主编：《检察制度比较研究》，中国检察出版社 2008 年版，第 514 页。

② 作为宪法确立的国家专门的法律监督机关，检察机关的监督具有一定的“强制性”特征，这是法律监督区别于其他监督方式最为突出的特征，检察机关的法律监督之所以具有这种强制性，就是因为法律赋予了检察机关一定的诉讼职权，如职务犯罪侦查权、批捕权、公诉权。参见梁国庆主编：《中国检察业务教程》，中国检察出版社 1999 年版，第 2 页；张智辉主编：《中国检察》（第 18 卷），中国检察出版社 2009 年版，第 20 页。

件，在监督纠正诉讼活动中的违法问题时，对犯罪嫌疑人启动诉讼程序，维护了司法公正，也为检察机关参与刑事诉讼的价值之实现提供了充分的保障。①

从区别方面看，两者规律不同、各有特性。诉讼规律在刑事诉讼中主要体现为程序法定、实体公正与程序公正相统一、无罪推定、审判独立、控辩平等原则、客观追诉原则和公共利益原则；诉讼规律在民事诉讼中的基本原则和要求包括意思自治，不告不理、审判中立等。法律监督规律在检察权运行中的要求主要体现在法律监督的权威性、单向性、间接性，法律监督的对象和范围有限性，法律监督的事后性，法律监督的独立性等。

在厘清诉讼职权和监督职权关系的基础上就不难发现：在现有司法体制框架下，在坚持由检察机关统一行使法律监督权的前提下，将诉讼职权和监督职权在检察机关内部进行适度分离和优化配置十分必要。

第一，有助于打击犯罪和保障人权双重目标的平衡。从《宪法》、《刑事诉讼法》、《人民检察院组织法》的相关规定来看，人民检察院的主要任务，概括起来就是打击犯罪和保障人权，两者之间的平衡是刑事诉讼制度发展的一条重要规律，根据这一规律，任何一项刑事诉讼制度的完善都需要兼顾打击犯罪和保障人权两个方面，并且保持适当的平衡。② 然而，控辩双方悬殊的实力却有可能影响刑事诉讼目的的实现，为此，各国在诉讼制度和机制上通过限制控方权力、加大控方责任、赋予辩方权利的同时，还赋予了检察官客观公正义务。③ 由此可见，检察官在刑事诉讼中的任务无外乎

① 参见山东省人民检察院吕涛副检察长在2010年11月第一届刑事诉讼监督论坛上的发言材料。

② 参见孙谦、童建明：《遵循刑诉规律　优化职权配置》，载《人民检察》2009年第22期。

③ 参见孙长永：《检察官客观义务与中国刑事诉讼制度改革》，载《人民检察》2007年第17期。

两项：追诉犯罪和护法保民，偏重于任何一个方面，都不能保障刑事诉讼目标的实现。探索将诉讼和监督适度分离，诉讼职权和监督职权分别由不同的部门来行使，因各司其职、各有侧重而有助于实现打击犯罪和保障人权两大目标的动态平衡。

第二，有助于司法公正和司法效率双重价值的实现。诉讼讲求效率，强调“迟来的正义就是非正义”，如刑事诉讼规定了两审终审以及上诉、抗诉期限，目的就是避免刑事裁决的过分迟延；而监督带有明显的事后性，公平正义是其终极价值目标，如监督一般不受时间限制，随时发现、随时纠正，体现了“实事求是、有错必纠”的原则。如果我们将诉讼职权和监督职权长期混同行使，由于两者在价值目标上的不完全一致性，导致实践中的任意取舍，不利于公正与效率的有效实现。从这一点上讲，诉讼职权和监督职权适度分离有一定的积极意义。

第三，有助于诉讼参与人和法律监督者双重角色的明晰。检察机关的角色定位是其一切职能、义务的本源和依据。在我国，检察机关是法律监督机关，又是司法机关，这一角色定位决定了其一切职能的本源和依据，因此，包括控诉职能在内的所有职能都取决于、服务于法律监督，其目的都是维护法律的统一正确实施和社会公平正义，这一点就检察机关作为一个整体而言并不矛盾。但不能忽视具体化到某一个集追诉犯罪与保障人权于一身的检察官时，就会发生角色混乱的问题。而从司法实践看，检察官由于角色不清导致心理两难，由于职责不清造成顾此失彼的情况也时有发生，以公诉部门为例，其控诉职能和审判监督职能存在一定冲突，公诉部门在承担指控犯罪职能的同时，又承担着对刑事审判活动加以监督的职能。审判监督权要求检察官公正客观地判断审判活动的合法性，而控诉职能又要求公诉人积极主动地证明被告人的罪行，说服法官判定其有罪，这就在客观上造成了公诉人自身的角色冲突。笔者认为，将诉讼职能和监督职能适度分离，诉讼的不监督，监督的不诉讼，实行“术业专攻”，可以有效解决检察官在角色交叉时的困惑和尴尬。

第四，有助于诉讼和监督双重职能的合理优化配置。诉讼的情况相对简单，监督的情况比较复杂，有些情况下监督需要多个部门的协调配合，比如说近年在检察工作中逐渐发展起来的综合监督，实践效果较好，有效提升了监督效能，有利于检察机关使局部的、限于司法内部的工作情况超出专业化设定的藩篱，进入社会层面与之互动。[①] 在实践中，因之涉及检察机关内部多个职能部门、专业要求较之个案监督要高得多，只有放在一个专门的监督部门才能做好、做实，从这一点上说，将监督部门单独设立也具有一定的合理性。

第五，有助于制约和监督两种控权方式的协调统一。从立法层面看，《刑事诉讼法》第 7 条规定："人民法院、人民检察院和公安机关进行刑事诉讼，应当分工负责，互相配合，互相制约，以保证准确有效地执行法律。"第 8 条规定："人民检察院依法对刑事诉讼实行法律监督。"从实践层面看，曹建明检察长在第十三次全国检察工作会议上指出，检察机关要加强与其他执法司法机关的良性互动，处理好诉讼监督与诉讼制约的关系。[②] 由此可见，诉讼监督和诉讼制约是不能混同的。以刑事诉讼为例，检察机关各项职能包括指控犯罪，其性质都统一于法律监督，其目标都是为了实现公平正义。法律监督的方式和手段具有多样性，从检察机关在刑事诉讼中进行法律监督的方式看，一是以参与诉讼的司法方式进行法律监督，如侦查、审查逮捕、审查起诉；二是以非诉讼的方式，如提

---

① 综合监督是检察机关在刑事诉讼活动中逐渐发展起来的一种监督方法，是指检察机关在诉讼监督工作中，对一段时期的一类案件、一个领域或整体司法工作中反映的执法司法问题进行专项调研后，以情况通报、检察建议、工作报告为主要手段，向被监督单位、党委、人大，以至社会予以反馈和反映的工作方式。参见邹开红：《检察机关应加强对刑事活动的综合监督》，载《人民检察》2011 年第 15 期。

② 参见张书铭：《诉讼制约与诉讼监督的关系》，载《检察日报》2011 年 8 月 3 日。

出检察建议、纠正违法通知书、就法律问题提出司法解释、提请立法解释。[①] 前者大多体现了“制约”，后者大多体现了“监督”。在许多以往有关刑事诉讼的论著中，往往对“监督”和“制约”不加以区分，严格来说这是不科学的。法律监督是与国家基本政治制度相联系的，而互相制约仅仅与国家的刑事诉讼制度相联系，即使在刑事诉讼领域，两者也只是部分的重合，而不是完全的等同。[②] 强调诉讼监督不能排斥诉讼制约，诉讼监督应与诉讼制约相结合，才能发挥出最好的司法效果。事实上，人民检察院不仅是追究犯罪的机关，更是约束其他国家权力特别是司法权力的机关，法律监督权和刑事司法制约权是宪法明确赋予检察机关的双重国家权力，而刑事司法追诉权和法律监督权在权力属性上正好对应于权力的制约与监督。[③]

三、优化配置诉讼职权与监督职权的原则和要求

所谓优化配置诉讼职权和监督职权，其实质就是依据检察机关的法律定位、职能定位，根据司法规律，科学界定检察权的作用范围，合理调整检察权的权能结构。检察机关诉讼职权和监督职权优化配置的目的与目标，就是使检察职能得以充分、有效实现，提升

---

① 参见谢鹏程：《法律监督关系的结构》，载《国家检察官学院学报》2010 年第 3 期。

② 参见王桂五：《略论互相制约与法律监督的异同及其他》，载《人民检察》1990 年第 5 期。

③ 这一原则是在法制建设中总结实践经验而形成的，它最早是在 1953 年 11 月中央政法党组向中共中央的书面建议中提出来的，出发点是为了健全人民司法制度特别是检察制度，以防止和减少错捕、错判案件。互相制约不等于互相监督，制约作为一种诉讼程序和制度，不论在刑事诉讼中是否发生违法情形，这种程序都要执行；而法律监督则只有在发生违法行为的情况下，才能实行。当然，检察机关作为法律监督机关，在刑事诉讼中负有法律监督的职责，因此，其对公安机关、人民法院的制约，在很大程度上是与其侦查监督、刑事审判监督相重合的。参见王桂五主编：《中华人民共和国检察制度研究》，中国检察出版社 2008 年版，第 105 ~ 107 页。

履行检察职能的效率。总体上看，我国检察机关诉讼职能和监督职能的配置基本符合司法规律，基本适应我国的司法需要。但由于某种程度上思想的混乱、立法的缺陷和检察制度自身的脆弱，使得检察权的配置也存在一些问题。

（一）检察机关现有两权配置存在的缺陷

1. 刑事公诉职能和审判监督职能由一个机构行使，造成角色冲突

目前检察机关诉讼职能和监督职能配置中被学者诟病最多的就是检察机关既履行刑事控诉职能又履行法律监督职能，即检察机关既是裁判员又是运动员这种诉监合一的权力行使模式。这种权力行使模式，容易造成出庭检察官的角色冲突，使审判监督力度减弱。因为按照现有的诉讼职权和监督职权的权力配置模式，检察机关公诉部门的检察官兼具出庭支持公诉和法律监督两个角色。检察机关既是监督者又是控诉者，容易破坏控辩平等、审判中立等刑事诉讼基本的价值。从监督的基本含义来看，监督者需要保持中立和超然，这就要求监督者的基本立场应与诉讼参与者分开，以此来保证监督者的公正性。所以，有学者认为，“在激烈的‘对抗式’庭审中，作为公诉方，检察官与辩护方相对抗，作为监督者则又要以中立超脱的姿态行使检察监督权，检察官在法庭上的这种角色的不停转换，是有一定困难的”。因此，从原则上讲，检察机关作为法律监督者对刑事审判的监督与其同时作为公诉机关的地位是相冲突的。同时现代刑事诉讼的对抗模式，使得出庭检察官为了实现控诉职能，往往需要花费大量的精力去出示证据、与犯罪嫌疑人及辩护人进行辩论等，在有限而紧凑的庭审过程中，当出庭检察官将精力用在指控犯罪上时，就无疑会牺牲部分检察监督职能，从而导致对审判监督的力度减弱。

2. 法律监督职能由多个部门（机构）行使，职能分散，不利于形成监督合力，影响法律监督效能的发挥

按照我国检察机关现行机构设置，目前检察机关的法律监督职

能由多个部门行使：公诉部门行使审判监督职能和侦查监督职能，侦查监督部门行使立案监督、侦查监督职能，民行检察部门行使民事和行政检察监督职能以及职务犯罪侦查职能，监所部门行使刑罚执行监督职能以及对行政执法机关（看守所）的监督，二审监督部门和控申部门行使刑事审判监督职能，反贪和反渎职侵权部门行使职务犯罪侦查职能。从上述对检察机关法律监督职能配置的描述可以看出，目前检察机关的法律监督职能分散在各个业务部门，法律监督职能在检察机关内部配置上呈现出分散状态，未能形成完整的监督体系。这种分散状态和依附性，必然导致法律监督职能在操作层面被淡化、弱化的结果。

（二）检察机关诉讼职权和监督职权优化配置的原则

1. 突出检察机关的法律监督属性原则

检察机关的法律定位与职能定位是研究检察权配置问题的逻辑起点，检察机关的法律性质及其职能决定了它的权能结构。宪法赋予我国检察机关法律监督机关的地位，目的是保障国家行政机关、审判机关按照国家权力机关制定的宪法和法律正确行使行政权和审判权。检察机关作为法定的法律监督机关，其行使检察权的根本任务和唯一目的，就是确保国家法律得到统一、正确、有效的实施。为使检察机关充分、有效地履行法律监督职能，需要优化配置检察机关的诉讼职权和监督职权，因为两职权的配置情况与检察机关履行法律监督职能的成效有着直接的因果关系。近年来检察权优化配置问题的提出和讨论也是源于检察机关的现行诉讼职能和监督职能的配置与法律监督职能的效能目标之间尚存不协调之处。因而，检察机关诉讼职权和监督职权的优化配置亦应以法律监督为其逻辑起点，以检察机关充分、有效履行法律监督职能为目标追求。

2. 遵循诉讼规律和监督规律原则

检察机关诉讼职权和监督职权的划分基础是两种权力性质和运作规律的不同，因此，在优化配置检察机关的诉讼职权和监督职权时，必须遵循诉讼运行规律和法律监督规律，这两个规律是统摄检察活动的“两个基本点”，应当成为引领和规制检察职权配置的重要杠杆，只有满足诉讼规律和法律监督规律的内在本质要求，才能确保检察权的运行顺畅、高效。诉讼规律在刑事诉讼中主要体现为程序法定、实体公正与程序公正相统一、无罪推定、审判独立、控辩平等原则、客观追诉原则和公共利益原则；诉讼规律在民事诉讼中的基本原则和要求包括意思自治，不告不理、审判中立等。法律监督规律在检察权运行中的要求主要体现在法律监督的权威性、单向性、间接性；法律监督的对象和范围有限性；法律监督的事后性；法律监督的独立性等。按照上述的原则要求对现行检察机关诉讼职权和监督职权配置的状况进行量度和审视，找到那些职权配置与规律的要求相悖的地方，并进行优化重组。比如，目前检察机关公诉部门既承担追诉犯罪又承担审判监督的职能就是对上述一些规律原则的违背，应通过调整检察机关内设机构的职能划分来实现职能的优化配置。

3. 兼顾公正与效能的原则

公正与效率是法律的两大基本价值。公正是司法活动的本质要求，也是刑事诉讼的灵魂。检察机关所有活动无论是追诉犯罪还是进行法律监督都要以公正为第一目标，检察机关所有职能的配备、调整、优化，总的目标就是追求司法公正。因此，在检察机关诉讼职权和监督职权的优化配置中始终以实现公正为首要的基本目标。除了公正的价值目标外，诉讼职权和监督职权的优化配置还要遵循确保检察权运行高效的原则。因为优化配置诉讼职权和监督职权的前提就是现有的两权配置模式存在一些问题，所以才会提出优化配置的问题。检察机关诉讼职权和监督职权优化配置的目的与目标，就是使检察职能得以充分、有效实现，提升履行检察职能的实际效能。这里效能的内涵很丰富，它包含了检察权运行的经济效能、政治效能、社会效能及伦理效能，糅合了现代司法对伦理与功利的要求，是通过检察职能的行使表现出的一种综合效益。

四、检察机关诉讼职权与监督职权适度分离的必要性和可行性

检察机关同时拥有诉讼职权和监督职权，这种“诉监合一”的状况不利于彰显检察机关的法律监督定位，不利于控辩平衡的司法原则，不利于强化检察机关的内部监督，不利于诉讼的专业化和监督的专业化，不利于强化诉讼监督。因此，从总体上看，有必要在坚持诉讼职权和监督职权由检察机关统一行使的基本前提之下，实现两权适度分离。

（一）诉讼职权和监督职权应否分离——必要性

1. 从强化诉讼监督的角度看，两权应当适度分离

要加强检察机关的诉讼监督，就必须理顺诉讼职权与监督职权的关系。[①] 因此，从司法实践的角度看，有些检察院或者检察官确实存在对诉讼职能片面追求和对监督职能不够重视的现象，将控诉理解为胜诉，用配合取代监督。[②]这种控诉职权与监督职权的实然行使状况使得检察机关更多地呈现出与侦查机关联合形成“大控方”的态势，甚至形成公检法“利益共同体”，在此背景之下，检察机关能否履行以及在何种程度上履行法律赋予的监督职权就自然令人怀疑或担忧。而采用两权适度分离的方式，既可以促进检察权的科学、合理配置，有利于行使诉讼职权的部门依法参与诉讼活动，实现控辩平等，防止检察官的片面控诉倾向，增强检察机关的执法公信力；又可以让行使监督职权的部门，从繁重的诉讼活动中解脱出来，集

---

① 参见卞建林、李晶：《关于加强诉讼监督的初步思考》，载《国家检察官学院学报》2011 年第 1 期。

② 重诉讼、轻监督的主要表现为：从诉讼实践看，检察机关在审查批捕和审查起诉时，往往优先考虑的是犯罪事实是否清楚、案件证据是否确实、充分，而对证据的合法性则一般做宽松要求；从诉讼流程看，审查起诉更多地表现为对侦查活动的继受与承接，审查起诉的结果更大程度上是对侦查结论的确认和维护；从考核指标看，也偏重于是否胜诉。参见卞建林、李晶：《宽严相济刑事政策下的公诉改革若干问题》，载《人民检察》2009 年第 11 期。

中精力专司对诉讼活动的法律监督，从而实现强化诉讼监督的效果。

2. 从加强内部监督的角度看，两权应当适度分离

实践中，不仅检察机关与公安机关、法院之间存在一定的“重配合、轻监督”，“重打击、轻保护”倾向，在检察机关内部也存在着“重配合、重协作”，“轻监督，轻制约”的问题，这也是理论界对检察机关常常会发出“监督者谁来监督”、“既是运动员又是裁判员，比赛公正何以保证”的根本原因之所在。同时，检察机关滥用权力的可能性也是现实存在的，正如著名法学家樊崇义教授所言：“监督者，监视与督促也，但监督权作为一种权力，也有被滥用的可能。”① 这是由权力的易腐性和寻租性所决定的，对于检察机关而言亦不例外。而通过两权适度分离的方式，进一步理顺检察机关的内部关系，由不同部门分别行使诉讼职权和监督职权，确保了对检察机关自身诉讼活动的监督制约更加清晰、有效，防止检察权被滥用和执法随意性。

3. 从遵循诉讼和监督各自规律的角度看，两权应当适度分离

权力的配置是否合理最终要在权力的运行中检验，因此，认识和理解权力除了把握权力的配置之外，还需要把握权力的运行规律，② 而诉讼活动和监督活动各自具有运行规律，以刑事诉讼为例，从立案侦查到刑罚的执行，按照平衡、对等、公开、透明的原则，依照法定程序，分步骤、按次序，有条不紊地向前推进，完全有它自身的规律，而这种规律不容违背。③ 我们认为，将诉讼职权与监督职权适度分离，在坚持法律规定，遵循诉讼规律的基础上，根据职权性质和实际工作情况，在检察机关内部对检察职权进行科学划分和优化组合，在法律制度框架内优化了检察权配置，符合检

---

① 樊崇义：《法律监督职能哲理论纲》，载《人民检察》2010 年第 1 期。

② 参见贾志鸿等：《检察院检察权检察官研究》，中国检察出版社 2009 年版，第 158 页。

③ 参见樊崇义：《法律监督职能哲理论纲》，载《人民检察》2010 年第 1 期。

察权运行规律，促进了检察机关法律监督职能的正确行使。

4. 从回归检察机关宪法定位的角度看，两权应当适度分离

邓小平同志1980年在讲到加强党内监督的时候曾经说过："最重要的就是要有专门的机构进行铁面无私的监督检查。"[①] 这句话指出了开展监督的两个重要要素——设置专门机构的重要性和铁面无私的态度，而没有专门机构的设置，监督就力不从心，监督效果就得不到保障。正因为如此，《宪法》第129条规定："中华人民共和国人民检察院是国家的法律监督机关。"这是对检察机关的理性定位，然而现实中的检察机关，更多地被认为是公诉机关。不可否认，公诉权是检察机关一项非常重要的职权。有的学者认为，检察机关的诉讼职权占有绝对的实践优势，即便是已经开展起来的监督业务也仍局限在诉讼领域，远没有在国家法律实施的全景下展开，换言之，从检察职权的具体配置、结构以及实际运行的状况来看，其仍处于"诉讼型"模式的发展阶段。我们认为，"诉讼型"检察职能只是阶段性的产物，检察职能的发展目标必然是"宪法型"，这才能实现检察职能在宪法意义上的回归，对于此，两权适度分离是一条有效途径。

5. 从实现诉讼和监督专业化的角度看，两权应当适度分离

诉讼职权和监督职权对于检察机关而言，可谓是"车之双轮，鸟之双翼"，两者既有联系，又具有各自独立的特性，在思维方式、关键环节、方式方法等方面各有不同，两者要求检察官的心理和角色都不一样，客观上造成了检察官的"角色混乱"和"人格分裂"，时常处于两难境地。一方面，作为追诉者，有主动和积极的一面，在追求胜诉方面与公安机关是"利益共同体"；另一方面，作为监督者，又有保持中立，超然于控、辩、审三方之上的要

---

① 《邓小平文选》（第二卷），人民出版社1994年版，第332页。

求，不利于检察官心理的协调。[①] 特别是在刑事犯罪日趋多发、复杂的今天，需要更加专业化的检察官来分别履行不同职权。通过两权适度分离，确保诉讼的专业化和监督的专业化同步推进，有利于落实检察官的客观义务，有利于检察官摆脱自相矛盾的角色困境，进而使监督更客观，让追诉更有力。

（二）诉讼职权和监督职权能否分离——可行性

1. 理论基础——诉讼职权和监督职权分离的前提是两者在密切联系的同时又各自具有独立的价值与特性

检察机关诉讼职权和监督职权的关系是优化检察机关职权配置的基本问题，我们要看到检察机关诉讼职权和监督职权两者之间相互依存、互为条件的密切关系，以及在价值、功能上的一致性，这是诉讼职权和监督职权由检察机关统一行使的基本前提，也是对取消检察机关法律监督职权论断的有力回应。同时，我们也要看到诉讼职权和监督职权是内在规律与价值取向上存在一定区别的两类权力，两种职权在性质、运行规律和特点上的不同，是将两者适当分离的理论依据。[②] 两者之间这种“共性蕴藏于个性之中、个性体现于共性之外”的关系为两权适度分离奠定了理论基础。

具体来说，诉讼职权与监督职权既有联系，亦有区别，既存在共性，也有其自身属性，其主要区别在于：[③] 第一，在诉讼中的地位不同。诉讼，无论是侦查、批捕、公诉，都是诉讼的一个具体环节，而检察机关在行使监督职权时，超然于具体的诉讼行为之外，对诉讼活动中存在的违法行为进行监督，具有中立性。第二，权力运行模式不同。根据《宪法》第135条、《刑事诉讼法》第7条规定：“人民法院、人民检察院和公安机关进行刑事诉讼，应当分工

① 朱孝清：《检察机关集追诉与监督于一身的利弊选择》，载《人民检察》2011年第3期。

② 参见朱孝清：《“法律监督”性质对于检察制度的意义》，载《检察日报》2011年4月19日。

③ 参见郑青：《诉讼监督规律初探》，载《人民检察》2011年第11期。

负责，互相配合，互相制约，以保证准确有效地执行法律。”由此可见，在单纯的刑事诉讼中，公检法三机关之间具有一定的制约关系，而且这种制约关系是“双向”的，例如，检察机关公诉权在对公安机关侦查权行使的过程和结果作出评判并决定是否启动下一个程序的同时，如检察机关作出不起诉决定后，公安机关可以依法提出复议、复核。而监督权的行使则是单向的，例如，检察机关对于公安机关、法院在诉讼活动中的违法行为提出纠正意见。第三，运行特征不同。检察机关在行使诉讼职权时往往是一种决定权，具有明显的司法属性，对于相对方而言具有直接性、决断性，如捕与不捕、诉与不诉，等等；而监督职权的行使，主要是依法启动相应的法律程序、提出相应的建议或意见，促使被监督对象再次审查和依法纠正违法情形，对于对方而言具有间接性和督促性。

通过上述分析，我们认为检察机关作为宪法定位的国家法律监督机关依法享有批捕权、公诉权、职务犯罪侦查权、诉讼监督权等法定检察职权。上述检察职权对于检察机关整体而言，是不能分割的，必须由检察机关统一行使，但是，为了强化诉讼监督，保障检察职权功能更好地实现，可以根据具体情况将诉讼职权和监督职权进行适度分离。

2. 实践基础——各地检察机关探索诉讼职权和监督职权分离的实践

检察机关建立专门诉讼监督机构的探索是化解检察机关诉讼职权和监督职权角色矛盾的有益尝试，也是对质疑检察机关法律监督职权的有力回应。在理论界对检察机关诉讼职权和监督职权相分离的讨论日渐“火热”之时，一些地方检察机关已开始实践探索，这些改革试点为我们系统论证两个职权的关系以及科学论证成立专门诉讼监督机构的可行性提供了丰富的实践基础。针对两权适度分离，在实践中有“大改”和“小改”两种模式：“大改”是指单独设立监督部门，实现诉讼职权和监督职权分别由不同职能部门行使；“小改”是指以诉讼监督组的模式，在现有部门内部实现诉讼与监督的相对分离。

一是“大改”模式。近年来，以湖北省人民检察院为代表的一些地方检察机关为强化诉讼监督，加强对内部执法办案的监督制约，优化检察职能配置，积极探索检察工作机制创新，将诉讼职权与监督职权适度分离，并据此对现有的机构职责、工作机制等方面进行一定的调整，成立了专门的诉讼监督机构，新的工作机制运行一年多来，显现出较好效果，也为我们思考检察机关诉讼职权与监督职权配置即检察机关诉讼职权和监督职权的关系提供了实践基础。近年来，湖北省人民检察院探索在检察机关内部实行检察职权配置方面的“两个适当分离”，其中一项就是“诉讼职权和诉讼监督职权的适当分离”，2009 年 11 月统一部署在黄石、宜昌、神农架林区等 13 个规模较小的基层检察院推进内部整合改革试点工作，单独成立“诉讼监督部”。2010 年上半年对省院机关部分内设机构的职责进行了调整，组建“审查批捕处”，承担对公安机关移送刑事案件、市级检察院提请自侦案件的审查批捕，以及批准延长羁押期限的职能；将“侦查监督处”的职能调整为承担刑事立案监督、侦查活动监督以及对行政执法机关向司法机关移送刑事案件的监督等职能。与此同时，省市县三级院分别按照不同模式，探索实行公诉（指控犯罪）职能与刑事审判监督（诉讼监督）职能适当分离，省院公诉二处、公诉一处分别更名为“公诉处”、“刑事审判监督处”，有些市级院设立公诉处和主要负责抗诉职能的检察处，部分基层院按照内部整合要求成立“批捕公诉部”和“诉讼监督部”，分别承担公诉职能和对刑事审判活动的法律监督职权。经过试运行，湖北省检察院认为，效果较为明显，这主要体现在强化诉讼监督、加强内部制约、促进资源整合、提高工作效率、优化职能配置、推动分类管理等 6 个方面。[①]

① 参见湖北省人民检察院检察发展研究中心：《实行“两个适当分离”优化检察职能配置》，载《人民检察》2010 年第 24 期。

二是“小改”模式。① 主要是指诉讼监督组的模式，以北京市人民检察院第二分院为例，2007 年初该院公诉一处成立了诉讼监督组，从构成上看，最初，诉讼监督组由处长、副处长、各业务组长，以及部分资深检察官组成，并非独立的、固定的组成部分。在总结经验的基础上公诉一处于 2010 年 9 月制定出台了《诉讼监督组工作办法》，详细规定了诉讼监督组的职责、监督事项、工作流程等内容，其中第 1 条规定：诉讼监督组是指设立于公诉一处内部，专门负责诉讼监督工作的固定组织机构。从而实现了在某一部门内部的诉讼监督专责化、固定化、常态化，将诉讼职权和监督职权在同一个部门内部实现了有限分离。

实践证明，湖北省人民检察院内部整合的实践表明，诉讼监督部的设立在机构和制度设计上创造了一个专司监督、敢于监督的环境，办理诉讼监督案件的数量、质量同比均有明显上升。② 北京市人民检察院第二分院采取诉讼监督组的方式，强化了案件质量，提升了诉讼监督专业化水平，推动了检察机关公正廉洁执法，提升了执法公信力。上述实践探索为两权适度分离提供了视角和思路。

---

① 在创新两权适度分离模式的同时，北京市人民检察院第二分院也同时并存着传统的统一行使模式。如该院二审监督处 2010 年 9 月将原有的指导组（主要负责对辖区一审刑事案件的个案指导工作）和二审组（主要负责辖区的上诉、抗诉案件）进行调整，按照案件性质重新划分为普通刑事案件监督指导组和经济类案件监督指导组两个专业化监督指导组，调整后的两个专业化监督指导组统一行使诉讼和监督两项职权，之所以这样改革，主要是为了解决原来针对同一案件，在一审阶段提供的指导意见与二审阶段对于抗诉、上诉案件的意见发生冲突的现象，意在强化分院的权威性。同时，将原有的诉讼监督组更名为“诉讼监督研讨组”，意在强化其研讨功能，对承办人办案及指导工作中存在的疑难复杂案件再次把关。

② 参见湖北省人民检察院检察发展研究中心：《实行“两个适当分离”优化检察职能配置——湖北省检察机关在法律制度框架内的实践探索》，载《人民检察》2010 年第 24 期。

五、检察机关诉讼职权和监督职权优化配置的具体路径

虽然诉讼职权和监督职权均是检察机关两项重要的职权，但是二者并不是并行不悖、等量齐观的，而是有一定的顺位关系的，有时也会因为“一人身兼数职”而发生角色冲突。从我国宪法对检察机关的职能定位以及人民检察院组织法对检察机关的职权配置看，检察机关是国家专门的法律监督机关，因而监督职权是检察机关的固有职权，也是首要职权，检察机关的其他职权，如职务犯罪侦查权、批捕权、预防职务犯罪权，包括公诉权，是围绕法律监督职权设置的，可以说是实现法律监督权的途径和手段。因此，基于这一基本认识，优化检察机关诉讼职权和监督职权的理想状态和模式应该是：（1）在检察机关的内部机构设置和称谓选择上，要突出检察机关的法律监督职权，彰显法律监督属性；（2）在检察机关具体职权的配置和组合上，要优化得当，有利于最大限度地发挥检察机关的监督效能；（3）在检察权的运行机理和模式上，要顺畅高效，既有利于各种权能的有效发挥，又有利于形成整体监督效应。具体来说，优化配置的路径有以下6个方面：

（一）改变检察机关内部机构设置模式，重新界定称谓，突出监督权能，彰显监督属性

《人民检察院组织法》① 第2条规定：“中华人民共和国设立最高人民检察院、地方各级人民检察院和军事检察院等专门人民检察院。地方各级人民检察院分为：（一）省、自治区、直辖市人民检察院；（二）省、自治区、直辖市人民检察院分院，自治州和省辖市人民检察院；（三）县、市、自治县和市辖区人民检察院。省一级人民检察院和县一级人民检察院，根据工作需要，提请本级人民

① 1979年7月1日第五届全国人民代表大会第二次会议通过，根据1983年9月2日第六届全国人民代表大会常务委员会第二次会议《关于修改〈中华人民共和国人民检察院组织法〉的决定》修正。

代表大会常务委员会批准，可以在工矿区、农垦区、林区等区域设置人民检察院，作为派出机构。专门人民检察院的设置、组织和职权由全国人民代表大会常务委员会另行规定。”第20条规定：“最高人民检察院根据需要，设立若干检察厅和其他业务机构。地方各级人民检察院可以分别设立相应的检察处、科和其他业务机构。”由于《人民检察院组织法》对检察机关的内部机构设置仅作出一般原则的规定，直接导致全国检察机关内部机构设置不尽统一、不够规范，没有完全反映和突出检察机关作为法律监督机关的属性，因而不利于其诉讼职权和监督职权的优化配置。

从我国检察机关内部组织结构的历史沿革看。检察机关内部机构设置的变迁无疑与检察机关的性质、地位、职能、检察管理的理念以及社会政治环境的发展演变具有不同程度的联系，往往是多种因素综合作用的结果。同时，内设机关的发展变化在一定程度上也反映了决策机关对检察机关职能定位存在的一些矛盾和犹豫心理。

1949年《中央人民政府最高人民检察署试行组织条例》对最高人民检察署的组织机构作了明确规定。按照该条例的规定，最高人民检察署设领导机构、业务机构和综合管理机构。其中，领导机构设有检察长、副检察长、秘书长、检察署委员会议；综合管理机构设有办公厅；业务机构设有3个处，第一处负责监督法律政策的实施、审判监督和对地方各级检察署的督导，第二处负责刑事案件的侦查、检举、公诉和监所监督，第三处负责民事、行政案件的诉讼参与，各处内设秘书、检察员和科。1951年《最高人民检察署暂行组织条例》保持了原有的领导机构和业务机构的设置，对最高人民检察署的内部机构仅作了两个方面的调整：一是综合管理机构中增设了人事处、研究室；二是各职能部门即各处、厅、室设处长或主任1人、副处长或副主任2人，增设检察专员、助理检察员和书记员。1951年《各级地方人民检察署组织通则》对地方各级人民检察署的内部机构作了规定：（1）最高人民检察署分署的领导机构设有检察长、副检察长、秘书长，综合管理机构设有办公厅，业务机构设有3个处。(2)省(行署)中央或大行政区直辖市人民检察署的领导机构设有检察长、副检察长，综合管理机构设有办公室，业务机构设有2个处，各处设有检察员、助理检察员、书记员。(3)省人民检察署分署的领导机构设有检察长、副检察长，综合管理机构设办公室，业务机构不分处或科，只设检察员、助理检察员、书记员。(4)县一级人民检察署的领导机构设有检察长、副检察长，业务机构不设处或科，只设检察员、助理检察员、秘书、书记员等，并且只在较大的市人民检察署设办公室。1954年《人民检察院组织法》规定，各级人民检察院设检察长1人、副检察长若干人和检察员若干人，原来的“人民检察署委员会议”改为“检察委员会”，对检察机关的领导机构、业务机构和综合管理机构未作具体规定。1955年，各级人民检察院按照1954年《人民检察院组织法》规定的6项检察权，相应地设置了一般监督厅、侦查厅、侦查监督厅、审判监督厅、劳改监督厅等业务机构，设立了办公厅、人事厅和研究室等综合管理机构。1978年人民检察院恢复重建以来，检察机关内部机构的设置，特别是业务机构和综合管理机构的设置，一直处于不稳定状态，比较大的变迁有3次：1978年8月，最高人民检察院恢复重建时设刑事检察厅、信访厅、研究室等业务机构。1979年《人民检察院组织法》对内部机构的设置作了明确的规定，即最高人民检察院设刑事、法纪、监所、经济等检察厅，地方各级人民检察院和专门人民检察院可以设置相应的业务机构。随着政治经济形势和检察实践的发展，这一规定显得比较僵化。1983年修订的《人民检察院组织法》对检察机关内部机构的设置改变了原来的规定模式，只作了原则性规定，即“最高人民检察院根据需要，设立若干检察厅和其他业务机构。地方各级人民检察院可以分别设立相应的检察处、科和其他业务机构”。这一规定，把内部机构设置的权限赋予了最高人民检察院和地方检察机关，导致了后来各级检察机关内部机构设置的不稳定、不规范和不统一。[①]

1996 年最高人民检察院印发的《关于地方各级人民检察院机构改革意见的实施意见》（高检发〔1996〕16 号）[②] 要求地方各级人民检察院内设机构应本着精简、统一、效能的原则，在该意见规定的机构数额幅度内设置。内设机构一般分为必设机构和因地制宜设置的机构两类。名称要科学、规范。省级人民检察院必设机构为：办公室、政治部、审查批捕处、审查起诉处、反贪污贿赂局、法纪检察处、监所检察处、民事行政检察处、控告申诉检察处（与举报中心、刑事赔偿工作办公室 1 个机构 3 块牌子）、检察技术处、法律政策研究室、行政装备处（可分设为行政处、计划财务装备处）、监察处、纪检组（与监察处合署办公）、机关党委和离退休干部工作机构按有关规定设置。市（地）级人民检察院和

① 就全国范围而言，检察机关内设机构的不规范、不统一主要表现在：（1）划分标准不科学。现行的内部业务机构，既有按法律监督职能划分的，如侦查监督部门、监所检察部门；又有按刑事诉讼程序划分的，如公诉部门、控告申诉检察部门等；还有按管辖案件的性质划分的，如反贪污贿赂部门、渎职侵权检察部门等。（2）机构设置不统一。最突出的是预防部门，有些检察院将其归入反贪局，有些则将其并列于其他业务部门。重庆市将反渎部门和反贪部门合二为一成立职务犯罪侦查局，而其他地方包括高检院仍将反渎部门单列。多数基层检察院的监所检察、民事行政检察、法律政策研究、职务犯罪预防、社会治安综合治理、检察委员会办公室、网络管理、案件管理、检察技术、工会、机关党委、检务督察、未成年案件审理、人民监督员办公室等项工作，是否单设机构对外挂牌办公则几乎是一个地区一个样、一个单位一个样。就是连成立时间最短的反渎职侵权局，每个局的内设机构设置应该是几个，一些基层检察院也存在很大差异。（3）机构级别不统一。有些地方的反渎局比一般的业务部门高半级，与反贪局平级，有些则只是将原来的渎检科（处）改名为反渎局，级别不变。（4）部分内设机构称谓不规范，内涵与外延不相一致，不能准确体现出检察机关的法律监督职能。最典型的是"反贪污贿赂局"和"反渎职侵权局"，这种称谓既不能体现司法属性，而且容易误导民众，使人们误以为所有的贪污贿赂行为和渎职侵权行为都归检察机关管辖，而实际上检察机关只能对贪污贿赂犯罪和渎职侵权犯罪行使侦查权。其次，像民事行政检察部门，如果从字面上理解，行外人可能会认为检察机关可以对普通民事纠纷和行政行为行使检察权，而不仅仅是诉讼程序上的监督。

② 1996 年 7 月 4 日发布。

县级人民检察院必设机构由省级人民检察院根据工作需要确定。根据《人民检察院组织法》的规定，市（地）人民检察院内设处（部、室、局），县级人民检察院内设科（室、局）。

2000 年，最高人民检察院经中央批准，完成了内部机构改革，业务机构设有侦查监督厅、公诉厅、反贪污贿赂总局、渎职侵权检察厅、控告检察厅、刑事申诉检察厅、监所检察厅、民事行政检察厅、铁路运输检察厅、法律政策研究室、职务犯罪预防厅 11 个厅、局、室；综合管理机构设有办公厅、政治部、纪检监察局、外事局（后于 2007 年更名为国际合作局）、计划财务装备局、机关党委、离退休干部局 7 个厅、局，共计 18 个职能部门，以及国家检察官学院、检察日报社、中国检察出版社、检察理论研究所、检察技术信息研究中心、机关服务中心 6 个事业单位。2012 年最高人民检察院又增设了死刑复核厅、案件管理办公室。2001 年至 2002 年，省一级人民检察院先后进行了机构改革，其职能部门大体上同最高人民检察院的职能部门对应，大部分省一级人民检察院的职能部门为 15 个（如江苏省、重庆市）至 18 个（如江西省、青海省）。按照 2001 年中央批准的《地方各级人民检察院机构改革意见》，地、县两级人民检察院的内部机构数量要结合当地经济发展水平、近年案件受理数量等情况，分类确定，不搞“一刀切”。地、县两级人民检察院的机构改革于 2002 年上半年全面展开。从目前地、县两级机构改革情况来看，内部机构有 5 个至 15 个不等。①

例如，江苏省人民检察院有 20 个内设机构，2 个直属事业单位。主要业务部门有 12 个：侦查监督处、公诉一处、公诉二处、反贪污贿赂局、反渎职侵权局、监所检察处、民事行政检察处、控告申诉检察处、预防职务犯罪处、检察技术处、法律政策研究室、案件监督管理处。行政综合部门有 8 个：办公室、干部处（兼法

① 参见朱孝清、张智辉主编：《检察学》，中国检察出版社 2010 年版，第 280 ~ 281 页。

警总队）、宣传处、教育处、行政装备处、监察处、机关党委、离退休干部处。直属事业单位有2个：江苏省检察官学院（培训中心）、清风苑杂志社。[①] 江西省人民检察院共有24个内设机构、事业单位，其中，内设机构21个，包括办公室、干部人事处、政治工作综合处、新闻处、干部教育培训处、侦查监督处、公诉一处、公诉二处、反贪污贿赂局、反渎职侵权局、监所检察处、民事行政检察处、控告申诉检察处、职务犯罪预防处、法律政策研究室、检察技术处、计划财务装备处、警务处、机关党委、老干部处、省纪委驻省检察院纪检组、监察处；事业单位3个，包括机关后勤服务中心、井冈山检察官学院、信息中心。[②]

地市级检察院的内设业务机构，如河南省许昌市人民检察院设侦查监督处、公诉处、反贪污贿赂局、渎职侵权检察处、监所检察处、民事行政检察处、控告申诉检察处（挂许昌市人民检察院举报中心、刑事赔偿工作办公室牌子）、职务犯罪预防处、法律政策研究室（与检察委员会办事机构合署办公）等。[③] 江西省萍乡市人民检察院设侦查监督处、公诉处、反贪污贿赂局、渎职侵权检察处、监所检察处、民事行政检察处、控告申诉检察处（萍乡市人民检察院举报中心、刑事赔偿工作办公室）、职务犯罪预防处、法律政策研究室（与检察委员会办事机构合署办公）等。[④]

区县一级检察机关的业务机构设置，如湖北省江陵县人民检察院设侦查监督科、公诉科、反贪污贿赂局、渎职侵权检察局、监所检察科、民事行政检察科、控告申诉检察科、法律政策研究室等业务部门。[⑤]

综上所述，我国现行的检察机关内部组织结构，可以称为三分

---

① 来源：http：//www. js. jcy. gov. cn/readnews. asp？ nid = 8945。

② 来源：http：//baike. baidu. com/view/5906729. html。

③ 来源：http：//www. xcbb. gov. cn/show_ jgsy. asp？ id = 196。

④ 来源：http：//code. fabao365. com/law_ 362929_ 3. html。

⑤ 来源：http：//www. jiangling. jcy. gov. cn/danye/danye_ 36. html。

内设机构的基本模式，也即内设机构分为领导、决策机构，业务机构和综合管理机构三部分。检察长个人负责制与检察委员会制度的有机结合，构成了我国检察机关的领导、决策机构。这种领导、决策机构能够保证检察机关的集体领导，防止决策偏差，并能够通过集体决策形成对各业务机构、综合管理机构的制约，保证领导、决策的正确方向，在检察机关内部组织结构中具有重要的地位和作用。检察机关的内设业务机构是检察机关的主体，承担着检察机关的相关职能。检察机关的各业务部门能够具体落实检察长和检察委员会的各项职责，使检察机关的各项职能得以实现。检察机关的综合管理机构则是基于检察机关内部管理的需要而设立的，通过提供行政管理、人事管理和后勤保障等，服务于检察业务部门履行法律监督的职能活动。各级人民检察院一般设立以下检察业务机构：(1) 侦查监督机构。负责承办对公安机关、国家安全机关和人民检察院侦查部门提请批准逮捕的案件审查决定是否批准逮捕，对公安机关、国家安全机关和人民检察院侦查部门提请延长侦查羁押期限的案件审查决定是否批准延长，对公安机关应当立案侦查而不立案的或者不应立案而立案的情况以及侦查活动是否合法实行监督等工作。(2) 公诉机构。承办对公安机关、国家安全机关和人民检察院侦查部门移送起诉或不起诉的案件审查决定是否提起公诉或不起诉，出席法庭支持公诉，对侦查活动和人民法院的审判活动实行监督，对确有错误的刑事判决、裁定提出抗诉以及对死刑执行的临场监督等工作。(3) 贪污贿赂检察机构。即反贪污贿赂局，主要开展对人民检察院直接受理的贪污贿赂等犯罪案件的侦查。(4) 渎职侵权检察机构。承办对国家工作人员的渎职犯罪和国家机关工作人员利用职权实施的非法拘禁、刑讯逼供、报复陷害、非法搜查、暴力取证、破坏选举等侵犯公民人身权利和民主权利的犯罪案件进行立案侦查等工作。(5) 监所检察机构。对刑事判决、裁定的执行和监狱、看守所的监管活动是否合法实行监督，并承办直接立案侦查虐待被监管人、私放在押人员、失职致使在押人员脱逃和徇私舞弊减刑、假释、暂予监外执行等犯罪案件，对监外执行的罪犯和劳教人员又犯罪案件审查批捕、起诉等工作。（6）民事、行政检察机构。对法院的民事和行政案件的审判活动进行监督，承办对人民法院已经发生法律效力的民事、行政判决、裁定，发现确有错误或者违反法定程序，可能影响正确判决、裁定的案件，依法提出抗诉。（7）控告、申诉检察机构。受理控告、申诉案件，处理来信、来访事务，承办受理、接待报案、控告和举报，接受犯罪人的自首，受理不服人民检察院不批准逮捕、不起诉、撤销案件及其他处理决定的申诉，受理不服人民法院已经发生法律效力的刑事判决、裁定的申诉，受理人民检察院负有赔偿义务的刑事赔偿案件等工作。2000 年在最高人民检察院实行控告、申诉两项业务分立，分别由刑事控告厅和刑事申诉厅负责。（8）法律政策研究机构。参与立法及法律的修订，研究起草有关检察机关适用法律问题的司法解释、对法律政策适用中的疑难问题和重大疑难案件进行研究并提出处理意见，承担检察委员会的日常事务。（9）检察技术机构。对案件证据进行技术检验、鉴定、复核，承办对有关案件的现场进行勘验，收集、固定和提取与案件有关的痕迹物证并进行科学鉴定，对有关业务部门办理案件中涉及技术性问题的证据进行审查或鉴定。在最高人民检察院，除上述各机构外，还设立了铁路运输检察厅，对铁路运输检察分院和基层铁路运输检察院实行业务指导和依法办理铁路运输系统的案件。①

由上可见，无论从我国各级检察机关内设机构的历史变迁看，还是从各级检察机关内设机构的现状来看，我国检察制度历来重视人员的配备，而对机构设置关注不够，历来重视领导、决策机构和综合管理机构的设置，而对业务机构的配置关注不够，历来重视对诉讼职权的配置，而对监督职权的配置关注不够，尤其是对如何科

① 参见朱孝清、张智辉主编：《检察学》，中国检察出版社 2010 年版，第 281 ~ 285 页。

学设置业务机构，优化配置各种检察职权，突出检察机关的法律监督机关的属性缺乏系统考量和长远考虑。在一定程度上存在随意性和短视思想，也给理论界一些学者质疑检察机关法律监督机关的地位提供了把柄和空间。①

首先，从最高检察机关的内设机构看，最高人民检察院内设侦查监督厅、公诉厅、反贪污贿赂总局、渎职侵权检察厅、监所检察厅、民事行政检察厅、控告检察厅（最高人民检察院举报中心）、刑事申诉检察厅、铁路运输检察厅、职务犯罪预防厅、法律政策研究室等业务机构。显然公诉厅的设置和称谓，既没有全面反映其职责内容，也没有反映其审判监督和一定范围的侦查监督的职能；反贪污贿赂总局的称谓明显不能涵盖其侦查案件的类型范围，也没有完全反映其对国家公职人员违法犯罪行为进行监督的属性②；监所检察厅显然不是仅仅针对监管场所的监督，其实质是对刑罚执行活动、劳教执行活动实施监督的机构。可见，最高人民检察院现行部分内设业务机构及其称谓不能完全反映其最高国家法律监督机关的

① 关于检察机关的法律地位问题。根据我国宪法的有关规定和传统的理论，检察机关是我国的法律监督机关，这一观点有着明确的法律依据，同时一直以来都是理论界的通说。但是随着司法体制改革的进行，有的学者对这种观点提出了质疑，比如有的学者就认为，将检察院定位为法律监督机关并不十分清晰、准确，因此需要重新定性。在某种意义上，我国的党和国家机关都是“法律监督机关”。并且，“法律监督”作为法律术语，在逻辑上欠妥，也与实际难符。（张步文：《论人民检察院制度的改革与完善》，载《中国律师》1998年第8期。）有的学者认为，宪法和法律将检察机关的性质界定为专门的法律监督机关，是缺乏法理根据的命题，带有极强的主观色彩，也缺乏科学的理论根据。承担控诉职能的检察机关是完全不具备“专门法律监督机关”主体资格的。检察机关是监督对象，不应成为监督主体。（郝银钟：《检察权质疑》，载《中国人民大学学报》1999年第3期。）

② 有学者认为，在对行政权的监督中，现行的检察职权配置模式中，只有职务犯罪侦查体现了对行政职权的事后监督，通过对构成职务犯罪的行为的查处，审查核实国家公务人员是否正确履行了法定职责，是否存在利用职务便利牟取私利或者滥用职权的行为。（参见向泽选：《检察规律引领下的检察职权优化配置》，载《政法论坛》2011年第2期。）

属性，有必要将公诉厅更名为审判监督厅，将反贪污贿赂总局、渎职侵权检察厅合并，设立统一的公职人员职务犯罪行为侦查局，将监所检察厅更名为刑罚及矫正措施监督厅，以突出法律监督的职能，彰显法律监督机关的特性。

其次，对省级人民检察院业务部门中的公诉一处、公诉二处、反贪污贿赂局、反渎职侵权局、监所检察处，地市级检察院内设业务机构中的公诉处、反贪污贿赂局、渎职侵权检察处、监所检察处，区县一级人民检察院内设机构中的公诉科、反贪污贿赂局、渎职侵权检察局、监所检察科等，都需要进一步梳理，针对不同情况，进行相应的调整、充实、更名，以突出检察机关作为法律监督机关的本质属性。

（二）细化检察机关诉讼职能部门、监督职能部门的设置，尝试诉讼职权和监督职权的适度分离，防止角色冲突，确保监督客观公正

面对学界一些学者提出的“检察机关既享有诉讼职权又享有监督职权，不利于诉讼双方的平等武装，不利于检察机关客观公正行使职权”的质疑[①]，有必要结合各级检察机关不同的职能特点和

① 有学者认为，修改后的刑事诉讼法并未能完全摆脱传统的职权主义甚至超职权主义诉讼模式的影响，这就使得控辩平等结构的型塑仍然面临着一系列制度和观念上的障碍。(1) 制度层面。目前对控辩平等威胁最大的制度设计：一是在侦查机制中，逮捕等强制性侦查措施的采用不实行“司法审查”，即不经由法院审查、决定，而是交由侦控机关自行掌握，如批捕权由检察机关行使，拘留、扣押等措施的采用则由公安机关自行决定。由于承担侦控职能的公安机关和检察院与承担辩护职能的犯罪嫌疑人、被告人实际上构成了刑事诉讼程序中相互对抗的双方，其关系犹如竞技活动中的参赛双方，由作为当事人一方的公安机关和检察院自行审查、决定逮捕等强制侦查措施的采用，无疑是让参赛的一方兼任裁判，一方拥有了处分另一方权益的权力，这显然是难以保障参赛双方的平等竞争的。二是在审判机制中，检察监督原则的确立。我国《刑事诉讼法》第8条规定：“人民检察院依法对刑事诉讼实行法律监督。”据此，人民检察院有权对刑事诉讼的全程进行监督，当然也包括在审判阶段对法院的审判行为进行监督，这就进一步妨碍了控辩平等的实现。因为法律监督职能的设立一方面将导致检察院对法院的纵向制

实际情况，采取不同的“两权”配置方式，切实防止检察机关可能出现的角色错位、角色冲突，确保检察机关既履行好诉讼职权，又确保法律监督工作客观公正。

1. 针对最高人民检察院主要职能是统领全国检察业务工作、一般不办理具体案件的实际情况，有必要在最高人民检察院层面实行诉讼职权和监督职权相对结合、有机融合，以便最高人民检察院能够全面了解掌握全国范围内“两权”运行的情况，及时发现把

（接上页）约，破坏法院的审判中立性。基于监督者与被监督者的现实顾虑，法院在审判中可能更趋向于采纳作为控诉方的检察院的意见，这就使被告方的意见得不到法院的平等关注与重视；另一方面检察院的法律监督权同样指向被告人。按照常识，一个由监督者与被监督者所构成的对话机制中，是难以实现双方的平等对话的。面对处于上位的控诉方，被告人受到更多的束缚，难以从心理上和能力上展开有效的防御。这说明立法者在观念上并未真正将控辩双方置于平等地位上来加以对待。当然，其他因素比如新刑事诉讼法仍然赋予了犯罪嫌疑人、被告人如实陈述的义务；对犯罪嫌疑人、被告人获得律师帮助的权利，还缺乏充分的保障，律师会见嫌疑人、被告人还很难，律师调查取证权也受到极大限制，律师在侦查阶段的作用也非常有限，不能有效维护犯罪嫌疑人的权利；庭前审查程序还在相当程度上保留了实体审查的痕迹等，也都会在一定程度上对控辩平等的彻底实现造成制度障碍。（2）观念层面。我国至今崇尚的仍然是国家本位主义诉讼观，因而缺乏控辩平等的观念基础。控辩平等要求在观念上将检察院与被告人视同为刑事诉讼中的双方当事人即原被告双方，只有将检察院与被告人同列为当事人，才能实现两者的真正平等，这也是国外的成功经验。在国外，“检察机关不是法官而是诉讼当事人，是刑事诉讼中的原告”。而根据我国新刑事诉讼法的规定，人民检察院并不是刑事诉讼的一方当事人，更不是刑事诉讼中的原告，而是和人民法院一样的国家专门机关。在理论上也一直认为，作为国家专门机关的人民检察院与作为公民的被告人之间是不可能有真正意义上的平等的。例如，我国有学者至今仍然认为，“刑事诉讼结构是一种倒三角结构，其特点是检察机关与审判机关同处于一条水平线上；被告处于被控诉和被审判的位置，因此，控辩双方之间是不可能实现平等的。因此，从实质上讲，讨论一个国家司法机关和一个公民的地位是否平等是没有实际意义的。检察机关享有的是国家权力，而被告人享有的是诉讼权利。‘权力’和‘权利’是不同质的，根本就不存在对等和不对等的问题”。显然，这是一种国家本位主义的诉讼观念，违背了强调国家与个人平等的现代法治理念。它构成了控辩平等实现的最大观念障碍。这种状况表明控辩双方在刑事诉讼中的不平等地位并未能得到根本性扭转，控辩平等未能真正得以实现，控辩失衡仍然是我国刑事诉讼构造的基本特征。因此，有必要逐渐弱化直至完全取消检察院对法院的法律监督权。（参见谢佑平、万毅：《理想与现实：控辩平等的宏观考察》，载《西南师范大学学报》（人文社会科学版）2004 年第 3 期。）

握存在的问题，适时进行决策政策调整，以确保“两权”既各自有效运行，又优势互补。具体考虑是：在最高人民检察院可以设立立案监督厅、侦查监督厅、刑事审判监督厅、公职人员职务犯罪行为侦查局、刑罚及矫正措施监督厅、民事诉讼监督厅、行政诉讼监督厅、控告申诉监督厅、职务犯罪预防厅等监督机构，其主要职能是着眼于法律监督，从法律监督的高度，从提高法律监督实效的角度，谋划和推进检察机关的诉讼活动。

2. 针对省级人民检察院主要侧重区域检察业务领导和指导，直接承办案件较少的实际情况，有必要在省级检察机关层面实行诉讼职权和监督职权轻度分离，既突出监督职权，又兼顾诉讼职能。具体考虑是：在省级院可以设立立案监督处、侦查监督处、公诉处、刑事审判监督处、公职人员职务犯罪行为侦查局、刑罚及矫正措施监督处、民事诉讼监督处、行政诉讼监督处、控告申诉监督处、职务犯罪预防处等业务机构。当然，前述机构中的刑罚及矫正措施监督处、民事诉讼监督处、行政诉讼监督处、控告申诉监督处等，无论从其机构职能的历史演变看，还是从有利于办案的现实考虑，其自身职权中的诉讼职权与监督职权本来就是有机结合的。

3. 针对地市级、区县级检察机关主要业务是办理案件的实际情况，有必要在这一层面的检察机关实行诉讼职权和监督职权完全分离，体现“两权”并重，达到“两权”优势互补、共同发展。具体考虑是：在地市级、区县级检察机关可以设立立案监督处（科）、侦查监督一处（科）①、侦查监督二处（科）②、公诉一处（科）、公诉二处（科）、刑事审判监督处（科）、公职人员职务犯罪行为侦查局、刑罚监督处（科）、矫正措施监督处（科）③、民事诉讼监督处（科）、行政诉讼监督处（科）、控告申诉监督处

① 负责对公安、国家安全机关侦查活动的监督。

② 负责对检察机关自侦活动的监督。

③ 负责对劳动教养等矫正措施执行活动的监督。

(科)、职务犯罪预防处（科）等业务机构。当然，如上所说，其中一些机构的职能仍然存在诉讼职权与监督职权的结合，很难达到二者完全分离。

（三）严格监督岗位检察官的任职资格和条件，配齐配强专职专业监督人员，全面提升监督能力和水平

检察机关是国家专门的法律监督机关，也是专业的法律监督机关，而从事具体监督工作的检察人员则应当是专业的监督人员。因此，为达到监督的理想效果，对监督人员的应然要求是其专业知识、能力素质水平、经历经验均应高于被监督者，也只有高于被监督者，才能实施及时有效、有针对性的监督，从而避免盲人摸象、无的放矢。可见，对监督岗位检察官的任职资格和条件应当高标准、严要求，只有这样才能提升监督的水平，体现监督的权威、打造监督的公信力。所以，我们认为，检察机关监督岗位的检察官应当符合以下的专业资格和条件：具有相关专业领域多年的业务工作经历（至少5年），具备深厚的专业知识和学识，业务经验比较丰富，在同行业中具有一定的知名度和威信的资深检察官。比如，从事侦查监督工作的检察官，应当首先具有多年的侦查工作经历，并且办案经验丰富；从事审判监督工作的检察官，至少要有审判工作经历、经验；从事民事诉讼监督工作的检察官至少应当是民事法领域的专家学者。

（四）对监督岗位检察官实行在检察机关内设机构之间，检察机关与被监督对象之间定期轮岗交流，形成监督工作与其他工作的良性互动

为了拓宽监督岗位检察官的监督视野，丰富专业工作经历，积累专业办案经验、提升专业技能，有必要对监督岗位的检察官实行在检察机关内部诉讼岗位和监督岗位之间、在外部与被监督对象的对应岗位之间进行定期轮岗交流挂职锻炼，从而实现监督工作与被监督领域工作之间有效对接、信息互通、良性互动、相得益彰。

应当考虑，检察机关监督岗位的检察官主要从诉讼岗位的资深检察官、侦查机关的优秀侦查员、法院的优秀法官中遴选，并建立

相应的制度规范。

（五）定期对检察机关诉讼职权与监督职权行使的情况、效果进行总结分析评估，确保优化配置的效果

目前，对检察机关诉讼职权与监督职权行使的情况尚缺乏科学系统的评价体系，以至于我们对检察机关"两权"履职情况缺少全面系统的认识和了解，对履职过程中存在的问题、不足、难点等很难精确把握，不能采取有效的对策措施，直接影响检察机关的监督威信和执法公信力。有必要建立一个检察机关诉讼活动和监督活动公开透明，评价标准和条件科学合理，被监督者、专家学者、新闻媒体、广大公众广泛参与评价、评价主体相对中立超脱的评价体系。通过该评价机制定期，比如，每年对检察机关开展诉讼活动、监督工作的情况进行分析评估，提交包括"两权"运行情况、存在问题、对策建议等内容的专题评估报告，为检察机关调整工作方向，进一步优化配置诉讼职权与监督职权提供决策依据。

（六）完善法律，健全相关配套措施建设，为检察机关诉讼职权与监督职权的优化配置提供制度支持

优化配置检察机关的诉讼职权与监督职权是一项系统工程，涉及的内容繁多、因素复杂、关系交织，需要着眼长远、通盘考虑、系统谋划，更需要法律依据支撑和配套制度的辅佐。具体而言：

1. 应当修改完善《人民检察院组织法》中有关检察机关内部机构设置的规定，明确规定最高人民检察院、地方各级人民检察院内设机构的种类、规格、数量、职能及名称，既突出检察机关作为法律监督机关的属性，也为科学划分配置检察权提供法律依据。

2. 对地方各级检察机关内部机构设立的权限实行"统一设计、设置方案，分级管理"。目前，检察机关对内部机构的设立缺乏自主权。根据《人民检察院组织法》的规定，内部机构的设置应当由检察机关根据工作需要进行确定，而现实却大相径庭。各级检察机关要设立某个业务机构，不仅其本身无权决定，而且连上级检察机关也难以左右，必须报本级地方编制部门进行审查批准。而地方

编制部门往往以政府各级部门之间是否平衡为是否批准的出发点，致使有些业务机构，尽管从检察机关来看确属工作需要，非设不可，但地方编制部门却很难予以批准。即使下级检察机关按照最高人民检察院明令下文设立的机构，如果得不到地方编制部门的认可，也难以名正言顺。

检察机关内部机构设置，要按照检察工作自身的规律和检察机关作为法律监督机关的本质属性进行构思、设计。从机构改革和检察事业未来发展的角度看，有必要将地方各级检察机关内部机构的设计规划权统一划归最高人民检察院，由最高人民检察院统一规划机构设置方案，具体包括检察机关内部机构如何设置，规格和名称怎样确定，职责范围怎样划分等。在具体管理上，实行分级审批制。地、市和县、区级检察院的内部机构设置，报省级检察院审批。省级检察院的设置，报高检院审批。高检院的设置，报全国人大常委会审批。[①] 在内设业务机构划分上应当主要依据检察机关的诉讼职能与监督职能来进行，并着重考虑二者的优化配置。

3. 探索业务部门检察官分类管理制度，明确法律监督岗位检察官的类型、种类、任职资格条件、管理模式、内外部岗位交流等制度规范，为履行法律监督职责的检察官队伍的专业化发展、专业化建设奠定基础、创造条件。

4. 畅通监督岗位检察官选人用人的渠道，从制度上确立从被监督机关，如公安机关、国家安全机关、人民法院、海关走私侦查局等对应工作岗位优秀人才中遴选监督岗位检察官的机制，从根本上改善这一领域检察官的结构，提升监督整体素质、能力和水平。

5. 在检察机关内部建立诉讼职能部门与监督职能部门之间的信息互通交流、相互协作配合机制，以便形成工作合力，确保检察权高效运行。

---

① 参见冯中华：《我国检察机关内部机构设置改革研究》，载《青海师范大学学报》（哲学社会科学版）2005 年第 3 期。

法国检察制度的新发展

郭欣阳*

21 世纪伊始，法国开启了新一轮的刑事司法改革。这次法国刑事司法改革的背景因素是社会发展所带来的犯罪状况的变化。从 20 世纪后半段开始的预审制度在刑事司法体制中的衰落和几乎与此同时发生的检察院地位的强势上升，究其原因无非是经济发展和欧洲一体化进程的深入所带来的犯罪数量激增和犯罪复杂及危害程度的加深。在此背景下，传统上承担侦查职能的预审法官由于工作方式的烦琐和拖沓已经无法满足打击犯罪的需要，而得益于行政权支持和检警一体化传统的检察院则显然在打击犯罪方面具有更多的优势，并因此获得了更多的权力。早在 2000 年，法国刑事诉讼法在经过全面修改后就在导言中正式确立了对程序公正和“抗辩式诉讼”的追求，希望通过超越以侦查人员为主导的纠问式诉讼模式来构建一个全新的由诉讼各方推动的当事人主义诉讼（accusatoire）模式，其目的是确立一个混合模式。此后，由于受到欧洲人权公约和本国宪法规定的压力，如何进一步地提升对刑事诉讼中当事人的权利保障程度一直是法国刑事司法改革的核心目标。本文将在简要介绍法国检察制度基本概况的基础上，探讨近几年法国检察

* 作者简介：郭欣阳，国家检察官学院副教授、法学博士。

制度在职权范围、对诉讼当事人权益的保护力度、独立性、选任制度和对检察权行使的制约机制等几个方面的新变化。

一、法国检察制度概况

法国是三权分立原则的发源地，立法机关、行政机关、司法机关之间相互独立、相互制约。传统上，法国的检察院属于司法机关。检察院和立法机关彼此独立，但对司法部长具有等级从属关系。司法部长有权对检察官进行任命和纪律惩戒。司法部长可以命令总检察长进行追诉或对应该起诉的案件提起公诉。司法警察在共和国检察官的领导下开展工作。司法警察应将获悉的犯罪及时通知共和国检察官；在调查结束后，司法警察应将调查记录转交给共和国检察官；检察院享有司法警察的某些调查行为的批准权。在法国，检察官同审判法官和预审法官（juge dínstruction）一样，也拥有司法官（magistrat）的地位。但与通常意义上主要负责正式审判的英国和美国法官不同，法国的检察官属于更宽泛意义上的司法官员，因为他们也执行一定类型的司法功能，并且与法官接受共同的司法训练，其工作理念（至少在理论上）也是只代表社会公众的利益而不是被害人或者被告人的个人利益，这些无疑都是对一个受到根深蒂固的纠问式诉讼传统影响的国家集中侦查模式的反映。①

法国实行审检合一式，检察院设在法院之中。每级法院都设有检 察院，法院系统和检察系统相互独立。法国的普通法院系统从低到高分为三个级别：大审法院（一审法院）、上诉法院和最高法院（撤销法院）。与之相对应的是驻大审法院的检察院、驻上诉法院的检察院和驻最高法院的检察院。自 1958 年法国现代意义上的检察制度确立，随着刑事诉讼程序经历几次重大变革，法国检察官

① See J. Hodgson (2010) "The Future ofAdversarial Criminal Justice in 21st Century Britain" Vol、XXXV, North Carolina Journal of International Law and Commercial Regulation, 419 at 420.

的职责主要包括指挥、监督司法警察，追诉，适用追诉替代程序和上诉四个方面。

法国检察系统在设置及运作方式上呈现五大特点。第一，等级性。这是法国检察系统的首要特征，指检察系统内部构造呈“金字塔”形，司法部长处于权力顶端，下级的检察官原则上要服从其上级检察官的领导和监督，并服从司法部长的权威。司法部长本身不属于检察院，但是他对检察官有纪律惩戒权和命令权。第二，不可分性。这意味着，检察院的每个成员代表了检察院的整体。首先，每个检察官作出的决定代表整个检察院。如果未经检察官同意，一个代理检察官要求预审法官进行调查，那么这个行为是具有法律效力的，检察官不能取消该行动。该预审法官将有效地进行司法调查，而且只能执行该命令。其次，检察院的检察官在任何时间都可以相互替代。如果一个检察官不能出席，甚至不能参与案件，其他同事可以接替他。但是法官不能这样。在将案件开庭提审时，如果法官缺席，案件将全部被重新提审。第三，不可回避性。在刑事诉讼中，检察院是不能被申请回避的。检察官在出庭时代表的不是个人，而是检察院。要求检察官回避等于是要求检察院以及其所代表的社会回避。第四，不可归责性。不管是作出不诉释放或是无罪释放决定的检察官，不得追究其行为的责任，不得判处其承担损害赔偿责任和承担诉讼的费用（调查产生的费用）。第五，相对独立性。检察院的独立性不是指其成员相对于检察院的独立性。相反，检察官要服从于上级领导。检察院的独立性要从整体的角度进行理解，它意味着检察院独立行使职权，不受任何诉讼相对人和法官干涉。从法官角度讲，法官不得干涉公诉活动，责备检察院的行动或意见，拒绝其提出的公诉状，命令其进行追诉等。

二、法国检察机关的职权范围呈扩大趋势

随着社会经济运行日趋复杂及维护国家和公益的需要，法国政府加强了对社会生活多方面的干预，而检察机关作为国家实现社会

控制的强有力的杠杆，其作用得到了进一步强化。

（一）检察机关在刑事诉讼中的职权进一步扩大

法国检察机关职权范围原本就很广，法国检察官在司法活动中，特别是在刑事司法活动中占有十分重要的地位，是唯一介入全部司法程序的司法官员。他对警察进行监督，并且在警察调查结束后控制案件进入预审程序和法庭审理的走向。他负责对犯罪的侦查和起诉、监督警察的侦查行为（其中包括对嫌疑人的拘留和讯问）、决定是否批准拘留或者延长拘留时间、决定是否对嫌疑人提出指控、将案件提交预审法官、提起公诉或者将案件分流（divert thecase）。在预审侦查阶段，检察官还享有完整的当事人参与权；并且独自在法庭上支持公诉。虽然对于最严重的违法行为——重罪(crime)，仍然强制规定只能由预审法官进行侦查，但对于轻罪和违警类犯罪（délits and contraventions）的侦查则在检察官的裁量权范围之内。如上所述，由于检察官对于指控的罪名有裁量权，其完全可能将案件定性为轻罪从而来规避预审程序。关键的问题是，预审法官只有在案件被检察院提交给自己之后才可以启动侦查工作，而不能主动进行侦查。即使在当前进行的案件侦查中发现了新的违法行为，预审法官也必须将之移送给检察官，由检察官来决定如何处理。由于警察、预审法官和法院的工作都有赖于检察官职能的发挥，检察官的地位不断提升，与此同时，预审法官的职权范围却在逐步缩小。

而近年来，检察机关的这种核心性作用仍在继续加强。以检察官指挥侦查的权限为例。在20世纪70年代至90年代的一系列法律改革中，法国立法者不断扩大了检察官在预侦程序中所享有的调查权：酒精检测权（1978年）；对财产、家庭及社会状况的调查权（1981年及1989年）；技术或科学审查权（1985年）；对未成年人状况的教育调查权（1985年）；在毒品交易网络中批准卧底调查的权力（1992年）；身份审查权（1993年）；拘留措施的控制权（1993年）；边境20公里地区的车辆审查权以及职业地区的审查权（1997年）。除此之外，法国立法者还于1993年首次赋予检察官在预侦程序中可诉诸公共力量的强制权。

为了应对诉讼拖延和法院日益增加的案件负担，法国在刑事诉讼中引入了一系列的速决程序或者简易程序，并扩大了检察官对案件是否提起公诉方面的自由裁量权。例如，在法国已经得到了广泛开展的轻罪矫治（correctionalisation）实际上就扩大了检察官在侦查和指控方面的自由裁量权。该程序允许检察官控制涌入上级法院的案件数量，具体来说就是，当违法行为（offence）只涉及轻罪（délit）时，将其交付治安法庭（tribunal correctionnel）审理即可。这就避免了繁冗的预审程序及随后的重罪法院（cour d'assises）审判，从而节约时间和诉讼资源。例如，将强奸起诉为性侵犯案件，将非法贩卖毒品起诉为持有、提供毒品罪。检察官的决定是单方面作出的，并不是与被指控方协商的结果，也不以被指控方认罪为条件。在许多情况下，检察官实施的轻罪矫治措施是地方刑事政策的一部分，需要充分考虑当地刑事司法系统需要优先解决的问题和可以利用的资源。

再如，根据法国《刑事诉讼法》第41－2条与第41－3条，刑罚替代措施（composition pénale）允许检察官对承认实施犯罪行为的被追诉人采取一系列措施，包括缴纳罚款（amende de composition）、无薪工作、吊扣驾照、给被害人支付赔偿金以及强制戒毒等。刑罚替代措施以书面形式作出，嫌疑人必须被告知在接受这些措施之前有权咨询律师。被告人同意刑罚替代措施的有效性需要得到法官的认可，法官在此之前必须先和被告人谈话，并且在其认为必要时与被害人谈话之后再认可。如果被告人遵守了检察官对其适用的刑罚替代措施，则审判就不再进行了。随着刑罚替代措施的适用数量在过去几年中的飞速增长，检察官的作用也通过这一程序得到了加强。在2001年至2009年间，刑罚替代措施的数量从仅仅

1500 个上升到超过了 73000 个。[①] 该程序使得检察官可以快速处理那些可能被判处罚金、5 年监禁或更轻刑罚的案件，如袭击（assault）、盗窃、刑事损害或者醉酒驾驶等犯罪。

2004 年，法国确立了预先认罪下的出庭程序（comparution sur reconnaissance préalable de culpabilité），通过该程序，案件在被告人已经认罪的情况下进入法庭审判程序。这是法国刑事诉讼的一场根本性变革，因为在此之前该国从没有过正式的认罪制度。[②] 该程序适用于可能被判处罚金或低于 5 年监禁的犯罪，其适用上限与刑罚替代措施是相同的。这种认罪程序可以由检察官或辩护方提起，但被提议的刑罚不能超过一年有期徒刑或者被告人可能被判最高刑罚的一半。在适用这一程序的过程中，强制要求被告人必须有法律代理。检察官在做出量刑建议时不必参考辩护律师的意见，但是在实践中双方确实会对量刑进行协商。[③] 在向嫌疑人发出适用预先认罪下的出庭程序建议的同时，检察官也会向法院发出要求启动审判程序的正式请求。在这种情况下，即便嫌疑人不同意适用预先认罪下的出庭程序，法院几乎也已经确定了开庭日期。这实际上使得检察权在案件的侦查、起诉和最终处置过程中的地位和范围不断上升、扩展。

（二）检察机关的职能从刑事诉讼领域扩大到民事和行政诉讼领域

在传统上，检察机关一般只参与刑事诉讼活动。但如今开始比

---

① 在 2009 年，有 73392 个刑罚替代措施，占整个被启动追诉程序的 150 万案件中的 4.9%。Ministère de la Justice et des Libertés（2010）。与之相比，2008 年为 4.5%，2007 年为 4%，2006 年为 3.3%，2005 年为 2.7%，2004 年为 1.8%，2003 年为 0.3%，2002 年和 2001 年为 0.1%。

② 参见《刑事诉讼法》第 495－7 条至第 495－16 条。2009 年，在 673684 件公诉案件中有 77530 件适用预先认罪下的出庭程序（CRPC）（占总数的 11.5%），几乎是该程序 4 年前刚刚被提出适用时的 3 倍。Ministère de laJustice et des Libertés（2010）。与之相比，2008 年为 8.4%，2007 年为 7.3%，2006 年为 7.2%，2005 年为 4.1%。

③ Pierre－Jér me Delage, "Les obscures pratiques du 'plaider coupable'" ["The Obscure Practice of 'PleadingGuilty'"], Recueil Dalloz 1（2007）: 58.

较广泛地干预涉及国家利益和公共利益的民事和行政诉讼。法国检察机关不仅可以作为“主当事人”代表一个公法上的法人——国家或省参与民事诉讼，也可以在必要的情况下以“从当事人”的身份介入或干预大量的民事案件，可见其对民事诉讼的介入范围之广、影响之大。根据法律规定，有下述案件发生之情形，法官得依职权通报检察院，换言之，检察院只能在被通报下述案件的情况下，才能作为“从当事人”参加诉讼，这些案件包括：（1）关于亲子关系的案件、关于未成年人监护问题的案件、对成年人设置监护或变更监护的案件；（2）关于中止追诉债务人的案件、关于中止集体核账之诉讼的案件、关于中止个人破产及其追诉其他制裁的案件、关于法人财产清算的案件、关于公司重整以及追诉公司负责人之财务责任的案件等。

在介入行政诉讼方面，法国设有许多专门的行政法院，如审计法院、预算纪律惩戒法院、地区审计法院、行业协会的纪律惩戒法院、战争赔偿委员会及抚恤金法院等。这些技术特征相对明显的行政法院均设有检察官。以审计法院为例。法国审计法院设有一名总检察长以及1~2名代理总检察长。总检察长由部长理事会法令予以任命，代理总检察长则是总检察长的助手。审计法院的检察官代表了审计监管部门的意志，其职责更接近于司法系统内的检察官：驻审计法院的总检察长或代理总检察长可参与案件预审；检察官可在法定期限内要求相关当事人事先提供账目。如果当事人在法定期限内未提供账目的，检察官可对相关人员科处罚款；在庭审中，检察官应提供书面意见，但不得发表与主管部长相左的思想或意见；检察官不得参与法庭的合议，但可向上一级的行政法院提起上诉或向最高行政法院提起撤销之诉；检察官还有职责确保行政法院的良好管理。

（三）检察机关的职能从诉讼领域扩展到社会事务的其他方面

近几十年来，随着政府行政权力对社会生活干预的进一步加强，检察机关干预一般社会事务的职能也得到了进一步强化。在法国，检察机关不仅在诉讼领域中发挥重要作用，而且在行政管理领域扮演重要角色。检察机关在行政管理领域中的职责很多，且呈现增长的趋势，这些职责之间也存在较大差别。所涉事项主要包括监督司法辅助人员，如律师、公务助理人员和司法助理人员以及司法鉴定人等；监督相关机构，包括狱政机构、精神病机构、私人教育机构以及酒类出售机构等；对新闻、杂志等定期刊物进行审查；检察院外的行政管理如司法文书的送达、罪犯引渡以及监督法院判决的执行等；与公共秩序维护紧密相关的其他事项，如监督民政事务、矫正身份文件中纯粹实质性的错误或遗漏、审查入籍人身份证件、发放结婚庆典许可证、严格监控涉及银行业务的职业人员尤其是有价证券兜售者的行为等。

共和国检察官和总检察长还承担确保司法援助部门良好运作的职责。两者均应参与法院司法援助部门的会议，并对违法决定提起诉讼；总检察长对劳资调解委员会的选举及商事法院的选举享有监督权，可因选举程序违法而提起选举无效之诉等。

三、对诉讼当事人权益的保护力度进一步加大

(一) 加强对犯罪嫌疑人、被告人的保护

第一，2000 年 6 月 15 日法国颁布的“关于加强保障无罪推定和被害人权利的法律”增设了重罪案件上诉制度，如果被告人、检察长对重罪法庭作出的一审判决不服，可以向最高法院指定的另一重罪法庭提出上诉。受理重罪上诉案件的法庭按照《法国刑事诉讼法》有关审理一审重罪案件的程序，对案件进行审理，而且同样适用上诉不加刑原则。这一规定无疑体现了对被告人权益保护力度的进一步加大。

第二，法国检察官拥有较大的裁量权，而近年来旨在保护犯罪嫌疑人权益、缩短羁押期限的公诉替代程序自由裁量权明显扩大。自 20 世纪 80 年代以来，法国刑事诉讼程序因冗长拖沓、效率低下、犯罪嫌疑人羁押时间过长而颇受理论界和实务界的诟病。因

此，公诉替代程序在近年来取得了长足的发展，如强制治疗令、刑事和解（1993 年）、支付损害赔偿金（1994 年）、庭前认罪答辩程序（2004 年）等。在提起公诉后，检察官有权决定适用速决程序（包括立即出庭程序、笔录传唤程序、自愿出庭程序等）或直接传唤程序，但重罪案件除外。在司法实践中，检察官往往更倾向于规避相对烦琐的预审程序，以加速诉讼进程。

第三，重视对侦查权的制约，对警察、检察官的行为进行一定控制，从而强化对犯罪嫌疑人、被告人权利的保护。法国《刑事诉讼法》规定的审判前羁押，又称为“先行羁押”。在 2000 年前，审判前羁押是由预审法官决定，所以，法国的预审法官既有侦查员的职能，又有裁判员的职能，受到了法国学者的批评，他们认为预审法官由于身兼侦查、裁判两种职能，再加上缺乏有效的制约程序，其很难保证中立性，主张限制预审法官的权力，将其具有的审前羁押权分离出来。鉴于此，2000 年 6 月，法国对原刑事诉讼法典进行了修改，取消了预审法官决定审判前羁押的权力，增设了自由和羁押法官，由其专门审查决定审判前羁押，这样，将羁押权和裁判权进行了分离，削弱了预审法官的权力。

法国将犯罪分为三类：重罪、轻罪、违警罪。违警罪案件和一部分轻罪案件可以直接向违警罪法庭、轻罪法庭起诉，不需要审判前羁押。而另一部分轻罪案件和所有的重罪案件在提起公诉之前，如果需要羁押，必须由检察官向预审法官提出申请，预审法官经审查后认为具有审前羁押必要的，由预审法官在 5 日内向自由与羁押法官提出申请，自由与羁押法官收到申请后，至迟在 3 日内作出是否羁押的决定。如果预审法官认为没有羁押的必要，可以直接作出决定，无须征得自由与羁押法官的同意，预审法官在作出不予羁押的决定后，应当及时将不予羁押裁定书及理由通知检察官，检察官就不予羁押裁定书有权提出上诉。为了提高效率，2004 年 3 月，法国又对刑事诉讼法典进行了一次修改，规定对于重罪和有可能判处 10 年以上监禁的轻罪，检察官可以不通过预审法官，直接向自由与羁押法官提出申请。

（二）强化对未成年人权益的保护

1945 年法国即颁布施行了《关于少年犯罪的法令》，其少年司法制度是建立在社会对未成年人应尽可能保护、教育的认识基础上，通过颁行一系列有关青少年犯罪的制度和命令，逐步完善和发展了青少年司法制度，迄今已形成主要的两套体系：对处于危险境地的未成年人的司法保护和对未成年人犯罪的司法处置。这是法国未成年人刑事案件检察体制中较有特色的地方。

第一，所谓“对处于危险境地的未成年人的司法保护”，是指在法国，其未成年人刑事检察不仅仅关注青少年犯罪案件，对那些在肉体或精神方面存在危险或困难，或因缺乏关照或必要的教育而无法保证其健康、安全或良好品行的少年（即所谓的“处于危险境地”的未成年人）也给予了充分有效的法律方面的帮助。第二，法国检察制度中对未成年人犯罪的司法处置方面也有一些特色之处。例如，特别程序应对未成年人犯罪，对未成年人犯罪的案件，法国刑事法律在实体上和程序上都设置了特殊的规定。如规定未成年人案件由特别法院而不是普通法院管辖，相应地在检察机关内部也设立专人办理未成年人刑事犯罪案件；还规定，对未成年罪犯，只在特殊情况下处以刑罚。刑罚只适用于 13 岁以上的未成年人。对 10 岁以上不满 13 岁的未成年人，只可以采取教育措施或处以教育性惩罚。根据未成年罪犯的年龄在刑事诉讼中采取与之相适应的特别程序性措施。在所有的司法程序中，未成年人应该由律师陪同参与。

但我们通过研究明显发现，虽然法国已有较为成熟、完备的未成年人司法保护体系，但其保护力度仍在不断加大，保护措施会根据社会发展的形势做进一步的完善。如鉴于犯罪的低龄化趋势，法国于 2002 年 9 月 9 日通过法律明确规定了未成年人罪犯应承担的刑事责任，增加了法院对未成年人可以判处刑罚的种类，即在纯粹的教育性措施和真正的刑罚之间，加入了教育性惩罚措施，适用于

10岁至18岁的未成年人，并规定在不遵守法院决定的情况下，法庭可以作出羁押的决定。针对13岁至18岁未成年犯罪人中最经常犯罪和最具暴力倾向的犯罪人，可以将其置于封闭性的教育中心进行改造。在法国，这种封闭性的教育中心的改造是一个重要的环节。因为在法定刑罚为7年以下有期徒刑的情况下，只有在将16岁以下的未成年犯罪人置于封闭性的教育中心进行改造宣告失败的前提下，方可对上述未成年犯罪人采取羁押措施。由此可见，封闭性的教育中心在法国是将未成年犯罪人纳入刑罚处罚体系的一个最后的过渡性措施，它既不同于纯粹的教育性措施，又与刑罚措施有所区别，封闭性教育中心的改造体现了对未成年犯罪人的特殊保护，更为完备地实现了对未成年犯罪人的教育、感化和挽救。与此同时，法国对未成年犯罪人还规定了一种监禁刑的替代刑——强制公益劳动刑，其内容是判令该未成年人为社会义务劳动一段时间（40小时至240小时）以达到惩罚的目的。关于此种刑罚的适用，法庭充分尊重未成年犯罪人本人的意愿，只有在征得16岁至18岁间的未成年犯罪人本人同意的情况下才能判处公益劳动刑。此外，法国法律还规定对讯问未满18周岁的未成年犯罪嫌疑人期间应进行录音录像，这些音像资料只有在对讯问情况发生争议的情况下才能被查阅，且只能在开庭前查阅。而上述音像资料应在5年后被销毁。通过对未成年人的问讯录像，一方面有利于更好地指控犯罪、强化庭审效果，另一方面也有利于保护未成年犯罪嫌疑人在接受讯问期间的合法权益不受侵犯。这也应成为完善未成年人刑事检察制度的一项举措。

四、检察机关独立性有所增强

在法国三权分立的政治架构中，检察权是行政权的一部分，因而司法独立并不适用于检察机关。根据法国《宪法》第66条，检察官及法官都属于司法机关，是“个人自由的守卫者”。但是，检察机关仍隶属于司法部长并服从于行政权。由于这种双重身份，司法部长与检察机关存在一种垂直的隶属关系，同时检察机关还受到诸如行政长官的影响。

但鉴于检察机关在诉讼中举足轻重的地位，检察权与司法权具有密不可分的关系，要想公正地实现司法权，公正妥当地行使检察权是必不可少的前提。2009 年初法国总统萨科奇宣布进行新一轮司法改革措施，随之而来的是愈演愈烈的有关检察官独立性、检察职权增加以及是否应归属司法部门的讨论。2009 年的《Léger 报告》提出取消预审阶段，建议设立唯一的调查程序，由检察官负责指挥所有刑事侦查活动。检察官有权亲自开展调查活动或委托司法警察进行。在调查后，由检察官决定提出起诉或者归档结案，意味着检察机关在审前程序中将拥有几乎完全的裁决权。①

从欧洲司法系统的背景来看，欧洲人权法院早在 1979 年就已经表明，所有的司法官从其行使“司法职能”时起，就必须具备一定的资格，这些资格当中就包括“必须独立于行政机关和政党”。而在法国国内，强化检察院自身独立性和中立性的改革运动在过去几十年中一直没有停止过，并取得了一定的进展。从国家权力结构的角度来看，法国宪法委员会再次肯定了检察院属于司法机关。② 在这种身份下，从与坐席司法官比较的意义上来讲，检察院在保护个人自由方面所发挥的作用似乎必然要求对其地位进行重新平衡，而不再倒向行政权。③

---

① 前欧洲共同体法院大律师 Léger 法官主导的委员会起草的关于法国司法改革的《莱杰报告》，参见“Rapport du Comité de réflexion sur la justice pénale”，http：// www. justice. gouv. fr/art_ pi x/1 _ sg_ rapport _ leger2_ 20090901 . pdf。

② Conseil constitutionne，l 5 ao? t1993，n. 93 – 323 DC et11 ao? t1993，n. 93 – 326 DC.

③ Christine Lazerges (dir.), Figures du parquet, PUF, 2005, p. 70. J. L. Nada, l Un risque pour notre justice etnos libertés, LeMonde, 2 juin 2006. AurélienMartin, i Quel avenir pour leministère public? Revue de science criminelle 2008, p. 235. La'rt. 16, L. Org. No94 – 100 du 5 février1994, art. 28 ord. No58 – 1270 du 22 décembre 1958, modifie par la'rt. 11, L. Org. No94 – 101 du5 février1994.

无论如何，减少行政机关干预，保障检察官行使职权的独立性，已经成为共识。那么未来检察院在司法体制中的位置，到底是需要一个单一的司法官体系（包括法官和检察官，从而在其职业生涯中有可能在这两个身份中相互进行转换），还是需要将法官与检察官进行区分，从而保持两个不同的司法官体系？一方面，检察官的职业伦理道德与法官的基本相同，而且他们的任职宣誓内容也是相同的。他们的工作内容都是适用法律，并且都要作出对个人产生重大影响的司法决定。事实上，检察官进行追诉的决定也可以说构成了对案件的预先裁判，其与法官裁判的差别只在于不具有法律效力上的终结性。另一方面，检察官与法官之间也确实还有些差别，尤其表现在任命、惩戒和可撤换性等方面。由于检察官是代表公共利益行事的，因执行公共政策的需要而对其进行的指挥，甚至是撤换在特定情况下也是必要的。相比之下，法官的职业保障似乎更为绝对。

为确保司法的独立，必须保证检察权对立法权及其他行政权的独立。为此，法国除了从人事制度上加强检察官的独立性和保障机制以外，还从以下方面来保障检察的独立性：

第一，注重检察机构的独立性。不同级别的检察院之间具有独立性，即检察长在没有上级命令或者不顾已经接到的上级指令的情况下，仍然可能进行合法、有效的追诉，而上级检察机关不能取代下级检察机关进行法律行为。

第二，注重检察官行使职权的独立性。法国检察官受司法部长的指挥和领导，但为了保证其相对独立性，法律规定，最高检察长处于独立的法律地位，他不从属于司法部长，他与最高法院院长同为国家最高司法官，是国家司法的总代表，其主要职责是对国家整体执法活动进行监督。检察官承办案件时享有独立的公开指示权、表明个人态度权和拒绝停止追究指令权。下级检察官在提出书面意见中应当按照接到的指令办理，但是在法庭上，仍然可以说出自己的看法。在个别特殊情况下，司法部长可以指示检察官接受、调查或起诉某一案件，但其指示必须是书面的，且不得对案件定性发表意见，更不能对某一案件作出不起诉的指令。而下级检察官在按照指令审理案件时，却并不丧失其在开庭时的自由发言权，这就意味着检察官可以在庭审履行完毕其指令的义务后，可以发表属于其自由意志的言论。

五、检察官选任制度日趋严格完备

检察官是检察制度运行的基础，完备而科学的检察官制度是建立完备而科学的检察制度的必要前提，法国的全部检察官均是由总统任命的，近年来，选任相比以往更为严格。具体表现是：

（一）法国检察官的准入门槛较高

检察官的来源主要有两条途径：一是法律院校毕业的大学生，近年来主要是硕士研究生，通过专门的竞争考试，通常 15～20 人取 1 个，这构成检察官的主要来源，约占 95%；二是因满足某些法定条件获准参加职业培训后而成为检察官，主要是其他公务员、大学教授等，约占 5%。

（二）初任培训时间长、要求高

检察官在其任职前必须在国家司法官学校接受培训。司法官学校每年组织一次选拔考试招收新学员，招收名额由司法部视每年空缺的司法官职位以及司法官岗位交流的情况而定。司法官学校的培训为期 31 个月（包括司法实践），具体可分为四个阶段：

第一阶段：社会锻炼（3 个月）。主要在警察局、律师事务所、宪兵队以及各部委、公共管理部门或私人企业甚至其他国家进行。主要目的是使初任司法官了解社会，积累工作经验，或亲身体验另一种司法制度。

第二阶段：专业学习（8 个月）。学习所有与司法官工作相关的知识技能以及职业操守。

第三阶段：办案实习（14 个月）。所有初任司法官将被分别指派到不同的初审法院或检察院，亲身体验并参与所有司法官工作，包括列席合议庭合议或代表检察官出庭发表公诉词等。完成司法实践的初任司法官将再次参加考试。国家在综合考虑学员的成绩、实习评分、本人意愿以及空缺司法官职位等多方面因素后，最终决定每位初任司法官的工作岗位。

第四阶段：职业培训（6个月）。工作岗位明确之后，初任司法官需再回到司法官学校接受为期半年的岗前培训。法官与检察官将分别就不同的工作内容接受专门的职业技能培训。

（三）在职培训常态化、专业化

为了让司法官能适应各种变革，国立司法官学校提倡在职终身培训。法国规定司法官每年必须接受至少5天的培训。学校每年安排各种在职短期培训，有利于司法及时更新知识和提高业务能力。检察官可以根据国立司法官学校公布的学习课程计划与课表，自主选择课程，进行注册后即可按规定时间去培训上课。授课方式灵活多样，富有职业特点。一般包括讨论、周期培训、会见活动。学校每年设置的课程或研讨的主题涉及检察职业技能、新的司法理论以及司法实践中出现的新问题等，课程的涵盖面广，从理论教育到实务教育，从法律专业知识到诸如心理学、伦理学等方面的非法律专业知识。

另外，在法国检察机关职权不断扩大的同时，检察权被滥用的风险也明显增加，为了防止检察权的滥用，也加强了对检察权行使的制约和监督机制，主要表现在对检察官程序选择权的制约。其一，司法部及各级检察院通过制定刑事政策以强化起诉及不起诉标准的透明性；其二，确立层级复议制度，保障受害人或利害关系人在检察官决定不予起诉或者适用公诉替代措施时可获得有效的救济；其三，确立中立法官的审核制度。

综上所述，一方面，随着法国检察院地位的上升，其通过进行“刑事和解”、适用“刑罚替代措施”、参与实质意义上的“辩诉交易”等各种“追诉替代措施”而获取了越来越多地对案件进行终局处理的权力，虽然这种权力的行使会大大提高处理犯罪案件的效率，但已经在一定程度上行使了本应当由法官行使的司法裁判权。另一方面，法国检察院在面对行政机关时的独立程度并没有如其获得的权力那样有所提升，其作为司法机关应当拥有的中立地位也一直受到广泛的批评。因此，应当通过明确刑事政策的内容，限制司法部长对检察院的指示方式来提升检察院的独立程度，同时进一步提高法院的地位和工作能力，加强被告人的辩护权和被害人的救济权，以实现对检察院权力的合理约束。

中法民事检察制度比较研究

俞　亮*

2012 年，我国民事诉讼法进行了重大修改，检察机关在民事诉讼中的地位和职权都得到了进一步的提升和扩展，但与西方发达国家相比，我国民事检察制度总体上还不够成熟。法国是现代检察制度的发源地，也是大陆法系国家民事检察制度的典范，因此通过对中法两国民事检察制度进行全面比较有利于对民事检察制度的内涵与规律有更加深刻的了解，从而有助于推动我国民事检察制度在正确的道路上进一步发展。

一、检察机关的性质和地位

检察机关的性质和地位是一国检察制度的基础，决定着整个检察制度的发展目标、组织结构、运行方式及权限范围等重大问题，因此往往由该国宪法加以规定。不过，法国第五共和国宪法“第八章司法机关”中并没有直接提及检察机关（Le Parquet 或 Ministère public），只是根据具有宪法属性的《司法机关组织法》（Ordonnance n° 58 - 1270 du 22 décembre 1958 portant loi organique relative au statut de la magistrature.）第 1 条“司法机关包括坐席司

* 作者简介：俞亮，北京工商大学法学院副教授，中国人民大学法学院博士后，国家检察官学院博士后。

法官（即审判法官）和检察院……”的规定才使得宪法中关于司法机关的内容适用于检察机关。由于《宪法》第 64 条规定了“共和国总统是司法机关独立性的保障者。共和国总统由最高司法委员会协助。司法官的地位由组织法规定。……”其第 65 条又规定，“最高司法委员会由共和国总统任主席，司法部长任当然副主席。司法部长可以代替共和国总统任主席”，这种半总统制政治模式决定了法国的司法权具有依附于行政权的倾向。且相比于《宪法》第 64 条中明确提及“审判法官是终身制”，《司法机关组织法》第 5 条则规定“检察官要服从于上级领导的指挥、监督，并要服从司法部长的权威（ l'autorité ）”，法国检察官实际上不但在机构上隶属于司法部，且在职业任免、纪律惩戒等方面也要受司法部长意见的影响，甚至《刑事诉讼法》第 30 条还明确规定检察机关要接受司法部长有关公诉方面的一般性指令，以及由政府制定的公共政策方面的指导，以确保该政策在落实过程中的一致性。因此法国的检察院一直被认为同时具有司法机关和行政机关的双重属性，[①] 其既要承担“法律守护神”的司法机关角色，又被普遍认为是行政机关的代言人，目的是维护社会利益、公共秩序和通过三种方式保证法律的正确实施：在刑事司法领域内进行公诉，介入民事司法领域，以及履行行政管理职能。由于被认为缺乏足够的独立性和中立性，因此法国的检察院被欧洲人权法院裁定[②]不属于《欧洲人权公约》第 5 条意义上的司法机关。

我国《宪法》中对检察机关的规定较为明确，与人民法院并列在第三章“国家机关”的第七节当中。其中涉及人民检察院性质和地位的条文有第 129 条“中华人民共和国人民检察院是国家的法律监督机关”、第 131 条“人民检察院依照法律规定独立行使检察权，不受行政机关、社会团体和个人的干涉”和第 133 条“最

① 参见孙谦：《中国的检察改革》，载《法学研究》2003 年第 6 期。

② Medvedyev and others v. France（No. 3394/03）.

高人民检察院对全国人民代表大会和全国人民代表大会常务委员会负责。地方各级人民检察院对产生它的国家权力机关和上级人民检察院负责”。不过，由于我国宪法中并没有明确使用“司法机关”一词，因此无论在理论上还是实践中都对检察机关的性质产生了一定的争议和困惑，并分别有行政机关说、司法机关说、行政机关与司法机关双重属性说以及专门的法律监督机关等学说。[①] 不过，以上观点都不能否认在我国宪法所确立的“一府两院”式人民代表大会制度下，我国的检察机关在法律地位上平行并独立于一般行政机关和审判机关。

无论从宪法文本规定，还是在国家权力体系中的现实地位上看，我国检察机关显然较法国检察机关具有更高的法律地位，不但独立于行政机关，而且由于具有一般法律监督权，还可以对审判机关和行政机关适用和执行法律的活动进行监督，只需向代表人民意志和利益的人民代表大会负责。不过，由于法国的总统是由民众直接选举产生，由总统所代表的行政机关所推行的各项政策等于获得了人民的授权，并承担制定和落实各项社会政策（包括司法政策）所产生的政治责任，因此检察机关接受行政机关领导，贯彻行政机关各项政策的目的也是维护国家和社会的公共利益。而在我国，各级人民代表大会具有直接的人民性，而直接接受人民代表大会领导的检察机关更是以服务人民群众的利益为根本目标。因此，从代表和维护国家和社会公共利益的角度上看，中法两国检察机关的性质和任务是相同的。

二、民事检察制度的历史演进

法国民事检察制度起源于封建割据时期的“国王律师”（Avocat du Roi）制度，其职责就是专门代表国王处理与诸侯、民众之

---

① 参见谢佑平、燕星宇：《我国检察权性质的复合式解读》，载《人民检察》2012年第9期。

间的民事纠纷，并在法院审理的民事案件中出庭应诉，可见法国检察制度自其诞生之日起就包含着民事检察的内容。虽然经过法国大革命之后检察机关不再是国王利益的代言人，但在1790年颁布的法令中继续保留了检察制度，只是其身份变成了行政机关派驻在各级法院的代理人，以维护社会的公共秩序。此后，拿破仑《民法典》和《民事诉讼法典》中分别规定了检察机关可以通过起诉或其他方式介入涉及公益的民事案件，并在1810年的《司法组织法》中首次明确规定检察机关可以作为主当事人介入民事诉讼，并可以在法律有特别规定或者有保护公共秩序必要的情形下以当事人的身份介入民事诉讼。[①] 随着法国逐步进入垄断资本主义阶段，政府对社会和经济生活领域的干预逐步加强，并在各项民、商事实体法中不断列举检察机关介入民事活动的各项情形，从而使作为社会公共利益代表的检察机关之民事职权不断扩张、发展，法国也因此成为目前世界上民事检察制度最为发达的国家之一。

通常认为，我国检察制度的雏形源于封建时期的御史制度，其根本职能是代替皇帝监督和弹劾违法失职的各级官员，目的在于维护皇帝的封建集权统治地位。在这样的政治背景下，很难孕育现代民事检察制度的萌芽。其原因一方面在于中国封建社会的中央集权制度历史悠久，且极其发达，无论是中央还是地方的立法、行政、司法、军事、监督等各项权力最终都需服从皇帝的个人旨意，地方割据和司法独立在中国漫长的封建社会历史中都很难有充分的发展空间，皇帝在地方的利益根本不需要司法途径来确认和维护。另一方面，中国的法律制度也具有刑民不分的传统，在“普天之下莫非王土”的观念下，所谓的“民事利益”完全依附和融合于其“政治利益”当中，皇帝只要能够通过军事及刑事上的手段保持自己的统治地位，则作为其必然组成部分的“民事利益”就根本不

① Jean - Marie Carbasse, Histoire du Parquet, Presses Universitaire de France, 2000 mai, page 9 - 12.

需要独立的官员去进行专门的维护。

我国的民事检察制度起源于清末及民国时期，在清朝颁布的《高等以下各级审判厅试办章程》(1907年）第97条、第111条和《法院编制法》(1909年）第90条以及中华民国颁布的《各省高等法院检察官办事权限暂行条例》(1927年）第2条和《地方检察官办事权限暂行条例》(1927年）第2条等文件中都有检察官代表公益介入民事诉讼的规定。新中国成立之初所颁布的《中央人民政府最高人民检察署试行组织条例》(1949年）第3条、《中央人民政府最高人民检察署暂行组织条例》(1951年）第3条、《各级地方人民检察署组织通则》(1951年)、《中华人民共和国人民检察院组织法》(1954年）第4条也都有允许检察院代表国家公益参与民事诉讼的规定，并且在实践中也有落实。[①] 不过，随着此后开始的社会主义公有制改造的全面推进和随之而来的一系列政治运动，国家利益和公共利益与公民私权利之间不再有明确、清晰的界限，彼此之间在理论上也就不会存在纠纷与矛盾。公民私权利在政治、法律上的正当性开始丧失，如果某个公民在民事上与国家利益和公共利益产生矛盾和冲突，就等于在政治上向国家发起挑战，在性质上可以被直接定为刑事犯罪。在这种政治利益压倒一切的环境下，以承认国家、社会与公民之间存在民事利益上的差异和矛盾，以民事诉讼为主要途径来维护国家、社会公共利益的民事检察制度自然失去了生存的空间。直到改革开放之后，随着对公民私权利正当性的承认，尤其是明确将“国家尊重和保障人权”列入宪法之后，我国越来越重视用法治手段来调整和解决民事领域内的纠纷，以维护国家、社会公共利益为己任的民事检察制度才迎来了新的发展机遇。

---

① 参见张智辉、杨诚主编：《检察官作用与准则比较研究》，中国检察出版社2002年版，第127～129页。

三、民事检察职权的范围

在法国，由于检察机关具有行政机关代言人的角色，在日常工作中与行政机关之间也具有密切的交往和联系，因此彼此之间在职能上也会有一定的交叉和代替。考虑到检察机关在法律事务上具有更强的专业能力，许多对民事法律行为进行监督、审核的事项往往也交由检察机关来完成。由于行政机关对民事法律活动的监督和管理活动几乎会涉及日常社会生活的方方面面，因此检察机关对民事领域中的活动范围也几乎没有任何明确的界限，具有明显的广泛性和灵活性。当然，法国检察机关行使民事职权的主要领域也是围绕着民事诉讼展开，即如果在民事诉讼或商事诉讼中涉及对国家法律的理解和社会公共利益，则检察机关都可以采取适当的身份介入。虽然绝大多数情况下检察机关的民事权限需要由所依据的《民法典》《商法典》和《民事诉讼法典》来确定，但由于这些法条过于分散和繁多，[①] 实际上导致在司法实践中不同地区、不同级别的检察机关所行使的民事权限都有所不同，最终取决于所属管辖区域的大小、人口数量、特定的社会生活状况和行政管理方式。不过，总体上看，法国检察院主要在涉及人身权利（身份状况、对禁止产成年人的司法保护、国籍等）、家庭权利（婚姻、监护、亲权、收养等）、结社权利、企业的司法清算和重组等[②]案件中行使民事职权，其目的主要在于保护那些没有能力保护自己的身份及利益和处

---

① 根据法国学者 Marianne Cottin 的统计，截至 2011 年 7 月，共有至少 1929 个法律条文中规定了检察机关在民事和商事领域内的权限。但她自己也承认，由于受统计标准和方法的限制，这一结果并不能穷尽法国检察机关在民事领域内的所有权限。参见 Marianne Cottin, Le parquet en matière civile, sociale et commerciale. Recensement des textes et étude empirique des activités non pénales du parquet, Synthèse http：//portail. univ - st - etienne. fr/servlet/com. univ. collaboratif. utils. LectureFichiergw？ CODE _ FICHIER = 1327665217344&ID_ FICHE = 205478。

② 法国检察院在商事领域内具体的职权范围可以参考 2006 年 4 月 18 日发布的通告（C/V 2006 - 08 D4/18 - 04 - 2006，NOR ：JUSC0620263C）。

理家庭事件的个人。而对于涉及消防者权益方面的集体诉讼（les procedure collectives），如果所在的司法管辖区规模较小，则虽有可能由共和国检察官或副检察官来处理，但通常都将其交由政府的经济、金融部门来解决。至于其他具有行政管理性的职权，如对饮料零售、司法鉴定人、公共和政府官员的监管、依据家谱对民事身份关系变动提供咨询等，则往往会根据各个检察院内部具体的人员配备和组织形式来确定，时而归民事检察部门负责，时而由其他部门负责。不过，针对公共或政府官员提起的诉讼通常都被作为敏感案件而由共和国检察官来负责。①

作为一般性的法律监督机关，我国的检察机关有权监督一切法律的正确实施，具体到民事领域内则既应包括日常民事法律活动的监督，也应包括对民事诉讼活动的监督，至于民事法律活动的性质和类型则没有明确、具体的限制。不过，由于我国传统的社会治理模式习惯于由政府机关采取行政手段来管理和调解人民群众的日常生活，而行政机关与检察机关在组织机构和工作职能上又完全分离，因此检察机关对于日常民事法律活动的监督在实践中很少出现，民事检察权实际上主要是指对包括民事审判、民事执行在内的民事诉讼活动监督，至于所涉及的具体案件类型范围也没有任何限制。

由此可见，无论是法国还是中国，检察机关的职权范围都包括了对日常民事法律活动和民事诉讼法律活动的介入，且享有一般性法律监督权的我国检察机关在日常民事领域内似乎享有比以列举方式规定权限的法国检察机关享有更为广泛的职权。但从实践情况来看，由于民事实体法和程序法中都缺乏针对具体民事法律关系中检察权如何介入的规定，反而使我国检察机关在民事领域内的实际活动范围比法国检察机关小得多。

① Marianne Cottin, Les activites non penales du parquet, Les cashiers de la justice# 2012/2, page 166.

四、检察机关行使民事职权的方式

法国检察机关行使民事职权的方式即包括针对日常民事法律行为开展的非司法介入方式（en dehors de toute demande）和围绕民事诉讼活动开展的提起诉讼（exercice d' une voie recours）、发布司法意见（delivrance d' un avis）、出席听审（presence a une audience）等司法介入方式（une demande en justice）两种类型。其中非司法介入方式虽然也针对特定的民事法律关系，但在形式上已经类似于行政管理手段，具体表现为批准（delivrance d' un agrement）、登记（tenue d' un registre）、收取手续费（participation a une commission）等，而涉及的法律关系则包括婚姻身份、饮料零售（debits de boisson）、领养、限制人身自由的住院治疗（hospitalisation sous contrainte）、成年人监护、对需要特别管理的职业的控制（如执达员、公证员、拍卖师）、国籍、对养老食品卷的公共回收（recouvrement public des pensions alimentaires）、处于困境中的企业、外国人的权利等。[①] 当然，法国检察机关的民事职权主要还是表现为司法介入方式，即在检察机关发现损害公共秩序事实的情况下，可以于民事诉讼的任何阶段以任何身份提起或参与诉讼，其具体的介入方式包括以下两种：（1）以主当事人（partie principale）的身份直接进行（action）民事诉讼，包括以原告的身份主动提起民事诉讼，或者是以被告人的身份应诉。例如，当公民不顾检察机关的反对而举行婚礼时，则检察院有权对该婚礼的有效性提起诉讼。此时检察官与普通民事诉讼的当事人享有几乎完全相同的权利和义务，只不过其所维护的民事实体权益是社会的整体公共利益。例外情形是当检察机关败诉时只承担自身的诉讼费用，而无须承担胜诉方的诉讼费用。从发展趋势上看，检察官作为主当事人直接进

① Marianne Cottin, Les activites non penales du parquet, Les cashiers de la justice# 2012/2, page 164.

行民事诉讼的机制正不断得到加强，参与范围也不断地扩大[①]，但也引发了检察官是否会以社会的名义过分干预私人权利关系的担心，因此法律对检察官以主当事人身份提起民事诉讼的明确规定，以及法院对检察机关是否能够证明具体案件确实涉及公共利益进行审查就成为了防止检察权滥用的重要方式。不过，检察机关只有在如国籍类案件中才有专属起诉权，而在宣告婚姻或亲权无效等诉讼中，检察机关往往与其他经过授权的主体分享起诉的权利。（2）以共同诉讼人（partie jointe）的身份介入（intervention）民事诉讼，负责对案件的法律适用提出意见。此时检察官并不具有当事人的身份，而是一名提供法律意见的专家，其职能在于启导审理案件的法官，就当事人争议事项的法律适用方式向审判法官提供意见，[②] 以保证民事法律能够得到统一、正确适用。但除此之外，其无须完成任何其他诉讼行为，并且在绝大多数情况下也无权对法院判决提起上诉。当然，了解已经开始的民事诉讼是其进行有效介入的前提，为此法国民事诉讼法明确规定了检察机关介入民事诉讼的几种渠道：基于行使“知情选择权”了解到的情况而自由决定介入、法律规定检察院应当提供意见的案件、基层法院或上诉法院明确主动要求检察院提供意见的案件、检察院对于最高司法法院审理的所有案件都要提出意见。[③] 除检察院自行了解到情况之外，在后三种情形下审理案件的法院都应当主动通知检察院提供法律意见。此外，法国检察院还可以较为灵活的身份介入案件的上诉审理活动。一方面，根据法国《民事诉讼法》第423条的规定，检察院有权对损害社会公共利益的判决提起上诉（interjeter appel），即便检察院并不是该判决中的当事人。另一方面，为了保证法律的准确

① 参见施鹏鹏：《法国检察官的职权》，载《人民检察》2007年第17期。

② 参见［法］洛伊克·卡迪耶主编：《法国民事司法法》，中国政法大学出版社2010年版，第128～134页。

③ 不过，在有关被害人的损害赔偿问题上，检察院无权提出意见。

适用，检察院还可以主动起诉，以便通过行使上诉权的方式来保证其对法律的理解得以实现。不过，对于根据直接利害关系人的请求而作出的离婚判决，作为当事人之外第三方的检察院即便认为违反了公共秩序也无权提起上诉。[①]

在我国，无论是专门性的《人民检察院组织法》，还是各个具体的民事实体法中几乎都没有明确规定人民检察院针对日常生活中的民事法律活动行使民事监督权的具体方式。在司法实践中，检察机关至多只能依据《人民检察院检察建议工作规定（试行）》向发现的民事违法行为发出检察建议，或者在发现国家财产受到侵害、权利行使期限已经届至或者时效即将届满时，由检察机关向相关单位发出督促起诉函（或检察建议），督促（或建议）相关单位及时行使自己的权利，以及根据《民事诉讼法》第 15 条的规定对部分受到侵害的民事当事人支持起诉。[②] 不过以上监督方式具有明显的间接性，对违法行为的威慑力也较弱，一旦当事人拒绝改正，或者国家和社会公共利益的直接管理人怠于行使起诉权，则检察机关无法通过直接起诉等方式进一步纠正其违法行为。而在民事诉讼领域，明确规定检察机关具体监督方式的法律规定只有《民事诉讼法》第 208 条至第 213 条 6 个条文，据此我国的检察机关可以依职权或者依当事人的申请对民事诉讼中的审判及执行活动提出抗诉或者是检察建议，并且为了完成以上任务的需要也可以向当事人或者案外人调查核实有关情况。其中，对于因人民检察院抗诉而再审的案件，人民法院应当在再审时通知人民检察院派员出席法庭。此外，根据我国《刑事诉讼法》第 99 条的规定，“如果是国家财产、集体财产遭受损失的，人民检察院在提起公诉的时候，可以提起附带民事诉讼”，即检察机关可以在特定情况下以原告身份提起刑事

---

① Isabelle Després, Code de Procédure Civile, Édition 2014, Dalloz, page 387.

② 参见潘申明：《比较法视野下的民事公益诉讼》，法律出版社 2011 年版，第 252 页。

附带民事诉讼。

相比之下，法国检察机关行使民事检察权的方式显然更加丰富和灵活，其自身具有的行政机关和司法机关的混合属性，以及作为公共利益代言人和法律专家的身份使得其可以同时运用行政审批、提起诉讼、发表意见等多种方式介入民事法律领域，并且通过法律规定、法院通知、主动调查取证等多种方式保证了检察机关能够拥有充分的途径来及时发现有关案件。相比之下，我国检察机关行使民事职权的方式显然较为单一和薄弱，不但对日常生活中的民事法律行为缺乏强有力的监督方式，也无法与民事诉讼进行有效的衔接。即便在一直向强化监督职能发展的民事诉讼领域内，现有法律规定的抗诉和检察建议这两种监督手段也只能使检察机关以当事人以外的身份对已经启动的民事诉讼活动进行监督，缺乏以当事人身份介入民事诉讼来直接维护公共利益和法律的统一适用这种浸入式监督模式。即便检察机关可以在因抗诉而再审时在场，由于法律没有明确的规定，因此无法参与质证和辩论，甚至无法发表检察意见，从而极大地影响了监督的效果。虽然2012年修改的《民事诉讼法》第55条正式确立了我国的公益诉讼制度，但是对提起公益诉讼的主体——“法律规定的机关和有关组织”的表述却不够明确，加之其他相关的实体法律中至今也没有对其进一步具体规定，因此人民检察院是否有权提起民事公益诉讼仍然会遭到法律依据不足的质疑，甚至是失败的风险。①

五、我国民事检察制度未来的改革方向

虽然法国与我国在国体和政体上都有所不同，但法国民事检察制度之所以如此发达的根本原因在于国家对公民私权利和社会公共

---

① 实践中确有部分法院以检察机关提起民事公益诉讼不符合我国《民事诉讼法》第108条的规定，诉讼主体不合格为由裁定不予受理。参见潘申明：《比较法视野下的民事公益诉讼》，法律出版社2011年版，第253页。

利益都给予足够的承认和尊重，当两者之间发生矛盾和冲突的时候，双方愿意以理性、平等、和平的方式交由中立的第三方采用司法裁判的方式加以解决，是国家强调通过司法手段干预和调整日常社会生活理念的体现。如今，我国宪法已经正式确认了“依法治国，建设社会主义法治国家”的目标，并且在积极寻求社会治理模式的创新，在行政机关“简政放权”的同时，通过扩大司法介入的领域和方式可以有效地避免因行政权力退出而可能导致的混乱，而积极发展民事检察制度则是有效维护国家和社会公共利益的重要方式。法国检察机关的广泛职权虽然在一定程度上源于其行政机关代言人的身份，但中法两国检察机关在具有的人民性和担负的公共利益代言人身份上却是相同的，我国检察机关完全可以借鉴法国民事检察制度中的具体成熟经验来服务于我国的人民群众利益。此外，我国的检察机关还可以行使一般性法律监督权，具有完全独立于行政机关等方面的优势，理应在维护国家和社会的民事公共利益方面发挥更为重要的作用，因此我国未来民事检察制度完全可以在以下几个方面进一步发展和完善：

（一）明确建立民事公诉制度

民事公诉是指检察机关以公诉人的身份提起或应对民事诉讼，通过追求正式司法裁判的方式来维护国家和社会公共利益的诉讼活动。民事公诉制度的建立依赖于国家、社会与国民之间在民事法律关系中享有平等地位理念的确立，也依赖于国家在社会治理方式上从侧重于运用行政手段自上而下单向调整向侧重于借助司法手段构建双方平等理性对话方式的重大转变，是现代法治国家的重要标志之一。当前，阻碍我国民事公诉制度建立的困难主要是两方面：一方面，担心民事公诉制度将会使检察机关的诉讼地位当事人化，检察机关以普通当事人身份参与诉讼将降低其作为法律监督机关的地位。其实，在现代诉讼理念下，参与诉讼的当事人已经从诉讼的客体转变为诉讼的主体，同样有权对诉讼的过程和结果进行监督，因此以民事公诉人身份出现的检察官同样有权对民事诉讼进行监督，只不过监督的方式和角度会有所不同，并不会因此降低其法律监督机关的地位。且只有通过直接提起民事诉讼，才能使检察机关对日常民事活动的监督具有法律上的后果。因此越来越多的学者已经认为检察机关提起民事诉讼是对一般民事活动进行监督，即在民事领域内实现监督权的重要途径。①另一方面的担心则是民事公诉制度下的公诉人由于有雄厚的国家司法资源作为后盾，且同时又承担法律监督职能，有权对人民法院的审判和执行活动进行监督，因此在诉讼能力上及诉讼身份上与对方当事人相比具有明显的优势，从而破坏了民事诉讼所遵循的当事人地位平等原则。②这种担心虽然有一定的道理，但这只是公诉制度可能带来的潜在风险，而各国往往可以通过设立强制律师代理制度、调整证明责任的分配规则和证明标准等方法加以弥补。且由于民事公诉案件大都涉及环境污染、消费者权益保护、国有资产流失等公益案件，面对的对手往往是给国家和社会公共利益造成重大损害的当事人，在经济实力和诉讼能力等方面往往要远远高于普通民事案件的当事人，民事公诉制度本身恰恰就是为了弥补传统上受害一方的普通民事当事人诉讼能力较弱才产生的，因此所谓民事公诉制度会导致破坏当事人之间平等地位的担心并不具有太多的现实意义。事实上，我国检察院无论是在民事还是刑事领域内都要同时承担公共利益代言人和法律监督者的双重身份，控辩平等也是刑事诉讼③所追求的基本理念之一，既然刑事公诉制度在我国已经得到认可，甚至允许检察机关在刑事诉讼中有权附带提起民事诉讼，则在立法上也应尽快明确赋予检察机关在民事诉讼领域内的公诉权。总之，既然公诉的本质是通过诉讼活动

---

① 参见杨荣鑫主编：《民事诉讼原理》，法律出版社 2003 年版，第 213 页；杨立新：《论民事行政诉讼监督与监督方式完善》，载《检察论丛》（第 2 卷），法律出版社 2001 年版，第 228 页。

② 参见汤维建：《检察院提起公益诉讼势在必行》，http：//news. 163. com/14/0311/17/9N2RRHIM00014RT5. html。

③ 至少在审判阶段。

来维护公共利益，则公共利益的广泛性就决定了公诉权的表现形式不可能只局限于刑事诉讼[①]，尤其在国家于特定条件下也能够成为民事法律关系的主体时，则只能通过检察机关来代理其参与民事诉讼。

（二）合理限定民事公诉权的启动方式

在民事公诉案件中，由于检察机关是基于社会公共利益代言人的身份来启动诉讼，自身与案件的实体结果并没有直接的利害关系，因此即便是在法国，以主当事人身份介入民事诉讼的检察院往往在诉讼费的承担、败诉后的赔偿等方面也与普通当事人有所不同。而在我国，是否允许民事公诉案件中的对方当事人提起反诉，及一旦检察院败诉后应当以何种方式承担赔偿费用也一直是困扰民事公诉制度建立的一个障碍。因此，从维护整个民事诉讼制度的公正性和效率性角度出发，民事公诉案件只能作为一种补充性的诉讼形式存在。从法国民事检察制度的经验可以发现，检察机关虽然在法律上享有广泛的民事公诉权，但这种权利往往是和其他相关主体共同享有，检察院往往只是在有关主体怠于行使起诉权的情况下才启动民事公诉，真正专属于检察院民事公诉范围的案件类型仅限于少量人事诉讼和非诉类案件。考虑到民事诉讼的特殊性质和我国民事检察权的侧重点和能力专长，应当将民事公诉案件进一步区分为检察机关与其他有关机关或组织共同享有主体资格的案件和检察机关享有专属主体资格的案件。其中，对于当前《民事诉讼法》第55条规定的“污染环境、侵害众多消费者合法权益等损害社会公共利益的行为”这类民事公益诉讼应当属于前者，且还应当通过完善相关实体法将反垄断、损害国有资产、大规模侵犯劳动者权益等其他损害社会公共利益的行为也明确规定为民事公益诉讼的受案范围。由于此类案件大都具有商事性质，往往涉及巨大的经济利益，通常具有明确的政府主管部门、行业组织等，因此检察机关在

① 参见孙谦主编：《检察论丛》，法律出版社2004年版，第98页。

此类案件中应当主要负责督促其他有资格主体提起诉讼，只有在这些主体拒不履行提起公益诉讼职责的前提下才可以直接起诉。另外，我国的民事诉讼法及民事实体法中还应当明确规定剥夺公民国籍、宣布成年人为无行为能力或限制行为能力等涉及公民身份和资格的人事类诉讼和涉及宣布婚姻无效、剥夺或变更监护权等家庭权利的案件应当也属于公益诉讼范围，并由检察机关享有专属的起诉资格。其原因在于人事类诉讼显然属于维护公序良俗的公益事件范围，争议内容更集中于法律属性而与金钱无关，且几乎不存在反诉的可能性，显然更适合由同时具有公益代言人和法律专家身份的检察院来行使起诉权。

（三）科学调整日常民事检察监督方式，充分发挥检察建议的功能

作为一般性法律监督机关，我国检察院有责任对日常民事活动也进行有效的法律监督。不过，由于我国检察机关独立于行政机关，因此无须如法国一样直接对民事法律行为承担管理职能，而应当更加侧重于将发现的民事违法行为引入诉讼领域的方式来实现监督职能，这也更符合我国当前社会治理方式转变和依法治国的理念。当前，我国检察机关在司法实践中开展的日常民事活动法律监督主要采取检察建议、支持起诉等方式。其中，检察机关支持起诉的法律依据是我国《民事诉讼法》第15条规定，“机关、社会团体、企业事业单位对损害国家、集体或者个人民事权益的行为，可以支持受损害的单位或者个人向人民法院起诉”。不过，由于支持起诉以当事人提起诉讼为前提，如果当事人不愿意提起诉讼，则支持起诉的法律功能便无法实现，因此支持起诉对尚未进入民事诉讼领域内的损害国家、集体利益的民事行为并不具有强有力的监督效果。另外，与法国检察机关在以联合当事人身份介入民事诉讼时只就法律适用问题发表意见的做法不同，我国支持起诉原则对于支持的对象、支持起诉主体的介入方式和内容并没有明确限制，因此一旦允许检察机关在只涉及个人民事权益的案件中对调查取证、建议

法院减免缓诉讼费用、举证、质证、法庭辩论等事实问题上也对当事人进行支持，则不但会与法律援助机构、法院的相关职能发生冲突，也与其作为法律监督机关和公共利益代言人的身份相违背，因此检察机关并不适合担任支持起诉的主体。事实上，检察建议应当成为未来我国检察机关对日常民事活动进行法律监督的主要方式。虽然检察机关不便于对个人利益受到侵犯的民事主体支持起诉，但在法律援助机构、法院或其他有关机关、企事业、社会团体对于符合条件的当事人拒不履行支持诉讼职责的情况下，检察机关则应当通过向其发送检察建议的方式督促其履行职责。至于对侵犯国家、集体利益的日常民事违法行为，则检察机关应当既可以直接向从事非法民事活动的民事主体发出纠正违法行为的检察建议，也可以向承担保护国家、公共利益的有关机关和组织发出督促其提起公益诉讼的检察建议。如果被督促的对象仍然拒绝起诉或者没有能力起诉，则检察机关在符合法律规定的条件下有权直接起诉，从而将对日常民事法律行为的监督通过民事公诉制度有效地过渡到民事诉讼监督领域。

（四）赋予检察机关在特定民事案件中发表检察意见的权利

检察意见是指检察机关在诉讼过程当中就及时对案件所涉及的法律适用问题或案件裁判结果对社会公共利益可能产生的潜在影响发表意见，具有明显的事先预防性质，是检察机关同时承担法律监督职能和维护公共利益职能的必然结果。我国2012年修改的《民事诉讼法》虽然进一步加强了检察机关在诉讼领域内的法律监督职能，但在监督对象上还是只针对“已经发生法律效力的判决、裁定”、调解书，或“审判人员的违法行为”，所使用的检察建议和抗诉这两种监督手段也具有明显的滞后性。由于过分强调对民事诉讼中实体问题的处理只能进行事后监督，也限制了检察机关对正在进行审理过程中的审判人员违法行为进行监督的渠道和手段，使得民事诉讼监督的整体效果和效率都受到一定程度的削弱。检察意见的使用可以很好地弥补这一缺陷，其可以针对正在审理的民事案件在裁判之前就对案件中所涉及的重要实体问题给法官提供参考和指引，以降低法官作出错误实体裁判的机会。由于检察机关在提出检察意见时的身份更加侧重于法律方面的专家和公共利益的代言人，承担客观、中立的义务，因此并不会破坏民事诉讼当事人之间的平等地位和办案法官的司法权威，甚至比事后提起检察建议和抗诉更有助于维护审判机关的权威和裁判的既判力。

此外，受司法资源有限性的约束，检察机关提起民事公诉事实上只能作为例外和补充情形，绝大多数具有公益性的民事案件都应当由具有直接利害关系的普通民事主体或其他有关的机关和组织来提起诉讼。不过，受自身能力限制和追求私利最大化目标的影响，案件本身的公益价值有可能被普通民事当事人所忽略或成为牟取私利的筹码。至于其他有权提起公益诉讼的机关或组织虽然对所属特定领域内的案件具有较强的专业性知识，但是对其中的法律问题以及案件对整个社会公益的影响程度仍欠缺足够的把握能力，因此也有必要由同时具备法律属性和公益属性的检察机关向法院提供更为专业、客观的法律意见。当然，为了避免检察意见泛滥带来的诉讼效率下降，可以借鉴法国检察官以联合当事人身份介入民事诉讼的做法，即在立法上用列举的方式明确规定检察机关有权主动提出检察意见的民事公益案件类型。而在其他案件中，检察机关只有在接到法院通知后才可以提出检察意见。此外，一旦未来我国最高人民法院的功能调整为只限于进行法律审，则最高人民检察院有权对最高人民法院审理的所有民事案件都发表检察意见。至于检察意见的具体形式，可以是书面也可以是口头的。其中，如果属于法定发表意见的情形，由检察机关来决定检察意见的形式。如果属于法院通知发表意见，其形式则由法院决定。而对于因为抗诉而提起再审的案件，应当明确规定检察机关在出席庭审时有权发表意见，具体形式也应当由检察机关决定。

广东初任检察官培训实证研究

国家检察官学院广东分院课题组*

一、绪　论

（一）研究的背景及意义

初任检察官培训是检察官任职资格培训，对保障检察官队伍素质起着关键作用，在检察官培训中占有十分重要的地位。我国初任检察官培训经过四五年的实践，为检察官队伍建设作出了显著贡献，同时也积累了丰富的培训经验。然而，随着我国依法治国的全面推进，检察工作面临新的形势和任务，根据党的十八大提出的“加快社会主义法治建设”和“深化司法体制改革”的精神，对检察干警提出了更高的要求。

与全国兄弟省份相比，广东的检察工作、检察干警有自身的特点和培训需求。同时现代教育培训理念越来越深刻地影响检察教育培训，按照检察官的职业特点，遵循司法规律和检察教育培训的特殊规律，不断创新初任检察官培训的方法、手段和模式。从基础着手培养检察官的职业素能，强基固本打造广东检察队伍的专业化、

* 作者简介：课题组组长：李小东，广东省人民检察院副检察长；课题组成员：董兆玲，国家检察官学院广东分院常务副院长；刘小红，国家检察官学院广东分院副院长；王运婵，国家检察官学院广东分院副院长；高艳红，国家检察官学院广东分院教务主任。

精英化。最高人民检察院检察长曹建明强调，“大力推进检察教育培训专业化、职业化建设”。[①] 进一步为检察教育培训工作指明了方向。积极构建符合广东检察工作实际的初任检察官培训模式是推进广东检察教育培训专业化、职业化建设的有效途径。我们的研究成果，对广东初任检察官培训将起到理论上的指导作用和实践上的指引作用，也将给兄弟省份的初任检察官培训提供参考，为检察官队伍建设作出贡献。

（二）初任检察官培训理论探源

初任检察官培训属于成人职业教育的范畴，其培训对象是已通过国家司法考试拟任检察官的人员，培训内容包括检察官职业道德和职业规范、检察制度、检察实务和办案技能等。借鉴国外的现代教育培训理念来指导检察教育培训工作，才能探索出更切合检察工作实际的初任检察官培训模式。

著名教育家、哲学家约翰·杜威认为：“职业是一个众多活动的集合体，而不是具有单一性简单活动，职业的产生伴随人类的产生而出现，并随着社会的发展而不断改进其开展职业活动的方式与手段，它的产生有着深刻的社会根源和历史范畴，我们不能用静止不变的观点来看待职业，他必定随着社会的发展而出现更新换代的趋势。”[②] 初任检察官培训也只有随着社会的不断发展，法治进程的不断推进，法律知识的不断更新，“立足于法治中国的语境，并参考世界法治国家的经验”，[③] 来完善培训制度、确定培训目标，制定培训计划、设置培训内容，才能提高检察教育培训的实效性，

---

① 王治国、徐盈雁：《大力推进检察教育培训专业化职业化建设》（高检院召开西部检察教育研讨班暨教师节座谈会），载《检察日报》2013 年 9 月 10 日第 001 版。

② 约翰·杜威：《民主主义与教育》，人民教育出版社 1990 年版，第 218 页。

③ 陈光中、龙宗智：《关于深化司法改革若干问题的思考》，载《中国法学》2013 年第 4 期。

"塑造高素质、有权威的司法官"。[①]

被誉为"经验学习之父"的心理学家戴维·库珀（David Kolb）于1971年提出了经验分享式培训法和体验式学习的理论。他认为成年人的学习主要是一种基于体验的学习，要完成4个步骤的循环过程，提出"学习圈"理论（图1）。[②] 他认为：（1）任何学习过程都应遵循"学习圈"理论。（2）重视学习者学习风格的差异。（3）集体学习的效率高于个体学习的效率。并且提倡学习者之间要有经常性的沟通和交流。[③] 初任检察官培训时间长，在教学组织上应更加注重学员之间的交流研讨、经验分享，实现学员之间的相互启发、知识共享，从而达到"教学相长、学学相长"。

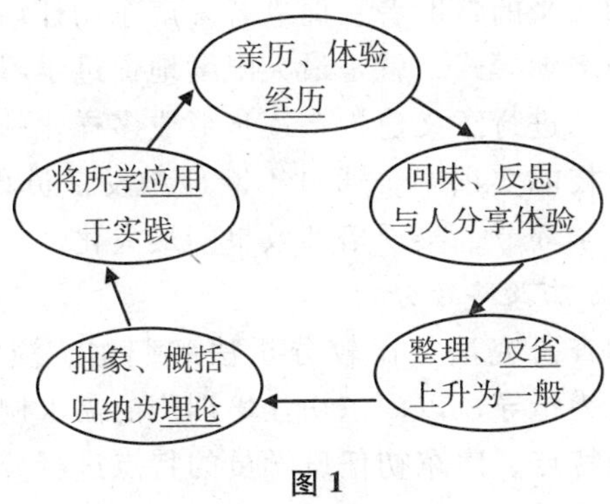

图1

初任检察官培训如何确定培训课程、如何选配师资是保证培训效果的关键所在。"认知主义的教学设计视教学为问题解决的过程、教学策略的选择与应用，重点在于引导学习者面对问题情景

① 陈光中、龙宗智：《关于深化司法改革若干问题的思考》，载《中国法学》2013年第4期。

② ［美］D·A. 库珀：《经验学习：让经验成为学习和发展的源泉》，王灿名等译，华东师范大学出版社2008年版，第27~30页。

③ 参见朱孟艳：《库珀经验学习理论视域下成人学习模式构建研究》，曲阜师范大学2012年硕士学位论文。

时，采用最适合的策略与方法。”布鲁纳的“发现学习模式”提出，教学有四个阶段的程序特点：第一阶段，提出问题。第二阶段，确立假设。第三阶段，形成概念。第四阶段，转化能力。[①]广东初任检察官培训在实务技能训练和对口业务部门座谈的课程安排上，强调“以问题为中心”，通过案例教学、情景模拟、研讨交流的教学方式，解决在实际工作中遇到的问题，从而提高学员的专业技能。

建构主义学习理论强调：以学生为中心，不仅要求学生由外部刺激的被动接受者和知识的灌输对象转变为信息加工的主体，知识意义的主动建构者；而且要求教师要由知识的传授者、灌输者转变为学生主动建构意义的帮助者、促进者。广东初任培训构建以提高学员素能为主的培训模式，就是最大限度地促进学习者与教学情境的相互作用，主动进行意义建构，逐步形成多样化的授课形式，在初任检察官业务技能实训中，通过不断地激发学员积极参与思考，精心设计每个教学环节，实现培训效果的最大化。

（三）研究方法及路径分析

本文运用调查研究法、比较分析法和归纳、演绎法，以教育学、心理学理论为指导，以广东初任培训班的需求调查为基础，对广东检察工作的特点、广东初任班学员的特点进行分析、比较，对初任检察官培训内容、培训方法、培训师资、培训评估等进行研究，探索构建符合广东检察工作实际的初任检察官培训模式。

调查研究法。运用调查问卷、座谈、访谈等研究方法，对广东检察机关干警的培训需求情况、主要培训内容以及师资情况、培训效果评估等进行调查研究。

对比分析法。本文参照《全国检察机关培训需求调查问卷统计分析报告》，与广东初任班调查问卷的相同题目进行数据分析比较，选取有共性和代表性的选项进行归纳总结。运用社会科学统计

---

① 参见程迪主编：《现代教育学教程》，浙江大学出版社2011年版，第12页。

分析软件对“2013 年初任检察官培训班（第八期）满意度调查问卷”进行了信效度分析，具有较高的科学性。

归纳、演绎法。本文的归纳方法主要用于数理统计的归纳分析、研究结论的归纳和提升，如各章节的主要结论部分。而演绎方法侧重于从一般到特殊，如第三部分，对广东初任检察官培训模式的构建。

二、广东初任检察官培训需求调查及现状分析

（一）广东初任检察官的基本情况调查及分析

近几年，广东检察机关共举办了 8 期初任检察官资格培训班，共培训学员 2300 多人，每年广东初任检察官的人数为 600 人左右，培训质量的高低直接关系到检察官自身素质和广东检察人才队伍建设。初任检察官资格培训是广东分院举办的常规培训班，参加培训的学员人数多，集中面授的时间长，授课的教师涉及面广，培训效果具有一定的代表性，能够从教学、教务和后勤保障等方面，较全面地反映出培训的整体效果。

本文对 2013 年初任检察官资格培训班学员的培训需求问卷调查进行了统计分析，两期培训班（第七期和第八期）学员共计 573 人，共收回问卷 539 份，占总人数的 94.06%，问卷调查的结果能够充分反映出广东初任检察官的培训情况。

1. 培训人员工作单位。2013 年两期初任培训班的学员中，来自县级院的人数达到 443 人，占总人数的 82.19%；市级院的人数为 78 人，占总人数的 14.47%；省级院的人数为 18 人，占总人数的 3.34%；反映出初任检察官资格培训主要的对象是县级院的人员，县级院人员的意见对此次问卷调查的结果影响较大（图 2）。

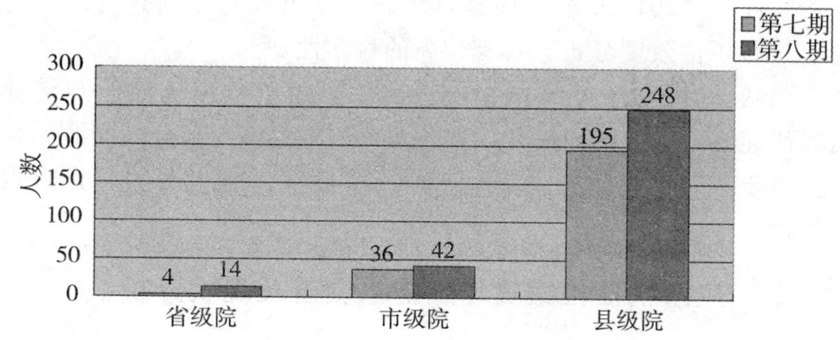

图2　培训人员工作单位分布

2. 培训人员职位级别情况。参加初任检察官资格培训的学员在职位级别上主要为科员级别，人数为409人，占总人数的75.88%，其次为科员级以下级别，人数为100人，占总人数的18.55%，因而对于问卷中设计的培训需求栏目，主要反映了科员和科员级以下人员的培训需求（图3）。

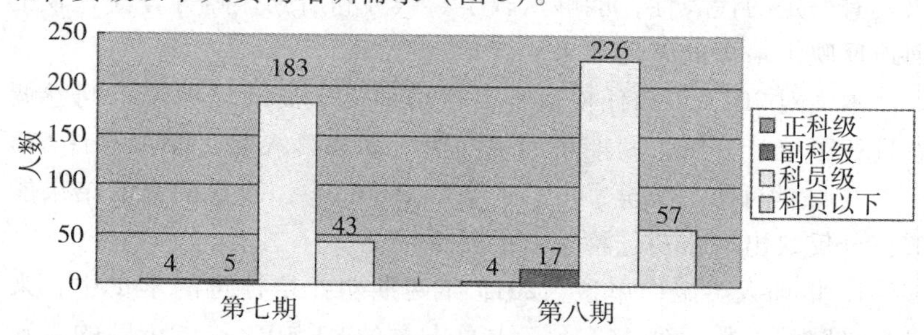

图3　培训人员职级情况

3. 培训人员年龄分布。参与培训的学员，年龄集中在26~30岁，人数为306人，占总人数的56.77%，其次集中在25岁以下年龄段，人数为142人，占总人数的26.35%，因而在培训需求满足方面应当重点关注此年龄段学员的需求，结合其性格特点，工作阶段等开展培训（图4）。

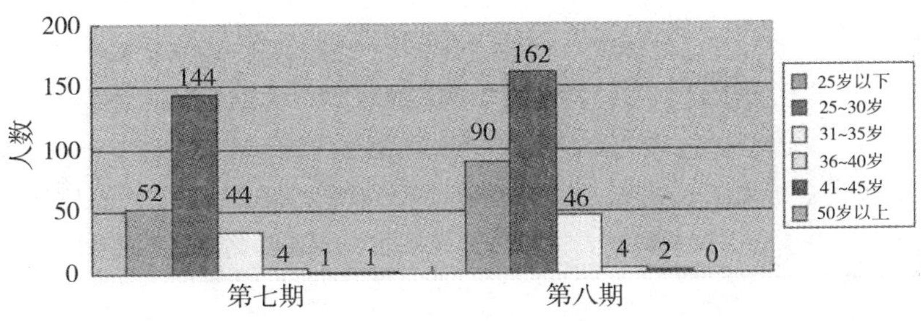

图 4　培训人员年龄情况

4. 培训人员学历情况。两期培训班学员的学历主要集中在本科学历，人数为 456 人，占总人数的 84.6%；其次为硕士学历，人数为 78 人，占总人数的 14.47%，因而在培训内容的设计上，要考虑不同学历学员的接受程度，或对不同学历学员针对性地设计培训内容（图 5）。

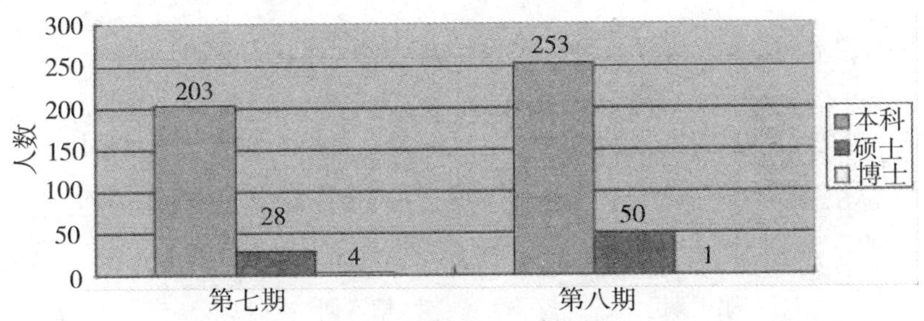

图 5　培训人员学历情况

5. 培训人员所学专业方向情况。参加培训的学员所学专业主要集中在法学专业，人数为 486 人，占总人数的 90.17%，远远高于其他所学专业，因而在培训内容的设计上要符合法学人才的培养模式（见图 6）。

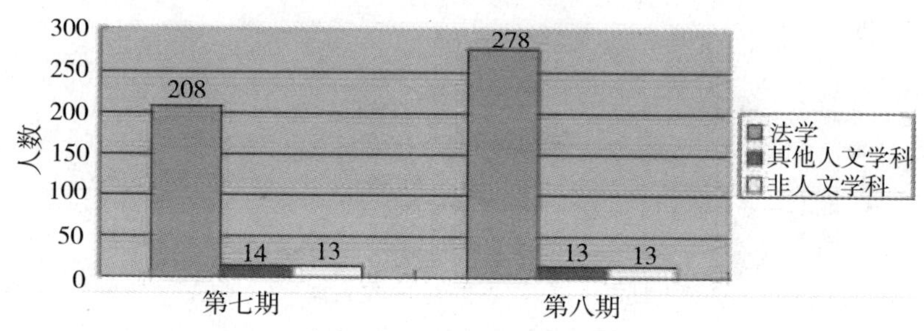

图6　培训人员所学专业情况

6. 培训人员在检察机关工作年限。初任检察官资格培训人员在检察机关的工作年限主要集中在5年及以下，人数为498人，占总人数的92.39%，对于刚刚进入检察机关的人员，其自身能力的提高和知识的拓展还有很大的空间，因此，在培训中应当加强对其如何发挥自身能力的引导，根据工作需要拓展相关知识（图7）。

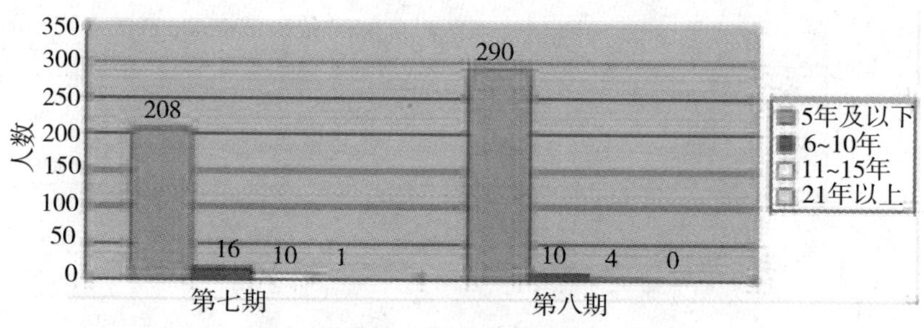

图7　培训人员在检察机关工作年限

7. 培训人员所属部门情况。初任检察官资格培训的学员所属部门人数较多的依次是公诉146人、反贪86人、侦查监督79人，分别占总人数的27.09%、15.96%、14.66%，3个部门人数占全部部门人数的57.71%，因而在培训中应当根据部门的工作需求对参与培训人数较多的部门予以侧重，提高培训的整体效果（图8）。

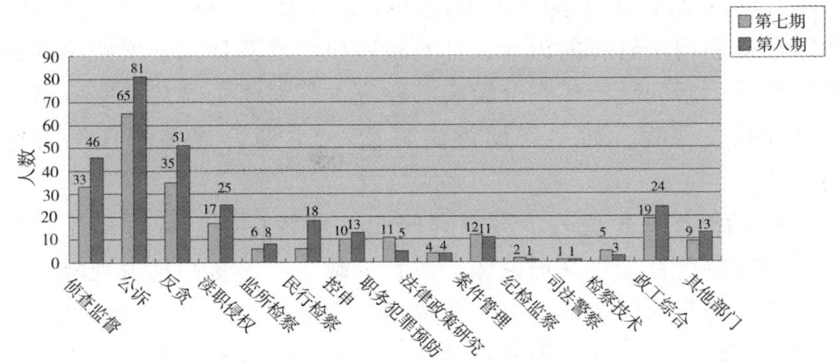

图 8　培训人员所属工作部门情况

综上可见，广东初任检察官绝大多数以基层县级院干警为主占 82.19%，他们年龄在 30 岁以下的占 83.12%，科员以下的占 94.43%，本科学历占 84.6%；主要业务部门学员占 65.5%，针对广东初任干警的基本情况，把握好组织过程中的各个环节，注重结合基层检察院的工作实际情况精心设置课程、侧重初任干警履职能力的培养，尤其是绝大多数业务部门学员业务技能的提升，充分发挥初任培训的基础作用。

（二）对初任检察官培训的组织需求分析

培训需求分析可分为 3 个不同的层面：组织需求、岗位需求、个人发展需求。在这 3 种不同层次、不同类别的需求中，既有共性部分也有个性部分，最终互为补充、互为促进。其中，“组织需求”主要是让学员及时了解党和国家的战略部署、方针政策和法律新动态，提高法律监督的自觉性和理论水平。近年来，初任培训随着依法治国理念的推进，组织需求越来越明晰：

1. 检察机关的性质决定了检察教育培训的组织需求。检察教育培训的组织目标决定培训目标。一是要始终注重初任学员执法办案能力的培训。不断增强检察学员对新法律、新法规的掌握和适用能力。二是要始终注重对初任学员工作规范化程度的培训。加强检察人员规范执法的能力，树立检察官的良好形象。

2. 紧密结合法律新动态为初任检察官及时充电。随着新的法律、法规和司法解释的出台，针对检察机关在具体司法实践中遇到的新情况、新问题，广东分院潜心研究，在每年的初任检察官培训中开发相关课程，如“新刑诉法解读”“刑诉规则的理解与适用”等。

3. 始终注重思想政治教育和职业伦理教育。坚持对初任学员开展中国特色社会主义理论体系教育、政法干警核心价值观教育以及检察干警行为规范教育、职业道德、职业纪律教育，增强检察人员的政治意识、大局意识和责任意识，努力实现执法办案的法律效果和社会效果的有机统一。

（三）对初任检察官培训的岗位需求调查及分析

“2013年初任检察官资格培训班的培训需求调查问卷（第七期、第八期）”统计结果与“2012年全国检察机关培训需求调查问卷统计分析报告”对比来看，广东初任检察干警需要加强的素质能力分类统计结果如下：

业务部门干警需加强的素质能力统计结果：与本岗位相关的检察业务知识和法律适用能力（全国68.2%、广东80.5%），检察业务能力（全国58.3%、广东78.7%），法律思维和逻辑分析能力（全国49.8%、广东72.2%），团队协作能力（全国41.8%、广东49.7%），法律文书制作能力（全国39.1%、广东65.1%），案件汇报能力（全国37.7%、广东53.6%），沟通协调能力（全国36.0%、广东61.0%），调查研究能力（全国34.9%、广东55.8%），群众工作能力（全国34.3%、广东58.8%），计算机等操作技能（全国29.7%、广东39.1%）。

综合部门的干警需要加强的素质能力：与本职岗位相关的专业知识和技能（全国64.5%、广东74.2%），文稿起草能力（全国50.8%、广东73.3%），团队协作能力（全国44.9%、广东70.3%），执行能力（全国44.9%、广东62.89%），调查研究能力（全国39.4%、广东59.0%），实践创新能力（全国36.3%、广东43.8%），汇报表达能力（全国33.8%、广东52.7%），群众工作能力（全国33.7%、广东53.4%），会务保障能力（全国32.0%、广东59.0%），计算机等操作技能（全国29.5%、广东47.9%）。

从数据对比来看，全国的问卷调查基数比较大，参与的人员比较分散，能够充分反映出不同层次的检察人员对所调查的问题的观点。广东的调查问卷仅仅针对初任检察官群体，相对比较集中，反映的是广东初任检察官特殊群体的观点。针对相同问题的调查，全国和广东的调查结果，广东初任干警的分值均高于全国水平，这也充分体现了广东初任学员对岗位素能的高标准、严要求。排在前三或前四的选项基本是一致的。如业务部门干警需加强的素质能力为：与本岗位相关的检察业务知识和法律适用能力、检察业务能力、法律思维和逻辑分析能力；综合部门的干警需要加强的素质能力为：与本职岗位相关的专业知识和技能、文稿起草能力、团队协作能力、执行能力。个别问题的选项，只是顺序上有所差异。由此可见，无论是全国范围的检察干警还是广东初任检察官群体，一致认为前四种能力是首要加强的，以此为依据确定培训内容，设置相关课程，才能真正提高检察教育培训的针对性和实效性。

（四）对初任检察官培训的学员需求调查及分析

学员需求即个人发展需求，主要是帮助学员破解在实际工作中遇到并亟待解决的问题，是学员知识更新、能力提升的需求。就是通过分析初任学员现有的知识和能力是否能够胜任所承担的工作需要，存在哪些差距，造成差距的原因是什么，从而确定培训的对象、培训的内容和培训的方式方法。进行个人需求分析时应考虑的因素有两点：一是分析参训学员的基本情况，主要了解学员的年龄层次和学历构成和能力差别，有针对地解决“缺什么”的问题。并针对差别采取灵活多样的培训方法。二是了解参训学员的兴趣及学习动机，作为成人职业培训，学员的兴趣和学习的动机对培训效果影响很大，虽然个人兴趣千差万别，但通过分析找出趋同性，尽量满足学员合理的、与培训主题接近的兴趣点，更好地设置培训课程和内容。[①] 2013 年广东初任检察官问卷调查统计结果如下：

1. 培训人员希望掌握的信息知识主要为：本岗位相关的专业领域知识，选择人数 480 人，占总人数的 89.05%；其他院的相关经验做法，选择人数 440 人，占总人数的 81.63%；最新法律法规和司法解释，选择人数 413 人，占总人数的 76.62%；相关政策占 62.71%；地区发展占 35.25%；形势占 33.77%。

2. 培训人员希望参加的知识与技能培训主要为：心理学，选择人数 432 人，占总人数的 80.15%；法学，选择人数 365 人，占总人数的 67.71%；礼仪规范，选择人数 279 人，占总人数的 51.76%；经济金融占 40.63%，行政管理占 35.44%，人力管理占 29.69%。

从调查结果可以看出，“本岗位相关的专业领域知识，其他院的相关经验做法，最新法律法规和司法解释，相关政策”以及“心理学、法学、礼仪规范”，等为 50% 以上的学员选择。在课程的设置上，应该以上述方面的内容为侧重点，真正解决“缺什么、补什么”的问题，加大对初任检察干警的专业性、职业性的培训力度。

（五）广东初任检察培训的现状及特点分析

初任检察官培训经历了四五年的发展，正朝着以能力培训为主、满足个性化培训需求的培训新阶段发展，对于提高检察官队伍素质发挥了重要作用。广东作为改革开放的前沿，初任干警的文化层次、受训需求的改变，检察工作的不断发展，客观上要求

① 参见赵玲玲：《我国公务员培训模式研究》，山东大学 2010 年硕士学位论文。

教育培训工作与之相适应，从内容到形式不断改革和创新。近几年广东分院在初任检察官培训实践中，积极改革，大胆实践，不断探索积极有效的培训模式，取得了可喜的成绩，如课程设置的针对性有所增强、教学过程中的互动性有所增强，培训质量不断提高。但同时也存在一些薄弱环节，如培训需求分析的科学性有待提高，培训评估体系有待完善等。下面主要以“2013 年广东检察机关第八期初任检察官培训班满意度调查问卷”为例进行具体分析和阐述。

通过对初任检察官培训班满意度调查问卷的分析，可以比较全面地了解广东初任检察官培训的现状。为确保调查结果的科学性和有效性，本文运用现代社会科学统计软件，首先对问卷的信度和效度进行分析。第八期初任检察官培训班学员人数 313 人，发放问卷 313 份，回收问卷 304 份，有效问卷 274 份，问卷回收率 97.13%，满意度问卷的信效度分析结果如下（表 1、表 2）：

表 1　“初任班”满意度因子负荷表

题目	因子			同度
	教学	教务	硬件	
1. 培训课程的总体设置	0.771	0.073	0.198	0.638
2. 基础理论课程设置	0.782	0.059	0.167	0.643
3. 素能培训课程设置	0.644	0.288	0.644	0.502
4. 实训课程设置	0.670	0.239	0.022	0.506
5. 师资安排	0.653	0.161	0.256	0.518
6. 授课内容	0.679	0.073	0.189	0.502
7. 授课形式	0.707	0.210	0.212	0.590
8. 上课时间安排	0.349	0.551	0.149	0.448

续表

题目	因子			同度
	教学	教务	硬件	
9. 业余活动安排	0.167	0.794	0.168	0.686
10. 班务管理	0.161	0.644	0.305	0.534
11. 学员交流	0.252	0.749	0.163	0.650
12. 收获知识	0.692	0.363	0.166	0.639
13. 技能提高	0.729	0.354	0.216	0.703
14. 自身能力发挥	0.626	0.399	0.285	0.632
15. 考试考核	0.628	0.163	0.263	0.490
16. 餐厅服务	0.265	0.225	0.585	0.463
17. 教室保洁	0.207	0.176	0.649	0.495
18. 住宿条件	0.132	0.196	0.809	0.711
19. 学院环境	0.257	0.136	0.807	0.736
20. 培训的针对性、实效	0.699	0.298	0.254	0.642
21. 培训的总体效果	0.664	0.322	0.341	0.661
特征值	9.540	1.656	1.192	
方差贡献率/%	45.429	7.887	5.678	
累计方差贡献率/%	45.429	53.316	58.994	

如表1所示，"初任班"满意度因子负荷表，是采取因子分析法分析量表的构想效度，表中所保留的21道题目的因子负荷均大于0.50，按照每个因子所含题目意义，将因子命名为"教学满意度""教务满意度""硬件设施满意度"，表中因子负荷说明量表具有良好的构想效度。

表 2　“初任班”满意度题目的描述统计表

题目	人数	排名	极小值	极大值	均值	标准差	所属因子
4. 实训课程设置	274	1	1	4	3.41	0.635	教学满意度
3. 素能培训课程设置	274	2	1	4	3.35	0.637	
2. 基础理论课程设置	274	4	1	4	3.29	0.550	
5. 师资安排	274	6	2	4	3.28	0.605	
1. 培训课程的总体设置	274	8	1	4	3.26	0.563	
23. 培训的总体效果	274	9	1	4	3.24	0.521	
22. 培训的针对性、实效性	274	10	1	4	3.23	0.574	
12. 收获知识	274	11	1	4	3.22	0.577	
6. 授课内容	274	12	1	4	3.21	0.604	
14. 自身能力发挥	274	13	1	4	3.21	0.626	
13. 技能提高	274	14	1	4	3.19	0.624	
7. 授课形式	274	15	1	4	3.18	0.602	
16. 考试考核	274	16	1	4	3.17	0.671	
11. 学员交流	274	3	1	4	3.30	0.674	教务满意度
10. 班务管理	274	7	1	4	3.27	0.711	
8. 上课时间安排	274	17	1	4	3.09	0.699	
9. 业余活动安排	274	19	1	4	3.04	0.793	
18. 教室保洁	274	5	1	4	3.28	0.640	硬件设施满意度
20. 学院环境	274	18	1	4	3.06	0.695	
19. 住宿条件	274	20	1	4	2.86	0.735	
17. 餐厅服务	274	21	1	4	2.71	0.821	

通过“对 2013 年初任资格培训班的满意度调查问卷”的信效度分析，说明问卷具有一定的代表性，能够比较真实地反映出当前广东初任培训的现状，主要具有以下几个方面的特点：

1. 在课程设置方面针对性有所增强

课程是培训内容的载体，培训内容的针对性和实用性是职业培训的永恒主体，培训课程设置的优劣决定培训效果的好坏，优秀的培训课程，往往是培训成功的一半。通过对“初任检察官资格培训班满意度调查问卷”的信效度分析，说明学员对教学满意度评价较高。在表2中，“初任班”满意度题目的描述统计表因子“教学满意度”中，实训课程设置、素能培训课程、基础理论课程满意度均值较高，分别排在第1、第2和第4位。

另外，通过对初任检察官资格培训班满意度的百分比得分排序可以看出，课程设置均排名靠前：其中职业基础理论课程设置为95.9%，培训课程的总体设置为95.2%；素能培训课程设置为95.2%；收获知识为93.7%；岗位技能培训模块的课程设置为93.4%；培训的针对性为92.7%；教师的授课内容为92.6%（图9）。初任班满意度百分比得分情况进一步说明，初任班课程设置具有较强的针对性。

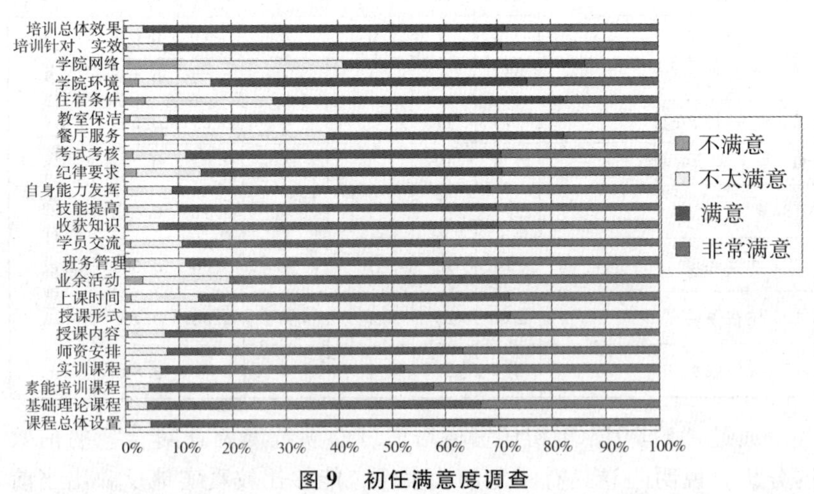

图9 初任满意度调查

这充分说明当前广东初任班的课程设置的针对性有所增强，其原因主要有以下几点：

一是精心规范设置课程。严格按照《初任检察官资格培训指导性教学计划》的要求设置课程，将三大部分设置成具体模块课程。即在职业基础培训部分设置了政治理论、法学理论、职业素养三个模块的课程；在岗位技能培训部分设置了刑事诉讼监督业务、职务犯罪侦查业务、民事诉讼监督业务三个模块，再落实到具体可操作的课程。

二是以需求为导向设置课程。在现行的组织调训模式下，虽然以组织需求为主，但也将业务部门的岗位需求作为课程设置的主要参考因素，认真分析不同层次需求的契合点，尽量满足大多数学员需求。并以此为根据，在课程设置上把与岗位专业知识作为重点。如刑事诉讼监督业务模块设置了“非法证据排除与证据合法性证明”的课程；职务犯罪侦查业务模块设置了“侦查审讯突破的策略与技巧”和“职务犯罪案件初查”等课程；在民事诉讼业务模块设置了“民行工作中调查核实的理解与适应”的课程。随着刑诉法的修改，“刑诉规则的理解与适用”“刑诉规则下同步录音录像规则研究”等课程，使参训人员能够及时掌握法学前沿知识，优化法学知识结构，提高应对新情况、处理新问题的能力。

三是以能力培养为目标来确定培训内容。初任检察官的培训目标是增强职业意识、树立职业道德、掌握职业技能、全面提高综合素养、具备履行检察官职务的政治素质、专业水平和业务能力。围绕这一目标，在培训内容的确定和课程设置上，确定了“以能力培养为目标”的现代教育培训理念，并将其贯穿于培训过程的始终。在内容的确定上，始终把与本岗位相关的检察业务知识和法律适用能力、检察业务能力、法律思维和逻辑分析能力及与本职岗位相关的专门知识和技能放在首位。在检察业务培训课程中，尤其是检察业务技能实训中，注重法律适用能力的培养，并通过实训课程，让学员在呈现问题——发现问题——分析问题——解决问题的过程中提升法律思维、逻辑分析能力和检察业务能力。

2. 在教学过程中互动性有所增强

随着初任学员的文化层次、需求的不同，客观上要求与课程建设相适应，不断改革和创新教学方式方法。加大了教师与学员之间、学员与学员之间的互动，实现了教学相长、学学相长。

从"初任检察官资格培训需求问卷"中，关于培训人员希望增加的授课方式，选择比例依次为：案例教学，选择人数为307人，占总人数的56.96%；现场观摩，选择人数为203人，占总人数的37.66%；参观考察，选择人数为186人，占总人数的34.51%；交流研讨，选择人数为182人，占总人数的33.77%（图10）。

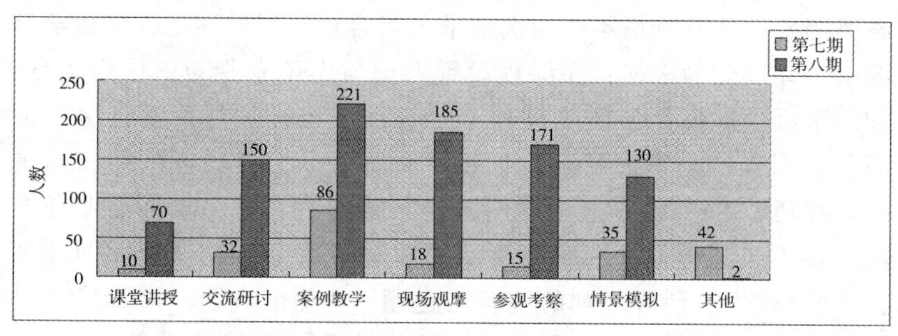

图10　增加授课方式情况

上述统计结果充分说明，检察教育培训在授课方式方面必须遵循检察教育培训的特殊规律，以初任学员的需求为导向。学员最希望增加的授课方式是案例教学、现场观摩、交流研讨等都是与现代先进的教育理论相辅相成的。为此，广东初任培训，在岗位素能培训中，均使用了大量的案例教学法。授课教师收集了检察实务中的典型案例、疑难案例进行整编作为教学案例，学员主要是针对案例进行分析讨论、决策判断，确定解决问题的方案。在教学过程中加大了实际操作方面的引导和经验传授，加大了师生之间、学员之间的互动交流。主要有以下两个方面：

一是在检察业务技能培训中运用"实训"方式。检察业务技能实训在教学目标定位、教学内容选择、教学方式采用等方面都有一定的创新。在初任班学员人数较多的情况下，采取大班分小班、同时开课的实训模式，采取案例教学、交流研讨、情景模拟、角色扮演等新颖形式，在教师的积极引导下，鼓励学员提出问题、小组讨论、集体协作、解决问题。小班教学使教师与学生有更多的交流机会；案例教学以现实真实案例为背景开阔学生检察工作视野；交流研讨使人人都有发表意见、提出疑问、研究解决的机会；情境模拟法强调学员在模拟的现实工作环境中，通过讨论和角色扮演来发现问题、准确呈现问题，并加以解决。由此看出，学员的参与、协助和交流贯穿于“实训”活动中，教师与学生之间，学生与学生之间的协作，对学习资料的收集与分析、假设的提出与验证、学习进程的自我反馈和学习结果的评价以及业务技能的提高都起到了十分重要的作用。

二是在初任班开设“对口部门业务问题座谈”课。广东分院组织广东省院各部门的业务骨干和学员业务对口交流。采用交流讨论的方式，以解决初任学员在实际工作中的问题为目的，组织各部门的业务骨干和学员分小组对口交流，既解决了学员的问题又丰富了授课形式。（1）学员在工作中的问题能够得到讨论、交流，寻找解决之道。（2）使参加交流的省院同志了解基层对口部门的工作难点和问题，有利于上下沟通，促进工作。（3）在讨论、研究中，学员与学员之间、学员与教师互相促进、互相提高。（4）改变传统讲授式课程形式，补充传统讲授式课程互动性不足等缺陷。

3. 培训需求分析的科学性有待提高

培训需求分析是提高检察教育培训质量的首要环节，是用科学的方法对培训对象、培训原因、培训内容等进行深入探索研究，是有效地实施培训的前提，具有很强的指导性。

（1）培训需求调查处于起步阶段。我国《检察官法》对检察官应当有计划地进行理论培训和业务培训作了明确规定：检察官的培训，贯彻理论联系实际、按需施教、讲求实效的原则。但是，在实施培训的过程中还是缺乏科学有效的培训需求分析。

从岗位需求的角度看，检察机关至今尚没有出台检察人员定岗后应当遵守的岗位标准。检察人员所在岗位的职责、岗位任职资格要求检察人员所要达到的知识、技能、能力是否产生培训需求，岗位需求分析在培训计划的生成和培训内容、培训课程的设置方面起到的作用尚未凸显。关于个人需求的开展，检察教育培训机构采取访谈法、问卷调查法、座谈交流等方式，通过对培训班的学员进行座谈和填写问卷调查表，了解目前参训干警培训需求的情况。由于培训需求的调查仅限于在培训课程结束时的问卷调查，对检察干警的培训需求了解不够深入。

（2）培训需求分析的科学性有待提高。对照科学的培训需求流程，有三个方面需要提高：一是提高培训需求信息的来源。省级院和各市分院人事主管部门所提供的培训需求信息存在一定的不确定性。二是在培训需求分析环节，提高信息收集、分析和总结方面的科学性，避免出现漏洞。从目前广东分院的人员构成来看，教学管理人员数量少、任务重，培训需求问卷分析尚未形成常态。三是提高学员对问卷的重视程度，部分参训学员对培训需求问卷重视不够、存在一定程度的随意性，从而造成一定数量的无效问卷。

4. 培训评估体系有待完善

培训评估是检验培训效果的有效手段，是整个培训流程的最终环节。但检察教育培训评估的相关理论研究还处于起步阶段，评估制度不健全、评估体系不完善；评估指标的科学性、可操作性，培训效果的全面性、准确性、可持续性都有待于进一步提高和完善。

初任培训在实际操作上同样存在以下几个方面的问题：一是评估主体比较单一、评估内容不够全面。评估主体往往只限于参训学员。二是缺乏对受训者的全面评估，更多的是采取量化的指标，而缺乏对参训学员的态度、行为改变等难以量化的方面进行评估。三是评估流程不完整。当前，作为教育培训机构所做的是培训结束后进行的评估，缺乏对参训学员培训后延时效果的评价，对于培训产生的长期效果无从了解。四是培训评估结果与干部提拔任用、职级晋升、年终考核联系不密切，这不利于发挥培训结果的激励作用。

三、广东初任检察官培训模式构建

（一）广东初任检察官培训内容研究

按照国家检察官学院制定的《初任检察官资格培训指导性教学计划》，结合广东检察工作实际，在培训内容上组织落实好“职业基础培训、岗位技能培训和通用技能培训”三大部分课程，具体做好以下几点。

1. 针对广东检察工作的特点确定培训内容

广东作为改革开放的排头兵，经济发展程度较高，法律人才储备较为充足，所辖区域既有经济发达、法律人才聚集的沿海和珠三角地区，又有经济相对落后、法律人才相对匮乏的边远山区。无论在案件数量、案件特殊性方面都具有代表性。随着改革创新的不断深化。广东的检察工作凸显出以下特点：

一是案件数量多且具有代表性。广东是经济大省，也是案件多发的省份。广东公诉用全国 7% 的人力消化了超过全国 10% 的案件，珠三角公诉人一年要办理 200 件案件。广东作为外来人口较多的省份，毗邻港澳，具有独特的地理位置，呈现出新刑事犯罪、大要案和疑难复杂案件多发的特点。

二是案件办理透明度较高。广东在全国率先开展阳光检务。建立了检务告知、案件办理情况查询、公开审查、检察文书说理、检察工作通报、检察开放日、代表委员联络和检察宣传八项制度。与此同时，在全国率先创新案件集中管理机制。实现“网上执法办案、全程精细管理、实时动态监督、重点案件评查、综合业务考评、信息优化共享”六大工作目标，案件办理的透明度和执法公信力不断提高。

三是案件规范化程度较高。广东健全完善了对执法活动监督制约的制度措施。实行职务犯罪案件“三书一制度”，即告知犯罪嫌疑人权利义务书、告知犯罪嫌疑人羁押情况书、对犯罪嫌疑人实施同步录音录像知会书和协助律师会见犯罪嫌疑人制度；推行“一案一评估、一案一建议、一案一教育”办案机制，开展案件质量“三零”即“零错案、零重大瑕疵、零办案安全事故”创建活动，做到办案法律效果与政治效果、社会效果的有机统一。

广东检察工作的特殊性，对广东干警提出了较高的要求，也对初任班培训如何提高学员办案质量、办案水平提出了更高要求。为此，广东初任检察官培训，一是要在培训内容上紧密结合广东检察工作实际设置课程，选配优质师资授课，注重培训需求调研和培训效果评估，严把质量关。二是要不断加大对业务部门学员的实训力度，通过推行一系列专题的业务实训，运用业务部门办理的真实案例改编成典型案例教学，来达到“学”“思”“做”的有机结合，从而不断提高学员的各项岗位素能和法律监督能力，使学员真正具备履行检察官职务的综合素质和能力，胜任本职工作。

2. 积极探索分类别培训

根据广东学员基数较大、区域发展不均衡的特点，通过总结多年的培训经验，针对学员培训需求问卷调查结果，积极探索分类培训的做法。分类培训即根据培训学员所在岗位将学员分为综合类、刑事检察业务类、侦查检察业务类和民事行政诉讼监督业务类别，大班教学与小班分类教学相结合，从而达到学员区域互补、内容分类互补。

综合类学员的培训：根据初任班综合类学员的培训需求调查结果，“加强与本职岗位相关的专门知识和技能”的比例为74.21%，“文稿起草能力”的比例为73.28%，“团队协作能力”的比例为70.32%；“执行能力”的比例为62.89%；这就要求广东初任培训针对综合类学员要加强职业基础的培训，即与综合类学员本职岗位相关专门知识和技能的培训，如在岗位技能培训部分开设公文写作技巧、语言表达技巧、工作胜任能力、心理调适能力等，以提高综合部门学员的写作能力、团队协作能力和执行能力，使综合部门的学员具备较好的履职能力。

业务类的学员培训：业务类学员即刑事检察业务、民事行政检察业务和侦查检察业务类。一是职业基础培训部分，始终把政治理论、职业素养、职业伦理等作为培训内容，配合检察队伍建设和各项主体教育活动，坚定职业信仰、陶冶职业情操，提高学员的综合素能。二是分别根据不同类别的初任班学员情况，在不同班次重点加强刑事诉讼监督业务、职务犯罪侦查业务、民事诉讼监督业务3个模块的实训。把业务部门的岗位需求作为课程设置的主要参考因素。

初任班业务类学员的培训需求调查结果，“需要反复强化的内容”为“执法办案和工作规范”占81.82%；“希望掌握的信息知识需求”为“本岗位相关的专业领域的相关知识”占89.05%；“关于业务部门岗位普通干警需要加强的素能培训”，选择比例依次为：与本岗位相关的检察业务知识和法律适用能力占总人数的80.52%；检察业务能力占总人数的78.66%；法律思维和逻辑分析能力占总人数的72.17%。

根据上述统计，在初任培训内容的确定上，一是要始终把“执法办案和工作规范”“与本职岗位相关的专门知识和技能”放在首位，同时注重“与本岗位相关的检察业务知识和法律适用能力”“检察业务能力”“法律思维和逻辑分析能力”的提高；二是在检察业务培训课程中，尤其是检察业务技能实训中，注重法律适用能力的培养，并通过实训课程，让学员在呈现问题——发现问题——分析问题——解决问题的过程中提升学员的法律思维、逻辑分析能力和检察业务能力；三是在课程设置上把岗位专业知识作为重点，如刑事诉讼监督业务模块设置了“非法证据排除与证据合法性证明”“刑诉规则的理解与适用”等课程；职务犯罪侦查业务模块设置了“侦查审讯突破的策略与技巧”“刑诉规则下同步录音录像规则研究”和“职务犯罪案件初查”等课程；在民事诉讼业务模块设置了“民诉法修改与民行工作”“民行工作中调查核实的理解与适应”等课程。使参训人员能够及时掌握法学前沿知识，优化法学知识结构，提高应对新情况、处理新问题的能力。

（二）在岗实习研究

根据高检院政治部《关于转发〈初任检察官资格培训指导性教学计划〉的通知》（高检政发〔2009〕158号）规定，初任检察官在集中培训后，要进行一个半月的在岗实习，这不仅是对所学知识和技能的消化和应用，更是自身能力的提高过程，也是初任检察官培训非常重要的一个环节。主要需做好以下几个环节：

1. 在岗实习的组织：一是制定在岗实习的计划。学员所在教育培训主管部门要根据上述文件要求，制定在岗实习计划，确定各业务岗位实习的内容和基本要求，指定理论功底扎实、实践经验丰富的业务骨干对学员进行业务指导，认真落实实习计划，切实提高在岗实习的针对性和实效性，确保实习效果。二是有条件的单位组织学员进行异地交差实习，可进行市分院所辖区、县级院的学员交叉实习；也可由省院统筹部署，在不影响工作大局的前提下，组织有条件的市区院学员进行异地实习。交差实习和异地实习虽然存在组织管理的不便，但针对广东珠三角和经济欠发达地区的发展不均衡的特点，实现取长补短、共同发展、整体提高的效果。

2. 在岗实习的检查：为了避免在岗实习培训成为走过场的程序。一是做好在岗实习的检查和抽查。广东省院教育培训主管部门、国家检察官学院广东分院应组织成立检查小组，检查和抽查学员的在岗实习情况。各级政工部门要加强对在岗实习的督促检查和管理监督，做好实习指导教师的选配工作，督促学员高质量完成在岗实习计划。二是认真进行初任检察官在岗实习的总结和考核工作。在岗实习结束后，由学员个人和指导教师及学员实习单位相关部门填写在《初任检察官资格培训班学员岗实习鉴定表》并加盖印章，原件保留在单位政工部门，进入学员个人档案；复印件（一式两份）按地区收齐后，报送广东分院和省院政治部教育处。三是在岗实习考核。学员在岗实习结束后再次集中，进行在岗实习情况总结汇报和交流、考评，并计入初任培训考核成绩，学员考试、考核合格后才能取得初任检察官培训合格证书，扎扎实实把好集中培训和在岗实习两道关口。

（三）广东初任培训师资研究

随着广东初任学员专业水平的不断提高，对兼职教师的要求也越来越高，根据《检察官培训条例》第25条规定：检察官培训机构应按照数量适当、素质优良、专兼结合的原则，建立高素质的检察师资队伍。广东初任师资情况有以下特点：

1. 专职教师要成为多面手。检察教育培训是现代成人职业培训，需要现代的培训师相匹配。由于种种因素的影响，广东分院的专职教师数量有限（仅3人），在长期的检察教育培训工作中，既是培训需求的分析师、培训课程的设计师，又是培训实施的管理者、培训质量的评估师等角色。但是，随着专业化、职业化培训的推进，检察教育培训机构的教师，要扮演好从分析师——设计师——管理者——评估师的多面手的角色，需要加大对专职教师的培养：一是要鼓励专职教师树立终身学习意识，不断提高自身的教学水平和科研能力。二是建立激励机制，如通过对教师科研成果的奖励、选送培训和进修等方式调动专职教师的积极性，不断提高检察教育的专业化水平。三是理顺人事管理制度，解决专职教师“无路可走”、面临断层的困境。

2. 兼职教师要逐步走向规范化。广东分院现有兼职教师119名，兼职教师数量在全国位居前列。广东分院兼职检察教师的类型，一类是“学者型”一般为法学教授；另一类是“实践型”，一般为检察系统的业务专家和分管业务部门的领导和业务骨干。由于广东初任检察官培训时间较常，课程内容较全面，涉及的师资较广，能够体现当前初任培训师资的状况：一是“学者型”兼职教师资源丰富。在广东分院兼职教师队伍中不乏高校、党校、律所等知名专家学者和律师，根据初任班课程设置的需要为学员授课。二是“实践型”兼职检察教师素质高，但本职工作繁忙。目前，初任班绝大部分教师是分管业务部门的领导和业务骨干，他们有丰富的办案经验，授课效果好，深受学员欢迎，但因办案需要而无法按时授课。三是师资培训不断加强但周期较长。近年来，师资培训工作不断加强，但由于检察师资更换慢，培养周期长，容易出现审美疲劳和检察教师断档问题。

加强兼职教师队伍建设，需从选聘机制、管理培养和资源共享几个方面入手，逐步实现规范化。一是要建立选聘机制，打牢兼职师资队伍的结构基础。做到明确选拔原则、拓宽师资培训渠道、创新选拔方式。基于广东初任班学员绝大多数来自基层的特点，为选聘基层优秀检察官任教积极搭建平台。二是要加强对兼职教师的管理和培养。制定并实施《兼职教师选聘及管理暂行办法》，从观念上、激励政策上、培养上落实保障机制。在检察机关营造尊师重教的良好氛围。鼓励兼职教师自己蓄能，不断提升教学质量。与此同时，加强对兼职教师的考核，确保培训质量。三是要实现教师资源共享。建立省级检察师资库。根据培训需要，分类造册入库，采取按需选聘，动态管理，并在检察系统内部联网，实现优秀师资共享，满足初任培训师资需求量较大的特点。

3. 调查问卷分析。从2013年《广东检察机关培训需求调查问卷》的数据来看，培训人员希望的培训授课教师情况，选择比例由高到低依次为：检察业务专家（87.38%），高校知名专家教授和学者（76.99%），上级院或本院领导和相关部门负责人（46.38%）。专业培训师（34.88%），检察教官（26.9%），党校、干部学院教授（25.6%）。

由此可以看出，最受检察人员欢迎的是检察业务专家和高校知名专家教授或学者。但广东的全国检察业务专家人数也只有9人，面对广东检察系统的培训人员基数大、专家少的现实情况，只有从各级院领导和相关业务部门骨干中挖掘培养优秀检察教师，才能实现从理论向实践的转变，从知识传授为主向技能训练为主的转变。[①]

（四）广东初任培训方法研究

根据前面对广东初任检察官基本情况、培训内容和课程设置的分析，选择多元化的教学方法才能达到理想的培训效果，这对初任检察官的任职资格培训尤为重要。本文从两个方面进行归纳整理：一是以传授知识为主的方法即对讲授法进行改造；二是以提高学员素质和能力为主的方法即倡导多元化的教学方法。

1. 以传授知识为主的教学方法，即对讲授法进行改造：讲授法是属于传统的以传授知识为主的培训方法。是目前检察官培训的主要方法之一，在初任班大班教学时，能大幅度地提高课堂教学效率，教师容易掌握和控制学习的进度。但是讲授法针对性不强，学员的主动性和参与度不高。

初任检察教育培训要求对讲授法的教学过程进行改造，主要分两大段：第一阶段“以讲授为主的教学”，要做到“会讲、讲好”。“会讲”就是要懂得讲授的方法和技巧，“讲好”就是讲授的内容和效果要好。具体包括五个“要”：一要围绕“问题”讲授。要以“真问题”为中心，通过讲授来发现、分析、解决问题。二要突出重点。讲授时要重点突出，要学会取舍。三要把握前沿。讲授的内容本身要有前沿性或者涉及前沿的问题，观点要有前瞻性。四要联系实际。要结合学员的工作实际、思想动态的实际。五要讲究方法。讲课是一门艺术，教无定法，但讲好一堂课确实要讲究方法，要针对学员和内容的不同运用不同的教学方法。[②]

第二阶段积极引入互动因素的阶段。要做到“活学、活用”，就是在课堂讲授中积极引入互动因素、让学员由被动的“听”，变为主动的“讲”。具体做法是：第一，课堂问题调研阶段。每个学

---

① 参见《2012 年全国检察系统培训需求调查问卷统计分析报告》。

② 参见冯俊：《干部教育培训教学方式创新》，人民出版社 2011 年版，第 66 ~ 67 页。

员围绕教师讲授的专题提出自己最关心的问题。第二，学员讨论阶段。由学员针对提出的问题作简短的交流发言。第三，教师解答阶段，教师针对学员争论的焦点问题发表自己的意见。第四，互动总结阶段。由教师和学员进行互动式的交流和总结提炼。这种教学法，既活跃了课堂气氛，又富有针对性，提高了教学效果，学思结合，打开了学员思路，便于学员理解新理论，掌握新知识、思考新方法。①

2. 以提高素能为主的培训方法。案例教学法：案例教学有两个必不可少的要素：案例和教学。检察教育培训案例教学法实质上就是以案例为载体，以教师为主导，以学员为主体，师生互补，教学相长的双边互动关系。案例教学法的应用要把握好三点：

一是选编好案例。案例教学法的效果首先取决于选编的案例是否恰当。第一，案例的适用性，案例必须为教学目标和教学的内容服务，能够完成教学任务的需要；第二，案例的真实性，最好是办案过程中收集的典型案例；第三，案例的时代感，案例要能反映当前工作中关注的热点、难点问题；第四，案例具有较高的利用效率。好的案例具有容量大、质量高的特点，是开展好案例教学的重要保障。②

二是发挥教师的主导作用。在案例教学中，教师是组织引导者。教师的主导作用具体体现在导方向、导思路、导问题、导解决。主要注意以下几点：第一，介绍案例环节。教师不能讲解案例，只需介绍框架和提示重要概念；然后使学员进入被描述的案件的情景。第二，学员讨论环节。教师要引导学员集中精力围绕案例中的特定问题和关键性问题去思考、讨论，剖析案件的难点、疑点，作出决策和选择。教师尽量安排更多的学员有发言的机会，权

① 参见冯俊：《干部教育培训教学方式创新》，人民出版社 2011 年版，第 66 ~ 67 页。

② 参见冯俊：《干部教育培训教学方式创新》，人民出版社 2011 年版，第 32 页。

衡各种相互制约的因素，比较各种不同的方案。第三，归纳总结环节。归类、梳理学员的不同观点，就讨论过程的关键环节作必要的总结和点评，真正提高学员的案件办理能力。①

三是突出学员的主体作用。案例教学是以建构主义现代教学模式为理论基础，以学员为中心，注重学员的参与度。特别强调通过学员自己分析案例、查阅资料、撰写案例分析报告、参加小组讨论、实现学员自主学习、合作学习、研究性学习、探索性学习、自己得出解决问题的方案。通过一系列积极的创造性思维活动，及各种观点的相互碰撞产生智慧的火花，从而提高应用理论和实际操作的能力。② 案例教学的讨论过程，能够全面提高学员的案件分析能力、语言表达能力、逻辑思维能力、科学决策能力等。在实训中，案例教学法得到了淋漓尽致的运用，取得了良好效果。

情景模拟、角色扮演。情景模拟是将学员置于虚拟的现实工作场景中，让他们模拟现实中的情景做出反映，准确呈现问题，并加以解决。③ “角色扮演法是指在一个模拟的工作环境中，指定参加者扮演某种角色，借助角色的演练来理解角色的内容，模拟性的处理工作事务，从而提高处理各种问题的能力。”④ 情景模拟常常与角色扮演同时进行。

广东初任培训开设了各种业务技能实训课程，如在公诉业务技能实训中，庭审模拟课程要求学员扮演合议庭成员：法官、审判员；公诉人、辩护人、律师、被告人、证人及陪审团成员等；案件汇报课程要求学员扮演案件汇报人，科长、检委会委员等。在民行业务实训的教学中，学员扮演双方当事人、律师、检察官、法官、调解人等；在职务犯罪侦查业务实训中，学员经常扮演侦查审讯人

---

① 参见冯俊：《干部教育培训教学方式创新》，人民出版社 2011 年版，第 33 页。

② 参见冯俊：《干部教育培训教学方式创新》，人民出版社 2011 年版，第 34 页。

③ 参见敖小兰等编著：《党政领导干部能力分析与培训对策研究》，兰州大学出版社 2008 年版，第 258 页。

④ 颜世富主编：《培训与开发》，北京师范大学出版社 2007 年版，第 217 页。

员、证人、嫌疑人等。学员通过扮演检察业务工作中的相关角色，创造了接近现实的场景，更接近实践，大大提高了参训学员的实战能力。

情景模拟和角色扮演的方法在检察业务培训中是非常受学员欢迎的课程，也取得了比较明显的培训效果。与此同时，在课堂的把控上，对培训者即检察教师提出了比较高的要求，要求检察教师在学员的准备过程中予以指导，模拟环节要详略得当，突出课程的针对性和实效性。

研讨法。研讨法就是在培训师的引导下，学员围绕某一个或某几个主题进行交流和讨论，在讨论过程中相互启发的培训方法。[①]研讨法主要是以解决特定的问题为目标，在讨论问题的过程中参训学员能够互相交流经验和认知，共同进步。通常以研讨“沙龙”和研讨“答疑”的方式进行。

研讨“沙龙”：面对检察教育培训新任务、新形势，围绕特定的教学目的、教学内容与课程体系开展研讨。在初任班实施分类培训后，首先围绕一个与初任培训班学员类别相契合的主体。如针对刑事诉讼监督业务部门的学员，以业务部门案件办理工作经验为主体，开展“典型案件办理经验分享”的交流研讨。其次要选定一个或几个组织能力强的主持人。充分调动沙龙气氛，并关注到尽可能多的学员参与，保证沙龙的效果。最后要根据人数确定沙龙个数。每个沙龙人数不宜太多，保持人数适当，确保所有学员能充分交流。

研讨“答疑”：首先确定主题，如“刑诉规则适应问题大家谈”，先让参训学员分组进行研讨交流。要求学员课前准备好案例或问题，查阅相关资料，深入思考专题涉及的相关理论及实证案例，并相互交流，每个小组必须提出 1 ~ 2 个高质量的问题，再集

---

① 参见胡蓓、王通讯：《人力资源开发与管理》，华中科技大学出版社 2006 年版，第 251 页。

中进行全班展示，引导全部学员有目的、有思考、有层次、有秩序地开展研讨，并请资深业务专家点评。

（五）初任学员培训效果评估研究

对初任学员的培训效果进行评估，可以参考柯克帕特里克的四层次评估模型。他提出从反应、学习、行为和结果四个层次上评估培训效果（表3）①。

表3　柯克帕特里克的四层次评价标准框架②

1	反应	参训学员的满意程度
2	学习	参训学员知识和技能的掌握程度
3	行为	工作中态度和行为的改进
4	结果	参训学员的培训成果对组织产生的影响

反应层次：在培训结束时，通过学员对各个方面的反应情况，如对培训内容、课程设置、师资安排、教务管理、后勤服务等，了解学员的总体感受和评价。通过对“培训效果满意度调查表”的结果分析，了解学员满意度。学员满意度是学员反应层面的集中评价，学员满意度高，则说明学员参训的积极性高，培训效果就好；反之，学员满意度低，培训效果就差。

学习层次：参训学员通过培训收获了哪些知识和技能，通常采用考试、考核的办法进行，包括闭（开）卷笔试、口试、学员互评和参训学员的岗位实习总结、鉴定等。笔试测试：每期初任培训班结束时，广东分院根据培训班的类别、培训内容、培训时间的长短，运用灵活多样的笔试方法进行测试。测试题目以主观论述为主，综合考察学员的整体素质及培训后的收获。出勤考核：每期培

① 参见赵玲玲：《我国公务员培训模式研究》，山东大学2010年硕士学位论文。

② 参见胡蓓、王通讯：《人力资源开发与管理》，华中科技大学出版社2006年版，第263页。

训班的《培训指南》关于学习纪律有明确规定，要求学员在脱产培训期不得请假，因特殊原因需要请假，要求填写请假条，缺席超过 1/7 的取消培训资格。迟到、早退、请假、旷课的情况作为考核成绩的 30% 计入考评成绩。学员互评：培训接近尾声，组织学员围绕出勤、听课、交流、发言及参加集体活动的情况，进行互评，按照学员人数的百分比，评定出优秀学员，组织填写《学员鉴定表》，在培训结束时，要求学员认真填写培训期间的个人鉴定，并以组为单位，根据互评情况和个人小结进行评议，然后由小组长签署评议意见。最后由省院教育培训部门签署评定意见，发回学员单位存档。

行为层次：学员培训的效果如何，是通过在工作中的行为表现来进行评估的，这一层面的评估往往是在培训结束一段时间后才可以进行。需要通过向参训学员所在单位的领导或同事进行了解，评估参训学员将理论知识或理念与实践结合的情况，一方面是分析培训后学员的工作表现是否有改变；另一方面是评估学员培训后有了哪些方面的改变。即比较学员自身的工作行为的变化情况，或者通过评分的方式进行比较。

结果层次：是评估参训学员的培训成果对工作产生的影响，即学员的工作效率、工作能力有多大幅度的提高。结果层次的评估对培训效果的评估非常重要，但是，影响结果评估的因素也有很多，需要客观看待评估结果。从时间因素看，培训成果的转化有一个过程，往往不是通过一两次培训就立即见到效果，尤其是初任检察官素能的提高，需要“学习、实践、研究、提高”一个比较长的时间，因为培训成果需要应用于实践，接受实践的检验。另外是人为因素，每个学员存在个体差异，参加同样的培训，学员的主观因素对培训结果的影响也是不可忽视的方面，因此从培训结果层次评估培训效果要权衡主客观因素，使培训结果趋于科学合理。

（六）广东初任培训评估体系构建

检察教育培训效果评估，是指在培训过程中检察学员所获得的知识、技能和其他方面应用于工作中的程度。没有评估就没有管理，通过评估，可以有效开展与监控培训过程，反映并凸显培训的价值。[①] 培训效果评估是为了检验培训质量的高低，通过评估分析找到影响培训质量的原因并及时总结和调整。本文从两个方面来构建检察教育培训评估体系：一是对培训师资进行评估；二是对培训内容进行评估。

1. 对培训师资进行评估。对培训师进行评估，并不是考评培训师知识水平的高低，而是考评培训师能让参训学员掌握多少知识，是否能够使学员的观念有所转变、能力有所提高。学员的收获主要取决于培训师的培训效果，优秀的师资队伍是保障培训效果的有效途径。另外，除了学员的评价外，教育培训部门的管理者和培训机构的组织者的评价也应参与评估，避免评估主体的单一化，影响评估的准确性。

广东分院在每期培训班结束后，向参训学员发放《教学效果测评表》（见附录），由学员对教师素质、授课内容、授课形式、授课效果等方面进行评分，作为客观评价培训师资的主要依据。培训班结束后一方面及时统计分析教学效果测评的结果，另一方面及时刻录授课教师上课的光盘，并反馈给授课教师改进提高。另外，通过召开学员座谈会的方式，进一步了解学员对培训班师资的满意度，提高评估分析的准确性。

2. 对培训内容进行立体评估。培训内容的合理性确定是确保培训质量的重要环节，因此，对培训内容的评估要充分、细致、全面，提倡进行全方位的立体式评估。

首先，按照时间轴进行评估，采取“三步走”的办法。第一

① 参见李东科、赵柳：《能力本位视角下的我国学员培训系统构建》，载《行政与法》2007 年第 9 期。

步是培训前期评估。培训需求分析是培训内容确定的依据，对培训需求分析的合理性、科学性是对培训内容进行评估的第一步；第二步是培训中期评估，是根据培训班时间的长短，选择在培训中间阶段对培训内容的安排是否符合预期，存在哪些不足进行评估，做到及时反馈、及时调整，通常采取召开座谈会的形式进行；第三步是培训后期评估。即在培训班结束时，对整体培训效果进行评估。通常采取培训满意度调查问卷的形式进行。通过对问卷的统计分析，形成培训评估报告，找出培训班学员满意和不满意的项目，为今后的培训作参考。

其次，按照空间轴进行评估：立体效果评估体系除了在时间上进行前、中、后“三步走”的评估方式外，在评估者的角度，即从参训主体方面，进行三个层面的评估。从参训学员本人、同事、上级三个层面对受训对象的参训效果进行跟踪检测，多角度分析受训学员参加培训所取得的效果与存在的不足之处。一是参训学员本人对自己的评估，可以用书面总结的角度，谈谈本次培训的收获和还需要加强提高的地方。二是通过单位同事，基于培训后一段时间的观察，了解到参训学员的思想、行为的改变。三是通过上级部门，对参训学员的参训效果给予反馈。

最后，按照重心轴评估：立体效果评估在时间和空间上进行分阶段、多角度的评估外，还需要有所侧重，即按照评估的侧重点确立评估的重心。初任检察官资格培训，要围绕提高学员“履行检察官职务的政治素质、专业水平和业务能力”的情况为重心展开评估，以初任检察官的培养目标为重心，侧重对培训效果的评估。①

四、结束语

初任检察官作为检察官队伍的生力军，是法治中国的建设者和

---

① 参见刘业军：《完善我国检察官培训的思考》，载《人民检察》2011 年第 24 期。

捍卫者。积极探索推进初任检察官培训模式的改革创新，建立和完善符合各地检察工作实际的检察教育培训体系，是检察教育培训工作的长期任务。广东初任检察官培训实证研究，以现代教育学、心理学理论为支撑，结合广东检察工作特点和广东初任检察官培训学员特点，通过对培训需求调查和培训效果满意度调查问卷的科学统计分析，阐述了广东初任检察官培训的现状和特点，并从专业化、职业化的角度，探索构建具有广东特色的初任检察官培训模式。本文抛砖引玉，以此推动初任检察官培训研究向纵深发展，为检察官队伍建设作出贡献。

附录：

教学效果评价表

检察教师教学效果评价指标		授课教师		
教师素质	1. 认真备课，有丰富的专业知识和实务经验			
	2. 授课语言表述清晰、准确、生动			
	3. 能耐心、准确解答学员的问题			
	4. 课堂组织、调控能力强，准时上下课			
授课内容	5. 授课内容的实用性和创新性			
	6. 教学内容组织恰当，容量适中，进度合理			
	7. 授课主题鲜明、重点突出、逻辑性强			
授课形式	8. 教学富有激情与智慧，教学形式灵活多样			
	9. 合理使用多媒体，课件清晰			
	10. 教学能考虑到学员的基础并因材施教			
	11. 教学过程中注重与学员的互动交流			

续表

检察教师教学效果评价指标		授课教师		
授课效果	12. 培养学员良好思维，传授解决问题的方法			
	13. 课堂气氛活跃，能激发学员兴趣			
	14. 注意学员实际能力的培养			

备注：1. 请学员在对应的表格内填写授课教师姓名并评分：优 4 分、良 3 分、中 2 分、差 1 分。

2. 请学员客观、公正、无记名填写。

行政处罚与渎职犯罪的关联问题研究

田宏杰　王　然*

近年来，为推进行政执法与刑事司法的衔接工作，国务院及相关职能机构先后制定多部规范性文件，2011 年中共中央办公厅更是转发了相关部门出台的《关于加强行政执法与刑事司法衔接工作的意见》，体现出中央决策机构对于行政执法与刑事司法衔接工作的重点关注。然而，尽管该项工作取得一定成效，囿于行政执法与刑事司法衔接机制尚未建立健全，实践中行政执法部门未能及时移送涉嫌犯罪案件仍然存在，在一些区域或行业内部，"以罚代刑"现象仍然普遍，进而由行政处罚案件中引发的渎职犯罪数量也不容小觑。鉴于此种严峻形势，各地执法机关及学界对行政执法与刑事司法的衔接问题进行了多种思考，对行政执法与刑事司法的衔接机制创建积极建言献策并在实践中予以检验发展，由此形成了联席会议、电子衔接平台等多种衔接模式以及相关调研理论成果。毋庸置疑，执法部门的实践试点及相关理论探索对于行政执法与刑事司法的衔接深具推进意义，进而对于行政处罚与渎职犯罪的衔接问题的解决有所裨益，然而不容否认的是，行政执法案件引发的渎

* 作者简介：田宏杰，中国人民大学法学院教授、博士生导师，挂职北京市东城区人民检察院副检察长；王然，北京市东城区人民检察院法律政策研究室干部、法学博士。

职犯罪的预防与规制，仍然是检察机关针对行政执法行为开展法律监督的重点内容之一。有鉴于此，本文拟在对行政处罚案件中执法人员涉嫌渎职犯罪的根源问题进行探索的基础上，分析行政处罚与渎职犯罪若干衔接问题，以求通过立足于对行政处罚权与检察机关法律监督权力配置关系和渎职犯罪的侦办在行政与刑事衔接问题解决中的功能定位的分析，对解决行政处罚案件引发的渎职犯罪的预防和惩治工作以及检察机关依法开展行政执法行为的法律监督工作有所裨益。

要解决行政处罚与渎职犯罪的衔接问题，首先必须追问的问题是行政处罚与渎职犯罪的衔接问题从何而来？表面上看，行政处罚属于行政法规定公权力行使方式，而渎职犯罪属于刑法规定的犯罪类型，并没有直接对等的联系。但细致分析可以发现，行政处罚仍然属于行政公权力行使的样态之一，而行政公权力的不当行使，在情节严重时就可能构成渎职犯罪。此外，基于行政前置法与刑法保障法的关系，可以认定行政犯罪实质上是对于行政法和刑法的双重悖反，需要承担双重法律责任，进而招致行政处罚和刑罚惩罚的双重风险。[①] 行政执法机关若未将此类行政犯罪行为移送司法机关启动刑事诉讼程序，即为妨碍刑事惩罚权实现的渎职行为，有涉嫌渎职犯罪的可能。因而，渎职犯罪的侦办实质上是检察机关针对行政执法行为开展法律监督的题中之义。循着上述逻辑，本文将基于国家公权力之间的配置关系、部门职责划分等因素，对行政处罚与渎职犯罪衔接问题的产生根源作一探析。

---

① 刑法作为所有部门法的后盾和保障，无论是犯罪圈的划定还是刑事责任的追究，既要在形式上受制于其保障的前置法之保护性规则的规定，更要在实质上受制于其与前置法之保护性规则共同保障的调整性规则的规定。对于前者，刑法是补充法、救济法；对于后者，刑法是从属法、次生法。因而前置法定性与刑事法定量的统一，不仅是包括自然犯与行政犯在内的所有刑事犯罪的认定机制，而且是对刑法与其前置法在犯罪规制上的定性从属性与定量独立性关系的揭示与反映。详见田宏杰：《行政犯的法律属性及其责任——兼及定罪机制的重构》，载《法学家》2013 年第 3 期。

一、本源追溯：行政处罚与渎职犯罪关联案件的成因探析

对于行政处罚与渎职犯罪以及类似行刑衔接问题的产生，有观点将其归结为行政法或刑事诉讼法对交叉案件协调处理程序设计的不尽合理所致。[①] 笔者认为，从时间顺序上看，行政处罚与刑事诉讼案件产生交叉在前，处理机制发挥作用在后，在后的处理机制不完善并非行刑衔接案件产生的原因，而只是造成此类案件无法得到及时处理甚至处理结果产生冲突的原因之一。从程序法与实体法的关系来看，诉讼程序的设计是为实体法律规范所厘定的利益解决方案提供实现渠道的。因此，笔者认为，实践中行政处罚与渎职犯罪衔接案件的处理问题看似为程序法适用导致的冲突，实则是实体法律责任实现方式以及最终处理结果的冲突。由此分析，对于行政处罚与渎职犯罪衔接问题的本源探析必须立足于实体法的相互关系以及相应司法实务部门权力配置关系来展开。

（一）行政处罚与渎职犯罪关联案件的规范原因

行政处罚与渎职犯罪关联案件产生的规范层面的原因是行政法与刑法规制范围的弹性规定，导致公权力行使具有较大幅度的裁量空间。从行政法与刑法的各自定位来看，行政法是维护国家社会法秩序的法律规范，其具有积极主动施行的特点，而刑法是作为确保行政法等其他部门法得以贯彻实施的保障法而存在的，其具有被动触发的特点。从行政法与刑法本质定位来看，二者协调配合，共同为法秩序的确立维护发挥作用。然而，与西方多数国家刑事立法与行政立法不同的是，我国刑法对犯罪行为的界定采取的是“定性 + 定量”的双重规定模式，即刑法对犯罪行为的界定不仅以危害行为的刑事违法性为条件，还要求其具备一定程度的社会危害

① 参见李荣珍、王吉生：《论刑事诉讼与行政诉讼的冲突及其解决》，载《行政与法》2005 年第 10 期。

性，情节显著轻微的危害行为并不作为犯罪处理。[①] 也就是说，一般违反行政法秩序的行为给予行政处罚即可，属于行政法调整的范畴，而非作为行政犯罪处理。由于此种法律规定特点，大量危害社会的行为究竟应受到行政处罚还是刑罚惩罚必然有其模糊边界，又碍于执法机关的认识水平以及相关案件的取证工作，行为人行为究竟应被行政法调整，还是为刑法所规制，就可能产生认识的差异，进而造成应受行政处罚行为与刑事犯罪的交叉地带。在此种背景下，行使公权力的具体国家机关工作人员就有可能出于故意或者过失实施了渎职犯罪，由行政处罚权的行使诱发了渎职犯罪的产生。

（二）行政处罚与渎职犯罪关联案件的部门职责原因

行政处罚与渎职犯罪关联案件产生的部门职责原因是执法机关权力行使的重叠性。从行政执法机关与刑事司法机关权力配置关系来看，同一机关承担两种不同性质的权力或者相近性质的权力由不同部门机构行使，都可能为行政处罚与渎职犯罪关联案件的产生创造客观条件。

依照法律规定，公安机关身兼治安管理与刑事追诉的双重职能，这也就赋予了公安机关刑事诉讼程序的启动与行政违法行为的认定与处罚权力，其结果就是导致公安机关依职权的行为究竟是具体行政行为还是刑事侦查行为的混淆。公安机关也就有了对已经受到行政处罚的行政相对人，再启动刑事诉讼程序的可能。公安机关在自身权限范围内行政处罚行为或是刑事追诉程序的启动，都可能涉及对自身职权的不当履行，进而成立渎职犯罪。此外，就行政处罚与渎职犯罪关联案件参与权力主体来说，一般行政机关就应受行政处罚行为作出行政处罚、公安机关就相应刑事案件立案侦查、检察机关法律监督、审判机关作出刑事判决，各部门分工负责彼此制

---

① 例如，根据现行《刑法》第13条“但书”的规定，危害社会但情节显著轻微的，不认为是犯罪，从总则与分则关系来看，该条规定适用于分则的绝大多数罪名，因此“定量”因素同样是作为认定构成犯罪的必要条件。

约的关系有利于查明事实真相，保障案件处理结果的公平公正，但由于各执法主体间所处阶段的不同以及认识的不一致，也会为行政处罚与渎职犯罪衔接问题的产生提供客观条件。例如，行政相对人就公安机关对其作出的行政处罚提起行政诉讼后，检察机关又行使渎职犯罪立案监督权的，要求公安机关就行政相对人的同一违法行为进行刑事立案的，就会产生行政处罚与渎职犯罪的交叉关联。

（三）行政处罚与渎职犯罪衔接问题的权力配置原因

行政处罚与渎职犯罪衔接问题产生的权力配置原因是行政权与刑罚权的双重关系，这也是行政处罚与渎职犯罪关联案件产生的根本原因。宪法规定，我国实行人民代表大会制度，全国人大和地方各级人大集中代表人民行使国家权力，也就是我国的基本权力机关，而各级政府之行政权、法院之审判权、检察院之检察权无不源于人民代表大会权力机关的授予。然而与传统的三权分立原则不同的是，我国行政机关所行使的行政权不仅包括传统意义上的行政管理权（狭义），还包括一定范围的行政处罚权。[①] 就行政管理权（狭义）与行政处罚权的关系来讲，行政管理权（狭义）是对社会秩序的积极维持，是通过行政授权、行政确认等行为来维持行政法秩序；而行政处罚权是通过对行为人违反行政管理秩序的行为进行惩罚来发挥作用。因此，行政处罚权对行政管理权的落实起到了保障的作用。在行政管理权能够落实到实处，为行政法律关系参与各方所遵守时，行政处罚权自然没有行使的必要，只有在行政相对人违反了行政法秩序，行政处罚权才有行使必要。既然行政权可以分为行政管理权（狭义）和行政处罚权两种，那么行政权与刑罚权的关系也可以细分为以下两个方面：

① 一般认为，行政处罚权是指特定行政主体对违反行政管理秩序但尚未构成犯罪的行政相对人（公民、法人或其他社会组织）进行处罚的权力，行政处罚权属于制裁性的权力，而本文中所说的行政管理权仅作狭义上的理解，指传统意义上的除了处罚权以外的其他行政权，具体是指通过积极主动的认可、确认等方式维持行政法秩序的权力。

一是刑罚权与行政处罚权在严厉程度上的递进关系。笔者认为，在中国法制语境下，刑罚权虽然与行政处罚权在适用主体、适用程序、适用对象等方面存在显著差异，但本质上都属于对法秩序起到保障作用的惩罚权，只是二者的惩罚严厉性有所不同。对于行政管理秩序的维护来说，行政处罚权与刑罚权同时作为行政管理权落实的保障性权力而存在。当行为人违反行政管理秩序的程度较轻时，被注重高效的行政处罚权所惩治，而当行为人违反行政管理权秩序程度较为严重时，为注重公正的刑罚权所惩治。行政处罚权与刑罚权的关系不是一种保障与被保障的关系，因为法律不可能将惩罚性更强的刑罚权去保障惩罚性较弱的行政处罚权贯彻实施，它们二者应作为具有递进关系的惩罚权，共同去保障维持法秩序的行政管理权（狭义）的贯彻实施。

二是刑罚权与行政管理权（狭义）的保障关系。前已述及，与行政管理权（狭义）和行政处罚权的关系相类似，刑罚权同样对行政管理权（狭义）的实施起到保障作用。就国家公权力的行使顺序而言，行政公权力机关最初必定是通过行政管理权（狭义）这一积极性的权力去厘定行政权利义务关系，但是当行政管理权（狭义）因为行政相对人的违反而得不到落实时，应首先通过其自身享有的行政处罚权进行规制责罚，但是当行政违法行为已经严重到行政处罚权所不能遏制的时候，就有刑罚权发动的必要。刑罚权与行政处罚权的这种惩罚递进关系，在法律层面也就表现为：行政法与刑法的关系犹如足球场上的前锋与后卫，在违法行为能够为行政法所调控时，就没有刑法发动的必要。只有当违法行为已经冲破行政法调控的范围，为行政法律责任所不能合理评价时，刑法才作为保障法施之以援手，将此种行为界定为犯罪行为，给予刑罚这一严厉性最强的惩罚措施。①

① 参见田宏杰：《知识产权犯罪几个疑难问题研究》，载《法商研究》2010年第1期。

由以上分析可知，我国行政权与刑罚权的关系可以概括为两个层面：一个层面是行政管理权（狭义）与刑罚权的被保障与保障关系，另一个层面是行政处罚权与刑罚权的惩罚权力上的递进关系。但无论是行政管理权（狭义）与刑罚权的被保障与保障关系还是行政处罚权与刑罚权的递进关系，均反映了保障行政管理权秩序的行政处罚权与刑罚权的规范行使是斩断渎职犯罪根源的必由之路。一旦行政处罚权与刑罚权不能被正当行使，即有可能产生渎职犯罪，形成行政处罚权与渎职犯罪交叉关联。

二、路径选择：行政处罚与渎职犯罪衔接问题探析

既然行政权可以分为行政处罚权和不具有惩罚性的行政管理权（狭义）两种形式，那么依据实施具体行政行为的权力来源形式，也就可以将具体行政行为分为以下两类：行政处罚行为和行政管理行为（除了行政处罚以外的其他具体行政行为）。[①] 又因为无论是狭义的行政管理行为抑或是行政处罚行为的不当作出，都有可能引发渎职犯罪，与行政执法行为相关联的渎职犯罪类型也就可以分为两类：一类是与行政处罚行为相关联的渎职犯罪，另一类是与行政管理行为相关联的渎职犯罪，具体来说，在司法实践中呈现为以下两类案件：

一类是因行政处罚行为的不当作出与渎职犯罪相关联的案件。在此类行政执法与渎职犯罪关联案件中，渎职犯罪成立与否的关键在于判断行政处罚行为的有效性，也就是说，检察机关开展法律监督在于是否应当追究行为人的就行政处罚行为不当行使承担法律责任。例如，行为人滥用职权或者玩忽职守错误地对自然人作出行政拘留的处罚，或者对企业作出吊销营业执照的处罚，导致严重危害社会后果的，就产生了判断渎职犯罪是否成立的需要，而判断的关

① 此处的行政管理行为是基于上述狭义的行政管理权实施的行政行为，是指除了行政处罚行为以外的其他具体行政行为，下文中的行政管理行为同样是此含义。

键就在于行政处罚行为的有效性问题。行政处罚行为有效与否在于行政主体是否依法行使行政处罚权，而刑事法律责任的追究与否则在于检察机关对上述行政处罚行为的检察监督。也就是说，正是因为行政处罚不能合理评价行政相对人的危害社会行为，才有发动检察监督继而启动刑罚权的可能，通过渎职犯罪的查处来保障行政处罚权的正当行使，这也就有了行政处罚与渎职犯罪关联案件的产生。鉴于在此类关联案件中，行政处罚行为已然作出，以行政处罚为标的的行政诉讼进程并不能阻碍行政处罚的继续执行，同时又因为存在行政处罚权不能合理评价违法行为社会危害性的可能，故应首先解决行为人应当承担何种法律责任的问题，也就是在渎职犯罪的查处过程中以行政处罚对象的责任承担为优先解决问题，继而评价作出行政行为的公职人员是否应当承担刑事责任的问题。

另一类是因行政管理行为的不当作出与渎职犯罪相关联的案件。在行政执法行为与渎职犯罪关联案件中，渎职监督对象在于行政管理行为是否合法有效，而这根本上又依据其是否以行政管理权（狭义）作出的。前已述及，刑罚权与行政管理权（狭义）属于保障与被保障的关系，此类案件的关联根源也就在于行政管理权（狭义）与刑罚权的保障关系。当行为人实施违反行政管理权所要维持的法秩序时，就有可能触发行政处罚权或者是刑罚权的发动，而当行政处罚权或者刑罚权行使者没有正当履行职责时，也就没有成立渎职犯罪的可能。因此，刑罚权的发动必须以行政管理行为的存在为前提。倘若行政管理行为本身就不是依据行政管理权合法有效的作出，自然可能引致刑罚权的否定评价。例如，烟草专卖管理局违反烟草管理专卖的相关规定，滥用职权实施违法发放烟草零售许可证等行政许可行为，就可能触发检察监督的启动。所以，此类关联案件的处理必须首先解决的是行政管理行为合法有效性的问题，也就是在行政管理行为有效性问题解决后，再处理是否存在渎职犯罪问题，以发挥刑罚权对行政管理秩序的保障作用。

总之，由于以上两类行政执法与渎职犯罪关联案件产生缘由不同，也就必然造成对其处理的原则有所不同。

三、规则设计：行政处罚与渎职犯罪关联案件对策分析

立足于上述对行政处罚与渎职犯罪关联案件类型以及处理原则的分析梳理，对此类案件解决机制的探讨仍至为重要。行政处罚权具有程序便捷、主动性强、及时高效的特点，这就要求行政执法者具有一定的自由裁量权，而自由裁量权的自我膨胀性特点也呼唤法律监督权的介入，以实现权力的有效制衡。因此，基于行政处罚权与法律监督权的权力配置关系，行政处罚与渎职犯罪衔接问题的解决必然需要在厘清检察机关法律监督与刑罚权实现的关系问题基础上，结合检察机关开展法律监督、惩治和预防行政处罚案件引发的渎职犯罪提出若干完善性建议。

党的十八届四中全会通过的《中共中央关于全面推进依法治国若干重大问题的决定》（以下简称《决定》），明确提出："检察机关在履行职责中发现行政机关违法行使职权或者不行使职权的行为，应该督促其纠正。"检察机关督促纠正违法行政行为，是充分发挥检察职能、强化对行政权的监督、推进法治政府和法治国家建设的重要制度安排。那么检察权的性质如何，将从根本上决定包含渎职犯罪侦查权的检察权如何制约行政处罚权以及以何种方式开展。我国理论界和司法实务部门对检察权的性质一直存有争议，但立足于本国语境，以国家权力结构模式来分析检察权属性实践意义更为明显。[①] 从我国检察机关的权力来源上看，有别于西方国家的三权分立体制，全国人民代表大会和地方各级人民代表大会分别作为全国或者地方各级的权力机关，集中代表国家行使权力。人民代表大会代表由选民选举产生，对选民负责，这体现了国家权力来源于人民。然而，作为国家权力机关的人民代表大会并不能在日常工

① 参见樊崇义：《一元分立权力结构模式下的中国检察权》，载《人民检察》2009 年第 3 期。

作中将一切权力统一行使，必然需要设置特定公权力机关，并赋予其特定公权力，由此也就组成了各级政府、各级检察院、法院，并分别赋予其行政权、检察权、审判权。也就是说，我国检察机关的检察权来源于人民代表大会的权力赋予，而赋予检察机关权力的初衷就在于能够对其他公权力的行使起到“横向监督”作用。正基于此，检察机关的宪法定位是专门法律监督机关，而检察权的性质是法律监督性质的权力，其具体权能都需要统辖在法律监督这一宪法明文规定的法定职权之中。检察机关无论是参与诉讼活动本身，还是在诉讼活动中监督其他诉讼参与机关，其都是在行使宪法所赋予的法律监督职责的具体表现。①

检察权来源于人民代表大会的赋予，就决定检察机关法律监督对象不可能包括作为权力机关的人民代表大会，而只能是行政机关、审判机关以及检察机关等国家机关的法律实施活动，有别于人大监督的宏观性特点和社会监督的无公权力支撑特点，检察机关开展法律监督是依托于诉讼活动的专门法律监督，是公权力之间的“横向监督”。由检察权的法律监督本质决定，刑事诉讼程序中的检察监督是以检察机关参与刑事诉讼活动为依托，去实现监督刑事诉讼中公权力机关及其所属国家工作人员是否依法行使职权的目的，其中最为核心的就是监督侦查机关是否依法行使侦查权、监督审判机关是否依法行使审判权，从而起到准确认定犯罪、保障无辜的人不受刑事追诉的作用。只有参与诉讼之中，才有可能获取诉讼监督线索来源，因而检察机关集诉讼职能与诉讼监督职能于一身，是检察机关开展法律监督的必然选择。②

正因为检察机关行使的诉讼法律监督权，具体表现为以参与诉

---

① 参见田宏杰、温长军：《守望法治：法律监督的价值分析与机制变革》，载《政法论坛》2012 年第 3 期。

② 参见朱孝清：《检察机关集追诉与监督于一身的利弊选择》，载《人民检察》2011 年第 3 期。

讼为依托的监督职能和以开展监督为导向的诉讼职能，其监督的内容主要是判断公权力是否依法行使，故检察监督职权的运用，就需要时刻往返于公权力的运用范围与涉案案件事实之间，从而保障诉讼机制的“良善”运行。然而，对行政权的监督不应仅仅限于传统的检察司法监督，同时还应直接以行政执法为监督对象。行政机关享有广泛的社会事务管理权，涉及社会治理的方方面面，具有覆盖面广、权力先定、自由裁量度大、易膨胀和强制力保障等特性。行政权是最容易扩张和被滥用的权力。[①] 党的十一届三中全会以来，特别是党的十八大以来，我国法治政府建设稳步推进，行政机关和工作人员依法行政的法治观念明显增强。不过，行政执法领域仍然存在有法不依、执法不严等问题。法治政府的基本要求是依法行政，为强化对行政权的制约和监督，《决定》确立了包括司法监督在内的八种监督方式，法律监督是司法监督的一种重要而有效的方式。对违法行政行为的法律监督是指由专门的法律监督机关，对行政机关违法行使职权或者不行使职权进行监督和纠正的司法活动。违法行政行为法律监督的目的是监督行政机关及时纠正违法行为、正确履行职责，维护公民、法人和其他社会组织的合法权益，进而化解社会矛盾。在检察权行使过程中，既要充分尊重检察权与行政权的彼此独立性，维护行政执法权的自由裁量空间，同时也应适时规范行政执法权的行使，做到既不干涉行政执法，又能对行政执法的合法合理起到保障作用。在具体监督方式上，就是要充分发挥检察权的司法能动性，建立柔性监督与刚性制约相结合的行政执法检察监督方式。

在柔性监督方面，就是要完善检察建议制度。检察建议是检察机关履行法律监督职责的重要手段。作为对行政权的法律监督手段，检察建议在行政诉讼法中已得到确认。完善检察建议工作机

① 参见杜睿哲：《行政执法检察监督：理念、路径与规范》，载《国家行政学院学报》2014 年第 2 期。

制，可以考虑划分三种类型。一是提醒式检察建议。主要针对一般违法行政行为，包括行政作为、不作为和事实行为，督促行政主体自行启动纠错程序。二是纠正式检察建议。主要针对严重违反法律程序、行政行为错误或者严重不适当以及涉及面广、社会影响大的违法行政行为，提出具体纠正意见。三是处分式检察建议。主要针对检察机关在履行职责中，认为行政机关主管人员、直接责任人员违法违纪但又不构成犯罪的，可以向监察机关或者作出违法行为机关的上一级行政机关，提出依法给予相关责任人员处分的检察意见。[①] 对于行政处罚权的检察监督，就是要充分发挥检察建议的上述作用，根据不同情形，分类型展开监督，将渎职犯罪消灭于萌芽之中。一般而言，对行政处罚的检察监督，应当以当事人申请启动为前提。这是因为行政复议法和行政诉讼法分别明确将对行政强制措施的不服纳入行政复议和行政诉讼的受案范围，如果当事人选择了这些途径来维权，则检察机关不必也不应当对行政强制措施实行检察监督。如果当事人选择请求检察监督，或者请求检察机关支持其通过其他途径来维权，则检察机关应当依法对行政强制措施实行检察监督。[②]

与柔性监督相对应的是检察权通过渎职犯罪的侦查履行对行政执法权的刚性制约职能。具体来说，在对行政执法权的监督中，进一步拓展完善渎职犯罪线索搜集渠道，完善检察机关在渎职犯罪初查过程中的调查核实权。在法律层面规定，因履行法律监督职责的需要，有权向相关行政机关调阅行政执法档案、卷宗以及其他与被监督行政行为相关的材料。落实好行政执法和刑事司法衔接机制。完善案件移送标准和程序，坚决克服有案不移、有案难移、以罚代

① 参见孙长春：《建立督促纠正违法行政行为法律监督制度》，载《检察日报》2015 年 1 月 19 日第 3 版。

② 参见杨建顺：《完善对行政机关行使职权的检察监督制度》，载《检察日报》2014 年 12 月 22 日第 3 版。

刑现象，实现行政处罚和刑事处罚无缝对接。在对行政执法监督过程中，一旦发现滥用职权、玩忽职守等渎职犯罪的，即正式启动渎职犯罪侦查程序，由行政检察部门移送渎职犯罪侦查部门查处。值得说明的是，在行政执法刚性检察监督过程中，应注意检察监督的谦抑性原则，尊重行政执法自身具有的客观规律，避免检察权干涉行政执法权的越权监督。

内幕交易犯罪案件中的行政认定问题研究

李薇薇*

从犯罪类型来看，内幕交易犯罪属于行政犯。① 由于内幕交易案件往往较为疑难复杂，侦查机关、检察机关和审判机关对内幕交易案件定性经常出现认识分歧。特别是侦查机关自行发现后立案侦查的案件，如果公检法三机关在定性上出现重大认识分歧，有的地方侦查机关、司法机关往往要求证监机构出具行政认定意见，否则不予立案、批捕、起诉或者作出有罪判决。笔者拟从分析内幕交易刑事案件中的行政认定入手管窥行政认定在当前刑事司法中的实际状况，继而从行政和刑事两个层面界定行政认定，在对实践中过于依赖行政认定的现象进行原因分析的基础上，厘清行政认定的证据

---

* 作者简介：李薇薇，最高人民检察院侦查监督厅立案监督处副处长。

① 刑事犯和行政犯是对犯罪类型进行区分的范式之一，起源于罗马法时代自然犯与法定犯的区别。自然犯是指不是因为法律规定而是因为其性质违反伦理而被规定为犯罪的情形。法定犯，是指因为被法律所禁止才成为犯罪的情形，在出于行政取缔的目的而被规定为犯罪的意义上，也被称为行政犯。参见［日］大谷实：《刑法总论》，黎宏译，中国人民大学出版社2009年版，第89页。欧洲大陆法系国家的行政犯一般不是由刑法典规定，而是规定在经济法、行政法等法律之中，而我国立法体制由于采用大一统的刑法典模式，行政犯主要规定在刑事实体法中，而且行政犯的数量已经明显超过了自然犯。参见姜涛：《行政犯与二元化犯罪模式》，载《中国刑事法杂志》2010年第12期。

形式并阐明其审查判断规则，以期对办理内幕交易案件有所裨益。

一、行政认定在当前刑事司法活动中的实际状况

在我国刑事诉讼司法实践中，大量的行政犯案件均有行政认定的踪影，如工商部门对行为性质是否传销的认定、商标局对涉案商标是否有相似性的认定、银监会对行为性质是否为非法集资的认定，等等。笔者以内幕交易罪为例，经过调研，研究了近年来影响较大的天山纺织、中关村、高淳陶瓷、上海祖龙、广发证券、某ST股票[①]6起内幕交易案，对刑事判决书和审查逮捕意见书中证监会出具的行政认定函的采纳和采信情况进行了分析，从中管窥实践中行政认定意见的样态，得出如下结论：

第一，内幕交易案件中均有证监会的行政认定函，作为控方证据使用，且都被作为有证据能力的证据纳入证据调查、质证、认证的庭审过程，司法实践中较为普遍的是将证监会认定函作为书证看待。如天山纺织内幕交易案一审刑事判决书即认为中国证监会认定函及移交函是书证。[②]

第二，行政认定函的产生原因均为依公安机关要求出具，作出认定的依据是证监会调查收集的证据和公安机关收集提供的证据。如某ST股票内幕交易案的行政认定函中写明“以上认定意见系根据某公安机关提供的证据材料……并基于我会的专业判断作出”。

第三，行政认定函的内容不同。内容普遍为认定是否属于内幕信息、内幕信息知情人、价格敏感期，如天山纺织案证监会认定函认定了“凯迪投资公司重组天山纺织”的内幕信息价格敏感期的起止日期，被告人属于内幕信息知情人。也有认定买入卖出的股票数额，交易数额和时间的，如高淳陶瓷案中证监会出具的行政认定

① 此案为未决案件，内容尚不宜详细公开，特此说明。

② 参见新疆维吾尔自治区乌鲁木齐中级人民法院2011乌中刑二初字第2号刑事判决书。

函认定：在内幕信息价格敏感期内，被告人配偶陈某某通过其实际控制的账户买入高淳陶瓷的股票，共计买入614022股，并在信息公开后全部卖出。[①] 有对公安机关认定内容进行审查后表示认可的。如中关村案中，证监会《关于黄光裕等人涉嫌中关村股票内幕交易案有关事项的复函》内容为：对公安部提出的形成内幕信息的事实和内幕信息价格敏感期的认定没有不同意见。[②] 还有对犯罪嫌疑人是否知悉内幕信息进行认定的，如某ST股票案，证监会认定函认定犯罪嫌疑人知悉内幕信息。

第四，司法机关对认定函是否采信表现不一。有的予以采信，其中有直接采信的，如高淳陶瓷案一审刑事判决书认为："《证券法》赋予中国证监会对内幕信息、知情人员等的认定权，作为国务院证券监督管理机构的中国证监会作出的知情人员、价格敏感期起止日期以及利用内幕信息进行股票交易等出具的认定意见，是根据法律授权作出的专业认定，具有证明力。"中关村内幕交易案终审刑事判决书认为：本案涉及两个内幕信息价格敏感期的时间，有证监会的确认意见为据。证监会作为依法行使对全国证券市场进行集中统一监管的行政机构，针对本案涉及内幕交易有关专业问题作出的具体认定，是建立在客观事实及公安机关经侦查后提交充分证据的基础上，进行研究后依法作出的结论，具有合法的证据效力。[③] 也有结合相关行政法规作出了独立认定，同时也表示采信证监会意见的，如上海祖龙案中，一审法院仍然对内幕信息、价格敏感期作出了独立的认定，阐明了认定的理由，只是对证监会关于内幕信息、价格敏感期的认定用"具有事实和法律依据"的表述方式表示采信。[④]

有的则不予采信，如某ST股票内幕交易案中，证监会出具的

---

① 参见江苏省南通市中级人民法院2010通中刑二初字第0005号刑事判决书。
② 参见北京市第二中级人民法院2010二中刑初字第689号刑事判决书。
③ 参见北京市高级人民法院2010高刑终字第363号刑事判决书。
④ 参见福建省厦门市中级人民法院2009厦刑初字第109号刑事判决书。

行政认定函表述为“本案甲公司重组乙公司在公开前是内幕信息；该内幕信息从某年月日至某年月日止；甲公司、甲公司董事长、犯罪嫌疑人武某是内幕信息知情人，且犯罪嫌疑人知悉内幕信息”，还写明“以上认定意见系根据某公安机关提供的证据材料（证据材料的真实性、完整性、合法性由该公安机关负责），并基于我会的专业判断作出，仅供公安、司法机关办理有关涉嫌证券期货犯罪案件时参考”。该案检察机关在审查逮捕案件意见书中认为，该行政认定只有结论，没有认定过程和依据的阐述，只是参考性意见，必须结合具体案件事实证据进行分析认定。检察机关基于自身对案情的分析判断认为，因无充分依据证明，故该函认定内幕信息、内幕信息知情人、内幕交易敏感期不当，遂没有采信证监会出具的认定函。

以上四方面的现状提出两个问题：一是行政认定是否为司法认定的必经前置条件？二是行政认定在刑事诉讼中的法律地位和证据效力，如何对其进行审查？

二、行政认定是否为刑事认定的前置条件

（一）对行政认定和刑事认定的界定

从动词意义上讲，行政认定，是指行政主体依据相关行政法律法规对于行政相对人的法律地位、法律关系与法律事实等所作的确认，具有行政属性。刑事认定是指公安机关、司法机关依据刑法关于犯罪的规定、刑事诉讼法关于刑事追诉的规定对案件事实、证据进行审查判断后，作出罪与非罪、此罪与彼罪判断结论的诉讼活动，具有司法属性。从名词意义上说，行政认定是指行政机关依据职权作出认定后形成的行政认定结论或意见。刑事认定是指司法机关依据职权作出认定后形成的结论。

从行政法意义上看，行政法理论认为，按照行政认定的对象不同，行政认定大致可分为五种类型，即对违法行为的认定、对物的认定、对权利的认定、对法律地位的认定以及对某种资格与某种能

力的认定。①

结合刑事司法实践，刑事司法中的行政认定可以分别归入上述学理上的行政认定，如在非法吸收公众存款案件中银监会对某个单位或个人的行为是否属于“非法吸收公众存款”或者“变相吸收公众存款”作出的认定、集资诈骗案件中中国人民银行对“非法金融机构”和“非法金融业务活动”的认定即属于对违法行为的认定；非法出版类型的非法经营案件中，新闻出版署或省级新闻出版局对非法出版物的认定即属于对物的认定；非法占用农用地案件中国家土地管理部门对土地性质的认定和土地使用权的确认即属于对权利的认定；骗取出口退税案件中税务机关对企业纳税人地位类别的认定即属于对法律地位的认定；非法行医案件中卫生行政主管机关对犯罪嫌疑人行医资格的认定即属于对某种资格或者能力的认定。

刑事司法所称的行政认定较之行政法意义上的行政认定更为广泛，2011 年 2 月《中共中央办公厅、国务院办公厅转发国务院法制办等部门〈关于加强行政执法与刑事司法衔接工作的意见〉的通知》对行政机关出具的文件作了如下表述：其一，行政执法机关在移送案件时已经作出行政处罚决定的，应当将行政处罚决定书一并抄送公安机关、人民检察院；对行政执法机关在执法检查时发现违法行为明显涉嫌犯罪而向公安机关通报的，公安机关经过审查决定立案后，依法提请行政执法机关作出检验、鉴定、认定等协助的，行政执法机关应当予以协助。其二，对案情重大、复杂、疑难，性质难以认定的案件……公安机关、人民检察院可以就案件办理中的专业性问题咨询行政执法机关，受咨询的机关应当认真研究、及时答复。

据此，笔者认为，从最广义的角度看，刑事诉讼中行政机关出

---

① 参见王崇青：《行政认定不应作为行政犯认定的前置程序》，载《中国刑事法杂志》2011 年第 6 期。

具的可视为行政认定的文件应包括：技术性的鉴定意见、行政违法性质认定、非技术性的对其他专业性问题的行政认定，此外，行政处罚决定、行政机关移送犯罪时出具的移送函也应视为行政认定。从最狭义的角度看，行政认定专指行政机关出具的非技术性的专业性问题的行政认定意见。

（二）司法实践部门中对行政认定存在依赖及原因分析

许多公安、检察机关在办理行政犯罪案件中，过于依赖行政机关的审查和判断，往往要求行政主管机关出具行政认定意见，有些地方甚至把行政认定作为司法认定的前置条件，将行政认定意见作为办案的必备证据。

笔者认为，之所以出现这一现象，有两方面原因：

一方面是基于行政犯罪的特殊性。刑法理论认为，行政犯总是以违反一定的前置行政法规为前提，按照我国刑事立法“定性加定量”的立法模式，只有严重违反行政法规、对社会的危害达到一定严重程度的行为才可能被刑法规定为罪。[①] 因此我国的行政犯罪有行政违法和刑事违法的双重违法性。行政犯罪以行政违法性为基础，一个行为若没有行政违法性则当然不具有刑事违法性，可见判断某种行为是否有刑事违法性无法脱离行政法就行政违法性的规定。因此，对行政犯罪在刑事追诉中存在行政违法认定和刑事犯罪认定两方面的认定。但由于我国刑事立法对于行政犯罪多通过“违反……管理规定”“违反国家规定”的空白罪状形式加以规定，对于构成要件中的禁止性规定，刑法不直接加以规定，而需要援引其他行政法规加以判断。按照罪刑法定原则，在对行政犯罪追诉的过程中，哪些行为能构成行政犯罪，必须以相关行政法规作为前置性的判断依据，司法实践中行政认定往往就被认为是认定罪与非罪的前提。

---

① 参见张绍谦：《试论行政犯中行政法规与刑事法规的关系》，载《政治与法律》2011 年第 8 期。

另一方面是基于司法实践的现实需要。国家行政管理涵盖面极为广泛，有的案件案情复杂、性质认定疑难，涉及一些专业性较强的问题，司法机关缺乏进行认定的能力，客观上需要行政机关的认定作为证据帮助司法人员认定案件待证事实。例如，汪某某操纵证券市场案中，其行为方式为利用其作为首放公司知名股评人的地位，在荐股之前先购买相关股票，然后将与其购买的股票有关的股评报告和荐股书投放到大量媒体中，以影响投资者的决策，在股价上涨时抛售其股票，进而获利上亿元。这种"抢帽子"交易中推荐股票的行为与相关证券股票价格的量价异动之间是否有因果关系，能否构成证券法规定的"操纵"市场的行为难以判断，证券管理部门按照《操纵市场认定指引》等行业标准，详细论证了汪某某的行为与相关证券的量价异动之间存在因果关系，为最终判处汪某某操纵证券市场罪成立提供了重要证据。

（三）笔者观点

笔者认为，行政认定不是刑事认定的前置条件，行政认定意见也不是办理刑事案件的必备证据，但是行政认定意见的存在有其自身价值，经过司法机关依法审查可以作为证据采纳采信。具体理由如下：

第一，行政认定和刑事认定的性质不同。行政认定的主体是行政机关，性质是一种行政行为，依据的是行政法规、规章等行政性规范文件；刑事认定的主体是司法机关，性质是一种司法行为，依据的是刑事法律；二者在主体、性质、法律依据上均有显著不同。刑事认定是法律赋予司法机关的职责，司法机关不得授权、转移给其他机关。

第二，从法学理论的一般观点而言，认定某些行为是否构成行政犯罪，由司法机关根据刑法和有关行政法律法规依法认定，并不以行政机关确认其违法性必经的先决条件。理由在于：其一，我国"一府两院"的政治体制和宪法规定，人民法院和人民检察院依法独立行使审判权和检察权，不受行政机关干涉，我国的司法权和行政权相互独立，刑事司法不应当也不需要完全依赖行政机关的认定意见作为裁判依据。其二，司法权的本质是裁判权，行政权的本质是管理权，司法权对行政权进行司法审查是应有之义，司法机关应当对行政机关关于行政违法性的认定意见进行实质性的审查，对于犯罪构成要件的判断更应当是由司法权行使。其三，行政认定所依据证据的证据资格、证明标准、证明规则均低于刑事认定，若直接加以认定，则降低了刑事案件的证明要求。[①] 其四，司法机关较之于行政主体的法律专业化程度更高，尤其是在双方发生对行政违法性理解不一致的情况下，司法机关的判断更为可信。[②]

第三，从相关规范性文件看，并未将行政认定作为必经的前置程序。从具有广泛适用性的规范性文件看，2011 年 2 月《中共中央办公厅、国务院办公厅转发国务院法制办等部门〈关于加强行政执法与刑事司法衔接工作的意见〉的通知》第 1 条规定：行政执法机关在移送案件时已经作出行政处罚决定的，应当将行政处罚决定书一并抄送公安机关、人民检察院；未作出行政处罚决定的，原则上应当在公安机关决定不予立案或者撤销案件、人民检察院作出不起诉决定、人民法院作出无罪判决或者免予刑事处罚后，再决定是否给予行政处罚。也就是说，行政执法机关在移送案件时没有作出行政处罚决定的，原则上在刑事案件已决之前无须作出行政处罚决定，而是在生效决定、判决认为不构成犯罪或者免予刑事处罚后再决定是否给予行政处罚。可见，行政处罚并非是刑事追诉的必要前置程序，案件没有经过行政处罚，涉嫌犯罪的，侦查机关、检察机关仍然应当依职权侦查、批捕、起诉。

从关于行政认定的专门性规定看，如 2007 年国务院办公厅

① 参见张绍谦：《试论行政犯中行政法规与刑事法规的关系》，载《政治与法律》2011 年第 8 期。

② 参见王崇青：《行政认定不应作为行政犯认定的前置程序》，载《中国刑事法杂志》2011 年第 6 期。

《对〈禁止传销条例〉中传销查处认定部门解释的函》规定，“依照《禁止传销条例》规定，工商部门和公安机关在各自的职责范围内都应当对传销行为进行查处，并依照各自职责分别依法对传销行为予以认定”。再如，2011 年 8 月最高人民法院《关于非法集资刑事案件性质认定问题的通知》第 1 条规定：“行政部门对于非法集资的性质认定，不是非法集资案件进入刑事程序的必经程序，行政部门未对非法集资作出行政认定的，不影响非法集资刑事案件的审判。”可见，司法机关对某些行为可以直接予以认定，不以行政机关的行政认定为必要。这也说明行政认定并非必要证据，没有行政认定，司法机关依据刑法、相关司法解释以及行政法规仍然可以作出认定。

第四，应当承认，当前中国司法实践需要行政认定意见作为证明案件待证事实的证据之一。从法源上说，根据行政法的授权，行政主体自然是认定行政违法性的主体，并且由于国家行政管理牵涉面广，调整范围大，涉及方方面面的专业知识，各行政主管部门在认定行政违法有专业上的较大优势，认定某种行为是否违反行政法是其职责所在。对于司法实践中行业性、专业性强的问题，根据法律、行政法规的规定，司法机关办理案件可以商请有关行政机关出具认定意见或者委托出具鉴定意见，这有利于司法机关准确适用法律办理案件。如《国务院非法金融机构和非法金融业务活动取缔办法》有关规定，对非法金融机构、非法金融业务活动，由人民银行认定。笔者认为，行政主管部门有熟悉该行业法律法规的专业优势，在判定某种行为是否违反行政法，特别是在当前融资等经济活动渠道和方式多样、非法、合法的界限较难区分的情况下，可以先商请有关行政主管部门就某些事实作出认定，司法机关进行审查后作出是否采纳采信的判断。

三、行政认定在刑事司法中的分类及审查判断

（一）行政认定在刑事司法中的证据分类

司法实践中，行政认定一般以下列几种形式出现，分属于不同的证据种类：

1. 行政处罚决定书。在作出行政处罚前，行政主体需对行政相对人违反行政规范的事实或行为予以确认，因此行政处罚包含行政认定的内容。在刑事实体法中，有的行政处罚被作为犯罪构成的客观方面要素。如《刑法》第 201 条逃税罪规定：被税务机关给予两次以上行政处罚又逃税的应当追究刑事责任。

在移送案件时已经作出行政处罚决定的，行政机关会将行政处罚决定书一并抄送公安机关、人民检察院，如汪某某操纵证券市场案件中，证监会认定汪某某操纵证券市场作出的行政处罚决定书。笔者认为，行政处罚决定书属于公文书证，证明犯罪嫌疑人的行为是否具有行政违法性。

2. 案件系行政机关在行政执法中发现，认为涉嫌刑事犯罪但未作出行政处罚，而是移送侦查机关时行政机关所出具的移送函。笔者认为，移送函反映了行政机关对案件事实的认定和行为具有行政违法性的认定，属于公文书证。

3. 行政鉴定。即行政机关在行政执法过程中，依据行政机关收集的证据，基于行政管理职权，对特定的法律事实的性质、状态、质量等进行检验评定的一种专业技术判断。[①] 如银行在收缴假币工作中对假币作出鉴定后认为涉嫌假币犯罪、质量监督部门对假冒伪劣产品鉴定后认为涉嫌生产、销售伪劣产品犯罪，移送侦查机关。笔者认为，行政鉴定属于行政证据中的鉴定意见。

4. 受司法机关委托由有资质、符合法律规定的行政机关就侦

① 参见邵俊武：《论行政鉴定及其司法审查》，载何家弘主编：《证据学论坛》（第 15 卷），法律出版社 2010 年版，第 37 页。

查中的专业性问题作出的技术性鉴定。一般而言司法鉴定是由司法鉴定机构的鉴定人员实施，但是，符合法律规定的行政机关，经过司法机关依法委托，可以在刑事诉讼中受理委托鉴定并出具鉴定意见，这与司法鉴定机构出具的鉴定意见并无二致。如在办理生产、销售假药犯罪和生产、销售不符合安全标准的食品犯罪案件中，委托“省级以上药品监督管理部门设置或者确定的药品检验机构”和“省级以上卫生行政部门确定的机构”出具的鉴定意见；又如办理假币案件过程中，要求中国人民银行及具有货币真伪鉴定技术与条件并经中国人民银行授权的商业银行业务机构对假币的鉴定。上述行政机关对专业性问题的技术鉴定，属于刑事诉讼中的鉴定意见。

5. 案件系公安机关立案后在侦查过程中要求行政机关出具的行政认定意见。这种认定意见就是前文所述的最狭义的行政认定意见，分为三类：

（1）第一类是现行法律法规规定不明确，由法律、行政法规授权行政机关就特定事项作出的认定。如《证券法》第 75 条第 2 款第 8 项兜底条款规定，内幕信息还包括国务院证券监督管理机构认定的对证券交易价格有显著影响的其他重要信息。此类行政认定系公文书证。

（2）第二类是现行法律法规规定不明确，行政机关和司法机关之间或者公检法机关之间对涉案行为是否具有行政违法性质存在争议，而要求行政机关就行为是否具有行政违法性作出的认定。如 2008 年 1 月最高人民法院、最高人民检察院、公安部、证监会《关于整治非法证券活动有关问题的通知》第 2 条第 4 项规定：关于非法证券活动性质的认定……公安机关、司法机关认为需要有关行政主管机关进行性质认定的，行政主管机关应当出具认定意见。笔者认为，性质认定实质上是基于行政机关的职权对行政违法性的认定，系公文书证。

（3）第三类是法律法规有规定，但司法机关仍然要求行政机关就案件中的专业性问题出具的认定意见，而这种专业性问题又不是技术性问题。如公安机关要求证监会对内幕信息、内幕信息知情人、价格敏感期出具的认定即属于此类。笔者认为，这种意见实际上是主观判断活动又兼具职权性，属于专家意见或说成一种特殊的鉴定意见。

(二) 行政认定的采纳和采信规则

有学者认为应当将行政认定作为一种司法认知，[①] 对此笔者持反对意见。司法认知，是指法院在审理案件的过程中，对于某些特定事项，可以在不要求当事人正式出示证据的情况下，就直接确认其具有真实性，并将其作为裁判基础的一种诉讼证据规则。[②] 我国刑事诉讼立法本身没有使用“司法认知”的概念，通常不加区分地用免证事实来替代司法认知，学理上认为刑事诉讼中的司法认知规定在《人民检察院刑事诉讼规则》法庭审理中，下列事实不必提出证据进行证明：(1) 为一般人共同知晓的常识性事实；(2) 人民法院生效裁判所确认的并且未依审判监督程序重新审理的事实；(3) 法律、法规的内容以及适用属于审判人员履行职务所应当知晓的事实；(4) 在法庭审理中不存在异议的程序事实；(5) 法律规定的推定事实。可见，行政认定不属于上述任何一种免证事项的范围。笔者认为，司法机关仍然要对行政认定的合法性、客观性和关联性进行审查。因此，司法机关既可以直接依据行政法规作出刑事认定，也可要求行政主体事先进行认定，但即使由行政主体作出了认定，基于其在刑事诉讼中的证据地位，最终的取舍仍取决于司法机关对证据的审查判断。笔者认为，应当对不同证据形式的行政认定适用不同的采纳和采信规则：

---

① 参见王崇青：《行政认定不应作为行政犯认定的前置程序》，载《中国刑事法杂志》2011 年第 6 期。

② 参见陈卫东、李美蓉：《论司法认知》，载《江海学刊》2008 年第 6 期。

1. 公文书证类行政认定的采纳和采信规则

(1) 公文书证类行政认定的采纳规则。一般而言，获取公文书证的方法不会有刑讯逼供等严重损害犯罪嫌疑人及其他公民合法权益的情形，而往往有从相关机关制作复制件的过程。对于从行政机关处获取公文书证，行政机关一般不提供原件而要求侦查人员复印。司法机关在审查公文书证是否有证据资格时，应当注意审查书证的副本、复制件与原件是否相符，有无经核对与原件无异的说明；是否由二人以上制作，有无制作人关于制作过程及原件存放于何处的文字说明及签名。否则公文书证的复制件属于瑕疵证据，应当要求侦查机关进行补正或者作出合理解释后方可采用。如果无法补证或者合理解释的，则证据因缺乏取证的合法性而不可采纳。

(2) 公文书证类行政认定的采信规则。在审查其证明力时，应当把握以下原则：国家机关公文作为一种特殊形式的书证，是国家机关为了维护国家或者社会的公共利益，依照职权而制作的公务型文书，有较高的公信力，这种公信力在诉讼过程中可衍生为证明力上的优势，一般而言，公文书证的证明力大于普通书证，特别是作为有罪证据的公文书证的证明力，一般而言应当大于无罪或者罪轻证据中的普通书证。但是，这种证明力上的优势是相对于普通文书而言，并不意味着绝对真实，必须采信。在刑事诉讼中，侦查机关、检察机关将公文书作为证明被告人有罪的主要证据的，应依据刑事诉讼法和“两个证据规定”进行审查核实，客观衡量有罪证据和无罪罪轻证据的证明力，对公文书证进行综合审查和判断，从而认定其是否达到刑事诉讼关于犯罪事实成立的证明标准。若认为国家机关公文认定存在疑问的，应当要求侦查机关对国家机关公文中所认定的事实按照刑事证明的标准提供证据。必须认识到的是，公文书证的证明内容经过审查后，同样有被认可和被否认的可能。[1]

2. 鉴定意见类行政认定的采纳和采信规则

(1) 鉴定意见类行政认定的采纳规则。无论是行政程序中的鉴定意见还是刑事程序中的鉴定意见，笔者认为，在审查判断其能否采纳时都应当着重审查以下内容：鉴定人是否存在应当回避而未回避的情形；鉴定机构和鉴定人是否具有合法的资质；鉴定意见的形式要件是否完备，是否注明提起鉴定的事由、鉴定委托人、鉴定机构、鉴定要求、鉴定过程、检验方法、鉴定文书的日期等相关内容，是否由鉴定机构加盖鉴定专用章并由鉴定人签名盖章；鉴定意见是否依法及时告知相关人员，当事人对鉴定意见是否有异议。

注意发现鉴定意见是否具有下列情形：鉴定机构不具备法定的资格和条件，或者鉴定事项超出本鉴定机构项目范围或者鉴定能力的；鉴定人不具备法定的资格和条件、鉴定人不具有相关专业技术或者职称、鉴定人违反回避规定的；鉴定文书缺少签名、盖章的；等等。

(2) 鉴定意见类行政认定的采信规则。采信鉴定意见类行政认定必须进行实质审查：注意审查鉴定程序是否符合法律及有关规定；检材的来源、取得、保管、送检是否符合法律及有关规定，与相关提取笔录、扣押物品清单等记载的内容是否相符，检材是否充足、可靠；鉴定的程序、方法、分析过程是否符合本专业的检验鉴定规程和技术方法要求；鉴定意见是否明确；鉴定意见与案件待证事实有无关联；鉴定意见与其他证据之间是否有矛盾，鉴定意见与检验笔录及相关照片是否有矛盾，等等。

注意发现鉴定意见是否具有下列情形：鉴定程序、方法有错误的；鉴定意见与证明对象没有关联的；鉴定对象与送检材料、样本不一致的；送检材料、样本来源不明或者确实被污染且不具备鉴定

① 参见何家弘主编：《证据的审查认定规则：示例与释义》，人民法院出版社2009年版，第215页。

条件的；违反有关鉴定特定标准的；以及其他违反有关规定的情形。

行政鉴定经审查符合证据合法性、关联性、真实性的，可以作为刑事诉讼证据使用。

另外，对鉴定意见有疑问的，可以通知鉴定人出具相关说明，也可以依法补充鉴定或者重新鉴定。

3. 专家意见类行政认定的采纳和采信规则

（1）专家意见类行政认定的采纳规则。参考 2011 年 7 月最高人民法院《关于审理证券行政处罚案件证据若干问题的座谈会纪要》等有关规定，对专家意见类行政认定的采纳要注意审查：专业机构或者专家是否与本案有利害关系；专业机构或者专家是否具有合法资质；专业机构或者专家所得出的意见是否超出指定的范围，形式是否规范，内容是否完整，结论是否明确；是否写明提起认定的事由、委托认定机构的名称、作出认定的行政机关名称、文书的日期等相关内容，由专业机构、行政机关认定的是否加盖公章；专业意见是否告知对方当事人，并听取对方当事人的意见。

（2）专家意见类行政认定的采信规则。要注意审查：作出行政认定依据的证据材料及其来源是否真实合法；作出行政认定的法律依据是否恰当，理由是否充分；认定的标准是否符合行业标准；与案件待证事实的关联性如何；与其他证据之间是否能够印证、有无矛盾，等等。

此外，需要注意的是，实务中，有的虽然以行政认定的形式出现，但实际上并不是专业性意见，而是行政机关收集的证据，如高淳陶瓷内幕交易案中证监会对犯罪嫌疑人买卖股票的数量、时间的认定就不属于对性质的认定，也不属于专业问题，而是证监会收集的关于买卖股票的数量、时间的书证，对行政机关收集的证据进行审查后认为符合刑事证据要求的可以作为刑事证据使用，没有必要以行政认定函的方式作出认定。司法机关也可以调取原始的交易记录等电子证据、书证，对买卖股票的数量和时间直接进行认定。

综上，笔者认为，证监会出具的行政认定可以作为认定案件待证事实的证据，但没有当然的、优势的、绝对的证明力，司法机关应当依职权进行审查，区分情况，判定其证据形式，采用不同的审查方法进行审查，作出是否采信的判断。需要强调的是，司法机关要按照自己的职责进行审查，避免产生行政部门完成事实认定，检察机关完成法律认定的偏离，防止司法权被行政权侵蚀。

四、对行政机关应司法机关要求出具行政认定意见应予规范

司法实践中，行政机关应司法机关要求出具行政认定意见的内容、程序、范围等缺乏规范。仍以前文所述内幕交易案件为例，一是证监会行政认定函内容各不相同，如前所述，在此不赘。二是认定函的表述内容较为简单，一般只有认定结论，多表述为："本案某信息是内幕信息；该内幕信息价格敏感期从某时间起至某时间止；相关犯罪嫌疑人是内幕信息知情人，知悉内幕信息。"没有认定过程和依据的阐释，有的还写明"免责事项"（如某 ST 股票内幕交易案）。三是认定标准不尽相同。如价格敏感期的起算时间，广发证券案中证监会认定内幕交易价格敏感期的起算时间点为延边公路和辽宁时代为二选一备选壳的时间；但中关村案中证监会未曾将鹏润地产借壳中关村上市还是独立上市二选一方案的时间认定为价格敏感期的起算点。笔者认为，行政认定意见的制作应当加以规范：

一是应当对行政认定函的内容进行规范。规定应写明作出行政认定依据的证据材料及其来源、认定依据并阐述理由、认定过程、作出认定的人员姓名、职务，并加盖行政机关的印章，以便于司法机关进行审查、质证和认证。

二是应当对行政认定的程序、认定范围、认定标准等加以规范。（1）探索建立行政认定的启动程序，规定司法机关依职权要求行政机关作出行政认定为当然启动条件，行政机关亦可以主动作

出行政认定；（2）将某行为是否具有行政违法性纳入行政机关进行行政认定的范围，同时明确行政机关就某些专业性问题提供认定意见的范围，不得越权认定；（3）认定事项由司法机关按照法律规定的范围明确提出，并应当提供司法机关合法收集的证据；（4）规定行政认定的内部审查程序，统一认定标准；（5）规定作出行政认定的人员在必要时，应当出庭提供意见，接受质证。

五、结论

综上所述，在办理内幕交易犯罪案件中，证监会出具行政认定不是公安、司法机关进行刑事认定的前置条件，该行政认定意见也不是办理刑事案件的必备证据，但是证监会出具的行政认定意见作为证据的一种，经过司法机关依法审查可以作为证据采纳采信。同时，公安、司法机关应当加强与证券监督管理部门的沟通与协调，促进证监会出具行政认定意见的规范化和制度化。

侵犯公民个人信息犯罪实证研究

——以北京市朝阳区人民检察院2009年至2013年司法实践为样本

杨新京　叶　萍　黄　成*

随着“大数据”时代的到来，现代社会的信息化程度越来越高，公民个人信息的批量处理和传递也越来越方便。同时，公民个人信息被不当采集、随意泄露、任意篡改、恶意使用甚至被非法买卖牟利的现象也越发严重。在非法利益的驱使下，一些组织、个人违背职业道德和保密义务，将公民个人信息出售或者泄露给他人，而另一些组织和个人则千方百计地非法获取这些公民个人信息，进而通过这些信息来获取巨大的商业、经济乃至非法利益。而一旦这些信息流入犯罪分子手中，便可能引发盗窃、诈骗、敲诈勒索、绑架等刑事犯罪，威胁民众的生命、财产安全，给公民造成二次甚至复次侵害。为了加强对公民个人信息安全的保护，2009年2月，全国人大常委会审议通过的《刑法修正案（七）》第7条新设了两个罪名，即出售、非法提供公民个人信息罪和非法获取公民个人信息罪。但自该条实施以来，有关的争议也随之而起，理论界对该条立法的合理性提出了质疑，司法实务界则对该条的理解与适用产生

* 作者简介：杨新京，国家检察官学院教授；叶萍，北京市朝阳区人民检察院公诉二处检察员；黄成，北京市朝阳区人民检察院公诉二处助理检察员。

了分歧，同时又缺乏相应的司法解释，给司法机关在具体认定时带来一定困难。

一、2009年至2013年北京市朝阳区侵犯公民个人信息犯罪案件的特点

据统计，北京市朝阳区人民检察院于2009年至2013年间，共受理侵犯公民个人信息犯罪案件20件41人，分别为2009年2件8人，2012年11件13人，2013年7件20人。其中，出售公民个人信息罪3件5人，非法提供公民个人信息罪1件1人，非法获取公民个人信息罪19件38人。[①] 以上这些案件主要呈现出了以下特点：

1. 案件数及人数增长明显。通过以上数据可以看出，近两年的案件量占到了总数的90%，而人数方面更为明显，2013年一年的人数则几乎等于其余各年份全部人数之和，在罪名上则主要为非法获取公民个人信息罪。这一方面说明近年来，尤其是近两年来朝阳区侵犯公民个人信息犯罪逐渐呈现出高发态势；另一方面，也说明了侵犯公民个人信息犯罪中的共同犯罪数量逐渐增多，集团化、产业化犯罪模式逐渐形成，犯罪形势更加复杂和严峻。

2. 犯罪对象种类繁多，并越发具有针对性。信息类型的比重从高到低依次集中于消费购物信息、车主信息、业主信息、通讯信息、企业及高管信息、户籍信息、老年及病患人群信息等方面。这些信息，除了均包括公民个人的姓名、住址、电话等基本信息外，还不同程度地包含了公民的消费记录、患病情况、年龄情况、车辆信息、通话短信记录、住宿登记信息、搭乘航班情况、手机定位信息等。另外，大多数案件所涉及的信息并非单一种类，而常常是同时包含着多个类型的信息，犯罪分子往往还会对不同信息进行分类

---

① 由于存在一案数人（各人涉及罪名也可能不同）及一人数罪情况，故以上案件总件数、总人数并不等于各分件数、人数简单相加。

整合，从而使信息更加具有针对性。

3. 犯罪目的主要是为广告推销及出售牟利。从以上的多种信息类型可以看出，公民的消费购物信息比重最大，其次是车主信息、业主信息、老人及患病信息等，这些信息均蕴含着潜在的经济利益，相对于普通信息，这些信息的针对性更强。一些公司、企业及个体经营者往往通过非法渠道购买以上信息，整合处理后，再通过电话、短信、上门等方式向目标客户推销自己的产品或服务，以挖掘潜在的经济利益。推销的范围，主要以保健品、收藏品、纪念品、高仿奢侈品等为主。还有少部分不法分子，通过购买以上信息为实施诈骗、伪造证件等违法犯罪行为创造条件。上游人员则利用这一日益增大的“市场需求”，将合法掌握或非法获取的大量公民个人信息非法出售给前述人员，以此牟利。

4. 公司、企业负责人成为主要犯罪群体，“侦探、讨债”公司催生黑色产业链。数据显示，该部分犯罪群体的人数占到了总人数的50%以上，成为侵犯公民个人信息犯罪的主力军。同时，以商务咨询、调查公司为名，通过向委托人提供经由多种非法途径、手段所获取的相对特定目标的特定或综合信息，进行谋取不法利益行为逐渐增多，其获取信息的针对性更强，手段更专业，非法获利更高，并且更容易形成侵犯公民个人信息的黑色产业链条，社会危害性更大。[①] 如被告人张某某、吴某某等19人非法经营罪、非法获取公民个人信息罪、敲诈勒索罪案件中，张某某、李某某、任某分别系3家商务调查公司的实际控制人，3家公司长期从网通公司员

---

① 针对此类非法调查公司、非法讨债公司案件，北京市公安局、北京市人民检察院、北京市高级人民法院于2008年底曾印发《关于办理侦探公司讨债公司违法犯罪案件工作会议纪要》，纪要中指出，各级公检法机关要在依法查清全案事实的基础上，对于“两类公司”非法经营，情节严重的，应当依照《刑法》第225条第4项以非法经营罪定罪处罚。由于当时《刑法修正案（七）》尚未颁布，该纪要的出台有一定刑事政策的考量。数据显示，2009年至2013年间，朝阳区人民检察院共办理此类非法经营案件33件108人。

工吴某某、联通公司员工唐某某、移动公司员工林某和张某等处非法获取特定对象的个人通信信息，从某派出所民警郑某处非法获取特定公民的户籍信息，并给予以上人员高额报酬，且各公司间资源共享，均非法获利人民币数十万元。

5. 犯罪手段以互联网交易为主，新型高科技犯罪手段逐步涌现。经统计，除了少数案件仍系传统的通过自身职务便利窃取或者通过与特定人当面交易的方式外，约85%的案件为通过网络非法获取相应的信息。行为人通过网站、论坛、贴吧、QQ群等发布相应的购买或出售信息，谈好类型、数量、价格后，一方通过聊天软件、邮箱等网络途径发送数据包，或者交付数据U盘，另一方再以银行转账等方式付款，较为特殊的还有要求通过给指定手机充值话费或者给指定账号充游戏币等方式进行变相付款。其中，通过网络直接传递数据的约占88%，通过U盘交付的约占12%。另外，通过高科技手段非法获取公民个人信息的案件也逐渐显现。如犯罪嫌疑人张某等10人非法控制计算机信息系统罪、非法获取公民个人信息罪、提供非法侵入、控制计算机信息系统程序、工具罪一案中，行为人通过组建研发团队，研发出了能够自动获取用户的各项手机信息并主动上传服务器功能的“静默插件”，涉案的“静默插件”能够在用户不知情的情况下实现对手机的实际控制，并自动上传手机的短信、通话、通讯录、GPS定位等信息。行为人通过给大量手机植入该插件的方式，在仅仅3个月内便获取了10余万部手机的高达上千万条通讯录。

二、司法实践中存在的问题及困惑

（一）犯罪主体不明确

案例一：北京某物业管理有限公司第三分公司员工张某、赵某于2011年3月至4月间，利用在北京市朝阳区太阳公园小区物业处工作的机会，先由张某（公司前台，业主办理手续须先经前台登记信息）获取755名业主个人信息，再由赵某以人民币1500元的价格出售给孙某（北京某地产经纪有限公司主管），从中牟利。

关于本案，实践中存在两种意见，一种意见认为张某、赵某将公民个人信息非法出售给他人，应成立出售公民个人信息罪；另一种意见认为，根据我国《刑法》第 253 条之一的规定，出售公民个人信息罪的主体只能是国家机关或者金融、电信、交通、教育、医疗等单位的工作人员，属特殊主体，张某、赵某并不属于前述的几类特殊主体，不符合该罪的主体要件，不构成出售公民个人信息罪，而应当成立非法获取公民个人信息罪。

那么，出售、非法提供公民个人信息罪的主体究竟是一般主体还是特殊主体，法条规定的“国家机关或者金融、电信、交通、教育、医疗等单位的工作人员”中的“等”字又如何理解？

（二）“公民个人信息”的范畴不明晰

1. 案例二：被告人田某某于 2012 年成立某信息咨询公司，主要从事私人侦探业务。同年 3 月至 4 月间，田某某接受申某某的委托为其寻找前男友，后田某某通过各种手段获得并提供了其前男友的工作单位及地址，非法获利人民币 25000 元。

关于本案，一种意见认为，田某某所出售的信息完全符合公民个人信息的定义，属于刑法上公民个人信息的范畴，应成立出售公民个人信息罪；另一种意见则认为，根据法条的规定，该罪所要求的“信息”应当是前述几类单位在履行职责或者提供服务过程中获得的公民个人信息，而田某某的公司并不属于上述几类单位，因而其出售的信息不属于法条所规定的公民个人信息的范畴。

2. 案例三：赵某于 2012 年 3 月在北京注册了一家咨询公司，从事非法调查业务，同年 4 月，尚未做成一单业务的赵某便被公安机关抓获，民警在对其使用的电脑勘验后，发现了 1000 余条较为详细的天津市企业信息，经讯问，赵某称全部是自己从网上 QQ 好友的空间里下载的。

关于本案，一种意见认为，赵某所获取的企业信息中包含有公民的个人信息，构成非法获取公民个人信息罪；另一种意见认为，赵某所获取的是企业信息，这些信息通过工商部门可以合法获取，虽然信息中包含了企业法人、股东等个人信息，但其实质上并非针对个人隐私，不应简单界定为公民个人信息，因此赵某不构成犯罪。

3.《刑法》第253条之一第2款规定“窃取或者以其他方法非法获取上述信息”，“上述”二字如何理解，“上述信息”是否就是指第1款中所规定的“国家机关或者金融、电信、交通、教育、医疗等单位的工作人员，违反国家规定，将本单位在履行职责或者提供服务过程中获得的公民个人信息”？

由于没有相关的司法解释，我国又尚未出台“公民个人信息保护法”，现有的其他法律法规也没有针对公民个人信息的全面、明确规定，那么，我国《刑法》第253条之一所规定的“公民个人信息”到底有着怎样的内涵与外延？如何理解法条关于“违反国家规定”“上述信息”的规定？

（三）“出售”“非法提供”“非法获取”行为的认定存争议

1. 针对案例三，一种意见认为，赵某通过网络非法获取了其他公民的个人信息，应成立非法获取公民个人信息罪；另一种意见认为，赵某仅是从友人的网络空间下载了一份电子文档，这些文档的内容虽然包含了公民个人信息，但并非赵某“非法”获取，其行为不够构成犯罪。

2. 案例四：被告人唐某某于2009年3月至2012年2月间，在北京市朝阳区利用其注册成立的两家咨询公司，通过互联网多次非法购买公民个人信息共计400余万条，后出售给上海某服务公司，期间买方共计支付信息购买费人民币180余万元，唐某某自称仅获利人民币7万元。

关于本案，第一种意见认为，唐某某的行为是典型的非法获取和非法出售行为，应当成立数罪；第二种意见认为，唐某某非法获取的行为系手段行为，其目的是为了出售，属于牵连犯，应当定一罪从重处罚；第三种意见认为，唐某某的出售行为系不可罚的事后行为，仅成立非法获取公民个人信息罪一罪。

那么，究竟该如何认定“非法”获取的行为，对于先买后卖的行为如何处理？另外，“非法提供”与“出售”的区别是否仅在于行为人是否获得了利益？

（四）“情节严重”的认定标准不明确

1. 针对案例二，一种观点认为，行为人非法获利 25000 元，当属情节严重；另一种观点认为，行为人仅向委托人提供了一条关于特定对象工作单位地址的信息，不应认定为刑法上的情节严重，至于其所获得的 25000 元人民币，系行为人基于整个民事委托服务协议的约定所应得金额，并不属于刑法的规制范围。

2. 关于案例一，法院最终认定被告人孙某以人民币 1500 元从北京某物业管理有限公司第三分公司员工处购买了 755 条业主信息的事实成立，犯非法获取公民个人信息罪，判处拘役 6 个月，缓刑 6 个月，罚金人民币 5000 元。

案例五：被告人娄某系北京某猎头公司员工，其于 2012 年 7 月 16 日至 20 日期间，先后 5 次从公司数据库内盗取个人信息 9786 条，后被法院认定犯非法获取公民个人信息罪，判处拘役一个月，缓刑 2 个月，罚金人民币 3000 元。

案例六：被告人付某为了推销产品，于 2013 年 3 月至 8 月间，在北京市朝阳区其经营的某保健品销售中心内，从网上 QQ 群内多次联系卖家购买公民个人信息共计 6000 余条，总花费人民币 4000 余元，从位于广东深圳的上游供货商获取公民个人信息共计 3000 余条。法院认定付某非法获取公民个人信息 9000 余条，成立非法获取公民个人信息罪，判处拘役 5 个月，罚金人民币 3000 元。

法条明确规定“情节严重”的才构成犯罪，但何为“情节严重”目前尚无据可依，故可能因司法者对法条的不同理解导致严疏有别，过严则有违刑法的谦抑性，不利于人权保障；过窄则不利于刑法惩罚犯罪目的的实现，也无法给予犯罪分子足够的震慑，影响犯罪预防的效果。从以上的 3 个案例还可以看出，入罪后，由于没有可供执行的统一尺度，量刑上势必又会存在差别，当差别较大时，罪刑均衡原则就会面临挑战，刑法的严肃性也在一定程度上遭到了破坏。那么，法条所指的“情节严重”到底应具有怎样的标准呢？

（五）证据调取及审查存在难度

1. 证明信息源的证据难以取得。法条针对6类单位的工作人员作出了特殊规定，但是有时出售、非法提供、非法获取公民个人信息的信息来源往往难以查证，除了一些如户籍底卡、银行储户、病例等具有较为特殊属性的信息能显示是从上述几类单位获取的以外，其他一些综合性的信息往往很难判断来源，尤其是一些犯罪分子在获取信息后往往还会对信息进行一定的修改、整合和完善。这样，一些具有法条所规定身份的行为人，其到案后往往也会否认信息是在“本单位履行职责或者提供服务过程中”获得的。另外，即使行为人供认了获取信息的上家或者出售、非法提供的下家，往往也很难查找到上、下家进行取证，即使查找到了，一般也不配合工作。

2. 信息数量难以准确认定。绝大多数涉案信息均以电子版的形式存在，信息量往往巨大，少则几千数万条，多则数百万甚至千万条。根据办案实践，这些信息往往因为不同的原因而存在着不同程度的重复，有的是因为客观情况所致，如数据的重复上传，客户的重复登记等；有的则是主管因素所致，由于信息往往按条计算价格，出售信息的人常常故意复制原有信息或虚构部分信息来提高数量。因此，面对信息数量巨大又存在重复的案件时，具体数量的认定便存在较大难度。另外，即使勘验或鉴定出了具体数量，仍然可能因证据问题而使认定存在困难。

如案例七：犯罪嫌疑人崔某某2012年4月至2013年8月间，为了推销收藏品，在北京市朝阳区其注册的某文化发展公司内，通过网络购买等方式非法获取大量公民个人信息，经对其使用的电脑进行勘验，发现4万余条公民个人信息，但其供称自己仅从网上购买过两次，每次200元买1000条左右，其余信息怎么来的自己也说不清楚。

关于本案，一种意见认为，崔某某主观上具有大量获取公民个人信息用于收藏品推销的目的，客观上又无法合理解释其电脑内的4万余条公民个人信息系通过合法途径取得，应当全部予以认定，成立非法获取公民个人信息罪；另一种意见认为，由于没有直接证据证明崔某某电脑内的其余信息系非法取得，故仅认定行为人所供认的2000余条。

3. 信息真实性的确认存在难度。之所以要确认信息的真实性，是因为若信息全部是虚假的，则根本无法认定行为人的行为实质上侵犯了其他公民的个人信息。但是，由于部分案件信息数量巨大，逐条对信息的真实有效性进行验证很不现实。对此，实践中一般都是随机抽取若干信息进行核对，然后根据验证的情况进而推定其他信息的真实性。但问题是，怎样抽取、抽取的比例和数量是多少时才更科学，抽检的主体是谁，是侦查机关还是相关的鉴定机构，验证的方式和流程是什么，验证到何种程度才能认定信息是真实有效的，如何根据抽检的结果推定整体的真实性，等等。

三、侵犯公民个人信息犯罪的刑法解释辨析

对于司法实践中所存在的信息来源的确定、信息数量的认定、信息真实性验证等证据方面的问题，其问题的根源在于取证困难，司法机关与相关部门之间应增强沟通协作，以保证证据的调取与核实的合法、合理及科学。下面，我们主要就法律适用方面的问题进行刑法解释论上的探讨。

（一）犯罪主体的辨析

1. “单位”的范围

《刑法》第253条之一第1款关于出售、非法提供公民个人信息罪犯罪主体的规定是“国家机关或者金融、交通、电信、医疗、教育等单位的工作人员”，第2款对非法获取公民个人信息罪的犯

罪主体并未作特别规定，第3款则是对单位犯罪的规定。根据罪刑法定原则及文理解释角度，我们完全有理由认为，第1款的出售、非法提供公民个人信息罪是特殊主体，第2款的非法获取公民个人信息罪为一般主体。需要讨论的是，法条中的“等”字如何理解，也即除了法条列举的六类单位之外，是否还包括其他单位，其他单位的范围是什么？

在现代汉语语言应用中，“等”字放在列举的事物之后既可以表示列举未尽，也可以表示列举后煞尾。若取列举后煞尾之义，则本罪的犯罪主体仅为法条所规定的这6类单位，这无疑在很大程度上限缩了本罪的主体范围。若为列举未尽之义，则本罪的犯罪主体还应当包括法条所没有列举的其他单位。无疑后者更有利于对公民个人信息的保护。问题是，此列举未尽的范围是什么，是其他一切单位，还是同样有所限制？

对此，一种观点认为，“考虑到本条主要是对在履行职责或提供公共服务过程中利用某种‘公权力’采集到的公民个人信息的国家机关或者单位，违反法律规定的保密义务应负的刑事责任，这些保密义务在刑事诉讼法、邮政法、律师法、居民身份证法……中都已作规定，不宜将公民个人信息的刑事保护范围扩大到没有利用‘公权力’采取的一切单位和个人”①。本罪保护的法益“并非公民个人的信息自由和安全，而是公权及公权（益）关联主体对公民个人信息的保有，也就是说国家机关以及金融、电信、交通、教育、医疗等单位以外的，与公权或公益无任何事实关联的普通单位，其对公民个人信息的保有，并不是刑法的保护对象”②。依此观点，所未列举的单位同样应当属于利用某种“公权力”采集公民个人信息的单位。如案例一中，法院最终判定3人均成立非法获

① 黄太云：《刑法修正案（七）解读》，载《人民检察》2009年第6期。

② 赵军：《侵犯公民个人信息犯罪法益研究——兼析〈刑法修正案（七）〉的相关争议问题》，载《江西财经大学学报》2011年第2期。

取公民个人信息罪，除了由于对犯罪主体采取了更为保守的理解外，还在于考虑到了法条中存在着“违反国家规定”的规定，而当时办案人员未能找到该“国家规定”。另一种观点认为，没有必要作此限制。首先，法条本身并未强调必须利用某种“公权力”或必须是在“提供公共服务过程中”，作此限定于法无据；其次，现实生活中大量存在的招聘网站、猎头公司、各类中介机构等工作人员所实施的出售或非法提供信息的行为同样扰乱和威胁到了公民的个人生活，若将这些单位排除在外，既不符合现实，也无法真正达到保护目的。[①] 依此观点，凡是合法成立的单位均属于法条规定的范围。

以上两种观点均有其合理性，前者在于更遵循于刑法的文理解释及罪刑法定原则，后者则更侧重于刑法的目的解释及司法现实需要。我们更倾向于后者。首先，对单位范围作上述理解并未超出法条的文义范围。法条本身也并未对单位的性质或者特征作明确限制，更未提及获取公民的信息必须是要基于“公权力”。其次，更有利于加强对公民个人信息的保护。不可否认，“公权力”下的公民信息管理制度是本罪所保护的法益之一，但并非本罪保护的主要法益。根据体系解释的方法，本罪被规定在侵犯公民人身权利、民主权利罪一章中，其保护的主要法益应当是公民个人的信息自决及信息安全。如果仅将本罪中的单位作仅限具有“公权力”的狭义理解，将会使对公民个人信息的保护存在真空地带。逻辑上，对公民个人信息的侵犯，要么是合法占有者的非法利用（包括出售、非法提供），要么是非合法占有者的非法获取及利用。《刑法》第253条之一第2款所规制的正是后者，那么，为何同时在应承担保障信息安全义务的前者中，就仅具有“公权力”的才会被规制呢？实践中，诸如物流快递、房产销售、汽车销售、保险公司、旅游公

---

① 参见王昭武、肖凯：《侵犯公民个人信息犯罪认定中的若干问题》，载《法学》2009年第12期。

司、物业公司、咨询公司以及各种网站等，信息泄露的情况不在少数。这些单位同样不同程度地掌握着大量的公民个人信息，但相对于“公权力”下的单位，这些单位对所获信息的保护意识和强度又明显不足，反而更容易被犯罪分子觊觎。若将这些单位排除在外，势必不利于对公民信息安全的保护，有违立法初衷及目的。最后，其他国家的立法例中对侵害公民个人信息犯罪的主体也鲜有限制。“大多数国家和地区均选择将法律不加区别地适用于公共部门与私营部门。例如，欧盟指令、欧洲理事会协定以及奥地利、波兰、阿根廷等国的相关法律均作了基本相同的规定。”[①] 故我们认为，案例一中，张某符合出售公民个人信息罪的主体身份，赵某虽不符合主体要求，但其与张某相互勾结，共同实施了利用张某的职权获取业主信息并向他人出售的犯罪事实，虽然仅出售 755 条信息，但违法所得 1500 元人民币，符合情节严重的标准，二人成立出售公民个人信息罪的共犯，收买人孙某单独成立非法获取公民个人信息罪。

2. “工作人员”的范围

法条所规定的“单位的工作人员”，应当限于依职权可以接触到本单位合法获取的公民个人信息的人员。例如，根据单位的规定或工作安排对信息进行整理、存储、管理、查阅的部分人员。而不应认为，只要是单位的工作人员即具有本罪的主体身份。若不具有上述职权的员工，利用自身工作上的便利，通过窃取或者其他方式获取单位合法取得的公民个人信息后出售或非法提供的，仅应以非法获取公民个人信息罪定罪处罚。若不具有上述职权的员工或者非本单位人员与具有上述职权的员工相互勾结，共同出售或非法提供单位所掌握的公民个人信息的，应当按出售、非法提供公民个人信息罪共犯处理。根据本文观点，案例一中张某符合出售公民个人信

① 刘宪权、方晋华：《个人信息权刑法保护的立法及完善》，载《华东政法大学学报》2009 年第 3 期。

息罪的主体身份，赵某虽不符合主体要求，但其与张某相互勾结，共同实施了利用张某的职权获取业主信息并向他人出售的犯罪事实，虽然仅出售755条信息，但违法所得1500元人民币，符合情节严重的标准，二人成立出售公民个人信息罪的共犯，收买人孙某单独成立非法获取公民个人信息罪。但实践中，法院最终判定3人均成立非法获取公民个人信息罪，除了由于对犯罪主体采取了更为保守的理解外，还在于考虑到了法条中存在着“违反国家规定”的规定，而当时办案人员未能找到该“国家规定”。

（二）公民个人信息的范畴

1. 公民个人信息的界定

对于“公民个人信息”的界定，在民法、行政法领域较为有代表性的学说有三种，一是关联说，认为一切和公民个人相关联的信息均应认定为公民个人信息；二是隐私说，认为公民个人不愿让他人知悉的所有信息均应认定为公民个人信息；三是识别说，认为一切能够识别出特定公民的信息均应认定为公民个人信息。[①] 以上三种学说中，关联说对公民个人信息的界定范围最为宽泛，隐私说与识别说各有侧重。全国人大常委会于2012年12月28日通过的《关于加强网络信息保护的决定》（以下简称《决定》）第1条规定，“国家保护能够识别公民个人身份和涉及公民个人隐私的电子信息”。可见，《决定》同时采取了识别说与隐私说，是一种折中的观点，该规定对于刑法上公民个人信息的界定起到了很好的借鉴和指引作用。

对于本罪所指的公民个人信息，我们认为，首先，是能够直接或间接识别特定公民个人身份的信息。从字面上来看，“公民”是指获得某国国籍并依据该国法律享有权利承担义务的人，由于法条中并未作特殊限定，根据我国刑事管辖的一般原则，此处应当既包

---

① 参见齐爱民：《中国信息立法研究》，武汉大学出版社2009年版，第76~77页。

括我国公民，也包括他国公民；“个人”是指单个的自然人，与单位相对，因此此处不包括单位的信息。“信息”是指消息。“个人信息”有两层含义，第一层含义就是指与单个自然人相关联的消息，第二层含义是指能识别出特定人的消息，既包含直接识别的消息，又包括间接识别的消息。显然，第一层含义过于宽泛地界定了个人信息的范围，基于刑法的补充性、谦抑性原则，第二层含义更为合理。

其次，还包含涉及公民个人隐私的信息。2009 年出台的《侵权责任法》第 2 条明确规定了隐私权，从而使隐私权能够与名誉权、荣誉权等相并列，成为一项独立的民事权利。然而，相对于刑法对于国家、军事以及企业秘密的严格保护，对于个人秘密或隐私的保护则严重不足，仅限于在非法侵入他人住宅罪、非法搜查罪、侮辱罪、侵犯通信自由罪等情形，存在很大的局限性。而将公民的隐私信息作为公民个人信息的一部分，纳入本罪的保护对象范围，恰可以在一定程度上弥补当前刑事立法的不均衡。另外，法条所列举的国家机关、金融、电信、医疗等 6 类单位，都可能不同程度地涉及公民个人的隐私信息，比如犯罪记录、婚姻登记情况、银行存款、通信内容、医疗病例、学籍资料等，这也恰好说明了本罪的立法者在立法时已经考量到了对公民个人隐私信息的保护。况且，实践中，确实存在着大量诸如个人病史、消费记录、定位信息、宾馆入住、航班旅程等涉及个人秘密或隐私的信息，这些信息并非一般意义上的识别个人身份的信息，但其泄露之后反而更容易引发对公民平稳生活状态的破坏，若公民个人信息不包括隐私信息，那么侵犯以上隐私信息的行为恐将无法处理，这也有违民众朴素的法感情。

再次，应当排除公民自愿或依法公开的信息。个人信息的保护存在两个重要原则，一是个人信息权利保护原则，因为个人信息涉及人格权和人身权的核心内容，关乎私人生活的平稳有序。二是信息自由流动原则，因为现代社会的公共生活秩序正是建立在个人信息的统合及自由流动的基础上的。因此，对公民个人信息的保护也不能绝对化。就刑法所保护的公民个人信息而言，首先要排除应当依法公开的公民个人信息。例如，公安机关在通缉犯罪嫌疑人时公开嫌疑人的姓名、年龄、肖像及涉嫌的犯罪事实等信息的情形。三是要排除公民自愿公开的个人信息。公民自愿公开的个人信息包括公民依约定公开以及公民单方自愿公开。对于依约定公开的，相对方必须在约定的用途和范围内使用，否则，相对人或者其他行为人仍然可能构成对公民个人信息的侵犯。如快递公司仅应将所知悉的收寄件人的姓名、地址、联系方式等信息用于本次快递寄送业务之中，如果工作人员将信息出售、非法提供给他人或其他人员窃取或以其他手段非法获取该信息的，同样是对公民个人信息的侵犯，成立相应犯罪。对于单方自愿公开的，如某演员为引起关注，故意在网络上公开自己的各种大尺度私密照片的，其行为是一种对这些照片所承载的隐私权的放弃，在其放弃的范围内，刑法不予保护。

最后，罪名不同，"公民个人信息"的范围也不尽相同。由于《刑法》第253条之一第1款与第2款所针对的行为方式不同，法条的表述也不同，对这些特定表述的理解不同，对公民个人信息范围的界定也会有不同。例如，除了上文提及的"等单位"外，还有"违反国家规定"、"在履行职责或提供服务过程中"以及第2款的"上述信息"等，对这些限定词如何理解同样将影响公民个人信息的范围。（详见后文论述）

2. 关于"违反国家规定"的理解

《刑法修正案（七）》尚在草案讨论阶段的时候，学界就对本罪的修改纷纷进行了评析。有观点认为增设此罪十分必要，有利于及时形成刑法威慑，遏制和预防此类犯罪；也有观点认为，法条第1款中作出了"违反国家规定"的规定，第2款对非法获取的信息也限定为"上述信息"，故在没有出台《个人信息保护法》情形下就作出上述规定有违刑法的谦抑性，将使该条文因前置法的缺位而成为空置法条。

对此，我们认为，首先，刑法将侵犯公民个人信息的行为纳入规制范围，说明了在当时的社会条件下，公民的个人信息已经亟须刑法的保护，侵犯公民个人信息的部分行为已经具有严重的社会危害性，应当受到刑罚处罚。其次，虽然像《个人信息保护法》这样系统、完整地保护公民个人信息的法律规范尚未出台，但这并不等于国家没有关于保护公民个人信息方面的任何规定。例如，像《刑事诉讼法》、《民事诉讼法》、《行政诉讼法》、《身份证法》、《护照法》、《传染病防治法》、《律师法》、《保险法》、《商业保险法》等，这些法律规范中都或多或少地针对公民个人信息的保护作出了规定。况且，《个人信息保护法》早已纳入了国家的立法计划，何时出台只是时间问题。最后，即使有了《个人信息保护法》，也不能就简单地认为刑法所保护的公民个人信息的范围一定与该法相同。相对于其他部门法，刑法具有补充性和最后手段性，“刑法并非将所有侵害法益的行为规定为犯罪，而只是将其中部分严重侵害法益（包括侵害重要法益）的行为规定为犯罪”①。因此，刑法所保护的公民个人信息的范围势必会与行政法、民法及其他法律法规所保护的范围有所区别。

当然，由于全面、系统的《个人信息保护法》的缺位，加之《刑法》第96条对“国家规定”有着明确的解释，② 实践中确实会存在无法找到对应“国家规定”的情况，这一情况与《刑法》第225条非法经营罪的部分情况相类似。但至少非法经营罪还有大量的司法解释，而本罪目前尚无任何司法解释可以适用。对此，我们认为，全国人大常委会于2012年12月28日所通过的《关于加强网络信息保护的决定》，为上述问题的解决及对侵犯公民个人信息

① 张明楷：《刑法学》，法律出版社2011年版，第24页。

② 《刑法》第96条规定：“本法所称违反国家规定，是指违反全国人民代表大会及其常务委员会制定的法律和决定，国务院制定的行政法规、规定的行政措施、发布的决定和命令。”

犯罪的认定提供了一定的依据和指引。虽然该决定所针对的仅是网络信息及电子信息，但如前所述，在当前的司法实践中，绝大多数侵犯公民个人信息犯罪中的信息均为电子形式，且多利用网络进行交易。因此，该《决定》就在很大程度上解决了当前实践中“国家规定”真空的问题。对于非网络信息、电子信息的其他信息，又确实没有相应“国家规定”的，根据罪刑法定原则，现阶段并不属于《刑法》第253条之一的规制范围。

3. 关于“在履行职责或提供服务过程中”的理解

我们认为，此处的“履行职责或者提供服务过程中”对公民个人信息至少包含了两个方面的限定：首先，是指信息获取途径的合法性。即要求履行职责或者提供服务于法有据，符合法律规定程序，且所获取的信息在法律约束的范围内，否则该收集行为不具有合法性。如法律规定需先征得相对人同意确认后方能收集或使用的信息，未经同意而收集、使用的，不具有合法性；再如，人口普查中，普查员在法定收集内容之外还收集特定人员的家族病史、婚恋史等信息的，其超出职责范围收集的部分不具有合法性。其次，是指信息的获取应当是在履职或服务的时间和场合内，但对于该时间和场合应当作实质意义上的理解。例如，一位心理医生在私人聚会时接受了他人的咨询，知悉了他人的隐私信息，形式上看是在工作时间和场合之外所获得，并且没有收取费用，但实质上，其信息的获取仍然是基于他人对其职业身份的一种信赖，信息获取的途径仍然属于其职责或服务范围以内，因此，其仍然具有保守该信息的义务。如案例二中，法院认为，田某某的公司通过欺骗手段非法获取他人工作单位及地址信息以非法从事私人侦探业务，不符合出售公民个人信息罪犯罪对象的要求，最终认定田某某成立非法经营罪。

4. 关于“上述信息”的理解

关于如何理解《刑法》第253条之一第2款中“上述信息”的规定，有观点认为，上述信息就是指第1款中所列举的单位在履行职责或提供服务过程中收集、保存、管理的公民个人信息，除此之外，行为人通过其他途径非法获取的公民个人信息，即使数量巨大，也不能认定构成本罪。[①] 我们认为，基于文理解释，仅从条文结构和文义关联来看，作上述理解似乎是恰当的。但是，这样的理解同前文中提及的对“等”字的片面理解一样，过于限缩了刑法的保护范围，不利于对本罪法益的保护。根据前文数据，实践中，非法获取公民个人信息罪占绝大多数，且大多数案件中的信息源无法查明，其所获取的信息很可能是二手甚至多手信息，无法认定是否系“上述”单位在履行职责或者提供服务过程中获得，那么，依该观点，这些案件均无法认定构成非法获取公民个人信息罪。果真如此，则仅当行为人非法获取了前述单位合法取得的公民个人信息时才成立本罪，而当行为人非法获取了前述单位非法取得、其他单位合法取得、其他单位非法取得及非法单位（个人）非法取得的信息时均不构成本罪，这很难让人接受。因此，对此处“上述信息”的理解，应当基于立法目的，从法益保护的角度，作相对于第 1 款更宽泛的理解。即只要是刑法上的“公民个人信息”即可。

综上，我们认为，刑法上的公民个人信息，是指能够识别公民个人身份或者涉及公民个人隐私的信息，但依法应当公开或公民自愿公开的个人信息除外。其中，出售、非法提供公民个人信息罪中的“公民个人信息”，仅限于相关单位合法取得的信息，且行为人的出售、提供行为违反了有关“国家规定”，而非法获取公民个人信息罪中的“公民个人信息”则没有这种限制。如案例三中，企业信息的内容中包含足以能够识别公民个人身份的信息，但该企业信息确实可以由公民通过工商部门合法获取，又无其他证据证明赵

---

① 参见赵秉志、王东阳：《信息时代更应强化人权保障》，载《法制日报》2009年3月4日。

某的上述信息系非法取得，[①] 同时也无证据证明其实施非法经营的数额或违法所得情况，故检察机关最终对赵某作出存疑不起诉的决定。

（三）客观行为的认定

1.“出售”的认定

出售，是指以获得利益为目的，掌握公民个人信息的单位或工作人员将公民个人信息有偿转让给第三人。[②] 首先，行为人需要有获利的目的，否则成立非法提供公民个人信息罪。其次，出售的形式不限。这也是为什么法条使用了“出售”而非“非法出售”，其目的就在于禁止一切形式的“出售”，即使出售人与信息的主人达成了出售的合意，其出售行为仍然是被本条所禁止的。最后，这里的有偿不限于财物，还应包括财产性利益。

值得讨论的是，当犯罪主体具有国家工作人员的特殊身份时，如何处理。例如，某医疗系统的国家工作人员，将在单位履行职责时获得的公民医疗信息出售给他人的，是否同时构成受贿罪。对此，我们认为，首先，出售公民个人信息的行为人利用自己的职务便利，收受了他人的财物，并为他人谋取了利益，这完全符合受贿罪的构成要件。其次，对于国家工作人员利用职务便利将本单位合法取得的公民个人信息提供给他人并索取或收受他人财物的行为，行为人明显具有获利目的的，其行为在整体上完全也可视为一种出售行为。因此，在同时满足两罪追诉标准的情况下，同时构成出售公民个人信息罪和受贿罪，属于想象竞合犯，从一重罪处罚。

2.“非法提供”的认定

非法提供，是指符合主体要求的单位或工作人员，违反法律法

---

① 我们认为，实践中对于非法获取公民个人信息罪应当允许对行为人非法获取的行为进行合法则的推定，即当行为人无法合理解释或证明其所占有的大量公民个人信息的合法来源时，推定该信息系其非法取得。

② 参见赵秉志主编：《刑法修正案（七）专题研究》，北京师范大学出版社 2011 年版，第 153 页。

规的规定，将单位在履行职责或者提供服务过程中合法获得的公民个人信息无偿提供给他人的。法条之所以使用“非法提供”，其目的是为了排除阻却违法的提供行为，即合法提供的情形。主要包括两种情况，一是依法应当提供的情况。例如，侦查人员持有效证件及文书到银行调取涉案人员的账户信息的情形。二是经允许提供的情况。例如，婚恋中介经信息主人同意将其个人信息提供给符合要求的第三人的。

那么，信息提供者事后被动收受了接受信息一方提供的所谓“辛苦费”或其他财物的情形，如何处理，是一律认定为出售行为，还是有所区别？对此，我们认为，对于“无偿”不应做过于绝对的理解。非法提供与出售的区别并非仅在于是否获得利益，而关键要看行为人提供信息时是否有获得利益的目的。能够判断其行为时具有该目的的（比如事前有约定的），自然构成出售公民个人信息罪。对于无法判断的，可以分情况讨论：对于仅有一次行为，事前没有约定，事后仅被动收受财物的，可以认定为非法提供；但对于有两次以上行为，虽事前也无约定，均事后才收受财物，但不应再认定为非法提供，而应认定为出售行为，因为当行为人在获得了利益之后再实施该行为并且再次收受了财物时，可以认定行为时行为人已经具有了对获得相应利益的信赖和期待，也即可以认定其行为时具有获得利益的目的。

3.“非法获取”的认定

依法条规定，“非法获取”是指“窃取或者以其他方法非法获取”。重点在于对“其他方法”的理解，这里应当是指与窃取的社会危害程度相当的方法，例如，骗取、胁迫、利诱、恐吓、抢夺、购买等违反法律规定的获取方式。但非法获取与出售、非法提供并非是完全的对向关系，也即二罪并不属于典型意义上的对向犯。对向犯通常分三种：一是只处罚一方的行为，如贩卖毒品罪，不处罚购买者，只处罚贩卖者；二是双方的罪名、法定刑相同，如重婚罪；三是双方的罪名、法定刑都不同，如行贿罪与受贿罪。[①] 而此处属于罪名不同、法定刑相同的情形，并不在上述三种类型之中，即使能够成立对向犯，也仅限于与第 1 款的规定所对应的购买、收受的行为。

值得讨论的是，对于先买后卖的行为该如何处理？有观点认为，对于先买后卖行为认定的关键在于出售故意产生的时间。依此观点，无非有两种可能，一种是行为人购买信息时即具有出售的故意的，则前后是手段行为与目的行为的关系，但并不构成牵连犯，因为目的行为并不单独构成出售公民个人信息罪，因此行为人仅成立非法获取公民个人信息罪一罪；另一种是行为人购买信息时并不具有出售的目的，获取之后才具有该故意的，则前后系两个行为、两个故意，但此时并不构成数罪，因为后行为同样不构成犯罪。所以，不管行为人出售的目的产生于何时，在定罪上并没有影响，均仅构成非法获取公民个人信息罪一罪。因此，以上的区分在这里并不具有实际意义。但当行为人不是以出售为目的，而是具有其他犯罪目的，又实施了其他犯罪行为时（如又利用信息实施诈骗等行为的），这种区分便具有了罪数认定上意义。

还有观点认为，先买后卖行为中的“出售”行为应当系不可罚的事后行为，因此直接认定构成非法获取公民个人信息罪一罪即可。我们认为，此处并不成立不可罚的事后行为。不可罚的事后行为，是指在状态犯的场合，利用该犯罪行为的结果的行为，如果孤立地看，符合其他犯罪的犯罪构成，具有可罚性，但由于被综合评价在该状态犯中，故没有必要另认定为其他犯罪。[②] 但先买后卖中的出售行为即使孤立地看，也并不具有可罚性，不符合任何犯罪的构成要件，更无认定为不可罚的事后行为的必要。如案例四中，唐某某通过网络购买公民个人信息后出售获利，法院最终认定其犯非

---

① 参见张明楷：《刑法学》，法律出版社 2011 年版，第 350 页。

② 参见张明楷：《刑法学》，法律出版社 2011 年版，第 432 页。

法获取公民个人信息罪一罪。

（四）“情节严重”的认定

关于侵犯公民个人信息罪中“情节严重”的标准，有观点认为，可依次考虑如下 3 个因素：一是用于实施犯罪活动的；二是严重危及本人正常生活或带来较大经济损失的；三是当前面两个因素无法认定时，可考虑信息的数量多少、行为的次数多少，在出售的情况下还包括获利金额，在非法获取的情况下还考虑手段的恶劣程度或对价的多少。① 还有观点认为，情节严重通常可以包含 6 个方面：一是对被害人造成严重损失的；二是泄露、获取数量大或次数多；三是造成恶劣影响的；四是恶意出售或多次非法提供、窃取、收买的；五是形成犯罪组织网络的；六是导致他人人身财产严重损害的。② 另外还有诸如四要素、五要素的观点等，这些观点都属于单一情节标准的解释模式，即根据情节犯的基本原理及本罪的一般规律，设定若干能反映行为的严重社会危害性的单一情节，只要实践中的案件符合其中某一项情节标准，就可认定为情节严重。

单一标准的解释方法简单、直观、易于操作，具有一定的合理性，但同时也存在一些问题。其一，就是形式上仅能通过列举的方式进行，当无法穷尽列举或准确概括时，难免存在疏漏；其二，就是仅对情节严重进行扁平式的考量，缺乏考量的综合性，难免放纵犯罪。因此，我们建议，对本罪“情节严重”的解释应当以单一情节模式为基础，同时采用对多个情节进行加权考量的综合模式。

1. 认定情节严重的单一标准

以上几种观点中所列举的单一情节要素，基本上都包含了信息的数量、用途、行为次数、获利情况及危害结果等，我们也将从这

① 参加王昭武、肖凯：《侵犯公民个人信息犯罪认定中的若干问题》，载《法学》2009 年第 12 期。

② 参加刘宪权、方晋晔：《个人信息权刑法保护的立法及完善》，载《华东政法大学学报》2009 年第 3 期。

几个方面讨论本罪情节严重的标准。

（1）出售、非法提供、非法获取公民个人信息供他人或本人用于进行非法活动的。由于公民个人信息泄露与非法传播不仅严重侵害了公民的信息安全和生活安宁，更严重的是可能被不法分子用来实施敲诈勒索、诈骗等违法犯罪行为，给公民本人带来更严重的二次甚至复次侵害。

（2）出售、非法提供、非法获取公民个人信息数量较大的。一般地，信息的数量越大，说明社会危害性也越大。2011 年 9 月 1 日施行的最高人民法院、最高人民检察院《关于办理危害计算机信息系统安全刑事案件应用法律若干问题的解释》第 1 条对非法获取计算机信息系统数据罪或者非法控制计算机信息系统罪的“情节严重”作出了以下解释：“（一）获取支付结算、证券交易、期货交易等网络金融服务的身份认证信息十组以上的；（二）获取第（一）项以外的身份认证信息五百组以上的。”由于侵犯公民个人信息罪与非法获取计算机信息系统数据罪、非法控制计算机信息系统罪完全可能存在竞合的情况（实践中朝阳区已经出现①），考虑到司法适用标准上的统一性，同时结合本罪的司法实践，我们认为，将出售、非法提供、非法获取公民个人信息 1000 条以上的认定为情节严重较为合适。

（3）多次出售、非法提供、非法获取公民个人信息或曾因出售、非法提供、非法获取公民个人信息受过二次行政处罚又实施的。行为次数的多少直接反映行为人的主观恶性程度。对于多次，按照刑法惯常的解释，是指 1 年内实施 3 次以上。

（4）出售、非法提供、非法获取公民个人信息违法所得较大的。除了出售行为外，非法提供、非法获取的行为同样也有可能获取违法所得，比如前述仅非法提供一次，信息数量较少，且事前无

① 参见辛祖国：《侵入多家政府网站修改主页两“黑客”获刑》，载中国法院网，2011 年 2 月 21 日。

约定，事后被动收受财物的情形，若收受金额较大，同样可以认定情节严重。对于非法获取后又出售牟利，违法所得较大的，亦属情节严重。违法所得较大的标准，以5000元以上为宜。

(5) 出售、非法提供、非法获取公民个人信息造成严重后果的。一个行为的危害结果是该行为社会危害性大小最直观的体现。对于严重后果，可以从以下几个方面考量：一是严重影响他人的工作、生活、生产、经营的；二是造成较大经济损失的；三是引起他人精神失常、自杀的。对于经济损失，结合前述关于非法获取计算机信息系统数据罪的解释及司法实践，可以考虑以人民币1万元为起点。

(6) 非法获取公民个人信息手段恶劣的。由于《刑法》第253条之一规定了3个罪名，相对于另外两罪，非法获取公民个人信息罪在行为手段方面的规定更为开放，而不同的行为手段其社会危害性也是有差异的。对于行为手段恶劣的，应当认定为情节严重。具体来讲，可以从以下几个方面考量：一是以暴力、胁迫等方式非法获取的；二是通过行贿的方式非法获取的；三是通过非法侵入计算机信息系统的手段非法获取的。之所以从以上几方面考量，一是因为暴力、胁迫的行为增加了对人身或意志的强制，更容易诱发利用信息对他人的二次侵害，具有更强的社会危害性；二是贿赂的手段增加了对职务行为不可收买性的侵犯，也更容易形成侵犯公民个人信息的黑色产业链；三是由于非法侵入计算机信息系统罪仅针对国家、国防、尖端科学领域进行保护，非法获取计算机信息系统数据也仅针对“身份认证”信息，缺少对非法侵入普通领域计算机信息系统并非法获取非“身份认证信息”行为的规制，而通过非法侵入计算机信息系统非法获取公民个人信息正日益成为该类犯罪的主要手段，有必要专门予以规制。

2. 认定情节严重的综合标准

一般来说，综合标准主要有两种适用规则：(1) 虽不符合某单一情节标准，但有两项情节以上已接近单一情节标准的；(2) 虽不符合某一项单一情节标准，但已接近该标准，并具有其他规定情节的。具体来讲，我们认为，认定侵犯公民个人信息罪情节严重的综合标准包括以下两方面：一是出售、非法提供、非法获取公民个人信息，虽未达到前述数量、金额要求，但数量、金额已分别达到上述标准80%以上的，视为情节严重；二是出售、非法提供、非法获取公民个人信息，具有下列情节之一的，信息数量、违法所得金额按前述标准50%确定：（1）曾因出售、非法提供、非法获取公民个人信息受过刑事处罚的；（2）1年内曾因出售、非法提供、非法获取公民个人信息受过行政处罚的。

值得说明的是，具体确定的标准固然便利了司法适用，但实践中的具体案件变化万千，行为人行为的危害大小不仅体现在数量、金额、手段等方面，同时还有信息的重要性、精确性，因此，量化的标准仅具有参考的意义。严格意义上讲，情节严重的认定，有赖于司法裁量权的行使，是否情节严重，应当由司法官按照一般人的标准，判断行为人的行为是否已侵害或威胁了法益，是否达到了应受刑罚处罚的程度。

四、对侵犯公民个人信息犯罪的立法及司法建言

（一）建议立法机关对《刑法》第253条之一作出修改，将该条的特殊主体改为一般主体

由于该条的主体仅限“国家机关或者金融、电信、交通、教育、医疗等单位的工作人员”，这个“等”字，究竟是仅限上述单位，还是包含了上述单位以外的其他单位，在适用中容易产生分歧，这是其一；其二，由于该条主体限于履行管理职责的国家机关或者提供公共服务的企事业单位的工作人员，这样就会将一些并无单位名义但实际有可能掌握公民个人信息的人排除在外，如网店的私营店主，手机、电脑的个体修理商，以及上述单位以外的一些通过各种手段获得公民个人信息资料的个人，对这些人将公民个人信息出售或者非法提供给他人的行为，将无法适用该条款定罪。如果

将本罪主体由特殊主体改为一般主体，就可以解决这个问题，而且也非常便于司法机关操作。

我们注意到，当我们正在撰写本文时，全国人大常委会发布了《刑法修正案（九）》草案，其中第16条对《刑法》第253条之一作出修改，取消了原条文中的“国家机关或者金融、电信、交通、教育、医疗等单位的工作人员”，修改后的条文适用于所有掌握公民个人信息资料的人，如果违反国家规定，将公民个人信息出售或者非法提供给他人，情节严重的，就将受到刑罚处罚。我们认为，草案解决了当前司法机关在办理侵犯公民个人信息犯罪方面存在的疑难问题，对于保护公民个人信息，惩治犯罪，具有重要意义。

（二）建议“两高”对办理侵犯公民个人信息犯罪作出相关司法解释

1. 对“公民个人信息”的概念和范围作出释义。目前，《刑法》第253条之一和全国人民代表大会常务委员会《关于加强网络信息保护的决定》（2012年12月28日）都已明文规定“任何组织和个人不得窃取或者以其他非法方式获取公民个人电子信息，不得出售或者非法向他人提供公民个人电子信息”。但司法机关在办案时必然会遇到究竟哪些和公民有关的信息属于“公民个人信息”，除了像姓名、性别、年龄、住址、身份证号码、电话号码等密切与公民个人身份相关的信息外，其他一些信息如消费记录、犯罪记录、兴趣爱好、校友、网友、同乡会名单，等等，是否也属于“公民个人信息”的范畴，这些都存在着争议。司法实践中，确实也曾经发生过犯罪分子通过获得的公民个人的消费记录对被害人实施诈骗的案例。当然，也还包括前文案例三中提到的嫌疑人收集到的大量企业信息是否也属于“公民个人信息”的范畴问题。因此，我们建议“两高”通过司法解释的方法，对《刑法》第253条之一规定的“公民个人信息”作出释义，明确“公民个人信息”的概念和范围，为司法机关办案提供明确的法律依据。

2. 对《刑法》第253条之一中规定的“情节严重”作出解

释。刑法分则中有许多条文都有“情节严重”的规定，有些涉及罪与非罪的界限，有些涉及法定刑加重的界限。对“情节严重”具体包括哪些情况，通常都是“两高”通过发布司法解释的方法作出规定。《刑法》第253条之一中规定的“情节严重”，涉及罪与非罪的界限。目前“两高”尚未对该条作出解释，使司法机关在办案中没有可供执行的统一尺度，有的案件查获嫌疑人出售的公民个人信息高达数百万条，有的案件却只有几十条；有的案件嫌疑人虽然出售了大量的公民个人信息，但尚未发生公民因信息被泄露而被骗、被害的严重后果，有的案件嫌疑人出售的信息数量虽然不多，但却导致公民人身及财产严重受损的后果发生。因此，司法机关在办理这类案件中，往往无法可依，难以确认。因此，我们建议“两高”对《刑法》第253条之一中规定的“情节严重”作出司法解释，对司法实践中嫌疑人提供、出售以及获取的“公民个人信息”的数量、出售的次数、获利的数额、被行政机关处罚过的次数、导致公民人身和财产损失的后果、在社会上造成恶劣影响的，等等，都明确作出规定，便于办案机关具体操作。

集资类犯罪问题研究

——以被害人经济恢复为视角

陈庆安*

一、集资类犯罪被害人经济恢复概述

（一）刑事被害人的概念

“被害人”一词是一个含义十分宽广的概念，在各个学术领域中都被经常使用。刑事法领域中，被害人因为其在刑事法律关系中的重要地位，更是一个出现频率极高的概念。但是，迄今为止我国还没有任何一部部门法对被害人的概念作出明确的界定。这显然会对我国有关被害人的理论研究和司法实践产生影响。

联合国《为罪行和滥用权力行为受害者取得公理的基本原则宣言》中对被害人的界定是：被害人“系指个人或整体受到伤害包括身心损伤、感情痛苦、经济损失或基本权利的重大损害的人，这种伤害是由于触犯会员国现行刑事法律，包括那些禁止非法滥用权力的法律的作为或不作为所造成”。同时，还包括两条内容，一是“在本宣言中一个人可被视为受害者，而不论加害于他的犯罪者是否被指认、逮捕、起诉或判罪，亦不论犯罪者与受害者的家庭

* 作者简介：陈庆安，上海市社会科学院法学所副研究员。

关系如何。‘受害者’一词视情况也包括直接受害者直系亲属或其扶养人以及出面干预的援助受害者或防止受害情况而蒙受损害的人”。二是“本宣言所载规定适用于所有人，而无种族、肤色、性别、年龄、语言、宗教、国籍、政治或其他见解、文化信仰或实践、财产、出生或家世地位、民族本源或社会出身以及伤残等任何种类的区别”（联合国《为罪行和滥用权力行为受害者取得公理的基本原则宣言》）。很明显，该宣言对受害者的概念作了广义的界定。

与此同时，国内学者从不同角度对被害人概念进行分析厘定，见仁见智地提出了许多不同的被害人概念，现举要如下：

被害人是指遭受犯罪行为直接侵害的人。[①] 被害人泛指一切遭受杀害、伤害或者损害的人，甚至包括遭受自然灾害之人，此为广义之被害人的概念。[②] 被害人是指其人身权利、财产等受到犯罪行为直接侵害的人。[③] 刑事诉讼中的被害人是指其人身权利、民主权利和其他合法权益直接遭受犯罪侵害的人。[④] 被害人是其合法权益遭受犯罪行为直接侵害的人。[⑤] 被害人是指其正当合法权益遭受犯罪行为直接侵害的人。[⑥] 被害人是指合法权益受犯罪直接侵害的当事人。[⑦] 刑事诉讼中的被害人，是指正当权利或合法利益遭受犯罪行为直接侵害，并因此而参加刑事诉讼，要求追究犯罪嫌疑人、被

---

① 参见徐平主编：《中国大百科全书·法学卷》，中国大百科全书出版社 1984 年版，第 665 页。

② 参见张智辉、徐名涓编译：《犯罪被害者学》，群众出版社 1989 年版，第 33 页。

③ 参见杨春洗、高铭暄、马克昌等主编：《刑事法学大辞书》，南京大学出版社 1990 年版，第 16 页。

④ 参见陈卫东主编：《新刑事诉讼法通论》，法律出版社 1996 年版，第 60 页。

⑤ 参见卞建林主编：《刑事诉讼法学》，法律出版社 1996 年版，第 69 页。

⑥ 参见刘金友主编：《新编刑事诉讼法教程》，法律出版社 1996 年版，第 53 页。

⑦ 参见崔敏主编：《新编刑事诉讼法教程》，中国人民公安大学出版社 1996 年版，第 71 页。

告人刑事责任的人。[①] 被害人是指其人身、财产及其他权益遭受犯罪行为侵害的人。[②]

学界历来有区分犯罪学意义上的犯罪与刑法学意义上的犯罪的传统，我们认为这是恰当的，因为犯罪学关注的是犯罪现象这一事实，而刑法学关注的是规范中的犯罪，犯罪学意义上的被害人可以称为犯罪被害人，而刑法学意义上的被害人可以称为刑事被害人，这也与学界的习惯称谓相吻合。所谓的刑事，是对“民事”而言的，是有关刑法的。因此，刑事诉讼法的场合被害人也应当称为刑事被害人。当然，多数情况下根据语境就可以区分二者，而并无必要加以限定。

（二）刑事被害人的地位变迁

历史上被害人在刑事案件中的地位，是一直变动的。整体而言，在全世界范围，各个地区的文化和人种虽然各有不同，但原始社会时期，解决刑事纠纷的基本特征就是：同族人之间互相援助，保护，帮助复仇，每个氏族成员与氏族是紧密联系在一起的，个人如果离开了氏族就无法生存。由于他们每个个人和氏族是密不可分地联系在一起的，所以伤害了个人，就被认为是伤害了氏族。由此，便产生了血族复仇的义务。血族复仇，是氏族间或者部落间的一种复仇习俗，就是当一个氏族的成员被外族人杀害时，被害者的氏族一般要实行血族复仇，以血还血、以命偿命。在这样的思想下，氏族之间一旦发生伤害事件，往往会引起敌对双方相互残杀、仇上加仇，械斗不止，甚至数代不解。后来，随着原始交换的发展，人们逐渐从价值的角度考虑问题，于是产生了解决冲突的办法，即先行调解，由行凶者的氏族议事会开会，用道歉和赠送厚礼

---

① 参见程荣斌主编：《中国刑事诉讼法教程》，中国人民大学出版社 1997 年版，第 104 页。

② 参见樊崇义主编：《刑事诉讼法学》，中国政法大学出版社 1998 年版，第 86 页。

的方式，向被害者的氏族议事会提议和平了结事件，如果提议被接受，问题就算解决了，提议被否决，受害者的氏族就制定一个或者几个人，去追踪罪犯，直至把他杀死。[①] 在这个过程中，受害人的意见起着决定性的作用，如果受害者同意了对方提出的和解条件，那么，和解基本就能达成，如果被害人不同意加害者的和解条件，那么，和解就不可能达成。受害人在整个过程中，具有对加害人的追诉权利、审判权利，完全处于中心。被害人实际上处于刑事追诉者、刑事审判者、刑罚执行者的地位。

进入奴隶社会和封建社会之后，出现了国家以及监狱、警察等司法机关。国家的出现改变了对犯罪的看法，犯罪不再是被看作针对被害人个人的侵害，而是更主要地被看作是对国家和社会的侵犯。这种变化有着深刻的社会原因，首先，为了保证国家对整个社会的控制，国家通过垄断立法权、司法权、行刑权等权利，在公民之间利益博弈的时候，国家通过对司法权力的垄断，进而可以对公民的权利和义务进行制约，间接地实现对整个国家的控制。这种控制还可以有效地打击政治上的对手，保护政治上的同盟者，所以，自从有国家以来，所有的国家类型几乎都无一例外垄断了对刑事案件的最终处置权，原因即在于此。其次，将刑事案件的管辖权控制在国家手中，还可以有效避免个人之间私力救济和血亲复仇所造成的相互残杀、仇上加仇、械斗不止，甚至数代不解的失控现象。因此，将对犯罪行为的处罚以及处罚标准统一由国家掌握，可以让针对加害行为的报复变得理性、标准统一。国家行使刑事追诉权，被害人所享有的追诉权则进一步缩小，除了部分自诉案件之外，被害人几乎不再享有刑事追诉权，其所有的诉权都要仰仗国家的行使。

社会生产力的发展，导致社会经济不断进步，社会财富的积累，使得整个社会有更多的时间去发展文化。随着社会文化水平地

---

① 参见恩格斯：《家庭、私有制和国家的起源》，人民出版社 1954 年版，第 148 页。

不断提高，人，作为整个社会发展的核心，不断被重新认识。刑事被害人本来是加害行为的直接受害者，其人身、财产、精神在加害行为中受到直接的侵犯，但是，最后对加害人的处理，被害人反而失去了决定的权利。这在逻辑上是说不通的。因此，在对犯罪行为的处理中，更加照顾被害人的切身感受，更加关注被害人损失的恢复是公平正义的应有之义。在这样的思潮引领下，刑事被害人的地位被重新认识，并不断得到加强。

我国的刑事诉讼很鲜明地体现了这样的一个发展过程，我国《刑事诉讼法》颁布以前的制度基本体现了战争期间的特点，除了“文化大革命”期间，公诉权主要由检察机关行使。1979 年颁布，1980 年实施的《刑事诉讼法》，是新中国成立后的第一部刑事程序法典，该法虽然规定了公诉和自诉并行，公诉为主自诉为辅的起诉格局，但就案件范围而言，自诉案件的范围总体上有所缩小，仍然存在很多不利于被害人利益保护的因素，如法律规定不完善，执法人员素质有待提高，执法条件有待改善等，这些问题在《刑事诉讼法》颁布初期没有充分暴露出来，但是，随着时间的推移，对被害人利益保护不足的情况就逐渐显现了出来，其表征之一就是被害人上访现象出现，加之，在国家范围内，保护被害人利益的呼声日益高涨，各国因此都相应加强了对被害人利益的保护，这种宏观背景使得 1997 年对《刑事诉讼法》的修订在被害人权益保护方面迈出了可喜的一步。[①] 为了更好地维护被害人的利益，修改后的《刑事诉讼法》提高了被害人的诉讼地位，这在外国的法律中亦是不多见的，同时，为公诉案件的被害人新增了很多诉讼权利，如回避权、委托代理权、知悉权、保密权、安全保障权、不服立案判决的救济权、申请补充鉴定和重新鉴定权，未成年被害人被询问时要求法定代理人到场权、审查起诉时的陈述意见权等，2012 年，我国

---

① 参见杨正万：《刑事被害人问题研究》，中国人民公安大学出版社 2002 年版，第 13 页。

《刑事诉讼法》再次修改，此次修改，在全部刑事程序中都加强了对被害人的权利保护，相比 1997 年《刑事诉讼法》，2012 年修改的《刑事诉讼法》，对被害人的权利保护更加细致，更具有可操作性。

通过以上分析可以发现，被害人的地位经历了一个肯定、衰落、兴盛的过程。在新中国成立初期，被害人的追诉权比较大，后一段时期受到限制，到了目前，又大幅度地提高。这也和当今世界各国更加重视被害人利益的趋势是一致的。

（三）集资类犯罪被害人的基本特征

基本上，集资类犯罪属于涉众型犯罪，而涉众型犯罪又是以集资类犯罪为核心，集资类犯罪在涉众型犯罪中占有很大的比例。从 2006 年 11 月 23 日公安部召开涉众型经济犯罪专题新闻发布会上通报的集资类经济犯罪 9 个典型案例以及最高人民法院近年来陆续公布的典型经济犯罪案例中，我们都可以发现，集资类经济犯罪中的被害人问题是一个严重影响到社会稳定，影响政府与群众关系的问题。被害人在得知被骗或者发现投资无法收回后，上街游行、组织上访、冲击政府机关的事件屡见不鲜，当地政府如果能处理得当，则政府威信能够得到极大提升，否则，就会影响地区的和谐与稳定。集资类犯罪的被害人，是刑事被害人的一部分，具有和一般刑事被害人一样的特征，但是，又具有自己的特点。

集资类犯罪的被害人和一般刑事犯罪被害人一样因为犯罪而受到侵害，因而具有“被害性”；但涉众型经济犯罪的被害人对被害的发生又具有“过错性”。

1. 被害性

集资类犯罪和其他刑事犯罪在本质上都是具有严重社会危害性的行为，都侵害了被害人的法益，因此，该类犯罪的被害人和其他刑事犯罪中的被害人一样，都具有被害性。集资诈骗罪和诈骗罪一样，犯罪分子为了达到非法占有被害人财物的目的，必须有虚构事实，隐瞒真相的行为，被害人正是因为相信了犯罪人虚构的事实，从而产生了错误认识而自觉交出财物而遭受经济损失的。因此，集资诈骗罪和诈骗罪中的被害人的被害性并无区别。

集资类犯罪在实践中，花样繁多，有的通过虚构客观上并不存在的企业或企业计划并许以优厚的红利为诱饵以诈骗投资者。有的通过合法成立的公司、企业违反有关法律、法规的规定，未经批准，采取隐瞒事实真相、编造谎言、重金利诱等手段进行集资诈骗。有的通过社会成员将自己的钱交给各级会主，再由各级会主交给最大的会主，会员到期从会主处取本息和分享利润的一种“合会”形式进行集资诈骗；有的利用多层次传销等复杂的营销形式进行集资诈骗。还有的利用联营、购销合同集资诈骗；利用保证金集资诈骗；利用经营开发集资诈骗；利用发行彩票集资诈骗；利用互联网特许加盟集资诈骗；利用会员卡集资诈骗等，手段不断翻新。犯罪分子常常是团伙作案，组织性强，分工明确。尤其是金融领域的经济犯罪，这种特征更为鲜明，由于我国正处在经济转型时期，经济的活力和发展需要金融创新，而金融创新是一把“双刃剑”，一方面它有助于金融机构提高市场竞争能力和盈利能力，在促进风险分散渠道多元化、提高市场效率方面卓有成效；但是另一方面创新背后所隐藏的错综复杂的各种风险因素不容忽视，会加大金融风险。很多刚刚出现的金融行为，连政府监管机关都很难确定其性质的合法与非法，更遑论普通的投资者，比如，在“蚁力神”案件非法集资的经营模式刚刚出现之时，国内即有人发出质疑，认为这种模式属于非法集资，官方对此也颇有注意。早在 2001 年，中国银监会即调查“蚁力神”；2004 年 11 月 30 日，中国银监会又组织调查小组赴沈阳调查非法集资，沈阳市政府主动提出“蚁力神问题”。但最终，中国人民银行办公厅和国家银监会先后两次专门向辽宁省及沈阳市政府通报，通报指出，蚁力神集团公司的委托养殖方式“不认定为非法集资”，而与其他代养性质的非法集资公司作出区别。[①]

由此可见，由于集资类犯罪隐秘的犯罪手法，导致其虚构事实、隐瞒真相的行为比较难以发觉，而且，犯罪分子在占有被害人财物之后，要么肆意挥霍，要么使用骗取资金进行违法犯罪活动；或者通过抽逃、转移资金、隐匿资产，隐匿、销毁账目，或者搞假破产、假倒闭的方式逃避资金返还，甚至直接卷款逃跑。其行为不但严重破坏国家经济秩序和金融安全，更直接侵犯了广大被害人的财产权利，因此，集资类犯罪中的被害人和一般刑事犯罪中的被害人一样具有被害性，有权利从犯罪人那里得到经济赔偿，司法机关也在办理案件的过程中，及时有效地返还属于被害人的财产，以最大限度减少被害人的损失。

2. 过错性

刑事犯罪中被害人和被害行为的关系各不相同，有的被害人一向安分守己，对于被害的引起没有任何过错，但有的被害人却因为贪财、暴戾或者好色等原因而导致被害。这也必然影响到被害人经济恢复的方式和途径，甚至有时也会影响到犯罪人的刑事责任。

集资类犯罪中，常见的比如集资诈骗罪、非法吸收公众存款罪，犯罪人采取虚构集资用途，虚构经营业绩，伪造效益良好的假象，打着兴办“高、特、尖”高科技企业的幌子，集资红利十分优厚，常常是国家银行利率的数倍甚至数十倍，这种优厚的回报充分刺激了投资者渴望一夜暴富的心理，使其甘愿冒着极大的风险投以重金，直至最后受骗上当。事实上，在这种投资过程中，被害人对风险的存在是有意识的，但常常因为对犯罪人的个人信誉或者对自己和犯罪人的关系过于自信而疏忽了对投资风险的防范。而且近年来伴随着金融犯罪的高发态势，相关政府部门及金融部门的宣传防范力度也相当大，但被害人仍然因为贪图利益而非法参与，其主

① 参见刘越山：《一个知名企业的苦恼》，载人民网，http：//www.people.com.cn/GB/paper83/15817/1399116.html。

观上伴随着较大的投机心理和赌博心态。所以，集资类犯罪的被害人对被害的发生具有过错性，我们甚至可以认为，被害人的积极参与行为在客观上和犯罪人的犯罪行为一样破坏了国家的金融监管秩序，是具有社会危害性的行为。

(四) 集资类犯罪被害人经济恢复的现状

集资类犯罪的被害人大多是安分守己的合法公民，是刑事犯罪的直接受害者，在刑事犯罪中，他们不但身心受到重创，家庭财产和劳动能力也常常受到毁灭性的破坏，并因此而陷入老无所养、幼无所依的困难境地。如果被害人不能在以国家为主导的犯罪惩治机制中得到有效的经济恢复，他们不但会对犯罪人产生仇恨报复心理，而且对国家、社会也会产生怨恨，这种怨恨的情绪常常会使被害人寻求私力救济，或者直接寻求复仇，并因此产生新的犯罪。在司法实践中，被害人转化为犯罪人的事例屡见不鲜。因此，集资类犯罪的被害人得到经济赔偿、获得经济救助的权利应当受到足够的重视。在法治先进的国家中，对刑事被害人的经济恢复已经越来越引起关注，理论上的研究和实践中的尝试已经趋向成熟。近年来，我国也开始关注被害人，对被害人的经济恢复也逐渐进入研究者的视野。

总体而言，集资类犯罪被害人的经济恢复主要可以分为以下几个部分。

第一是来自犯罪人的经济赔偿。被害人的经济损失是由犯罪人的犯罪行为引起的，因此犯罪人对被害人当然负有经济赔偿的义务。目前为止，犯罪人的经济赔偿也是被害人经济恢复诸途径中最重要的部分。当然，犯罪人的经济赔偿能力存在着较大的区别，有的犯罪人本身具备较强的经济赔偿能力，为了得到被害人的宽恕和原谅，在经济赔偿上态度积极，这样，被害人的经济损失一般都能够得到有效的恢复。然而，集资类犯罪的被害人虽然能够得到犯罪嫌疑人的赔偿，但往往只能得到很少的一部分赔偿，绝大部分损失是无法得到的。因为从目前来看，集资类犯罪一般都是因为资金链断裂，无力还款才导致犯罪案发的。

第二是来自国家和社会组织的赔偿和救助。犯罪人的经济赔偿能力各不相同，资料显示，自 2001 年以来，我国每年刑事犯罪立案均在 400 万件以上，刑事案件中约有 80% 的被害人或其家属得不到赔偿。原因在于，被告人及其他赔偿义务人没有赔偿能力或赔偿能力不足的情况大量存在，有的刑事案件发生后难以查获犯罪嫌疑人或者证据不足无法认定责任者，致使刑事被害人依法要求赔偿经济损失的权利不能实现，一些被害人及其近亲属的生活常由此陷入困境。为了维护社会稳定，国家和社会常常会对刑事被害人进行经济赔偿和救助，在国外，政府对刑事被害人的经济救助已经趋向成熟和完善。我国还处于起步阶段，这些来自社会组织或者个人的救助也是被害人经济恢复的重要来源。

第三是司法机关在办理集资类犯罪时，及时、全面、有效地返还属于被害人的财产。集资类犯罪的犯罪人在案发时查获的财产，有的本来就是被害人的财物，有的是以被害人的资金购置所得。所以，相关司法机关在案件侦破过程中，或者案件审结之后，将涉案的财物及时有效地返还被害人，对于被害人的经济恢复有重要意义。实践中，很多地方政府在集资犯罪案发之后，第一反应是查封犯罪人的财产，这固然是正确的，但个别地方政府在查封涉案财产之后，非法处置、变卖、拍卖该财产，导致犯罪人本来可以通过变卖固定资产的方式对被害人承担一定程度的赔偿，但却因为财产被查封和非法处置，从而丧失了赔偿能力，这对被害人的经济恢复显然是不利的。在轰动一时的吴英案中，吴英的父亲就反复向媒体爆料说，宣称浙江东阳地方政府非法查封并处置了吴英价值 5 亿多元的固定资产，导致本有能力足额赔偿被害人的吴英最后无力赔偿，并因为不能有效挽回损失而导致吴英被重判。

二、集资类犯罪被害人经济恢复的法律依据

(一) 宪法依据

2004年我国把国家尊重和保障人权作为一项重大原则载入《宪法》,《宪法》第33条规定,“凡具有中华人民共和国国籍的人都是中华人民共和国公民。中华人民共和国公民在法律面前一律平等。国家尊重和保障人权”。这标志着我国的人权事业进入了一个新的历史时期。众所周知,生存权是最基本的人权,如生存权不保,则奢谈发展权。在相当一部分集资案件中,被害人的受害导致整个家庭陷入贫困境地,医疗被迫中断、生活陷入困境、生产无法进行、子女无法继续上学,甚至可能导致夫妻反目、家庭解体。被害人经济恢复即从实际出发,以保障人权的角度,在客观上发挥保障公民基本生活的作用,同时也是一种精神抚慰。“人们总习惯性地认为国家对罪犯适用刑罚就是对被害人最好的精神安慰,事实上,对刑罚手段的过分依赖将忽略或忽视被害人的合法权利,是对刑法功能的误解。”[①] 远远不能解决集资被害人一方现实的生活困难。从保障集资被害人基本生存角度,确立刑事被害人经济恢复的制度,对刑事被害人予以经济补偿,是贯彻《宪法》尊重和保障人权原则的必然要求。

1. 获得国家帮助权

我国现行《宪法》第45条规定:“中华人民共和国公民在年老、疾病或者丧失劳动能力的情况下,有从国家和社会获得物质帮助的权利。国家发展为公民享受这些权利所需要的社会保险、社会救济和社会医疗卫生事业。国家和社会保障残疾军人的生活,优抚烈士家属,优待军人家属。国家和社会帮助安排盲、聋、哑和其他有残疾的公民的劳动、生活和教育。”从概念上分析,物质帮助权是指公民享有的获得国家经济保障的权利,对于社会的多数成员来

---

① 向飞:《从实例看刑事被害人国家补偿》,载《法制与社会》2007年第5期。

说，生存权是通过“劳动——财产——维持生存”的定式得到实现，而对于具有生存障碍的社会弱者，尤其是对于在集资案件中受到伤害、生存权受到极大威胁的被害人来说，生存权的实现另一种方式即“物质请求——国家帮助——维持生存得到保障”。[①]

对于集资被害人，国家必须担负起保障其生存权利的责任，对其提供物质帮助是其不可推卸的义务，如果国家不作为或是消极作为，是对宪法的一种违反。对国家而言，物质帮助权是宪法规定并且应当履行的一项给付义务，它要求国家必须以积极作为的方式对处于困境中的刑事被害人提供物质上的帮助和服务，使被害人在任何情况下都能维持起码的生活水准。要求国家履行给付义务很大程度上就是为了保障所有人都能够获得符合人的尊严的最低生存条件，提供社会扶助以维持基本的社会正义。从这种社会保障与弱者生存的关系观察，甚至可以这样认为，物质帮助权就是社会弱者的生存权，而集资被害人是社会弱者的重要组成部分。这种形式的生存权对于社会强者而言，在他是强者时虽不需要，一旦他沦为弱者，物质帮助权就是他原来生存权的自然延伸。从这一点上来看，国家必须确立和维护国民的物质帮助权，缺少物质帮助权的支撑，生存权将是残缺和不完整的。可见，集资被害人的经济恢复就是在立足宪法赋予公民获得国家帮助权的基础上，从被害人实际行使权利的角度出发，将物质帮助权的宪法规制具体化。

2. 获得生存权

人的所有需要是一个组织系统，由低到高可分为生理的需要、安全的需要、归属与爱的需要、尊重的需要和自我实现的需要5个层次，其中，生理需要是最基本的，也是最强烈的需要。它表现为人们对衣、食、住的需求，即对基本生活的满足。[②] 也就是说，人

---

① 韩德培、李龙：《人权的理论与实践》，武汉大学出版社1995年版，第84页。

② 参见董泽芳：《人力资源开发与管理》，华中师范大学出版社2000年版，第253页。

们首先必须吃、喝、住、穿，然后才能从事政治、科学、艺术、宗教等活动。人必须解决生存问题，然后才能进行其他活动，而与人的生存直接联系的东西就是物质资料，即财产。《宪法》第13条规定，“公民的合法的私有财产不受侵犯。国家依照法律规定保护公民的私有财产权和继承权”。可见，我国以宪法权利的方式确立了公民财产不受侵犯的权利。众所周知，财产权，是以财产为内容并体现为一定物质利益的权利。个人拥有一定量的财产、财产权得到保障是生存的基本条件。一旦其所拥有的财产不足以维系正常生活，个体将陷入生存的困境。对于那些因个人私有财产匮乏以至于无法维持自身生存的公民，国家应当通过社会保障的形式提供物质上的救助，帮助这些生存的弱者摆脱危机。我国当前处于经济结构和社会结构转型期，贫富两极分化情况非常严重，这需要国家通过各种形式进行财富的再分配，通过这种财富的转移，对贫困人群施以援助，保持社会持续、健康、稳定发展，这也是保证国家稳定的根本前提条件。对于集资被害人来讲，其财产权利受到了一定程度的侵害，仅依靠个人力量和家庭的保障恢复其财产权已是力不从心。因此，建立集资被害人经济恢复制度，对被害人加强生存保障方式，是适应现代社会发展需要的新的社会安全机制与保障机制的方式之一。具体地说，就是国家通过再分配的交换形式，结合政府的责任，以实物、现金的供给或者各项福利服务，以使集资被害人的经济得到恢复，进而满足集资被害人的基本生活需求。

3. 获得平等保护权

平等既是近现代宪法的基本价值之一，也是一项具有具体内容的基本人权。平等的本质就是权利。我国现行《宪法》第33条规定：“中华人民共和国公民在法律面前一律平等。任何公民享有宪法和法律规定的权利，同时必须履行宪法和法律规定的义务。”博登海默说：“平等乃是一个具有多种不同含义的多形概念。它所指的对象可以是政治参与权利、收入分配制度，也可以是不得势的群体的社会地位与法律地位。其范围涉及法律待遇平等、机会的平等以及人类基本需要的平等。”[1] 卢梭说：“至于平等，这个名词绝不是指权力与财富的程度应当绝对相等，而是说，就权力而言，则它应该不能为任何暴力并且只能凭职位与法律才能加以行使；就财富而言，则没有一个公民可以富得足以购买另一个人，也没有一个公民穷得不得不出卖自身。”[2] 一言以蔽之，平等就是指人们权利的相同。作为一项宪法权利，平等权有其特殊之处，更准确地说是在整个宪法的权利体系中具有一定的超越地位。它不像其他权利那样有具体明确的内容，而是通过政治、经济、社会等领域的各项基本权利的结合来体现。平等权就像是公民基本权利这座大厦的平台，它为一切权利活动的展开提供前提条件，没有平等权的支撑，就没有其他各项权利的健康发展。因此，可以说平等权是一种原则性的、概括性的宪法权利。

从历史发展来看，贯彻宪法平等原则，建立平等的、普遍的公民物质帮助体系是社会发展的必然要求。在中国过去的计划经济体制下，这种生存保障主要是由各用人单位向其职工提供，这就决定了当时的社会保障主要是由具有城镇户口和国家职工身份的人才能享受，而其他不具备这样条件的人则占了我国人口的绝大多数，无法得到社会保障。我们不能否认这一情况有其历史的和现实的原因，但在社会转型期，建立平等、普遍的物质帮助权制度已是时代发展的必然要求。没有生活来源者、贫困者、遭遇不幸者和一切工薪劳动者在失去劳动能力或工作岗位后都可以向国家要求提供救助，要求保证其基本生活需求，将宪法权利具体落实。此外，在近现代的宪法学上，一般把平等分为形式的平等、实质的平等。形式的平等又称“机会平等”，它要求在各种社会生活和活动中，每个公民的出发点都是一样的，它并不念及或者说它一般地反对考虑各

---

① ［美］E. 博登海默：《法理学—法哲学及其方法》，邓正来、姬敬武译，华夏出版社 1987 年版，第 347 页。

② ［法］卢梭：《社会契约论》，何兆武译，商务印书馆 1982 年版，第 146 页。

个具体的“人”的差异，它所关注的是各个“人”在其人格的形成发展或权利的享有实现过程中的机会均等，保障人们在各种社会活动中起点上的平等。至于结果怎样，并不是它首要考虑的问题。一方面，这种形式平等保证了社会竞争中的公平自由，但从社会的和谐发展上来看，却不可避免地导致了现实上或是结果上的不平等。这就需要实质的平等来补足。实质的平等是现代宪法对形式上的平等原理进行修正和补足的原理，指的是为了纠正由于保障形式上的平等所招致的事实上的不平等，依据各人的不同属性采取不同的方式，进行实质意义上的平等保障。物质帮助理论恰恰体现了平等原则中的实质平等思想。

综上所述，作为一种财产的补充，对于集资犯罪的被害人来说，经济恢复与救助是一笔极其重要的无形财富，凭借着这笔个人财富，受助者可以从容应对各种因物质匮乏而引发的生存危机，并处于国家构筑的社会安全网的动态监护之下。公民在社会生活中应有的尊严和权利因此从一种空洞的政治宣示转而被纳入了法制的轨道。物质帮助权不再是没有任何意义的画饼充饥般的存在，它成为了公民可预见、可支配、可使用的一笔实实在在的个人财富，成为了公民权利体系中的一大支柱。是国家对个人在进入自由竞争市场前不平等地位的一种调和和改善，体现了国家对公民基本人权的尊重和保障。

（二）刑法依据

传统刑法理论认为，犯罪是一种违反国家法的行为，犯罪人所造成的损害是针对国家的损害，其所涉及的主要是国家与犯罪人之间的法律关系，因此刑罚是犯罪人为其犯罪所应当承受的负担或付出的代价。一旦犯罪出现，国家将按照罪刑法定的原则科以惩罚，一旦服刑结束，犯罪人则得以回归社会。[①] 如此“国家——犯罪

① 参见夏立安、冯新林：《论我国刑事司法理念与制度的发展——一种整合法律观下的解读》，载《浙江大学学报》2008 年第 1 期。

人”的单向度思维忽略了国家与刑事被害人之间关系的考察，如果将承受危害的主体限于国家，就难以摆脱“国家——犯罪人”的二元结构模式，有失公平正义。事实上，犯罪所危害的对象既包括国家法益，也包括个人法益，既包括有形的物理伤害，也包括无形的精神伤害。由此“国家——被害人”维度的对被害人实施经济恢复的制度就有了建立的逻辑起点。

我国《刑法》第36条第1款规定，“由于犯罪行为而使被害人遭受经济损失的，对犯罪分子除依法给予刑事处分外，并应根据情况判处赔偿经济损失”。这一规定，为刑事被害人经济恢复提供了刑事法律依据。而《刑法》第37条规定了对犯罪人的非刑罚处罚方法，其中的“赔偿损失”这种非刑罚处罚方法是基于刑事责任产生的经济恢复。第64条规定，“犯罪分子违法所得的一切财物，应当予以追缴或责令退赔；对被害人的合法财产，应当及时返还”。可见，我国从刑事立法角度，对刑事被害人经济恢复提供法律基础。

集资犯罪被害人的经济恢复制度是以社会契约说为基础的，以犯罪被害宿命论和被害风险社会化理论为前提的，以利益恢复说为救助金来源补充理由的一套充分整合的有机的理论体系。各种学说在其中各司其职，共同为集资被害人经济恢复发挥着不可替代的作用。

1. 安抚说

集资犯罪的被害人是一个不容忽视的庞大的社会群体，有的被害人因为犯罪行为的侵害，生活艰难又不能从犯罪人和国家那里得到必要的赔偿和救助，便会到政法机关、政府部门上访，严重影响社会稳定。这不仅有违关注民生、保障民生、改善民生的社会和谐理念，更给行政、司法机关，尤其是法院的工作带来诸多困扰。因此，无论从司法层面，还是从社会管理层面，都迫切需要建立一项新制度来解决这一问题。集资犯罪的被害人经济恢复既是一种心灵抚慰，也是看得见、摸得着的经济帮助，能让他们感受到社会温情。这一制度体现了司法的人文关怀，有利于帮助集资犯罪的被害人及其近亲属解决生活困难，对于减少涉法涉诉上访、减少社会对立情绪、化解矛盾纠纷、维护社会稳定促进社会和谐都具有重要意义。

建立集资犯罪的被害人经济恢复制度有利于缓解社会矛盾，维护社会稳定。被害人在遭受犯罪侵害，并因此蒙受物质和精神上的双重损失之后，不仅被害人与犯罪人之间形成势不两立的尖锐矛盾，且在被害人及其亲友与犯罪人亲友之间、与犯罪人所属社会阶层之间形成新的矛盾。国家给予被害人以适当的救助，对于缓解社会矛盾、构建和谐社会具有重要作用。如果国家怠于保护和救助被害人，被害人则可能陷于孤立无援的境地，容易造成被害人与犯罪人、与国家和社会之间的对抗情绪，造成被害人对社会正义的扭曲理解，从而使其为了自身的被侵害权利的恢复而对他人造成侵害，甚至走向报复犯罪、对抗社会的道路。由此，从预防犯罪的角度来说，国家有必要采取相应措施来保护被害人，对其被侵害了的权利给予应有的法律救济。开展集资犯罪的被害人国家救助工作，可以有效缓和刑事被害人及其近亲属与被告人的对立情绪，从而使司法人员追究犯罪人责任时不会受到来自被害人方和被告人方的不当干扰。换言之，如果不能对经济确有困难的集资犯罪的被害人进行及时有效的救助，一方面集资犯罪的被害人及其近亲属对被告人的怨恨情绪就会加剧，就会因经济上补偿无望、生活陷入困境而要求司法机关对犯罪人的处罚无限加重；另一方面，因被害人国家救助制度的缺失，使集资犯罪的被害人及其近亲属的经济补偿完全依赖于被告人，从而使部分被告人以对被害人方的赔偿为条件，与被害人方和司法机关讨价还价，无原则地要求对其从轻处罚或免除处罚。建立和实施集资犯罪的被害人国家救助制度，在很大程度上是确保司法机关公正司法的重要条件和必要保障。

2. 公平说

公平正义是人类社会文明进步的重要标志，是社会主义法治的价值追求，社会主义司法制度必须保障在全社会实现公平正义。正义是法的基本价值。传统的报应性司法根植于人性的报复本能，具有一定的正义基础，在一定程度上能满足公众惩罚犯罪的正义要求，但这种正义不是实质上的，也不是彻底的。报应性司法理念因忽视了对加害人和被害人权利的平等保护而退出了历史舞台，使得恢复性司法理念呼之而出。集资犯罪的被害人经济恢复制度体现了恢复性司法理念，也是对正义追求的必然结果。

正如最高人民法院前院长肖扬所言“如果没有对困难群众、困难群体特殊的制度保护，法庭就容易变成诉讼技巧的竞技场，强者和弱者在形式正义面前会很难获得实质正义的平衡”，只有用有力的制度彻底消弭司法案件中被害人（弱者）一方的生存忧虑，才能通过最小司法成本的付出来确保最大限度的司法正义。与此同时，因集资犯罪的犯罪行为所造成的社会公平损害也因此得到“修补”。[①] 然而，对被害人经济恢复的缺失，蕴含着对被害人的二次伤害。在一般的民事侵权纠纷中被侵害一方哪怕是损失了几元钱都能得到赔偿，而集资犯罪的被害人或其家属有时甚至得不到任何经济上的补偿，这不能不说是一种制度的失衡与不公。

建立集资犯罪的被害人经济恢复制度有利于维护法律权威，保护公平正义。刑事附带民事执行案件的执行到位率普遍较低，法院的判决得不到执行，被害人的合法权益无法得到有效保护，法律文书权威也受到了严重挑战，严重破坏了法律的权威和法院判决的严肃性。建立集资犯罪的被害人经济恢复制度，对处于生活困境的被害方予以救助，可以避免被害方为获取赔偿而与加害方私了，从而依法保护被害方与司法机关合作的主动性和积极性，实事求是地揭发、控诉犯罪行为，配合司法机关打击刑事犯罪活动，可以增强被害方对司法机关的信任和对司法决定的理解、支持与尊重，化解其

① 参见王艳：《“刑事被害人救助制度”的价值超于“救助”之上》，载中国法律信息网，http：//www. law - star. com/cacnew/200701/160020655. htm，2007 - 01 - 23。

疑虑和不满。另外，“在司法程序上，被害人虽然有义务配合警察或者检察官侦查犯罪，但是被害人的基本需要如果不能得到最起码的满足，其履行作证等法定的义务也必然会受到影响”①。同时，被害人的困难并非其自身造成的，而是外力所加，是他人刑事犯罪造成的后果。建立刑事被害人救助制度，以国家名义维护和保障被害人的合法权益，蕴含了有损害就有救济，被告人、被害人权利保护并重等法治精神，体现了社会公平正义。

综上所述，由于受我国古代法律中“偿而不坐、坐而不偿”思想的影响，我国在制度设计上遵循“刑优于民”的立法指导思想，致使刑事附带民事诉讼缺乏应有的独立地位，加之犯罪人赔偿能力有限，不能对被害人进行及时有效的救济。因此，建立集资犯罪的被害人经济恢复制度，不仅是维护被害人权益，弥合受损社会关系的需要，更是在全社会实现公平正义的体现。

三、集资类犯罪被害人经济恢复的法理依据

（一）被害心理学依据

1. 刑事被害心理概述

被害心理是指被害人遭受犯罪行为侵害后及在刑事诉讼过程中的心理特征和行为反应。被害人被害后的心理特点有：（1）对被害时的情境记忆犹新，对犯罪人及犯罪行为产生很深的恐惧心理，使被害人不敢报案、作证。（2）强烈要求对犯罪人进行报复或实行惩罚。（3）常出现呆滞、失神、默想、低声自言自语、忧虑等。（4）有的被害人有歇斯底里的表现，甚至产生自杀倾向和自杀行为。（5）有的被害人产生强烈要求补偿损失的心理，对犯罪人提出附带民事诉讼，或用不正当的甚至犯罪的手段补偿所受的损失。

被害人是犯罪危害后果的直接承担者，其人身或财产权益受到

---

① 杨正万：《刑事被害人问题研究》，中国人民公安大学出版社2002年版，第173页。

重大侵害，在被害后往往面临着巨大的精神创伤，形成一种不良的痛苦情绪，并继而产生恢复心理平衡的需要，惩罚与获得赔偿是被害人的重要心理动机。

心理是人脑的机能，是客观世界在人脑中的反映，它涉及感觉、知觉、记忆、思维、动机、情绪和个性等心理过程和人格特征。以大脑为核心的神经系统是人的心理活动的生理基础。在有被害人的犯罪活动中，犯罪形式既包括以人的肉体为侵害对象的侵犯公民人身权利的犯罪，也包括以人的财产为对象的侵犯公民财产权利的犯罪。在侵犯人身权利的犯罪中，加害人通过对被害人实施的一系列殴打、伤害、强奸、抢劫、绑架、侮辱、虐待等行为，达到损伤被害人身体的目的。这些加害行为直接作用于被害人的肉体，作用于被害人的感官；使被害人的感官产生痛觉。这些以痛觉为表现形式的感觉聚合在一起通过神经系统使被害人的大脑产生知觉，然后这些知觉经过大脑的判断使被害人产生被害的意识。在被害人意识的产生上，财产犯罪也比较类似，例如，一个人通过视觉、听觉和触觉等发现自己的财物被盗、被骗、或被毁，在大脑中形成综合性的知觉，经过加工最终形成自己财物被损的意识。

被害意识的形成，或者说是被害人意识到自己被害之后，将会产生一种悲伤、痛苦、愤怒的情绪。而情绪是个体与环境意义事件之间关系的反映，是以主体为中介的心理活动形式，是一种多成分、多维量、多种类、多水平整合的复合心理活动过程。按照客观事件或情境对人的意义可以将情绪分为积极的情绪和消极的情绪，凡对人有积极意义的事件引起肯定性的情绪，凡具有消极意义作用的事件则引起否定性情绪。而犯罪正是加害人对被害人实施的一种严重侵权活动，它不仅不能满足受害人的愿望、需要、渴求的欲望和追求的目标等，反而给被害人造成一种身体或财产受损的局面，从而引发被害人产生一种痛苦的、愤恨的消极情绪。这种消极情绪破坏了被害人的心理平衡，成为刺激被害人有机体释放能量的一种外界诱因。因此，从总体上看，报复与获得经济赔偿的愿望是被害人的两种心理状态，是否定性的心理情绪，是被害人心理平衡被破坏后的两种驱力，是支配被害人行动的重要动机。

2. 刑事被害心理对经济恢复的影响

报复与获得经济赔偿的愿望是被害人两种主要的心理动机，现代刑事司法并不完全排除报复，更不排除赔偿和国家补偿，甚至在一定程度上说，现代刑事司法是围绕被害人报复与赔偿的愿望建立的，被害人报复与获得赔偿意愿的满足一定程度上构成了现代刑事司法的主线。

报复心理具有一定的正当性，是被害人受害之后的自然心理反应。按照波斯纳的观点，“法律疏导了复仇而不是消灭了复仇——法律取代复仇是作为一种制度而不是作为一种感情”。“即使在今天，复仇的感情仍然在法律的运作中扮演着重要角色。任何一般性的法律理论如果没有注意到复仇就是不完整的。”在现代社会，尽管私人复仇被明令禁止，但它仍然事实上在发挥一定的功能，对正式法律的执行有一定的补充作用，例如，在犯罪发生之后，被害人及其家属往往会积极地协助抓获罪犯，而不要求有什么物质上的报酬。

报复诉诸刑事司法，导致了国家报应刑的产生，这种报应性刑罚主要满足的是被害人的惩罚犯罪的愿望。犯罪不仅被视为对“国家”和“人民”的侵犯，更是对被害人的侵犯，因此由国家出面提起公诉，代为被害人复仇，满足被害人的复仇心理需要就成为刑事诉讼的重要任务之一。

而被害人复仇心理需求的满足，更主要体现于对刑事程序的参与上。从最初的报案，与警察机关的合作，侦查机关重大事项的通知，作为证人的身份配合检察官提起公诉，出席法庭，在法院量刑时提供陈述，以及对减刑、假释程序的参与等。只有实际参与，才能使被害人的复仇情绪逐步消解，才能使被害人产生被重视的感觉，才能使被害人对程序具有一定的控制权。研究表明，“如果被害人感觉对刑事程序有一定的影响，那么满意度就会增加”，“参与的感觉对被害人于刑事司法制度的满意来说是非常关键的”。如果警察能够迅速地抓获嫌疑人，检察官能够顺利起诉，法院能够迅速审判和对被告人定罪，监禁刑能得到执行，那么被害人复仇的愿望就会在很大程度上得到消解和满足。倘若说被害人在受害之后的复仇欲望是100%，那么随着程序的进行，被害人的复仇心理会越来越弱。

犯罪发生后，被害人的经济利益可能受到影响，例如，被害人身体受到伤害就需要一定的医疗费，被杀死则需要一定的丧葬费，被害人的财产被盗或被毁等更是直接产生经济上的损失，这时被害人就产生了获得赔偿或者补偿的需要。“偿还是一个可以达到的目标，也是被害人走向恢复的道路上的必要的第一步。”被害人可以通过以下几种途径获得经济上的补偿：

第一，在刑事程序中从犯罪人那里获得赔偿，这是最基本的途径。赔偿被害人的损失是犯罪人的责任，但伴随着犯罪概念的变化（犯罪是对国家的侵害还是对被害人的侵权），被害人从犯罪人那里获得赔偿，经历了兴起、没落和重新兴起的过程。现在各国在此问题上的做法主要有两种方式：一是由法院追缴赃款、赃物的方式返还给被害人，二是通过刑事附带民事诉讼的方式。

第二，对犯罪人单独提起民事损害赔偿诉讼。由于刑事程序倾向于赔偿那些在整体上危害社会的“公共错误”，国家利益优先，所以被害人获得补偿的经济利益必然要从属于国家利益。因此有些国家的被害人不再倾向于刑事程序中处理案件，而是通过民事诉讼的方式维护自己的经济利益，提起侵权赔偿之诉，也可以提出惩罚性赔偿的主张。由于民事诉讼的证明标准比刑事程序要低很多，所以被害人在民事诉讼中更容易胜诉。

第三，从第三方得到损害赔偿。这里的“第三方”是指对犯罪负有一定责任的个人、团体或政府部门，由于他们主观的过失，违反了自身的义务，从而也在一定程度上促成了被害人受害的发生。通过这种起诉有过错的第三方的形式获得赔偿，成为一种新的潮流。通过让有过错的第三方（机关、团体、个人等）承担责任，这有助于他们采取预防措施，以防范将来可能发生的犯罪。

第四，从保险公司获得赔偿。如果被害人在犯罪发生前对人事或财产进行了保险，如生命险、盗抢险等，则可以向保险公司索赔。

第五，由国家或政府进行补偿。如果犯罪人没有抓到或者犯罪人根本无力赔偿，那么被害人可以请求国家补偿。国家补偿是政府对遭受犯罪损失而又无法弥补损失的被害人，给予的一种救助。

（二）集资类犯罪被害人经济恢复的法社会学依据

就世界范围而言，曾产生出十几种较大影响的刑事被害人救助基础理论，比如国家法律责任说、社会福利说、刑事司法体系支持说、犯罪风险分担说、侵权赔偿替代说、平衡保护说、预防犯罪说、公共援助说、社会保险说、社会正义说等。这些理论在某些方面都为刑事被害人的救助提供了有力的支持，但是，影响最大和实践最多的理论是国家责任说、社会福利说、社会保险说和公共援助说。[①]

1. 国家责任说

国家责任说产生于20世纪60年代初期，是最先发展起来的学说之一，是一种强化国家对刑事被害人承担救助责任的学说。该说主要从因为国家垄断刑罚权，理所应当承担起保护公民的绝对责任的立场来阐述对刑事被害人救助责任的。正像有的学者所言，该说认为政府通过创造警察力量、法庭和矫正机构，并且向公民征收税收来维持这些机构，同时，限制了公民个人武装和保护自己的能力，这使得国家在保护公民方面具有绝对的义务。[②] 即因为政府垄

① 参见柳建华：《论刑事被害人救助的理论基础》，载《金陵法律评论》2008年（秋季卷）。

② Julie Goldscheid Crime Victim Compensation in a Post - 9/11World, Tulane Law Review, 2004, 79 Tu. l L. Rev. p. 213, pp, 214 - 215, pp. 213 - 221.

断了使用武力压制犯罪和惩罚违法者的权利，个人通常不允许携带致命武器防卫自己，私人之间解决严重的刑事犯罪问题也被禁止，这就使得被害人很难保护自己和恢复他们的损失。因此，在社会契约内，当刑事司法体系没有对公民尽到保护义务时，政府就对损失负有责任。[①] 该理论产生的前提是犯罪对公众以及整个社会侵犯性质的认定以及国家垄断刑罚权力的事实，使得国家既具有行使刑罚权利的必要条件又承担着预防犯罪、惩罚犯罪和保护公民的重要责任。倘若有国民遭受犯罪的侵害，便是国家未能尽到对人民的保护责任，即犯罪被害人所受损害系由于国家未履行其应尽的义务所致。因此，国家便有义务对被害人所受损害给予赔偿，[②] 这是国家应该承担的法律责任。也有学者从社会契约论的角度论证国家法律责任说的合理性，认为公民个人将保护自己人身和财产安全的权利，统统交给国家来行使，国家便有保护公民免受侵害的义务。一旦国家没有很好地履行义务，公民便有自由采取手段保护自己，社会又重返自然混乱状态，这是现代文明社会所不允许的。因此，国家必须切实履行自己的义务，如未尽到职责则要承担由此产生的后果。换言之，国家在某种程度上存在抑制犯罪的义务。这是因为国家垄断了使用暴力镇压犯罪和惩罚罪犯的权力。在惩罚罪犯时，国家又不允许私刑之存在，那么当被害人不能从加害人那里得到有效赔偿时，国家就应当给予被害人有效的补偿，这里国家承担的是一种间接责任。[③] 同样根据社会契约论还有学者提出了有限国家责任说，认为犯罪分子、国家和被害人本人都应当对犯罪的发生承担责任。其中犯罪分子承担主要责任，被害人应对因其某种行为引起他

---

① Anderew KarmenCrime Victims: An Introduction to Victimology (fifth edition), Thomson Wadsworth, 2004, p. 359, p. 317.

② 参见韩东：《人文关怀视野中的刑事被害人救助制度》，载《南方论刊》2008年第4期。

③ 参见黄震：《建立刑事被害人国家补偿制度初探——刑事附带民事诉讼执行难的另一种解决机制》，载《人民司法》2003年第4期。

人实施的犯罪行为承担较大责任，而国家对犯罪发生仅负有限责任，对于不能从犯罪分子手中取得赔偿的公民，国家仅须履行部分补偿义务。[①]

在我国，一般而言主张对被害人经济恢复的学者都持国家法律责任说的观点。有学者认为从西方国家被害人补偿立法的理论基础看，国家责任说应该是被害人补偿立法最基本的理论依据。[②] 有学者认为国家补偿制度是国家对弱势群体通过二次分配的方式实行救助的一种制度，是国家应尽的保障公民生命财产安全的责任。公民承担着遵纪守法的义务，国家就有义务保障公民的安全，国家和公民要相互承担责任，不能仅仅强调公民对国家的义务。在具体个案中，国家没有保证公民的安全，当然要承担让受害者在精神上、经济上得到基本恢复的责任。这种责任，除了破案、惩罚犯罪之外，对受害人提供必要的经济救助是履行国家对公民责任的应有之义。[③] 也有学者认为，在诸学说中，国家责任说更具有积极的现实意义和实践意义，有利于增强国家对公民人身和财产安全进行保护的责任感。国家为了减少补偿金额的开支，会采取更加有力的措施维护社会的稳定，保护公民的合法权益，防止和减少犯罪案件的发生。它体现了现代法治国家的义务观，国家以其职权负有相关的预防性义务，应当采取尽可能的积极措施控制犯罪，这也是基于尊重人权的考虑，体现了对人的价值的关怀。[④] 也有学者区分国家的法律责任和道义责任，认为对犯罪被害人的救济作为国家道义责任也不为错，但是道义责任的不确定性使责任难以认定、追究和救济，

---

① 参见张岳峰：《有限国家责任说——构建刑事被害人国家补偿制度的主要理论基础》，载《宁夏党校学报》2008 年第 1 期。

② 参见赵可：《犯罪被害人及其补偿立法》，群众出版社 2009 年版，第 192 页。

③ 参见李明蓉：《刑事被害人国家补偿制度与和谐社会构建》，载《人民检察》2006 年第 11 期（上）。

④ 参见汪健萍：《我国刑事被害人国家补偿制度探析》，载《江苏警官学院学报》2007 年第 4 期。

不努力将宪法关于公民权利保护的原则规定具体化，就有用道义责任代替法律责任的嫌疑。就有虚置宪法从而规避国家在保护公民权利方面所应承担的法律责任之嫌。[1] 在历史上，国家法律责任说在构建刑事被害人救助制度中曾经起过重要的作用，在我国也得到不少学者的支持。

为了反抗封建王朝的思想枷锁，18 世纪的欧洲启蒙思想家提出了天赋人权思想，主张人生来在自然状态下是具有种种权利的，但是在这种纯自然状态下，人们之间经常为了自身所享有的权利而发生冲突，这样反而自身权利被削弱了，因此这就需要一部明确规定了人们之间权利界限的法律作为评判是非对错的共同尺度，然后还需要能够有足够权威来按照法律裁判争议的裁判者，最后还需要强大的执行力来保障裁判的顺利执行。在这种情况下，通过社会，人们将自己在自然状态下的一部分自然权利让渡给国家，置身于政府的管理之下，由国家来保护公民的权利和自由就显得尤为必要了。那社会契约是否还符合现代社会的国家理念呢？是否符合我国的国情呢？笔者认为，从我国宪法的规定就可以很容易回答两个问题，我国宪法明确规定，我国的一切权利属于人民。因此，我国建立刑事被害人经济恢复制度以社会契约为基础的国家责任说是绝对符合我国国情的，绝对不会出现“水土不服”的情况。

我们认为，之所以我国以此学说为主，是因为此学说将被害人经济恢复明确规定为国家的责任，而不是恩赐。这就从理论基础上将经济恢复界定为被害人的权利，是以被害人为本位的，当出现符合救助条件的被害人时，只要被害人申请，国家就应按既定的标准，对被害人予以经济恢复。因此，被害人在申请经济恢复时不需要抱着报恩的情绪，这样不仅增强了公民的权利意识，而且会使被害人感觉自己没有被抛弃，会更加拥护政府，增强政府的权威。

---

① 参见田思源：《犯罪被害人的权利与救济》，法律出版社 2008 年版，第 137 ~ 140 页。

上文提到，此学说也并不是完美的，也存在自身缺陷，该学说虽然强调国家的责任，但是这种强调比较笼统，没有区分被害人的不同情况，如果不考虑被害人所遭受犯罪类型以及被害人被害以后的生活状况，而对所有的被害人均给予经济恢复，那么国家是肯定负担不起的。这个问题也是此学说自身无法克服的，既然我国建立刑事被害人经济恢复制度必须以此学说为理论基础，而其自身又存在无法克服的缺陷，这就需要另一种学说来补充并克服这种不足。

2. 社会福利说

该说也产生于20世纪60年代，也是最早就对刑事被害人救助制度起过重要支撑作用并得到广泛支持的学说。在美国，社会福利说是构建刑事被害人救助立法的基础理论，[①] 和欧洲多数国家比较完善的福利体系相关，该说在欧洲国家也比较流行。该说从国家人道主义责任立场出发，阐述了对刑事被害人救助的必要性，认为被害人就如同病人和社会其他弱势群体一样，应该得到社会的救助，以保证基本的生存权利。这种国家对刑事被害人承担的人道主义责任思想可以追溯到英国哲学家和刑法学家边沁，边沁认为刑事犯罪人应该承担首要的赔偿责任，但是犯罪人赔偿不起，则应该由公共财政承担对被害人的赔偿义务，原因在于这本身就是公共福利和安全的目标。基于这种思想，英国的麦格瑞特·福爱女士认为出于社会对病人和弱者的集体责任和分担社会风险的现代社会体系，也要求对刑事被告人提供援助。该说认为国家有人道主义责任来帮助被害人，就像帮助社会其他需要帮助的人一样。这种帮助是象征性的怜悯、同情和慈善，并不具有普遍性，也不是出于法律责任。即接受补偿是特权而不是权利，有权接受救助的资格和补偿的数量都会受到限制。该理论立足于分配性正义，认为对被害人的补偿是分配性正义的体现。国家应该补偿被害人。该说把被害人视同残疾人、

---

① Michael R. Mcadam Emerging Issue：An Analysis ofVictim Compensation in America, The Urban Lawyer, 1976. p. 350, p. 351, p. 352.

幼儿及老人等弱势群体，国家应将对犯罪被害人的照顾视为社会福利体系的一环，这是国家为增进个人福利的当然义务。也有学者认为立法者认识到许多无辜的被害人遭受身体的伤害甚或死亡的痛苦，这些人或者依赖他们的人在经济上陷入困境，需要公众的帮助，出于道德上的义务，政府应该为他们提供经济上的援助。该说建立的基础是认为无辜的被害人应该获得他和他的家庭需要的帮助来维持生活的尊严、安全和舒适。历史上，社会福利说是支持对刑事被害人进行国家补偿的最经常被引用的学说，在 20 世纪 60 年代政府发起的对被害人补偿计划中，支持者在很大程度上用社会福利理论作为支撑。可能更多的是出于财政限制的考虑，而不是出于哲学伪善，美国多数的州以社会福利说作为被害人救助的基础。尽管社会福利说有许多缺陷，在美国多数州的立法中依然处于支配地位，在世界范围内至今也拥有深远的影响。

可以说国家责任说是刑事被害人经济恢复制度思想基础的溯源和根基，从宏观上为刑事被害人经济恢复制度指明了理论方向，但在具体方面是辅以社会福利说还是社会保险说，在学术界和实践中存在争议，我国台湾地区有的学者认为："保护生活理论与社会保险理论均有学者主张，且各有其立法例，前者如韩国犯罪被害者救助法，后者如日本犯罪人等给付支付法，故目前可谓仅存保护生活理论与社会保险理论之争。唯此二理论之取舍，从本制度历史之发展轨迹以观，事实上很多国家之所以采行或未采行或采行至何种程度，大多决定于国家财力之能否负担经费，固有国情不同而异其制之现象。纯以理论而言，笔者以前曾认为保护生活理论较妥，于今思之，大有昨是今非之感，盖如采保护生活理论，充其量只要修正社会福利法规，充实犯罪被害人之社会福利措施即可，更无立专法以特别保护之必要也。"① 此学者所言保护生活理论即为社会福利说，

① 许启义：《犯罪被害人保护法之实用权益》，永然文化出版股份有限公司 2001 年版，第 28 页。

显然此学者是支持社会保险说的。笔者认为，首先可以从社会福利的含义中找到原因，“社会福利是现代生活广泛使用的一个概念，根据日本学者一番ク濑康子的解释，社会福利是泛指解决有关福利问题的各种社会方法和政策。在我国，广义社会福利是指国家依法为所有公民普遍提供旨在保证一定生活水平和尽可能提高生活质量的资金和服务的社会保险制度；狭义的社会福利是指对生活能力较弱的儿童、老人、母子家庭、残疾人、慢性精神病人等的社会照顾和社会服务”①。由以上关于社会福利的概念中我们可以看到，在我国，社会福利还是一种比较笼统、范围难以确定的制度。如果将刑事被害人经济恢复纳入社会福利范畴，那以目前我国公民的权利意识水平和福利制度本身的水平是难以保障被害人能够切实得到满意的经济救助的，而社会保险则不同，因为随着社会的良好运转以及人们危机意识的提高，在我国已经建立了较为广泛且具体的社会保险体系，如医疗保险、养老保险、失业保险、生育保险、商业保险等，这些险种都是非常具体、非常具有可操作性且运行非常专业的保险制度。因此，如果建立一种刑事被害险，那么在其他险种成功的基础上，相信刑事被害险也能起到保障被害人的作用。综上所述，笔者认为，较社会保险说而言，社会福利说更适合我国实际。

此外，我国的社会福利有广义与狭义之分。笔者认为，从目前我国的实际情况出发，修正的社会福利说应与传统的社会福利说一致，即以狭义的社会福利为基础，只对符合特定标准的刑事被害人进行经济恢复。对此，不支持者认为对被害人进行经济调查，不仅操作困难，而且容易对被害人造成再次伤害。笔者认为只要调查者在调查时注意方式，提高效率，完全可以获得被害人的积极配合。

之所以说是修正的社会福利说而不是社会福利说，是因为此学说是以国家责任说为基础的，也就是说与传统的社会福利说认为刑事被害人经济恢复是国家的一种恩赐不同，修正的社会福利说强

① 来源：http：//zhidao. baidu. com/question/30240185. html。

调，在国家责任意义上，国家在面对生活困难的被害人时，有义务、有责任对其发出人道主义关怀，对其进行国家补偿。

3. 社会保险说

正如马克思主义国家论所述，只要存在国家就必然存在犯罪，犯罪是国家无法避免的社会现象。基于此观点，那么国家中任何人都是潜在的被害人，该学说认为面对随时可能成为被害人的风险，就需要建立刑事被害人经济恢复这样一种附加险来应对被害之不测。这正如人们为了应对生老病死而建立的医疗、养老保险一样，都是为了预防可能发生的威胁人们人身和财产安全的意外变故。公民作为投保人以税收形式向国家缴纳保险费。当犯罪行为发生后，国家作为保险人向公民支付保险金，即国家补偿金。正如边沁所说，“如果由于房屋火灾被保险，房屋主人可以安心的话，如另外又能对抢劫损害保险，他会更为高枕无忧”[①]。

该学说之所以认为国家向被害人支付国家补偿金是因为被害人与国家已经建立了保险契约关系，保险契约关系的建立是被害人通过税收向国家缴纳了保险费。众所周知，纳税是每个公民的义务，那么所纳税款中是否包含了刑事被害人险的保险费用呢？如果包含了此种险种，那为何不包括其他险如医疗和养老保险呢？而其他的保险费用为何需要在税收之外另外缴纳呢？所以该学说认为公民通过税收形式交纳保险费用的说法是行不通的。如果认为税收中不包括公民交纳的保险费用，那么公民就需要另外交纳保险费，如果另外缴纳，那完全可以设立刑事被害保险这一保险种类而在保险范围内解决问题。如果说公民既然交纳了税款，国家就应该保护公民人身财产安全而不需要额外交纳保险费用，那这个问题完全可以用“国家责任说”来回答。

① ［英］吉米·边沁：《立法理论》，李贵方等译，中国人民公安大学出版社 2004 年版，第 368 页。

4. 公共援助说

该说认为国家对刑事被害人进行经济恢复是一种对处于不利社会地位者的公共援助。刑事被害人受到犯罪侵害之后，由于身体受到损害或财产受到损失，实际上也变成了一种处于不利社会地位者。出于人道考虑，国家也应当对其通过被害人补偿的形式予以援助。[①] 公共援助论也被称之为宿命论，认为国家中的每一个公民都是犯罪行为的潜在受害者，而之所以某一或某些公民成为不幸者，是“因为其被适当机会选择出来”[②]，从而避免了其他公民受害，所以当有公民遭受犯罪行为侵害后，那些幸运者就应该伸出援助之手，适当地分担被害人所遭受的损失。边沁认为，“这种公费补偿责任建立在一条公理之上：一笔钱分摊在众人之中，与在一个人或少数人身上相比，对每个捐献者而言，实在微不足道”[③]。此学说以风险分配理论为基本论调，但笔者不赞同此种说法，首先，犯罪行为无法避免，被害人成为不幸者也不必然得出幸运者就应分担其不幸，因为被害人成为不幸者而不是其他人，有多方面的原因，有可能是被害人的保护意识差等自身原因而导致犯罪行为落到其身上，所以让其他公民去分担被害人的损失有失公平。其次，此说认为被害人之不幸为其他人之大幸也是非常牵强的，因为被害人被害也不必然避免其他公民再次遭受侵害。最后，此学说超出了国民的接受能力。另外，公共援助更像是一种处于同情心的恩惠，而不是一种义务，这与刑事被害人国家补偿制度的基本论调是不一致的。

通过上述对各种学说的简要介绍和分析可以看出，各种学说都有一定的道理和缺陷，如国家责任说可以回答集资犯罪的被害人经济恢复为何是国家的一种责任，但又无法解决公平问题；社会保险说完全

---

① 参见黄震：《建立刑事被害人国家补偿制度初探——刑事附带民事诉讼执行难的另一种解决机制》，载《人民司法》2003 年第 4 期。

② 张平吾：《被害者学概论》，台北警察大学出版社 1996 年版，第 254 页。

③ ［英］吉米 · 边沁：《立法理论》，李贵方等译，中国人民公安大学出版社 2004 年版，第 368 页。

可以通过一种新的险种——刑事被害险加以解决；社会福利说可以解决为何只救助生活困难的刑事被害人的问题，但又无法解决国家责任问题；公共援助说的因果联系比较牵强并且超出了公民的接受能力。因此，我国应采取一种二元结构的思想基础，两种理论学说既可以相辅相成又可以相互克服自身的缺陷，在借鉴别国经验基础上，并从我国实践出发，我们认为我国应建立以社会契约为基础的国家间接责任说为主和以修正的社会福利说为辅的二元理论模式。

（三）集资犯罪被害人经济恢复的法经济学依据

1. 集资类犯罪被害人经济恢复的法律效率分析

法制是一种更高级的国家福利，从法律效率角度来看，对于法律制度应置之于公共政策的层面，也就是任何一种法律制度应可以评价公共行为、评价政府体制的优劣、促进政策体制完善。因为公众对某一种法律制度或者说法律条文的认知往往来自于亲身的体验，对于公众而言任何法律形成的经济效应必须对广大公众有利，且更加的理性。

集资犯罪的被害人经济恢复制度，其作为一种法律制度提出且运用到实际司法实践中，其所体现的法律效率就在于其在宏观政策层面上是一种法律政策，其得到的实际运用不仅仅是微观层面的简单救济，而是具有更加广泛的控制意义，正面机制的正确使用使得政府对社会的管理更加合理有效。

具体而言，集资犯罪的被害人经济恢复制度使得国家对被害人的救助变成一种义务而非施舍，使得被害人的经济利益和国家利益、犯罪人利益达到一个更合理的平衡点。单单对犯罪人进行刑罚制裁，虽然对犯罪人可以起到威慑作用，但其所体现的只是简单而又原始的“同态复仇”的刑罚思想。而随着社会的发展进步，现代社会不仅仅需要遏制犯罪，更需要维护整个社会的和谐。社会利益的存在是以个人利益的存在为基础的，离开了对个人利益的保护，社会利益的存在就失去了价值；在集资类犯罪案件中，犯罪行为不仅仅侵犯了社会公共利益，更是侵犯了被害人的个人利益，而后者是直接承受者。如果被害人不能在以国家为主导的犯罪惩治机制中得到有效的经济回复，他们不但会对犯罪人产生仇恨报复心理，而且对国家、对社会也会产生怨恨。这种怨恨的情绪常常驱使被害人寻求私力救济，或者直接寻求复仇，并因此而产生新的犯罪。相反，通过国家对被害人进行经济恢复，使得被害人作为犯罪行为直接的承受者不但从经济上得到救助，更重要的是心理上得到抚慰，而这种精神抚慰是来自国家来自社会的，让其通过自身最切实的感受体会到国家在打击犯罪上不仅仅是一味地惩处而是同时重视到被害人的权利保障。而这项制度能够在实施中得到大多数人的认可，即是在经济层面保证了大多数人的利益。

总而言之，在集资犯罪的被害人国家救助制度中，实际上是在刑事案件中，国家不再一味地将被害人利益让位于国家法律的权威、让位于犯罪人的权利保护；而是从更宏观的层面，将社会一部分的公共资源用于救助符合条件的刑事被害人，而这部分的支出所能收到的收益是一种无法用数额衡量的无形效益，在打击犯罪的同时，从被害人角度维护了社会稳定，全面促进了社会和谐发展，使得社会资源得到最大化的效用收益。

2. 集资类犯罪被害人经济恢复的法律价值分析

（1）法律信仰的培养

人有了信仰，生活才会有目标；公众有了法律信仰才会服从法律、敬重法律。何为法律信仰？法律信仰是源于美国学者伯尔曼的一句话：法律必须被信仰，否则它将形同虚设。对于法律信仰的概念解释有多种观点，在众多观点中，有一种颇有影响力的观点认为，法律信仰是“根源于人类对人性和社会生活的科学分析和理性选择，进而所形成的对社会法的现象的信任感和依归感，以及对法的现象的神圣感情和愿意为法而献身的崇高境界”①。这个观点

① 许章润：《法律信仰——中国语境及其意义》，广西师范大学出版社2003年版，第173页。

较为全面地解释了法律信仰的含义，即确认了信仰的主体，认为只有人类才会有这样的情感认知，分析了人类作出该决定的条件，也明确叙述了该种事物在人类心中的至高地位。笔者认为，对法律的信仰是一种内在的心理信念，这种内在的心理信念对法律权威的确立起着重要的作用。只有外在的法律诉之于人性，符合人的心理或情感，并从内心敬重法律、信仰法律时，法律才能真正发挥作用。法治的实现，不仅寄托在社会成员普遍服从法律的基础上，而且需要建立在人们对法的信仰的理念之上。如此，法治才有可能最终获得人们发自内心的支持，法治现代化才能实现。可以说，对法律由服从到信仰，是实现法治的必由之路。一个社会若失去了民众对法律的信仰与敬重，即使制定出千百部再好、再完备的法律，也难以内化为一种民族传统和民族精神，从而难以完成建立法治国家的历史使命。

不难看出，我国目前社会民众的法律信仰意识并不强，或者说社会民众并没有形成广泛的法律信仰。社会主体并没有从内心自发地产生对法律一种敬畏和仰慕的情感，尤其是对刑事法律制度，大多数是依靠其冷酷的外壳和内在的暴力强制而产生的敬畏感。社会民众对刑事法律制度更多的是一种被动的威慑、恐惧，甚至认为涉及刑事是一件倒霉而不愿提及的事情。如同古人所言："刑乃不祥之器。"这种视法为"不祥之器"的必然结果，使民众从内心情感上排斥法律，这种心灵上的厌恶与排斥是无法形成公众对法律信仰的最原初的动力。

培养民众的法律信仰的一个重要方面就是增强公民对法律价值的感同身受，这是培养公民法律信仰的内在原动力。法律信仰具有亲历性，不是被灌输和教导出来的，而是基于人们对法律的自觉信服和认可而使法律被认为是值得尊重、应当尊重和遵守的。人们参与到法律实践的过程，通过一系列经验和亲身感受而逐步产生对法律神圣性的认同。对法律的信仰归根结底是基于法律体现着主体的价值追求与价值理想，这也是法律之所以能够被人信仰的最初原动力。西赛罗在《论法律》中说，罗马人自儿时便受到如此教育：“一个人要求助于正义，就去诉诸法律。”因为法律体现着正义，反映着正义，保障着正义，实现着正义。人们信仰法律、信仰正义与发自主体内心的一种心灵相契，法律信仰也由此确立。所以，只有法律的内容体现并反映了主体的价值追求，法律才会得到普遍认同，最终完成信仰法律的理念塑造。

而集资犯罪被害人的经济恢复就是让刑事案件的被害人在犯罪人受到应有的刑罚处罚之外，对自己人权的一个切实保障制度。该制度实际上加强了国家、被害人之间的理解和沟通，最大可能地消除社会矛盾，将会最大化地减少矛盾，也在最大程度上让社会民众感受到刑事法律制度不仅仅有“以牙还牙，以血还血”的暴力性惩罚，也有体现人文关怀的一面，从而能够促进民众自发地对法律产生正常的敬畏和仰慕之情，形成真正的法律信仰。

（2）公平正义的捍卫

公平正义是人类社会文明进步的重要标志，是社会主义法治的价值追求，社会主义司法制度必须保障在全社会实现公平正义。正义是法的基本价值。传统的报应性司法根植于人性的报复本能，具有一定的正义基础，在一定程度上能满足公众惩罚犯罪的正义要求，但这种正义不是实质上的，也不是彻底的。报应性司法理念因忽视了对加害人和被害人权利的平等保护而退出了历史舞台，使得恢复性司法理念呼之而出。集资犯罪的被害人经济恢复制度体现了恢复性司法理念，也是对正义追求的必然结果。建立集资犯罪的被害人救助制度将最大限度地维护司法正义和社会公平。正如最高人民法院前院长肖扬所言，“如果没有对困难群众、困难群体特殊的制度保护，法庭就容易变成诉讼技巧的竞技场，强者和弱者在形式正义面前会很难获得实质正义的平衡”，只有用有力的制度彻底消弭司法案件中被害人（弱者）一方的生存忧虑，才能通过最小司法成本的付出来确保最大限度的司法正义。与此同时，因刑事犯罪所造成的社会公平损害也因此得到“修补”。[①] 建立集资犯罪的被害人救助制度也有利于维护法律权威，保护公平正义。刑事附带民事执行案件的执行到位率普遍较低，法院的判决得不到执行，被害人的合法权益无法得到有效保护，法律文书权威也受到了严重挑战，严重破坏了法律的权威和法院判决的严肃性。建立集资犯罪的被害人救助制度，对处于生活困境的被害方予以救助，可以避免被害方为获取赔偿而与加害方“私了”，从而依法保护被害方与司法机关合作的主动性和积极性，实事求是地揭发、控诉犯罪行为，配合司法机关打击刑事犯罪活动，可以增强被害方对司法机关的信任和对司法决定的理解、支持与尊重，化解其疑虑和不满。另外，“在司法程序上，被害人虽然有义务配合警察或者检察官侦查犯罪，但是被害人的基本需要如果不能得到最起码的满足，其履行作证等法定的义务也必然会受到影响”[②]。同时，被害人的困难并非其自身造成的，而是外力所加，是他人刑事犯罪造成的后果。建立集资犯罪的被害人救助制度，以国家名义维护和保障被害人的合法权益，蕴含了有损害就有救济，被告人、被害人权利保护并重等法治精神，体现了社会公平正义。

(3) 人权保障的均衡

人权保障是国家的重要使命。人权保障制度的建立、完善必将经历一个渐进发展的过程。在判断人权保障制度完善程度的诸多标准中，均衡保障人权是最为重要的评价指标之一。在刑事诉讼中，“求偿不能”、“求助无路”的被害人日渐引起社会的关注。在信息化时代，一个被害人遭受的不幸，会迅速地为广大人民群众所知悉。社会对被害人遭遇的广泛同情不仅不会孕育“宽容”罪错的社会心态，而且还会强化人们的“严打”观念，使保障犯罪嫌疑

---

① 参见王艳：《刑事被害人救助制度的价值超于“救助”之上》，载中国法律信息网，http://www.law-star.com/cacnew/200701/160020655.htm，2007-01-23。

② 杨正万：《刑事被害人问题研究》，中国人民公安大学出版社2002年版。

人、刑事被告人人权的种种努力化为乌有。此外，对被害人人权保障的忽略，也与学界对传统刑事司法目的的极端反叛具有密切关联。鉴于犯罪嫌疑人、被告人处于“主角”的地位以及其人权保障受到学者们的热议，而被害人处于“配角”当事人的尴尬地位以及不受学术界的重视的现状，我们认为，刑事诉讼中人权保障的内涵应当是全面的，不仅要保障犯罪嫌疑人、被告人的人权，同样也要保障被害人等的人权；并且，不能因为被害人控诉犯罪的职能转由强大的国家检察机关行使而忽视被害人人权的保障，更不能因为国家检察机关代表被害人追诉犯罪行为就等同于被害人的人权得到了切实的保障。虽然在追诉犯罪方面，被害人的利益与国家利益是一致的，但是被害人的人权保障除了犯罪分子受到刑罚的应有制裁之外，还应当包括获得被告人犯罪损害赔偿的权利。只有当被害人得到了犯罪分子的损害赔偿金，被害人才有可能摆脱犯罪行为所带来的种种不幸的困扰，重新开始受侵害前的正常生活。因此，相比较赋予被害人诸多的诉讼权利，如当事人地位及获得被告人的损害赔偿而言，前者通常只能在一定程度上宣泄其内心的愤恨情绪，缓解其精神痛苦，但是并不能弥补其因犯罪行为所造成的各种物质上的损失，也不能改善其生活状况。事实上，相当一部分被害人因遭受犯罪行为侵害，生活陷入困境。对于这部分被害人而言，最为重要也是最现实的保障就是获得被告人的赔偿，而不是作为当事人参加诉讼。这恰恰是后者的功能。因此，就被害人个人而言，保障其人权，最重要的是确保其获得因犯罪行为所遭受的各种损失的赔偿。司法实践已经表明了被害人在其合法权益遭受犯罪行为侵害后，已经不再局限于强烈要求国家追诉和惩罚犯罪分子，而是更多地转向要求获得充分的经济赔偿。[①] 然而，在现实中，绝大多数刑事犯罪分子都没有实际能力来履行法院判决的对被害人的损害赔偿

① 参见淄博市中级人民法院：《关于建立和实行被害人补偿制度的调研报告》，载《山东审判》2007 年第 171 期。

金，并且这种状况呈现出上升的趋势。[①] 这势必导致被害人不仅遭受犯罪行为侵害所带来的巨大的身心上的伤害，而且还得忍受损害得不到赔偿所造成的生活困难等不幸遭遇。显而易见，在这种情况下，不论被告人受到何种刑罚的严惩，都无法改变被害人所受到的此种遭遇和所处的状况。而现有的刑事附带民事诉讼制度根本无法解决被害人的权利保障问题。这就为我们提出了一个问题，谁来为被害人受到的侵害埋单？谁来保证被害人的损害得到赔偿？被害人国家补偿制度正是在这种背景下诞生的。被害人国家补偿制度的确立，不仅可以使被害人得到国家的援助，摆脱生活困境；而且可以使国家对被害人人权的保障落到实处，弥补刑事诉讼法对被害人权利保障的不足。虽然从表面上看，被害人国家补偿制度是国家接替被告人偿付给被害人一定的金钱，缓解其生活困难。而实质上，这是国家对被告人、被害人的人权给予均衡保护的体现。被害人国家补偿制度的确立是国家人权保障观念的重大转变，即从先前侧重于保障犯罪嫌疑人、被告人的人权转变为犯罪嫌疑人、被告人和被害人人权的均衡保障。对于国家而言，惩罚犯罪和保障人权都是同等重要的价值目标。在惩罚犯罪的过程中保障被惩罚者的人权是保障人权的重要内容，但是这并不意味着就可以忽视对被害人人权的保障。然而，刑事诉讼的特有属性决定了对被害人人权的保障不可能随着被惩罚者人权保障的增加而增加，换句话说，对被害人人权的保障上升幅度是有限的，绝不可能超过对被惩罚者的人权保障。因此，我们认为国家要对被害人和犯罪嫌疑人、被告人予以均衡保障，不能从提高被害人的诉讼地位等方面着手，而应当另辟蹊径，从确保被害人及时得到充分的损害赔偿着手。唯有这样，对被害人人权的保障才能真正落到实处；也只有这样，才能纠正当前对被害人权利保护的错误认识，从而使被害人、被告人的人权真正实现均

① 参见淄博市中级人民法院：《关于建立和实行被害人补偿制度的调研报告》，载《山东审判》2007 年第 171 期。

衡保障。

（4）社会和谐的目标

党的十六届四中全会提出了构建“社会主义和谐社会”的新理念。其中“民主法治”、“公平正义”是和谐社会法治建设的基本特征，也是社会主义和谐社会的重要保障。只有实现了民主法治建设、社会的公平正义得到落实，人民才可能诚信友爱、生活才能安定有序。目前，社会正处于转型时期，还存在着各种矛盾和纠纷等不和谐因素，这是难以避免的。当前，犯罪行为作为最不和谐的因素，已经成为和谐社会建设的最大障碍。首先，犯罪本身就是对和谐社会生活的严重挑衅和破坏，不仅破坏了人们平和、稳定的社会生活秩序，而且也损害了人们崇尚和追求的公平正义理念。其次，犯罪行为不可避免地对被害人造成肉体和精神上的巨大伤痛和伤害，使被害人处于不和谐的状态中。虽然，我们可以通过对犯罪分子处以刑罚制裁，以重塑人们的公平正义理念和恢复被破坏了的社会秩序，也可以使被害人充满怨恨和愤怒的不和谐心态得到宣泄和抚慰，但是仅仅对犯罪分子处以刑罚制裁，很难使原本和谐的社会生活秩序得到完全的恢复。这是因为犯罪行为对和谐社会造成的损害，现实中需要犯罪分子支付一定数额的金钱对受到侵害的国民等对象进行救治和复原等活动。只有对受到侵害的对象施以救治、恢复原样等措施，才有可能使受害者早日从被害的噩梦中醒来，重新开始平和、安定的生活。虽然，被害人可以在刑事诉讼过程中对被告人提出附带民事诉讼，也可以另行提起民事诉讼，但是附带民事诉讼和民事诉讼制度都只是提供了被害人向被告人提起损害赔偿之诉的法律平台，并不能确保被害人最终得到令其满意的金钱赔偿。尤其是当被告人不名一文时，被害人得到赔偿的愿望都会化为乌有，甚至连一分钱的赔偿都得不到，这种情形在司法实践中并不少见。这对于因遭受犯罪行为侵害而陷入生活困境的被害人来说，这一切都是那么得无辜和无奈。在这种情况下，被告人虽然被判处了刑罚，但是因被告人犯罪行为造成的社会不和谐因素并不会因为被告人服刑而得以消除，甚至将导致更多的不和谐因素。这是因为，对于被害人而言，自己无端遭受犯罪行为的侵害，已经十分不幸；因遭受犯罪导致生活陷入困境，则是更大的不幸；被告人没有赔偿能力，而被害人又无可奈何，无计可施，则是最大的不幸。心理学常识告诉我们，当人遭受多重重大的不幸或者打击时，其心理和情绪都会发生巨大的波动。在这种情况下，被害人极易走向极端，采取不理智的方式来宣泄其内心无辜又无奈的怨恨和愤怒。这就又为产生不和谐因素埋下了复仇的种子。而被害人国家补偿制度的建立，在被告人没有赔偿能力的情况下，由国家替代被告人支付给被害人一定数额的经济补偿，以弥补其因犯罪行为所招致的损失。尽管这种补偿极有可能没有民事赔偿来得多，但是，也可以在一定程度上弥补被害人所遭受的侵害。至少可以让被害人感到欣慰的是，自己并不是孤立无助的，并不因为遭受犯罪侵害而为社会和国家所歧视。毫无疑问，这将在很大程度上缓解被害人的情绪，削弱被害人寻求复仇的欲望。这种不和谐因素的消除，将为社会主义和谐社会的建设创造良好的社会氛围。

四、集资类犯罪被害人的国家救助

（一）集资类犯罪被害人国家救助概述

1. 集资类犯罪被害人国家救助现状

目前，我国处在经济转型时期，面临着较多的社会矛盾，集资类刑事案件高发，但在立法层面，至今尚未确立集资类犯罪被害人国家救助制度。我国《刑法》第 36 条第 1 款规定：“由于犯罪行为而使被害人遭受经济损失的，对犯罪分子除依法给予刑事处罚外，并应根据情况判处经济损失。”《刑事诉讼法》第 99 条也规定，“被害人由于被告人的犯罪行为而遭受物质损失的，在刑事诉讼过程中，有权提起附带民事诉讼”。我国对被害人的损害赔偿是通过刑事附带民事诉讼的途径来解决的。在司法实践中，一般采取一次性赔偿原则，如果被告人经济上有困难，则予以减免。被害人能否得到赔偿，在很大程度上取决于被告人的经济能力，因此，被害人往往得不到赔偿或其得到的赔偿十分有限，不足以弥补犯罪行为对其造成的损害。但是在集资类犯罪中，一旦案发，基本上都是因为犯罪嫌疑人资金链断裂所致，所以，被害人能够从犯罪嫌疑人那里得到的赔偿非常少，对于被害人的国家救助就显得很重要。

虽然我国没有以立法的形式专门确立对集资类犯罪被害人的国家救助制度，但是，理论界针对一般被害人国家救助的研究已经开始，而集资类犯罪的被害人常常是被作为一般被害人的一部分进行研究的。因此，考察一般被害人的国家救助问题，也就是在考察集资类犯罪被害人的国家救助现状。

我国台湾地区是我国最早开始被害人救助的地区。1999 年便成立了具有半官方色彩的财团法人——犯罪被害人保护协会，为被害人及其家属提供实时且全面性的协助，并自 2004 年 4 月起于台北分会办理心理创伤门诊计划。台湾地区针对犯罪被害人所提供的服务形态日益多元。

2004 年 2 月，山东省淄博市政法委、淄博市中级人民法院出台了《关于建立犯罪被害人经济困难救济制度的实施意见》，这是我国大陆地区最早对刑事被害人实施国家救助的实践探索。2004 年 11 月，青岛市中级人民法院会同有关单位制定《青岛市刑事案件受害人生活困难救济金管理办法》，建立了刑事被害人救济金制度。2006 年 8 月浙江省台州市委政法委牵头成立了司法救助工作委员会，由地方政府设立专项救助资金，帮助那些因为案件未破或者犯罪嫌疑人、被告人缺乏经济赔偿能力而陷入生活严重困难的被害人家庭。2006 年 10 月，福州市中级人民法院制定《关于对刑事案件被害人实施司法救助的若干规定》，遭到犯罪行为侵害但又无法通过刑事附带民事诉讼获得赔偿、生活困难的刑事案件被害人及其家属，可以向法院申请经济救济。2007 年 11 月，江阴市人民检察院公布了《特困被害人专项救济金发放管理办法》，规定因他人犯罪行为遭受重大人身伤害或重大财产损失，并且无法及时得到赔偿和其他社会救助，导致生活陷入困境的被害人或其近亲属，在家庭困难、不符合其他社会保险救助、无力支付必要的紧急救助费用，可向人民检察院申请专项救助金。这些做法，对集资类犯罪被害人国家救助制度进行了有益的尝试和探索，为建立统一的刑事被害人国家救助制度积累了丰富的实践经验。

2007 年 1 月 7 日，最高人民法院提出，要完善司法救助制度，彰显司法人文关怀，把“研究刑事被害人救助制度”当成一项重要任务。2007 年 1 月，最高人民检察院也提出：“有条件的地方可以试点建立刑事被害人补偿机制”。在全国各地积极探索刑事被害人救助制度的同时，为进一步规范刑事被害人救助工作并指导全国的集资类犯罪被害人救助工作，2009 年 3 月，在中央政法委员会的领导下，中央八部委联合印发了《关于开展刑事被害人救助工作的若干意见》（以下简称《意见》），标志着刑事被害人救助工作在全国范围内的全面启动。《意见》对刑事被害人救助工作的总体要求、基本原则和救助的对象、范围、标准、资金保障、组织机构及职责分工、基本程序等作了明确规定，为开展救助工作提供了有力的政策依据。截至 2009 年底，全国已有过半数的地方在当地党委政法委领导与协调下，研究草拟了具体实施意见。全国首部刑事被害人司法救助的地方性法规《无锡市刑事被害人特困救助条例》于 2009 年 10 月 1 日起施行。2010 年 1 月 1 日全国首部对刑事被害人进行救助的省级地方立法《宁夏回族自治区刑事被害人困难救助条例》正式施行。地方立法的不断推进使得对刑事被害人救助进行全国性立法的呼声越来越迫切。这也是我国集资类犯罪被害人国家救助的基本现状。唯一值得深思的问题是，集资类犯罪的被害人获得国家救助的情况更不尽如人意。

2. 集资类犯罪被害人国家救助存在的问题

全国各地积极探索开展的集资类犯罪被害人救助工作的实践，的确解决了一些集资类犯罪被害人的实际困难，积累了宝贵经验。但由于缺少统一立法，一些地方先行实践的刑事被害人救助制度还面临诸多问题。

(1) 缺少统一的国家立法。为保障刑事被害人救助制度的实施，世界上各国均通过立法确定了刑事被害人救助制度，如新西兰的《刑事损害救助法》、美国的《犯罪被害人法》、日本的《犯罪被害人补偿金给付法》、英国的《刑事损害补偿法》等。这些国家的有关刑事被害人救助的立法对救助对象、救助条件、资金来源、申请时间都有明确规定。我国各地在积极探索刑事被害人救助制度的同时也出台了相应的有关刑事被害人救助的地方立法，但目前还没有统一的国家立法，因此地方的探索缺乏稳定性和权威性。应在国家的层面上统一立法，对被害人的救助对象、救助范围、救助数额、救助程序等作出明确规定，以便在实际的操作上有章可循。毫无疑问，统一的立法也将为集资类犯罪的被害人的国家救助提供法律支撑。

(2) 救助制度的性质不明确。根据我国《刑法》规定，由于犯罪行为而使被害人遭受经济损失的，对犯罪分子除依法给予刑事处罚外，应根据情况判处赔偿经济损失。可是，《刑法》条文没有明确规定因遭受集资犯罪侵害而陷入经济困境的被害人及其家属，在得不到犯罪分子赔偿的情况下有向国家提出救助的权利。对因得不到被告人及时赔偿、因为犯罪人没有被抓获不能获得及时赔偿，而导致生活陷入困境的被害人及其家属进行经济救助，是国家应该尽到的责任。从全国各地探索集资类犯罪被害人的实践看，各地对集资类犯罪被害人救助的性质和定位不太明确，导致各地做法不一。对于集资类犯罪被害人救助制度的性质，有的认为是属于法律援助、诉讼费减免类似的“司法救助”；有的认为是属于社会救助制度的范畴。

(3) 救助启动时间明显滞后。在各地现在试行的救助规定中，救助程序启动时间的相对滞后是一个普遍问题。一些地方试行的国家救助普遍发生在审判阶段甚至是执行阶段，大多是在判决生效后，在被害人民事赔偿请求难以实现的前提下，为特别困难的执行申请人提供救助，此时案件已经经过了漫长的侦查、公诉、审判阶段，这与多数国家的刑事被害人自案发之日起即可申请救助的程序相比，具有明显的滞后性。此外，司法救助普遍将犯罪人未明或未归案情形下的被害人排除在救助对象之外，使得这一部分被害人能否得到救助处于持续的不确定状态，明显不尽合理。

（4）资金的来源缺乏保障。从我国各地的试点情况看，刑事被害人救助的资金来源各不相同。有的由财政拨款；有的有多种渠道，如政府拨款、社会捐赠、基金孳息和其他资金；还有的没有稳定的资金来源，靠发动干警捐赠、向社会募捐以解决个案中被害人的救济问题。集资类犯罪被害人的救助情况更不乐观，资金长效保障机制缺乏，难以支撑集资类犯罪被害人救助制度顺利开展。少数财政较为困难的地方，集资类犯罪被害人救助工作流于形式，仅仅停留在个案救助的表面上。

（5）救助方式过于单一。目前实践中救助的方式主要是给予被害人一次性的救助金，这种方式固然简单易行，但对于深受身心创伤、生活陷入严重困境的被害人或被害人近亲属而言，一笔有限的救助金显然难以解决生存所面临的诸多问题，没有住房、没有稳定的收入，一时之困虽短期内缓解，又会很快再次出现。而此时被害人已不符合救助条件，怨恨的情绪会逐渐复萌，社会又会增加新的不稳定因素。

（6）救助功能有所偏离。目前有些地方救助程序的启动过多地依赖于涉法涉诉信访案件，虽然客观上被害人信访、上访及申诉是被害人救助制度产生的现实原因之一，从某种角度而言救助的一个基本作用就是息诉罢访（当然这不是救助制度的全部功能），但如果救助过于依附于信访案件，将导致“爱哭的孩子有奶吃”的现象，变相鼓励集资类犯罪被害人的上访行为，最终必然影响到救助制度的公平性和公正性。实践中，开展救助时被害人一般被要求息诉罢访，使实施救助与防止被害人上访常常具有了某种在规范层面所不应有的现实关联性，这种情况既有“花钱买平安”之嫌，也明显制约了集资类犯罪被害人申诉权的行使。而使集资类犯罪被害人救助法制化的目的，就是要变个案式的、任意性的救助为普遍化的、制度性的救助，只要符合法定条件，就应当对被害人及其家属给予救助。

（二）集资类犯罪被害人国家救助的必要性分析

1. 集资类犯罪被害人救助制度的价值

在刑事法律关系中，集资类犯罪的被害人因犯罪行为的发生而不能或无法实现自己的经济权利，对其的国家救助是尊重和保障人权，彰显司法关怀，实现公平正义，增进社会和谐的有效手段，具有重要的法理价值。

（1）对人权理念的引导价值。我国高度重视对人权的尊重与保障，人权保障理念已成为一项重要的宪法原则。当前在刑事诉讼领域，我国对犯罪嫌疑人的辩护权、控告申诉权、人身保障权、人格尊严权等人权保护立法相对趋于完善，但对于被害人特别是被害人在通过其他法律救济途径无法获得赔偿或获得充分赔偿时的人权保障问题却缺乏足够的立法支持。在司法实践中，包括了国家利益、社会利益和个体利益在内的抽象的刑法法益保护与具体案件中集资类犯罪被害人的权益保护往往存在冲突。在刑事诉讼中，从经济上弥补被害人损失是保障被害人人权的主要内容之一，但目前我国刑事诉讼法规定的附带民事诉讼制度还不足以使这一内容实现。因此，通过立法迅速建立起统一有效的集资类犯罪被害人救助制度，既是顺应刑事诉讼领域强烈社会需求的必然要求，也是在刑事司法活动中充分体现司法人文关怀、引导树立全面人权保障理念的应有之义。

（2）对司法公信的保障价值。“司法最终救济”原则要求司法行为具备公正、高效、权威的公信力特征。集资类犯罪被害人的损害一旦因刑事犯罪人经济困难等原因无法得到赔偿或足额赔偿，集资类犯罪被害人会对司法机关失去信心，同时也会引发社会对司法保护的猜疑与不安，严重损害公众对法律权威的信仰。建立健全集资类犯罪被害人制度，可以保护刑事被害方与司法机关合作的主动性和积极性，增强刑事被害方对司法机关和司法裁决的信任度，化解矛盾，增进和谐。同时，集资类犯罪被害人遭受犯罪侵害后，人身权、人格权均可能遭受极大的损害，极易产生偏激心理。如果无法从正常途径获得法定赔偿和法律救济，而自身生活又因刑事侵害行为遭遇困境，出于本能保护或基本生存的需要，他们极有可能采取极端的方法直接报复刑事犯罪人，或因对司法机关的公信力产生质疑而走上缠访缠诉之路。对无法从罪犯处获得公正赔偿的集资类犯罪被害人实施救助，可以使被害人获得经济利益上的完全补偿，有效缓解集资类犯罪被害人因受到犯罪侵犯所引发的不良心态或不当行为，通过化解关联社会矛盾的源头来维护司法公信。

（3）对救助行为的规范价值。被害人救助机制严格而言不是刑事诉讼的内容，但与刑事诉讼中保障被害人权益的制度目标有着密切的联系。通过建立健全集资类犯罪被害人救助制度，给予集资类犯罪被害人必要的权利救济，有助于实现司法裁判所承载的构建和谐社会功能。近年来，从人民群众的司法需求出发，我国部分地区相继对集资类犯罪被害人救助制度进行了初步的探索，并结合当地实际陆续出台了相应的制度和规定。不可否认，这些探索整体而言是积极有益的。但不容忽视的是，一些司法机关及其工作人员对构建集资类犯罪被害人救助制度缺乏广度和深度的理解，加上没有统一的实施标准，各地各自为战，在一定程度上出现了“大闹大解决、小闹小解决、不闹不解决”的现象，救助活动带有较为明显的主观性和随意性。这种现状若不有效规范，将导致新的司法不公，对整体司法制度的权威性也极为不利。因此，构建科学统一的集资类犯罪被害人救助制度，有利于引导规范救助行为，维护司法公平正义。

2. 集资类犯罪被害人经济恢复的应然主体

国家之所以成为集资类犯罪被害人救助的主体，主要依据有：

（1）宪法是保障公民的人身和财产安全不受侵犯的根本大法，

公民只要依法履行了对国家的义务，就应拥有国家保护的权利。国家负有为公民提供安宁、太平的生活环境，防止刑事犯罪发生的责任。如果公民的权益遭受犯罪的侵害，则说明国家对公民权益的保护不力，对犯罪的预防、打击不力。因此，国家理应对集资类犯罪被害人所遭受的损失承担适当的救助责任，即公民具有受国家救助的权利。

（2）根据“政府独占防卫应有保护人免受攻击及失窃责任”的自然法则立论观点，认为政府既然垄断了打击犯罪和处罚罪犯的权利，禁止公民持有或携带枪械作为防卫武器，就应确保公民不受各种犯罪侵害。此种确保公民财产及人身安全的责任，源于公民与政府间自然缔结的社会契约。因此，保护集资类犯罪被害人的合法权益不受侵害是政府责无旁贷的义务。如果警察不胜任职责、渎职或者政府不能履行其义务时，政府又禁止私刑，那么，当集资类犯罪被害人不能从加害人那里获得赔偿或赔偿不能弥补犯罪对他造成的损失时，有权要求政府对犯罪所造成的后果承担连带赔偿责任。

（3）从预防犯罪和建立和谐社会的角度讲，如果被害人及其家属在受到犯罪侵犯后又得不到经济上的弥补，出现“人财两空”的现象，那么就有可能产生对社会的不满，从而报复社会，不利于社会稳定。还有的被害人得不到赔偿，采取一些过激行为：纠缠承办人、围堵党政机关或政法部门、阻塞交通要道、上访甚至以暴制暴，严重影响社会安定与团结，使政法工作极为被动，成为严重的社会问题。

（4）政府对于集资类犯罪的发生负有责任。集资类犯罪的发生常常是一个漫长的过程，必然经过宣传、扩大、再宣传、再扩大的过程，这个过程中，政府作为市场经济监管主体，理应有足够的警觉，主动承担其对集资犯罪防范、打击的重任。以优化市场环境、避免犯罪的发生，而实践中，政府往往怠于行使监管职责，玩忽职守行为时时发生，因此，政府责任难以推卸。事实上，不少地方政府对于集资犯罪的发生，还间接起到了推波助澜的作用，集资类犯罪主体常常是以公司、企业的形式出现的，而这些公司、企业在经济过程中，为了显示实力，拉拢政府，常常在各种庆典之中，邀请地方政府官员出席典礼、剪彩等活动，而政府官员的出现常常会使一般群众对该公司、企业的实力或者诚信度有较大的提升，一旦这些公司进行非法集资类犯罪，其欺骗效应会比较明显。因此，政府对犯罪的发生负有不可推卸的责任。因此，对被害人的救助也就责无旁贷。

（三）集资类犯罪被害人国家救助的制度设计

1. 国家救助的基本原则

（1）人权保障与公正原则。在宪法把保障人权作为法律规范确立以后，国家机关不仅要把抽象的人权概念进一步具体化和实在化，而且要向人权受到侵犯的公民提供实效性救助，杜绝人权保障成为空想。[①] 对集资类犯罪被害人的国家救助应从保护人权，维护社会公平正义的角度出发，当被害人无法从犯罪人那里获得赔偿，又不能通过其他途径得到实质性救济时，国家通过建立集资类犯罪被害人的救助机制，在公正、规范、监督到位的程序下对符合条件的被害人进行救助，从而恢复被破坏的公平正义，平衡其与其他社会成员的社会和经济地位。

（2）及时救急原则。波斯纳曾说："正义的第二种意义，简单地来说就是效益。"也有法谚道："迟来的正义非正义。"同理，迟来的救助往往失去了其应有的意义。联合国《对罪行和滥用权力行为受害者取得公理的基本原则宣言》明确要求成员国建立刑事受害者的国家补偿程序，使受害者能够通过迅速、公平、省钱、方便的正规或非正规程序获得补救。这里迅速的补救程序是国际人权文件对国家救济程序提出的最基本的要求。当集资类犯罪被害人遭受犯罪行为的侵害后，通常最需要的是医疗救治及经济恢复，但巨额的医疗费是其无法承担或能及时筹集的，如果治疗不及时，被害

① 参见齐秋瑾：《浅论我国进行集资类犯罪被害人救助的立法设计》，载《法制与社会》2011 年第 1 期。

人很可能会遭受“二次伤害”。[①] 而国家对集资类犯罪被害人进行救助，正是为了帮助他们度过因遭受犯罪行为而造成的暂时性生活困境，这种救助是暂时的、救急性质的，因此，及时救急是国家救助集资类犯罪被害人的应有之义。被害人救助程序的设计和运作要及时便捷，避免过于复杂而增加获得救助的难度，用制度为集资类犯罪被害人赢得获得救助的宝贵时间，以方便被害人及时提出和获得救助，使其尽快摆脱不利境地，早日回归社会。[②]

（3）有限性原则。集资类犯罪被害人救助制度应以扶老、助残、济困为主要目的，更多体现的是一种人道主义援助。因此，国家对被害人提供救助应坚持有限原则，包括救助范围的有限性和救助金额的有限性两个方面。救助范围的有限性表明救助对象不是所有的集资类犯罪被害人，而且救助对象也应仅限于自然人，不包括法人和其他组织。救助金额的有限性表明国家向集资类犯罪被害人提供的救助必须与其遭受的实际损害程度相适应。[③] 救助金额应当不高于被害人遭受的实际损害，原则上只能以解决其临时生活困难为标准，且遵循一次性原则，一般不重复救助同一案件的同一当事人。这样的做法也是各国立法的通例，既体现了法律的公平公正，又可防止救助标准无章可循的情况发生。当然有限性也不是无标准的，应当确保这项制度的实效性，使其能够为生活陷入严重困境的被害人尽快摆脱生存困境发挥应有的作用。[④]

（4）辅助性原则。鉴于我国目前的经济发展水平，集资类犯

---

① 参见赵继明：《集资类犯罪被害人救助机制的构建》，载《法学杂志》2010 年第 9 期。

② 参见郑玉忠：《关于建立集资类犯罪被害人国家救助制度的思考》，载《华东政法大学学报》2012 年第 4 期。

③ 参见郭卓屏：《我国集资类犯罪被害人救助制度的构建》，载《法制与经济》2011 年第 9 期。

④ 参见杨飞：《理性审视与和谐重构——完善集资类犯罪被害人救助制度的思考》，载《青海社会科学》2012 年第 2 期。

罪被害人救助制度的目的应当限于确保特困被害人的基本生活保障。救助制度虽然带有一定的福利性质，但也不是“阳光普照式”的公共福利，它只是在其他救助无法有效实现的情况下，作为一种补充手段发挥作用。集资类犯罪被害人只有在刑事损害赔偿不能实现或预期的赔偿额度不足，且无法通过其他途径如社会保险、单位补偿等方式获得救助的情况下，才能提起国家救助申请。国家给予集资类犯罪被害人的这种救助是一种穷尽其他方法之后的最后手段。如果刑事犯罪人有足够的经济能力，必须由犯罪人对被害人进行赔偿，原则上以赔偿为主，救助为辅。

2. 国家救助的基本制度

（1）立法模式

纵观各国对刑事被害人国家救助的相关立法实践，主要有三种立法形态：第一种是采取单独立法方式，如美国、英国、奥地利、韩国等；第二种是附属于刑事诉讼法，如法国；第三种是将相关内容规定于其他部门法之中。[①]

完善集资类犯罪被害人救助制度立法，一方面能够增强集资类犯罪被害人救助制度的公开性和透明度，提高集资类犯罪被害人制度的规范化水平；另一方面，能够避免实践操作的随意性，避免有些部门为集资类犯罪被害人救助附加诸如息诉息访等不合理条件，使该制度回归“扶危济困”的价值定位。[②]就立法模式而言，由于集资类犯罪被害人救助制度涉及内容较多，不仅涉及救助对象范围、救助条件等实体性内容，还要对被害人救助的程序性内容作出明确规定，因此，就集资类犯罪被害人救助在我国的立法模式而言，比较合理、可行的方式是首先制定一部单行法，对刑事被害人

① 参见俞欢：《集资类犯罪被害人国家救助制度研究》，载《复旦大学学报》2010 年第 2 期。

② 参见代春波、姚嘉伟：《检察机关集资类犯罪被害人救助制度实证研究》，载《中国刑事法杂志》2012 年第 10 期。

国家救助的对象、救助条件、救助方式、程序等具体问题作出规定，然后以此作为对于集资类犯罪被害人国家救助的法律依据。

就立法步骤而言，由于集资类犯罪被害人救助工作涉及刑事司法各个环节、各个部门，需要整合全社会资源，而我国集资类犯罪被害人救助工作尚处于起步探索阶段，鉴于我国集资类犯罪被害人救助立法的实际情况和当前的社会状况，可以采取由地方向全国、从低级到高级立法的过程，最终实现集资类犯罪被害人救助工作立法制度化，规范化。[①] 根据我国《立法法》规定，除该法第 8 条规定的专属于全国人大及其常委会立法的事项外，其他事项国家尚未制定法律或者行政法规的，省、自治区、直辖市和较大的市根据本地方的具体情况和实际需要，可以先制定地方性法规。由于集资类犯罪被害人救助制度并不属于《立法法》第 8 条的专属立法事项范围，且国家尚未制定法律或者行政法规，而集资类犯罪被害人救助的资金主要来源于地方财政拨款，需救助的集资类犯罪被害人数量也因时因地而异，建议首先由国务院制定一个《刑事被害人救助条例》，以此为基础，地方则可以根据此条例和地方实际情况制定相关的地方性法规或规章，全面有效地保护集资类犯罪被害人的合法权利，维护社会的安定和谐，也为制定集资类犯罪被害人救助立法积累经验。以地方性法规或规章的形式可以从地方全局的角度对集资类犯罪被害人救助制度的实体和程序进行规范，根据本地实际情况，充分考虑社会的救助力度和水平，更加详尽地设定救助的对象、范围、标准等细节，灵活的设计救助程序，为进一步制定集资类犯罪被害人救助立法积累经验。待时机成熟后，在中央层面以现有《意见》为基础，结合各地开展的集资类犯罪被害人救助工作的经验，以及对实践中暴露出来的问题不断完善，进一步完善该指导性意见，直至在全国范围内制定统一的被害人救助法律规范，

---

① 参见吴加明、李飞：《集资类犯罪被害人救助工作规范与扩展》，载《湖北警官学院学报》2012 年第 7 期。

以增强集资类犯罪被害人救助工作的透明度和指导性。

（2）救助范围和条件

集资类犯罪的被害人有自然人，法人。法人是否可以作为国家救助的被害人？根据联合国《为罪行和滥用权力行为受害者取得公理的基本原则宣言》第12条规定，“当无法从罪犯或其他来源得到充分补偿时，会员国应设法向下列人等提供金钱上的补偿：①遭受严重罪行造成重大身体伤害或身心健康损害的受害者；②家庭成员，特别是由于这种伤害而死亡或身心残疾的受害人的受养人”。借鉴国际立法经验和我国的实际情况，我国集资类犯罪被害人救助的对象应限定为自然人。对象的范围必须与我国的经济发展水平相适应，现阶段救助对象的范围应当包括两类：一是因集资犯罪造成财产严重损害而使生活陷入困境的集资类犯罪被害人；二是集资类犯罪被害人死亡的，与其共同生活或依靠其收入作为主要生活来源的近亲属或家庭成员。

至于救助对象是仅针对被害人还是被害人及其亲属，以及该种亲属关系如何限定的问题，如果被害人尚具备劳动、赡养、扶养、抚养的能力，则救助对象仅限于被害人。而若被害人丧失前述能力，则救助对象应扩及其赡养、扶养、抚养的对象。此时亲属关系的界定，单纯从亲疏远近来划分则不够精细，应当考虑到是否有共同生活关系，若为存在共同生活关系的亲属，即使不属于近亲属的范畴，也可以纳入救助范围。①

此外，由于我国的集资类犯罪被害人救助制度尚处于探索、起步阶段，各方面的条件有限，现阶段救助工作应当突出重点，不应把救助范围定得过宽，因此不宜将精神损害列入救助范围。

集资类犯罪被害人救助作为一项保障性的制度，并非每个有资格申请国家救助的集资类犯罪被害人或其亲属均能获得救助，符合

① 参见杨永生、张稚雅：《浅议集资类犯罪被害人救助制度的建立》，载《法制与经济》2011年第9期。

一定救助条件是国家救助的重要依据。因此，可以从以下几个方面确定要获得国家救助的条件：①被害人因犯罪行为遭受重大财产损失；②犯罪行为发生之后，被害人未能从其他途径得到相应的赔偿和救济，包括犯罪人及其亲属的赔偿、保险公司的理赔、社会上各种各样的捐赠等；③被害人及其亲属因无法及时得到相关资助和救济，家庭经济困难，生活无着落或无力承担基本医疗费用；④被害人对自己的遇害行为不存在重大过失；⑤被害人在案件发生后，积极与司法机关进行合作，如实陈述案件事实，以便司法机关能够更好更快地履行职责，追诉犯罪。

有下列情形之一的，不予救助：①因被害人诱惑或者其他主要过错引发犯罪侵害的，但如果被害人是未成年人、老人、基本或完全丧失劳动能力者，国家应当根据其生活来源情况，适当给予救助，而不考虑其责任大小，以此体现国家对集资类犯罪被害人的人道主义关怀；②被害人有权提起刑事附带民事诉讼，但自动放弃或者已从加害人、保险公司及其他途径获得一定赔偿或者补偿的；③被害人与加害人之间具有直系亲属关系，国家救助将使加害人不当得利的；④被害人在陈述或申请救助时提供虚假事实或证据的；⑤被害人超过救助申请期限提出申请或在获得救助后重复提出申请的。

（3）救助标准和救助方式

集资类犯罪被害人救助的标准不能绝对统一。集资类犯罪被害人所处的地区各有差异，所遭遇的侵害程度也不尽相同，因此所需要救助的数额和方式也会存在不同，如果过分地追求表面的平等，有可能会造成实质的不平等。有部分专家学者认为，集资类犯罪被害人国家救助的标准可以参照《国家赔偿法》中的赔偿数额予以规定。

我们认为，集资类犯罪被害人国家救助旨在解决被害人的燃眉之急，从救急的角度而言，首先要解决被害人的生活保障问题，其次是解决被害人及其近亲属的基本生存问题。因此，应结合受害人所在地区的经济社会发展状况、收入水平、最低生活保障水平等确定相应的救助幅度，以被害人及其近亲属生活地的最低生活保障为基准，并应当在充分调研的基础上设定救助标准的上限和下限。救助金发放时，要以被害人遭受的损失为限，综合考虑案件实际情况、受损害的实际程度、维持当地基本生活水平所必需的最低支出、被害人对案件发生的过错情况以及被害人或其亲属生活实际困难等因素。生活费用适用国家公布的上一年度申请救助地最低生活保障标准，且以一年为限。①至于被害人因此而致贫致困，其余的救助保障则应按社会保障、社会救助的标准纳入社会保障体系，而非过度扩大集资类犯罪被害人救助的数额。

就目前各国实践及我国实际情况，对集资类犯罪被害人实施国家救助仍应以发放现金作为主要救助方式，且以一次性救助为原则。对集资类犯罪被害人进行直接的经济救助可以及时弥补被害人的物质损失，缓解被害人的生活压力，减轻被害人及其家庭的痛苦，简便易行。此外，随着经济社会的不断进步发展，可以逐步拓展救助渠道，延伸救助方式，探索建立以现金救助为主，其他救助方式并存的救助模式。具体可将开展集资类犯罪被害人救助工作与就业帮扶、社会保障等多项措施相衔接，以此帮助被害人增强自身的经济恢复能力，切实解决实际困难，更有利于其今后的生活发展。

（4）组织机构及职责分工

从世界范围看，关于刑事被害人救助机构的设置，各国的做法有所不同。有的由专门机构（如救助委员会等）来实施，有的由行政机关决定，有的由司法机关裁定。如法国被害人可以向在每一级法院管辖区内设立的具有司法裁判权的委员会申请赔偿救济。德国被害人先向所属各区申请补偿，其上面还有各邦（州）政府劳

① 参见代春波、姚嘉伟：《检察机关集资类犯罪被害人救助制度实证研究》，载《中国刑事法杂志》2012 年第 10 期。

工福利部及其补偿局、联邦政府劳工福利部等部门负责。日本国家救助的决定机关是都、道、府县的公安委员会。还有一些国家的救助是由专门的被害人补偿局决定和实施的。[①]

就我国而言，中央政法委联合最高人民检察院、最高人民法院、财政部等8个单位印发的《关于刑事被害人救助工作的若干意见》中规定，参与集资类犯罪被害人救助制度的机构主要有政法委、公安机关、检察机关、法院和财政部门等。从我国各地试点摸索的经验看，不少地方建立了由党委政法委牵头、各相关部门参加的领导小组或者联席会议制度，采取定期召开会议的方式，负责救助工作的组织、协调、管理、监督工作。[②]

从我国现阶段实际情况看，集资类犯罪被害人救助工作涉及组织动员、经费保障、息诉罢访等多方面的问题，由某一行政机关或者司法机关单独承担都可能力不从心。根据我国的刑事案件办理流程，我国对集资案件的处理是先由公安机关进行侦查，再移送检察机关审查起诉，最后由人民法院进行审判，承办刑事案件的公检法机关最了解刑事案件情况及需要救助的被害人情况，而刑事案件在任何一个环节都有可能终结，被害人在任何一个环节也都可能需要及时得到救助，因此，应考虑以“谁终结、谁救助”为主，兼顾案件所处环节的救助必要性来确定公检法三机关的救助职责分工：公安机关对无法移送检察院追究刑事责任或正在侦办的尚未抓获的犯罪嫌疑人的案件中，符合救助条件的集资类犯罪被害人或其近亲属提出救助意见；检察机关对审查起诉案件中符合救助条件的提出救助意见；人民法院对被告人及其他赔偿义务人无力履行赔偿义务或因证据不足被告人无罪的案件中符合救助条件的提出救助意见。

---

① 参见陈永胜：《浅析集资类犯罪被害人救助制度》，载《法制与经济》2011年第9期。

② 参见杨飞：《理性审视与和谐重构——完善集资类犯罪被害人救助制度的思考》，载《青海社会科学》2012年第2期。

这样的做法有利于集资类犯罪被害人救助机制的有效运行，提升救助的针对性。另外，管理司法机关的实际角色为各级政法委员会，政法委作为一个信息枢纽和综合协调管理部门，掌控着各地区、各部门的司法工作开展情况。将集资类犯罪被害人救助的管理机关设置在政法委，可以统领全局，能够协调各机关形成合力，也能够筹集足够的资金，特别是当办理刑事案件的公检法机关与政府相关职能部门对救助有分歧或异议时，党委政法委的领导地位保证其能够及时召集相关各方进行协调处理和作出决定，进一步提升救助的效果。

综上，相对其他模式而言，由各级党委政法委设立集资类犯罪被害人救助工作专门机构，负责审批办案机关提出的救助意见；各级人民法院、人民检察院、公安机关设立或明确集资类犯罪被害人救助工作专门办公室，负责本部门集资类犯罪被害人救助的受理、申报、救助金发放等具体工作；财政部门对救助资金进行审核、管理和监督，是符合当前我国国情的救助机制设置。这种模式适应了集资类犯罪被害人救助诉求可能分散于刑事诉讼各个阶段的客观需要，有利于推动公检法机关共同做好救助工作，维护被害人合法权益。[①] 但值得一提的是，根据现有《意见》规定，现阶段集资类犯罪被害人救助由政法委进行审批。该程序将救助的审批权赋予相对独立于公检法机关的政法委，虽有利于救助审查的独立性以及对救助资金的监管，但增加了审批的环节在一定程度上也影响了救助的效率，不利于发挥法院、检察院、公安机关在各自诉讼阶段救助被害人的积极性。因此，建议在授权政法委对集资类犯罪被害人救助进行审批的基础上，赋予法院、检察院、公安机关一定的审批权限，救助资金管理部门可以根据被授权机关作出的救助决定拨付救助金。

---

① 参见赵继明：《集资类犯罪被害人救助机制的构建》，载《法学杂志》2010 年第 9 期。

（5）救助程序

一是权利告知与救助申请。履行告知义务既是实现公平性原则的必然要求，也是贯彻及时性原则的前提条件，因此公检法机关在办理集资类案件的过程中，发现有需要救助情形的，都应当主动予以告知，而不能因害怕申请人过多不履行告知义务。

在程序的启动上，集资类犯罪被害人救助应当以被害人提出救助申请和办案机关依职权实施两种方式而启动。在办案机关告知被害人有申请国家救助的权利后，符合条件的被害人可以在法定期限内向办案机关负责集资类犯罪被害人救助工作的部门提出申请。被害人死亡的，由其法定继承人或生前抚养、扶养、赡养的近亲属提出申请。申请时除提交国家救助申请书外，应当提供被害发生后获得赔偿的情况，加害人、相关自然人、保险机构是否已经赔偿以及赔偿的数额，被害人及其亲属生活困难的情况以及当地基层组织的有关证明等证据材料。被害人及其亲属因故没有提出申请的，办案机关在案件办理过程中发现符合救助条件的被害人，也可以依职权主动启动救助程序。依申请和主动两种启动方式相结合既可以体现救助的抚慰性，保障救助工作的平稳开展和案件的妥善处理，也可以保障被害人向相应司法机关提出救助申请的权利。

二是审查决定。接受被害人申请救助的办案机关应当对救助申请进行审查核实。审查的内容主要包括被害人有没有取得犯罪人赔偿、有没有从保险公司等机构获得救助、实际遭受的损失情况、被害人自身有无责任和责任大小等。对符合条件的申请，由办案机关在提出审查意见后，将申请案件移送救助协调领导部门。对于办案机关依职权提出的救助建议，应当说明被害人符合救助条件的事实和理由，并提出救助金额的意见。救助协调领导部门应及时对被害人申请情况进行审查，调查核实被害人申请的事实依据和理由是否成立，认为符合救助规定的，应当在一定期限内作出救助决定，明确救助金额；认为不符合救助条件的，应当听取申请人的陈述和申辩，并在规定期限内将不予救助的事实和理由书面告知申请人。

三是救助金发放。具有审批权的部门对符合条件的申请应当及时批准，并移送财政部门审核。财政部门收到移送批准的救助意见后，应及时作程序性审查，在一定期限内将核定的救助金直接拨付给提出救助意见的机关。该机关收到救助金后，应当在最短的时间内（应不超过5天）将救助金发放给被救助人。由于现阶段还没有立法的依据，国家给被害人的救助并不是法定的义务，因此在集资类犯罪被害人救助程序中，不宜设计集资类犯罪被害人对救助决定不服的复议制度，也暂不宜纳入行政诉讼受案范围。①

四是错误救助的纠偏。各国的刑事被害人救助制度都规定了错误救助情况下受益人的救助金返还义务，我们应当借鉴这一规定。导致集资类犯罪被害人救助出现错误的原因，主要表现在两个方面：一方面是救助的建议和决定机关错误给予救助；另一方面不应当获得救助的人以不正当方法获得救助。救助的建议和决定机关在发现错误救助的情形后，应及时向政法委相关管理机构报告，要求被救助的集资类犯罪被害人返还救助资金，并追究以不正当方法获得救助者的相关责任。

此外，如果集资类犯罪被害人获得救助后，犯罪行为人又给予集资类犯罪被害人足额的赔偿或集资类犯罪被害人通过其他途径获得足额的补偿的，在这种情况下国家救助金理应由集资类犯罪被害人返还国家。因国家救助金是国家对集资类犯罪被害人的救助，一定程度上是公益性质的，在集资类犯罪被害人获取足额补偿的情况下应返还国家以用于其他生活贫困的集资类犯罪被害人。②

（6）救助资金的筹集和管理

建立集资类犯罪被害人救助制度，资金的问题可谓是最为实际

---

① 参见杨飞：《理性审视与和谐重构——完善集资类犯罪被害人救助制度的思考》，载《青海社会科学》2012年第2期。

② 参见赵继明：《集资类犯罪被害人救助机制的构建》，载《法学杂志》2010年第9期。

的问题，有保障的救助资金是集资类犯罪被害人救助制度正常运转的基础。救助资金的来源对构建集资类犯罪被害人国家救助制度十分重要，如果没有稳定的资金来源和科学的管理，救助制度将无法开展。现今实行被害人救助的国家，大都将国家税收作为救助资金的重要来源。

目前，我国大部分学者主张集资类犯罪被害人救助基金主要有3个来源：①财政拨款。这是各国的通行做法，也是保障救助金稳定的来源，国家将每年财政预算中的一定比例用以救助因犯罪遭受损害的集资类犯罪被害人。②因犯罪人所得。主要是国家对犯罪所判处的罚金和变卖罚没物品所得的钱款以及监狱罪犯的劳动收入中按一定比例进行的提留。这是对犯罪行为所造成伤害的赔偿的一种转化形式，国家可规定抽取特定的份额作为救助金的组成部分之一。③社会捐助。既可积极动员社会各界捐助，又可通过在全国范围内发行集资类犯罪被害人救助彩票来募集救助基金。

我们认为，无论是罚没收入还是监狱或劳教场所人员的劳动收入均需上缴国家财政，因此救助资金应以财政拨款为主，社会捐助为辅，多渠道筹集。目前，我国政府总体上财政收入情况良好，应当按照中央财政安排、地方各级财政配套为主、社会捐助为辅的模式，建立集资类犯罪被害人救助资金专门账户，确保救助资金的来源稳定可靠。救助基金原则上由财政拨付，政府应在每年的财政税收预算中纳入集资类犯罪被害人救助项目，按各地经济发展水平和救助实际需要进行相应的资金配置，单独列支，专项拨款。各级救助资金实行省、市、县（市、区）分级筹集，分级管理，分级发放的模式。救助资金由同级财政部门作为专项资金，专款专用，并负责向同级有关办案机关拨付。[①] 同时，应尝试在此基础上设立基金模式实行多渠道筹集，可积极动员社会各界捐助，拓宽基金来源

① 参见陈永胜：《浅析集资类犯罪被害人救助制度》，载《法制与经济》2011年第9期。

渠道。此外，为加强对救助资金使用的监督，应坚持救助审批决定权与管理发放权相分离的制度，即救助金的审批事项由救助领导协调机构负责，救助金管理由财政部门负责，救助意见的提出和救助金的发放由救助机构负责。救助金的管理和使用还应接受同级监察、审计等部门的监督检查。[①]

五、集资类犯罪被害人的社会救助

（一）被害人社会救助概述

1. 社会救助的概念

刑事被害人社会救助指被害人社会救助机构通过各种途径对合法权利遭受犯罪行为侵害的自然人进行援救和帮助的活动。在刑事诉讼中，对于遭受犯罪侵害的被害人进行社会救助，是恢复被害人经济能力的重要一环。刑事被害人社会救助主要是通过建立有效的社会救助制度来动员社会各方面力量对刑事被害人遭受犯罪行为侵害的心理、经济、生活等各方面进行有效及时的救援和帮助。目前在我国，对刑事被害人的社会救助主要靠社会各界或者热心人的捐助，还没有形成统一的规模，基本处于自发状态。

2. 社会救助的理论基础

首先，对刑事案件中被害人的社会救助蕴含了人本主义法学思想。人本主义法学认为，人的幸福是法律的最终目的。社会主义法治思想是以马克思主义法学思想为指导的，马克思主义法学思想是以人的全面自由发展为目标，人本身理应成为我国社会主义法治的逻辑起点和最终逻辑归宿。理念总是指导制度的建设，人本法律观的回归就要求我们的立法、执法和司法实践必须要以人为本，立足人权、关怀人性、尊重人格、弘扬人道、尊重个体、保障自由。刑事被害人的财产在犯罪中受到犯罪的侵犯，通过建立完善的刑事被

① 参见杨飞：《理性审视与和谐重构——完善集资类犯罪被害人救助制度的思考》，载《青海社会科学》2012 年第 2 期。

害人社会救助法律制度来对被害人进行及时的援救和帮助，改变以往被害人经济损失难以有效弥补的状况，切实关怀受到犯罪侵害的人的生活，帮助他尽快恢复人权和人格，是社会主义人本法学精神的应有之义。

其次，对被害人的社会救助有助于防止被害人的被害人化。被害人化是指由非被害人向被害人转化以及进一步深化的过程。这一过程可以划分为3个部分：第一次被害人化，是实现非被害人向被害人转化的过程；第二次被害人化，是指被害人在刑事诉讼过程中心理上再次受到侵害的过程；第三次被害人化，是指被害人在心理上自我谴责或者自我摧残的过程。被害人的被害人化可能导致社会的不公正、不稳定甚至被害人犯罪化。被害人的社会救助通过建立一系列的法律制度，确立及时有效的心理救助和生活救助，恢复被害人的心理受损状况，营造和谐的社会环境来防止被害人受到歧视和伤害。

最后，通过对被害人社会救助，恢复被害人的经济能力，可以使受犯罪破坏的社会秩序得到尽快的恢复，有利于和谐社会的构建。被害人通过附带民事诉讼所得到的赔偿是有限的，其判决往往因难以执行而成为一纸空文。国家救助目前虽然开展得如火如荼，但是因为国家财力有限，真正能领到的救济金额数量有限，因此，社会救助通过社会的力量为被害人营造良好的生活环境来帮助被害人走出犯罪的阴影，防止被害人因为得不到及时有效的救助，生活上陷入困顿而产生各种过激行为，会十分有利于社会的公正和安定。

3. 社会救助制度的国外发展概况

（1）立法实践。以国际人权公约的形式来号召各成员国落实对被害人的保护，始于20世纪80年代中期。1985年11月29日联合国大会通过了由联合国预防犯罪和刑事司法委员会起草的《为罪行和滥用权力行为受害者取得公理的基本原则宣言》（以下简称《宣言》）。在获得社会救助方面，《宣言》第14条作了原则性规定："受害者（被害人）应从政府、自愿机构、社区方面及地方途径获得必要的物质、医疗、心理及社会援助。"第 15 条、第 16 条还规定，成员国当局"应使受害者知道可供使用的医疗和社会服务及其他有关的援助，并且能够利用这些服务和援助"。同时还规定"应对警察、司法、医疗保健、社会服务及其他有关人员进行培训，使他们认识到受害者的需要，并使他们对准则有所认识以确保适当和迅速的援助"。当局的司法和行政程序应当便利援助机构"在整个法律过程中向受害者提供适当的援助（第 6 条 c 项）"，而且被害人获得社会援助时，应当受到平等对待，并"无种族、肤色、性别、年龄、语言、宗教、国籍、政治或其他见解、文化信仰或实践、财产、出生或家世地位、民族本源或社会出身以及伤残等任何种类的区别（第 3 条）"。为保证《宣言》得到切实的贯彻执行，联合国预防犯罪和刑事司法委员会还制定了《执行〈为罪行和滥用权力行为受害者取得公理的基本原则宣言〉的行动计划》，通过技术援助和交流、资料的收集、交换以及区域或国际间的协助，来促进成员国确保"受害者取得公理"的基本能力建设。除此之外，《关于在涉及罪行的儿童被害人和证人的事项上坚持公理的准则》、《粗暴违反国际人权法和严重违反国际人道主义法行为受害者享有补救和赔偿权的基本原则和准则》等也对受害者的援助作了原则规定。

（2）运作实践。上述国际公约性文件在法治相对完善且经济较为发达的国家和地区已有丰富的实践经验。如美国已有近万个被害人援助组织，而且大部分为私人组织。这些全国性的被害人援助机构均在全美范围内促进犯罪和危机事件被害人的权利保护，免费服务于被害人个人及其家庭，帮助被害人生活重建，影响关于被害人保护的立法。在英国，1974 年，首家民间被害人援助组织——被害人支持协会（Victim Support，VS）在布里斯托尔设立。之后又建立了全国性的网络组织。VS 95%以上的运营经费来自于英国内政部每年 1200 万英镑以上的补助金。现在，VS 已经发展成为一个专门为被害人提供免费保密服务，促进被害人权利保护的社会慈善组织。在德国，如今有 7 万多名志愿者活跃在全国 400 多个咨询中心，向成千上万个犯罪与暴力受害者送去温暖、关爱和支持。在日本，截至 2002 年 4 月，已有 20 多个都、道、府、县设立了 21 个以志愿者为主体的与“全国被害人支援网”相联系的民间被害人援助团体，还成立了一些服务于特定被害人群体的援助机构，如“性暴力救援会”、“东京都女性咨询中心”等。除了上述国家外，其他国家和地区也有援助被害人的类似社会性机构。

美国是刑事被害人获得社会援助权最早的国家。美国的被害人社会援助组织由 1972 年最初的 3 个，发展到如今大大小小近万个，且大部分为私人组织。其中，最具规模的全国性援助组织是成立于 1975 年的非营利性民间团体——援助被害人全国联盟（National Organization for Victim Assistance ，NOVA）。对被害人援助的内容通常包括：为志愿援助者进行专业技术培训，对被害人给予经济支援、提供法律服务、心理危机干预和辅导、医疗服务或提供医疗信息、日常事务援助和推荐其他相关机构的信息（如咨询组织、保险理赔、申请赔偿等）。在德国，1976 年成立了专门帮助遭受犯罪和暴力侵害的人及其家庭的“白环”（Weisser Ring）志愿者民间组织。该组织成立之初只有 17 名成员，如今，已经有 7 万多名志愿者活跃在全国 400 多个咨询中心，向成千上万名犯罪与暴力受害者送去温暖、关爱和支持。“白环”对被害人的援助内容主要有：帮助照顾被害人及其亲属、帮助联络法院等司法机关、帮助出庭、经济援助、情感支持、推荐其他服务机构（如律师、心理医生）等。在日本，社会援助被害人的活动始于 20 世纪 90 年代。1992 年，东京医科齿科大学成立了“犯罪被害人咨询室”。1995 年，在水户的常磐大学设立了“水户被害人援助中心”和“性暴力救援会”。1996 年在大阪的 YWCA 开设了“犯罪被害人咨询室”。1999 年 4 月，“全国被害人支援网”开通。该网于 1999 年 5 月 5 日发表了《被害人权利宣言》，明确提出犯罪被害人享有如下权利：接受公正待遇的权利、接受情报提供的权利、被害恢复的权利、陈述意见的权利、接受援助的权利、再被害的被保护权利、安定而安全地生活的权利。截至2002年4月，日本已有20多个都、道、府、县设立了21个以志愿者为主体的、与“全国被害人支援网”相联系的民间被害人援助团体。综上所述，各国都致力于通过完善刑事被害人社会救助制度，来弥补国家和私力救助的不足。其救助范围很广泛，包括经济方面、法律服务方面、心理咨询方面、生活方面等，其中，经济方面是非常重要的内容。其救援主体大多是国家支持下的社会各界组成的非营利性组织，通过志愿者的形式对被害人进行无偿救助。

（二）我国集资类犯罪被害人社会救助的现状及问题

1. 观念层面认识欠缺。通过社会救助来恢复被害人的经济能力在我国的发展还很薄弱，基本停留在民间的自发状态，缺乏有组织的机构，对被害人的经济救助非常不利。尤其是集资类犯罪的被害人，更多的人在同情其不幸遭遇的时候，同时也认为，被害人对于自己参与集资并上当受骗遭受经济损失的结果是有过错的，是因为贪图小利，渴望一夜暴富所致，所以，对集资类犯罪的被害人的社会救助更是缺少观念上的支持。导致目前状态的原因主要有以下几个方面：首先就是在观念层面缺乏对被害人进行紧急恢复的意识。就理论研讨来看，相关概念仍不够明晰，被害人司法救助、国家救助、国家补偿、法律救助、社会援助或救助的提法随处可见，但对不同概念的准确含义定位有忽视，存在各执一词、自说自话的突出问题。就相关理论研究的倾向和热点来看，近年来对被害人国家补偿制度、被害人司法救助制度、犯罪人赔偿制度的关注度较高，且在一定程度上达成了一些共识，但从被害人遭受犯罪侵害后的心理治疗、医学治疗、法律帮助、间接经济损失的补偿等出发，能够关照被害人各个方面救助问题的必要探讨和深入研究较少，使得观念层面的理论底蕴欠缺，无疑影响了被害人社会救助的进一步发展与完善。

2. 实践层面投入不足。在我国国家赔偿、司法救助、犯罪人赔偿体现的都是相关公权力主体和利害关系人对被害人的补偿或赔偿，但从社会层面看，我国的被害人社会救助还未引起足够的重视，针对被害人的社会支援活动仍主要体现在对弱势群体的交叉保护上。我国党和政府高度重视对弱者群体的保护，对妇女、儿童、老人、残疾人等弱者群体的保护已上升到了宪法高度，并具体实施加以贯彻。当犯罪分子对妇女、儿童、老人、残疾人等弱者群体造成伤害时，妇女联合会、残疾人联合会等团体都会对这些弱者给予帮助。这些组织对妇女或残疾人的保护与对被害人的保护形成了“交叉保护”。但这种“交叉保护”是从对妇女或残疾人等弱者群体的保护出发，而不是把犯罪被害人作为一个整体加以保护的。因此，对犯罪被害人来说，这种“交叉保护”也只能是“边缘保护”。而那些不是妇女、儿童、残疾人等社会弱势群体的被害人得不到来自于社会的援助。在被害人社会救助具体运作中，还存在缺乏被害人服务机构、缺乏对被害人的感情支持、缺乏对被害人的社会经济援助、医疗服务不到位等问题。同时，对刑事被害人权利与救济对策的研究关注不够，作为其研究前提的有关犯罪被害的各种实际调查、民意测验、统计数据和情报公开等工作开展得不好，这不但使人们无法了解我国被害人的实际情况，而且极大地限制了理论研究的发展和国家有关被害人法规政策的制定与调整。综上，研究和探讨被害人多元化社会救助具有很强的现实紧迫性和必要性。

在现阶段，我国也存在一些对刑事被害人进行社会救助的尝试。一是某些地方司法机关主导的社会救助。一些地方法院陆续对被害人的救助模式进行探索，如山东省淄博市中级人民法院从2004 年 3 月起就开始探讨建立刑事被害人的补偿机制；北京市高级人民法院从 2006 年 6 月起，联合市民政局推出“解决执行难案件中困难人员生活救助问题的意见”；福建省福州市中级人民法院于 2006 年 10 月出台了《关于对刑事案件被害人实施司法救助的若干规定》，以设立司法救助基金的方式，救助该中级法院一审刑事案件所涉及的被害人本人或已死亡被害人的近亲属。二是官办、民办性质的针对特定人群的社会团体在日常工作中对其所代表的弱势被害人人群给予的支持、保护与关怀。如果犯罪被害人同时属于该社团成员，也可以依条件申请获得援助。如妇女联合会为受害的妇女维权；未成年人权益保护组织为受害的未成年人维权等。三是社会的科研机构对特定的社会弱势群体给予的援助。这类机构一般是在研究社会问题之余，向特定的人群提供信息咨询或心理辅导，其中包括提供对刑事被害人的特定咨询和帮助。如我国第一家依托高校，为社会提供公益服务的民间法律援助机构——武汉大学社会弱者权利保护中心于1992年5月成立。之后，北京大学法学院妇女法律研究与服务中心（1995年12月）、复旦大学妇女研究中心法律援助项目（1998年8月）等机构相继成立。这些机构为相应的被害人提供了救助的途径。现阶段虽然有上述被害人社会救助的实践，但存在以下缺陷：第一，现存的救助仅限于各地零散的实践，缺乏全国统一的社会救助制度和机构指导。这样就造成同样的被害人在不同的地区得到不同的标准救助，有失社会公正。再者，没有明确公开的程序也不利于具体救助的操作。第二，救助大多限于经济和诉讼上的救助，忽视了心理和生活上的救助。其实在犯罪行为尤其是暴力犯罪行为侵害过程中和侵害后，被害人心理受到的侵害非常大，需要得到及时的、专业的心理咨询。在被害人受到严重的人身侵害造成死亡、残疾时，其家人的生活也是需要得到社会关注和帮助的。第三，救助组织缺乏专业的社会志愿者参与，资金的来源也不固定。

刑事被害人在遭受犯罪行为侵害后权益得不到及时有效的救助。2006年7月，在陕西安康市汉阴县发生的“邱兴华特大杀人案”就是一个很典型的案例，11名被害人难以得到赔偿。江苏省徐州市13家法院从2005年1月至2007年12月共新收刑事附带民事执行案件171件，同比上升11.43%，旧存30件，同比上升3.57%。执行结案189件，其中包括：中止执行的21件，占

10.45%；终结执行的96件，占47.76%；全额执结的62件，仅占30.85%；和解的10件，占4.98%。在62件全额执结的案件中，有16件案件是对被执行人的财产采取强制措施得以执行，有46件是由家属自愿代为履行的。执结的189件案件申请标的共计2606万元，执结标的为842万元，执行兑现率为32.31%。有限的附带民事赔偿的判决得不到有效的执行，被害人的处境可想而知。而在集资类犯罪中，被害人几乎从来没有得到过社会的救助，因为，参与集资，一般会被认为是投资行为，这说明被害人的经济能力并不是十分困难，而且，集资犯罪中开出的集资收益相当高，这更加助长了社会上普遍认为的集资人是追求一夜暴富的一群人。即使他们因为参与集资犯罪而损失惨重，也并不至于影响他们的生活。因此，他们不需要社会救助。这样的认识并不在少数。而事实上，很多参与集资的被害人，经济条件并不富裕，甚至十分艰苦，部分参与集资的被害人是把自己的退休金、伤残补助金，或者仅有的积蓄拿出来参与集资的，因此，一旦集资失败，他们同样陷入生活困顿之中，同样需要社会的救助。因此，建立完善、全面的刑事被害人社会救助制度成为法律学术界、实务界的共同呼声。

（三）集资类犯罪被害人多元化社会救助机制的建构

集资类犯罪被害人救助制度的涵盖范围本应十分广泛，包含人们通常提到的各类被害人救助和补偿制度，如被害人国家补偿制度、被害人司法救助制度、犯罪人赔偿制度、被害人法律援助制度、被害人社会援助制度等。但现实中近年来围绕集资类犯罪被害人的救助问题，已有的不少有益尝试和探索主要集中于部分地区的司法机关在缺乏国家有关权威机构统一领导的情况下，以各地所理解的救助标准、模式以及自身的经济状况开展有关救助工作。同时在理论研讨方面也存在一些混乱和相对肤浅的认识，影响了有关判断和制度推进，因此，厘清多元化社会救助机制的基本概念等问题具有重要的现实意义。

1. 集资类犯罪被害人多元化社会救助的概念

集资类犯罪被害人多元化社会救助应当是在犯罪人赔偿、国家补偿、司法救助等由相关责任人、责任机关对被害人受损权益必须进行恢复的制度设计之外，以慈善和人道主义作为支撑的、由社会上自发或有关部门倡导而成立的一些机构或者公民个人对被害人实施全面经济救助的一种制度。它有别于单纯的被害人国家补偿制度，后者着眼于国家对一定范围内遭受犯罪行为侵害而又没有得到充分赔偿的被害人及其家属，通过法律程序给予其一定物质补偿的制度；它也不同于司法救助制度，后者强调的是对进入诉讼环节的刑事案件，司法机关可视具体情况对被害人进行救助；它也不同于对被害人的法律援助，后者关注的是以法律手段对被害人进行救助。

2. 集资类犯罪被害人多元化社会救助的价值

（1）集资类犯罪被害人的多元化社会救助可以弥补其他救助形式的不足，更多、更好地满足被害人需求。被害人遭受犯罪侵害后，社会救助中的经济支援可以在一定程度上缓解被害人的物质生活困难，社会救助中的医疗援助则有利于被害人恢复身体健康，社会救助中的心理干预和心理咨询辅导可以帮助集资类犯罪被害人恢复因犯罪行为所带来的心理创伤和心理尊严，重建生活信心，更为重要的是当被害人体会到社会的关心和温暖后，可以防止其心态失衡，理性地对待自己的受害，不至于产生仿效或报复心理，把对犯罪行为或犯罪分子的仇恨转嫁于社会，从而产生被害逆变。

（2）集资类犯罪被害人多元化社会救助可以调动社会各界力量共同关心被害人，彰显和谐社会主流价值观。和谐社会的主流价值观就是弘扬社会人道主义精神，关心、爱护和尊重人的基本权利，捍卫人基本的安全、自由和追求幸福的权利。被害人获得社会救助是社会人道主义的充分体现，反映出“一人有难，八方支援”的人际互助关系。被害人受到犯罪侵害后，心理较为脆弱，社会安全感也显著降低。来自社会的救助可以让被害人感觉到社会中

“善”的存在，而不至于走向社会的对立面。

3. 集资类犯罪被害人多元化社会救助的原则

（1）关于集资类犯罪被害人社会救助的对象。犯罪学上，集资类犯罪被害人可以分为单位被害人和自然人被害人。从被害人与犯罪行为的关系来看，可以分为直接被害人和间接被害人。直接被害人是指自身的合法权益直接受到犯罪行为侵害的被害人；间接被害人是指与直接被害人有一定关系的亲属、周围人和公众，他们的切身利益有时候也会在某种程度上受到针对他人犯罪的影响。从刑事被害人社会救助的目的和价值来看，其救助的对象应该是自然人被害人，包括直接被害人和部分间接被害人，如因犯罪行为对其生活、心理造成了严重损害的被害人的近亲属。救助对象不能过于广泛，否则不仅加大了社会救助机构的负担，也不能实现救助的价值。

除了以上的界定之外，还应该针对以下两类被害人的情况进行救助。这类救助有两类情况：一是集资案件没有得以侦破的。据有关统计资料显示，近 10 年来我国每年的刑事犯罪案件都在 200 万起以上，而破案率仅为 50% ~60%，这样每年就有 80 万 ~100 万起案件的被害人因为案件没有侦破而无法提起损害赔偿。此类集资案件中的刑事被害人就无法通过附带民事诉讼获得经济上的赔偿，其处境更加艰难。因此，只要能证明案件的发生以及被害人的受损情况、家庭经济状况，符合条件的就应该给予同等的救助。二是被害人在案件中存在重大过错的。对于在集资案件中存在重大过错的被害人，是否应该给予救助？在这种情况下，社会救助机构一般应根据实际情况拒绝给予救助或者降低救助的标准。

（2）关于集资类犯罪刑事被害人社会救助的机构。借鉴国外的相关被害人社会救助的经验，结合我国实际情况，我国的集资类犯罪被害人的社会救助机构应该是在政府的支持下，由司法机关和社会组织、科研机构参与的、独立的社会自治的机构。应该强调的是该机构是独立的社会自治机构，政府的支持仅限于财政和政策上的支持，但不应干预机构的人事和具体工作；司法机关可以为救助机构提供各种关于该集资案件的资料和被害人的情况；社会组织科研机构，如律师协会、高校、心理协会等提供各种人才和知识的帮助，由该机构统一协调各机构的合作。机构的工作人员以志愿者为主，其资金来源主要是政府财政支持和社会各界的资助。

（3）关于集资类犯罪被害人社会救助的内容及条件。对被害人的社会救助应该包括以下方面：法律救助，对于家境特别贫困的刑事被害人，社会救助机构可以提供免费的法律咨询和相关的法律服务，如代写法律文书、推荐法律援助律师。心理救助，对于受到暴力侵害或者性侵害的刑事被害人，尤其是未成年被害人心理受到严重侵害的，社会救助机构可以提供免费的心理咨询和心理治疗。经济救助，在刑事被害人家境贫困以及通过附带民事诉讼不能有效得到赔偿，救助机构可以结合被害人经济状况和受损情况给予适当的救助。生活救助，主要是因犯罪行为受到严重生理侵害导致残疾的直接被害人或者直接被害人死亡造成其共同生活的近亲属生活困难的，可以通过对被害人或者其近亲属提供就业帮助，为其日常生活提供可靠的保障。鉴于我们的研究主要集中在集资类犯罪的被害人的经济恢复上面，我们这里说的多元化的社会救助主要是指经济救助。

（4）关于集资类犯罪被害人社会救助的程序。集资类犯罪被害人社会救助应该以被害人的申请为救助程序的开始。公安机关、检察院、法院应该告知刑事被害人有向该机构申请社会救助的权利。被害人的申请应该以书面的形式，书写有困难的可以以口头的形式向社会救助机构提出。社会救助机构通过审查申请及调查核实相关的被害人情况（经济情况、案件情况、受害情况等），在规定的时间做出是否给予救助的决定。在此过程中，相关机关，如司法机关、民政机关应给予积极配合。对于救助机关决定不予救助的，被害人不服的可以提请法院进行司法审查，作出裁决。

4. 集资类犯罪被害人多元化社会救助的构想

国外广泛而深入的被害人社会救助实践也提示我们，在建构和完善我国被害人救助制度的过程中，应使各方力量共同发挥作用，在国家救助、司法救助等之外发挥社会各界力量的功能和作用，给予被害人不同形式和不同来源的救助，以最大限度地消除、平复或减轻犯罪行为对被害人造成的经济损失，这才是救助被害人的良方，也是与当今世界各国多角度保护被害人合法权益的普遍潮流相接轨的。联系我国实际，笔者认为构建我国集资类犯罪被害人多元化社会救助方面应作全方位的宏观考虑，首先从以下几点着手。

（1）立法和政策层面确认被害人多元化社会救助制度。我国《宪法》第45条明确规定："……国家发展公民为享受这些权利所需要的社会保险、社会救济和医疗卫生事业"。此为被害人获得社会救助的《宪法》依据。今后《刑事诉讼法》之修改或者《犯罪被害人保护法》的制定，应当明确规定被害人享有获得社会救助的权利，在立法和政策上引导和鼓励社会力量对被害人开展援助活动。

（2）建立和完善多元化被害人服务机构，明确被害人救助机构的法律地位和性质，立法应以鼓励民间组织援助为主，也可以设立一些官办民助的全国性援助组织。无论哪种机构，均为社会团体，且不以营利为目的，成员则由志愿服务的法律、卫生、心理学、教育及社会工作者组成。援助机构可以接受社会各界的资金赞助作为其营运和实施援助的经费，并可依法设立援助专项基金。国家行政部门对此类援助机构进行必要的监督和指导。社会援助机构可以依据其章程对被害人提供免费服务。"被害人服务机构是向刑事被害人提供服务的，他不应该以营利为目的，带有慈善性质和人际共助性质，它必须尽量为每一个被害人提供力所能及的服务，其成员可以是专职的专业技术人员，也可吸纳社会上的志愿者。"本文认为，应在政府和公安司法机关组织下，主要利用社会力量和民间资源，建立刑事被害人救助机构。在机构的组成人员上，除少量负责日常工作的专职工作人员以外，绝大部分应以救助志愿者构成。

（3）进行被害人社会救助方式和内容的多元化设计：①咨询服务，如提供诉讼程序中被害人的法律权利、保险理赔程序等信息，推荐律师、心理医生或专业援助机构等社会服务信息，被害防止与自我保护宣传等。②情感支持，如心理危机干预、心理或智力治疗。被害后的陪伴和看护、倾诉肯谈、电话或书信联络跟踪等。③医疗服务，如被害后的身体健康检查、免费的身体或心理康复医疗、治疗过程中的护理或持续照顾等。④法律服务，如代为报案和申诉、出庭帮助和陪同、与司法机关的联系与沟通；被害情况调查；帮助申请国家补偿、保险理赔或争取救济；代书各种法律文书；申请法律禁令或保护令等。⑤物质援助，如提供紧急经济援助，提供安全避难所；提供困难生活补助金，协助重新就业或就业技能培训，协助被害人恢复生产、经营等。⑥再度被害安全保护，如提供防止再度被害的安全防范措施，协助司法机关保护被害人免受报复或二次被害等。⑦日常生活支持，如帮助照顾被害人的老人、小孩或有病家属，保管被害人及其家庭的财产，维护被害人及其家庭生活的安宁等。⑧提供减轻被害人受害、重建生活的其他救助。

（4）对救助人员进行必要的救助意识和能力的培训，使其认识并理解被害人实际需要的多元化。应保证当诉讼进行至相应阶段时，司法人员及时告知被害人可以获得的援助内容和途径，使受害者知道可供使用的医疗和社会服务以及其他有关的援助，并且能够利用这些服务和援助。对医疗机构和医务人员进行被害人救助的培训，使其认识到被害人是急需社会帮助的弱者，应当从人道主义的角度出发，在感情、社会反应、态度上帮助被害人尽快地摆脱身体和心理上的创伤。医疗诊治人员应如实记载伤情，对被害人被害一事以及伤情记录应当保密，特别是事关当事人个人隐私的治疗情况和伤情记录，同时必须保证治疗的及时性。为消除或减轻被害人的心理损害，应向新闻机构工作人员强调“……尊重被害人的隐私和情感，有节制的报道案件，不能为了追求独家效应纠缠、窥探被害人的隐私。对于一些恶性暴力案件，应当考虑被害人的心理感受，不能过分渲染案件中具体、残忍的情节，也不能为求扩大影响而连篇累牍地反复报道，更不能为了牟利而发行罪犯的回忆录”。

六、集资类犯罪被害人的财产返还

《刑法》第 64 条、《刑事诉讼法》第 198 条以及《公安机关办理刑事案件程序规定》第 220 条都明文规定：对被害人的合法财产，应当及时返还。作为一种简易处理程序，对刑事诉讼中扣押、冻结的违法所得可在未经生效裁决认定前进行处理，先行返还被害人的合法财产，这种做法在实务操作尤其是财产型犯罪中屡见不鲜。虽然这种做法在一定程序上确实有违正当程序、无罪推定的原则，并遭到一些学者的批判，但它在避免扩大经济损失，及时保护被害人合法权益，恢复被损害的社会经济关系等方面确实发挥着积极的作用。在集资类犯罪中，及时返还被害人的集资款，对于此类犯罪的社会效果尤其重要，因为在集资类犯罪中，被害人虽然人数众多，极易诱发群体性事件，但是，被害人真正关心的还是自己的集资款能否及时，足额的追回，对于犯罪嫌疑人能否受到法律的严惩其实并不关心。在部分集资类犯罪的办案过程中，不少集资人到办案机关去静坐，请愿，要求释放犯罪嫌疑人，部分集资人甚至冲击、围堵办案机关。集资参与人这样做，主要的原因还是担心犯罪嫌疑人一旦被定罪量刑，那么他们的集资款就再也没有收回的可能性，他们把收回集资款的希望仍然寄托在犯罪嫌疑人的身上。由此可见，集资类犯罪案件中，及时返还被害人的集资款项，对于安抚被害人，缓解被害人的焦虑情绪，防止群体性事件的发生，维护地区安全稳定，具有重大的作用。

（一）集资类犯罪被害人财产返还的现状

1. 立法现状

刑事程序中的财产返还必须遵守相关的法律规定，这也是公权力行使的基本特征。据不完全统计，目前我国涉及赃款赃物（包括没收和返还）处理的法律法规和司法解释有 20 多部，主要是《刑法》、《刑事诉讼法》，以及公安部、最高人民检察院、最高人民法院出台的相关规定，这些法律法规可以为集资类犯罪的财产返还提供法律依据。

《刑法》第 64 条规定，犯罪分子违法所得的一切财物，应当予以追缴或者责令退赔；对被害人的合法财产，应当及时返还；违禁品和供犯罪所用的本人财物，应当予以没收。没收的财物和罚金，一律上缴国库，不得挪用和自行处理。

《刑事诉讼法》第 234 条规定，公安机关、人民检察院和人民法院对查封、扣押、冻结的犯罪嫌疑人、被告人的财物及其孳息，应当妥善保管，以供核查，并制作清单，随案移送。任何单位和个人不得挪用或者自行处理。对被害人的合法财产，应当及时返还。对违禁品或者不宜长期保存的物品，应当依照国家有关规定处理。

对作为证据使用的实物应当随案移送，对不宜移送的，应当将其清单、照片或者其他证明文件随案移送。

人民法院作出的判决，应当对查封、扣押、冻结的财物及其孳息作出处理。

人民法院作出的判决生效以后，有关机关应当根据判决对查封、扣押、冻结的财物及其孳息进行处理。对查封、扣押、冻结的赃款赃物及其孳息，除依法返还被害人的以外，一律上缴国库。

司法工作人员贪污、挪用或者私自处理查封、扣押、冻结的财物及其孳息的，依法追究刑事责任；不构成犯罪的，给予处分。

自 1998 年 9 月 8 日开始施行的最高人民法院《关于执行〈中华人民共和国刑事诉讼法〉若干问题的解释》；1998 年 1 月 9 日“两高”等 6 个部门联合发布的《关于刑事诉讼法实施中若干问题的规定》；2000 年 12 月 19 日起施行的最高人民法院《关于刑事附带民事诉讼范围问题的规定》；2006 年 2 月 13 日最高人民检察院发布的《人民检察院扣押、冻结款物工作规定》；1965 年 12 月 1

日“两高”以及公安部、财政部联合下发的《关于没收和处理赃款赃物若干问题的暂行规定》；1962 年 7 月 23 日最高人民法院、最高人民检察院、公安部发布的《关于没收和处理赃款赃物的规定》等。这些规定分别对赃款赃物处理过程中的程序和实体内容进行了规定。

2. 司法现状

从上面的分析可以看出，给集资类犯罪财产返还提供依据的法律法规基本已经建立起来。但是，上述法律规定由于没有具体明确的配套措施，导致实施起来存在不少困难，程序操作上的规定也存在着交叉与冲突。目前司法实践中的刑事返还工作并不乐观，导致对集资类犯罪被害人的权利保护不力，也与越来越重视程序公正性的立法潮流不符。具体包括以下问题：

(1) 具体制度缺失。虽然《刑法》、《刑事诉讼法》、《民事诉讼法》对于被害人的财产返还都做了相应的规定，但是，这些规定比较宏观，更多的是一种政策性的规定。在司法实务中，集资类犯罪的财产返还具体由哪个部门进行追缴、清理、责令退赔，先期返还？这些问题，实体法、程序法以及相关的司法解释都没有作出明确的规定。各个地区的做法也很不统一。究其原因，主要就在于法律规定缺乏更具可操作性的配套实施细则。导致实践部门在处理时，既感觉无法可依，又感觉责任不大，缺乏激励机制和督促作用。

(2) 返还程序的监督缺位。返还被害人在实践中有两种司法模式，即被害人申请返还和司法机关主动返还。我国实务中主要采取以司法机关主动返还为主、被害人申请返还为辅的做法，而且司法机关对返还与否还享有自主决定权和自由裁量权，缺乏外部监督和司法控制，主观随意性过大。因此实践中就会出现随意返还或故意不返还的极端情况。而对于有些被害人较多的案件，在赃款赃物不足退赔的情况下，先发还给部分被害人，其他被害人就得不到应有的赔偿，导致处理不公。监督的缺位也导致财产返还的工作容易引起被害人的怀疑和焦虑，这种情况在集资类犯罪中尤其明显。进而给办案机关的返还工作造成压力，使得办案机关轻易不敢启动财产返还工作。

（3）返还程序过于漫长。从侦查机关扣押赃款赃物，到法院判决生效，往往要经过一个比较长的时间段，被害人救济不及时。而且在这个漫长的过程里，部分赃物由于扣押时间较长，其价值自然会贬损和降低。因此在案件结束后处理赃物时，由于使用价值降低，部分赃物不能拍卖到预期的价格，甚至流拍，不仅会造成资源浪费，同时也不能满足被害人的退赔请求。例如，吴英案中，办案机关扣押了吴英公司大量的豪车，但是，直到吴英终审判决，这些豪车仍然没有及时返还给被害人。

（4）救济程序的缺失。实践中扣押、冻结、查封机关不区分情况不当返还，将不属于被害人所有的财产进行返还的情况时有发生；对于被害人较多的案件，在赃款赃物不足退赔的情况下，先发还给部分被害人，其他被害人就得不到应有的赔偿，导致处理不公。在返还过程中利害关系人无法提出异议，不能平等地参与到程序中，失去了辩论的机会，他们的利益容易受到损害。

（5）先行返还可能与以后的生效判决产生冲突。赃款赃物的处理，一般是以违法所得经有关司法机关在职权范围内的生效裁决认定为前提的，但在审前侦查、起诉阶段，我国《刑事诉讼法》规定了一个例外程序，即公安机关、检察机关基于被害人的请求和实际工作需要，依据《刑事诉讼法》第198条，对刑事诉讼中扣押、冻结的赃款赃物可在未经生效裁决认定前进行处理，将合法财产先行返还给被害人。这种处理方式是一种简易处理程序，无须特别的审查和裁决程序，虽然有违无罪推定、罪刑法定的原则，但在避免扩大经济损失、及时保护被害人合法权益等方面有积极的作用，在实践中，主要适用于盗窃、抢劫等财产所有权关系明确、案情简单的刑事案件，但是在司法实务中由于缺乏对审前先行返还被害人合法财产的控制和规范，侦查机关的先行处理往往引起诸多问题。返还不当的话容易产生国家赔偿责任。

（6）犯罪嫌疑人或被告人在案件审结前死亡的，返还非法所得的程序问题。我国《刑事诉讼法》第 15 条第 5 项规定，犯罪嫌疑人、被告人死亡的，不追究刑事责任，已经追究的，应当撤销案件，或者不起诉，或者终止审理，或者宣告无罪。但是，犯罪嫌疑人、被告人的非法所得应如何处理呢？如果因为犯罪嫌疑人或者被告人的死亡就不对其非法所得进行处理，显然是不能令人接受的。有关机关也注意到了这一问题，通过司法解释对该问题作出了规定，即犯罪嫌疑人、被告人在案件审结前死亡的，应停止对其进行刑事追究，但对其非法所得应予以追缴。尽管如此，上述司法解释只解决了实体上的问题，程序上的问题依旧存在。因为，基于犯罪嫌疑人、被告人已死亡，应依法停止对其进行刑事追究，即使其行为已构成犯罪，人民法院也不得作出有罪判决，那么，将其非法所得作为赃款赃物予以追缴并作出相关处理，其执行依据又何在？有关规定不明确。此外，立案后法院审判前，犯罪嫌疑人或者被告人逃跑了，其非法所得如何处理在司法实务中也是一个难以解决的问题。

（7）在审结时法院是否判决继续追缴赃款赃物的问题。这主要是在侦查机关通过各种途径都没有追缴上来赃款赃物，或者追缴上来的赃款赃物不足以弥补被害人的损失的情况下存在的问题。对于这种情况，法院面临两难处境：如果法院不判决继续追缴赃款赃物，被害人的财产权益和国家利益就会受到损害，而且犯罪分子对违法所得的占有也就合法化，犯罪分子因此而获利，而且不判也不符合法律规定；如果判决继续追缴，那么就涉及由谁执行和执行不到财产的问题。由于追缴首先要查明转移、隐匿的违法所得的下落，侦查机关在审前阶段穷尽侦查手段、强制措施尚且不能查清，由法院执行机构执行该任务更不具有可行性。如果由侦查机关继续追查违法所得的下落，这将使追赃工作何时结束以及能否结束都变成未知数，它不但不能实现法律的公平正义，相反却制造了法律的低效。[①] 如果执行不了，就会造成“空判”现象，这样有损司法权威。到底应该怎样做，一直困扰着人民法院。

（8）无主赃款赃物的处理问题。关于无主赃款赃物究竟应该如何处理，我国相关的法律未作明确规定。司法实务中的做法就是人民法院的判决或裁定生效之后，对于无人报案的赃款赃物应发布公告，寻找被害人。公告期满后半年无人认领的，由人民法院将无主赃款及无主赃物的变价款上缴财政机关。这会产生一个问题，即在赃款赃物已经被作为无主财产上缴国库之后，被害人才来认领的情况应如何处理？这种情形包括两种可能：一是人民法院已通知被害人认领赃款赃物，被害人虽未明确放弃所有权但超过6个月未来领取；二是人民法院经公告后未找到被害人而将赃款赃物作为无主财产上缴国库之后，被害人才过来认领财产。对于这两种情形，最高人民法院、最高人民检察院、公安部、财政部在1965年12月1日联合发布的《关于没收和处理赃款赃物若干问题的暂行规定》（以下简称《暂行规定》）作了解释，从有关规定可以看出《暂行规定》是按被害人是否得到认领赃款赃物的通知而作了不同的规定，而事实上，也可能有被害人知道自己的财产已被公安司法机关追缴回来，但公安司法机关却并不知道被害人已知晓了这一情况，从被害人的角度来看，此种情形下的被害人和接到公安司法机关认领赃款赃物通知的被害人又有何本质上的区别呢？对于前者，《暂行规定》给了被害人无期限的财产认领权，而对于后者，《暂行规定》却只给了半年的财产认领期限，这显然有失公平。

（二）集资类犯罪被害人财产返还的完善

1. 财产返还的基本原则

刑事返还程序是为了保证被害人能够得到应有的救济的应有之义。如前所述，由于立法主体多元，效力层次复杂，存在交叉和不

---

① 参见刘延和：《追缴、责令退赔和形式没收探讨》，载《人民司法》2004年第12期。

统一，从而导致实践中各行其是，因此有必要对刑事返还的规定进行清理和完善。公平、公正是刑事诉讼不懈追求的目标，而这个目标的实现很大程度上取决于程序的合理性。因此，在具体程序的设计上，既要保证被害人的权利不受侵犯，又要使被害人得到及时、全面、准确、公正的财产返还。基于此，在刑事返还程序的立法中应遵守以下原则：

一是主体法定的原则。明确赃款赃物的追缴、认定和执行主体，是落实没收、追缴责任，避免职责不明、互相推诿现象的基本要求。而我国的相关立法对此问题并未予以明定。例如，判处没收、追缴赃款赃物后，执行机关不明，即使是在法院内部，也存在具体执行部门职责不明、无所适从的现象。实践中，审判庭、执行庭互相推诿，致使赃款赃物得不到及时追缴，流失现象严重，从而易导致公检法三机关谁都有权管，谁也都有权不管，不利于被告人、被害人和国家利益的有效保护。所以，对于赃款赃物的追缴、认定和执行的主体需要在法律上予以明确规定。

二是法院对赃款赃物定性和行使最终处置权的原则。赃款赃物的性质在程序上只有通过有权机关的生效裁决才能认定，原因在于赃款赃物是以违法犯罪行为的成立为前提的。而在某一行为被认定为违法犯罪行为之前，由于该行为的性质不能确定，因而通过该行为所获取的财产也就难以定性为赃款赃物。明确这一点，对于司法实践具有重要意义。特别是在刑事诉讼中被告人违法所获取的财产是否能够定性为赃款赃物，最终只能由人民法院的生效裁决予以确定。赃款赃物由法院认定和处理，有利于确保诉讼证明的需要，防止处理赃款赃物的先前决定与法院裁判冲突，维护财产关系的稳定和法院判决的权威，而且法院居中裁判赃款赃物的处理，使认定处理赃款赃物程序的诉讼化改造成为可能。因此，诉讼中应明确赋予法院对赃款赃物的最终处置权。

三是侦、控机关程序处分的原则。在强调法院最终认定权的同时，法律也应赋予侦查、检察机关认定和处理赃款赃物的程序性权力。因为，侦查、检察机关拥有撤销案件或者决定不起诉的程序性的处分权，基于诉讼经济、被害人保护和财产流转等多方价值的考量，在符合一定的条件下，应赋予公安机关和检察机关一定的先行程序处置权。侦、控机关即使撤销案件或者决定不起诉，仍应当将查封、扣押、冻结的赃款赃物移送法院裁判，防止违法行为人获得经济上的好处。

四是法院实施司法审查权的原则。从世界范围来看，对侦查行为由法院实施司法控制是一种通行的做法，是司法改革的一个基本方向，因此，对于侦控机关审前的程序性处分行为，理应在事前事后接受法院的司法审查。我国尚未建立对于侦查行为的司法审查机制，实践中处理赃款赃物存在的问题主要集中在侦查阶段，侦查机关受利益驱动，擅自认定和处理赃款赃物的情况十分普遍。就诉讼理论而言，侦查阶段对涉案款物的追缴行为属财产保全或证据保全的强制性处分，应以接受司法审查控制为原则。司法机关应加强对侦查机关追赃行为的监督，杜绝侦查机关热衷追赃、消极办案的现象，公正对待公民财产权益，使其免受公权力的非法侵犯。具体来说，检察院应把对涉案款物的处理纳入侦查监督的范围，在审查批准逮捕和审查起诉阶段应审查案件涉案款物处理情况，对被侦查机关查封扣押冻结的财产处置应听取犯罪嫌疑人、被害人、利害关系人的意见，及时避免侦查机关及侦查部门在诉讼尚未终结前就涉案财产作出实体性处置，涉案财物需要拍卖、变卖的对其拍卖、变卖活动进行监督，对侦查机关保管的赃款赃物应进行现场检查。此外，检察机关认为应当随案移送的赃物、证物而没有移送的，有权书面要求侦查机关移送，侦查机关应当及时移送。

五是利害关系人程序参与的原则。对与自己的人身、财产等权利相关的事项，利害关系人有知悉权和发表意见权，国家有义务保障当事人的程序参与权，这是刑事诉讼法的程序参与权原则。尤其是在没有进入审判程序就已经结案的案件中，对赃款赃物的认定，犯罪嫌疑人或被害人的参与权就显得特别重要。因此，不论是法院对于赃款赃物的最终处理，还是侦控机关所做的程序性处置，赋予利害关系人抗辩、听证等程序性参与权利，是实现当事人程序主体地位的一个根本标志。

六是追缴原物为主、退赔例外的原则。该原则由赃款赃物的特定性所决定，原款原物不仅能保全赃款赃物的物证价值，而且某些特定赃物对被害人有特定的价值和意义，非一般金钱所能弥补，因此司法机关在追赃时首先追缴原款原物。适用退赔的例外情况主要有两种：一是赃款赃物被挥霍、灭失，或者确实难以追回；二是第三人善意取得赃款赃物。1996 年，最高人民法院《关于审理诈骗案件具体应用法律的若干问题的解释》规定，行为人将诈骗财物已用于归还个人欠款、贷款或其他经济活动的，如果对方明知是诈骗财物而收取属恶意取得，应当一律予以追缴；如确属善意所得，则不再追缴。采用善意第三人制度有利于保护正当的民事交易安全，公正对待善意取得赃款赃物的第三人的合法权益，使刑事法律与民事法律更为协调。

七是返还被害人为主、上缴国库例外的原则。赃款赃物是犯罪分子占有的他人合法财产，司法机关在处理赃款赃物时，首先应尽量返还被害人。只有在无法查明被害人或者其他原因而无法返还时，才应上缴国库。这一原则与处理一般违法所得的原则有着本质差别，一般违法所得的案件中往往没有明确的被害人，司法机关应将追缴的违法所得直接上缴国库，而赃款赃物往往存在合法的所有人，司法机关只有在无法返还合法所有人的情况下才考虑上缴国库，这样做有利于首先保障被害人的合法权益。

2. 财产返还的制度建构

根据正当程序原则的要求，世界不少国家的刑事法律对涉案财物处理均规定了较为严格的程序：一是诉辩程序。在此程序中，公诉部门对涉案财物处理提出指控并举证，控辩双方对此进行质证、认证、辩论。二是利害关系人的异议程序。涉案财物处理中，有些财产可能为罪犯以外的第三人所有，而且在犯罪占有时也未表示同意，或者这些财产并未用于实现或帮助犯罪。为了保障相关利害关系人的财产权利，西方许多国家的刑法均规定了涉案财物处理的异议程序。三是严格的前置程序。例如，德国《刑事诉讼法》在第六编“特别种类程序”第三章专门规定了“没收、扣押财产程序”。其第 442 条第 2 款规定：“《刑法典》第 73 条第 3 款或者第 73 条 a 的追征所针对的是非被起诉人的其他人员时，法院命令该其他人员参加程序。如果该其他人员非因过失的原因既未能在第一审程序中又未能在上告程序中主张参加人的权利的，他可以在后续程序中对追征命令提起异议。当事人在此前提条件下提起后续程序申请时，在直至后续程序结束之前对他不采取措施。”四是涉案财物处理后的救济程序。如日本《刑事诉讼法》第 497 条规定：“在执行没收后三个月内，有权利的人请求交还没收财物时，除应当毁损、废弃的物体外，检察官必须交还没收财物。”笔者认为，我们可考虑从以下 3 个方面构建刑事涉案财物返还的正当程序。

(1) 完善刑事涉案财物返还前置程序

第一，明确法律性质。在刑事诉讼法的修改中，可考虑将前置程序纳入到刑事强制措施当中，提高前置程序的重要性。比如，在总则编设立“强制措施”章，其中设立两节：第一节为人身强制措施，第二节为对物的强制措施。

第二，构建具有中国特色的司法审查机制。在英美法及日本法中，司法审查对侦查措施的监控体现为“令状主义”，令状由法官签发，侦查机关依据令状开展侦查活动；大陆法系国家通过成文法明文规定，侦查措施必须符合法律规定的实体要件和程序要件，并且一般应当经司法官批准后才能进行。监控的对象既包括对人的强制措施，也包括对物的强制措施。[①] 在我国，对侦查措施的法律监督，主要是指人民检察院对逮捕措施的批准和监督，而对涉案财物

① 参见宫万路、王晓木：《论实施侦查程序的完善》，载《侦查论坛》（第三卷），中国人民公安大学出版社 2004 年版。

处理的法律监督却是空白。因此，我们要逐步改变现行的由侦查主体自身决定查封、冻结、扣押公民财产的不合理情形，由第三方进行较为客观、中立的审查。从世界绝大多数国家、地区规定来看，多数国家都规定由法院对涉案财物的查封等进行司法审查，如法国、德国等。从2001年开始，我国台湾地区亦将搜查权从检察官移至法官手中。在我国，则面临是交由检察机关还是由法院来审查的问题。从应然角度而言，由法院进行审查比较妥当，也符合世界法治发展的潮流与趋势。但实事求是地讲，目前我国刑事诉讼中，检察机关尚有批准逮捕等剥夺人身权利的决定权，要求将物的强制措施交由法院来审批，显然并不符合我国国情与司法之实际情况。而且，如果由法官过早介入，对搜查、扣押、冻结等进行审查的话，可能会对今后的公正审判产生不利影响，会影响到审判法官的客观中立。①

因此，当前情况下，我们要完全建立由法院来审查的机制还有相当的困难，故可考虑先由检察机关进行审查监督，但最终应过渡到由法院予以审查。此外，对于情况紧急的，也可由侦查机关先行查封、扣押、冻结，事后及时补办审批手续。

第三，建立妥善的保管机制。要注意查封、扣押、冻结物品的保管与保值。如对于扣押、冻结的股票，权利人申请出售并且不损害国家利益、被害人利益的，经相关程序批准，可以依法出售，所得价款予以妥善保管。

第四，坚持比例原则。比例原则，又称必要性原则，是国家干预公民基本权利时所必须遵循的一项基本原则，是指公民所遭受法

---

① 从法国和德国的法院体制来看，有专门的治安法官，这些前置措施的决定主要是由治安法官来决定，并不会对后面的审判法官产生影响。从我国台湾地区的情况来看，并没有治安法官制度，他们也认识到了把羁押权、搜查、扣押、查封等权利交给法官有一定的弊端，因此设置了一套办案制度，比如说一个法院有十几名法官，在侦查阶段需要由法官决定采取前置性措施的，通过轮班制来决定，尽量防止审查前置措施与具体审理案件是同一位法官情形之出现，但实践仍难以完全避免该情形之出现。

律制裁必须与其违法行为的性质、情节、社会危害程度、主观过错相当。“警察不能用大炮打苍蝇”、“杀鸡焉能用牛刀”就是该原则的生动写照。[①] 在刑事涉案财物处理中引入比例原则，就是查封扣押等措施要适当，对当事人造成的损害要尽量最小化。也就是说，被告人一方有一个合理的利益保护问题，如被告人一方的生活必需品必须受到保护。值得注意的是，该问题已得到了一定程度的重视。如公安部2005年12月公布的《公安机关办理经济犯罪案件的若干规定》第24条提出：“公安机关冻结涉案账户的款项，应当与涉案金额相当。”该条针对的是实践中存在的查明涉案金额很小，但往往全额冻结账户，影响企业生产经营的问题。因此，如果在立案初期难以完全查明涉案金额大小或进一步侦查有明显可能上升的，可根据实际情况决定，一旦查明涉案金额远小于冻结金额时，应当立即改变冻结范围，使两者相当。[②]

此外，2004年11月最高人民法院《关于人民法院民事执行中查封、扣押、冻结财产的规定》第21条的规定也体现了比例原则的精神。[③]

（2）增设刑事涉案财物处理庭审程序或听证程序

诉讼程序的意义就在于两造对抗和法官居中裁判，事关有争议的实体权利的处理，必须赋予对抗双方相应的程序权利，给予双方当事人充分参与、举证、质证、询问、辩论和陈述的机会，在此基础上形成的判决才是符合程序精神的判决，才能形成既具有形式合理性，又具有实质合理性的判决。

---

① 参见欧爱民：《我国刑事没收的宪法学透视》，载《湘潭大学学报》（哲学社会科学版）2009年第5期。

② 参见高峰、余怿、杨书文：《〈公安机关办理经济犯罪案件的若干规定〉的理解与适用》，载《刑事审判参考》（总第49期），法律出版社2006年版。

③ 该条规定：“查封、扣押、冻结被执行人的财产，以其价额足以清偿法律文书确定的债权额及执行费用为限，不得明显超标的额查封、扣押、冻结。”该规定虽然是针对民事执行，但对刑事诉讼中的查封、扣押、冻结措施亦有参考价值。

因此，可考虑在庭审中增设涉案财物处理程序，给予当事人关于涉案财物处理质证和辩论的机会，提升刑事司法的公正性。如《德国刑事诉讼法》第431条至第438条规定：被追缴或没收之物品的所有人，只要他与被告人不是同一人，可以在刑事诉讼中作当庭陈述。在日本，1963年制定的《关于在刑事案件中第三人所有物没收程序的应急措施法》规定，检察机关在提起公诉时，若认为有必要对第三人所有之物予以没收，应将事件所属裁判所、被告人的姓名、应没收之物的品名、数量、作为没收理由的事实、申请参加诉讼的权利、申请参加的期间等事项，以书面形式通知第三人，第三人在规定期间内，可以申请参加该案件的诉讼，得到批准后，参加人对于没收同被告人享有同样的诉讼权利。并且，无论所有者获取财产时持善意还是恶意，均享有此种诉讼权利。① 显然，上述规定值得我们借鉴。

事实上，针对实践中存在的“重定罪轻量刑”问题，设置相对独立的量刑程序已成为当前司法改革的一个重要内容。② 笔者认为，对涉案财物的处理，我们同样可以充分利用庭审这个平台，解决实践中存在的“重人身轻财产”问题，督促侦查机关做好涉案财物的查封、扣押工作，促使控辩双方更加重视涉案财物的处理，带动整个刑事涉案财物处理制度的规范化、制度化。其中，对于一些涉案财物处理较为庞杂的案件，可以设置相对独立的财产处理程序；其他案件则可视情增加涉案财物处理庭审的内容，此举将大大弱化涉案财物处理过程中法官“闭门造车”的现象，提升刑事司法的公正性。

具体而言，在提起公诉时，检察机关应将已经查封财产的品

---

① 参见何鹏主编：《现代日本刑法专题研究》，吉林大学出版社1994年版，第269页。

② 2009年6月1日，最高人民法院颁布了《人民法院量刑指导意见（试行）》和《人民法院量刑程序指导意见（试行）》，部署在全国法院开展量刑规范化试点工作。

种、数量、位置等情况列出清单，并将之移送给人民法院，必要时可在起诉书中列明。在涉案财物处理可能涉及第三人合法权益时，应明确公安机关、检察机关通过公告等方式通知第三人的义务；在法院审理阶段，保证与诉讼结果有利害关系或者有可能因该结果蒙受不利影响的人，都有机会参与到诉讼中来，并得到提出有利于自己的主张和证据以及反驳对方提出的主张和证据的机会。因为，利益主体参与程序并自主行使权利正是程序正义的灵魂所在。[①]

在庭审中，控辩双方应就涉案财物的种类、性质、范围，是否涉及善意第三者的合法财产等进行质证、认证及辩论。法院应在判决中阐明对涉案财物处理的理由。当然，如推行刑事涉案财物处理庭审程序确有困难的，可考虑先行建立刑事涉案财物处理的听证程序来保障涉案财物处理决策的合法性。

（3）建立刑事涉案财物处理的救济制度

古罗马法谚有云："无救济即无权利。"建立刑事涉案财物处理救济制度是正当程序原则的要求。在我国，针对涉案财物扣押、冻结中存在的问题，最高人民检察院作出了积极应对。2006 年颁布的《人民检察院扣押、冻结款物工作规定》第 32 条规定，有关当事人可向人民检察院申请复议以及向上一级人民检察院申诉复查。这种自身复查的救济机制，相比诉讼程序而言，在纠错的实际能力上难免受到质疑，却是救济机制程序化的端倪。具体来说，应该做到以下几点：

第一，给予利害关系人充分的救济机会。由于涉案财物的特殊性，在刑事诉讼中相对弱势的公民财产非常容易受到侵犯，但现行法律中对救济的规定很不到位，在实践中经常出现公民财产权利受损害后上诉无门、申诉无力的情况，这极大地破坏了公民对司法公正的信赖。笔者认为，司法机关制作的涉案财物处理法律文书，均应送达与涉案财物处理有关的利害关系人，同时，必须赋予当事人

① 参见宋英辉主编：《刑事诉讼原理》，法律出版社 2003 年版，第 41 页。

及利害关系人对涉案财物强制性措施和实体处分裁决的复议权和上诉权。[①] 在犯罪嫌疑人、被告人针对追缴没收的依据和程序不服的，应赋予其至少一次以上由不同机关审查、复议的权利。

第二，建立相应的通知制度和退还保证制度。为了确保刑事涉案财物处理不会对善意第三人的权益造成损害，可考虑建立相应的通知制度和退还保证制度。如果主管机关认为或者发现存在与被没收或返还的物品有直接利益关系或者有可能提出权利主张的人员，则应当在没收或返还前向上述人员发出通知，并且为其规定一定的异议期。这种异议既可向处置有关物品的司法机关提出，也可直接向有管辖权的人民法院提出。同时，可建立退还保证制度，即在实行返还前要求请求方提供书面保证或者提供物的担保，以便保障在不当发还的情况下请求方能够将有关物品退还。

第三，加强刑事涉案财物处理的监督。检察机关应将追缴没收作为法律监督的一项内容，对与案件无关或者与犯罪的社会危害性严重不相称的没收行为，通过抗诉的方式进行监督。对于财产处理确有错误的，应当通过审判监督程序或执行回转程序加以纠正。针对不当追缴违法所得的，应明确责任追究制度和国家赔偿制度。同时根据具体情形，对相关人员追究刑事责任、行政责任和民事责任等。对于因不当追缴违法所得造成的损失，应赋予当事人、第三人等申请国家赔偿的权利。

---

① 参见侯俊：《刑事诉讼中涉案财产问题研究》，中国政法大学硕士学位论文，第30页。

非法集资类涉众型经济犯罪的认定与司法适用研究

——以非法吸收公众存款罪为例

吴飞飞　丁　嘉　杜文俊　赵拥军*

一、引言

涉众型经济犯罪是我国经济快速发展过程中出现的新型犯罪，这并非刑法意义的犯罪分类，而是司法实务部门在实践过程中根据犯罪的形式和特点，对此类高发型犯罪进行归纳概括的统称。涉众型经济犯罪是近年来危害突出的一类犯罪，它极大地侵害了群众的经济利益，扰乱了正常的社会秩序。涉众型经济犯罪主要包括非法吸收公众存款、传销、集资诈骗、非法销售未上市公司股票等犯罪活动。而作为非法集资类的涉众型经济犯罪活动，诸如非法吸收公众存款、集资诈骗等犯罪活动正伴随着转型期的社会经济发展、资金需求量增加等因素与年有增。近年来，非法集资犯罪活动猖獗，所涉案件的数量与年有增，一些重大的非法集资刑事案件屡屡发

---

* 作者简介：吴飞飞，国家检察官学院教授，学历教育部主任；丁嘉，上海市闸北区人民检察院、党组书记、检察长；杜文俊，上海市社会科学院法学所副研究员、学术秘书室主任；赵拥军，上海市徐汇区人民法院刑庭法官。

生。诸如“万里大造林”案、“亿霖木业”案、“兴邦公司”案、“海天公司”案、“中科公司”案、“山川公司”案、湘西自治州非法集资案……这个名单还在拉长。这些非法集资犯罪活动涉案金额大，受害人数多，作案周期长，案发后大部分集资款已被挥霍、转移、隐匿。大案要案频频发生，所涉地域广、行业多，参与集资民众多，严重地影响了社会的稳定和国家金融管理秩序。根据公安部提供的立案数据，2005 年至 2010 年 6 月，非法集资类案件超过 1 万起，涉案金额达到 1000 多亿元，而仅 2011 年 1 月至 9 月，全国共立非法集资类案件 1300 余起，涉案金额达 133.8 亿元，且每年以 2000 起、集资额 200 亿元的规模快速增加。案件涉及全国 29 个省、区、市，且超过全国 80% 的地、市、州、盟，并且有 10 个省份地（市）级涉案面达到 100% 。行业涉及农业、林业、房地产、采矿、制造、服务、批发零售、建筑、金融、食品加工、旅游、医疗卫生和教育等，一些个案甚至涉及多个行业。从结果看，非法集资额 80% 被挥霍浪费，只有 20% 能够收回。许多人原本梦想“一夜暴富”而轻信所谓“高回报、低风险”，最终却倾家荡产、血本无归、损失惨重，频频引发聚众上访等大规模群体性事件和受害群众自杀等恶性事件。可见，非法集资相关犯罪活动已然成为典型的涉众型经济犯罪。[①]

较早使用“非法集资”概念的是 1993 年国务院《批转中国人民银行关于集中信贷资金保证当前经济发展重点需要意见的通知》，其指出，“要坚决制止和纠正违章拆借、非法集资”。1996 年，最高人民法院《关于审理诈骗案件具体应用法律的若干问题的解释》规定：非法集资是指法人、其他组织或者个人，未经有权机关批准，向社会公众募集资金的行为。继而中国人民银行在 1999 年《关于取缔非法金融机构和非法金融业务活动中有关问题

① 参见《最高法打击非法集资》，载新华网，http：//news. xinhuanet. com/fortune/2011 -01/05/c_ 12948494. htm，2011 -04 -05。

的通知》中进一步较为详细地规定非法集资是指“单位或个人未依照法定程序经有关部门批准，以发行股票、债券、彩票、投资基金证券或其他债券凭证的方式向社会公众筹集资金，并承诺在一定期限内以货币、实物及其他方式向出资人还本付息或给予回报的行为”①。可见上述规范性文件是将非法集资的定义落脚在“未经有权机关批准”。对于法律明确规定应当审批而未经审批的非法集资可以如此，但对于法律已有明确的禁止性规定的行为却无必要考虑是否批准的问题；对于以生产经营、商品销售等形式进行非法集资的，批准与否不具有直接的判断意义。

因此，为了科学、准确界定非法集资，更好地适应政策法律调整和对于新型非法集资活动的打击需要，最高人民法院会同中国银行业监督管理委员会等有关单位研究制定的并于2011年1月4日起施行的《关于审理非法集资刑事案件具体应用法律若干问题的解释》从法律要件和实体要件两个方面对非法集资进行了定义，即非法集资，是指“违反国家金融管理法律规定，向社会公众（包括单位和个人）吸收资金的行为”。尽管《关于审理非法集资刑事案件具体应用法律若干问题的解释》是我国有关非法集资最新的法律解释，是对非法集资的关注从行政法规再次转移到法律领域，但在具体的司法实践中，法律适用疑难问题依旧存在。对于合法的集资，即有偿筹集资金的行为，其具有解决企业资金短缺与民间资金富余矛盾的作用，我国政策法规是予以允许和保护的。“根据国务院的有关规定，目前我国合法的集资活动限于股份有限公司依法发行股票，内部职工股，企业债券以及金融机构依法发行金融债券、投资基金证券、信托受益债券的行为”②。但是，合法集资与非法集资，合法生产经营活动与借用合法经营形式进行的非法集资的区分界限到底在哪里等问题依旧存在。

---

① 胡蓉：《非法集资的由来和监管》，载《中国直销》2011年第2期。

② 肖怡：《非法集资个罪研究》，载《云南大学学报法学版》2005年第1期。

当前，对于非法集资犯罪活动，在《刑法》中，有欺诈发行股票、债券罪（《刑法》第160条），擅自设立金融机构罪（《刑法》第174条），非法吸收公众存款罪（《刑法》第176条），擅自发行股票、公司、企业债券罪（《刑法》第179条）和集资诈骗罪（《刑法》第192条），其中主要是用非法吸收公众存款罪进行规制的。非法吸收公众存款罪，作为非法集资的基础性罪名，第一次出现在社会公众视野中的便是2003年的“孙大午事件”[①]；公众再次聚焦非法吸收公众存款罪是在2006年的“德隆系”系列案件，包括重庆“德恒证券案”、新疆“金星信托案”、银川“伊斯兰国际信托案”、上海“中富证券案”、武汉“德隆证券案”以及“南京大江国投案”和“金新信托案”7个案件。当前，非法吸收公众存款罪是一个非常特殊的罪名，一方面总是在似是而非之间争论不休，另一方面却已经是当下金融业发案最高的一项罪名了。[②]

有鉴于此，基于非法吸收公众存款罪在法律适用方面的原因而导致的争论，本课题将予以探讨。试图通过运用文义解释、客观目的解释等方法，在实质解释论的立场上将非法吸收公众存款罪的构成要件在实践中模糊、争论之处予以进一步明确的阐释和辨析，以期能对实践中认定非法吸收公众存款罪有所帮助。

二、基本问题概述

（一）非法吸收公众存款罪的立法理由及现状

1. 非法吸收公众存款罪的立法理由

随着经济的发展，社会各方面对资金的需求不断扩大，产生了建设规模扩大与资金供应不足的矛盾。一些单位或者个人为了筹集资金，违反国家规定，采用发行内部股票、集资入股或者擅自提高利率等手段，集中了大量社会闲散资金。但缺乏相应的监管机制，

① 参见《2003十大金融事件》，载《银行家》2003年第12期。

② 参见周阳：《唐万新抑或中国金融的罪与罚》，载《经济》2006年第3期。

行为人的风险承担能力亦缺乏保障，无法确保投资者的资金安全，易给公民、法人以及其他组织造成巨额财产损失，由此引发的群体性事件屡有发生，严重影响社会稳定。这种行为，既不利于国家集中有限资金用于大规模急需项目的建设，又破坏了利率的统一，严重妨碍了国家利用这些手段进行宏观调控的作用与效果，并可能诱发通货膨胀，影响金融安全。① 而与此同时，非法吸收公众存款过程中的许多规则属于非正规制度的一种存在。其产生具有典型的诱致性制度变迁的特征。诱致性制度变迁的发生必须要有某些来自正规制度不均衡的获利机会。而目前我国金融体系的滞后与实体经济的快速增长之间的不匹配，金融制度与经济制度之间的关系在局部区域的非均衡状态，由此导致了非法吸收公众存款现象的产生②，并在当前国际国内经济环境的持续影响下，非法吸收公众存款案件及风险仍将维持高位运行，并可能在一些地区、行业和时间点集中爆发。因此，从法律上严格规制非法吸收公众存款行为，以维护正常的金融秩序及社会稳定便成了国家在法制层面的应有之意。

2. 非法吸收公众存款罪的立法现状

随着 1992 年建立社会主义市场经济体制目标的确立，改革开放更进一步，市场经济更加繁荣，经济、金融领域里的犯罪活动亦更加猖獗。为此，我国开始主要从法律层面规制非法吸收公众存款的行为：

(1) 1995 年 5 月 8 日通过的《商业银行法》，其第 79 条③规定，“未经中国人民银行批准，擅自设立商业银行，或者非法吸收

---

① 参见全国人大常委会法制工作委员会刑法室编：《中华人民共和国刑法条文说明、立法理由及相关规定》，北京大学出版社 2009 年版，第 321 页。

② 参见潘淑娟、瞿苇：《从制度经济学角度分析非法集资产生的原因》，载《新金融》2008 年第 28 期。

③ 2003 年 12 月 27 日修订后的《商业银行法》第 81 条第 1 款规定：未经国务院银行业监督管理机构批准，擅自设立商业银行，或者非法吸收公众存款、变相吸收公众存款，构成犯罪的，依法追究刑事责任；并由国务院银行业监督管理机构予以取缔。

公众存款、变相吸收公众存款的，依法追究刑事责任；并由中国人民银行予以取缔"；第47条规定：商业银行不得违反规定提高或者降低利率以及采用其他不正当手段，吸收存款，发放贷款。这是"首次提出'非法吸收公众存款'概念的一部法律，并确立了行政取缔与刑事惩罚双重规制的基本模式"[①]。但其刑事惩罚依据当时《刑法》，按投机倒把罪处理。

（2）1995年6月30日，基于进一步打击犯罪的需要，全国人大常委会通过了《关于惩治破坏金融秩序犯罪的决定》[②]，对1979年《刑法》中有关金融犯罪的规定作了补充和修改，其第7条规定："非法吸收公众存款或者变相吸收公众存款，扰乱金融秩序的，处三年以下有期徒刑或者拘役，并处或者单处二万元以上二十万元以下罚金；数额巨大或者有其他严重情节的，处三年以上十年以下有期徒刑，并处五万元以上五十万元以下罚金。单位犯前款罪的，对单位判处罚金，并对直接负责的主管人员和其他直接责任人员，依照前款的规定处罚。"

（3）1997年3月14日修订后的《刑法》纳入了1995年《关于惩治破坏金融犯罪的决定》中的规定，其第176条规定："非法吸收公众存款或者变相吸收公众存款，扰乱金融秩序的，处三年以下有期徒刑或者拘役，并处或者单处二万元以上二十万元以下罚金；数额巨大或者有其他严重情节的，处三年以上十年以下有期徒刑，并处五万元以上五十万元以下罚金。单位违反前罪的，对单位判处罚金，并对其直接负责的主管人员和其他直接责任人员，依照前款规定处罚。"

（4）1998年6月30日，针对司法实践中对"非法吸收公众存

① 毛玲玲：《集资行为的刑事管制——金融危机背景下的考察》，载《政治与法律》2009年第9期。

② 本决定中的关于"非法吸收公众存款"的刑事责任规定已于1997年3月14日被纳入修订后的《刑法》。

款和变相公众存款”的不同理解而产生的争议，国务院制定了《非法金融机构和非法金融业务活动取缔办法》，对“非法吸收公众存款和变相吸收公众存款”的含义予以明确。其第 4 条规定：“本办法所称非法金融业务活动，是指未经中国人民银行批准，擅自从事的下列活动：（一）非法吸收公众存款或者变相吸收公众存款；（二）未经依法批准，以任何名义向社会不特定对象进行的非法集资；（三）非法发放贷款、办理结算、票据贴现、资金拆借、信托投资、金融租赁、融资担保、外汇买卖；（四）中国人民银行认定的其他非法金融业务活动。”

前款所称非法吸收公众存款，是指未经中国人民银行批准，向社会不特定对象吸收资金，出具凭证，承诺在一定期限内还本付息的活动；所称变相吸收公众存款，是指未经中国人民银行批准，不以吸收公众存款的名义，向社会不特定对象吸收资金，但承诺履行的义务与吸收公众存款性质相同的活动。”

不可否认的是，此解释在一定程度上明确了“非法吸收公众存款和变相吸收公众存款”的含义，但是对于此解释的疑问也是不能回避的：其一，根据我国《宪法》第 67 条和第 89 条，解释法律的权利属于全国人大常委会，国务院无权对法律作出解释。因此 1998 年颁布的《非法金融机构和非法金融业务活动取缔办法》对“非法吸收公众存款或者变相吸收公众存款”行为的界定不应适用于 1997 年生效的《刑法》第 176 条，如果实践中法院援引国务院的行政法规作出涉及人身自由的刑事判决，则是有违我国宪法精神的。其二，退一步而言，国务院的《非法金融机构和非法金融业务活动取缔办法》中将非法吸收公众存款罪的“非法性”限定为“未经中国人民银行批准”是偏颇的。因为，若只是针对“非法吸收公众存款”，亦未尝不可；但若针对“变相吸收公众存款”，仍以“未经中国人民银行批准”作为构成要件，则将会使经过中国人民银行批准从事存贷款业务的金融机构变相吸收公众存款的行为被排除在外，其缺漏是显而易见的。

（5）1999 年 1 月 14 日，针对实践中出现的新情况，国务院制定了《金融违法行为处罚办法》，其第 27 条规定："财务公司不得有下列行为：（一）超过中国人民银行批准的规模发行财务公司债券；（二）吸收非集团成员单位存款或者向非集团成员单位发放贷款；（三）违反规定向非集团成员单位提供金融服务；（四）违反中国人民银行规定的其他行为。财务公司有前款所列行为之一的……构成非法吸收公众存款罪、擅自发行股票、公司企业债券罪或者其他罪的，依法追究刑事责任。"第 28 条规定：信托投资公司不得以办理委托、信托业务的名义吸收存款、发放贷款，不得违反国家规定办理委托、信托业务。……构成非法吸收公众存款罪的，依法追究刑事责任。

（6）2001 年 4 月 18 日，最高人民检察院、公安部发布的《关于经济犯罪案件追诉标准的规定》[①]，其第 24 条规定："非法吸收公众存款或者变相吸收公众存款，扰乱金融秩序，涉嫌下列情形之一的，应予追诉：（一）个人非法吸收或者变相吸收公众存款，数额在二十万元以上的，单位非法吸收或者变相吸收公众存款，数额在一百万元以上的；（二）个人非法吸收或者变相吸收公众存款三十户以上的，单位非法吸收或者变相吸收公众存款一百五十户以上的；（三）个人非法吸收或者变相吸收公众存款，给存款人造成直接经济损失数额在十万元以上的，单位非法吸收或者变相吸收公众存款，给存款人造成直接经济损失数额在五十万元以上的。"

（7）2010 年 5 月 7 日，最高人民检察院、公安部颁布《关于刑事案件立案追诉标准的规定（二）》，其第 28 条规定："非法吸收公众存款或者变相吸收公众存款，扰乱金融秩序，涉嫌下列情形之一的，应予立案追诉：（一）个人非法吸收或者变相吸收公众存款数额在二十万元以上的，单位非法吸收或者变相吸收公众存款数

---

① 本规定已于 2010 年 5 月 7 日，被最高人民检察院、公安部颁布的《关于刑事案件立案追诉标准的规定（二）》废止。

额在一百万元以上的；（二）个人非法吸收或者变相吸收公众存款三十户以上的，单位非法吸收或者变相吸收公众存款一百五十户以上的；（三）个人非法吸收或者变相吸收公众存款给存款人造成直接经济损失数额在十万元以上的，单位非法吸收或者变相吸收公众存款给存款人造成直接经济损失数额在五十万元以上的；（四）造成恶劣社会影响的；（五）其他扰乱金融秩序情节严重的情形。”

（8）2010 年 11 月 22 日，最高人民法院通过并于 2011 年 1 月 4 日施行的《关于审理非法集资刑事案件具体应用法律若干问题的解释》，其第 1 条、第 2 条、第 3 条在前述相关法律法规等规范性文件的基础上[①]，进一步地对非法吸收公众存款罪的客观构成要件中的具体特征要件予以细化，列举了 10 种应以非法吸收公众存款罪定罪处罚的具体情形，并针对实践中对于非法吸收公众存款罪的定罪和量刑情节认定标准方面，区分个人犯罪和单位犯罪，分别从吸收公众存款数额、吸收公众存款的人数以及经济损失数额等方面再次[②]作出了具体规定。在暂时不讨论其标准合理与否的前提下，上述解释在一定程度上使得实践中办理非法吸收公众存款罪有了一个具体的适用标准。

（二）非法吸收公众存款罪的概念及特点

1. 非法吸收公众存款罪的概念

刑法理论界对本罪概念有着不同的表述[③]，其主要区别在于概

---

① 由于篇幅的原因，本文在此不再援引。

② 基本上是对《关于刑事案件立案追诉标准的规定（二）》的重复。

③ 主要有以下四种：第一，非法吸收公众存款罪，是指非法吸收公众存款或者变相吸收公众存款，扰乱金融秩序的行为；第二，非法吸收、变相吸收公众存款罪，是指行为人以聚集资金从中牟利为目的，故意违反国家法律、法规的规定，非法向社会上不特定的公众公开吸收存款，或者变相吸收公众存款，扰乱金融秩序的行为；第三，非法吸收公众存款罪，是指违反国家金融管理法规，非法吸收公众存款或者变相吸收公众存款，扰乱金融秩序的行为；第四，非法吸收公众存款罪，是指单位和个人，违反国家法律、法规的规定，非法吸收公众存款或者变相吸收公众存款，扰乱金融秩序的行为。参见乔大元：《论非法吸收公众存款罪》，中国政法大学 2007 年硕士学位论文。

念中是否强调主体、特定的目的，以及以违反相关法律法规为必要。根据《刑法》第176条的规定："非法吸收公众存款或者变相吸收公众存款，扰乱金融秩序的，处……数额巨大或者有其他严重情节的，处……"可见，本罪名在《刑法》中的表述简洁明了，属于简单罪状。

那么，对于本罪的概念，需不需要从主体、特定目的等方面对其予以限定呢？理论中的对于本罪概念的不同表述，对于进一步理解本罪能否起到明确的作用呢？

最高人民法院《关于审理非法集资刑事案件具体应用法律若干问题的解释》中对非法集资行为定义为"违反国家金融管理法律规定，向社会公众（包括单位和个人）吸收资金的行为"。那么，作为非法集资犯罪活动的基础罪名，非法吸收公众存款罪，是否也应以违反相关法律法规为必要呢？我国刑法分则条文大量使用了"非法"的概念与表述，对于本罪中的"非法"[①]，其是对违法阻却事由的提示，即在本罪的认定中，只需要查明行为是否符合客观构成要件即可，且没有违法阻却事由，就可以肯定吸收存款行为是违法的。因此，本罪中的"非法"是提示可能存在违法阻却事由，不需要查明符合客观构成要件的行为是否违反了其他法律或行政管理法规。更进一步而言，本罪中的"非法"，即为（《刑法》中的）"违法"，违反了《刑法》的禁止性规定，其实质便是指侵害或威胁了法益，若再对概念进行"违反……法律法规"等字样的描述，则意思叠加，实无必要。是故，本罪在概念的表述中亦无须强调是否违反相关法律法规。

此外，《刑法》第176条未规定本罪为目的犯，其亦非不成文的目的犯，尽管行为人实施本罪时会有其特定的目的，但是在认定本罪时，并不要求查证这一目的。因此，在《刑法》没有明确规定的情况下，本罪亦无须在概念中描述为特定目的犯。至于本罪的

① 详见下文关于本罪"非法"要素的分析论证。

主体，实践业已表明无须限制，无论是自然人还是单位，抑或是经过批准的金融机构亦可构成本罪，即为一般主体，其在刑法总则中关于一般犯罪主体已经有了规定，因此，在分则的具体罪名中便无须再强调。对于本罪的概念，本课题认为不需要对其主体、特定的目的，以及以违反相关法律法规为必要等方面进行限制强调，就按照《刑法》第 176 条的简单罪状的描述进行定义即可，即非法吸收公众存款或者变相吸收公众存款，扰乱金融秩序的行为。

2. 非法吸收公众存款罪的特点

第一，非法吸收公众存款罪的犯罪对象是公众的存款，往往涉及人数较多，犯罪金额比较大，而且有越来越大的趋势，给国家、社会和公民个人的财产权益造成了重大的损失。如 2012 年 2 月 3 日，浙江省泰顺县政府表示，根据群众报案、受理调查，因涉嫌刑事犯罪，公安机关对温州立人教育集团有限公司董事长董某某采取刑事强制措施。其涉及人数超过 4000 户，接近 5000 个家庭。从涉案金额看，10 多年中立人集团支付的 35 亿元利息，加之至少 22 亿元未偿还的债务，已超过 50 亿元。[①]

第二，非法吸收公众存款罪犯罪由于涉及面广，牵扯的人数多，很容易引起一系列社会矛盾，尤其是群体性上访、闹事，严重影响社会稳定和人民生活的安定。如“1995 年 3 月至 1996 年 11 月间，被告人高某以高额‘尾息’（即利息）为诱饵，利用‘经济互助会’的形式，采取‘会书’承诺的方法，先后‘邀会’41 组，‘邀会’金额 3394.345 万元，并大肆用于个人及家庭挥霍，至案发时仍拒不退还，从而导致张某因自杀致残，何某某自杀死亡，并间接造成 6 人自杀而死、2 人自杀被他人抢救而未成、1 人被杀，同时给苏埠地区及与苏埠相邻的部分地区的社会稳定、经济

---

① 参见人民网，http://finance.people.com.cn/GB/70846/17026131.html，2012－02－06。

发展、金融秩序均造成了严重危害”①。

第三，非法吸收公众存款案件的犯罪行为比较隐蔽，潜伏期比较长。其犯罪嫌疑人，在城市中总是先通过各种合法的途径成立各种经营机构，使其行为披上合法的“外衣”，如城市中大量存在的投资公司、债券发行公司、证券公司等。如 2006 年的“德隆系”系列案件中的重庆“德恒证券案”、新疆“金星信托案”、银川“伊斯兰国际信托案”、上海“中富证券案”、武汉“德隆证券案”以及“南京大江国投案”和“金新信托案”便是如此。

第四，法院的定罪量刑尺度不统一，从某种程度上来说有些混乱，造成了人为的司法不平等。例如，同样是以招工押金的方式集资，既可能被定性为非法集资（吉林四平天河公司案），也可能被定性为变相吸收公众存款（福建浦城县生活信息服务公司案），甚至还可能被认定为非法吸收公众存款（河南三星事业公司案）。②

（三）非法吸收公众存款罪的实质及法益

1. 非法吸收公众存款罪的实质

社会经济的发展得需要资金的支持，当资金需求的规模较大时，一般的私人借贷便无法满足要求。因此，大量资金的需求者需要从更多的资金提供者处募集资金。这种一部分的资金需求者从多数的资金提供者处获得资金的融资方式即为集资。根据我国的《商业银行法》、《信托公司集合资金信托计划管理办法》、《证券法》、《企业债券管理条例》、《保险法》、《证券投资基金法》、《短期融资券管理办法》、《证券公司客户资产管理业务试行办法》等金融法律、法规和规章，法定的融资渠道只有商业银行、信托、股

---

① 参见《高远非法吸收公众存款案——利用经济互助会非法集资的行为如何定性》，载《刑事审判参考》2000 年第 3 辑（总第 8 辑），法律出版社 2001 年版，第 43 页。

② 参见夏斌、刘文林主编：《非法金融业务活动案例分析》，中国金融出版社 2000 年版，第 50 页、第 87 页、第 122 页；转引自彭冰：《非法集资规制研究》，载《中国法学》2008 年第 4 期。

票、公司债券、企业债券、保险、证券投资基金、短期融资券、证券公司集合理财计划等。①

众所周知，利用上述渠道得到的资金皆要满足较高的条件，且在多数情况下亦须监管机构的批准。当前我国处于转型中的经济体制，上述的正规渠道更多的是向国企倾斜，在很大程度上便忽视了民营经济的融资需求。面对这种较高的融资成本及严格的法律规制，必然地引发了集资者从合法融资渠道之外募集资金，此视为非法集资。② 而当下，对于非法集资的处理主要是以非法吸收公众存款罪追究刑事责任。尽管《非法金融机构和非法金融业务活动取缔办法》中明确非法集资与非法吸收公众存款是不同类型的非法金融业务活动，即非法吸收公众存款适用于以存款形式吸收公众资金的行为，变相吸收公众存款适用于不以存款名义但约定还本付息，从而承诺履行的义务与吸收存款类似的集资行为；除此之外的其他集资活动皆应归入非法集资。一言之，《非法金融机构和非法金融业务活动取缔办法》规定的非法集资是个兜底概念。而此后中国人民银行 1999 年颁布的《关于取缔非法金融机构和非法金融业务活动中有关问题的通知》中明确："非法集资是指单位或者个人未按照法定程序经有关部门批准，以发行股票、债券、彩票、投资基金证券或其他债权凭证的方式向社会公众筹集资金，并承诺在一定期限内以货币、实物及其他方式向出资人还本付息或给予回报的行为。"

可见，该文件强调以承诺还本付息作为认定非法集资的主要标准，从这个角度界定的非法集资与非法吸收公众存款便无实质的区别。而实践中监管机构在查处各类非法集资活动时亦未严格区分不

---

① 参见彭冰：《非法集资规制研究》，载《中国法学》2008 年第 4 期。

② 严格而言，此处的"非法集资"表述为"不合法集资"似乎应更确切些。意味不合乎法律规定的集资，而不合乎法律规定的集资并不意味着一定非法（违法），这便使得"非法集资"概念排除了不属于非法集资的民间借贷。同时，为了用语的统一性，此处的"非法集资"一语便包含了当前通用的"非法集资犯罪活动"概念所包含的集资诈骗行为。因为，此处的语境似乎不能包含集资诈骗行为。

同的类型[①]，再加之我国《刑法》中并无非法集资罪，各类非法集资活动便主要被认定为非法吸收公众存款罪，当然，不包括集资诈骗罪。

是故，对于非法吸收公众存款罪，其实质便为非法集资。

2. 非法吸收公众存款罪的法益

刑法的目的是保护法益，犯罪的本质是侵害（或威胁）法益。"一切犯罪之构成要件系针对一个或数个法益构架而成。因此，在所有之构成要件中，总可以找出其与某种法益的关系。换言之，即刑法分则所规定之条款，均有特定法益为其保护客体。因之，法益可谓所有客观之构成要件要素与主观构成要件要素所描述之中心概念，准此，法益也就成为刑法解释之重要工具。"[②] 是故，法益具有作为犯罪构成要件解释目标的机能。所以在解释某种犯罪的构成要件时，必须明确刑法规定该罪是为了保护何种法益并以此为指导。

对于非法吸收公众存款罪，我国刑法学界对于本罪的法益，存在以下几种不同的观点，可以概括为：（1）国家的金融管理秩序，或国家的金融管理制度；（2）国家的金融储存管理秩序；（3）国家金融机构的信贷秩序，国家的信贷管理秩序或金融信贷资金管理制度；（4）国家的存款管理制度，或国家对存款的管理制度，国家对公众存款的管理秩序；（5）国家的金融管理中的融资管理制度。[③]

本课题认为，对于本罪的法益的考察，首先，可以从非法吸收

---

① 参见夏斌、刘文林主编：《非法金融业务活动案例分析》，中国金融出版社 2000 年版。由于夏斌时任中国人民银行非银司的司长，主管取缔非法金融业务活动工作。编写的均为实践中的真实案例。该书中对案例的分析应当可以代表监管者的实际态度。转引自彭冰：《非法集资规制研究》，载《中国法学》2008 年第 4 期。

② 林山田：《刑法特论（上册）》，台北三民书局 1978 年版，第 6 页；转引自李立众、吴学斌主编：《刑法新思潮》，北京大学出版社 2008 年版，第 220 页。

③ 参见张露濛：《论非法吸收公众存款罪》，华东政法大学 2011 年硕士学位论文。

公众存款罪在刑法中所处的章节位置分析。我国《刑法》第176条规定的非法吸收公众存款罪编排在刑法分则第三章破坏社会主义市场经济秩序罪第四节破坏金融管理秩序罪中可以初步看出，该罪侵犯了国家的金融管理秩序或金融管理制度。

其次，从非法吸收公众存款罪的设立背景来看，如前文所述，非法吸收公众存款的提法最早是1995年5月的《商业银行法》，1个月后，全国人大常委会通过了《关于惩治破坏金融秩序犯罪的决定》，该《决定》第一次以法律的形式规定了非法吸收公众存款罪，1997年《刑法》增设"破坏金融管理秩序罪"一节，并将《决定》中关于非法吸收公众存款罪的内容全盘采纳。从其立法演进的过程和非法吸收公众存款行为的危害性来看，增设此罪也是意在保护国家的金融管理制度或金融管理秩序。①

最后，从最高人民法院《关于审理非法集资刑事案件具体应用法律若干问题的解释》来看，其第3条第4款规定："非法吸收或者变相吸收公众存款，主要用于正常的生产经营活动，能够及时清退所吸收资金，可以免予刑事处罚；情节显著轻微的，不作为犯罪处理。"可以看出，非法吸收资金的用途对于定罪没有意义，行为人是否将资金用于货币的运营不影响案件的定性。即行为人只要非法吸收公众资金，其行为在性质上便扰乱了金融秩序，侵害了国家的金融管理秩序。

因此，非法吸收公众存款罪的法益是国家金融管理制度，或者国家金融管理秩序。

三、非法吸收公众存款罪构成要件的实质解释

2011年1月14日开始施行的最高人民法院《关于审理非法集资刑事案件具体应用法律若干问题的解释》，明确了非法吸收公众

---

① 参见张从高：《非法吸收公众存款罪相关问题探讨》，http：//www.ahjcg.cn/Article/ShowArticle.asp？ArticleID＝17582，2011－11－13。

存款罪是非法集资刑事案件的一个基础罪名，并认为构成该罪必须具备4个要件，即“非法性、公开性、利诱性、社会性”。但在司法实践中，对于该罪的认定仍有争议。例如，“非法性”是否应以违反相关法律法规为必要？口口相传是否具有公开性？本罪和民间借贷的界限到底在哪里？构成本罪是否需要以“信贷”为目的，或以特定目的为必要？如此等等。本课题认为，要解决这些问题，必须从本罪的构成要件入手，具体而言便是作为构成要件的具体内容的要素，即构成要件要素。由于“认定犯罪是从客观到主观的判断过程”①，因此本部分将以构成要件实质的解释论为立场，对本罪的客观、主观构成要件的具体要素展开研究。

（一）构成要件的实质解释论

1. 罪刑法定原则下的刑法解释

刑法是抽象的定罪量刑规范，“成文刑法是正义的文字表述，但并非仅凭文字就能发现刑法的全部真实含义”②。因为语言文字会使其产生模糊性，“当语言能力不足以认识到一项表达是否适用于已知的事实的时候即是如此”③。是故，刑法的适用离不开刑法解释，“刑法之解释不啻予刑法以生命，无解释则刑法等于死文，毫不发生作用”④，“在经过无数次激烈论争之后，学界和实务界已经基本达成共识：只有通过解释，刑法才能阐发其真实的意蕴，才能应对社会之无穷变幻，才能在司法过程中与个案结合起来进而实现其目的”⑤。而“整个刑法适用过程就是对刑法理解、认识、解

---

① 张明楷：《刑法学（第4版）》，法律出版社2011年版，第133页。

② 张明楷：《罪刑法定与刑法解释》，北京大学出版社2009年版，第2页。

③ ［英］蒂莫西·A.O. 恩迪科特：《法律中的模糊性》，程朝阳译，北京大学出版社2010年版，第13页。

④ 张小虎：《对刑法解释的反思》，载《北京师范大学学报》（社会科学版）2003年第3期。

⑤ 舒洪水、贾宇：《刑法解释论纲》，载《法律科学》（西北政法大学学报）2009年第5期

释的过程，但刑法解释并不完全依附于刑法适用，其应作为一个独立的概念存在于刑法适用之外”①。在此意义上，可以说刑法适用是广义的刑法解释，即“使规范与事实进入对应关系，解释规范、剪裁事实并且目光不断地往返于规范与事实之间，从而形成结论”②。而狭义意义上的刑法解释，则为遵循合法、合理、合目的的解释原则，采用具体的方法对刑法条文语言意义与内在含义的探求并阐明其法律上的意义，“是为使刑法条文的规范内容明确化而基于体系整合性、目的性对条文的规范意义所作的解释”。因此，“其不仅仅是一种研究方法，一种法律适用的路径，更是一种体系、一种系统、一种具有独立品格的学科”③。

正因为如此，刑法条文没有固定不变的含义，对成文刑法的解释不可能有终局性的结论，一个用语的通常含义，是在生活事实的不断出现中形成和发展的，法律文本的开放性，使得任何解释的合理性都只是相对的。解释者应当正视并懂得处于一个永久运动中的生活事实会不断地填充刑法条文的含义；同时，根据正义理念认为有必要对此种生活事实进行刑法规制时，又将其与刑法规范相对应。这样，现实的生活事实便成为推动解释者反复斟酌刑法用语真实含义的最大动因，如此反复，从而使刑法用语充满生命力。④

2. 刑法立场上的形式解释与实质解释

当下，在我国刑法学界，尚不存在刑法学说史上的古典学派与新派之间的学派之争。但大体上形成了刑法立场上的形式解释论与实质解释论之争⑤，或者说“形式解释论与实质解释论正在成为我国刑法学派之争的一个方面”⑥。所谓的形式的刑法解释论，是由

---

① 龚培华：《刑法解释理论的基本问题》，载《法学》2007 年第 12 期。

② 张明楷：《刑法理念与刑法解释》，载《法学杂志》2004 年第 7 期。

③ 徐岱：《刑法解释学的独立品格》，载《法学研究》2009 年第 3 期。

④ 参见张明楷：《罪刑法定与刑法解释》，北京大学出版社 2009 年版，第 95 页。

⑤ 参见张明楷：《实质解释论的再提倡》，载《中国法学》2010 年第 4 期。

⑥ 陈兴良：《形式解释论的再宣示》，载《中国法学》2010 年第 4 期。

古典学派所确立的罪刑法定原则衍生出来的，强调追求法律的形式正义，遵循立法者的立法原意，依照刑法条文的字面含义主张对刑罚法规进行形式的、逻辑的解释。实质的刑法解释论则认定立法原意并不可寻，主张对刑法条文进行实质的、价值的、合目的的解释。它强调法律文本和解释者的互动，致力于破除法律的僵硬滞后，在个案的定罪量刑中综合考虑各种因素，贯彻以实现实质正义为目的的刑法解释论。[①]

对于上述的形式解释论与实质解释论之间的争论所形成的形式解释阵营和实质解释阵营，双方各自发表观点论战。陈兴良教授发表于《法学研究》（2008 年第 6 期）中《形式与实质的关系：刑法学的反思性检讨》一文认为，形式与实质的关系在刑法学中的意义，可从犯罪的形式概念与实质概念、犯罪构成的形式判断与实质判断、刑法的形式解释与实质解释 3 个视角加以阐释。其旗帜鲜明地提出，在罪刑法定原则下，应当倡导形式理性。因此，犯罪的形式概念具有合理性，犯罪构成的形式判断应当先于实质判断，对于刑法的实质解释应当保持足够的警惕；其发表于《中国法学》（2010 年第 4 期）中《形式解释论的再宣示》一文，在对刑法学中的形式解释论与实质解释论之间关系的理论进行考察的基础上，进一步对形式解释论的理据作了宣示，并主张形式刑法观，且以此为基本立场出发，对实质解释论的观点进行批判，从而推演出形式解释论的结论。

张明楷教授早在 1991 年出版的《犯罪论原理》一书中就提出“实质解释”的观点，其在 2002 年出版的《刑法的基本立场》一书中明确提倡“实质解释论”，并主张“实质的犯罪论”，认为即使在罪行法定原则之下，也应当采取实质的犯罪论，以犯罪本质为指导来解释刑法规定的构成要件，但同时并不意味着可以将刑法没

① 参见苏彩霞：《实质的刑法解释论之确立与展开》，载《法学研究》2007 年第 2 期；邓子滨：《中国实质刑法观批判》，法律出版社 2009 年版，第 11 页。

有明文规定的行为解释为犯罪。[1] 其发表于《中国法学》（2010 年第 4 期）中《实质解释论的再提倡》一文中继续阐述，对构成要件的解释不能停留在法条的字面含义上，必须以保护法益为指导，使行为的违法性与有责性达到值得科处刑罚的程度；在遵循罪刑法定原则的前提下，可以做出扩大解释，以实现处罚的妥当性。在解释构成要件时，不能脱离案件事实；实质解释论同时维护罪刑法定主义的形式侧面与实质侧面，既有利于实现处罚范围的合理性，也有利于实现构成要件的机能。

由于刑法是由文字规定构成要件的，可是文字的多义性、变化性以及边缘意义的模糊性等特点，从而决定了根据文字的字面含义对构成要件做出形式解释的弊端，要么将导致一些不具有实质的法益侵害行为认定为犯罪，要么将一些具有法益侵害的行为不认定为犯罪。甚至一旦司法实践中或理论推演中发现的、无法解决的问题，便僵化地恪守罪刑法定原则，以立法完善建议作为结论。因此，对于刑法的理解不能仅仅限于个别法条本身的含义，而应当探求其条文之间的结构性逻辑关系和其之后的法理，追寻法理背后的法律精神：刑法条文传递的仅仅是字面意思，潜藏在刑法条文后面、稳定一致的法理、公平正义的法律精神才是支撑刑法条文的灵魂；刑法条文是概括的、原则的，甚至是僵化的，仅仅依照其字面意思很难应对日新月异的社会生活，而隐藏于后的法理和法律精神则是灵动的，能够应付纷繁复杂的社会现实。[2] 这需要对刑法条文进行符合法律精神的客观目的解释，而刑法的解释与适用，不是一种简单的逻辑进程，不是对某种事实以法律规范形式所作的归纳。

3. 构成要件的实质解释论

解释者对刑法的解释是建立在各自的“图式”基础上的，各自对刑法的“前见”便致使刑法解释的复杂性。因而不同的“图

① 参见张明楷：《刑法的基本立场》，中国法制出版社 2002 年版，第 110 页。

② 参见于志刚：《刑法总则的扩张解释》，中国法制出版社 2009 年版，前言部分。

式”便最终形成不同的解释立场。在讨论刑法解释是持形式解释论和实质解释论前需明确的是，形式解释和实质解释不是与文义解释、论理解释和目的解释等解释方法处于同一层面的范畴，二者皆以按照各自的需要选择不同的解释方法，是故其二者的区别不是方法论上的，而是立场上的。[①]

所谓实质的解释，是就刑法规定的构成要件进行实质解释，而不是单纯对案件事实进行实质解释；如果缺乏构成要件的规定，换言之，如果刑法没有对某种行为设置构成要件，当然不可能将其解释为犯罪。因此实质的解释并非是在单纯根据行为的社会危害性认定犯罪。[②]

犯罪的本质是侵害（或威胁）法益，刑法的目的是保护法益和保障公民自由人权。刑法理论和司法实践在解释某一犯罪的构成要件时，必须以本罪的保护法益为指导，对其作实质的解释，才能实现刑法的目的。因此，对某一犯罪的构成要件进行实质的解释，首先必须确定其所保护的法益是什么，然后在刑法用语可能具有的含义内确定构成要件的具体内容。即“对构成要件的解释不能停留在法条的字面含义上，必须以保护法益为指导，使行为的违法性与有责性达到值得科处刑罚的程度；在遵循罪刑法定原则的前提下，可以做出扩大解释，以实现处罚的妥当性。在解释构成要件时，不能脱离案件事实；在遇到法律疑问时，不能将有利于被告人作为解释原则。实质解释论同时维护罪刑法定主义的形式侧面与实质侧面，既有利于实现处罚范围的合理性，也有利于实现构成要件的机能”[③]。

因而，对构成要件的解释，必须使行为的违法性达到值得科处

① 参见刘仁文：《在规范与事实之间寻求正义》，载《光明日报》2011 年 1 月 25 日。

② 参见张明楷：《实质解释论的再提倡》，载《中国法学》2010 年第 4 期。

③ 张明楷：《实质解释论的再提倡》，载《中国法学》2010 年第 4 期。

刑罚的程度，必须将字面上符合构成要件、实质上不具有可罚性的行为排除于构成要件之外。当某种行为并不处于刑法用语的核心含义之内，但具有处罚的必要性与合理性时，应当在符合罪刑法定原则的前提下，对刑法用语作扩大解释。

综上，刑法解释是人们为了保证刑法的正确适用而理解、选择、决定刑法条文含义的过程。① “实质解释论孕育着刑法研究方法的变迁，是刑法条文本身安定性的实现途径。通过实质的解释，可以发挥犯罪构成要件的认知可能性、操作可能性与实践可能性。”② 因而，在实质解释论的立场下，对于非法吸收公众存款罪的构成要件的判断不可避免地含有实质的内容，即某种行为是否构成该罪应在遵从罪刑法定原则下从处罚的必要性和合理性的角度进行实质判断，对本罪的构成要件要素的理解及确定某种要素是否属于该罪的构成要件要素，并根据构成要件要素的形式侧面还是其实质与机能侧面确定其是否符合该罪。

（二）客观构成要件要素的实质解释

1. 对行为主体的解释

关于本罪的主体，如前文所述，无论是自然人抑或是单位皆可构成本罪，即为一般主体。对于一般主体是因其不具有吸收公众存款资格。但是对于具有吸收公众存款资格的金融机构是否可以构成本罪，否定论者认为具有吸收公众存款资格的金融机构不构成本罪。此种观点在参与我国《刑法》立法的最高人民法院、全国人大法工委刑法室的同志编著的著作中有明显的反映③，该观点认为

---

① 参见陈忠林：《刑法的解释及其界限》，载赵秉志、张军主编：《中国刑法学年会文集：刑法解释问题研究》，中国人民公安大学出版社2003年版，第42页。

② 刘艳红：《走向实质解释的刑法学——刑法方法论的发端、发展与发达》，载《中国法学》2006年第5期。

③ 参见全国人大常委会法工委刑法室编：《〈关于惩治破坏金融程序犯罪的决定〉释义》，中国计划出版社1995年版；肖怡：《非法集资个罪研究》，载《云南大学学报》（法学版）2005年第1期。

"非法吸收公众存款罪"是法定犯[①]，故认定此种犯罪必须以行政法的规定为依据。而1998年6月30日国务院通过的《非法金融机构和非法金融业务活动取缔办法》第4条规定："本办法所称非法金融业务活动，是指未经中国人民银行批准，擅自从事的下列活动：……前款所称非法吸收公众存款，是指未经中国人民银行批准，向社会不特定对象吸收资金，出具凭证，承诺在一定期限内还本付息的活动；所称变相吸收公众存款，是指未经中国人民银行批准，不以吸收公众存款的名义，向社会不特定对象吸收资金，但承诺履行的义务与吸收公众存款性质相同的活动。"从其对"非法吸收公众存款"和"变相吸收公众存款"的定义可见，并未将银行、信用社等有资格吸收公众存款的金融机构涵盖在本罪的主体范围之内；以及1999年1月14日国务院通过的《金融违法行为处罚办法》第15条规定："金融机构办理存款业务，不得有下列行为：（一）擅自提高利率或者变相提高利率，吸收存款；……金融机构有前款所列行为之一的，给予警告，没收违法所得，并处违法所得1倍以上3倍以下的罚款，没有违法所得的，处5万元以上30万元以下的罚款；对该金融机构直接负责的高级管理人员给予撤职直至开除的纪律处分，对其他直接负责的主管人员和直接责任人员给予降级直至开除的纪律处分；情节严重的，责令该金融机构停业整顿或者吊销经营金融业务许可证。"可见其对"擅自提高利率或者变相提高利率，吸收存款的行为"只规定了行政责任，而没有指出构成犯罪的，依法追究刑事责任。[②] 由此得出具有吸存主体资格的金融机构擅自提高利率吸收存款的行为尚未达到构成犯罪需要动用刑罚的程度。

---

① 或称行政犯，我国学者对于行政犯与法定犯的概念基本上是在等同的概念下认识的。参见郭晶：《刑事领域中的法定犯问题研究》，黑龙江人民出版社2009年版，第19页。

② 参见《金融机构是否可以构成非法吸收公众存款罪》，载四川刑事律师网，http：//www.scxsls.com/a/20110701/41066.html，2011-12-17。

对此，本课题认为可以从以下几个方面认定具有吸收公众存款资格的金融机构应当构成本罪。我国1995年5月8日通过并于2003年12月27日修订后的《商业银行法》第74条规定："商业银行有下列情形之一，由国务院银行业监督管理机构责令改正，有违法所得的，没收违法所得，违法所得五十万元以上的，并处违法所得一倍以上五倍以下罚款；没有违法所得或者违法所得不足五十万元的，处五十万元以上二百万元以下罚款；情节特别严重或者逾期不改正的，可以责令停业整顿或者吊销其经营许可证；构成犯罪的，依法追究刑事责任：……（三）违反规定提高或者降低利率以及采用其他不正当手段，吸收存款，发放贷款的；……"可见《商业银行法》对此不仅规定了行政责任，也规定了刑事责任。如前文所述，本罪的"非法性"不以违反相关法律法规为必要，当然也包括了违反相关法律法规。可见，商业银行违规面向社会公众吸存，可以构成非法吸收公众存款罪。此为其一。

其二，虽然非法吸收公众存款罪是法定犯，行政法规的规定对于认定此类犯罪确有重要意义，但不是绝对的。对于法定犯而言，的确需要该行为违反有关行政法规的规定，才能被刑法所评价。但具体认定犯罪的成立，以及确定该罪的构成要件的应当是刑法条文本身，而非相关的行政法规。因为刑法中的补充规范之"法"并非罪刑法定之"法"。补充规范之中的"行为"，与刑法中的构成要件中的"行为"也不能作同一意义上的理解。刑法之所以将补充规范纳入其中，不在于以刑法之权威来规范补充规范之中的"行为"，而是在于以刑法之权威来规范国民需遵守补充规范的行为。通过补充规范明确刑法中的行为，或将补充规范纳入刑法，其实质是将国民需遵守补充规范的行为类型化为刑法中构成要件之行为。易言之，即以刑法的权威来维护补充规范的权威。从而使得补充规范能够被一般国民所接受，从而增强国民对法秩序的存在力与贯彻力的信赖。所以，只能说作为补充规范的相关行政法规对于法定犯的认定具有基础性的意义，但判断一个行为是否构成犯罪的唯一标准应当是刑法。绝不能因为在行政法规中对某些行为只规定了经济责任、行政责任，就以此断定此种行为无论危害有多么的严重，由于没有明确“构成犯罪的，依法追究刑事责任”的都不能构成犯罪。

其三，本罪的法益是国家金融秩序或金融管理制度。金融机构为了争揽客户，违反国家关于利率的规定，以擅自提高利率或在存款时先支付利息等手段吸收公众存款，将会形成金融机构之间在吸收存款上的不正当无序竞争，破坏利率的统一，影响币值的稳定，必然扰乱国家的金融管理秩序，同时削弱国家通过信贷对国民经济进行宏观调控的能力，给社会经济的健康发展带来巨大风险和压力。因此，违法吸存和无资格吸存主体擅自吸存都会同样扰乱金融秩序，危害国家的金融制度，当然地具有严重的法益侵害性。然而同样的法益侵害性，却对后者动之以刑，对前者网开一面，这种厚此薄彼未免有失公平。①

当然，也有人提出，有资格吸存的金融机构违规吸存行为和无资格吸存的主体擅自吸存行为的法益侵害性不可相提并论，因为前者是建立在国家所赋予的吸收公众存款的权力基础之上的，不过是超越该种权力而已。这种超越权力的行为是对公平竞争的市场规则的破坏。而后者则没有任何基础可言，不属于市场竞争的范围，彻头彻尾地破坏了我国的吸收公众存款金融制度。并且金融机构的信贷活动是有章可循的，只要按照国家的有关规定将吸收来的公众资金贷出，就不会使资金受到损失，即所吸收的公众存款处于一种安全的状态。虽然实践中存在吸存后无法承兑的情况，但出现这种情况的原因是这些金融机构的工作人员违法发放贷款，而不是提高利率吸收存款。对此种情况中的有关责任人员，构成违法发放贷款罪的，应按违法发放贷款罪定罪处罚。而不具有吸收公众存款的单位

① 参见李希慧：《论非法吸收公众存款罪的几个问题》，载《中国刑事法杂志》2001 年第 4 期。

非法吸收公众存款的用途是多种多样的，有的是为了用于生产、经营，有的是用于放贷，有的甚至用于非法活动，因此，这种单位所吸收的公众存款不受任何规范约束，往往处于极大的风险之中，通常的结果是公众的存款血本无归，严重地影响了社会安定。[①] 对此，本课题以为，强调“存款处于安全状态”作为不构成本罪的理由不充分。如前述，本罪的法益是国家金融秩序或金融管理制度，而犯罪的本质是法益侵害（或威胁）。被吸存的资金作为存款人的财产，其安全性的高低并不影响非法吸存给国家金融秩序或金融管理制度所造成的侵害。

是故，无论是自然人还是单位，抑或是经过批准的金融机构均可构成本罪。

2. 对行为对象的解释

本罪的行为对象是公众存款。诚如所云“一切法律规范都必须以作为‘法律语句’的语句形式表达出来。可以说，语言之外不存在法。只有通过语言，才能表达、记载、解释和发展法”[②]。因此，对法律文字的解释都始于字义。而“字义或是由一般的语言用法获得，或是由法律的特殊语法，或是由一般的法学语法中获得，无论如何，它在解释上一方面可以当作第一个方向指标，另一方面也可以依当时或今日的语言理解划定解释的界限。可以说，它已经划定进一步解释活动的界域”[③]。据此，合理的理解本罪中“公众存款”一词的含义，往往成为区分罪与非罪的重要标准。因此，首先须从“公众存款”的字义着手。

---

① 参见李希慧：《论非法吸收公众存款罪的几个问题》，载《中国刑事法杂志》2001 年第 4 期。

② ［德］伯恩·魏德士：《法理学》，丁晓春，吴越译，法律出版社 2005 年版，第 73 页。

③ ［德］卡尔·拉伦茨：《法学方法论》，陈爱蛾译，商务印书馆 2003 年版，第 204 页。

（1）对“公众”的解释

①“公众”含义的界定

在刑法学界，学者大都将“公众”一词理解为不特定的多数人。所谓“不特定”，是指犯罪行为不是针对某一个、某几个特定的人或者某项特定具体的财产，其侵害的对象和造成的危害结果常常是事前无法确定，具有相当的严重性和广泛性，行为人对此既难以预料，又难以控制。“不特定”是一种客观判断，不依行为人主观上有无确定的侵犯对象为转移。[①] 可是人群范围的特定或不特定，是相对而言的。事实上，将具有某一共同特征或利益的群体与社会公众区分开来的划分标准可有无数种之多。如某单位言称只吸收其所在城市属龙的23~32岁男性且单身公民的活期存款。在任一特定时间，某一城市的属龙的23~32岁男性且单身公民都是特定范围的人群，如果将“公众的不特定性特征作为本罪的必要构成要素。即如果向特定的对象吸收存款，即使人数众多，也不能认定为本罪”[②] 的话，则上述该单位就不构成向公众吸收存款。可是这个结论恐怕没人能接受？[③]

所以，人群的特定与不特定只是相对的，无法用理论进行如数

---

① 参见陈兴良、张明楷、曲新久等：《刑法学》，中国政法大学出版社2004年版，第175页。

② 郭俊超：《非法集资犯罪若干问题研究》，复旦大学2011年硕士学位论文。

③ 然而实践中的确有这样的判决：在赵某某案中，苍南县龙港镇池浦村村委会以预收宅基地街道设施费名义，向本村村民收取集资费用于村集体建设并规定池浦村23周岁以上男性村民均可认领一份，每份人民币1万元。在被告人赵某某等村委会委员的组织下，向全村所有符合条件的438人收取集资费共计人民币438万元。审理法院认为：“所谓非法吸收公众存款罪，其客观方面表现为行为人实施了向不特定的群体吸收存款的行为。本案被告单位苍南县龙港镇池浦村村民委员会在村民的要求下，以预收街道设施费的名义向本村23岁以上男性村民收取集资费，其集资对象是特定的，此行为的客观要件与非法吸收公众存款罪的客观要件不符。故被告单位的行为不构成非法吸收公众存款罪，被告人赵某某、彭某某的行为亦不构成犯罪。”参见《赵某某、彭某某和浙江省苍南县龙港镇池浦村村民委员会非法吸收公众存款案的判决书》（〔2000〕苍刑初字第492号），载北大法意实证数据库，www. lawyee. net。

学般精确地界定。

因此，若将本罪中的“公众”界定为不特定的多数人，则意味着特定的多数人不属于“公众”；若将其界定为不特定的人，也无法将特定的多数人包括。所以，“‘不特定’说明人员的延散性、不可控性和可波及范围的广泛性，只是把握公众含义的重要向度，但在人数多且特定的情况下，如果否定其公众特征可能会不适当地排除对某些具有实质违法性行为的处罚”①。可见，“不特定其实质在于向公众的随时扩散性”②，是开放的，有种来者不拒的意思。所以，本罪中的“公众”，首先，应当强调其“社会性”，重视量的“多数”；其次，针对类似上述例子中的特定的多数人（但事先无法确定人数），但该范围人数有向更多数人方向扩展之现实可能性。简言之，“公众”可界定为具有社会性（或可能）的多数人。

②“公众”含义的补充

最高人民法院《关于审理非法集资刑事案件具体应用法律若干问题的解释》第1条第1款第2项规定：“通过媒体、推介会、传单、手机短信等途径向社会公开宣传”，近似可以表明本罪的行为具有“公开性”。所以，此处的“公开性”意味着对于出资者而言肯定是公开的，但并不意味着为某一区域或行业的全体人员或多数人员知晓，抑或除了出资者之外的其他人知晓为前提。③即非法吸存行为完全可能只是出资人知晓，事实上部分非法吸存者通常也只给可能出资者发送短信或传单等。司法实践中，口口相传是非法

① 谢望原、张开骏：《非法吸收公众存款罪疑难问题研究》，载《法学评论》2011年第6期。

② 吴学斌：《论刑法意义上的“公共安全”》，载《中国刑事法杂志》2007年第2期。

③ 中国人民银行和国家工商管理局《关于进一步打击非法集资等活动的通知》（银法〔1999〕289号）所指出的“非法集资”的行为就包括了利用民间会社形式或者利用传销或秘密串联的形式非法集资。最高人民法院2010年11月22日通过的《关于审理非法集资刑事案件具体应用法律若干问题的解释》第2条也规定利用民间“会”、“社”等组织非法吸收资金的，认定非法吸收公众存款罪。

吸收公众存款的一个重要途径，那么“口口相传”是否具有“公开性”呢？“在汉语中，‘等’字有两种用法，一是表示列举未完，二是表示列举后煞尾”[①]。若将“口口相传”理解为此处的“等”，则更加说明本罪的行为不以出资者之外的人知晓为必要。由此，出资者具有众多性情况下，其公开与否并不决定本罪的法益是否侵害。因此，非法吸存行为的公开性，也只是进一步意味着其行为对象的公众性。[②]

③对“2011 司法解释”中“社会公众”的解释

由上，最高人民法院 2011 年 1 月 4 日施行的《关于审理非法集资刑事案件具体应用法律若干问题的解释》第 1 条第 1 款第 4 项“向社会公众即社会不特定对象吸收资金”，以及该条第 2 款规定：“未向社会公开宣传，在亲友或者单位内部针对特定对象吸收资金的，不属于非法吸收或者变相吸收公众存款。”对于该条中的“不特定对象”应从以下方面解释：

第一，吸存者与出资者之间是没有关系（没有联系）的。一方面，如上述司法解释所述，向亲友吸收存款不成立本罪。但出资的社会公众中包含部分亲友的，则不影响本罪的成立。另一方面，在单位内部即便是针对特定对象集资的，如果出资者与吸存者不是亲友或其他有关系（有联系）的，本课题亦认为不排除本罪的成立。[③] 理由见下文。

第二，出资者具有向公众的随时扩散性，即随时增加。依前文对“公众”含义的界定，只要非法吸存行为人在主观上具有向多数人吸存的故意，客观上采取的行为方式也可能实现其故意，只要出资人具有向公众随时扩散的开放性，即便事实上只从少数人或个

① 张从高：《非法吸收公众存款罪相关问题探讨》，http：//www. ahjcg. cn/Article/ShowArticle. asp？ ArticleID = 17582，2011 - 11 - 13。

② 参见张明楷：《刑法学》（第 4 版），法律出版社 2011 年版，第 686 页。

③ 参见张明楷：《刑法学》（第 4 版），法律出版社 2011 年版，第 686 页。

别人处吸收的资金达到了相关法律、司法解释的规定，亦可成立本罪。所以，最高人民法院《关于审理非法集资刑事案件具体应用法律若干问题的解释》第1条第2款规定的“未向社会公开宣传，在亲友或者单位内部针对特定对象吸收资金的，不属于非法吸收或者变相吸收公众存款”之规定有待质疑。

（2）对“存款”的解释

根据《现代汉语词典》，“存款”一词解释为：“把钱存在银行或其他信用机构里；也指存在银行或其他信用机构里的钱”①。金融学理论对“存款业务”的描述是：存款人基于对银行的信任而将资金存入银行，并可以随时或按约定时间支取款项的一种信用行为。存款是银行对存款人的负债，是银行最主要的资金来源。②

由于《刑法》第176条对于非法吸收公众存款罪的表述极为简单，因此，对于“非法吸收公众存款”特别是“存款”的定义，必须参照相关法律法规。

作为首次提出“非法吸收公众存款”概念的《商业银行法》第81条第1款规定：“未经国务院银行业监督管理机构批准，擅自设立商业银行，或者非法吸收公众存款、变相吸收公众存款，构成犯罪的，依法追究刑事责任；并由国务院银行业监督管理机构予以取缔。”就法律解释的逻辑而言，《刑法》第176条的规定来自《商业银行法》的上述规定。所以，《刑法》第176条所言的非法吸收公众存款之存款概念应当到《商业银行法》中去寻找。《商业银行法》界定商业银行的目的是在于“从实质上将那些提供了与商业银行类似功能的机构划入《商业银行法》的管辖范围，防止他们脱法规避”③。如果按照上述《非法金融机构和非法金融业务

① 《现代汉语词典》，商务印书馆2005年，第236页。

② 参见邱有全：《“非法吸收公众存款罪”中“存款”一词不当》，http：//www.jcrb.com/pinglun/fygc/201008/t20100817_403624.html，2011-11-07。

③ 彭冰：《商业银行的定义》，载《北京大学学报》（哲学社会科学版）2007年第1期。

活动取缔办法》将所有具有“还本付息承诺”的资金往来都认定为存款，则有可能会将合法的民间借贷行为圈进了非法吸收公众存款，抑或将擅自发行股票、公司、企业债券罪混淆于非法吸收存款罪等，从而导致打击面过大或给司法认定带来一定的难度。

如众所知，金融业是专门经营资本、货币业务的，即“凡是涉及货币供给、银行与非银行信用、以证券交易为操作特征的投资、商业保险，以及以类似形式运作的所有交易行为的集合都是金融”①。银行能通过还本付息的方式吸收存款，是因其可以通过对吸收的存款的放贷或向国家银行的存款，或通过特定的投资获取更大的利益。银行吸收存款的目的便在于用吸收的资金进行资本和货币经营。资本和货币经营具有其特殊性，对一个国家经济的稳定运行具有非常重要的意义。因此，国家从防范金融风险的需要出发，通过《中国人民银行法》、《商业银行法》等法律法规，对金融业实行严格的市场准入制度，对金融业实行特许经营，规定只有经过中国人民银行批准设立的金融机构才能从事金融业务。

因而，存款作为一种金融业务，是有特定含义的。那么，对于“存款”概念的界定，就需要严格按照商业银行的特殊功能来界定，不宜作扩大解释。于此，本课题亦赞同“将《商业银行法》中所规定的‘吸收公众存款’中的‘存款’界定为活期存款，意即狭窄地界定‘存款’更为合理”②。对于前文的司法解释等法律法规中的“资金”一词，亦可理解为未真正存入银行或其他金融机构的但具备活期存款之性质的资金。从而，《刑法》第176条中的“存款”，亦可承继《商业银行法》中的“存款”之界定。

综上，对于“公众存款”的字义分析可以得出，“公众存款”

① 黄达主编：《金融学》，中国人民大学出版社2003年版，第107页。

② 彭冰：《商业银行的定义》，载《北京大学学报》（哲学社会科学版）2007年第1期。

应当指具有社会性（或可能）的多数人的活期存款。[①] 如存款人只是少数或者特定的范围，如仅限于本单位的人员等，其人数范围不具有随时向社会性多数人发展的，则不能认定为公众存款，因而也就排除了本罪的适用，对此，应当界定为合法的民间借贷；但对于非法设立的金融机构或者无权吸收公众存款的金融机构，以“存款”的名义向社会公众集资的，满足本罪的构成要件的则应当认定为非法吸收公众存款罪；若不以“存款”的名义向社会公众集资，在不构成本罪的情况下（得考虑变相吸收公众存款），满足擅自发行股票、公司、企业债券罪的则应当认定该罪。

3. 对行为方式的解释

（1）对“非法”的解释

①直接“非法”

我国刑法分则条文大量使用了“非法”的概念与表述。其原因主要有：其一，立法者在使用“非法”概念时比较“随意”，在没有必要时也使用了。其二，国外的刑法典是典型的固有刑法，所规定的基本上都是自然犯，违反行政管理的行政犯或法定犯都存在于附属刑法中。但我国的刑法典分则规定了大量的行政犯，而行政犯都以违反行政管理法规（本课题在广义上使用此概念，包含刑法分则所称的各种法规、国家规定等，下同）为前提，于是出现了大量的“非法”之类的表述。其三，制定刑法典时占支配地位的犯罪论体系，也使得“非法”的概念增加。在采取构成要件符合性、违法性、有责性体系的德国、日本等国，只要行为符合构成要件而又没有违法阻却事由，该行为就当然是违法的，因此，在刑法总则已经规定了违法阻却事由的前提下，刑法分则仅规定构成要件即可。我国的 4 要件犯罪论体系，没有区分违法与责任，违法由

① 笔者认为，本部分对于“存款”的论述，基本上应是针对“非法吸收公众存款”之中的“存款”，而对于“变相吸收公众存款”之中的“存款”，由于已是“变相”，故对其界定应有不同于此处的“存款”。但本质应相同，详见下文论述。

4个要件综合性的决定，但4个要件只是对犯罪的描述，而缺乏评价概念。为了不致处罚合法行为（或者为了不使司法工作人员将合法行为认定为犯罪），便不得不特别强调行为本身的非法性，从而导致“非法”的概念增加。

可见，刑法分则中的“非法”概念，有的是必要的，即具有实体意义，删除后会影响法条含义与犯罪的认定；也有的是多余的，即没有实体意义，删除后不会影响法条的含义和犯罪的认定，但不排除其具有语感意义；再有，就是介于上述二者之间，具有提示的作用。刑法分则中的50多个条文以“非法”限制构成要件行为（不包括以非法占有为目的、获取非法利益之类的表述），其中有的条文两次以上使用“非法”概念。其含义显然有异。大体而言，有以下四类情形：对违法阻却事由的提示；对违反法律、法规的表示；对行为非法性的强调；已有表达的同位语。[①]

对于非法吸收公众存款罪中的“非法”，本课题亦赞同，其是对违法阻却事由的提示。由于刑法分则条文的基本任务或主要任务，都只是描述客观（违法）构成要件与法律后果，而不可能也没有必要全面描述违法阻却事由与责任构成要件、责任阻却事由。这是因为具备客观构成要件符合性的行为，通常都是违法的，而违法阻却事由、责任构成要件要素、责任阻却事由一般规定在刑法总则中，只是针对特定犯罪的违法阻却事由、具体犯罪特殊的责任构成要件要素（如动机）与责任阻却事由，才会规定在相应的分则条文中。如《刑法》第232条规定的故意杀人罪，没有规定为“故意非法杀人的……处……”即因凡是故意杀人的，除了不具有执行死刑、正当防卫、战场杀敌等违法阻却事由，一般的杀人都是违法的，且完全不需要另查明杀人行为违反了什么法律的规定。而有些行为只要经过允许或由特定的人实施，或在特定的条件下实

① 参见张明楷：《刑法分则的解释原理》，中国人民大学出版社2011年版，第533页。

施，因为没有侵害法益或保护了更为优越的法益时，就不具有违法性，于是，刑法分则条文便以“非法”二字特别提示违法阻却事由的存在。意如，包括刑法在内的法律并非“禁止吸收公众存款”，而是禁止“非法吸收公众存款”。但是，尽管如此，仍需要注意的是，“这并不意味着它们是一般的违法阻却事由，而是具有对于社会生活中经常发生的此类行为，从最初就在类型上进行可罚性限定的注意性特征”①。因此，在吸收公众存款的场合，仅仅在外形上有吸收公众存款的行为，构成要件符合性和违法性均无法确定。但此处的“非法”要素，是在外部不可能决定的评价性要素，即规范性构成要件要素。从这个意义上说，构成要件亦为违法类型。② 可见，本罪中的非法吸收公众存款的构成要件行为并非“吸收公众存款”，而是“非法吸收公众存款”，“非法”即是构成要件的要素，亦是违法性判断的根据。

因而，本罪中的“非法”是为特别提示司法工作人员注意：如果单位或个人依据法律法规等规范性文件而吸收公众存款的，则具有违法阻却事由，便不成立本罪。对于本罪中的“非法”，在认定本罪时应当明确的是：

第一，在本罪的认定中，一般只需要查明行为符合客观构成要件，且没有违法阻却事由，就可以肯定吸收存款行为是违法的。因为，本罪中的“非法”作为规范的构成要件要素，而构成要件亦为违法类型。故只是提示可能存在违法阻却事由，而不需要查明符合客观构成要件的行为是否违反了其他法律或行政管理法规。更进一步而言，也不需要以刑法以外的法律法规规定“追究刑事责任”为前提。

---

① ［日］西元春夫：《犯罪实行行为论》，戴波、江溯译，北京大学出版社2006年版，第32页。

② 参见［日］西元春夫：《犯罪实行行为论》，戴波、江溯译，北京大学出版社2006年版，第32页。

第二，本罪中的“非法”，即为（刑法中的）“违法”，违反了刑法的禁止性规定，其实质便是指侵害或威胁了法益。

第三，若吸收公众存款行为得到了行政许可便当然的阻却了违法性，其“非法”便与“未经许可”基本上是一个问题的两个侧面。即合法吸收公众存款当然不成立犯罪。《非法金融机构和非法金融业务活动取缔办法》第 4 条规定：“本办法所称非法金融业务活动，是指未经中国人民银行批准，擅自从事的下列活动：（一）非法吸收公众存款或者变相吸收公众存款；（二）未经依法批准，以任何名义向社会不特定对象进行的非法集资……前款所称非法吸收公众存款，是指未经中国人民银行批准，向社会不特定对象吸收资金，出具凭证，承诺在一定期限内还本付息的活动；所称变相吸收公众存款，是指未经中国人民银行批准，不以吸收公众存款的名义，向社会不特定对象吸收资金，但承诺履行的义务与吸收公众存款性质相同的活动。”《商业银行法》第 81 条第 1 款规定：“未经国务院银行业监督管理机构批准，擅自设立商业银行，或者非法吸收公众存款、变相吸收公众存款，构成犯罪的，依法追究刑事责任；并由国务院银行业监督管理机构予以取缔。”第 47 条规定：“商业银行不得违反规定提高或者降低利率以及采用其他不正当手段，吸收存款，发放贷款。”

显然，所谓的合法吸收公众存款，即是指经过中国人民银行或国务院银行业监督管理机构的批准，即经过行政许可的吸收。那么，便当然地可以认为，得到行政许可的就是违法阻却事由。但并不意味着可以将“非法”限定为“未经许可”。因为“‘非法’与‘未经许可’、‘合法’与‘获得许可’不是等同的概念，若将‘非法’限定为‘未经许可’实际上是只考虑了程序上的非法性，而忽视了实体上的非法性”[①]。是故，“非法”便一般表现为主体不合法（主体不具有吸收存款的资格）或者行为方式、内容不合法

① 张明楷：《诈骗罪与金融诈骗罪研究》，清华大学出版社 2006 年版，第 495 页。

(如具有吸收存款的资格主体擅自提高利率吸收存款)。

②间接“非法”

所谓的“间接‘非法’”，是笔者针对当前的“吴英非法集资案”中所涉及的集资对象问题而制造的一个概念。“吴英案”中，到目前为止仍有诸多争议之处，本课题在此不赘论。关于本罪中的“社会公众”概念前文已有论述，之所以在此再次论及，是因为浙江省高级人民法院“吴英案”二审审判长针对当前社会对“吴英案”之中的部分质疑所作的书面回应：“目前认定的吴英案的直接受害人虽只有11人，但从本案证据情况看，其中仅林某某、杨某甲、杨某乙、杨某丙4名受害人的集资对象就有120多人，而这些人的下线就更多了，涉及浙江省东阳、义乌、奉化、丽水、杭州等地，都是普通群众，因此，认定为向社会公众集资，是于法有据，合乎情理的。况且，吴英也是明知林某某等人及下线的款项是从社会公众吸收而来。同时，判决认定的这11人并非吴英的亲友，而是通过集资过程中经支付高额的中间费认识的。另外，吴英还以各种形式的广告、签订大量购房协议等方式，向社会公众虚假宣传其一夜暴富的神话，以骗取更多的不明真相的公众资金。故吴英的行为显属向不特定的社会公众非法集资，具有公众性。”① 按照前文论及的“社会公众”概念，对于该案的直接对象11人，显然不能认为是“社会公众”。之所以一审、二审法院将其认定为“社会公众”是因为“直接受害人虽只有11人，但从本案证据情况看，其中仅林某某、杨某甲、杨某乙、杨某丙4名受害人的集资对象就有120多人，而这些人的下线就更多了，涉及浙江省东阳、义乌、奉化、丽水、杭州等地，都是普通群众”。意即，这11人只是吴英和其“社会公众”的中间人，且“吴英也是明知林某某等人及下线的款项是从社会公众吸收而来”，便据此而认定上述的11人便代表着“社会公众”，由此而认

① 林佳佳：《浙江省高院回应吴英案五大焦点问题》，http://www.zj.xinhuanet.com/special/2012-02/07/content_24659230.htm，2012-02-08。

定。问题是，此 11 人与吴英在非法集资犯罪行为中是什么关系？共犯？抑或是各自行为？他们之间的关系对于吴英的非法集资起到什么样的作用呢？对此，本课题基于如下几点讨论：

第一，按照一审、二审法院的观点，此 11 人非法吸存，下线更多，意味着其更多的下线对象也都是吴英的吸存对象。但在整个过程中，此 11 人是听从吴英的指令去广泛吸存呢？还是各自从事独立的吸存，然后以牟利为目的，再放贷给吴英呢？暂且不论此 11 人是否知晓吴英吸存的用途，或吴英是否隐瞒其吸存真相，二审判决书强调，吴英明知这些人的款项是从社会公众吸收而来，显属向不特定的社会公众非法集资，有公众性。按照上述法院观点的逻辑，若此 11 人的资金是抢劫、盗窃所得，在吴英与其不构成共犯（吴英也更谈不上作为其首要分子）情况，吴英借用其资金，则吴英亦构成抢劫、盗窃罪？

2009 年 1 月 22 日，上述 11 人中的林某某等 7 人已被浙江省东阳市人民法院以非法吸收公众存款罪一审判处有期徒刑 1 年 10 个月至 6 年不等的刑罚，并处 2 万元至 30 万元不等的罚金。① 作为中间人的 11 人被定性为非法吸收公众存款罪，而吴英被定性为集资诈骗罪，仅仅是因为吴英吸存的数额比他们的大？恐怕不能得出这样的结论。可见，上述司法机关并没有将吴英与此 11 人认定为共犯。那么，吴英与此 11 人都是从事非法吸存，且此 11 人作为更是以谋取利益为目的，将其非法吸存之款项放贷给吴英，而吴英却将绝大部分款项投入公司的经营活动②，如果认为吴英最终因资金无

① 参见浙江在线新闻网站，http：//zjnews. zjol. com. cn/05zjnews/system/2009/04/16/015434498. shtml，2012－02－14。

② 一审法院认为吴英将所借资金的 400 万元为自己买服饰买包，有 600 万元用于请客吃饭都算作挥霍。但稍有经营头脑的都清楚用于公司请客吃饭是不能算挥霍的。退一步而言，即便算作挥霍，一千万元与七八亿元的资金，从量的数量对比来看，挥霍的份额也是很小的，只占 1.3% 的比重。参见陈光中，张千帆等：《吴英案研讨会实录》，http：//www. 21ccom. net/articles/zgyj/fzyj/2012/0213/53516. html，2012－02－14。

法兑现给此11人，此11人亦无法兑现给其吸存对象而分别定性为犯罪行为，当排除他们之间关于共犯以及集团犯罪中首要分子与成员之间的罪责问题后，吴英与此11人的吸存行为只能是各自独立的行为。因此就不能将此11人的吸存对象认定为吴英的吸存对象。

第二，本案中，如果吴英只向此11人吸存，而不会接受此11人之外的随时可能增加的其他的人存款，则此11人便不能认定为“社会公众”；如果此11人不具有各自独立的吸存牟利目的，只是帮助吴英向“社会公众”吸存，从中收取好处费等，其他人若放贷给吴英只能通过此11人，此11人与吴英便成为共犯，则此11人的下线便可认定为吴英的下线。即此处笔者欲论述的间接“非法”。

第三，如果吴英同时向除了此11人之外的人吸存，且来者不拒，而这些人亦曾是此11人的下线，或者随时可能增加的社会人，则当然地构成向“社会公众”吸存。

本课题此处的论述，出发点只是想说明：“吴英案”中的法院认为吴英吸存对象的下线人数众多，而据此简单地就认定吴英的吸存对象亦是如此的观点是难以成立的。

（2）对“变相”的解释

面对着当下严厉打击非法吸收公众存款的行为，行为人为了逃避打击，不断翻新吸收公众存款的手段，不以现金而以商品交易为遮盖之幌，变相吸收公众存款。而此类行为迷惑性非常强，实践中也很容易认定为正常的商品交易。因此，2011年1月4日开始施行的最高人民法院《关于审理非法集资刑事案件具体应用法律若干问题的解释》第2条列举了常见的十种典型，“（一）不具有房产销售的真实内容或者不以房产销售为主要目的，以返本销售、售后包租、约定回购、销售房产份额等方式非法吸收资金的；（二）以转让林权并代为管护等方式非法吸收资金的；（三）以代种植（养殖）、租种植（养殖）、联合种植（养殖）等方式非法吸收资金的；（四）不具有销售商品、提供服务的真实内容或者不以销售商品、提供服务为主要目的，以商品回购、寄存代售等方式非法吸收资金的；（五）不具有发行股票、债券的真实内容，以虚假转让股权、发售虚构债券等方式非法吸收资金的；（六）不具有募集基金的真实内容，以假借境外基金、发售虚构基金等方式非法吸收资金的；（七）不具有销售保险的真实内容，以假冒保险公司、伪造保险单据等方式非法吸收资金的；（八）以投资入股的方式非法吸收资金的；（九）以委托理财的方式非法吸收资金的；（十）利用民间'会'、'社'等组织非法吸收资金的；（十一）其他非法吸收资金的行为"①。由于现实中的"变相吸收公众存款"的类型绝非仅此10种，因而正确认定"变相吸收公众存款"中的"变相"，即便再繁杂的手段也可分清认定。同时，也可避免司法实践中将不应当构成"变相吸收公众存款"的商品交易等行为认定为犯罪的现象发生。

目前，对于本罪中的"变相吸收公众存款"的定义一般都是以国务院1998年出台的《非法金融机构和非法金融业务活动取缔办法》第4条中的规定，"变相吸收公众存款，是指未经中国人民银行批准，不以吸收公众存款的名义，向社会不特定对象吸收资金，但承诺履行的义务与吸收公众存款性质相同的活动"。如前文所述，以国务院的行政法规来解释《刑法》的做法是存在疑问的。

① 对于"（十一）其他非法吸收资金的行为"的规定，需要注意克服两种错误倾向。一是不当限缩的倾向。实践中不能因为《解释》没有明确规定，就认为不是非法吸收公众存款。《解释》起草过程中即有一种意见提出，非法吸收公众存款的行为表现复杂多变，全面、准确地对之作出规定存在技术上的难度，规定以后会不会限制非法吸收公众存款的认定范围以及能不能适应不断变化的实践打击需要均不无疑问，故建议不作规定。《解释》未采纳该意见，但该意见的担忧应予重视。二是不当扩大的倾向。并非所有的融资行为均受融资管理法律规定调控，只有融资管理法律规定明确禁止的吸收资金行为才有违法性。民间借贷、私募基金等属于典型的融资行为，但不属于公开地向社会公众吸收资金，因而并不违法。即便约定高额利息，也只是超出规定部分的利息不受法律保护而已，不能据此将之认定为非法吸收公众存款。参见刘为波：《非法吸收公众存款行为方式的理解与认定》，载《中国审判新闻月刊》2011年第61期。

但即便如此，在一定程度上是“可以认为我国刑法第176条中的‘变相吸收公众存款’，同《非法金融机构和非法金融业务活动取缔办法》中的含义相同”[①]。但是，需要注意的是，“变相吸收公众存款”中的“公众存款”，依然须受前文论及的“公众存款”界定的限制。是故，不可简单地认为“无论行为人以何种名义融资，只要其行为最终可以归结为返本付息，就认定为变相吸收公众存款”[②]。因为所有的有偿借贷都要求还本付息，发行公司债券也得还本付息，且符合向社会公众对象吸收资金，出具凭证，承诺在一定期限内还本付息的活动的标准。若未经批准也定本罪？但反之，亦不可僵化地恪守罪刑法定原则，形式上理解“存款”，不顾变相吸收公众存款中的“变相”之意，只要出资人提供的不是货币就认为不构成本罪。

实践中，有一种商品交易行为是否构成本罪存有疑问。即经营者以赊购的形式向公众收购某种实物，每月付息，到期后交付货物价款（以下简称赊购付息）。例如，自1996年起，吴某在乡村从事销售农产品的生意，由于本钱不足，吴某以每市斤小麦月付2分至5分不等的利息，向当地农民赊购小麦，小麦卖出之后归还小麦款。后吴某生意发展壮大，于1999年注册成立了“兴元面粉有限责任公司”。公司成立后，先后向当地农户赊购了756万公斤左右的小麦（价值人民币1121.05万元）；其中，部分农产小麦款到期后，仍然将其存放在吴某处“吃利”，共计人民币170.01万元。后由于企业倒闭，无法归还农民小麦款等总计697万元（包括222.77万元利息）。

认为赊购付息的交易行为不构成本罪的观点主要认为：“由于

① 丁慧敏：《论变相吸收公众存款罪——以三种商品交易形式为例》，载《政治与法律》2011年第4期。

② 丁慧敏：《论变相吸收公众存款罪——以三种商品交易形式为例》，载《政治与法律》2011年第4期。

我国并不会对实物信用进行金融监管，所以，实物信用并不是本罪法益所保护的，而赊购付息的交易行为属商业信用中的实物信用行为。赊购的实物并不能涵摄在本罪法条规定的‘存款’当中。从刑法第176条的规定来看，变相吸收公众存款的行为对象是‘存款’。存款除了具有保本付息的特点之外，最重要的就是存入的必须是‘款’，即货币。实际上，一般人很难想象会将小麦等实物理解为‘存款’，即小麦等实物不能被‘存款’所涵摄，故应当否定构成要件的符合性。”① 该案的辩护意见亦认为，非法吸收公众存款罪中的存款，应特指货币资金，而吴某赊购的是小麦，小麦作为一种物资，并不能够当作货币看待。故吴某赊购小麦的行为没有扰乱金融秩序，不构成非法吸收公众存款罪。

本课题认为，吴某是由于本钱不足而向农民赊购小麦，以每市斤小麦月付2分至5分不等的利息，且部分农产小麦款到期后，仍然将其存放在吴某处“吃利”。可以看出，此时的小麦具备活期存款的特质。而具体区分商品交易与变相吸收公众存款，“从接受资金方的角度看，商品交易中接受资金方以赚取交易利润为目的，而非法集资中接受资金方以筹集资金为目的”②。吴某赊购小麦是由于其本钱不足，后生意发展壮大，继续赊购，即是为以筹集资金为目的，而部分农民小麦款到期后，仍然将其存放在吴某处“吃利”，符合商品交易中接受资金方以赚取交易利润为目的。此时的小麦已成为小麦款，最后在本质上和活期存款已无异质，且当地的“吃利”农民亦符合社会公众之征，故该行为构成本罪。

所以，对于变相吸收公众存款之中的“变相”，“应对其作实质性的理解，即通过各种手段不以‘存款’的名义出现”③，可能

---

① 丁慧敏：《论变相吸收公众存款罪——以三种商品交易形式为例》，载《政治与法律》2011年第4期。

② 刘为波：《非法吸收公众存款行为方式的理解与认定》，载《中国审判新闻月刊》2011年第61期。

③ 刘宪权：《金融犯罪刑法理论与实践》，北京大学出版社2008年版，第242页。

是吸收能够变现成资金的实物，可能是以“股权投资、商品营销、生产经营等幌子进行。但不管其名义如何，都是要使出资者确信，他的出资将来一定会得到丰厚回报。出资者也不会去关心具体的运作模式，因为按照运作模式，所有的风险已经排除，剩下的就是等着丰厚回报了，实际上出资就等于‘存款’了”①，最终达到了吸收“存款”的目的。

4. 对“扰乱金融秩序”的解释

本罪的刑法规定是“非法吸收公众存款或变相吸收公众存款，扰乱金融秩序的，处……”对于条文表述中的二者关系如何呢？“扰乱金融秩序”是独立的客观要件，还是“非法吸收公众存款或变相吸收公众存款”的同位语？若是独立的客观要件，则须明确其判断标准。若是同位语，则意味着只要实施了非法吸收公众存款的行为就扰乱了金融秩序。

如前文已述，在本罪的认定中，一般只需要查明行为符合客观构成要件，即“非法吸收公众存款或变相吸收公众存款”，且没有违法阻却事由，就可以肯定吸收存款行为是违法的。而本罪中的“非法”，即为（刑法中的）“违法”，违反了刑法的禁止性规定，其实质便是侵害或威胁了法益。行为之所以会扰乱金融秩序，即因为非法吸收公众存款。而只要非法吸收公众存款便会扰乱金融秩序。所以，“扰乱金融秩序”便是“非法吸收公众存款或变相吸收公众存款”的同位语。当然，根据刑法的谦抑性和法益保护原则，只有那些严重侵害（或威胁）法益的行为才会被纳入刑法的调整范围。按照最高人民法院《关于审理非法集资刑事案件具体应用法律若干问题的解释》第3条第1款规定：“非法吸收或者变相吸收公众存款，具有下列情形之一的，应当依法追究刑事责任：

① 陈鹏：《非法集资法律规制透析》，中国政法大学2008年硕士学位论文。

（一）个人非法吸收或者变相吸收公众存款，数额在20万元以上的[①]，单位非法吸收或者变相吸收公众存款，数额在100万元以上的；（二）个人非法吸收或者变相吸收公众存款对象30人以上的，单位非法吸收或者变相吸收公众存款对象150人以上的；（三）个人非法吸收或者变相吸收公众存款，给存款人造成直接经济损失数额在10万元以上的，单位非法吸收或者变相吸收公众存款，给存款人造成直接经济损失数额在50万元以上的；（四）造成恶劣社会影响或者其他严重后果的。”非法吸收公众存款或变相吸收公众存款只有达到了上述标准才予以立案。[②]

因此，“扰乱金融秩序”是对行为性质的要求，而非对结果的要求。即吸收存款的行为如果不具有扰乱金融秩序的性质，则不构

---

① 对于行为人若只吸收了1个人，达到20万元是否也应定本罪，则需要如下判断：若其具有向公众吸存的主观故意，而客观上通过这一个人也有可能随时向公众扩散开的开放性，则当然可以定本罪。这也说明了“扰乱金融秩序”只是对行为性质的要求。若不满足前述要求，则不能认定为本罪。“单位非法吸收或者变相吸收公众存款，数额在100万元以上的”同理。

② 司法解释对于本罪追诉标准的界定，采用“定性+定量”的模式。是否构成犯罪要考虑的是案件所涉及的“户数”、“损失数额”。这种静态量化的限定方式与传统财产犯罪中盗窃罪、诈骗罪的限定模式实无二致。显然，现行司法解释沿袭传统财产犯罪的限定方式对本罪的定量与定性进行规定，或可归结为司法解释技术的一种“路径依赖”，但这却导致本罪刑事管制的运作偏离初衷：本罪位于刑法分则第三章破坏社会主义市场经济秩序罪第四节破坏金融管理秩序罪中，主旨应该在于整体秩序的维护；而司法解释承袭传统财产犯罪的量化模式，似乎更关注投资人财产利益是否受到损失及受到多大的损失。虽然整体秩序由个体利益组成，从静态的个体财产利益到动态的整体经济秩序，具有“量变”到“质变”的过程。但是，需正视的是，本罪的发案规律往往是：要么不发案，一发案则在人数上牵连甚广，在数额上案值惊人（如2012年2月3日，浙江省泰顺县政府表示，根据群众报案、受理调查，因涉嫌刑事犯罪，公安机关对温州立人教育集团有限公司董事长董某某采取刑事强制措施。其涉及人数超过4000户，接近5000个家庭。从涉案金额看，10多年中立人集团支付的35亿元利息，加之至少22亿未偿还的债务，已超过50亿元）。因此，就本罪而言，以限定“户数”、“数额”的量化方式作为整体秩序的载体，可能不具有实际界定的作用，反而容易使非法吸收公众存款行为得不到及时矫治，留小疾而成大患。参见毛玲玲：《集资行为的刑事管制——金融危机背景下的考察》，载《政治与法律》2009年第9期。

成本罪。若行为已经造成了扰乱金融秩序的结果则当然地表明行为具有扰乱金融秩序的性质。上述司法解释中的（一）和（二）也正说明了“扰乱金融秩序”不是对危害结果的描述，否则便不能说明为何（一）和（二）也构成本罪。①

5. 对“数额巨大或者有其他严重情节”的解释

“构成要件是刑罚法规规定的行为类型，其具体内容是通过刑罚法规的解释决定的。因此，构成要件并不一定等同于刑罚法规的文言。”易言之，“并不是使行为成为犯罪的当罚的、可罚的要素都属于构成要件要素；只有某犯罪中所固有的、类型的可罚的要素，才是构成要件要素”② 且刑法分则条文单纯地以数额或数量（特别）巨大、情节（特别）严重、情节（特别）恶劣等作为升格条件时，只能视为量刑规则。而根据违法类型说的观点，只有表明违法行为类型的特征才属于构成要件要素。所以，《刑法》第176条中关于本罪的“数额巨大或有其他严重情节”的表述，是表明违法性加重的要素，而不属于表明违法行为类型的特征。③

本罪中的“数额巨大”和“其他严重情节”作为规范的构成要件要素中的社会的评价要素是最难以判断和认定的要素④，是对危害行为或危害结果的评价和要求，不具有像危害行为、危害结果一样的实体性特征，但评价要素和事实要素又是紧密联系在一起的，缺一不可。若缺少了犯罪数额和情节，危害行为、危害结果等事实要素便失去了规范意义。⑤ 因此，对于本罪中的上述两个规范

---

① 参见张明楷：《刑法分则的解释原理》，中国人民大学出版社2011年版，第400页。

② ［日］町野朔：《犯罪论的展开》，东京有斐阁1989年版。转引自张明楷：《刑法分则的解释原理》，中国人民大学出版社2011年版，第186页。

③ 参见张明楷：《刑法分则的解释原理》，中国人民大学出版社2011年版，第185页。

④ 参见张明楷：《犯罪构成体系与构成要件要素》，北京大学出版社2010年版，第198页。

⑤ 参见杨志国：《数额认识错误初论》，载《时代法学》2007年第4期。

的构成要件要素，从认识程度来说，行为主体应当认识到其含义，但不要求认识到精准的概念。“对法律上是常人的行为，不能要求具有与裁判官一样严密的法的认识，通常只要明白了一般人所理解程度的社会意义就够了。”① 从是否认识的评判标准而言，通常情况下，作为一般人的行为主体认识到非法吸收公众存款的客观事实本身就能理解此规范的含义。但由于此规范需要经过社会的评价，对其理解便可能因人而异。是故，在司法实践中，对于类似于此规范的构成要件要素的判断，通常是由司法人员进行的。但为了防止司法人员的自由裁量导致的恣意司法，最高人民法院《关于审理非法集资刑事案件具体应用法律若干问题的解释》第3条第2款便详细规定了标准，即“具有下列情形之一的，属于刑法第一百七十六条规定的‘数额巨大或者有其他严重情节’：（一）个人非法吸收或者变相吸收公众存款，数额在100万元以上的，单位非法吸收或者变相吸收公众存款，数额在500万元以上的；（二）个人非法吸收或者变相吸收公众存款对象100人以上的，单位非法吸收或者变相吸收公众存款对象500人以上的；（三）个人非法吸收或者变相吸收公众存款，给存款人造成直接经济损失数额在50万元以上的，单位非法吸收或者变相吸收公众存款，给存款人造成直接经济损失数额在250万元以上的；（四）造成特别恶劣社会影响或者其他特别严重后果的。”对于其中的（四），可按照循环学解释对照前述理解。

总之，作为抽象的升格条件的“其他严重情节”和作为具体的升格条件的“数额巨大”都是量刑规则，是属于法官自由裁量的范畴，其认定不仅要根据上述的司法解释确定的标准，还应结合具体案件，不能脱离具体案件抽象的认定。需要注意的是，非法吸收或者变相吸收公众存款的数额，以行为人所吸收的资金全额计算。案发前后已归还的数额，可以作为量刑情节酌情考虑。

---

① ［日］大塚仁：《刑法概说（总论）》，冯军译，中国人民大学出版社2003年版，第182页。

（三）主观构成要件要素的实质解释

1. 对“故意”的解释

（1）“故意”的定义

作为构成要件层面中的主观要件，本罪表现为故意。我国《刑法》第14条第1款规定：“明知自己的行为会发生危害社会的结果，并且希望或者放任这种结果发生，因而构成犯罪的，是故意犯罪。”所以，故意便是指明知自己的行为会发生危害社会的结果，并希望或放任此结果发生的心理态度。即故意包括认识因素和意志因素，并在此二者的有机统一下才是犯罪故意。其中的认识因素，有人认为是对构成要件的所有客观要素的认识；也有人强调是对构成要件结果的认识，不具有此认识的，不成立故意。一般认为，“作为构成要件层面中的主观要件，应是具备认知客观构成要件要素的，其所认知的内容与构成要件要素之间在很大程度上具有重合性”①。因而，故意首先要求对符合构成要件的事实有认识，但故意又不要求对所有的构成要件事实都有认识。② 通常，故意的认识对象包括主体、对象、实行行为与结果，以及二者之间的因果关系等。特别注意的是，在结果犯场合，如果没有认识到结果的发生就不能成立故意。但是，对结果的认识又不需要很具体。比如，在故意伤害罪的场合，只要认识到会致人伤害即成立此罪的故意。

（2）“故意”的地位

“故意”在犯罪论体系中的地位存在一个变化的过程。起先，故意被理解为与过失相并列的主观要素，属于责任论的范畴。但随着主观的违法要素被发现以及德国刑法学者威尔哲尔在20世纪30年代提出的目的行为论后，故意作为一种主观的违法要素即构成要

① ［日］大塚仁：《刑法概说（总论）》，冯军译，中国人民大学出版社2003年版，第140页。

② 参见张明楷：《外国刑法纲要》，清华大学出版社2007年版，第212页。

件要素，被前移至构成要件的阶段。此外，也有人一方面承认作为构成要件要素的故意，同时也承认在责任阶段作为责任要素的故意，即所谓的“二重的故意”说[①]。因此，故意在犯罪论体系中的地位现在有三种基本的主张：①构成要件要素说。②既是构成要件要素又是责任要素说。③责任要素说。

本课题赞同“故意”的构成要件要素说。构成要件作为刑罚法规规定的犯罪类型，其最主要的任务便是将那些具有刑事可罚性的行为内容进行类型化。而作为主观要素的故意对犯罪的类型化本身具有重大的作用。是故，犯罪类型就不能不包括故意要素。因为大多数构成要件的行为，都是由表达了目的性的动词来表述的，人们不可能没有意识和意志地实施诸如“伪造”、“强制”等构成要件的行为。而在许多情况下，构成要件的描述本身如果没有故意等主观要件要素，我们就无法把握这一行为本身。因此，将故意作为构成要件要素，使得构成要件的犯罪类型特色更加明显。应当说，将故意作为主观的构成要件要素放在构成要件中论述，体系上更有利于确定犯罪的类型，并在此基础上探讨主观的违法性，使构成要件符合性、违法性判断能够在主、客观上保持一致。[②]

通过上述，在主观构成要件层面，本罪行为人必须是明知自己非法吸收公众存款的行为会造成扰乱金融秩序的危害结果，而希望或者放任这种结果发生，但又并不需要以此种结果的发生为必要。过失的不构成本罪，但实践中有的金融机构由于工作失误造成利率提高而吸收了大量的公众存款，由于利率不是该金融机构故意提高，因此不构成本罪。

---

① 参见马克昌主编：《外国刑法学总论（大陆法系）》，中国人民大学出版社 2009 年版，第 125 页。

② 参见马克昌主编：《外国刑法学总论（大陆法系）》，中国人民大学出版社 2009 年版，第 230 页。

2. 对“目的”的解释

总体来看，关于本罪的目的可以概括为特定目的必要说和特定目的不必要说。特定目的必要说认为，存款是特定的金融活动，只有用于发放贷款的资金才能称之为存款。因此，只有以发放贷款为目的吸收资金的行为才能是侵犯金融机构的特定活动，才能称之为扰乱了金融秩序，才能被定为吸收公众存款，否则，只是吸收资金用于生产经营、解决企业融资等问题的，不能认为是扰乱金融秩序而被认定为吸收公众存款。因而，吸收公众存款应该是从货币、资本经营意义上说的，即本罪的成立需要特定的将吸收资金用于信贷的目的。张明楷教授在其《刑法学》（第 4 版）中亦持此观点，“只有当行为人非法吸收公众存款，用于货币、资本的经营时（如发放贷款），才能认定为扰乱金融秩序，才应以本罪论处”①，即应有将吸收的存款用于信贷的目的。对于特定目的必要说，其观点有一定的合理性。

实践中，行为人实施非法吸收公存款或者变相吸收公众存款的行为可能有各种各样的目的，有的是用于信贷，有的是用于生产经营，也有的将违法所得主要用于购置房产、豪车、奢侈品等个人挥霍②，或是为了抢占市场，将非法吸存高利转贷出去，进行证券投资等营利性活动，以此赚取非法利润等，可以概括为以牟利为目的，但根据《刑法》第 176 条规定，其对本罪的构成不产生影响。

特定目的不必要说认为，《刑法》第 176 条并未规定本罪为目

---

① 张明楷：《刑法学》（第 4 版），法律出版社 2011 年版，第 687 页。

② 例如，2011 年 3 月以来，李某母子等人以 3 分至 9 分的高额月息为诱饵，向社会不特定公众非法吸收存款数亿元。为了规避贷款规模，他们利用承兑汇票的作案方式，以空壳或虚假公司担保，先打部分保证金，从银行开出承兑汇票，再将承兑汇票交给专门从事汇票贴现的中间人进行贴现，套取高于一倍保证金的资金，此资金再用于打保证金或支付高额利息，并将违法所得主要用于购置房产、豪车、奢侈品等个人挥霍。11 月因资金链断裂，李某母子等人被集资参与人非法拘禁而案子告破。参见《南昌破获李某等人特大非法吸收公众存款案》，载《人民公安报》，http://www.zgpaw.org.cn/2012-02/09/c_122679608.htm，2012-02-09。

的犯，其亦非不成文的目的犯。从司法实践来看，行为人非法吸收或者变相吸收公众存款，在非法吸收或者变相吸收公众存款后，并不是将吸收的存款用于信贷，而是用于自身的生产、经营活动，即使这种做法行为人并未从中牟利，但是只要有了非法吸存的行为，并且达到一定的程度就足以危害到国家的金融秩序。如果对这种情况不按本罪处理，显然也不可能按其他犯罪来处理，那就有可能导致对犯罪行为的放纵。同时，从最高人民法院《关于审理非法集资刑事案件具体应用法律若干问题的解释》第3条第4款亦可以得到说明，其规定："非法吸收或者变相吸收公众存款，主要用于正常的生产经营活动，能够及时清退所吸收资金，可以免予刑事处罚；情节显著轻微的，不作为犯罪处理。"因为免于刑事处罚是当以刑事处罚为前提，即非法吸收或者变相吸收公众存款，主要用于正常的生产经营活动的亦可构成本罪。[①] 可见上述司法解释未强调本罪非法吸收的资金的目的。

上述两种观点的区别其实质在于本罪是否属于目的犯的规定。"目的犯是指以特定目的作为主观构成要件要素的犯罪"[②]。对于目的犯有成文的目的犯和不成文的目的犯的界分。成文的目的犯是刑法分则有明确规定的；不成文的目的犯，指刑法分则虽然无明文规定，但根据条文对构成要件的表述以及条文之间的关系，而为成立犯罪所必需具备的目的的犯罪。不成文的目的犯又可称之为不成文的构成要件要素。需要明确的是，"在刑法没有明文规定犯罪的构成要件要素的情况下，如何确立某种要素是否属于构成要件要素，应根据构成要件要素的实质与机能，如果某种要素对于说明行为的法益侵害性与主观罪过性具有重要意义，需要通过该要素来区分罪与非罪，此罪与彼罪，则该要素就应当成为构成要件要素。在确立

① 需要注意的是，根据特定目的不必要说，即便行为人非法吸存所得全部用于正常的生产经营活动，并能够及时还本付息，亦构成本罪。

② 张明楷：《外国刑法纲要》，清华大学出版社2007年版，第134页。

不成文的目的犯时尤应如此。因为将不具有上述性质、机能的要素列入构成要件要素，要么导致犯罪的处罚范围不当，要么导致罪与非罪之间界限不明”[①]。可见，行为人以存款的名义或其他名义把他人的资金有偿地聚集起来，承诺给他人以一定报酬（利益），就是吸收存款的应有之义，不宜对其目的作进一步的限制。[②] 尽管行为人实施本罪时会有其特定的目的，但是在认定本罪时，并不要求查证这一目的。在这一点上应明确区别于“集资诈骗罪”的非法占有为目的的主观要件[③]，更无须特定的目的。

易言之，作为构成要件层面中的主观要件，本罪表现为故意，行为人非法吸收存款的目的对于本罪的定性没有决定性的影响，只要行为人非法吸存且没有违法阻却事由，亦无非法占有之目的，便可构成本罪。

四、实质解释论立场下非法吸收公众存款罪的认定

至此，关于非法吸收公众存款罪的客观、主观构成要件要素基本已论述完结。但本罪的司法认定等仍尚有诸多内容无法再继续展开笔墨。一方面由于本课题的主旨与篇幅的关系；另一方面关于本罪的司法认定中的部分内容在论述本罪的构成要件要素时已有论及，亦可据此进行司法认定，是为避免“重复建设”。故在本章节只强调本罪与民间借贷和本罪与欺诈发行股票、债券罪、擅自发行

---

① 张明楷：《论财产罪的非法占有目的》，载《法商研究》2005 年第 5 期。

② 参见肖怡：《非法集资个罪研究》，载《云南大学学报》（法学版）2005 年第 1 期。

③ 从逻辑上说，行为人若无非法占有目的，就具有归还的意图。可作为定罪根据的不是自然事实与逻辑事实，而是法律事实。许多情况下，司法机关虽不能证明行为人具有非法占有目的，但亦不能证明具有归还意图。因此，在集资诈骗罪与非法吸收公众存款罪之间，只要不能查明行为人具有非法占有目的，就可认定为非法吸收公众存款罪。此外，若行为人在非法吸收公众存款时没有非法占有目的，但是在吸存成功后产生了非法占有的目的，此时，该行为仍应定性为非法吸收公众存款，其无法返还的资金数量应作为量刑的情节来考虑。参见张明楷：《诈骗罪与金融诈骗罪研究》，清华大学出版社 2006 年版，第 516 页。

股票、公司、企业债券罪以及擅自设立金融机构罪之间的认定问题。

（一）本罪与民间借贷

1. 民间借贷存在的合理性

据中国社会科学院发布的2012年社会蓝皮书称，民间借贷[①]交织着规模、价格、结构以及违约等风险，使得该市场潜在危机巨大，最突出的问题是，相当比例资金没有进入实体经济，而是流入“钱生钱”的投机性利益链。民间借贷主要指非金融机构的社会个人、企业及其他经济主体之间进行的以货币资金为标的的价值让渡及本息付。据中央财经大学课题组估算，2003年全国民间借贷总规模达7405亿元至8164亿元。2005年中国人民银行的调查结果显示，当年全国民间融资规模达9500亿元。2011年，民间借贷规模继续扩张，2010年以来，受银行信贷紧缩政策的影响，中国民间借贷市场供需两旺，借贷利率一路走高，平均年利率超过20%，部分地区曝出的最高利率令人瞠目。中信证券研究报告认为，中国民间借贷市场总规模超过4万亿元，为银行表内贷款规模的10%～20%。在最为活跃的温州，民间借贷一直在市场中扮演着重要角色。鄂尔多斯则因房地产和煤炭业的繁荣而后来居上，民间借贷的规模更超前者，根据中国人民银行的检测数据，鄂尔多斯民间借贷利率一般为月息3%，最高可达4%～5%。据悉，我国在2008年之前民间借贷行为适度，同比增速约为10%，而在2009年由于流动性充裕，民间借贷余额停止增长，当年2～3季度甚至出现了下降，但2010年和2011年上半年一系列的紧缩政策再次推动民间借

① 目前在我国法律体系中没有“民间借贷”这一概念，它是相对于正规金融而言，泛指在国家依法批准设立的金融机构以外的自然人、法人及其他组织等经济主体之间的资金借贷活动。民间借贷是社会经济发展到一定阶段，企业和个人财富逐步积累、产业资本向金融资本转化、正规金融尚不能百分之百满足社会需求等多种因素综合作用的结果，带有一定的必然性。

贷市场，同比增速约为 50% 和 40% 。[①]

可见，民间借贷问题的重要性不言而喻。[②] 自 2011 年以来，随着中国民间金融市场的蓬勃发展，民间借贷成为舆论关注的焦点话题。11 月 10 日，中国人民银行有关负责人称："民间借贷具有制度层面的合法性。民法通则、合同法等法律法规构筑了民间借贷合法存在与发展的法律基础和制度环境。在遵守相关法律法规前提下，自然人、法人及其他组织之间有自由借贷的权利。只要不违反法律的强制性规定，民间借贷关系都受法律保护。"

2. 本罪与民间借贷

与其他经济活动一样，民间借贷也会伴生一些违法犯罪行为，主要由公安、司法等部门通过行政及司法手段予以处罚和打击。对于非法吸收公众存款、集资诈骗、高利转贷、洗钱、金融传销、暴力催收导致的人身伤害等违法犯罪行为，应当依据相关法律法规予以严厉打击和惩治。[③]

自从 2003 年轰动一时的"孙大午案"开始到 2012 年"吴英案"中的吴英被浙江省高级人民法院二审裁定死刑以来，媒体、经济学和法学等各界广泛争论合法的民间借贷与非法集资特别是非法吸收公众存款之间的关系问题。同时这些案件也促使着人们关注国内民营企业的发展环境和中国的金融管理制度等问题。而在刑事层面上涉及的便是合法民间借贷与非法吸收公众存款罪之间的

① 参见任文娇：《报告称中国民间借贷总规模超过 4 万亿潜在风险大》，http：//www. bjd. com. cn/10jsxw/201201/31/t20120131_ 1373936. html，2012 - 02 - 09。

② 2011 年 10 月 21 日，浙江省委书记赵洪祝曾表示，"民间借贷是伴随着浙江的民营企业发展共同发展起来的，没有它就不会有浙江微小企业的发展"。民间借贷对于经济发展的重要性，不仅止于浙江，可以说，这些年民营经济之所以能异军突起，特别是这两年民营经济之所以能挺过一个又一个寒冬，民间借贷发挥了重要作用。参见《民间借贷亟需"由规入范"》，载新华网，http：//opinion. people. com. cn/h/2011/1114/c159301 - 3782234230. html？ anchor = 1，2011 - 11 - 13。

③ 参见《央行民间借贷具有制度层面合法性》，载新华网，http：//money. 163. com/11/1110/16/7IGTD1KQ00253B0H. html，2011 - 11 - 13。

关系。

对于二者的界分，学界一般着眼于“公众”一词。认为向特定人群借款的，属于民间借贷，向不特定人群借款的，就构成吸收公众存款。[①] 前文已论述，单单从字面上的特定与不特定是无法真正区分公众的，进而亦不可能厘清本罪与民间借贷之间的关系。本课题初步认为，真正区分二者应从“公众存款”入手。即凡是非法吸收了具有社会性（或特定的对象但具有随时向社会性发展的可能性）的多数人的具有活期存款性质的资金的，应当认定为非法吸收公众存款罪；只要不构成此要件，则为民间借贷。

当前，随着民间特别是中小企业对资本的越发渴求，开放更多合法融资渠道、将民间融资合法化的呼声亦越来越高。因此，对于本罪和民间借贷的关系，在金融刑事司法层面，认定非法吸收公众存款罪的构成要件时便应当以实质解释论为立场，坚持对实质正义的追求，“随着社会的变化和时代的发展作出与社会生活步调一致的公正、公平的裁判”[②]，让司法的正义熨平社会的褶皱。

（二）此罪与彼罪

目前，与非法集资犯罪活动相关的刑事罪名主要有：欺诈发行股票、债券罪（《刑法》第160条），擅自设立金融机构罪（《刑法》第174条），非法吸收公众存款罪（《刑法》第176条），擅自发行股票、公司、企业债券罪（《刑法》第179条）和集资诈骗罪（《刑法》第192条）。其间的关系是在涉及非法集资案件时主要面

---

① 参见赵秉志、万云峰：《非法吸收公众存款罪探讨》，载《人民司法》2004年第2期。

② ［英］丹宁勋爵：《法律的训诫》，杨百揆、刘庸安、丁健译，法律出版社1999年版，转引自毛玲玲：《集资行为的刑事管制——金融危机背景下的考察》，载《政治与法律》2009年第9期。于本文之外，笔者赞同，要解决当前的问题，进一步推动金融体制改革，让有条件的民间资本阳光化。参见周子勋：《给民间借贷借点阳光》，http://finance.people.com.cn/h/2011/0920/c227865-1908996052.html? anchor=1，2011-11-13。

对的问题。于是，刑法理论与司法实践往往希冀在此罪与彼罪之间找出所谓的关键区别或区分标志；而“此罪与彼罪的界限”亦成为当前相关文章中不可或缺的内容，也是司法实践经常讨论的话题。但在绝大多数情况下，刻意地寻求犯罪之间的界限既非明智之举亦非有效之策。因为，犯罪之间具有排他关系时，才存在明确的界限；刑法理论为区分此罪与彼罪的界限所提出的观点往往缺乏法律根据，曲解构成要件，没有现实意义，不仅没有使犯罪之间的界限更加明确，反而增加认定难度；妥当的做法应是，不必讨论犯罪之间的界限，正确解释各种犯罪的构成要件，对案件事实由重罪到轻罪作出判断。①

按照前文论述，本罪与非法集资相关的其他罪名之间，与欺诈发行股票、债券罪、擅自发行股票、公司、企业债券罪以及擅自设立金融机构罪在一定程度上存在认定难点。

1. 本罪与欺诈发行股票、债券罪

欺诈发行股票、债券罪要求行为人必须实施在招股说明书、认股书、公司、企业债券募集办法中隐瞒重要事实或者编造重大虚假内容的行为，且行为人必须实施了发行股票或公司、企业债券的行为。如果行为人仅是制作了虚假的招股说明书、认股书、公司、企业债券募集办法，而未实施发行股票或者公司、企业债券的行为，则不构成此罪。因此，当行为人既制作了虚假的上述文件，且已发行了股票和公司、企业债券的才可能构成此罪。根据最高人民检察院、公安部2010年5月发布的《关于公安机关管辖的刑事案件立案追诉标准的规定（二）》第5条规定：“在招股说明书、认股书、公司、企业债券募集办法中隐瞒重要事实或者编造重大虚假内容，发行股票或者公司、企业债券，涉嫌下列情形之一的，应予立案追诉：（一）发行数额在五百万元以上的；……”其法定刑为“五年以下有期徒刑或者拘役”。

① 参见张明楷：《犯罪之间的界限与竞合》，载《中国法学》2008年第4期。

而根据2011年1月4日施行的最高人民法院《关于审理非法集资刑事案件具体应用法律若干问题的解释》第3条第2款的规定："具有下列情形之一的，属于刑法第一百七十六条规定的'数额巨大或者有其他严重情节'：（一）个人非法吸收或者变相吸收公众存款，数额在100万元以上的，单位非法吸收或者变相吸收公众存款，数额在500万元以上的；……"其法定刑升格为"三年以上十年以下有期徒刑"。

若上述规定与解释之间在立案标准上不存在冲突，则由上述规定可以得出：

（1）欺诈发行股票、债券罪是在刑法分则第三章第三节妨碍对公司、企业的管理秩序罪中，故其立案标准"发行数额在五百万元以上"，其对象的特定与否，不影响认定此罪。

（2）若其发行对象满足非法吸收公众存款罪的吸存对象或者行为人以欺诈发行股票、债券的变相方式吸收公众存款，则当同时满足上述司法解释第3条第2款规定的，由于其与非法吸收公众存款罪的法益不同，则应以想象竞合从一重认定为非法吸收公众存款罪。

2. 本罪与擅自发行股票、公司、企业债券罪

2011年1月4日施行的最高人民法院《关于审理非法集资刑事案件具体应用法律若干问题的解释》第1条第2款规定："未向社会公开宣传，在亲友或者单位内部针对特定对象吸收资金的，不属于非法吸收或者变相吸收公众存款"；第3条规定，"非法吸收或者变相吸收公众存款，具有下列情形之一的，应当依法追究刑事责任：……（二）个人非法吸收或者变相吸收公众存款对象30人以上的，单位非法吸收或者变相吸收公众存款对象150人以上的"；第6条规定："未经国家有关主管部门批准，向社会不特定对象发行、以转让股权等方式变相发行股票或者公司、企业债券，或者向特定对象发行、变相发行股票或者公司、企业债券累计超过200人的，应当认定为刑法第一百七十九条规定的'擅自发行股

票、公司、企业债券'。构成犯罪的，以擅自发行股票、公司、企业债券罪定罪处罚。"最高人民检察院、公安部2010年5月发布的《关于公安机关管辖的刑事案件立案追诉标准的规定（二）》第28条规定："非法吸收公众存款或者变相吸收公众存款，扰乱金融秩序，涉嫌下列情形之一的，应予立案追诉：……（二）个人非法吸收或者变相吸收公众存款30户以上的，单位非法吸收或者变相吸收公众存款150户以上的；……"第34条规定："未经国家有关主管部门批准，擅自发行股票或者公司、企业债券，涉嫌下列情形之一的，应予立案追诉：（一）发行数额在50万元以上的；（二）虽未达到上述数额标准，但擅自发行致使30人以上的投资者购买了股票或者公司、企业债券的；……"

若上述解释与规定之间在立案标准上不存在冲突，则由上述可以得出：

（1）在对象特定的情形下发行、变相发行股票或公司、企业债券累计超过200人，则应当以擅自发行股票、公司、企业债券罪立案追诉。根据前文所论，此处的"特定对象"应是符合上述解释的第1条第2款之规定，且不具有随时向社会扩展的开放性。否则便同时符合上述解释的第3条第2款第2项"数额巨大或者其他严重情节"的规定"个人非法吸收或者变相吸收公众存款对象100人以上的，单位非法吸收或者变相吸收公众存款对象500人以上的"；而非法吸收公众存款罪的第二档升格刑为"三年以上十年以下有期徒刑"，擅自发行股票、公司、企业债券罪的法定刑为"五年以下有期徒刑"，根据法条竞合，同时为了体现罪行相适应原则，应以重法优于轻法，认定为非法吸收公众存款罪。

（2）在对象不特定情形下超过30人购买了股票或者公司、企业债券的，根据上述解释与规定，同时符合非法吸收公众存款罪和擅自发行股票、公司、企业债券罪，而前罪的第一档法定刑为"三年以下有期徒刑或拘役"，后罪的法定刑为"五年以下有期徒刑"，根据法条竞合，同时为了体现罪行相适应原则，应以重法优于轻法，认定为擅自发行股票、公司、企业债券罪。

但若这30人以上者出资或其他情况满足上述解释的第3条第2款其他项的，即“具有下列情形之一的，属于刑法第一百七十六条规定的‘数额巨大或者有其他严重情节’：（一）个人非法吸收或者变相吸收公众存款，数额在100万元以上的，单位非法吸收或者变相吸收公众存款，数额在500万元以上的；……（三）个人非法吸收或者变相吸收公众存款，给存款人造成直接经济损失数额在50万元以上的，单位非法吸收或者变相吸收公众存款，给存款人造成直接经济损失数额在250万元以上的；（四）造成特别恶劣社会影响或者其他特别严重后果的”则具备了非法吸收公众存款罪的法定刑升格条件，同理，根据前文，应认定为构成非法吸收公众存款罪。

3. 本罪与擅自设立金融机构罪

若行为人擅自设立金融机构以后，又进行非法吸收公众存款的行为的，或反之，理应按牵连犯的处罚原则择一重罪处罚。但由于两者的法定刑相同，可能导致行为人既擅自设立金融机构又非法吸收公众存款的所受的处罚与仅仅擅自设立金融机构或非法吸收公众存款所受的处罚一样。且擅自设立金融机构罪的成立不以开展相应的金融业务为前提，即只要擅自设立了金融机构即构成既遂。因此，为了处罚的公平，若行为人擅自设立金融机构以后，又进行非法吸收公众存款行为的，或反之，本课题认为宜数罪并罚。

城市化进程中的职务犯罪研究

关福金*

城市化是一个国家经济发展到一定程度后的必经阶段，也是一国经济文明程度的体现。对于中国而言，城市化更是我国实现现代化的必然要求和战略选择，是全面建设小康社会的载体，是实现经济发展方式转变的重中之重。20 世纪 90 年代后期以来，中国进入城市化高速发展的阶段。快速、大规模而深刻的城市化进程在取得巨大成就的同时，也因发展进程中的不平衡而产生了一系列复杂的社会问题，城市化进程中的职务犯罪就是其中之一。本文试图从我国城市化的基本情况、城市化进程中的职务犯罪现状、犯罪产生的原因以及预防等方面做些探讨。

一、中国城市化的现实景观

城市，从字面上理解，是人口集中、工商业发达、居民以非农业人口为主的地区[①]；从社会学角度，是以非农业产业和非农业人口集聚形成的较大居民点（包括按国家行政建制设立的市、镇）。而城市化，目前还没有一个普遍认可的定义，经济学家强调从农业

* 作者简介：关福金，最高人民检察院反贪污贿赂总局一局副局长。

① 参见中国社会科学院语言研究所词典编辑室编：《现代汉语词典》，商务印书馆 2005 年版，第 176 页。

向非农业经济结构的转变；人口学家注重从人口迁移角度去阐述城市化的内涵；社会学家从人们的行为方式和生产方式方面观察各种社会关系的变化；地理学家则注重城市空间结构的变化；等等。因此，城市化是一个多层次、多尺度、动态性的概念，需要综合考虑城市要素、功能和内涵等各个方面。① 笔者认为，城市化，是指人口向城市地区聚集和乡村地区转变为城市地区的过程，它有两方面的含义，一是城市人口增加，城市规模扩大；二是城市对农村地区影响的增大，农村中城市要素的增加。②

（一）转型中国语境中，城市化等同于城镇化

城市化是经济社会发展的必然结果，是社会进步的表现。一个国家或地区城市化的水平，体现其社会经济发展水平。因为城市是区域发展的经济中心，能带动区域经济发展；而区域经济水平的提高，又促使城市的发展。从经济学角度，大家热衷于谈论城市化；从学术角度，人们也会提及都市化；而从发展策略的角度，国家方针政策更多地提及城镇化。比如李克强总理就曾多次指出：城镇化是中国现代化进程中一个基本问题，是一个大战略、大问题；推进城镇化，核心是人的城镇化，关键是提高城镇化质量，目的是造福百姓和富裕农民；要走集约、节能、生态的新路子，着力提高内在承载力，不能人为“造城”，要实现产业发展和城镇建设融合，让农民工逐步融入城镇；要遵循城镇化发展的规律，顺应产业聚集、重点地带开发等区域发展的趋势，考虑人口、资源、环境等可持续发展的因素，协调推进新型工业化、新型城镇化，形成新的增长极、增长带、增长面，拓展扩大内需的新空间。③ 笔者认为，在社会转型的现实语境中，区别城市化、都市化或者城镇化的概念，并

① 参见牛文元主编：《中国新型城市化报告2012》，科学出版社2012年版，第259页。

② 参见关福金：《都市化非都市化人口与犯罪》，载《青少年犯罪研究》1989年第11期。

③ 参见《李克强论城镇化》，载《21世纪经济报道》2013年3月4日第14版。

无实际意义。正像有学者指出的，城市化，也称城镇化、市政化、都市化，其基本含义就是城市数量不断增多，城市规模不断扩大。① 因此，笔者认为，在社会转型的语境中，城市化、都市化和城镇化没有本质差别。鉴于城市化或者说城镇化是经济发展的重要动力，是和谐社会的重要保障，是我国实现社会主义现代化和经济结构调整的必经阶段和必要方式，为有效解决转变发展方式，化解社会矛盾，缓解社会压力，推动社会转型的平稳和坚实，国家出台了一系列政策加快实现城市化或者城镇化的进程。

当代的中国正处于社会转型时期。尽管很难对我国社会转型的起始时间作出一个严格的界定，但可以肯定的是，20 世纪 70 年代末改革开放以来，中国一直处在典型的社会转型阶段。转型期的社会，呈现出独有的特征。从社会学的视角来看，社会转型主要有三方面的理解：一是指经济体制转型，即从计划经济体制向市场经济体制的转变。中国的改革开放是以社会主义市场经济体制建立为基础的，中国的社会转型就是建立在经济体制转型的基础之上的。社会转型本身是社会体制的转变，是社会制度的创新，改革是从制度开始的，因此制度解释是根本性的解释。二是指社会结构变动，社会转型是一种整体性发展，也是一种特殊的结构性变动。中国的改革开放已不再仅仅局限于体制变革的狭隘领域，而是已经融入了世界范围内的后发国家的社会转型潮流之中，是一场全面、整体性的社会结构变革。这种社会转型，不仅是社会分层结构的变化，还表现为人口的城市结构、文化的深层结构以至于意识形态等的结构转变。② 三是指社会形态变迁，即"指中国社会从传统社会向现代社会、从农业社会向工业社会、从封闭性社会向开放性社会的社会变迁和发展"③。因此，社会转型是我们思考城市化进程中职务犯罪问题的现实语境。

这里借鉴了著名学者朱苏力教授提出的语境论研究方法。朱苏

① 参见许学强：《中国城市化理论与实践》，科学出版社 2012 年版，第 95 页。

② 参见宫志刚：《社会转型与秩序重建》，中国人民公安大学出版社 2004 年版，第 7 页。

③ 参见陆学艺、景天魁主编：《转型中的中国社会》，黑龙江人民出版社 1994 年版。

力教授指出：如何正确理解和恰当审视法律制度和法律规则，是转型时期中国法学研究中的一个重要理论和实践问题；但是法条主义无法完成这个任务，因为法条主义将法条作为不可置疑的权威，要求社会生活都要服从法条，这种方法往往适用于一个相对稳定的时代，而当代中国正处于变革的时代，无论社会生活还是规制社会生活的法律都处于变动中（有时是急剧的），因此，作为社会生活系统内部一个组成部分的法治也必须同其他部分相协调，当代法律制度的研究必须超越法条主义；据此，苏力先生提出语境论的研究路径，即坚持以法律制度和规则为中心关注，力求语境化地（设身处地地、历史地）理解任何一种相对长期存在的法律制度、规则的历史正当性和合理性。[①] 笔者认为，苏力先生提出的语境论研究方法，具有革命性的意义，这一研究方法不仅适用于法律制度、规则的研究，也同样适用于人类改造世界其他活动的思考和研究，因此，本课题认为在社会转型语境下，城市化等同于城镇化。

（二）中国城市化的现实景观

综观世界各国城市化进程，大都具有各自的特点，其中欧美城市化和拉美城市化是两种颇受关注的城市化模式。欧美城市化发端于工业革命，经历了城市化——逆城市化——再城市化的发展历程，形成了城市化率较高（2007 年欧洲的城市化率达到 79%，美国达到 87%[②]）、城市化水平与经济发展同步、市场主导城市化进程等特点。而拉美国家城市化起步晚、发展速度快，这种快速而缺乏节制的城市化导致城市人口急剧膨胀、城市首位度高、贫富差距悬殊、失业人口居高不下、社会失范行为激增、交通拥堵、环境恶化等城市病的蔓延。[③]

---

① 参见苏力：《语境论——一种法律制度研究的进路和方法》，载《中外法学》2000 年第 1 期。

② 参见段瑞君：《欧美发达国家城市化进程的经验及对我国的启示》，载《城市》2008 年第 10 期。

③ 参见刘士林主编：《中国都市化进程报告 2012》，北京大学出版社 2013 年版，第 3 页。

而考察中国城市化发展历程，大体可以分成以下几个阶段：1949～1957年的起步发展阶段，1958～1965年的曲折发展阶段，1966～1978年停滞不前阶段，1979～1984年的恢复发展阶段，1985～1991年的稳步发展阶段，1992年至今的快速发展阶段。①

观察我国城市化发展历程，与前文提到的欧美模式和拉美模式相比，也呈现出不同的特点：一方面是与中国深厚的农业传统、巨大的人口负担、城市化起点低而发展快、城市发展的层次多以及区域差别大等独特的国情和现实矛盾紧密相连；另一方面，中国的城市化一直处在以农业经济为基础的城镇化、以工业经济为主的城市化以及以服务经济为中心的都市化的复杂网络体系中，人类在不同历史阶段的不同需要、矛盾和问题即彼此缠绕又相互冲突，是当前我国城市化呈现独特景观的根源。②

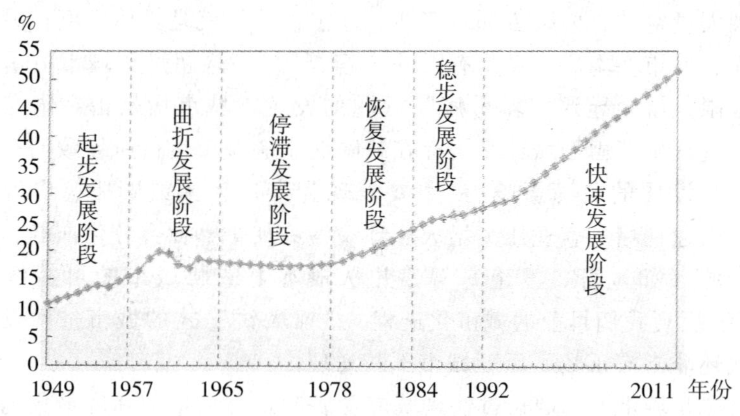

图1　中国城市化发展进程③

① 参见牛文元主编：《中国新型城市化报告2012》，科学出版社2012年版，第4～5页。

② 参见刘士林主编：《中国都市化进程报告2012》，北京大学出版社2013年版，第3页。

③ 资源来源：中华人民共和国国家统计局：《中国统计年鉴2011》，中国统计出版社。

可以说，改革开放30多年来，快速城镇化成为中国发展的重要标志。2012年，中国城镇化率[①]达到52.57%，实现了历史性跨越。从1978年的17.92%，到如今超过50%，中国城市化率平均每年以1%的速度递增，快速的城镇化成为中国发展的重要标志。从世界范围内看，中国城市化的进程是在高速轨道上前行的，很多在其他国家需要10年、20年甚至半个世纪才能完成的建设，我们在4~5年就要完成。[②]

当前，我国城市化进程存在很多偏颇，从与职务犯罪相联系的角度看，以下几个方面值得关注：

一是城市空间扩张无序。城市发展，首先要有足够的空间，所以城市化必然伴随着城市空间的扩张。但是，这种空间扩张要理性、有序，一方面，不能不切实际、超越发展阶段的扩张，以至于出现大量空城，内蒙古鄂尔多斯、辽宁铁岭等就是具体实例；另一方面，城市在本质上又是有限的"容器"，一旦超过了城市可承载的极限，就会导致"城市病"问题的发生。城市病是指一国在城市化进程中，由于城市系统存在缺陷而影响城市运行所导致的对经济社会发展的负面影响。[③] 主要表现为人口密集或膨胀、房价昂贵、交通拥堵、就业压力增大、环境污染加重、社会分化加剧、公共资源（如教育、卫生）等，并从根本上威胁城市的可持续发展。[④] 反观我们目前的城市化进程，"摊大饼"式的城市空间发展模式还非常有市场，巨型城市不断涌现。

二是城市人口增长过快。城市发展需要有大量和高度聚集的人

---

① 城市化率（也叫城镇化率）是城市化的度量指标，一般采用人口统计学指标，即城镇人口占总人口（包括农业与非农业）的比重。

② 参见《新型城镇化六个核心问题》，载《人民论坛》2013年第2期。

③ 参见牛文元主编：《中国新型城市化报告2012》，科学出版社2012年版，第144页。

④ 参见刘士林：《芒福德的城市功能理论及其当代启示》，载《河北学刊》2008年第2期。

口。但是，人口增长过快必然会加重城市资源承载负担，加剧就业、教育、医疗、社保等负担，进而加剧生存竞争的残酷性。十多年前，有学者预言我国人口城市化水平将从2000年的36.9%发展到2020年的50%。[①] 但实际上，我国城镇人口在2011年年末就已经达到69079万人，占全国总人口的51.27%[②]，几乎比专家当时的预计提前了10年。与城市人口猛增同步的，就是城市流动人口的快速增长，进而使人口膨胀与城市规模和城市承载能力形成突出矛盾。以北京为例，根据有关部门统计，2012年年末北京全市常住人口2069.3万人，其中，常住外来人口773.8万人，占常住人口比重的37.4%。

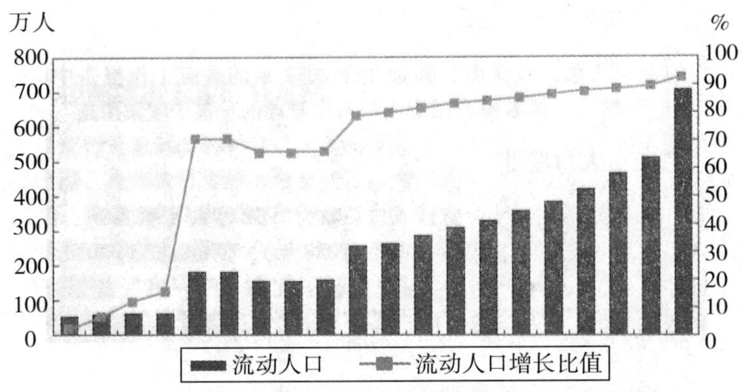

图2　1991～2010年北京市流动人口及流动人口增长比值[③]

三是城市公共安全问题凸显。城市化的初级阶段，城市公共安全问题主要是社会治安问题。随着城市空间的扩大和人口的增多，城市安全问题也逐渐从社会治安扩大到城市生态安全、市民交通安全、民生民利保障等方面。如城市生态安全问题，据央视《新闻1

① 参见《到2020年，城市人口和农村人口将各占一半》，载《北京青年报》2002年9月2日。

② 参见刘士林主编：《中国都市化进程报告2012》，北京大学出版社2013年版，第6页。

③ 资源来源：北京市统计局、国家统计局北京调查总队：《北京统计年鉴2011》，中国统计出版社。

+1》2012 年报道，我国发生地面沉降灾害的城市超过 50 个，长江三角洲、华北平原和汾渭盆地最严重。由于地面沉降，有城市被预言会在几十年后消失，2050 年长三角或消失。① 2012 年京津冀频现严重雾霾；江苏、安徽、湖北、湖南、贵州等地发生强降雨后多个城市出现严重积水，一些城区成为“看海”的景点；近年来曝光的“大头娃娃”、“瘦肉精”、“地沟油”等食品安全问题也触目惊心。2011 年，中国城市交通问题持续恶化，并产生严重的溢出效应。一些城市汽车保有量无序攀升，给城市交通、空气质量、资源配置等带来严重负面影响。

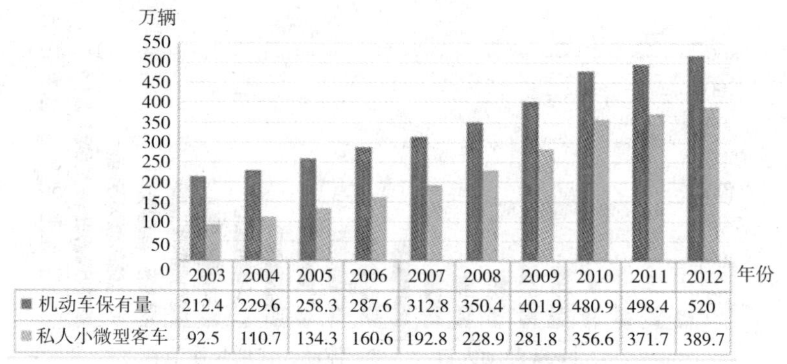

	2003	2004	2005	2006	2007	2008	2009	2010	2011	2012
■ 机动车保有量	212.4	229.6	258.3	287.6	312.8	350.4	401.9	480.9	498.4	520
■ 私人小微型客车	92.5	110.7	134.3	160.6	192.8	228.9	281.8	356.6	371.7	389.7

图 3　北京市机动车保有量十年变化（2003 ~ 2012 年）

以上三方面都暴露了我国城市规划和建设仍存在问题。

四是城市新生代问题突出。亚里士多德曾说：“人们来到城市是为了生活，人类居住在城市是为了生活得更好。”城市新生代问题最早进入人们的视野，是新生代农民工问题。受特定社会现状和环境影响，为了获得更好的发展，农民纷纷涌到城市寻找生存和发展的机会。特别是随着时间的推移，越来越多出生于 20 世纪 80 年代及其以后的年轻人加入农民工行列，有学者调查表明，2009 年，

① 参见《中国 50 余城市地面下沉　2050 年长三角或将消失》，载《新京报》2012 年 2 月 22 日。

66.1%的农民工在30岁以下（含30岁），45%的农民工在25岁以下，也就是说，66%的农民工是在1978年中国实行改革开放之后出生，其中大部分是在1984年以后出生。① 而国家统计局调查表明，截至2011年，新生代农民工总人数达8487万人，占全部外出农民工总数的58.4%②，一个新生代的农民工群体横空出世，加上一批在城市出生的农村流动人口孩子成长起来，而我们的城市目前还没有完全接纳他们的条件和能力，在融入城市社会过程中产生了大量的问题和矛盾。

五是公民道德出现危机。由于历史和现实的原因，中华民族传统道德的传承遭到破坏。改革开放以来经济高速发展又在一定程度上加剧了人们对通过诚实劳动致富的困惑和“无商不奸”、“为富不仁”等利益与道德的冲突，当代中国外在的道德失范和内在的道德焦虑都一定程度存在。

二、城市化进程中的职务犯罪样态

职务犯罪是国家工作人员利用职权实施的一类犯罪的总称，是指国家工作人员亵渎职守，利用职务（实际上是公务）上的便利，以贪污受贿等手段非法牟取经济利益，或者滥用职权，玩忽职守，侵犯公民人身权利和民主权利，破坏国家对公务活动的管理职能，破坏国家管理秩序，依照刑法规定应当受到刑罚处罚的犯罪行为的总称。③ 职务犯罪具有公共权力的滥用、公共信任的亵渎、公共利益的损害3个特征。④ 司法实践中，我们谈及职务犯罪，主要是指

---

① 参见王春光：《新生代农民工城市融入进程及问题的社会学分析》，载《青年探索》2010年第3期。

② 参见秦交锋等：《城镇化进程中重点人群的“进程路”》，载《人民法院报》2013年4月30日。

③ 参见孙谦：《检察：理念、制度与改革》，法律出版社2004年版，第376页。

④ 参见关福金：《社会转型期国家公职人员犯罪侦查》（第2版），中国检察出版社2013年版，第14～15页。

国家工作人员贪污贿赂犯罪和渎职侵权犯罪。

如前所述，城市化进程中有很多偏颇，进而为职务犯罪的发生提供了条件，从检察机关查办案件的情况看，一个时期以来，职务犯罪呈现出以下样态：

（一）从总体上看，城市化进程中的职务犯罪在高位徘徊

一方面，最高人民检察院工作报告显示，2010 年，全国检察机关严肃查办发生在与城市化进程相关的工程建设领域中土地出让、规划审批、招标投标等环节的职务犯罪案件 6451 件，在资源开发和经销、产权交易、政府采购等领域立案侦查涉及国家工作人员的商业贿赂犯罪案件 10218 件；2011 年，全国检察机关在房地产开发、产权交易、医药购销等领域立案侦查涉及国家工作人员的商业贿赂犯罪案件 10533 件，立案侦查项目审批、招标投标、物资采购等环节的职务犯罪案件 8584 件，立案侦查土地和矿产资源审批出让、开发利用、征地补偿等环节的职务犯罪案件 1248 件；2012 年，全国检察机关在规划调整、招标投标、资金使用、质量监管等重点环节立案侦查贪污贿赂、渎职等职务犯罪案件 8056 件，在资源开发、产权交易、政府采购等领域，立案侦查涉及国家工作人员的商业贿赂犯罪案件 10542 件。另一方面，多年从业经验表明，当前城市化进程中还有大量的职务犯罪黑数[①]存在，我们用自己的个体经验做感受器，就不难得出职务犯罪多发高发这样的结论。

---

① 参见关福金：《当前的犯罪黑数浅析》，载《社会公共安全研究》1990 年第 1 ~ 2 期，第 41 ~ 42 页。笔者认为，犯罪黑数是伴随犯罪统计而出现的概念，是指所有不在犯罪统计上出现的，或者不为司法机关所发现的，而实际上已经发生的犯罪数。犯罪黑数的存在，表明一部分犯罪分子没有受到法律追究，逍遥法外，他们会继续危害社会，并可能因为没有受到法律制裁而得意忘形，变本加厉，更加肆无忌惮地犯罪，给社会造成严重的危害后果；犯罪黑数的存在，将会诱发更多新的犯罪出现，犯罪交叉感染，犯罪活动普及化，给公众心灵上带来不良影响，对犯罪的冷漠、对现状的忧虑、对未来的失望，患上了现代社会“犯罪感应综合征”；犯罪黑数的存在，影响对犯罪形势的正确把握和分析，对司法机关判断形势，作出惩治和预防犯罪战略部署带来不利影响。

（二）从犯罪主体看，中高级领导干部犯罪案件时有发生

统计显示，随着城市化进程的加快，相当数量重要岗位的领导干部被依法查处，省部级领导干部犯罪案件时有发生。如中央政治局委员、上海市原市委书记陈良宇，利用担任上海市黄浦区区长，中共上海市委副书记，上海市副市长、市长，中共上海市委书记的职务便利，为外资公司获得拆迁补偿款、上海某厂免交住宅建设配套费和公建配套房、解决上海某企业开发的楼盘闲置问题及提高该楼盘知名度等事宜上提供帮助，收受相关公司及个人的巨额贿赂；在担任中共上海市委书记，上海市人民政府代理市长、市长期间，违反规定，在国有企业股权转让、土地管理和社会保险基金管理方面，不正确履行职责，导致国有企业股权被低价转让、其亲属违规获取土地使用权、巨额社会保险基金被违规动用，致使公共财产、国家和人民利益遭受重大损失。再如山东省委副书记、中共青岛市原市委书记杜世成，利用职务上的便利，以将来帮助青岛某公司办事为条件，收受该公司董事长别墅1套，并接受其请托，为该公司在一建筑提高容积率以及将该建筑与崂山区人民政府旧办公楼进行同等面积置换等事项提供了帮助。北京市海淀区人民政府原区长周良洛，在担任北京市朝阳区委宣传部长、朝阳区副区长和海淀区区长等职务期间，利用职务上的便利，在土地审批、房地产开发等过程中为请托人谋取利益，单独或伙同他人，多次收受贿赂计人民币1672万元。

（三）从发案领域看，呈现出与城市开发同质的特点

当前的城市开发，既突出局部，又整体推进，职务犯罪也就呈现出相同特点：第一是城市开发区“特色”腐败不断出现。这与近年来城市开发区园区多、项目多、资金投入大密切相关，仅以湖南湘潭为例，全市范围内有省级以上开发区、示范区6个，其中国家级园区2个，2008年以来，湘潭市省级以上园区共发生职务犯

罪案件14件、21人[①]；第二是发案领域广泛，呈现全面爆发的趋势，从检察机关查办案件的情况看，城市化进程中的职务犯罪涉及国土、规划、城建、交通、拆迁、水利、林业、环保、人防、消防、教育、医疗、招投标、公共事业等20多个行业和部门；第三是涉案环节众多，呈现全面覆盖的趋势，一是从工程、项目流程来看，就涵盖前期的审批、规划、招投标、工程发包、拆迁、评估、环评、文物等勘测等环节；中期的设计变更、资金拨付、施工管理监理、材料设备采购等环节；工程后期的供水、供电、供气等市政配套工程，测绘、人防、消防检查验收、工程质量检测、工程款结算等环节。二是从城市化建设的横向来看，有一种从主体环节向附属环节转移的趋势，如前面提到的主体环节审批、规划、招投标、建设、监管等犯罪仍然频发，而财务、调度、检验、保管等部位也成了犯罪多发的环节，甚至建筑材料、门窗、装修、绿色环保等附属项目领域因为长期监管真空而成为犯罪的新领域。有的领导干部职务犯罪案件，也涉及各领域，如江苏省人大常委会原副主任王武龙，利用担任江苏省南京市人民政府市长、中共南京市委书记、中共江苏省委常委南京市人大常委会主任、江苏省人大常委会副主任等职务上的便利，多次收受多家房地产开发公司有关负责人贿赂，为其在违规办理国有土地使用权出让手续、减免土地出让金、置换土地、承建工程等方面牟利。

（四）从犯罪类型看，贪利型犯罪数额巨大，渎职犯罪危害严重

从查处的案件情况看：一是贪利型犯罪突出，一些案件涉案金额特别巨大，屡屡突破公众心理防线，数据显示：公职人员贪污贿赂百万元以上案件逐年增长，巨额案件时有发生。如苏州市原副市长姜人杰案件，2001年至2004年间，姜人杰利用分管城建、交

① 参见陈文广、傅勇涛：《揭秘开发区“特色”腐败》，载《中国民航报》2013年9月27日。

通、房产开发等职务便利，先后收受4家房产公司和1家科技公司贿赂款，共计人民币1.0867亿元、港币5万元、美元4000元，其中，一笔在土地置换和转让的过程中获取的高达8250万元人民币受贿金额，成为全国单笔受贿金额之最。再如“土地奶奶”案件，辽宁省抚顺市国土资源局顺城分局原局长罗亚平，在2001年至2007年间，利用担任抚顺市顺城区发展计划局副局长、顺城区发展改革局副局长、抚顺市国土资源局顺城分局负责人、顺城分局局长的职务便利，收受多家房地产公司贿赂；采取虚假补偿、截留征地款不入账等手段，单独或伙同他人（均已判刑）贪污18起，侵吞、骗取征地款、动迁补偿款等款物共计3427万余元，其中罗亚平占有款物共计3239万余元；罗亚平尚有3255万余元的财产不能说明合法来源，中纪委领导批示此案为“级别最低、数额最大、手段最恶劣”。二是渎职犯罪危害严重，给国家利益和公共财产造成巨大损失。如浙江省委原常委、宁波市委书记许运鸿，为徇私情不正确履行职责，造成国家资产损失及经营亏损总额达人民币11.97亿元；天津市原市委常委、滨海新区工委书记兼管委会主任皮黔生，滥用职权造成国有资产人民币2.2亿元的损失。

（五）从作案形式看，“窝案”、“串案”突出

当前城市化进程中的职务犯罪的一个显著特点就是“窝案”“串案”突出，涉案人员多，呈现纵向的线性扩散或横向的水平蔓延的态势。资料显示，江西省检察机关2007年至2009年年底所办的538起工程领域职务犯罪案件窝案、串案比例达55.39%。一方面表现为一个案件涉及多个行业、多个部门工作人员参与其中，如海南省三亚市海棠湾一起开发区征地过程中的贿赂案件，涉案金额7亿元，涉案人员120人；或者是亲友勾结作窝案，以家庭成员为基础，以“亲、情、友”为纽带，形成紧密的犯罪关系，如河南郑州市二七区房管局原局长翟振峰案件，其在房管局8年，他的家人逐渐变成了“房叔、房婶、房哥、房婶、房姐、房妹”；另一方面是上下勾结作串案，一些行业性、系统性比较强的单位，往往容

易发生下级向上级层层行贿，上级为下级谋利的“上下一条线，案案连成串”的职务犯罪串案。如 2001 年广东省交通系统特大受贿窝案，涉及公职人员 89 人，其中厅级干部 4 人、处级干部 20 人，牵涉 30 多个公路建设管理单位。

（六）从犯罪手段看，隐蔽性强的智能化犯罪增强

办案实践表明，当前城市化进程中的职务犯罪智能化水平越来越高，一是利用合法形式掩盖非法活动，如订假投资协议，以分红的形式掩盖受贿；公开以“借”的名义收受贿赂等。二是规避法律、逃避制裁，谋利和受贿分离，如在职为人办事，退休后再收钱；在职官员办事，亲属子女在另一场合收钱；改变接受现金方式，而是接受出国旅游、性服务等好处。三是在贿赂案件中增加“中间人”环节，行受贿双方退到幕后，用各种借口掩盖犯罪意图，事发后装聋作哑，混淆视听。四是作案手段智能化，如在金融、证券、税务、海关、电信等行业利用专业知识和技能作案，有的利用信用卡透支功能挪用公款、利用电子汇兑贪污公款、伪造凭证套取客户存款等；有的利用计算机操作空存空取办法进行贪污、挪用公款等。五是作案同时留好后路。尤其是腐败分子携款潜逃、逃避打击问题较为突出，潜逃境外成为犯罪分子逃避惩罚的重要渠道。当前，有相当比例的司法机关立案侦查犯罪嫌疑人潜逃境内外，潜逃目的地主要是美国、加拿大、澳大利亚、新西兰等国，犯罪嫌疑人利用我国与这些国家在政治、法律方面存在的差异规避法律、逃避追究。

三、城市化进程中职务犯罪产生的原因

国家公职人员的职务犯罪是权力腐败的一种极端表现形式，是一种权力的异化和变质现象。[①] 城市化进程中的职务犯罪，有其产生的原因：

① 参见孙谦：《论检察》，中国检察出版社 2013 年版，第 215 页。

（一）发展方向不明确和路径选择不清晰为国家公职人员犯罪埋下伏笔

实现一个什么样的城市化、怎样推进城市化，明确方向和路径选择十分重要。在中国城市化进程中，总的来说城市化发展的方向是明确的，实现途径也是清楚的。但是一些地方仍然在推进城市化的进程中出现思路不清、途径不明的问题，一是受长期以来普遍存在的“GDP崇拜”因素的影响，城市化进程中的贪大求全倾向还比较严重。一些地方领导不能树立正确的政绩观，面对经济社会发展压力，盲目追求快速城市化发展步伐，使得城市化进程中的人口急剧膨胀、贫富差距悬殊、失业人口居高不下、社会失范行为激增、交通拥堵、环境恶化等城市病问题凸显，遇到我们的国家公职人员队伍整体和个体素能不强的现实，在驾驭全局、应对复杂局面、依法执政等方面存在明显差距，就会出现束手无策，不会履行职责，不能依法行政，甚至滥用职权，权钱交易等问题。二是城市化进程中的非理性问题比较突出。如土地城市化快于人口城市化的非规整问题，牺牲农村、农业、农民利益而不能兼顾效率和公平的非协调问题，以破坏生态环境为代价[①]的非持续问题，以及以生产要素投入为主而不是依靠科技拉动增长的非集约问题等，这些问题都会产生社会矛盾，带来管理成本，进而引发国家公职人员对权力的重新审视和认识，为职务犯罪提供温床。三是巨型城市频现，城市首位度差异较大，影响资源配置，极易产生不当手段获取公共资源和个人利益问题。传统的城市首位度定义为一个地区第一大城市与第二大城市规模之比，以反映一个地区人口的集中程度，但鉴于我国有少数几个较为接近的大城市，人口主要集中在这几个大城市

① 有关研究表明，城市发展的规模扩张与生态环境的非匹配问题非常突出。城市化进程中的环境问题，主要表现为，一是工业“三废”（废气、废水、废弃固体）排放逐年上升；二是空气污染十分严重；三是水污染问题触目惊心；四是固体污染危害极大。参见牛文元主编：《中国新型城市化报告2012》，科学出版社2012年版，第33～34页。

中，所以现在也用来通过计算第一大城市与第二、第三、第四大城市规模之比来确定城市首位度。① 当前，我国人口规模超过 500 万甚至超过 2000 万的超大城市频现②，机会、教育、医疗、保障等资源向少数城市集中，为官员不认真履职，违反规定处理公务、利用职务之便谋取私利等提供了条件。比如作为资源"附加值"最高的城市户籍，就成为大家趋之若鹜的对象，资料显示，尽管我国城市化率超过 52%，但是有城镇户籍者只有 35%③，因此一些公职人员利用手中权力犯罪现象屡屡发生。如陕西神木龚爱爱事件，因其在北京拥有 41 套房子，而被称为"房姐"，调查显示龚爱爱拥有 4 个户口，一批涉嫌渎职的国家公职人员被查处。

（二）权力配置不科学和制度设计不完善为权力寻租提供条件

城市化进程中的项目，大都属于资金比较密集、垄断程度比较高、资源稀缺、竞争激烈的项目，这为掌握权力的国家机关公职人员利用手中职权寻租提供了条件。

寻租（rent - seeking）是近年来有关腐败最具解释力的理论之一。在经济学领域，"租"又叫"经济租"，是指一种生产要素的所有者获得的收入中，超过这种要素的机会成本的剩余。④ 在市场经济中，如果某一产业的生产要素存在"经济租"，并且要素的所有者采取垄断措施来阻止要素的经济租金消失，这种活动便称为"寻租"活动。⑤ 笔者认为，从犯罪学的角度理解，寻租就是国家公职人员通过行使权力获取利益的活动。

---

① 参见许学强：《中国城市化理论与实践》，科学出版社 2012 年版，第 65 页。

② 根据 2010 年 11 月进行的全国第六次人口普查结果，全国超过 500 万人口的超级大都市共有 88 个，其中重庆、上海两市人口超 2000 万；2012 年，北京城市人口也突破 2000 万。

③ 参见郑风田：《逆城市化在中国不会成主流》，载《环球时报》2013 年 9 月 27 日。

④ 参见胡杨主编：《反腐败导论》，中共中央党校出版社 2012 年版，第 65 页。

⑤ 参见仲伟周、王斌：《寻租行为的理论研究及实证分析》，科学出版社 2010 年版，第 7 页。

其实，经济社会转型时期，公正的制度正在创设，平等竞争的市场经济秩序尚没有完全确立，国家官员对经济社会发展活动拥有巨大干预权力，就会出现寻求权力以谋取私利的寻租泛滥。正像著名经济学家吴敬琏所指出的，由于权力可以创造寻租的条件，于是也就有人在制度变迁和转轨过程中，利用手中权力进行“设租”（rent - setting）活动，以便造成寻租的可能性。[①] 司法实践表明，城市化进程中，国土、规划、城建、交通、拆迁、水利、园林、环保、人防、消防、教育、医疗、招投标、公共事业等行业领域的国家公职人员往往通过以下方面设租和寻租：一是在城市化相关发展战略、政策、制度、规划、规则等的制定过程中利用职务之便为个人牟利。城市化进程中存在不同社会阶层和利益分化现象，制定发展战略、政策、制度、规划、规则等，就需要对利益进行调整和平衡，这一过程无疑给掌握权力的国家公职人员以寻租的空间。二是在城市化相关发展战略、政策、制度、规划、规则等的执行过程不当行使职权。由于权力配置不合理、制度设计不完善等多种原因，国家公职人员在执行中或者出现相互推诿、效率低下甚至不履行职责、不认真履行职责等行为，或者利用公共权力的垄断地位、执行的时效性等便利来寻租。如目前城市化进程中普遍存在的规范缺乏刚性，程序制约难奏效问题，调查表明，城市化进程中普遍通行的投资、建设、管理、使用“四位一体”的投资体制因素是诱发工程腐败犯罪的体制性因素；有的工程建设缺少对重要部位、关键环节的程序控制，导致一些不法分子任意为之；有些项目单位主管行政领导或责任人直接参与编制招标文件、投标资格预审、组织评标和确定中标人，造成身份不明，利益不清；有的以节约资金为由，简化公开招标应有程序，与投标人搞幕后交易；有的负责标书制作的工程招标代理机构人员或少数知晓标底的实权人物，随意透露标

① 参见《经济社会体制比较》编辑部：《腐败寻根：中国会成为寻租社会吗》，中国经济出版社 1999 年版，第 10 页。

底，如南京市某办公大楼土建工程，江苏某公司向造价咨询部赵某行贿，获得标底数据后成功中标。

（三）贫富分化加剧和道德信仰不坚定为物质主义抬头创造市场

我国的市场经济是在法制不完善的条件下进行的，由此所造成的各种灰色收入、不合法收入、行业垄断性收入的数量日趋加大。当前，转型中国经济发展造成的贫富差距问题非常严重。从国际通行的反映贫富差距状况的基尼系数①数据来看，形势不容乐观。贫富差距问题已经严重影响公民心态、商民关系、官民关系和官商关系，成为社会矛盾的重要诱因，危及社会稳定。② 而且，这种趋势没有得到根本改变。

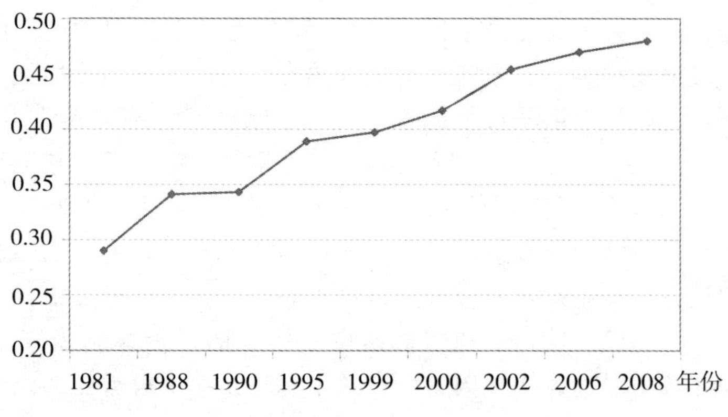

图4　近年来中国收入基尼系数走势

---

① 基尼系数（Gini Coefficient）是意大利经济学家基尼（Corrado Gini，1884～1965）于1922年提出的，定量测定收入分配差异程度。其值在0和1之间。越接近0就表明收入分配趋向平等，反之，收入分配越是趋向不平等。按照国际一般标准，0.4以上的基尼系数表示收入差距较大，当基尼系数达到0.6以上时，则表示收入差距很大。

② 参见关福金：《社会转型期国家公职人员犯罪侦查》（第2版），中国检察出版社2013年版，第5页。

从数据上看，世界主要发达国家的基尼系数均低于 0.4 这个国际通行反映贫富差距的临界线，而新兴市场经济国家的基尼系数则有所不同。有意见认为，基尼系数与腐败之间是一种正相关的关系，就是说一个国家的基尼系数越高，那里的腐败问题就越严重，反之则相反。从我们了解到的相关国家的腐败犯罪状况来看，能否有效解决贫富差距问题对腐败行为的影响是直接的，贫富差距与腐败的关系可见一斑。

国　　家	Gini 系数	数据来源
美国（发达国家）	0.387	联合国经济合作与发展组织（2000年以后）
英国（发达国家）	0.342	联合国经济合作与发展组织（2000年以后）
法国（发达国家）	0.293	联合国经济合作与发展组织（2000年以后）
德国（发达国家）	0.295	联合国经济合作与发展组织（2000年以后）
日本（发达国家）	0.329	联合国经济合作与发展组织（2000年以后）
俄罗斯（新兴市场经济国家）	0.421	世界银行（2006～2010 年）
巴西（新兴市场经济国家）	0.556	世界银行（2006～2010 年）
南非（新兴市场经济国家）	0.653	世界银行（2006～2010 年）
印度（新兴市场经济国家）	0.334	世界银行（2002～2005 年）
韩国（新兴市场经济国家）	0.315	联合国经济合作与发展组织（2000年以后）

一些领导干部宗旨意识淡漠，道德信仰缺乏，自毁防线，也是城市化进程中职务犯罪高发频发的原因。查处的案件显示，一些人长期放松人生观、价值观改造，信奉享乐主义，追求物质主义，职业道德丧失，台上台下扮演双重角色，甚至铤而走险，一步步滑向犯罪的深渊。

物质主义是指在一个社会的某个时期中，社会中的大多数成员对于物质的追求超过对于另外一些更为崇高的非物质追求（比如公平、正义、公共精神等），或者对许多非物质的追求也逐渐沦为物质追求的手段和策略。[①] 在城市化进程中，物质主义至少在以下两个方面对职务犯罪的发生产生助推作用：一是物质主义可以降低官员职务犯罪的道德压力。职务犯罪是一种超越正常人道德底线的行为，因此，犯罪实施过程中，犯罪人均有一定的道德压力。而物质主义恰巧为职务犯罪的顺利进行提供了借口或者说道德基础，它使得犯罪过程变得不那么纠结而相对轻松，有的人理想信念坍塌，信奉享乐主义，大行奢靡之风。二是物质主义为职务犯罪提供了心理动机。城市化进程的加快，贫富差距的悬殊，使得国家机关工作人员的相对剥夺感加重，官员群体一般认为自己才是社会的精英，但其收入以及生活方式与先富起来的既得利益群体存在较大差距，这种日益严重的被剥夺感，成为其利用手中权力从城市化进程中捞取利益的重要动机，一些人心理严重失衡，认为自己得到得少付出得多，收点钱理所当然。

（四）监督机制失效和专业打击不力为职务犯罪敞开绿灯

在城市化进程中，政府主导的公共基础建设领域是公共权力与市场资源配置的交汇点，建设项目的公益性、规划投资建设主体的多样性、建设环节的复杂性、巨额资金支出的分散性等特点，决定了工程建设管理控制、质量控制、资金控制和廉政控制任务十分重要。司法实践表明，缺乏有效监督和对犯罪惩治不力，导致城市化

① 参见李辉：《腐败的物质主义根源》，载《检察风云》2013 年第 18 期。

进程中的职务犯罪没有得到有效遏制。一是基本规章制度缺失。一些单位内部管理制度混乱，无章可循或者有章不循，有些制度形同虚设、漏洞多、空隙大，内部管理混乱、财务账目不清，特别是私设“小金库”，搞体外循环，为犯罪分子提供了便利条件，成为滋生腐败的温床；市场准入制度不完善，管理缺失，竞争无序；在工程建设过程中，项目交易不进市场，交易程序不公开公正，没有完善的监督制约机制对施工企业实施有效监督。二是权力过于集中，监督制约不到位。权力过于集中，又导致监督制约流于形式，存在上级监督太远、同级监督太浅、下级监督太软、法律监督太晚的问题。国家虽然对工程建设的管理监督出台了多部法律法规，但有法不依、我行我素的状况依然存在，特别是在“一把手”缺乏监督的情况下，极易形成暗箱操作，如对本应该公开招投标的项目采取暗箱操作，直接发包；或者招标人与投标人暗中勾结，使招投标流于形式；或将工程建设项目违法分包，部分工程建设招投标，部分工程建设直接发包；甚至根本不走招投标的途径，直接由“一把手”决定将工程交给谁干，任意增加工程量，提高工程预算。如尽管建设工程大都建立临时性的项目基建办、工程指挥部或类似机构，但这些部门人员组成复杂，分工制约难以形成，基本没有监督制约机制，加之工作任务繁重、授权不清，一些管理人员往往身兼多职，外部关系协调和抓工程进度牵扯其主要精力，投入管理精力明显不足，容易形成管理盲区，给一些人利用职务便利从事违法犯罪活动提供机会。再如权力监督不到位，工程建设虽然一般实行筹建班子集体负责制，但实际上还是掌握实权的个人说了算，一些职能部门虽然参与监督，但面对涉及专业知识的工程建设，难以充分发挥作用；有些单位对重点岗位，特别是涉及工程建设、人财物管理的关键部门，没有实行定期轮岗和换岗制度，部分管理人员在同一岗位时间较长，从而成为一些人公关的对象。

由于城市化相关建设资金密集、回报率高、有利可图，与城市化进程相关产业、行业形成了“卖方市场”，出现恶性竞争，进而引发权钱交易，尽管每年查处了大量案件，但是与普遍存在的犯罪黑数相比，还只是“冰山”一角，专业打击不力成为犯罪蔓延的重要原因。当前，职务犯罪打击不力问题是普遍存在的问题，第一，作为专门机关的人民检察院受人员、能力、素质限制和执法环境等因素影响，办案力度还不够大；第二，城市化进程中出现了很多新情况、新问题，而法律的稳定性和滞后性使得立法不能满足打击犯罪的需要；第三，对一些案件，检察机关与审判机关认识不一致，一些地方出现职务犯罪轻刑化的倾向，由于被查处概率低，犯罪成本不高，一些人心存侥幸，进而铤而走险，以身试法，走上犯罪道路。

四、城市化进程中职务犯罪控制

通过对近年来城市化进程中职务犯罪案件特点及成因剖析，笔者认为，应当坚持标本兼治，积极探索符合城市化建设实际情况和职务犯罪特点的多渠道、多层次的犯罪控制机制。

（一）走内涵式增长的城市化建设之路

考察当前中国城市化进程中出现的问题，主要是外延式扩张的思想和意识在一些人的头脑中根深蒂固，即通过短时期集中大量城市化要素的投入，刺激城市化率快速增长，因而带来一些问题，所以，必须尊重城市化发展规律，坚持内涵式发展之路，理性、科学、稳妥地推动城市化发展。要走适合中国国情的城市发展之路，要把握几个基本原则。一是“以人为本”的原则。无论从城市发展目标，功能定位，社会风尚，人文环境都要始终坚持凝聚市民的愿望期待，依靠市民的创造，为了市民生活更美好来规划建设管理。二是注重“两型”建设的原则。建设资源节约型、环境友好型社会，是现代化城市建设发展的重要课题，不能有任何的偏废和动摇。三是循序渐进的原则。要头脑冷静，把握城市发展的规模和节奏，守住城市发展的结构底线，坚决防止和遏制人为地造大城、洋城的倾向，真正依靠经济社会文化发展的强大动力推动城市化进程。①

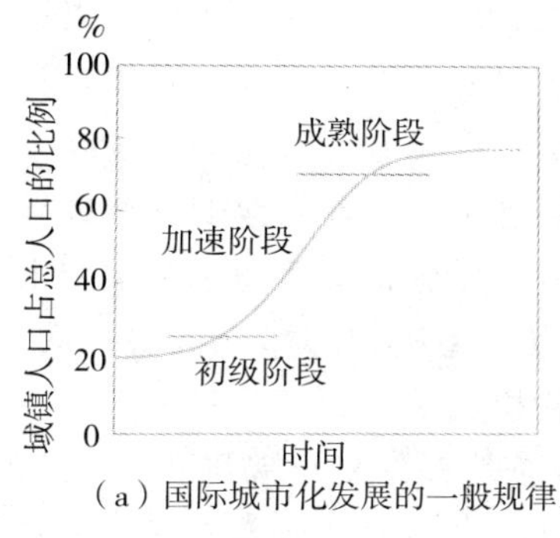

（a）国际城市化发展的一般规律

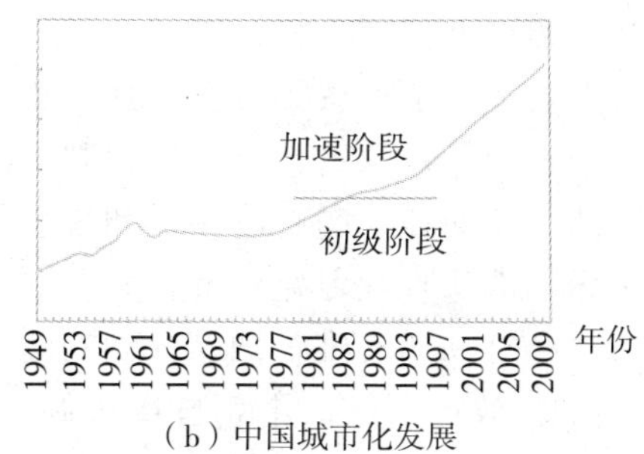

（b）中国城市化发展

图 5　中国城市化发展阶段②

具体来说，一是要坚持大中城市与小城镇协调发展。在重点发展大城市的同时，要积极发展中小城市和小城镇。二是统筹城乡一体化战略。稳步推进城市化的同时，依靠科技投入和制度创新繁荣农村经济，大力调整国民收入分配。三是积极推动产业结构升级。深化现代农业，推动智能工业，大力扶持现代农业。四是实施创新城市战略。在观念上、制度上、科技上、管理上和文化上实施创新城市战略，转变城市发展战略，适应知识化、信息化和全球化趋势。③

（二）用法治思维和法治方式控制城市化进程中的职务犯罪

党的十八大首次明确了“法治是治国理政的基本方式”。城市发展要靠法治保障，城市化要在法治化框架内进行，因此，法治思维和法治方式应当贯穿城市化始终。

---

① 参见谭仲池：《城市发展：问题与对策》，载《光明日报》2011 年 4 月 17 日。

② 资源来源：国家统计局：《中国统计年鉴 2011》，中国统计出版社。

③ 参见牛文元主编：《中国新型城市化报告 2012》，科学出版社 2012 年版，第 34 ~ 39 页。

法治思维，在本质上区别于人治思维和权力思维，其实质就是各级领导干部想问题、做决策、办事情，必须时刻牢记人民授权和职权法定，必须严格遵循法律规则和法定程序，必须切实保护人民权利和尊重保障人权，必须始终坚持法律面前人人平等，必须自觉接受监督和承担法律责任。强调法治思维，要着力改变一些领导干部中长期存在的重权力、轻权利的传统思维，要着力改变一些领导干部中长期存在的超越宪法和法律的特权思想，要着力引导和要求领导干部认真学习宪法和法律，带头遵守宪法和法律，依法执政，依法办事，切实维护国家法制的统一和权威。

1. 教育先行，建立自律机制。加强教育，是反腐败的第一道防线。在城市化进程中贯彻依法治国基本方略，就要首先通过教育培养国家公职人员法治思维，着力改变一些干部中长期存在的重权力轻权利的传统思维，着力改变一些干部中长期存在的超越宪法和法律的特权思想，引导和要求领导干部认真学习宪法和法律，带头遵守宪法和法律，依法执政，依法办事，保证权力的行使沿着法制化、制度化的轨道运行，做到有岗必有责、守土应负责、守土须尽责。

内化自律教育，道德和法律可谓一体两翼，就像西方法谚所言：法律是最低的道德，道德是最高的法律。所以，要加强道德教育。通过道德重建，提高道德修养，增强道德自控能力，纯洁社交圈、净化生活圈、规范工作圈，管住活动圈，自觉抵御各种诱惑和侵蚀。

2. 完善制度，构筑他律防线。法律具有根本性、全局性、长期性和稳定性等特征，要运用法治方式实现监督和他律。一方面，要针对城市化进程中容易出现问题的重点环节和重点部位，依法制定行之有效的管理制度和措施，如根据《招标投标法》、《审计法》、《建筑法》制定招投标公开公示制度、建设资金审核审计制度、工程建设市场的廉洁准入制度、管理人员岗位培训和轮换制度、工程质量终身负责制度和工程建设问责制度等。另一方面，要依照法定程序切实抓好制度落实。一要搞好“事前”监督，把握好项目规划、立项、审批、招投标关。要参与对招投标单位的跟踪考察、标书发放、招标大会召开以及编制标底、经费预算等工作过程，确保工程招标的公开、公正、公平。二要搞好“事中”监督，把握好项目质量关和预算执行关。项目建设过程中，要针对不同的工程开展针对性的检查活动，对涉及重大利益和安全的工程要全面检查，重点工程重点部位要重点检查，普通工程要不定期抽查，同时，要针对工程质量、建设资金使用、预算执行等情况进行专项检查，通过检查增强工程管理人员的质量意识和廉洁意识。三要搞好“事后”监督，把握好验收决算关。工程竣工后，要对验收小组的工作情况进行重点监督和专项审计，审查财务核算是否准确、支出是否合理等。

3. 有效制权，消除腐败温床。职务犯罪最本质的特征就是权力的滥用。城市化建设中规划、立项、招投标、发包、资金拨付和使用、材料采购等所有的环节，都有权力的主导和权力的参与，因此，科学配置权力、依法加强权力制衡，是防止决策失误、权力失控的根本举措。一要放权，就是凡是可以通过市场机制代替的行政审批事项，都要通过市场机制进行运作；二要分权，就是对直接掌握人、财、物等实权岗位的权力进行适当分解，避免权力过于集中，特别是在项目资金管理方面，要坚持财务、出纳、工程材料等部门互相监督，互相把关，形成权钱分离、互相制约的规范化运作程序；三要制权，要建立城市化建设大额资金使用、大宗材料采购等重大事项集体研究制度，充分发扬民主，防止个别领导独断专行；四是换权，就是对城市化进程中重点建设项目实权部门和岗位的权力持有者进行定期或不定期的交流轮岗。

4. 强化打击，提高犯罪成本。查处城市化进程中的职务犯罪案件，是检察机关的职能，切实履行检察职能，加大打击城市化进程中职务犯罪的力度，也是遏制这一领域职务犯罪发生的重要手段，必须强化专业打击力度。一要坚持以办案为中心，不断强化打击力度。二要突出打击重点，着力查办国家工作人员特别是领导干部利用职权插手干预土地出让、矿产开发、规划审批、招标投标等官商勾结、权钱交易的职务犯罪案件；在工程项目规划、立项审批中违反决策程序，未批先建、违规审批、决策失误，造成重大损失或恶劣影响的渎职犯罪案件；工程项目严重超概算，资金管理混乱，大肆贪污、挪用、私分国有建设资金的职务犯罪案件；项目层层转包，施工偷工减料，工程质量低劣，给国家造成重大损失，人民群众反映强烈的职务犯罪案件；违反国家有关政策规定，非法审批出让土地、矿业权，违规征地拆迁，改变城乡规划、用地性质，调整容积率，严重损害国家和群众利益的职务犯罪案件；国家机关工作人员不认真履行监管职责，导致发生重大生产安全责任事故的渎职犯罪案件及其背后的权钱交易、索贿受贿犯罪案件；国家机关工作人员在项目审批、环评审查、日常监管等工作中徇私舞弊、滥用职权、玩忽职守，造成重大损失的渎职犯罪案件；国家机关工作人员在工程建设、征地拆迁等过程中利用职权侵犯公民人身权利的职务犯罪案件。三要不断强化侦查手段和技能，提高查办案件的能力和水平，提高犯罪查处率，加大犯罪成本，进而有效惩治犯罪，打消腐败分子的侥幸心理。

检察环节辩护人诉讼权利保障问题研究

甄 贞 闫俊瑛*

获得律师帮助权是刑事诉讼活动中犯罪嫌疑人、被告人的一项重要权利，联合国《公民权利和政治权利国际公约》规定：被告应当“有相应的时间和便利准备他的辩护并与他自己选择的律师联络”。修改后《刑事诉讼法》进一步完善了辩护人、诉讼代理人的诉讼权利，体现了“尊重和保障人权”的修法精神，然而，刑事诉讼活动中的诉讼权利实现有其特殊性，需要包括检察机关在内的公权力机关提供信息、渠道、方式、效果等方面的便利，以保证辩护人及时知晓案件信息和诉讼进程，依法参与并积极表达辩护意见。由此可见，有效辩护的实现，离不开公权力机关的大力支持与保障。本课题拟通过阐释辩护制度的理论基础、检察机关保障辩护人诉讼权利的应然与必然，促进检察人员强化对依法保障权利职责的理论认同，同时结合新的辩护制度实施两年来的现状、问题及原因，提出诉讼制度完善与配套机制建设方面的对策建议，推动辩护制度全面实施与价值体现。

---

* 作者简介：甄贞，北京市人民检察院副检察长；闫俊瑛，北京市人民检察院研究室主任。

一、辩护制度的价值与挑战

刑事诉讼的历史就是辩护权扩充的历史。辩护制度对于刑事诉讼程序具有不可或缺的价值。从一定意义上来说，没有辩护，就没有真正的刑事诉讼。犯罪嫌疑人、刑事被告人享有辩护权，对刑事指控提出辩解，是无罪推定原则的必然要求，也是刑事诉讼中保障人权的体现。

（一）辩护律师的角色价值

所谓辩护是指辩护人从证据的采纳、事实的认定和法律的适用这三个角度，为委托人提供法律帮助，维护委托人的合法权益，促使法院作出有利于被告人的裁判结论的诉讼活动。辩护具有3个基本要素：第一，辩护是控诉的对立面，辩护的根本目标是推翻或削弱控诉，有控诉才有辩护，控诉指控是辩护存在的前提。第二，从事实和法律上提出有利于被告人的观点、主张和意见。第三，辩护的目的必须是说服法官。在刑事诉讼中，面对强大的国家追诉，犯罪嫌疑人、被告人拥有“平等武装”，即确保国家与被追诉者个人拥有的权利、诉讼资源平等从而获得公平和正义的机会平等，对于保障人权、促进实现公正具有决定性的意义。鉴于辩护权的重要价值，有学者指出，“甚至可以说辩护权是被追诉人所有诉讼权利的总和”。随着现代刑事诉讼的发展，囿于被指控人进行自我辩护的现实障碍，获得代理人特别是专业律师的法律帮助对于实现“平等武装”原则具有不可或缺的价值。专业律师参与刑事诉讼的必要性在于：

第一，犯罪嫌疑人、被告人自身的局限性要求辩护律师参与刑事诉讼。在刑事诉讼中，“由于恐惧、懊恼、愤怒、沮丧、绝望等心理，被指控人很难清醒而理智地就其被指控犯罪实施，从事防御，一些被指控人甚至放弃行使自己的诉讼权利”。另外，出于对保障诉讼程序顺利进行等因素的考虑，相当比例的犯罪嫌疑人、刑事被告人会被采取刑事强制措施，其人身自由处于被部分或者完全被限制的状态，难以根据辩护的需要有效取得对自己有利的无罪或者罪轻的证据，需要借助他人的帮助实现自我辩护的具体设想。具有法律专业资格的律师便是实现这一愿望的重要人选。

第二，刑事诉讼的日趋专业化要求辩护律师的参与。刑事诉讼是解决对于被指控人定罪量刑问题的程序，其中既涉及刑事实体法，也涉及刑事程序法。在实体法层面，对若干罪名构成要件的理解争议不绝，疑难争议类案例结集出版的延绵不断，正是刑事实体法适用中一贯存在难题的明证。同时，随着社会管理的需要，新罪名也不时产生，即便是对法律专业人士跟进实体法的变革都是挑战。另外，随着程序正义理论近年来的兴起，我国刑事诉讼的程序规则和证据规则也日益复杂。仅在 2010 年，就有《关于办理死刑案件审查判断证据若干问题的规定》、《关于办理刑事案件排除非法证据若干问题的规定》和《关于规范量刑程序若干问题的意见(试行)》等文件出台，刑事诉讼程序的日益技术化与复杂化可见一斑。“如果说，在过去刑事诉讼程序比较粗糙的情况下，仅凭一己之力，被告通过自行辩护尚能勉强维护自己的合法权利，那么在刑事诉讼日益技术化的今天，被告自行辩护将越来越难。”辩护权的有效行使越来越依赖于专业尽职的辩护律师。

第三，辩护律师的参与是贯彻程序参与原则、实现有效辩护的要求。程序参与原则是贯穿刑事诉讼程序的一项基本性原则。美国法学家 D. M. 贝勒斯在论及参与原则的功能时指出，当事人应能富有影响地参与法院解决争执的活动。“人们至少有理由期望，在作出关系他们的判决之前，法院听取其意见，即他们拥有发言权。某人被允许参与诉讼也表明别人尊重他，即他受到了重视。”这样，尽管他们可能不赞成判决，但却更有可能服从判决。在我国，犯罪嫌疑人、被告人始终参与刑事诉讼并享有相应的权利，这是参与原则的重要体现。但是，如前所述，囿于被指控人自身的局限，有效辩护的取得依赖于辩护律师获得更多的诉讼权利。2012 年我国《刑事诉讼法》修订后，被告人的诉讼代理人、辩护律师被赋予了更充分的参与权，如正式确立律师在侦查阶段的辩护人身份，在侦查、审查逮捕等阶段听取辩护律师意见等，由此强化了有效辩护的实现途径，体现了被指控方的程序主体地位和参与权。

第四，辩护律师的积极参与是查明真相实现司法公正的需要。近年来我国陆续披露了一些冤假错案。这些司法误判中，案件在证据方面是存在疑点的，虽然有关案件被误判的原因是复杂多样的，但辩护律师的积极参与并提供有效辩护必定有助于暴露定罪证据的不足，有助于达成公正裁判。为此，最高人民检察院指出，要进一步健全完善防范冤假错案的工作机制，并将进一步完善和落实保障律师依法执业机制作为一项重要举措。要求正确认识律师对维护司法公正、防范冤假错案的重要作用，切实保障律师会见、阅卷、调查取证等执业权利，坚决防止和纠正妨碍律师依法执业的违法行为，高度重视、认真听取辩护律师意见特别是对证据真实性、合法性的意见，及时发现问题、纠正差错，保证案件依法公正处理。

第五，辩护权涵括的若干权利具有专属性，更适宜赋予辩护律师。虽然犯罪嫌疑人、被告人的辩护权是专业律师辩护的诉讼权利之源，刑事诉讼中的若干行为却只能由专业的辩护律师承担更适宜。例如，对于收集证据的权利，刑事诉讼法规定，辩护律师经证人或者其他有关单位和个人的同意，可以向他们收集与案件有关的材料，经人民检察院或人民法院许可，并且经被害人或者其近亲属、被害人提供的证人同意，可以向他们收集与本案有关的材料。但收集证据的权利被指控人本人不得为之。因为，被指控人由于自身与案件结果的利害关系，向被害人、证人收集证据时，容易出现情绪失控、手段失当、结果难料的状况，而基于职业道德、执业纪律的约束，辩护律师收集证据则可以较好规范行为、有利于避免负面后果。再如阅卷的权利，辩护律师可以到检察机关和人民法院调取查阅卷宗，但如果由未被限制人身自由的被指控人自行阅卷，将难以防止对被害人、证人报复、打击，对卷宗进行毁损等情况。所以，虽然当前有些论者主张被指控人也有庭前的阅卷权，但对于实践中可能出现的弊端却难以提出有效的解决对策。某些权利的专属性也强化了辩护律师参与刑事诉讼的必要性。

（二）辩护价值面临的冲突与挑战

基于上述理由，辩护律师参与刑事诉讼具备正当性。但是，律师发挥作用的途径注定难以一帆风顺，这是由其自身权利以及控方权力的特点所决定的。

第一，辩护律师的权利具有监督和制约国家权力的属性。在刑事诉讼中，程序正义的核心内容是对被指控人的个人权利加以保护，对国家权力加以制约。控诉与审判分离，是在国家权力内部进行的制约，而刑事辩护制度的实行，则是在国家权力外部引入了制约。美国艾伦·德肖微茨教授曾经指出，“认真负责、积极热心的辩护律师是自由的最后堡垒——是抵抗气势汹汹的政府欺负它的子民的最后一道防线。辩护律师的任务正是对政府的行为进行监督和挑战，要使这些权势在握的尊者对无权无势的小民百姓做出格行动前三思而后行，想想可能引起的法律后果；去呼吁，去保护那些孤立无援无权无势的民众的正当权利”。这一论述固然含有言语渲染的因素，但其中强调辩护律师可以帮助公民抵御国家公权力在刑事诉讼中的不当行使，这一作用难以否认、不可低估。由此，辩护律师在履职中必然会与公权力产生接触、对抗甚至冲突。如果辩护律师行使权利的过程始终与国家权力相安无事，那么，或者国家权力自觉自律地履行着作为辩护律师相对方的职责，或者就是辩护律师消极懈怠地行使着权利，由此其保障当事人权利的作用也将大为削减。

第二，在惩治犯罪过程中，辩护律师维护当事人代理利益的功能与公权力发现真相的职责存在潜在冲突。在刑事诉讼中，发现真实是准确适用刑罚的前提，虽然对于案件事实素来有“法律上的真实”、“客观真实”等理解之间的争论，努力接近事实真相是大陆法系和英美法系共同致力追求的目标。在发现真相方面，需要对辩护律师的作用辩证地看待：一方面，辩护律师针对证据的收集和运用与控方形成对抗，有利于更全面地发掘案件真相，抑制法官的片面性与随意性，更加充分地暴露出案件的疑点，使证据存在疑问的案件当事人免受错误裁判；另一方面，辩护律师也可能对于发现案件真相产生消极影响。辩护律师的职责并不是协助弄清真相，而是实现对委托人有利的诉讼结果。在法律未禁止的情况下，辩护律师可能运用辩护技巧夸大证据的瑕疵，使证据的可靠性受到怀疑，使揭示案件真相变得困难。而且，在控辩对抗最为激烈的侦查阶段，辩护律师的会见、提供咨询等行为容易给侦查策略带来干扰，如启示当事人翻供、毁灭证据等，影响对于犯罪的侦破与证明。在这一意义上，辩方权利如果过于强势，而侦查方式未能与时俱进，势必对查明犯罪事实形成障碍，削弱国家公权力打击犯罪的效能。

对控制犯罪与保障人权的关系根据现实情况进行及时合理的调整，是世界各国都面临的挑战。历史地看，虽然我国辩护律师权利保障状况呈现不断完善的趋势，但在辩护律师权利的保障程度方面始终存在争论。鉴于辩护律师行使法定权利与公权力之间或多或少地存在冲突，实践中，辩护律师权利的实现容易遭遇形形色色的困难，需要具体措施加以保障。

二、检察机关保障辩护律师诉讼权利的法理基础

（一）检察机关保障辩护律师诉讼权利的应然与必然

党的十八大提出了全面推进法治建设的目标与要求，检察官和律师都是国家法治建设的重要力量，二者在刑事诉讼中地位相对，但目标一致，都是为促进国家法律的统一正确实施。新修订刑事诉讼法进一步完善了律师的诉讼权利，同时新增了检察机关负责监督纠正阻碍律师依法执业的职责。那么，检察机关对辩护律师权利提供保障的法理基础是什么呢？笔者认为主要在于以下方面：

第一，检察机关保障辩护律师诉讼权利是对“尊重和保障人权”原则的贯彻落实。“尊重和保障人权”是我国宪法确立的重要原则，鉴于刑事诉讼制度关系公民的人身自由等基本权利，2012

年修订刑事诉讼法时将“尊重和保障人权”增加写入第 3 条。这“既有利于更加充分地体现我国司法制度的社会主义性质，也有利于司法机关在刑事诉讼程序中更好地遵循和贯彻这一宪法原则”。作为一项基本法律原则，它不是宣言性的，而是体现在若干具体条款中。在辩护权保障方面，修改后刑事诉讼法特别丰富了律师辩护的权利内容，例如侦查阶段律师辩护人地位的确立、律师辩护范围的扩大、律师在侦查阶段会见权的保障等，而其中相当部分的权利行使相对方是检察机关。例如，审查批捕过程中，辩护律师提出要求的，检察机关应当听取律师意见；审查起诉阶段，检察机关应当听取辩护人的意见，律师提出书面意见的，应当附卷；侦查终结之前，辩护律师提出要求的，包括检察机关自侦部门在内的侦查机构应当听取律师意见，等等。对于这些条款，辩护律师合法权益的实现要求检察机关依法履行职责，才能落实刑事诉讼中“尊重和保障人权”的基本要求。

第二，检察机关保障辩护律师诉讼权利是贯彻控辩平等原则、弥补辩方天然弱势地位的客观需要。刑事诉讼中，控方为查明犯罪、惩治犯罪、维护社会秩序，需要具备抓捕、取证、扣押等一系列强制性权力，同时，辩方的权利保障虽然日益受到关注，但其与控方在诉讼地位、权利（权力）赋予等方面的差距也是显而易见的。控辩平等原则的确立本身就是对辩方先天弱势的承认。检察机关行使公权力过程中，基于控辩关系的对抗性，在多个工作环节与辩方权利产生接触，例如，辩护律师自人民检察院审查起诉之日起，可以查阅、摘抄、复制本案的卷宗材料。（《刑事诉讼法》第 38 条）辩护人认为在侦查、审查起诉期间公安机关、人民检察院收集的证明犯罪嫌疑人、被告人无罪或者罪轻的证据材料未提交的，有权申请人民检察院、人民法院调取。（《刑事诉讼法》第 39 条）此时，如果没有检察机关对收案的及时告知以及提供必要条件，辩护律师查阅、摘抄、复制卷宗材料的权利无从落实。同样，对于辩护律师合理的调取无罪、罪轻证据的申请，若无检察机关的重视与落实，辩护律师势必难以凭借私权利取得相关证据，这既影响辩方程序参与权的落实，也容易导致重要证据的缺失，影响查明案件真相，使作为刑事诉讼基石的控辩平等原则无所依托。

第三，保障辩护律师权益是检察机关履行客观公正义务的要求和体现。“客观公正义务是指检察官为了实现司法公正，在刑事诉讼中不应站在当事人的立场而应该站在客观立场上进行活动，努力发现并尊重事实真相。”这也是对于检察官作用的国际标准要求。联合国《关于检察官作用的准则》规定，检察官在履行其职责时应保证公众利益，按照客观标准行事，适当考虑到犯罪嫌疑人和受害者的立场。所以，检察官被视为公共利益的代理人并负有保护被害人合法权益和被告人正当利益的义务。在作为检察官客观义务发源地的德国，要求检察官应该同时注意到有利于与不利于被告人两方面的事实，同时承担起追诉犯罪与开释无辜的责任。法典明确要求检察官可以为被告人利益提起上诉或者请求再审。在法国，公诉人“在所有的案件中，他主要关心的是法律应被正确地理解和运用”。这其中蕴含着检察官需超越诉讼胜负之争的理念。同时，在司法竞技理论支配下的英美法系，即便检察官被视为抗辩制诉讼下的一方诉讼当事人，尤其关注乃至追求胜诉的结果，检察官客观中立的立场也日益得到强调。在1935年Berger诉合众国案中，美国最高法院指出：“美国的检察官并不是普通的诉讼当事人，而是代表国家，他的公平对待的义务是其所有义务中最重要的；在刑事诉讼中他的利益并非赢得诉讼，而是确保正义得到伸张。”在英国，《皇家检控官准则》提出，检察官应当确保法律的正确实施，确保将所有相关证据提交法庭，并确保证据开示义务得到遵守；检察官应当始终为司法公正的利益行事，而不应单纯地追求有罪判决。我国刑事诉讼提倡追求客观真实，“有罪追究、无罪保护、严格执法、客观公正”是我国检察官的基本职责和职业道德规范。不折不扣地履行法定义务，保障辩护律师合法权益，既是检察官客观义务的体现，也是控辩平等原则的要求。

第四，保障辩护律师诉讼权利是检察机关履行法律监督职能的内容。《宪法》第 129 条规定：“中华人民共和国人民检察院是国家的法律监督机关。”《人民检察院组织法》第 1 条也有同样的规定。在刑事立法领域，《刑事诉讼法》第 8 条规定，人民检察院依法对刑事诉讼实行法律监督。刑事诉讼中，法律监督内涵丰富，责任重大，它“对于保证准确及时惩罚犯罪、保障无罪的人不受刑事追究，尊重和保障人权，推进司法公正，都具有重要意义”。这些目标和价值的实现方式就是检察机关在刑事诉讼中，以法律为监督依据，监督公权力主体依法履职，保障诉讼参与人的合法权益，促进法律的统一正确实施。在辩护律师权利保障方面，一方面，检察机关需要监督自身以外的公权力机关如公安机关、法院依法履职，保障实现辩护律师的会见权、阅卷权、质证权等诸项权利；另一方面，“打铁还需自身硬”，检察机关需要做好自身监督，对于职务犯罪侦查阶段的会见、听取意见以及审查批捕和审查起诉阶段的多项律师权利，通过内部工作机制加以保障落实。更重要的是，修改后《刑事诉讼法》赋予了检察机关承担司法救济的职能，对阻碍律师职业的行为设置了一个法律救济途径。辩护人、诉讼代理人对公检法机关及其工作人员阻碍其依法行使诉讼权利的，有权向检察机关申诉或者控告，检察机关有审查核实、通知纠正权。这一程序有利于进一步发挥检察机关法律监督机关的监督职能，为保障律师依法执业提供支持和保障。从法理角度看，检察机关的这一职能具有司法属性，陈光中教授指出，此次法律修改发展了我国检察机关的特色。检察机关的定位在世界上本就不是一个模式，我国检察院承担了一部分西方意义上的司法审查职能，这在中国现行法律框架下利大于弊。

（二）修改后刑事诉讼法下检察机关与辩护律师关系的特点

在我国，检察机关与辩护律师的关系有着比控辩关系更丰富的内涵。因为我国检察机关不仅承担指控犯罪的公诉职能，而且承担职务犯罪侦查、审查批准逮捕、律师权益救济等职能。在此意义上，传统控辩关系并不能准确全面地概括我国检察机关与辩护律师的关系特点，有必要从两个角度简要梳理修改后刑事诉讼法下检察机关与辩护律师关系的特点：

一方面，从控辩关系视角看，以合作为主、对抗为辅的新型控辩关系逐步确立。在我国，长期以来控辩失衡被认为是控辩关系最为突出的问题，控辩双方通常以对抗为主合作为辅。有学者指出，受职权主义诉讼模式的影响，我国刑事诉讼构造中的控辩关系大致呈现如下态势：（1）在侦查阶段，律师权利受到严格限制，犯罪嫌疑人处于受追诉的客体的诉讼地位；（2）在公诉阶段，辩护方权利有限且无保障；（3）在审判阶段，辩护律师权利虚化，控辩地位失衡。控辩关系也成为刑事诉讼中众多诉讼主体之间矛盾最为突出、对抗最为激烈、改革最为迫切的一组对象，亟须控方权力的限制与辩方权利的尊重和保障。此次刑事诉讼法修订即遵循这种思路，围绕控辩关系，在增加辩护律师权利的同时，进一步科学配置了检察机关的具体权能，在授权的同时加以控权，使检察机关依托具体权能和诉讼阶段扮演不同角色，发挥不同诉讼功能。以刑事诉讼法修订为标志，有学者指出中国的控辩关系进行了两步走，第一步是从非理性对抗转向理性对抗，第二步是从对抗为主、合作为辅转向以合作为主、对抗为辅，这符合世界刑事诉讼法修改的浪潮。从修改后刑事诉讼法来看，以合作为主、对抗为辅的条文规定无疑成为新型控辩关系的主要内容，这其中包括控辩双方在法律援助、会见、阅卷、调取证据、听取意见、诉讼监督等方面众多具有合作性质的权利内容。这种合作往往是相互的，如《刑事诉讼法》第39条规定，辩护人认为在侦查、审查起诉期间公安机关、人民检察院收集的证明犯罪嫌疑人、被告人无罪或者罪轻的证据材料未提交的，有权申请人民检察院、公安机关调取。第40条规定，辩护人收集的有关犯罪嫌疑人不在犯罪现场、未达到刑事责任年龄、属于依法不负刑事责任的精神病人的证据，也应当及时告知公安机关、人民检察院等。

另一方面，从控辩关系之外的视角看，检察机关通过行使司法属性职能全面保障辩护律师合法权益。检察机关的传统职责规定在《刑事诉讼法》第3条，即负责检察、批准逮捕、检察机关直接受理的案件的侦查、提起公诉。这些职权并非都是控诉性权力，除了职务犯罪侦查与支持公诉之外，审查决定逮捕权力、审查起诉权力因要听取侦辩双方意见作出居中裁定，所以是一种司法性、裁判性权力。此次刑事诉讼法修订为检察机关新增了若干司法属性的职能，如对非法证据的审查核实，审查逮捕阶段讯问犯罪嫌疑人、听取辩方意见，对在押犯罪嫌疑人、被告人羁押必要性的定期审查机制，以及对阻碍律师权利行使申请的审查纠正权等。司法权是以协调、中立和判断为特征的权力。司法是在居中感知、把握案件证据的基础上，认定事实和适用法律。在刑事诉讼中，司法属性的题中之义是对涉及控辩双方争议点的问题作出居中裁判，检察机关行使上述具有司法属性职能的过程必然对辩护律师的诉讼权利产生影响，例如，审查核实非法证据可能是基于辩护律师提出的观点，审查羁押必要性通常是源于辩护方的申请，至于对阻碍律师权利的审查和纠正，它是对于私权利行使的直接救济，更加符合司法属性。行使司法性权力时，检察机关职能部门必须做到公正客观，发挥中立者的作用，全面听取辩护意见，检律之间的关系也便是中立与辩护；在行使控诉性权力时，如职务犯罪侦查、公诉，检察机关职能部门扮演进攻型角色，检律之间是一种进攻与防御、指控与反驳的关系。

（三）检察机关保障辩护律师诉讼权利的基本原则

在刑事司法活动中，检察机关要切实尊重和保障辩护律师权利，需要遵循下列基本原则：

1. 利益权衡原则。利益权衡或者利益均衡，是刑事诉讼中的一项基本原则，是指在刑事诉讼立法与司法活动中，当两种以上的利益不能兼得或相对立的价值发生冲突时，国家及其代表官员根据一定原则和标准，确定某一方或某些方面更为优越而放弃另外的方面。在刑事诉讼中发生利益冲突时依据一定标准进行权衡和选择，这在各国立法和司法中都存在。关于我国刑事诉讼涉及的利益内容，一般认为主要表现为国家和社会利益、某一方面的总体利益及以被告人的利益和被害人的利益为代表的个别利益。利益平衡原则的难点在于落实，在于如何看待和评价各类利益，如何确定各种利益的轻重和大小从而做出取舍，以便“尽可能满足多一些利益，同时使牺牲和摩擦降到最小程度”。

利益权衡原则反映在立法技巧上，往往采用规则与例外并用的方式，如《刑事诉讼法》规定“进行搜查，必须向被搜查人出示搜查证”，又规定了“遇有紧急情况，也可以不另用搜查证”的例外情况。在检察机关保障辩护人权利过程中，利益权衡原则也有重要体现。因为，一方面，我国检察机关侦查职务犯罪，以及对所有犯罪提起公诉，与辩护人在指控犯罪过程中均形成控辩对抗关系；另一方面，如前所述，检察机关出于客观义务、法律监督职责等要求，有义务保障辩护人权益。显然，保障义务与二者的对抗关系这两个因素在某些环节会体现出冲突，需要进行利益平衡。例如，《刑事诉讼法》第 37 条规定，辩护律师在侦查阶段可以会见在押的犯罪嫌疑人，但是，对于危害国家安全犯罪、恐怖活动犯罪、特别重大贿赂犯罪案件，会见应当经侦查机关许可。检察机关侦查职务犯罪案件时，有义务保障辩护律师的会见权，但对于法定类型的案件，确有批准会见的必要。虽然司法解释对于需要批准会见的案件类型进行了界定，但实践中检察机关仍然对“是否有碍侦查”等有裁量的空间，辩护律师也反映会见有受到不合理限制的情况。事实上，检察机关在行使涉及辩护律师的公权力时，只要存在裁量空间，都需要做好利益平衡，“为实现公共利益，有必要根据法定程序和正当理由限制公民的某些权利。同时，为维护公民权益，国家权力的行使也应有限制和制约”。

2. 权利实现方式意思自治原则。实践中，辩护律师依法行使诉讼权利的方式具有多元性，比如，其可以口头提出辩护意见，也可以书面提出；既可以现场查阅卷宗，也可以将卷宗复制后回去查阅等。尊重辩护律师自主选择权利行使方式是检察机关履行保障义务的题中之义。修改后《刑事诉讼法》新增了辩护律师的若干诉讼权利，对一些权利的具体行使方式没有做出限定，因为法律条文需要具有一定的原则性和概括性，才能增强灵活性和适应性。实践中，承担保障义务的检察机关等机构应当贯彻立法精髓，采用灵活现实的方式，对辩护律师的法定权利予以保障，而不能为了自己方便而人为限定某种权利必须采用某种特定方式来行使。例如，检察机关听取辩护律师意见时，不能要求辩护律师都采用书面的方式提出辩护意见；辩护律师前往检察机关复制案卷材料时，也不能人为限制阅卷时间、阅卷方式，当然，确因办公条件限制不能全部满足律师合法行使权利的要求时，也要注意做好解释工作。

3. 遵循实体对抗与程序合作相统一的原则。检察机关与辩护律师的关系是对抗与合作并存，二者相互对立统一。充分对抗，有助于法官兼听则明，准确认定案件事实，正确适用法律和判处刑罚。仅有合作没有对抗，控辩将失去刑事诉讼构造的功能意义，致使惩罚犯罪与保障人权都成为一句空谈。反之，仅有对抗没有合作，控辩相互孤立，互不来往，彼此敌视，这样既不利于案件事实的准确查明，犯罪嫌疑人、被告人人权的及时保障，更不利于法官的居中裁判，势必大大增加冤假错案的概率，难以保障案件质量。要正确处理对抗与统一的关系，关键是准确界定对抗与合作的范围与内容。笔者认为，检察机关与辩护律师应围绕案件事实的查明、法律的适用以及刑罚的确定等案件实体内容展开充分对抗，比如案件性质是抢劫还是盗窃、证据是非法证据还是合法证据、自由刑是轻还是重等，检察机关以代表国家追究犯罪、维护国家和社会利益为出发点，辩护律师以维护犯罪嫌疑人、被告人诉讼权利与实体利益为目标，二者绝不能混同，也不能相互替代。至于合作，为实现充分对抗，检律之间在证据上互相开示，在诉讼主张上彼此明确，以便在法庭上充分辩论与对抗。所以，检律之间对抗的是案件实体内容，合作的是案件证据程序内容，前者是目标，后者是基础。在实体内容上的合作只能是辩诉交易，在证据程序上的对抗只能是控辩失衡。也因此，以诉讼阶段划分，法庭审理前是合作多对抗少，之后应是对抗多合作少。

4．遵循保障与监督相统一的原则。无论从履行法律监督职责的角度，还是从不折不扣地行使好刑事程序中有关公权力的角度，检察机关都需要客观公正履职，对辩护律师不敌视、不抵制，尊重和保障辩护律师诉讼权利，这在律师辩护受到较多抑制的当下尤其具有重要现实意义。但同时也应注意到，我国辩护律师职业素质参差不齐，违反执业纪律的现象时有发生。最近广受媒体关注的李某某等强奸案中，辩护词在庭审之前已经被挂到网络上公之于众，涉嫌泄露当事人隐私。另外，从 2013 年、2014 年北京市检察机关查办职务犯罪的情况看，辩护律师介入后犯罪嫌疑人推翻先前供述的情况增加显著。检察机关侦查人员提出，辩护律师会见时完全不受监听，那么，对于辩护律师诱使犯罪嫌疑人伪造证据的情况如何杜绝，还需立法加以完善细化。对于辩护律师执业质量的监控涉及有效辩护等重要问题，监控的途径除了来自于当事人的投诉、律师同行的监督之外，来自司法机关的监督是一条重要途径。检察机关在查办案件过程中，与辩护律师直接接触，是了解辩护律师职业道德和执业纪律遵守情况的重要信息源，在客观公正地保障辩护律师法定权益的同时，对于工作中发现的辩护律师违规违纪行为也应该一并予以监督，督促律师队伍不断提升职业素质。

三、检察机关保障辩护律师权利的现状

修改后《刑事诉讼法》对辩护律师的权利进行了重大修改和完善，几乎囊括辩护律师参与诉讼活动的方方面面。对于保障辩护律师执业权利，全国各地检察机关采取措施，积极落实，但仍然不同程度地存在一些问题，体现为会见受限、阅卷范围不明、调取证据和申请救济缺乏程序规范等。修改后《刑事诉讼法》将律师以

辩护人身份介入诉讼的时间提前至侦查阶段，并扩大了法律援助范围，初步调查发现，辩护律师的这一权利变化得到了较好的保障。为此，本文从贯彻和落实修改后《刑事诉讼法》的现实状况以及检察机关的工作职能和法律监督性质出发，重点关注辩护律师知情权、表达权以及救济权的保障现状、存在的问题，并从维护公平正义与尊重和保障人权的理念出发，分析原因，提出实现律师权利的机制保障。本文涉及的实务状况主要来自于2013年7月北京市人大常委会执法检查组开展的《北京市贯彻落实〈中华人民共和国刑事诉讼法〉调查问卷》（以下简称《问卷》）。该调查系向律师发出，共回收有效问卷184份，问卷问题几乎涉及修改后《刑事诉讼法》对于辩护律师权利保障的各方面，而其中反映的许多问题至今依然存在。本文对于有些问题的分析还兼顾了文献报道的国内其他省份相关落实情况。

（一）检察机关保障律师会见权的现实状况

从修改后《刑事诉讼法》贯彻和落实情况看，辩护律师会见权得到了较好的实现，突出表现为看守所较好地执行了律师凭三证会见的规定，会见时间和次数较少限制、会见不被监听、会见核实证据较少限制等，但也存在一些问题亟待解决。比如，一些看守所没有在规定时间内安排会见、限制会见时间和次数，除三证外一些看守所要求出具委托人与犯罪嫌疑人亲属证明，并且不同诉讼阶段均要原件。此外，一些看守所内律师座位与犯罪嫌疑人座位很远，会见双方不得不大声说话，变实际不监听为实际监听。另外一些地方仍然派员在场，限制会见时签署文件，等等。

前述的北京调查《问卷》显示，在看守所48小时以后才安排会见的情况占4%，会见时间受到限制的占40%，会见次数受到限制的占16%，受到侦查人员或看守所干警监听的占18.4%，会见时交换咨询意见、辩护意见、案件事实等书面材料受到限制的占15.2%，会见时以出示卷宗的方式向犯罪嫌疑人、被告人核实证据，部分限制的占31%，全部限制的占7.7%。

在检察工作环节，辩护律师会见权扩张给职务犯罪侦查工作带来巨大挑战。修改后《刑事诉讼法》规定，律师持律师执业资格证、律师事务所证明和委托书或者法律援助公函要求会见在押的犯罪嫌疑人、被告人，看守所应当及时安排会见，至迟不超过48小时。检察机关和看守所不能阻止和无故拖延会见，只有危害国家安全犯罪、恐怖活动犯罪、特别重大贿赂犯罪案件三类案件须经侦查机关许可。调查发现，职务犯罪案件侦查环节的律师会见主要遇到两个突出问题，应引起重视和解决：

一是特别重大贿赂犯罪案件的许可程序亟待规范。特别重大贿赂犯罪案件的会见许可问题。按照修改后《刑事诉讼法》规定，特别重大贿赂犯罪案件须经检察机关侦查部门许可，修改后的《人民检察院刑事诉讼规则（试行）》对具体程序做了进一步明确，即“辩护律师在侦查期间提出会见在押或者被监视居住的犯罪嫌疑人的，人民检察院侦查部门应当提出是否许可的意见，在三日以内报检察长决定并答复辩护意见；在有碍侦查的情形消失后，应当通知看守所或者执行监视居住的公安机关和辩护律师，辩护律师可以不经许可会见犯罪嫌疑人；在侦查终结前，应当许可律师会见”。实践中较多出现的问题主要有特别重大贿赂案件范围的泛化、不予许可的轻易性和不予许可解除的困难性三方面。首先是特别重大贿赂案件范围的泛化问题。《人民检察院刑事诉讼规则（试行）》规定，有下列情形之一的，属于特别重大贿赂犯罪：涉嫌贿赂犯罪数额在50万元以上，犯罪情节恶劣的；有重大社会影响的；涉及国家重大利益的。从这些条件来看，后两者属于主观性判断标准，出于惩治职务犯罪的“需要”，检察机关侦查部门极易以案件有重大社会影响或涉及国家重大利益为由限制律师会见犯罪嫌疑人。实践也表明，一些地方对于特别重大贿赂犯罪案件条件的把握已“由紧到松”：在《刑事诉讼法》实施之初，检察机关界定特别重大贿赂案件几乎全部达到贿赂数额50万元这一条件，但伴随新法的实施，逐渐出现了以有重大社会影响和涉及国家重大利益为由界定的特别重大贿赂案件。其次是不予许可决定的轻易性问题。根据《人民检察院刑事诉讼规则（试行）》规定，检察机关对于有碍侦查的特别重大贿赂案件，依法可以不予许可律师会见。但何谓有碍侦查，相关规定不够具体明确，给予司法人员较大自由裁量的空间，某市 2013 年一季度约对 50% 的案件不予许可。最后是不予许可解除的困难性。表现为不予许可决定一旦做出，解除决定迟迟做不出，直到侦查终结。个别律师也反映有的案件在侦查终结前无法见到犯罪嫌疑人。

二是监听与监视内涵认识不一。《刑事诉讼法》规定侦查阶段律师会见不得监听，但对监听内涵范畴的理解有所分歧。实践中，绝大多数检察机关认为监听不仅包括技术手段监督旁听而且包括派员在场监督旁听，所以没有派员在场，但也有个别地区个别检察机关认为，“不被监听”仅指不得利用技术手段对辩护律师与犯罪嫌疑人、被告人的谈话进行监听，所以仍然派员在场监听。与此相关，对律师会见能否监视，即能否只看画面不听谈话内容。有些人认为法律禁止监听但并未禁止监视，因此就可以监视。此外，从功能目的看，通过监视能够监督辩护律师违反职业道德和执业纪律的行为，比如违反职业道德和看守所规定为犯罪嫌疑人携带物品，提供通讯设备，或者违规使用通讯设备等。另外一些人提出反对意见，认为从保障律师会见权利角度看不宜承认，此举也不符合此次《刑事诉讼法》修改的精神。

（二）检察机关保障律师阅卷权的现实状况

此次《刑事诉讼法》修改着力解决司法实践中长期存在的“会见难”、“阅卷难”、“取证难”问题，《人民检察院刑事诉讼规则（试行）》进一步规范、细化了权利内容。实践中，全国检察机关积极行动，严格贯彻法律规定，成立专门的案件管理机构，保障律师阅卷权，采取的措施包括建立网络、电话预约制度，在案件管理部门内部设立专门的律师接待室，添置技术设备提高阅卷效率，制定律师接待规范等。《北京市人民检察院与北京市律师协会座谈会纪要》要求，北京市各级检察院应当保证律师有复制案卷材料的充足时间，材料较多在下班时仍无法复制完毕的，可与律师协商下一工作日继续复制。这些举措无疑极大地保障了律师阅卷时间。同时，律师在检察工作环节行使阅卷权还面临下列问题需要予以重视和解决：

一是阅卷的及时性尚需加强保障。前述北京的《问卷》显示，对于在审查起诉阶段律师提出的阅卷申请，当时安排的占 34.3%；3 个工作日内安排的占 47.5%；3 日内没有安排阅卷的占 18.2%，没有安排的原因是由于受到办案机关在工作时间内限定了律师接待时间的，占到被调查律师人数的 63.8%，随机安排的占 12.3%，完全没有限制的占 23.9%。其他没有及时安排的原因有：一些检察院要求事先与承办人预约，再由承办人确定阅卷时间，多次联系后才能阅卷；个别检察院以工作忙、阅卷律师安排不过来等理由拖延安排阅卷；一些检察院案管中心电话无人接听，无人值守等。此外，一些检察院设定了律师接待时间，如周五全天不接待，或周五下午不接待等。

二是阅卷方式尚不能完全自主选择。《刑事诉讼法》第 38 条规定，辩护律师自人民检察院对案件审查起诉之日起，可以查阅、摘抄、复制本案的案卷材料。前述北京的《问卷》表明，74.1% 的受访律师以复印、扫描、拍照等方式阅卷时没有受到限制，25.9% 的律师认为受到限制。有些律师反映，个别院只允许复印，不允许拍照，有的院只允许拍照不允许复印，理由是设备不足、没有纸张。调查显示，检察机关允许复印、扫描，已提供必要设备的占 32%，设备不够，需要等候的占 28.2%，没有设备，院外复印的占 16.6%。从调查情况看，律师阅卷方式问题主要体现在案件材料的复制方式和硬件保障上。《刑事诉讼法》规定律师阅卷可采用复制的方式，但未明确限定具体何种方式。《人民检察院刑事诉讼规则（试行)》有所涉及，规定辩护人复制案卷材料可以采用复印、拍照等方式。对于没有列明的复制方式，各地做法不一。北京、上海等经济发达地区尝试扫描、高速翻拍、电子资料刻录、电子阅卷等形式。如苏州市检察院开发了“电子卷宗阅读系统”，规范律师阅卷流程，并实现了电子卷宗备查追踪。但在经济欠发达的中西部地区，案卷的复制方式仍主要停留在复印方式。

三是阅卷范围受限制的情况仍然存在。《刑事诉讼法》规定辩护律师可以查阅、摘抄、复制本案的案卷材料，但实践中对于案卷材料范围认识不一。前述《问卷》显示，25.5%的被调查律师表示阅卷范围曾受到过限制，有的检察机关限制律师查阅印有绝密字样的卷宗证据或限制律师查阅现场光盘等。还有3.9%的被调查律师表示遇到过要求签署保密协议或保密承诺方可阅卷的情况。实践中，阅卷范围主要涉及3个争议：（1）对涉及国家秘密案件或者敏感案件的材料，辩护律师同样享有阅卷权，司法机关不适宜出于国家安全、社会安全的考虑，基于担心国家秘密的泄露风险，或者敏感案件的舆论宣传风险而对律师阅卷进行一定限制，对于涉及国家秘密的案件，司法机关有权要求律师在阅卷前签署保密协议，对于律师违反职业道德和执业规范的情形，可向所在律师事务所或司法行政管理部门提出意见或建议。（2）对于同步录音录像材料，有的认为它是记录和反映侦查过程合法、没有刑讯逼供等违法情形的材料，不属于证据，从而不需查阅。但也有观点认为修改后《刑事诉讼法》确立了非法证据排除规则，证明侦查活动合法性的证明材料也应属检察机关审查和律师查阅质询的范围。（3）关于技术侦查措施材料能否被查阅、复制，对此存在争议。修改后《刑事诉讼法》修改正式将技术侦查措施法律化，并扩大了被使用主体范围，技术侦查措施作为查获犯罪的侦查手段其材料应当属于案件材料，应当附卷移送，同时接受律师的阅卷和质证，以保证其被使用的必要、合法、适当。

（三）检察机关保障律师调查取证权的现状

调取证据和申请调取证据是辩护律师的一项重要权利，修改后《刑事诉讼法》第41条规定，辩护律师经证人或者其他有关单位和个人同意，可以向他们收集与本案有关的材料，也可以申请人民检察院、人民法院收集、调取证据，或者申请人民法院通知证人出庭作证。《人民检察院刑事诉讼规则（试行)》做了相关细化规定，初步明确了申请的受理部门、审查决定程序，以及没有正当理由不同意辩护律师提出的收集、调取证据或者通知证人出庭作证的申请，或者不答复、不说明理由的权利救济。律师行使（申请）调查取证权时存在以下问题：

一是半数以上的调取证据申请未获批准。前述北京的《问卷》表明，律师申请办案机关调查取证获得准许的占 47.6%，未获准许的占 52.4%，不被准许的理由包括没有时间、已查过、没有必要、与案件无关、与定罪无关等。但是，判断这些理由是否成立并无统一明确的标准。

二是申请调取已收集对犯罪嫌疑人、被告人有利证据，半数以上被批准。《刑事诉讼法》第 39 条首次赋予辩护律师调取侦检机关收集的证明犯罪嫌疑人、被告人无罪或者罪轻证据材料的权利。《问卷》显示，有 52.6% 的申请被准许，47.4% 的申请不被准许。不准许的理由包括没有必要、与案件无关、调取条件不具备或出具工作说明等，也有办案机关表示研究后再答复或者干脆没有理由不予答复。这表明辩护律师的这一新增权利在实践中并未充分实现，仍有改进和提高的极大空间。

三是律师自行调取证据时，近半数调证工作遭遇当事人反对。关于辩护律师自行调查取证的问题，受访律师中 48% 的被调查律师表示是当事人不同意，45.1% 表示是办案机关不同意，其他情况占 6.9%。被调查律师表示，由于《刑法》第 260 条规定带来潜在的执业风险，办案机关虽然口头同意，但缺少相关同意的手续，律师调查取证权得不到相关部门的重视，被调查部门如银行、工商局等不配合，当事人惧怕司法机关等原因致使律师自行调取证据面临不小阻力。调查还发现，律师向办案机关已经调查过的证人进行调查，被调查律师表示办案机关不干涉的占 8.9%，办案机关明确阻止的占11.4%，证人害怕不同意的占25.2%，不敢对这类证人调查的占54.5%。这种情况是长期以来律师调查取证难的主要表现之一，在宏观上归因于我国惩罚为主保护为辅的司法目标、证人制度的不健全以及控辩对抗的诉讼构造，微观上源于律师调查取证程序的不完善和缺少规制。

（四）检察机关保障律师向在押犯罪嫌疑人核实证据权的现状

修改后《刑事诉讼法》规定，辩护律师在审查起诉阶段，可以向在押犯罪嫌疑人核实证据，但对核实的范围和方式未作规定。从调查情况看，律师会见时以出示卷宗的方式向犯罪嫌疑人、被告人核实证据，没有受到限制的占被调查律师的61.3%，部分限制的占31%，全部限制的占7.7%。这一问题在理论和制度层面引发了巨大争论，莫衷一是。有观点认为，加强对辩护权的保障是刑事诉讼发展的趋势，且辩护律师会见被追诉人时办案人员既不能在场，也不能监听，其给被追诉人看什么内容，如何看，办案机关无从得知，也无从监督，因此过于限制核实的范围和方式意义不大，倒不如放开让辩护律师将其复制、摘抄、收集所得的所有证据材料都呈给犯罪嫌疑人、被告人阅读，听取其意见，以增强辩护的有效性。但也有观点认为，修改后《刑事诉讼法》没有赋予犯罪嫌疑人、被告人阅卷权，如果允许律师可以将复制等所得的卷宗呈给犯罪嫌疑人看，实际上等同于赋予了其阅卷权，不仅于法无据，而且导致权利保障上的不平等，因为对于没有委托辩护人的犯罪嫌疑人，其无法借助辩护律师实现阅卷的权利。此外，如果对阅卷范围和方式不加限制，如何保护证人和被害人的人身安全也是值得关注的问题。

（五）检察机关保障律师表达辩护意见权的现状

律师有效表达其辩护意见，对于切实保障犯罪嫌疑人、被告人合法权益具有十分重要的意义。修改后《刑事诉讼法》增加规定了3项主要内容，强化检察机关对律师刑事辩护意见的表达：（1）第86条规定，审查批捕阶段检察机关可以听取辩护律师的意见，如果辩护律师提出要求的，则应当听取辩护律师的意见。

(2) 第159条规定，案件侦查阶段，辩护律师提出要求的，侦查机关应当听取辩护律师的意见，并且记录在案。提出书面意见的，应当附卷。(3) 第170条规定，检察机关审查移送起诉的案件，应当听取辩护人的意见，并记录在案。辩护人提出书面意见的，应当附卷。

审视上述3条可以发现，法律对于检察机关在刑事侦查、审查批捕和审查起诉过程中听取律师辩护意见的要求存在异同，相同点在于都要求检察机关必须听取，差异处在于：

一是是否要求主动听取的规定不同。《刑事诉讼法》没有提及检察机关在侦查阶段主动听取事宜，默许检察机关采取被动式听取的态度和模式。在审查批捕阶段《刑事诉讼法》要求检察机关可以主动听取，但是对于因情况特殊等未予主动听取的，从法理上讲并不算违法。在审查起诉阶段，无论辩护律师是否提出要求，检察机关必须无条件主动联系辩护律师并听取意见。

二是听取辩护意见后的处理方式有所差异。在侦查阶段和审查起诉阶段，《刑事诉讼法》明确要求检察机关必须将听取情况记录在案，对于辩护律师提出书面意见的，应当将其书面意见附卷留存，而在审查批捕阶段，《刑事诉讼法》并没有作出相应的要求。不过，针对这一差异，根据《人民检察院刑事诉讼规则（试行)》第309条之规定，由此，3个检察环节在听取辩护意见后的处理方式上差异就十分微小了。

从目前掌握的资料和情况来看，听取工作主要存在以下问题：

一是各环节主动听取律师意见的情况较少。从北京市检察机关正式的统计数据来看，北京市检察机关2013年1月至6月在自侦环节根据律师申请听取了5件，审查逮捕环节根据律师申请听取了45件（依申请听取)，总体来看听取意见的数量较少。同期全市检察机关审查起诉环节听取辩护意见的案件数仅为217件，没有达到每案必听的法定要求。从北京市律师协会调查问卷反馈的情况来看，只有6.8%的对象表示，办案机关在审查起诉时能主动要求当面听取意见，14.9%的对象表示办案机关和辩护人都没有提出和要求听取意见。

二是各环节未依申请听取律师意见的情况比较突出。从北京市的调研样本看，在调查对象被问及自侦阶段要求听取意见、检察机关的反应情况时，除16.3%的对象“认为作用不大，没有要求听取”以外，71.1%的调查对象表示“检察机关没有安排听取”，只有12.6%的对象表示“检察机关接受了书面听取意见或者当面听取了意见并制作了笔录”；在调查对象被问及审查批捕阶段要求听取意见、检察机关的反应情况时，只有11.6%的对象表示检察机关安排听取了书面或口头意见；在调查对象被问及审查起诉阶段检察机关听取意见的情况时，15.5%的对象表示主动要求提出辩护意见时办案机关未予听取。

三是审查起诉环节限制听取意见方式的情况较为明显。在调查对象被问及审查起诉阶段检察机关听取意见的情况时，62.8%的对象表示办案机关只要求提交书面材料不当面听取意见。从前述自侦环节的调查统计情况来看，办案人员倾向于当面听取或者书面听取，换言之，对律师通过电话、短信、电子邮件等形式向办案人员提出意见时，办案人员的应对还不够积极。

四是听取意见后的反馈工作仍需强化。北京市律协没有统计辩护律师提出辩护意见后，检察人员反馈采纳意见的情况。不过从律协提供的关于辩护律师申请变更强制措施的有关问卷统计来看，只有14.7%的调查对象表示办案机关在收到申请后依法在3日内予以了答复，22.7%的对象表示办案机关超过了3日期限才给予答复，50.6%的调查对象则表示办案机关没有任何答复。

（六）检察机关保障律师获得救济权利的现状

无救济则无权利。法律如果不建立基本救济机制，仅仅扩大律师辩护权利的外延和范围，最多只能达到在书本法律中列举更多“权利条款”的效果，并不会带来律师辩护效果的实质性改善。而这些书本法律中的辩护权利一旦因为无法得到有效救济而变得形同虚设，那么，《刑事诉讼法》的实施就将成为一句空话，立法机关建立法律规范的预期目的也将化为泡影。修改后《刑事诉讼法》第47条明确规定辩护人、诉讼代理人认为公安机关、人民检察院、人民法院及其工作人员阻碍其依法行使诉讼权利的，有权向同级或者上一级人民检察院申诉或者控告。人民检察院对申诉或者控告应当及时进行审查，情况属实的，通知有关机关予以纠正。该条规定在法律层面上首次明确规定了律师权利救济渠道，充分体现了我国《刑事诉讼法》保障人权的价值目标，也是加强我国公、检、法三机关相互制约关系的一大进步。最高人民法院、最高人民检察院、公安部、国家安全部、司法部、全国人大常委会法制工作委员会（以下简称六部委）联合下发《关于实施刑事诉讼法若干问题的规定》，第10条明确了检察机关受理辩护人申诉、控告应当在10日内将处理情况书面答复提出申诉控告的辩护人。最高人民检察院下发的《人民检察院刑事诉讼规则（试行）》（2012年版）第57条明确规定，辩护人根据《刑事诉讼法》第47条提出申诉或者控告的，由检察机关控申部门或监所部门接受并办理，相关办案部门应当予以配合；将公安机关、人民检察院与人民法院阻碍律师行使诉讼权利的行为进行细化，列举为16项。第58条与六部委的解释一致，规定了检察机关办理申诉、控告的审查期限，即应当在受理后10日内进行审查，通知有关机关或部门纠正，并将处理情况书面答复提出申诉或控告的辩护人。

修改后《刑事诉讼法》实施以来，保障辩护律师获得救济权呈现以下特点：

一是辩护人依据《刑事诉讼法》第47条提出的申诉、控告总体上数量不多。这可以从北京市律师协会的一项问卷调查结果得到佐证。2013年6~7月，北京市律师协会向律师发放了《刑事诉讼法》贯彻落实情况调查问卷，结果显示，参与调查的律师93.7%对全市政法机关贯彻实施《刑事诉讼法》的整体情况评给予肯定评价，仅有6.3%认为较差。对全市各政法机关的评价中，参与调查的律师认为贯彻《刑事诉讼法》最好的是检察院。

二是阻碍辩护律师行使诉讼权利的情形主要集中在限制会见在押的犯罪嫌疑人、查阅复制案卷材料、未依法告知案件有关情况等事项。例如，1 名北京律师撰文谈到，该所律师到某区人民检察院查阅、摘抄、复制案卷材料时，要求采用拍照的方式进行。某区人民检察院的工作人员不准拍照，只允许复印。承办律师向某区人民检察院申诉后，很快得到了解决。该所律师到某市看守所会见，该看守所要求 1 名律师不允许会见，必须有两名律师才允许会见，律师向检察机关反映后很快得到了解决。

三是提出申诉控告的阶段多集中在侦查环节，对象多为侦查机关、侦查部门、看守所等机关。例如，在 2013 年 3 月发生在北京延庆的一起案件中，2013 年 3 月 27 日，延庆县公安局立案侦查的犯罪嫌疑人李某聘请的律师吴某、卢某到延庆县检察院控告，称其二人于 3 月 26 日到延庆看守所申请会见犯罪嫌疑人，被告知未羁押此人，后吴、卢二人欲向办案部门了解犯罪嫌疑人羁押地点，始终未能取得联系。二人认为延庆县公安局故意阻碍其行使诉讼权利，同时认为犯罪嫌疑人未被羁押在延庆看守所，有可能被非法羁押，要求检察机关依法监督。延庆院认为控告人所反映的情况符合《刑事诉讼法》第 47 条及《人民检察院刑事诉讼规则（试行）》第 57 条之规定，于当日受理审查。考虑到诉讼权利的时效性，案件承办人第一时间向延庆县公安局法制处、经侦队当面了解有关情况，调取了相关证据材料，后查明，延庆县公安局以涉嫌非国家工作人员受贿罪将犯罪嫌疑人李某刑事拘留后，由于案情重大，犯罪嫌疑人社会关系复杂，为防止泄露、串供等情况发生，将嫌疑人李某异地羁押于某部队看守所，但该看守所无专用的律师会见场所，如遇律师提出会见申请，只能将犯罪嫌疑人接回延庆县看守所安排会见，故在向家属出具的《拘留通知书》中填写羁押场所为“延庆看守所”，而非实际羁押场所，造成卢、吴二人到延庆看守所申请会见犯罪嫌疑人李某，被告知未羁押此人。吴、卢二人后未能与案件承办人取得联系，故未能安排会见。最终，经延庆院督促，相关部门按照《刑事诉讼法》第37条在律师提出要求的48小时之内安排了会见。

四、现存问题之原因分析

现实中，问题出现的原因往往是多方面的。就前述辩护律师在检察工作环节行使权利遇到障碍的原因而言，主要可以从5个方面来分析：一是相关法律规定不够明确；二是检辩双方关于提出和听取辩护意见的理念需要进一步更新；三是监督约束机制不够有力；四是检辩双方在日常办案中的信息沟通机制尚未理顺；五是辩护方对执业风险和当事人受到不利影响的忧虑。具体分析如下：

（一）制度文本存在模糊地带亟待细化

本文侧重探讨的会见、阅卷、调取证据、听取意见以及获得侵权救济等权利在行使过程中遭遇的问题，有相当部分与法律文本规定模糊有密切联系。例如，在辩护律师行使申请调查取证权方面，实务人员不予准许的正当理由包括没有必要、与案件无关、与定罪无关等，但立法中没有规定构成这些“正当理由”的标准，即如何界定证据的调取是否“有必要”、如何判断所申请调取的证据是否缺少客观性、合法性、关联性，缺少证明力、已有类似证据足以证明案件事实，或者调取某证据不具有可行性。另外，相关申请调取证据的程序流程也需要细化，包括受理后的审查决定、时限、不同意调取的理由告知等，并保障律师不服不同意调取证据决定的救济程序，向同级或上一级人民检察院申诉或者控告。再如，《刑事诉讼法》第47条虽然赋予律师申请救济的权利，但条文内容非常概括，没有规定具体的审查方式、程序和期限，受理机关在具体操作上有很大灵活性和不确定性；没有明确的处理方式及结论，有关机关违法的法律后果不确定；规定了通知有关机关予以纠正，但没有规定纠正的期限要求、纠正程序与违反后果。此外，关于辩护律师在审查起诉阶段可以向犯罪嫌疑人核实证据的范围、方式等均没有细化明确。在听取律师意见方面，法条也缺乏可操作性，在审查批捕环节，辩护律师如果不能及时了解案件办理进展，则会错过审查批捕环节，何谈提出辩护意见？这些问题都大大弱化了这些法律规定的法律作用和效果。这种法律制度的模糊化可能源于立法技术的滞后，也可能源于立法机关的意愿选择，后果却是权利行使的虚置与权利保障的落空。对于这种弊端，樊崇义教授曾结合律师调查权谈到："我国立法美其名曰，赋予辩护律师一个申请调查权，但是这种申请权，往往是形同虚设，要么是只申请无结果，要么是调查的材料和结果不答复、不告知。"也有学者对我国《刑事诉讼法》只进行权利宣告而不规定具体实施性条款的立法模式提出批评，陈瑞华教授指出："如果没有具体的实施性条款，任何法律将不会提供明确的行动指南，执法主体在履行义务的方式、时间、范围、途径以及法定免责情形及理由等一系列问题变得无所适从。"

（二）控辩双方尚未充分形成与修改后《刑事诉讼法》相适应的工作理念

如前所述，修改后《刑事诉讼法》中的诸多重大修订都强化了合作为主、对抗为辅的新型控辩关系的形成。这要求检察机关与辩护律师顺应刑事诉讼制度的发展趋势，从保障人权、维护法治权威以及减少冤错案等角度，建立完善良好的检律关系。但现实中，检律双方的工作理念均与此有差距。

一方面，部分检察官片面界定检察官的职能定位。从法律上讲，检察机关在履行刑事诉讼职能时，应当站在客观公正的立场，全面搜集当事人的有罪证据和无罪证据。这是法律对检察机关和检察官的应然性要求，也是检察机关履行诉讼职能时的一种理想状态。但受我国长期以来重打击犯罪、轻人权保护的诉讼意识和习惯的影响，以及控、辩、审三分的诉讼构造模式的影响，检察官群体在较长一段时间内，将仍然无法摆脱打击犯罪的情结，仍然会继续偏重于搜集犯罪嫌疑人有罪的证据，并习惯于把自己视为控诉和打击犯罪者。因此当综观世界范围内的检察官群体在刑事诉讼中的职业活动可以发现，虽然《联合国关于检察官作用的准则》中明确规定检察官在履职时应“不偏不倚地履行其职能”，但是，相比于搜集和证明无罪而言，检察官们似乎都容易对揭露犯罪和控诉犯罪倾注更多的精力。

部分检察官片面界定控辩关系。司法理念的偏差，以及控辩双方在职能任务上的差别，客观上会造成检察官对律师的隔阂，而一旦这种心理形成，受风险意识的影响，承办人会将律师视为办案工作的“风险因素”。对于检察官来说，如果由于律师的介入而影响到案件的定性，尤其是当他已经对案件形成了意见并且提出了正式的处理意见以后，这种冲击首先会影响到检察官个人的职业名誉，进而会影响到其职业的发展乃至个人的生存。这就导致一些办案人员习惯于先入为主地将辩护律师片面视为自身工作的威胁和对手。在与检察官的调查访谈中，笔者还发现，一些办案人员没有摆脱“官本位”的心理习惯，在诉讼过程中没有把辩护律师放在与自己平等的诉讼地位上看待，认为律师如果想发表意见就必须主动及时找检察官沟通联系，而非检察官主动去找律师听取意见。一些资深办案人员则认为自己从检多年，办案无数，凭自身之力完全能够客观公正地办结案件，所以听取律师意见意义不大。

另一方面，部分律师秉持对检察官的片面博弈观，影响了自身行使权利的程度与方式。以听取意见权为例，有的律师认为，检察环节不是诉讼的最终阶段，检察官的意见不能决定案件的审判结果，而且检察官将自己的职能定位于打击犯罪，将辩护律师视为“对手”和“敌人”，在2013年8月北京市检察机关与北京市律师协会的座谈交流会上，一些律师谈到，“检察官还没有把律师当自己人看待”，“实践中检察官听取律师意见，只是为了套底，99%不采纳”。所以，部分律师认为与其在审前阶段与检察官进行博弈，不如将重心放在庭审阶段。有的律师从辩护策略角度考虑，将自认为有分量的辩护意见对检察机关保留，以免检察人员采纳这些意见并在庭审时向法官提出时，当事人及其家属会认为律师发挥的作用不大而不予认可。如某律师坦言，当检察官在办理某案主动听取其意见时，其并没有向检察官提出自己真实的辩护意见，转而在庭审环节让检察官措手不及，由于该意见符合法律，最终法院采纳了该辩护意见。

综上，检律双方之间对立角色和标签的形成，造成了双方相互的戒备心理和排斥情绪，没能对修改后《刑事诉讼法》带来的新型控辩关系予以充分的认识和接纳，直接导致了前述的会见权、阅卷权的行使不畅，以及听取权利行使的虚化等问题。

（三）保障辩护律师权利的内外监督机制有待健全

任何制度的有效落实除了需要制度具体化、易操作之外，还离不开有力的监督制约机制。检察机关承担了相当分量的保障律师权利职责，这些职责的落实同样也需要以监督来促进。单纯依靠自觉性的执行是无保障的执行。前述律师权利保障出现的问题在很大程度上也与监督不到位有关联。

以律师申请救济的权利为例，司法解释明确规定，检察机关控申部门是受理该类案件的主要责任部门，监所部门负责受理对看守所提出的申诉控告。实践中，由于检察机关内部监督机制的缺失，导致控申部门受理申诉控告后移交相关业务部门的案件，会出现该纠正未纠正、该查处未查出，或者办理不及时、未能按时办结等问题，致使控申部门不能及时答复控告人，律师合法权益不能得到及时保障。此外，对外监督也刚性不足。检察机关的监督往往是事后监督，主要监督手段是检察建议或者纠正违法通知等，对公安机关、人民法院及其工作人员不予纠正的法律责任问题缺乏硬性的规定，是否纠正、纠正幅度仍由公安机关、人民法院自行决定，导致监督效果大打折扣。人员素质方面，修改后《刑事诉讼法》进一步加强了检察机关对侦查权、审判权和执行权的监督，尤其强调在强制措施、辩护制度、证据制度、侦查措施、执行程序等容易侵犯诉讼权利的关键点加强监督。这些事项对控申部门来说是新增的课题，此前很少接触，这就要求控申检察干警不仅要精通侦查监督、审判监督、执行监督等相关业务，还要熟悉诉讼法律、证据制度等方面的知识。但是，实践中控申部门人员配备与公诉、批捕相比一般不够充足，具有丰富办案经验的检察人员数量不多，法律素质有待提高，这也是影响案件办理效果的一个重要因素。

再以听取意见为例，在自侦和审查批捕这两个环节，《刑事诉讼法》未明确要求办案人员必须主动听取律师意见，如果卷宗报告未体现律师意见，检察机关无从掌握在办案中律师是否向办案人员提出听取意见，也无从掌握办案人员是否安排了听取。从辩护律师来看，往往基于多重考虑不会向检察机关提出监督和纠正意见：一是缺乏证据证明办案人员没有履行听取义务，此处的问题与检察机关开展监督制约面临的问题一样，关键的因素在于缺乏有效的显性程序来体现律师申请听取意见这一行为；二是由检察机关审查提出的监督意见，律师对审查结果的公正性难以持信任态度；三是认为如果检察人员不采纳某些实体辩护意见，律师一旦提出监督意见，会恶化辩护律师与办案人员的关系，对案件办理带来负面影响。

（四）检律双方信息沟通机制不畅

首先，律师了解案件诉讼进程的渠道还不够顺畅，实践中，这一问题在审查批捕环节表现得尤为突出，律师不可能每天向侦查机关询问案件进展程度，只能按照法定的拘留时限，推断侦查机关向检察机关移送审查批捕的时点，然后在期间择时与侦查机关沟通联系。但即便如此也有可能因为推断的时点与实际情况不符而导致错过在审查批捕阶段提出辩护意见。前述北京的《问卷》调查表明，57%的调查对象就明确表示，因为不知道检察机关对案件开展审查批捕的时间，所以根本无法提出辩护意见。而且，检察机关对办案人员与律师直接沟通有所顾忌。在与办案人员以及部门主管的访谈中，不少办案人员认为在受理案件后，主动和犯罪嫌疑人的辩护律师沟通联系，会让被害人、部门主管和上级领导对其产生违法办案之嫌，所以一般情况下不直接主动和律师联系。部门主管从风险管理的角度出发，也不提倡和希望承办人主动与辩护律师联系。这无疑是检察机关在听取意见的方式上多主张对形式和场所予以限定，并刻意控制办案人员与律师当面沟通，更避讳双方通过电话进行沟通联系的重要原因。

（五）对执业风险与不利后果的担忧影响律师行使权利的积极性

在我国，公、检、法三机关之间分工负责、互相配合、互相制约是刑事诉讼的一项基本原则，但在现实情况中，三机关之间的关系是配合大于制约。由此，刑事诉讼中侦查、审查起诉、审判三个阶段中公权力往往占据主导地位，犯罪嫌疑人和辩护人一方处于弱势地位。鉴于此，犯罪嫌疑人本就身陷囹圄，出于对公权力的惧怕，认为一旦提出申诉控告，很有可能产生对自己更加不利的后果。辩护律师既然受犯罪嫌疑人委托行使辩护权和诉讼权利，势必会考虑其当事人的意见，如若当事人不愿提出，大多数律师出于多一事不如少一事的心态，也会选择放弃申诉控告。从辩护律师的执业风险来看，律师行业在我国尤其特殊的发展环境，很多律师认为，与司法机关的人际关系往往是影响律师开展业务的一个重要因素。因此，在出现《刑事诉讼法》第 47 条阻碍其行使诉讼权利的情形时，对自身执业风险的顾虑也会降低其提出申诉控告的主动性和积极性。以下实例或许能够佐证上述观点。如北京市某律师事务所承办律师到四川省某市看守所，要求会见犯罪嫌疑人遭到拒绝，又不属危害国家安全犯罪、恐怖活动犯罪案件，也不属特别重大贿赂犯罪案件。承办律师向该市人民检察院申诉。第二天，犯罪嫌疑人的家属（委托人）急匆匆地找到承办律师说，“为了犯罪嫌疑人的安全、利益”，要求承办律师撤回申诉。可想而知是受到了某种压力。某承办律师到北京市某区人民检察院要求反贪局侦查人员介绍案情，侦查人员只告知罪名系贪污，不介绍案情。承办律师准备运用《刑事诉讼法》第 47 条控告，在征求犯罪嫌疑人及委托人（其妻子）的意见时，犯罪嫌疑人和委托人尽管不能见面，但意见异常一致，“不能控告，如控告肯定对犯罪嫌疑人不利”。

五、检察机关保障律师权利机制的完善

修改后《刑事诉讼法》新赋予辩护律师众多的诉讼权利，旨在实现保障人权、促进发现案件真相减少冤错案、强化程序公正等多项立法初衷，而如前所述，在实现法定权利与立法初衷的过程中，检察机关承担着重大职责。针对前述律师权利行使的现实与理想之间存在差距的原因，需要从理念与机制等多方面着手予以解决。

（一）检律双方在理念层面需强化正确的对抗观与业绩观

理念是任何行动的先导。当前我国检察机关与律师在对待律师正确行使权利方面均需要正视一些问题。对于检察官而言，一是要坚持客观公正、平等互利的立场，在形成正式审查结论之前，必须坚持探求案件事实真相的立场，而不能把自己置于将犯罪嫌疑人入罪施罚的角色。因为正式的审查结论——侦查终结意见、审查批捕意见和审查起诉意见均意味着对案件的性质已经形成了最终结论，一旦生效，就产生了法律上的效果和意义，办案人员就必须对这一结论担负责任与风险。只有在审查过程中坚持不偏不倚的立场，才不会对无罪和罪轻证据视而不见，才能尽可能防范错案风险。二是要重视与辩护律师的沟通。检察官群体应当认识到，在诉讼中检察官是主动控诉方，但是从证明责任的角度来看，检察官其实是被动防御方，因为在无罪推定和人权保障原则推导出的证据规则面前，检察官构建的证据体系只要存在一个明显漏洞，就可能引发败诉或者其他不利结果，而这个漏洞常常是辩护律师通过调查取证发现的：“……经过辩护律师的调查取证，案件的关键证人突然推翻了原来向侦查机关所作的有罪证言，使得检察机关精心编制的有罪证据体系受到削弱，整个指控存在被推翻的危险。在这种情况下，辩护律师的调查取证连同证人的改变证言行为，就对侦查机关、检察机关的侦查破案、公诉成功构成严重的威胁”。

对于律师群体而言，也需要形成正确的业绩观。在检察官愿意听取律师意见的情况下，律师应当如实提出自己的辩护意见，特别是及时提出足以动摇有罪认定的证据，以便尽快终结诉讼，使无罪之人尽快脱离诉讼之苦，并节省诉讼和司法资源。同时，辩护律师也要认识到证据突袭具有潜在的负面效果，可能带来风险。例如，在 2003 年山东某法庭审理被告人于某故意杀人罪过程中，辩护律师当庭申请新的证人出庭，证明案件真相。这一证据引发了恶性后果：先是在庭审过程中，辩护律师被“请”出法庭，新出庭的证人则受到了当庭询问；继而在第二天，新证人以涉嫌伪证被刑事拘留；其后公诉方向法院提交了新证人一份关于供述自己做伪证的证言；最后法院判处于某故意杀人罪成立。

（二）工作机制层面需要全面细化工作机制，落实法律修订的精神理念

这也是本课题研究的重心所在。由于律师权利内容丰富，范围广大，特点各异，本部分在提出建议时倾向于以律师权利的具体内容和实现的具体障碍为对象，有针对性地提出工作机制完善设想，具体如下：

1. 注重保障辩护律师对案件进程的知悉权。律师权利中的会见权、阅卷权、听取意见权等多项权利的实现，均以律师了解案件的具体进程为前提。所以，必须重视保障律师知悉诉讼进程机制的构建。目前，北京市检察院已经制作并开始推行案件信息公开系统，先后制定并出台《人民检察院案件信息公开工作规定（试行）》、《北京市检察机关案件信息公开工作实施细则》，规定北京市检察机关通过互联网、检察服务窗口等方式，向相关人员提供案件程序性信息查询服务，向社会公开重要案件信息和法律文书，提供辩护与代理网上预约服务，以及办理其他案件信息公开工作。规定人民检察院应当通过互联网、电话、邮件、检察服务窗口等方式，向相关人员提供案件程序性信息查询服务，向社会公开重要案件信息和法律文书，以及办理其他案件信息公开工作。具体而言，

包括案件程序性信息的查询、重大案件信息的发布、法律文书的公开等详细规定，为包括辩护人在内的诉讼参与人知悉和了解案件情况建构了良好的平台和制度保障。

2. 完善辩护律师会见的制度机制。主要包括：(1) 明确特别重大贿赂犯罪案件的适用条件。结合实际逐步细化“有重大社会影响”、“涉及国家重大利益”的判断标准，比如可以界定为“案件涉及国家军事航空经济科技等核心机密”，“涉及民族关系、政治稳定、对外交往、经贸建设等内容”，“涉及铁路、航空、石油等行业企业”等。同时，应从具体程序上要求检察机关充分评估案件情况、听取律师意见，在此基础上作出不予许可的决定。(2) 明确监听监视的内涵。我们认为，从监听的一般语义与域外立法经验看，不被监听确实不应包括侦查人员在场。依照汉语词典的解释，“监听是指利用无线电等设备对别人的谈话或发出的无线电信号进行的监督”。日本《关于犯罪侦查中监听通讯的法律》把监听也解释为“对他人正在进行的通讯，为探知其内容，不经该通讯当事人任何一方的同意，而予以接收的行为”。但是，反对意见值得肯定，监听与派员在场在功能上同一，限制其一不限制另一的做法实际上没有实现预期目的。因此，我们认为不被监听应当包括侦查人员不得在场情形。对于监视问题，我们认为，要考察监视的目的，以判断有无必要。一般而言，监视是为了监督谈话过程，不是谈话内容，谈话过程中有多少情形需要监督，比如律师为犯罪嫌疑人、被告人提供通讯设备对外联系，帮助在押人员夹带违禁品，携带通讯设备进入会见区域，直接离开单独留置在押人员在会见室等。这些违规情形还是应当予以监督的，以保障监所安全和在押人员安全。所以，我们认为可以研究设置监视制度，这样既不会妨碍律师权利行使又保障监所安全，同时也防止一些串供、毁灭证据等妨碍司法机关诉讼活动的情形出现。为了防止后者情形的出现，一些地方进行了积极探索，但比较而言，效果不如监视。如上海青东区检察院驻上海市第三看守所检察室与上海市第三看守所共同制作了《律师会见友情提示告知单》，要求律师会见须遵守八项规定：不得为在押人员传递私人信件、帮助通风报信、提供串供讯息；不得为在押人员提供各类通讯设备（含具备上网功能的电子设备）帮助对外联系；不得故意帮助在押人员夹带香烟食品等违禁品进入监管场所；不得会见同案未决人员；不得向在押人员提供酒、饮料等食品使用；不得携带通讯设备进入会见区域供自行使用；未经通报和允许，不得在会见过程中离开律师会见室并留置被羁押人员单独出于会见场所内；不得进行影响安全隐患的其他违法活动。

3. 建立不予许可会见解除机制。检察机关不予许可的决定，不仅要在入口上严格贯彻法律规定和要求，防止从宽从多，而且要从出口上即解除不予许可决定上有序可循。对于告知辩护律师可以会见犯罪嫌疑人，辩护律师提出会见申请的，应当许可。我们认为该规定较大限度地保障了特别重大贿赂犯罪案件辩护律师的会见权。对此我们认为可以更进一步，直接规定在案件侦查终结之日起前 3 日不予许可决定自动失效，在不予许可决定书中一并告知辩护律师，辩护律师可随时来信来访了解侦查终结时间，同时对于侦查终结前 3 日不予许可决定没有自动失效或者在该 3 日内律师会见仍然受到限制或不许可的，辩护律师有权以律师诉讼权利受到阻碍提起控告或申诉。在这 3 日内检察机关不得以任何理由再不予许可，并至迟在 3 日之前告知看守所允许律师会见，告知律师可以会见。

4. 完善辩护律师阅卷的制度机制。（1）明确同步录音录像性质。我们认为，同步录音录像不属于严格意义上的证据，因为其不是证明案件事实内容的材料。与证人证言、书证物证不同，其只是记录和反映侦查过程合法、没有刑讯逼供等违法情形的材料，因此同步录音录像资料长期以来并未成为案件材料的内容，律师也长期无法查阅。《刑事诉讼法》修改后，随着非法证据排除规则的正式确立，同步录音录像材料的法律化，作为证明侦查活动合法性的证明材料性质问题以及能否查阅问题引起争论。对此，2014 年 5 月《高检院研究室对上海市院〈关于辩护人要求查阅、复制讯问录音、录像如何处理〉的答复》中指出，讯问犯罪嫌疑人录音、录像不是诉讼文书和证据材料，属于案卷材料之外的其他与案件有关的材料，辩护人未经许可，无权查阅、复制，辩护人是否可以查阅、摘抄和复制，需要由人民检察院根据案件情况决定。同时规定，在人民检察院审查起诉阶段，辩护人对讯问活动合法性提出异议，申请排除以非法方法收集的证据，并提供相关线索或者材料的，可以在人民检察院查看（听）相关的录音、录像；对涉及国家秘密、商业秘密、个人隐私或者其他犯罪线索的内容，人民检察院可以对讯问录音、录像的相关内容作技术处理或者要求辩护人保密；在人民法院审判阶段，人民法院调取讯问犯罪嫌疑人录音、录像的，人民检察院应当将讯问录音、录像移送人民法院。必要时，公诉人可以提请法庭当庭播放相关时段的录音、录像。但辩护人无权自行查阅、复制讯问犯罪嫌疑人录音、录像。从而为同步录音录像性质与能否查阅问题下了结论。

（2）明确技术性侦查措施材料性质。我们认为，技术侦查措施作为查获犯罪的侦查手段其材料应当属于案件材料，应当附卷移送，同时接受律师的阅卷和质证，以保证其被使用的必要、合法、适当，否则这一内容始终是刑事诉讼过程公开公正的薄弱环节，为人诟病。综观世界各国也莫不将技术侦查措施材料纳入案件材料之中，一些国家还将技术侦查措施材料规定为物证。如《俄罗斯联邦刑事诉讼罚典》第81条规定，以下任何物品均被认为是物证：……可以成为揭露犯罪和查明刑事案件情况的手段的其他物品和文件。当北京市检察机关与北京市律协经多次座谈后，也并未达成一致意见，最终的共识是案卷材料是指诉讼文书和证据材料，对阅卷范围有争议的，双方应积极协商，依法解决。可见，此类问题仍须深入论证研究，在立法上定分止争。

（3）限制使用保密协议。我们认为，司法机关要求律师签署的保密协议是对基于国家利益、社会利益以及公民个人利益的考虑对律师执业纪律的再强调，其性质是权利义务协议书。因重要程度差异，对于因涉及国家利益如国家秘密的保密协议，律师如果违反须要承担泄露国家秘密罪的刑事责任，而不仅仅是执业责任的追究，而对于涉及社会利益或者个人重大利益的敏感重大案件，律师如果违反保密协议则仅仅是执业纪律的违反，只能追究执业责任。为切实平衡利益关系，我们认为，凡是涉及国家秘密的案件，律师在阅卷前司法机关有权要求其签署保密协议，对于敏感重大案件一般不能强制律师签署保密协议，特殊案件应认真分析评判。同时，为减少抵触和批评，可以在保密协议中规定司法机关与律师相同的保密义务，而不仅仅是对律师权利的限制。

（4）健全阅卷机制。我们建议，检察机关应从尊重律师自主选择行使诉讼权利方式的原则出发，积极创造条件，提供便利，不得人为限制辩护律师阅卷的时间、范围、方式等。如北京市人民检察院与北京市律师协会座谈会纪要要求，各级检察院应当保证律师有复制案卷材料的充足时间，材料较多在下班时仍无法复制完毕的，可与律师协商下一工作日继续复制。这种做法应值得推广。对于阅卷方式，我们认为短时间内难以在全国范围内统一推广，只能依赖于经济社会的发展和各地检察机关的改革创新，当然从应然的角度看凡是能够获取案卷材料备份件、同一内容的阅卷方式都应当属于《刑事诉讼法》规定的复制方式，不能以任何形式、任何理由禁止或阻碍，这无疑是司法机关努力的方向。

5. 完善辩护律师调取证据的制度机制。（1）健全申请调取证据程序。首先，进一步明确调查取证有无必要的标准或依据，并予以公开，如所申请调取的证据缺少客观性、合法性、关联性，申请调取的证据缺少证明力，申请调取的证据已有类似证据足以证明案件事实，申请调取的证据在客观上不具有调取的条件（比如国外证据）等。这些标准和依据必须公正、客观、实事求是。其次，进一步细化申请调取证据的程序流程，包括受理后的审查决定、时限、不同意调取的理由告知等。最后，在前两者基础上完善权利救济程序，保障律师不服不同意调取证据决定的救济程序，向同级或上一级人民检察院申诉或者控告。我们认为，不宜单独设立律师复议或复核程序，阻碍律师权利的申诉、控告救济程序已然提供足够保障，落实到位比徒增环节更为现实和有效。

（2）健全申请调取公安、检察机关收集的罪轻无罪证据程序。一方面，公安机关、人民检察院在侦查、审查起诉期间收集的证明犯罪嫌疑人、被告人无罪或者罪轻的证据材料应当放入案卷材料，供辩护律师和其他辩护人查阅、摘抄、复制，从源头上减少申请调取有利证据的情形，使公安机关、检察机关既收集有罪证据又收集无罪证据的客观义务及法律要求全面体现在案件材料之中，而不是单纯的控诉犯罪。与此相对应，《刑事诉讼法》第 40 条规定了辩护人的无罪证据告知义务，即辩护人收集的有关犯罪嫌疑人不在犯罪现场、未达到刑事责任年龄、属于依法不负刑事责任的证据，应当及时告知公安机关、人民检察院。双向权利义务的规定，是证据开示制度的应有之义，是诉讼公开与程序公开的必然要求，彰显了我国刑事诉讼制度进步。另一方面，对于受理辩护人调取有利证据的申请，人民检察院、人民法院应当高度重视，认真审查，从尊重和保障人权的角度，从案件公平正义的角度，坚持有利于犯罪嫌疑人、被告人原则，能调取的调取，不能调取的充分说明理由。

6. 完善辩护律师核实证据的制度机制。核实证据的范围及方式。我们认为，应立足修改后《刑事诉讼法》尚未赋予被追诉人阅卷权这一现状，遵循平等保障权利原则，合理界定辩护律师可以向在押犯罪嫌疑人、被告人核实证据的范围和方式。具体而言：

一是对于书证、物证、鉴定意见等客观证据，辩护律师可以采取向犯罪嫌疑人出示证据材料的方式进行核实。一般而言，对于书证、物证、勘验检查笔录等，其受干扰而发生变化的可能性较小，且被追诉人及早知悉这些证据资料，不仅不会对控诉造成太大妨碍，反而有利于其辩护权行使。因此，应几乎不加限制地允许辩护律师向被追诉人核实这些证据。同样，对于鉴定意见，由于鉴定一旦完成，鉴定意见便较难改变，且鉴定专家具有可替代性，被追诉人较少会对鉴定专家进行干扰，因此也应允许辩护律师向被追诉人核实鉴定意见。此外，对于被追诉人的多次供述，也应允许辩护律师向被追诉人进行核实，有利于及早了解、排查有关刑讯逼供的线索。这也符合国际惯例关于被追诉人阅卷范围的规定，无论是英美法系国家还是大陆法系国家，均规定控方至少应当将其在庭审中提交的物证、书证、勘验、检查笔录、鉴定意见及早允许被追诉人查阅或者向被追诉人开示。更为重要的是，根据有关规定，上述证据在收集之初侦查机关即要呈给犯罪嫌疑人核对、确认并签名。比如，对于犯罪嫌疑人多次口供，现行《公安机关办理刑事案件程序规定》(以下简称《规定》) 第 201 条规定“讯问笔录应当交犯罪嫌疑人核对或者向他宣读。如果记录有遗漏或者差错，应当允许犯罪嫌疑人补充或者更正，并捺指印”。对于勘验、检查笔录，《规定》第 212 条明确，“为了确定被害人、犯罪嫌疑人的某些特征、伤害情况或者生理状态，可以对人身进行检查，提取指纹信息，采集血液、尿液等生物样本。检查的情况应当制作笔录，由参加检查的侦查人员、检查人员、被检查人员和见证人签名”。对于鉴定意见，《规定》第 243 条第 2 款明确：“对经审查作为证据使用的鉴定意见，公安机关应当及时告知犯罪嫌疑人、被害人或者其法定代理人。”由此可见，这些证据在收集之初即要呈给犯罪嫌疑人、被告人核对，其实际上已经阅读了证据内容，再限制辩护律师核实证据的方式显然没有意义。

二是对于证人证言、被害人陈述等言词证据，不仅核实范围应有所限制，而且核实的方式也应有所区别。主要因为，证人证言、被害人陈述等主观性较强的证据，容易受外界干扰而发生变化，因此应区分情况做出相应规定。如对于危害国家安全犯罪、恐怖活动犯罪、黑社会性质组织犯罪、毒品犯罪等案件，证人、鉴定人、被害人因在诉讼中作证，本人或者其近亲属人身安全可能面临危险的，无论其是否向检察机关提出证人保护的申请，均应禁止辩护律师向犯罪嫌疑人、被告人核实其证言或陈述。此外，采取技术侦查措施获取的证据材料，如果可能危及特定人员的人身安全、涉及国家秘密或者公开后可能暴露侦察秘密或者严重损害商业秘密、个人隐私的，也应禁止辩护律师向犯罪嫌疑人、被告人进行核实。对于其他证人证言，被害人陈述，则应允许辩护律师采取口头转述证言内容的方式进行核实，但同样不得透露证人、被害人的个人信息。

六、完善辩护律师表达意见的制度机制

（一）完善相关工作举措和流程

首先应通过相关的引导机制，促进检察官群体尽快形成全面的政绩观。如在年度立功受奖方面，对于纠防冤假错案的情形也应当予以重视和奖励；纠防冤假错案的情形应作为正面材料记入办案人员执法档案；在当前对各检察院的业务工作仍然保留考评或者通报机制的情况下，在考评或者通报项目里应当增设纠防冤假错案的考评或者通报项目；适时评选纠防冤假错案的典型案例，重视对纠防工作成绩的正面宣传，等等。在这种导向下，办案人员会逐渐重视客观公正地审查案件，也会逐渐重视听取律师的辩护意见。

（二）着力完善检察机关各环节相关法律文书的模板

在检察机关侦查终结报告、审查批捕报告以及审查起诉报告中均增设“律师意见及审查”大项，均列明“有无辩护律师”小项；侦查终结报告和审查批捕报告中进一步依序列明“律师是否要求听取意见、是否主动听取律师意见、律师提出的具体意见、审查情况”4个小项；审查起诉报告则只列明“律师提出的具体意见、审查情况”2个小项，要求办案人员在制作报告时如实填写。完善出庭公诉词、不批捕决定书、不起诉决定书、撤案书等文书的制作。对于采纳了律师提出的证明犯罪嫌疑人无罪、罪轻或者无逮捕必要证据的情形，在出庭公诉词中应当明确提及，在制作不批捕决定书、不起诉决定书、撤案书等生效文书时，应当遵循释法说理的要求开展说理，并在阐明理由时指出辩护律师提出辩护意见的情况。由此可见，一是有助于帮助办案人员逐渐养成听取和重视律师辩护

意见的司法习惯，二是有利于突出辩护律师对案件付出的努力和成绩，激发辩护律师向检察官提出辩护意见的积极性和主动性，进而推动双方逐渐形成相互信任与合作的良性诉讼心理。

（三）合理设计听取辩护意见的方式

从对律师的调查统计以及一些检察院的实践来看，检察机关对律师发表辩护意见的形式、时间和地点都倾向于设定一些限制。这种机制设计的积极意义在于：一是方便检察机关办理案件。在表达时限上对律师不予限制，律师如果在办案人员已经形成办案结论之后再发表意见，容易导致办案工作的被动，而且由于检察机关办案实行三级审批制，办案人员采纳辩护意见后再重新制作审查报告，无形中增加了检察机关办案的工作量和压力。二是方便检察机关管理办案。相对于办案人员将辩护意见记录在案而言，辩护律师提供书面意见不但省却了办案人员记录意见，而且能够完整表明辩护意见实体内容，并且显得更加正式和规范，与刑事诉讼的司法严肃性更为相称。三是强化了职业道德和工作纪律的规定。在律师提出当面听取意见的情况下，将听取意见限定于办公时间和办案场所符合职业道德和规定。

但是以上设计也面临着明显的问题：一是违反了《刑事诉讼法》的立法精神。《刑事诉讼法》并没有限制律师发表辩护意见的形式，检察机关以机关文件的方式对听取律师辩护意见的形式和时点进行强制，设若律师不在限定的时点以口头方式向检察官提出意见，办案人员根据该院的规定拒绝听取，反而是违反了诉讼法的规定。二是如果辩护律师掌握了重要的无罪、罪轻证据，仅因其未在规定时点内以书面方式提出意见，办案人员就不安排听取，则无疑使检察案件处于极大的错案风险之中，只会让检察机关陷于被动；但若是办案人员予以了听取，那又违反了该院规定，进而使办案人员处于两难境地，检察机关的规范性文件更可能因此被虚化。三是当律师提出当面表达辩护意见时，限定在办公场所是合理的，但是如果扩大范围，要求律师一律在限定时点到办案场所提交书面意见，则没有考虑到律师方面的实际情况，比如犯罪嫌疑人聘请的是外地律师，该律师正在异地办案无法抽身来京提出意见；或者律师因为介入较晚只能在限定的时点之后才提出意见，等等。如此设计难免引发律师的不满。

综上所述，在听取意见的具体制度设计上，不能只站在本位主义的立场，而是必须综合考虑法定要求、社会评价、律师评价和内部管理等多重因素。概言之，在机制设计上要坚持“三不”原则：一是不能设计过密。辩护律师与案件承办人过于密切的联系，一方面容易引发受害人和社会的误解，另一方面也会增加双方不法勾连的概率。二是不能设计过严。过于严苛的沟通方式会给律师增设过多不便，一方面容易引发律师指责检察机关没有有效保障律师的表达权，另一方面律师也可能因此怠于表达重要的辩护意见。三是不能设计过宽。对于一些情形不作强制性或者引导性规定，不利于促使检察官群体尽快形成听取意见的良好习惯。

关于听取意见的时点，一是办案人员不能以强制方式而应以协商态度与律师商定听取的时点。一方面检察官与律师在诉讼中处于平等地位，而且律师何时表达意见是律师的权利，所以检察机关与律师协商时点，体现的是对《刑事诉讼法》和律师诉讼地位的尊重；另一方面将听取意见的时点问题交由办案人员和律师自主解决，有利于应对实践中的各种情况，而且一般而言，律师出于对检察官的尊重，会尽量配合办案人员。二是为了提高沟通效率，建议诉讼规则在要求办案人员履行前述告知律师诉讼进程义务的同时，应当主动询问律师是否准备提出辩护意见，并可与律师就提出辩护意见的时点进行沟通。三是为了进一步引导和提醒办案人员开展听取工作，使辩护意见能够切实为检察工作所用，还可以再设置一条指引性规范，即规定办案人员在与律师沟通协商听取意见的时点时，属于自侦环节的，以商定在不迟于案结前 7 日听取为宜；属于审查批捕环节的，以商定在不迟于案结前 2 日听取为宜；属于审查起诉环节的，以商定在不迟于案结前 5 日听取为宜。这项规定对办案人员不具有强制性，只具有引导性。四是对于办案人员向律师告知诉讼进程并沟通了听取意见的时点后，辩护律师一直没有提出辩护意见的，应当要求审查起诉环节的办案人员在案件预计审结日的前5日再次联系辩护律师，听取其意见。对于自侦和审查批捕环节的案件，由于法律没有规定必须听取，所以原则上可由办案人员自主斟酌是否听取。不过各地检察机关可以结合本地区、本单位的工作需要，就审查批捕和自侦环节的特定案件，要求办案人员在合理时间内再次联系律师主动听取其意见。

关于听取意见的场所和形式，笔者认为，在这一问题的处理上，应当以考虑和方便律师发表辩护意见为优先原则。理由如下：其一，律师表达辩护意见是法定的诉讼权利，于检察机关则是法定的诉讼义务。法律既然没有限定律师表达意见的形式和场所（私下违规会见除外），就意味着律师无论决定采用何种形式、在何种场所表达意见都是其权利，检察机关都应当尽量满足，而不能只顾自身工作便利忽视了对律师权利的保障。其二，律师会根据其辩护意见的重要程度来选择相对合适的表达形式和表达场所。所以将形式和场所的决定权交由律师，并不会影响律师辩护意见以合适的方式表达出来。其三，即便将所有听取律师辩护意见的场所都设定为办案场所，形式都要求为书面，也不能有效防范办案人员与律师之间可能出现的不法勾连。设若双方真有不法勾连的意图，在无线通讯和互联网络时代，也能轻易规避这些禁止性规范。

笔者认为，在律师表达意见的形式和场所方面，宜设立以下应对措施：一是检察机关的规范性文件原则上不应对此作强制性规定，办案人员如果觉得确有必要当面听取意见或者由律师书面提交意见的，应以沟通协商的方式来解决，而不能强令律师来办案场所提交书面辩护意见。二是当且仅当律师提出要当面表达辩护意见时，应强制规定办案人员必须安排在办公时间、办案场所内履行听取义务。三是修改或者废除《人民检察院刑事诉讼规则（试行）》第288条的规定。

（四）完善对听取义务的监督制约机制

有效监督的前提是必须掌握被监督事项的基本情况。从前述原因分析来看，目前最为掣肘的问题也在于此。《人民检察院刑事诉讼规则（试行）》第 54 条对案件管理部门在听取意见中的职能设计从理论上讲即具备掌握信息的功效。北京市检察系统在这方面也开展了有益的实践。如北京市检察院近期在全市各级案件管理部门的网上办案系统中增设了“办理律师申请听取意见”项目，对律师提出要求听取辩护意见的情形予以网上记录，从而为开展后续监督和检查提供了有利信息。在此基础上，对于律师仅向案件管理部门要求安排听取意见而没有提交书面意见的，案件管理部门向办案部门或人员移送律师的要求后，办案人员应及时向案件管理部门反馈听取记录，包括听取时间、方式和基本内容，以备将来万一律师提出控告、申诉时，控告检察部门开展工作时使用。换言之，如果律师在案件管理部门登记了要求安排听取意见，案件管理部门也向办案人员进行了移送，而办案人员缺乏反馈材料，一旦审查，办案人员将处于不利境地。

（五）进一步明确律师及时全面表达辩护意见的义务

及时全面表达辩护意见，是指辩护律师应当及时全面地向司法机关反映犯罪嫌疑人、被告人无罪或者罪轻的意见。表达辩护意见从检辩关系来看，对律师是一种权利，从委托人与被委托人的关系来看，对律师则是一种义务。律师接受了犯罪嫌疑人的委托为其开展辩护，就理应围绕保障被委托人的合法权益全面向司法机关表达辩护意见，而且理应及时表达这一意见。唯其如此，才有利于检察机关及时发现问题，对犯罪嫌疑人尽快形成公正处理，进而才符合委托人的自身利益。法学界常言：迟来的正义非正义。这一格言的本意是警醒刑事诉讼机关提高办案效率，但是在现代刑事诉讼模式中，律师逐渐扮演着日益重要的角色，其对案件的影响力也日益增加，如果由于律师怠于行使辩护权利，不注重工作效率而延迟了有利于犯罪嫌疑人的证据被发现，进而延迟了犯罪嫌疑人被无罪或者从轻处理的时间，延长了委托人的诉讼之苦，于律师而言同样是一种失职行为和缺失责任心的表现。所以无论从执业职责还是职业道德的角度来看，都应当明示和强调律师及时全面表达辩护意见的义务。

规范律师表达意见的行为有利于检察工作，但是不能通过检察机关单方面制定相关规则的方式来达成这一目的，而应当通过推动修改相关立法来实现。具体而言，一是建议完善《刑事诉讼法》第 37 条之规定，进一步扩充律师证据开示的项目，即在 3 项证据之后加上“等能够证明嫌疑人无罪或者罪轻的证据”。二是建议完善律师法的相关罚则。对于《刑事诉讼法》设定的表达意见和证据开示的义务，律师如果不予遵循，与《律师法》第 48 条规定的有关禁止性行为在性质和恶劣程度上具有同质性，可在第 48 条中增设相应的禁止性规定。

七、完善辩护律师救济的制度建议

（一）细化落实第 47 条相关规定

细化规定的重点应当着眼于几个方面：一是明确检察机关控告申诉部门办理此类案件的具体流程，包括受理、审查、核实、答复的一系列规范性做法，并根据涉案机关与部门的性质与级别的不同进行区分规定。二是明确阻碍辩护人行使诉讼权利的办案部门配合检察机关控申部门进行核实情况的具体做法，如不予配合应当承担的法律责任。三是明确被通知纠正阻碍行为的机关与部门应当作出纠正的期限；如不再规定期限内纠正，应当承担的法律责任。检察机关监所部门受理涉及看守所的申诉控告，参照上述规定予以明确。

（二）进一步提高责任部门人员的法律业务素质

法律与规定终究要靠人来执行，人员的素质高低、能力的强弱势直接关系法律贯彻落实的实际效果。近年来检察机关一直把打造专业化、高素质检察队伍作为队伍建设的战略性目标来抓，全国检察机关人员的整体素质呈现出逐步提高的态势。但是，各地区、各部门人员结构与层次发展还存在不够均衡、不够合理的问题。一般来说，控告申诉监察部门和监所检察部门人员相对较少，力量相对较弱。而控告申诉检察部门是检察机关联系群众的桥梁和窗口，是贯彻修改后《刑事诉讼法》的前沿哨所，为确保修改后《刑事诉讼法》的贯彻实施所面临的新形势，应对当前控申检察力量的配备进行适当的调整。笔者建议，从办案实际出发，在充分提高现有人员素质的基础上科学地配置办案人员。努力建设一支专业基础扎实、实战经验丰富、年龄结构合理、热爱控申检察工作的优秀队伍。一方面要提高执法办案和释法说理能力。面对修改后《刑事诉讼法》提出的新挑战，控申干警要不断学习和研究修改后《刑事诉讼法》中出现的新程序、新机制，准确把握新程序、新机制中的立法精神和程序意义，要注意不断发现和总结出现的新问题，着重寻找解决问题之道。只有不断提高执法办案和释法说理能力，才能办理好新型案件，才能适应广大人民群众对于加强刑事法律监督的迫切需要。另一方面要加大业务学习和岗位培训力度。控申部门应大力开展多种形式的岗位练兵，通过疑难案件研讨、办案能手示范、精品案件展示、优秀法律文书评展和理论研讨评比等形式，进一步提高控申干警的实践能力和理论水平，使修改后《刑事诉讼法》的立法精神和执法理念得到有效的贯彻和实施。

从维护公平正义和强化法律监督的功能定位出发，从尊重和保障人权的价值目标出发，检察机关一定会积极转变理念，严格认真贯彻《刑事诉讼法》修改，正确认识和处理检律关系，不断改进和创新工作机制和工作方法，切实推进对律师权利的保障。

职务犯罪案件并案侦查机制研究

杨书文　傅晓雨　刘　珣[*]

我国刑事诉讼立法对刑事案件的立案管辖做出了明确的规定，理论上公安机关和检察机关不存在立案管辖交叉和代侦等问题。然而在司法实践中，检察机关在立案侦查职务犯罪案件时，有时会涉及与职务犯罪案件相牵连的普通刑事案件的侦查问题，特别是在渎职侵权犯罪案件中，《刑法》第九章规定的许多渎职犯罪都是以查清关联案件为立案前提，否则就无法查明和认定渎职犯罪。而将职务犯罪案件与关联的普通刑事案件并案侦查，能够有效增强检察机关的侦查力度，确保职务犯罪案件侦查活动的统一部署和整体进行，能够更加有力地震慑犯罪。

一、职务犯罪案件并案侦查机制概述

2012 年 10 月修订的《人民检察院刑事诉讼规则（试行）》第 12 条第 2 款对检察机关并案侦查作出了明确规定，根据该款规定，检察机关在侦查过程中，发现与职务犯罪相互关联的案件，或者职务犯罪嫌疑人实施的其他犯罪行为，有利于诉讼活动进行的，可以一并立案侦查。

---

* 作者简介：杨书文，最高人民检察院反贪污贿赂总局一局副局长；傅晓雨，北京市西城区人民检察院渎职侵权检察局局长；刘珣，北京市西城区人民检察院检察员。

(一)职务犯罪案件并案侦查的界定

一般意义上的并案侦查，是指侦查机关和侦查人员对同一地区或不同地区相继发生的有证据证明系同一个或同一伙犯罪分子所为的系列案件合并起来统一进行侦查的一种侦查方式。[①]

而职务犯罪案件并案侦查，则是以检察机关对职务犯罪案件的管辖权为基础的一种侦查方式，其是指检察机关在立案侦查职务犯罪案件过程中，对与职务犯罪相关联且影响职务犯罪认定的，或者职务犯罪嫌疑人实施的其他普通刑事案件，与职务犯罪案件合并共同侦查的侦查方式。

(二)职务犯罪案件并案侦查机制的发展

从我国刑事诉讼立法的发展来看，职务犯罪案件并案侦查机制的发展过程主要经历了广泛适用、严格限制和有条件适用 3 个阶段。

1979 年《刑事诉讼法》第 13 条第 2 款规定："贪污罪、侵犯公民民主权利罪、渎职罪以及人民检察院认为需要自己直接受理的其他案件，由人民检察院立案侦查和决定是否提起公诉。"该款规定实际上赋予了检察机关相当广泛的案件侦查权，凡检察机关认为需要自己直接受理的案件，都享有案件管辖权，可以直接立案侦查，因此，对于与职务犯罪相关联的普通刑事犯罪案件，检察机关可以并案侦查。

1979 年《刑事诉讼法》赋予检察机关并案侦查的权力过于宽泛，且缺乏相应的监督制约机制，"在 1996 年修改刑事诉讼法时，注重了司法上的可操作性，过分强调了尽量缩小和明确人民检察院直接管辖案件的范围，以便为发挥其法律监督职能提供保障"[②]。

---

① 参见王永金：《渎职犯罪关联案件并案侦查制度思考》，载《人民检察》2009 年第 20 期。

② 李冬生：《刑事诉讼管辖中的立法缺陷及思索》，载《云南公安高等专科学校学报》2000 年第 1 期。

修订后的《刑事诉讼法》对公安机关、检察机关的案件管辖范围作出了明确区分，其第 18 条规定，“刑事案件的侦查由公安机关进行，法律另有规定的除外。贪污贿赂犯罪，国家工作人员的渎职犯罪，国家机关工作人员利用职权实施的非法拘禁、刑讯逼供、报复陷害、非法搜查的侵犯公民人身权利的犯罪以及侵犯公民民主权利的犯罪，由人民检察院立案侦查。对于国家机关工作人员利用职权实施的其他重大的犯罪案件，需要由人民检察院直接受理的时候，经省级以上人民检察院决定，可以由人民检察院立案侦查”。同时，最高人民法院等六部门《关于刑事诉讼法实施中若干问题的规定》中规定：公安机关侦查刑事案件涉及人民检察院管辖的贪污贿赂案件时，应当将贪污贿赂案件移送人民检察院；人民检察院侦查贪污贿赂案件涉及公安机关管辖的刑事案件，应当将属于公安机关管辖的刑事案件移送公安机关。在上述情况中，如果涉嫌主罪属于公安机关管辖，由公安机关为主侦查，人民检察院予以配合；如果涉嫌主罪属于人民检察院管辖，由人民检察院为主侦查，公安机关予以配合。由此，检察机关对于与职务犯罪相关联的普通刑事犯罪案件不享有立案侦查权，只有当检察机关立案侦查的国家机关工作人员存在利用职权实施其他重大犯罪案件的情形时，经省级以上人民检察院决定，检察机关才可并案侦查。

随着我国法治进程的推进，人民群众对查办职务犯罪特别是渎职犯罪的呼声越来越高。为有效破解渎职侵权犯罪案件“发现难、查证难、处理难”等问题，2010 年 12 月 21 日，中办发〔2010〕37 号文件《关于加大惩治和预防渎职侵权违法犯罪工作力度的若干意见》，旗帜鲜明地支持纪检监察和检察机关依法查办渎职侵权违法犯罪案件，加大查办力度，整合检察机关内部资源，形成惩治渎职侵权犯罪的合力，在查办职务犯罪中对涉及的渎职侵权、贪污贿赂犯罪要并案查处。同时，最高人民检察院《关于加强和改进新形势下惩治和预防渎职侵权犯罪工作若干问题的决定》也明确规定，对管辖一时难以分清、后果严重的犯罪案件，经省级以上检察院批准后可予立案，涉及渎职侵权犯罪相关证据的，检察机关可直接进行调查，对重特大渎职侵权犯罪案件所涉及的必须及时查清的案件，经上级检察机关同意，可以并案查处。2012 年，北京市检察院、市高级人民法院、市公安局、市国家安全局、市司法局联合下发《关于加强检察机关反渎职侵权工作的若干意见》，进一步规定“对涉及必须查清的其他犯罪，检察机关可以先行侦查再依法移送，也可以在公安机关的支持配合下调集办案专家集中突破，侦查工作需要调阅案卷材料的，公安机关、人民法院应当予以配合”。

2013 年 1 月 1 日，新修订的《人民检察院刑事诉讼规则（试行）》正式实施，第 12 条第 2 款对检察机关并案侦查作出明确规定，至此，职务犯罪案件并案侦查这一侦查方式最终成型。同时，最高人民法院等六部门《关于实施刑事诉讼法若干问题的规定》规定适用并案侦查须满足一人犯数罪，共同犯罪，共同犯罪的犯罪嫌疑人、被告人还实施其他犯罪或者多个犯罪嫌疑人、被告人实施的犯罪存在关联，并案处理有利于查明案件事实等四种情形之一。

（三）职务犯罪案件并案侦查机制的特点

职务犯罪案件并案侦查作为一种新型的职务犯罪侦查方式，有着与普通刑事案件并案侦查不同的特点。

一是职务犯罪案件并案侦查机制突破了刑事案件的管辖范围。公安机关适用并案侦查机制立案侦查的刑事案件均属于其自身的案件管辖范围，即无论是已立案侦查的犯罪案件，还是并案侦查的关联犯罪案件，均为普通刑事案件。对于侦查发现的职务犯罪案件，公安机关应当移送检察机关管辖。而职务犯罪案件并案侦查机制则突破了刑事诉讼立法关于刑事案件管辖的权限划分，其是将职务犯罪案件与相关联的普通刑事案件合并侦查的侦查方式，检察机关通过并案侦查，对本应由公安机关管辖的部分刑事案件享有了管辖权。

二是职务犯罪案件并案侦查机制的适用以查明职务犯罪为核

心。检察机关适用职务犯罪案件并案侦查机制，是以全面查明和认定职务犯罪事实为核心的，对于那些在职务犯罪案件侦查过程中发现的不影响职务犯罪行为查处和认定的普通刑事案件，检察机关应当移送有管辖权的机关处理。

三是职务犯罪案件并案侦查机制严格履行批准程序。职务犯罪案件的并案侦查与普通刑事案件的并案侦查在批准程序上存在差别，由于公安机关本身享有对普通刑事案件的管辖权，因此其在对普通刑事案件适用并案侦查时无须上报省级公安机关进行批准。而职务犯罪案件并案侦查机制则突破了刑事案件管辖范围，赋予检察机关本不享有的立案管辖权，因此，为防止并案侦查的滥用，检察机关在适用时须履行严格的审批程序，只有省级以上人民检察院才有权决定是否适用并案侦查。

二、职务犯罪案件并案侦查机制的重要意义

赋予检察机关对职务犯罪关联案件的并案侦查权，符合司法实践的客观需要，能够有效发现、查明、认定、处罚职务犯罪行为，有利于提高诉讼效率，节约司法资源。

（一）有利于发现职务犯罪

与普通刑事犯罪相比，职务犯罪的主体绝大多数是国家工作人员或者国家机关工作人员，犯罪主体身份的特殊性决定其一般具有较高的学历和智商、丰富的社会阅历和经验，犯罪时工于心计、善于谋划，犯罪嫌疑人实施犯罪行为时多凭借职务行为进行掩护或利用职权加以掩盖，犯罪行为隐秘，不易于发现。[①] 而并案侦查是发现职务犯罪，特别是渎职侵权犯罪的有效途径。我国《刑法》规定的渎职侵权犯罪包括44个罪名，涉及司法、金融、税务、林业、环境、食品、卫生、土地、商检、工商、安监、质监等多个领域和部门，许多渎职犯罪都是以查清关联案件为立案前提，如重大安全

① 参见朱孝清：《职务犯罪侦查措施研究》，载《中国法学》2006年第1期。

生产责任事故背后隐藏的渎职犯罪，检察机关对与职务犯罪相关联的普通刑事案件并案侦查，能够更好地发现职务犯罪线索，清晰地判断职务犯罪是否符合立案标准，有利于打击职务犯罪行为。

（二）有利于查清犯罪事实

职务犯罪主体一般对自己职务范围内的情况熟悉，深知本行业管理制度和机制中的漏洞，有的甚至还熟悉法律、懂得侦查技能，作案时手段狡诈隐蔽，案发后又利用职权地位所形成的影响，公开或秘密对抗司法机关的侦查活动，利用盘根错节的关系网开脱罪责，给检察机关收集职务犯罪证据设置障碍，无形中增加了追诉难度。职务犯罪主体的特殊性，决定了查处该类案件结案难度大，取证要求与普通刑事案件相比更为严格。而对职务犯罪关联案件并案侦查，能够及时获得认定犯罪事实的关键证据，全面查清职务犯罪事实，有利于准确认定职务犯罪。

（三）有利于节省诉讼成本

司法实践中，经常会出现职务犯罪与普通刑事犯罪相互关联、贪污贿赂犯罪与渎职侵权犯罪相互交织的情形，如北京市海淀区检察院在办理某派出所民警勾结拆迁公司主要负责人在拆迁过程中滥用职权骗取国家补偿款一案中，发现与之关联的拆迁公司负责人员涉嫌非国家工作人员受贿犯罪、亲属包庇犯罪、被拆迁户对非国家工作人员行贿犯罪、拆迁办工作人员受贿犯罪，这些相互关联的案件是一个犯罪整体，渎职犯罪案件与其他相关案件在基本事实、基础证据、情节后果等方面互为支撑，有的甚至是同一的。若将渎职案与关联案分开侦查，客观上不利于收集、固定认定渎职犯罪与关联犯罪的共同证据，不符合实际办案规律。同时，对于这个犯罪整体，检察机关侦查后，再移送公安机关侦查，造成重复取证，既浪费诉讼资源，又未提高诉讼效率。

三、职务犯罪案件并案侦查机制的适用条件

由于职务犯罪案件并案侦查机制改变了公安机关对部分普通刑

事案件的管辖权，属于特殊的侦查方式，因此，检察机关应当坚持慎重并有利于职务犯罪查处的原则，并案侦查机制的适用应同时满足下列条件。

（一）职务犯罪案件达到重大标准

职务犯罪案件并案侦查机制属于特殊的侦查方式，应当从严控制，因此，在案件适用范围上，只有重特大的职务犯罪案件才能适用并案侦查机制。同时，由于检察机关对职务犯罪关联案件的并案侦查权是建立在职务犯罪案件管辖权基础上的，因此，应当在职务犯罪已经依法立案之后或者在立案的同时，再对与之关联的普通刑事案件并案侦查。

（二）职务犯罪与普通刑事犯罪相关联

检察机关适用并案侦查机制的基本条件是职务犯罪与普通刑事犯罪相关联，且普通刑事犯罪中犯罪主体的行为根据我国《刑法》规定已构成犯罪，需追究刑事责任，普通刑事犯罪的案件事实是认定职务犯罪的必要条件。对于不影响职务犯罪案件查处和认定的普通刑事案件，应当移送有管辖权的司法机关依法处理。

（三）有利于职务犯罪侦查

所谓有利于职务犯罪侦查，是指并案侦查的适用，一方面有利于查明全部案件事实，另一方面有利于刑事诉讼的进行。具体而言，检察机关在职务犯罪侦查过程中，应当从以下3个方面把握是否适用并案侦查：一是综合全案判断职务犯罪关联案件性质。对于职务犯罪嫌疑人存在一人犯数罪，且数罪中明显存在其他主罪的情形，如职务犯罪嫌疑人还同时犯有故意杀人罪、涉黑涉恶暴力犯罪、毒品犯罪、走私犯罪等刑罚幅度明显高于已立案侦查职务犯罪的刑罚幅度，且犯罪情节复杂、涉案人员多、涉及地域广，并案侦查不利于及时查明案件事实的，不宜采用并案侦查措施。二是对于包庇罪、伪证罪、妨害公务罪等在侦查过程中发生的犯罪，不宜由原侦查部门并案侦查。三是并案侦查能够有效排除侦查阻力和困难，能够更为便利地查明案件事实，切实提高侦查效率、减少诉讼成本。

（四）并案侦查客观可行

检察机关在侦查职务犯罪案件中适用并案侦查机制应当充分考量自身的侦查能力。由于检察机关与公安机关的职能定位不同，在职务犯罪案件侦查和普通刑事案件侦查上，检察机关与公安机关各有优势，因此，检察机关在并案侦查属于公安机关管辖的普通刑事案件时，应当从侦查力量、技术手段等方面充分考虑，检察机关力所能及的关联案件，可以并案侦查，如若需查处的关联案件所需侦查力量、技术手段远远超过侦查职务犯罪本身的成本，则应当将关联案件移送有管辖权的公安机关，避免职务犯罪侦查工作出现“小马拉大车”的现象，得不偿失。

四、职务犯罪案件并案侦查机制的司法实践

随着职务犯罪案件并案侦查机制的确立，全国检察机关通过采取这一新型侦查方式，打开了检察机关职务犯罪案件侦查工作的新局面，尤其是在查办渎职侵权犯罪案件方面，通过并案侦查机制的适用，检察机关及时获得了认定犯罪的强有力证据，有力打击了渎职侵权犯罪。

（一）职务犯罪案件并案侦查机制适用的基本情况

2010 年中办发 37 号文件下发以来，全国检察机关有效利用并案侦查机制，增强侦查力度，查办了一批有影响、有震动的渎职侵权犯罪大案、要案。如辽宁省鞍山市检察机关，2010 年至 2012 年 3 年来共查处渎职侵权犯罪案件 119 件 189 人，其中并案侦查非渎职侵权案件 34 件 40 人。

再如北京市检察机关，2011 年 1 月至 2013 年 6 月，北京市检察机关反渎职侵权部门并案侦查案件共 22 件 30 人，占同期全部立案总人数的 15%。从关联案件的罪名分布来看，涉嫌诈骗的犯罪嫌疑人 12 人，占同期并案侦查案件人数的 40%；涉嫌出具证明文件重大失实的 4 人，占 13.3%；涉嫌非国家工作人员受贿的 3 人，

占10%；涉嫌走私珍贵动物、珍贵动物制品的2人，占6.7%；涉嫌对非国家工作人员行贿的2人，占6.7%；涉嫌合同诈骗的2人，占6.7%；此外，涉嫌受贿，窝藏、包庇犯罪嫌疑人，行贿，单位行贿，虚开增值税专用发票、用于骗取出口退税、抵扣税款发票的各1人，各占3.3%。[①]

（二）职务犯罪案件并案侦查机制适用的典型案例

2009年，辽宁省鞍山市检察院适用并案侦查机制查办了一起抚顺、营口、辽阳三市中级法院部分法官与律师、中介组织人员相互勾结，枉法审判，非法认定驰名商标系列案件。该案从立案到侦查终结共历时一年半，共立案侦查92人，其中法官22人、律师43人、中介组织人员27人，全案为国家挽回经济损失2000余万元。该案立案侦查的律师、中介组织人员为并案侦查的犯罪嫌疑人，罪名主要涉及帮助毁灭、伪造证据罪和行贿罪。

辽宁省鞍山市检察院在收到案件线索后，发现非法认定驰名商标系列案涉及受案、审判等环节的法官。在接触律师梁某和法官张某后，查出抚顺市中级人民法院在办理54件非法认定驰名商标案件过程中，涉及多名法官和律师、中介组织人员。随着案件侦查工作的不断深入，虚假商标侵权纠纷案件的来源逐渐集中到江苏、浙江、内蒙古、北京等律师事务所的多名律师身上。此外，该系列案件还牵涉到杭州浩瑞商标策划有限公司、南京驰名商标代理公司等中介组织人员。该非法认定驰名商标案件的主要脉络是商标代理机构直接与企业联系，唆使企业通过司法途径认定驰名商标，代理机构取得代理权后，把案源交给上线律师，上线律师再把获得的案源交给下线律师，同时提供商标纠纷民事诉讼所需的法律文书模板，并在伪造侵权事实方面提供帮助。律师、中介组织人员的行为符合帮助毁灭、伪造证据罪的犯罪构成，为保证对法院法官枉法裁判案

① 参见顾军、马军、许婷：《职务犯罪关联案件并案侦查机制研究》，载《人民检察》2013年第24期。

的侦查工作顺利进行，全面查清该系列案的犯罪事实，鞍山市检察机关对涉案律师和中介组织人员并案侦查，并果断采取追逃措施，将全案涉及的浙江、江苏、北京、上海、黑龙江、内蒙古、青海、辽宁等8个省、市、自治区的几十名律师和中介组织人员抓捕到案，及时取得、固定认定案件事实的关键证据，确保案件证据链条完整，保证了案件的审判工作。

（三）职务犯罪案件并案侦查机制适用的实践经验

从辽宁、北京等地检察机关适用并案侦查机制查办渎职侵权犯罪案件的司法实践来看，并案侦查机制的适用，有利于加大查办渎职侵权犯罪案件的力度，利用该机制查办的案件普遍达到了案件重特大、涉案人员较多的效果。我们总结出以下实践经验：

一是注重关联案件的证据收集。渎职侵权犯罪的关联案件和渎职犯罪本身存在密切的联系，两个案件事实之间相互交织、相互包容，存在因果关系，关联案件往往是渎职侵权犯罪案件成立的基础，关联案件的犯罪嫌疑人往往是渎职侵权犯罪案件的重要污点证人。因此，检察机关适用并案侦查机制查办渎职侵权犯罪案件时，必须首先查清关联案件，避免因关联案件不成立导致渎职侵权犯罪案件的侦查工作成为空中楼阁而前功尽弃。

二是注重案件线索的深度挖掘。由于渎职侵权犯罪案件的复杂性，在查办过程中往往会出现案中案、案外案，一些窝案、串案相互交织。因此，检察机关在查办渎职侵权犯罪案件及其关联案件过程中，要注重深挖案件线索，不断扩大办案规模。如辽宁省鞍山市检察机关在查办房屋征收和土地利用管理局工作人员杜某涉嫌玩忽职守、关联案件犯罪嫌疑人马某涉嫌诈骗国家拆迁补偿款的案件时，深度挖掘案件线索，取得突破性进展，查明这是一起滥用职权、玩忽职守且合伙贪污国家拆迁补偿款的案件，并对房屋征收和土地利用管理局副局长王某、科长张某等4人以涉嫌滥用职权罪、玩忽职守罪、贪污罪被立案侦查，后王某等4人分别被判处5年到9年不等有期徒刑。

三是严格履行报批程序。根据最高人民检察院《关于加强渎职侵权检察工作的决定》的规定，查办案件的检察机关自己无权决定并案侦查，需经上级检察机关批准。具体适用时，由案件承办人提出并案侦查的意见，反渎部门集体讨论，经主管检察长同意后，报上级检察机关审查，上级检察机关应认真听取案件汇报，严格把关，确实符合并案侦查条件的，报省级检察机关审批。上报省级检察机关审批的并案侦查案件的请示报告，要客观真实，格式规范完整。

四是充分发挥侦查一体化优势。中办发〔2010〕37号文件《关于加大惩治和预防渎职侵权违法犯罪工作力度的若干意见》明确规定，上级检察院要充分发挥在查处案件中的组织协调和领导作用，带头查处大案要案，对重点案件采取挂牌督办、牵头查办、指定管辖等办法组织突破。司法实践中，并案侦查机制的适用突破了渎职侵权犯罪案件传统的管辖范畴，窝案、串案多，且多数案件属于疑难复杂案件，上级检察机关对适用并案侦查的渎职侵权犯罪案件加大督办力度，能够确保案件质量、减轻办案阻力、有效侦破案件，在批捕、起诉、审判等环节做到与相关部门充分沟通，能够保证案件顺利交付审判。

五是加强与公安机关的沟通配合。由于职务犯罪与普通刑事犯罪的侦查路径不同，检察机关在立案侦查渎职侵权犯罪关联的普通刑事案件时，有时需要公安机关协作侦查，检察机关可根据实际办案情况，加强与公安机关的沟通协作，以便在工作中取得公安机关的支持与配合。

五、职务犯罪案件并案侦查机制的配套措施

目前，我国刑事诉讼立法仅对职务犯罪案件并案侦查机制作出了原则性规定，缺少对这一侦查方式具体适用的程序性规定，各地检察机关对职务犯罪案件并案侦查机制的运用也基于各地不同的司法实践，检察机关内部缺少统一的办案流程。为有效避免权力滥

用，应当完善职务犯罪案件并案侦查机制的适用程序，建立确保并案侦查机制有效运行的保障措施，以充分发挥其打击职务犯罪的功效。

（一）规范职务犯罪案件并案侦查的适用程序

目前，无论是《人民检察院刑事诉讼规则（试行)》，还是最高人民法院等六部委《关于实施刑事诉讼法若干问题的规定》，关于刑事诉讼并案侦查机制适用的规定都过于笼统，只列出了检察机关可以适用并案侦查的基本条件，对于并案侦查的具体运行程序并未作出相应规定。为避免检察机关滥用并案侦查权，应当尽快出台细化并案侦查机制运行的相关规定，规定检察机关在适用并案侦查时，除向上级机关上报并案侦查请示和相关案件材料外，还应当上报检察机关并案侦查的理由、拟采取的侦查手段、强制措施、风险防控等内容，保证并案侦查机制切实发挥打击职务犯罪的优势。

（二）与公安机关建立协调配合机制

“分工负责、相互配合、相互制约”是我国《刑事诉讼法》的基本原则，并案侦查机制的建立，尽管打破了检察机关和公安机关在部分普通刑事案件之间的管辖界限，但检察机关在适用职务犯罪案件并案侦查这一具体办案机制时，有时需要公安机关在侦查力量、技术手段、人员抓捕等方面予以支持和配合。因此，检察机关应当在“分工负责、相互配合、相互制约”这一刑事诉讼基本原则下开展职务犯罪并案侦查工作，与公安机关在案件管辖、协作侦查、法律责任等方面建立联席制度，确保并案侦查机制顺利实施。

（三）加强检察机关自身建设

并案侦查是有效打击职务犯罪的新型侦查机制，检察机关应不断强化队伍建设，确保并案侦查机制的效能得到充分发挥。一方面检察机关职务犯罪侦查部门要加强学习培训，不断丰富侦查人员的知识结构。除了熟知与职务犯罪有关的法律和司法解释外，还应对其他刑事法律知识有所了解，加强对公安系统、建设规划部门、公路交通系统、林业系统、国土管理等部门工作知识的学习，了解其内部工作流程，梳理常见办案特点和规定，保证职务犯罪关联案件侦查工作能够顺利进行。另一方面要增强侦查力量，完善内部协调配合机制。从司法实践来看，适用并案侦查机制查办的职务犯罪案件大都重大、疑难、复杂，渎职侵权犯罪时常与贪污贿赂犯罪相互关联，案件侦查工作往往耗费较多的人力和物力。因此，检察机关应当完善反渎职侵权和反贪污贿赂两个部门之间的协调配合机制，对于重大复杂的职务犯罪及其关联案件，应当由两个部门共同组成办案组立案侦查，增强侦查力量，避免贻误战机，提高诉讼效率，及时打击职务犯罪。

"直接影响"在讯问贿赂犯罪嫌疑人中的应用

徐洪祥*

一、引言

我们在日常生活中会遇到这样的例子：例如小刘是一位年轻的检察官，虽然他家离工作单位很近，但是他非常喜欢晚上看电视或上网到很晚，所以他经常迟到。现在检察院实行了一项新的政策：每天上班要在自己的电脑上打卡，如果没有按时打卡则需要处长审批。这一政策实施后，小刘连续一个月早上提前到单位打卡。再如，大学新生报到以后，许多学生社团都在招募新社员。小赵尽管认为这些社团都没有什么实质意义，是一种浪费时间，但当他看到每天晚上同宿舍的其他同学都去参加社团活动后，他也报名参加了两个社团。还有小徐和小王是夫妇俩，小王这个月工资卡上没有钱了，于是向小徐要 1000 块钱，小徐没有答应，因为小徐知道小王这个月因为网购买了很多他认为没用的东西而刷爆了自己的工资卡，而且家里还有很多地方要用钱。但是第二天当小王用撒娇的口气向小徐说"人家嫁给你不就是想生活的幸福吗，再说女人还能有几年年轻，趁着年轻就让我多买些服饰打扮自己吧，你就给我 500 块吧"时，小徐妥协了。因此小徐就得努力挣钱。以上几个事

* 作者简介：徐洪祥，北京市人民检察院第一分院反贪污贿赂局助理检察员。

例中的人物行为都发生了改变，但是这种行为的改变是通过处长审批的压力、同伴压力或使人感到内疚的小伎俩达到的，并不是态度改变的结果，也没有伴随着态度的改变。而是在每个事例里都有一种对行为的直接影响。在这些事例里，对象的态度并没有发生改变，但是由于压力、诱因、依从等情境因素，使对象们做出了与自己态度相反的行为。犯罪嫌疑人在侦查阶段的供述与翻供、更换讯问人后的翻供和进入审查起诉阶段的翻供也说明了这一问题：犯罪嫌疑人在侦查阶段由于各种情境性力量对自己的犯罪事实供认不讳，但是由于犯罪嫌疑人对于如实供述的态度并没有发生改变，一旦情境性力量消失，犯罪嫌疑人就会改变自己的供述行为。

激进的行为主义者（比如斯金纳 B. F. Skinner）甚至认为外显行为是由情境性刺激（如环境事件）导致的，并不是态度改变的结果，甚至态度等内部心理事件只是外显行为的附属物。

二、"学习"在讯问贿赂犯罪嫌疑人时的应用

博尔赫斯·弗雷德里克·斯金纳（B. F. Skinner）的习得律（Law of Acquisition）认为当一个操作（即工具性条件反应）作为一个不断强化的刺激表象不断产生时，这种操作就会加强。斯金纳的积极强化（positive reinforcement，又译作阳性强化、正强化）和消极强化（negative reinforcement，又译作阴性强化、负强化），一级强化（primary reinforcement，原发性强化或基本强化）和二级强化（secondary reinforcement，条件性强化或次级强化），强化程序（schedules of reinforcement，强化的时间表）和强化理论认为对象针对情境出现自动反应，受到强化的行为以后更有可能出现，没有受到强化的行为以后出现的概率会下降。[①]

斯金纳认为"教育就是塑造"，即通过不断地反馈帮助对象形成新行为。反馈包括奖励和惩罚。

① 参见郭翠菊：《桑代克与斯金纳的强化理论》，载《殷都学刊》1996 年第 4 期。

社会心理学认为学习的方式分为三种，通过学习过程而发生的影响，在本质上是基于“奖励”和“惩罚”的功能：一是工具性学习（instrumental learning），也叫作操作性学习（operant learning），指行为主体通过行为改变环境中的某些方面，从而在某一特定反应与结果之间建立联系的过程。二是观察性学习（observationa learning），指行为主体通过观察他人、阅读等间接方式学习能够带来积极结果、避免消极后果产生的行为。三是学习是学习行为规则，这些规则是指导人们在特定情形下如何表现的行为准则。这些行为规则可以是规定、法律、命令、建议、箴言等。当这些规则被内化成“我自己的行为准则”起作用时，这些行为规则就会对行为人的行为和“自我”施加强大的影响。

这三种学习方式在讯问贿赂犯罪嫌疑人时都有着广泛的应用：

第一，关于工具性学习的应用。首先，当贿赂犯罪嫌疑人进入到讯问环境时，对于贿赂犯罪嫌疑人来说，这是一种全新的环境，一般来说是犯罪嫌疑人从来没有过的，所以讯问人员一定要建立“奖惩机制”，对于贿赂犯罪嫌疑人的一举一动、一言一行都要给予反应，使贿赂犯罪嫌疑人接收到奖励或惩罚，不能视而不见，无动于衷。这种奖励和惩罚可以是讯问人员的言行，也可以是讯问人员所表现的态度。因为受贿犯罪嫌疑人在案发前很多都有很高的职位，而行贿犯罪嫌疑人有雄厚的资金，在社会上习惯了发号施令，凌驾于他人之上，所以如果贿赂犯罪嫌疑人骄横跋扈，恣意妄为，一定要义正辞言地告诉他要摆正姿态，现在是对其进行讯问，不是他在任职或在自己的公司里那样万人之上，可以为所欲为，并要在随后的一系列行为中予以强化。如果犯罪嫌疑人的态度有所转化，则要给予言语或行为上的奖励、表扬，使犯罪嫌疑人的态度得到正强化；如果犯罪嫌疑人的态度没有转变，则要给予消极强化，但这时要避免讯问进入僵局，所以消极强化也不能表现得特别明显。其次，在犯罪事实上，犯罪嫌疑人往往初期处于摸底试探阶段，如果讯问人员通过前期初查所掌握的证据，能够断定犯罪嫌疑人没有如实供述，即使一个细枝末节的问题，也要予以纠正，这就相当于负强化，并给贿赂犯罪嫌疑人传递这样的信息；如果贿赂犯罪嫌疑人如实讲述事件的来龙去脉，讯问人员要不时地给予正强化，比如口头认可、点头、给其抽烟喝水等放松的机会等。这样，贿赂犯罪嫌疑人的供述行为才能不断地塑造起来，获得真实供述的可能性才能增大。

第二，关于观察性学习的应用。首先，讯问环境是相对封闭的，能够进入到讯问环境中的只有讯问人员、犯罪嫌疑人和看守的法警等，所以在讯问中的检方人员一定要为贿赂犯罪嫌疑人树立良好的榜样。讯问人员要着装整齐，仪表大方，言行一致，并树立公正严明的执法形象，言语思维缜密而不能吊儿郎当，言行随意。这点讯问人员一般能够做到，但是司法实践中一种情况是讯问人员在讯问过程中接打电话，尤其是接打熟人朋友的电话时，有时会表现得比较随意，使用不文明的语言，表现出不符合检察人员素质的行为，这种是应当避免的，所以在讯问过程中讯问人员如果可以不接电话，就要尽量减少接打电话。还需要注意的是看守的法警，如果讯问人员不在场，只有法警看守时，讯问人员一定要告诫法警注意自己的执法形象，不能言语随意，使讯问人员树立起来的良好的执法形象毁于一旦。另外，在讯问过程中，讯问人员为了转变犯罪嫌疑人的虚假供述和拒绝供述行为，有时会向犯罪嫌疑人列举一些如实供述从而获得从轻处理、拒绝供述而从重处罚的案例，这些案例有些是具有广泛社会影响、新闻媒体报道而家喻户晓的，也有讯问人员以往所办理的案件，这往往能起到很好的作用。如笔者2009年曾经办理了一起受贿案件，犯罪嫌疑人杜某案发时是某大学房地产管理处副处长，时年33岁，案发以后，在笔者的教育下，犯罪嫌疑人多次书写了催人泪下的悔过书，笔者将这些悔过书放在办案的电脑包中，多次向其他贿赂犯罪嫌疑人出示，让他们阅读，取得了不错的效果。在观察性学习中，贿赂犯罪嫌疑人虽然可能是各行各业的精英翘楚，但是对于法律不是十分精通，也没有经历过刑事诉讼，所以他们就会先观察讯问人员和讯问人员介绍的案例这样的“榜样”的行为及其后果，然后模仿“榜样”的行为。

第三，关于行为规则的学习。行为规则是指导人们在特定情境下如何表现的，在任何社会情境下都会有一定的行为规则，尽管表现方式不一，同样，在讯问环境下也一样有行为规则。最为人们耳熟能详的就是书写在讯问室墙上的“坦白从宽、抗拒从严”，在当前执法环境下，虽然这种口号式的标语不再被提倡，但是我们仍然可以采纳其中的合理因素，比如适时向贿赂犯罪嫌疑人出示《刑事诉讼法》有关的规定，如修改后《刑事诉讼法》第118条规定了“侦查人员在讯问犯罪嫌疑人的时候，应当告知犯罪嫌疑人如实供述自己的罪行可以从宽处理的法律规定”。这是法律规范方面的行为规则，还有道德规范方面的行为准则。例如笔者在调研时了解到海南省三亚市检察院反贪局在讯问犯罪嫌疑人的间歇，会让犯罪嫌疑人阅读《弟子规》的书籍和光盘。《弟子规》原名《训蒙文》，为清朝康熙年间秀才李毓秀所作，其内容采用《论语》“学而篇”第6条的文义，列述弟子在家、出外、待人、接物与学习上应该恪守的守则规范。《弟子规》根据《论语》等经典编写而成，它集孔孟、老子等圣贤的道德教育之大成，提传统道德教育著作之纲领，是接受伦理道德教育的最佳读物之一。据三亚市检察院反贪局人员介绍，通过阅读《弟子规》，犯罪嫌疑人树立了新的行为准则，如实供述的比率有一定的提高，而且对于犯罪嫌疑人供述的稳定性十分有利。

三、“认可”在讯问贿赂犯罪嫌疑人时的应用

人生下来就是一种社会动物。获得社会归属和社会激励是人类的基本需要，这两种人类的基本社会需要会在人类的社会心理发展早期留下永久的烙痕。因为在儿童时期，被社会所接纳意味着能获得食品、安全 、精心养育等一些强化，因此社会认可作为与正强

化的强烈联系构成了强大的"奖励",而被社会拒绝则意味着"惩罚"。

莫顿·多哈奇和哈罗德·杰勒德(Morton Deutsch & Harold Gerard)、切尔蒂尼(R. B. Gialindi & M. R. Trost)提出了群体对个体社会影响分为规范性社会影响和信息性社会影响,规范性影响(normative social influence)是指为了获得或者避免失去规范界定团体的喜欢、接纳、尊敬等正向情感而采纳团体的主导标准或规范,主体接受规范性影响是为了获得社会认可;信息性影响(informational social influence)是指为了获得在某种特定情境中如何行动的信息以正确行动而追随经验丰富的人的指导,主体接受信息性社会影响是为了获得正确感。社会心理学家为了研究规范性社会影响而进行的实验,比如索罗门·阿希(Solomon Asch)的线段长度判断实验[①]和穆扎福·谢里夫(Muzafer Sherif)的光点移动实验,[②] 都显著证明了个体明显是受群体的影响的,但大多数社会心理学家都认为这是因为规范性社会影响在起作用,个体为了被群体所接纳而改变了自己最初的观点,但是笔者认为个体之所以改变自己的观点,是为了被群体所接纳,但更重要的是为了正确地行事。因为在这两个实验中,最大的区别是被试者开始是否有接近客观真实的观

① 在这个实验中,6 个大学生参加一个视觉判断的实验,其中 5 个被试者是实验者的同谋,只有一个是真正的被试者。他们一起观看 2 张卡片,其中一张卡片上有 3 条线段,另一张卡片上有一张"标准"线段,实验者让被试者们依次判断并说出第一张卡片上的哪条线段与"标准"线段等长,实际上 3 条线段的差异十分明显。开始与实验者是同谋的被试者们都做出正确回答并与真正的被试者一致,但随后,所有的实验者同谋都选择了同一个错误的答案,这时 1/3 的真被试者给出了与其他人一致的错误答案。如果将存在错误的选择进行 12 次的话,30% 的真被试者同意错误答案的次数在一半以上,70% 的人至少有一次选择从众,只有 25% 的真被试者一次也没有选择错误答案。

② 在这个实验中谢里夫利用了"似动效应"原理,"似动效应"是指人们在黑暗的环境下观察一个固定不动的亮点时,由于视觉错误,而误以为亮点在移动。实验者通过让被试者单独观察亮点和一起观察亮点,从而发现被试者单独观察亮点时,对移动距离的估计差异很大,而被试者在一起观察亮点时,则估计的亮点移动距离则差异变得很小。

念以及后来被试者的观念和行为为什么改变了？在线段长度实验中，被试者对哪条线段与“标准”线段等长其实是很容易判断的，但由于群体的压力而做出了错误的选择，而在观点移动实验中，被试者对于光点移动距离也是不确定的，只能参考群体的答案给出相对“正确”的答案。

我们每个人的成长环境不同，对于正确的定义也不同，对于自然现象还好，但是对于社会现象，尤其是与自己的前途密切相关的，“何为正确、何为错误”很难判断和预料，只有自己亲身经历过才知道。所以虽然许多社会心理学家的实验已经证明了个体会迫于团体的压力受到团体的影响，那么在讯问这种特殊的情境中，在关系到贿赂犯罪嫌疑人个人乃至整个家庭家族命运时，贿赂犯罪嫌疑人会在多大程度上接受讯问人员这个团体的影响。

首先来看信息性影响。利昂·费斯汀格（Leon Festinger）在他的社会比较理论（theory of social comparison）中提到，人们有根据主观态度和客观环境评价自己的行为和观念，并且希望自己的行为和态度正确的基本需要。[①] 坚信自己行为和信念的正确性和适当性，会使人们获得对自我命运进行自主控制的可靠感和对自身能力的满意感。就信念和行为而言，“什么是正确的”是一个非常主观的概念，与人的成长经历、所处环境是密切相关的，并不是绝对客观的，是由社会现实所界定的。而且很大程度上，他人的想法和行为是衡量自己正确性的标准。正是这种正确性需要的推动，人们必须注意环境中其他人的行为和观念，尤其是当人们处在一个自己并不熟悉或不确定的环境中。当我们对这一环境轻车熟路时，我们会毫不犹豫地去行动，不去计较别人的行为。例如，北京现在的地下收费停车场越来越多，当我们第一次开车进入一个地下收费停车场

① 参见菲利普·津巴多（Philip G. Zimbardo）、迈克尔·利佩（Michael R. Leippe）：《态度改变与社会影响》，邓羽、肖莉、唐小燕译，人民邮电出版社2007年版，第48页。

时，开始我们被眼花缭乱的指示牌所茫然无措，甚至不知道进入停车场要取卡，这时我们就要观察其他司机是如何做的。但当我们熟悉这种环境后，即使我们来到一个新的从未来过的地下停车场时，当一些车辆穿行其中时，我们也能不管其他车辆而径直开往自己想去的方向。

人们对于不熟悉的环境和问题，希望得到专家的认可。在讯问环境中也是这样，犯罪嫌疑人大多是没有经历过这种环境的，而且虽然贿赂犯罪嫌疑人可能都是各个行业的精英翘楚，熟悉自己行业的"游戏规则"，但是对于法律知识和自己的命运却知之甚少。讯问人员可以通过自己对法律知识的熟练掌握和自己办理案件的经验树立自己的专家身份，从而使犯罪嫌疑人产生希望得到讯问人员认可和指点的心理。研究发现当一定风险的判断具有不确定性时，而当判断者身边似乎有专家时，判断者往往容易接受专家的意见。[①] 除了谢里夫的判断移动距离的实验外，社会心理学家还创造了许多情境验证了人们希望得到群体的认可和认同，包括要求妇女在听了他人的意见后判断衣物的质量，在听取了他人意见后对一个复杂的社会问题进行自己的判断，以及在进行短暂观察后判断多个屏幕上的圆点数量与标准圆点数量相同。

认可是直接影响的一种方式，通常认为直接影响只是改变对象的行为，而不会涉及对象的态度和信念。但在对象不是为了获得群体的接纳而是为了获得正确的信息时，对象的赞同群体规范的行为就可能既反映了行为的变化，也反映了对象信念的变化，而且这种变化是持久的。在谢里夫的光点移动距离实验中，产生了一个群体规范，而且所有的被试者都做出了相似的结论。被试者们仅仅是行为上发生了改变吗？在一段时间甚至是一年以后，再次让被试者单

---

① 参见菲利普·津巴多（Philip G. Zimbardo）、迈克尔·利佩（Michael R. Leippe）：《态度改变与社会影响》，邓羽、肖莉、唐小燕译，人民邮电出版社 2007 年版，第 51 页。

独进行同样的实验，被试者依然给出了同样的答案。从中可以看出在信息性影响下，被认可的对象不仅行为上发生了变化，而且态度和信念上也可能发生了变化。

在讯问环境中，认可就是讯问人员对犯罪嫌疑人的包括供述在内的供述和行为肯定、认同从而使犯罪嫌疑人认为自己是正确的，并进一步进行供述。在讯问中，讯问人员往往会质疑犯罪嫌疑人的供述，而犯罪嫌疑人往往会认为自己总是讯问人员质疑的对象，讯问人员是不会相信自己所说的，自己与讯问人员是站在两个对立面的，一旦产生这种想法，犯罪嫌疑人往往会产生厌倦心理而拒绝做任何供述。这就是讯问中的“冷场”，这也是讯问人员和侦查指挥人员最害怕出现的局面，这时讯问就很难继续下去。在讯问贿赂犯罪嫌疑人时，因为贿赂案件的书面证据少、言词证据多的特点，讯问人员在核实行受贿双方对于行受贿事实的细节时，往往会使犯罪嫌疑人认为讯问人员不信任自己的说法，容易产生不被认可的想法，从而导致“冷场”。笔者曾经亲身经历了这样一个案例：该案的一号犯罪嫌疑人刘某原系北京市某区副区长，分管该区农业和农村工作，刘某利用分管该区农业和农村工作的职务便利，多次收受该区农村工作委员会的财物，且这些财物都来源于区农委的“小金库”。在初查过程中，侦查人员发现区农委财务人员严某曾经多次向刘某的个人银行账户中存入大量资金，并在银行办理的凭证上签署了自己的名字。于是侦查人员决定从严某打开突破口，使其供述用区农委“小金库”资金向刘某行贿的犯罪事实。但当第一名讯问人员进行讯问以后不久，虽然讯问人员出示了严某在银行向刘某账户存入资金的凭证，并坚称这些资金都是严某存入的，但是严某拒绝承认向刘某的个人银行账户存入资金，甚至开始拒绝回答讯问人员的提问。讯问无法进行下去了，侦查部门不得不更换讯问人员，于是笔者开始对严某进行第二次讯问。笔者通过分析发现第一次的讯问人员在讯问中有两个问题：一是过分夸大严某问题的严重性，使严某在讯问中表现出不屑一顾，严某只不过是这些贿赂款项的具体经手人而已，并不是犯罪行为的决策者，因此知道自己行为的严重性程度；而笔者通过仔细查看严某向刘某银行账户存款的银行凭证发现，这多笔存款凭证明显是两种笔迹，不是同一个人所为。于是笔者在讯问开始首先向严某表明侦查部门知道其只不过是按照领导的指示行事而已，司法机关会根据其在犯罪中所起的作用考虑，不会过度追究其责任，但主要还是看其是否能够积极配合检察机关的工作，另外笔者还让严某当场书写自己的签名，通过辨认笔迹指出多笔向刘某个人银行账户的存款中，有哪几笔是严某经办的，有哪几笔虽然签署的严某的名字，但并不是严某经办的。严某通过查看后，觉得讯问人员认可了自己的说法，并不是一味地逼迫自己承认所有的这些向刘某账户中的存款都是自己经手向刘某行贿的，侦查人员认可了自己，从而开始供述自己按照区农委副主任董某的指示向刘某的个人银行账户中存入资金的犯罪事实。而且在笔者的努力下，在后来的讯问中，严某还主动供述了侦查机关并没有掌握的董某让其将农委"小金库"中的现金 100 万元向刘某行贿的犯罪事实。对严某的成功突破就有力地说明了在讯问贿赂犯罪嫌疑人时，不能仅凭一味地严厉教育犯罪嫌疑人，这样会使犯罪嫌疑人产生抵触心理，而要利用犯罪嫌疑人希望得到认可的心理，适时适当地认可犯罪嫌疑人，从而使犯罪嫌疑人主动如实供述。

二是"自信"对希望被认可的程度也有严重影响。对象对问题的答案越自信，也就越不希望从专家那里获得答案，希望被认可的程度也就越低。研究表明，当人们在挑选适合自己并适合某一场合的时装时，如果对于这一问题的答案越自信，那么他就越可能对电视节目和报纸杂志中的"今年流行时尚"无动于衷，相反，那些对这一问题的答案不自信的人却常常根据电视节目和报纸杂志中的这些栏目添置自己的衣服。所以，人们希望被认可从而受影响的程度与性别无关，而与对问题答案的自信有关。这就可以解释讯问中的两个问题：（1）贿赂犯罪嫌疑人性别与讯问难度。在一般人的印象和早期的社会心理学研究中，当女性成为唯一的对立面或与大多数人意见不一致时，女性更容易改变自己的行为和观点，也就是说更容易希望被认可。但进一步的研究却显示并非如此，男性或女性谁更容易改变自己的行为或观点，取决于谁对问题的答案更加自信。当男性对问题的答案更加自信时，他就不容易为了被认可而改变自己的行为，而当女性对问题的答案更自信时，则她更不容易为了被认可而改变自己的行为。在一项萨切波（Cacioppo & Petty）的关于男女大学生关于橄榄球具和女性流行服装的评价的研究中再次清晰地表明了当对象对问题的答案不自信时，更容易为了被认可而受到影响。[①] 在人们的传统观念中，女性可能更容易顺从，也就更容易接受影响，为了被认可而改变自己的行为作出有罪供述，但在对贿赂犯罪嫌疑人的讯问中，有这么一句话“男的都是蒲志高，女的都是刘胡兰”，也就是说在贿赂犯罪嫌疑人中，相对于男性贿赂犯罪嫌疑人，女性贿赂犯罪嫌疑人更不容易受到讯问人员的影响改变自己的拒绝供述行为。这与贿赂犯罪嫌疑人的特点是不无关系的，贿赂犯罪中的女性犯罪嫌疑人在原工作单位都是领导，担任要职，而且在中国这样一个男权社会中，要担任领导带领包括许多男性在内的下属干工作，就要表现出比男性更多的自信和韧性，突破传统观念中对于女性顺从于男性的偏见。只有这样的女性才可能出类拔萃，从众多的男性中突出重围，担任领导岗位。所以在讯问中，如果贿赂犯罪嫌疑人一旦获得了关于是否如实供述的自信，要想让其接受讯问人员的影响、希望被讯问人员认可就更加困难，需要更多的影响方法。（2）为什么在案发前串供、建立攻守同盟和案发前进行过“法律咨询”的贿赂犯罪嫌疑人更难讯问？这与贿

---

① 在这项实验中，男女大学生被分别提供一些橄榄球具和女性流行服装的照片，这些照片上留有一些据说是以前参加实验的被试者留下的意见，这些意见既有正面的（如这件衣服真漂亮、这根球棒用起来一定很顺手），也有负面的（如这件衣服一看就是地摊货、我不喜欢这个橄榄球）。被试者被要求评价照片中产品的质量和照片上所留意见的同意程度。在男女大学生都表现出受到影响的情况下，相对于男大学生，女大学生在橄榄球具上更容易受影响；而相对于女大学生，男大学生在女性服饰上更容易受影响。

赂案件的特点和贿赂犯罪嫌疑人的自信程度是分不开的。贿赂案件本来就存在书证少、言词证据多，直接证据少、间接证据多的特点，再加上如果犯罪嫌疑人进行了串供，建立了攻守同盟，或者案发前进行了法律咨询，那么首先讯问人员的"专家身份"就大打折扣，而且讯问人员采取各种讯问策略，对于串供、建立了攻守同盟的犯罪嫌疑人，他们自信自己的同伙不会交代犯罪行为，不能因为自己主动供述打乱整个应对侦查人员的部署，因此会更加坚守，对于事先向律师甚至是侦查机关工作人员或从事侦查工作的人员咨询过的犯罪嫌疑人，他们会认为他们咨询获得的意见是正确的，而且会判断侦查人员下一步的实质性行为，不仅侦查人员的"专家身份"难以建立，而且会质疑侦查讯问人员的言行，因此这些贿赂犯罪嫌疑人有很强的自信心，难以接受讯问人员的影响，不希望得到讯问人员的认可，从而使得改变这些犯罪嫌疑人的拒绝供述行为非常困难。对于这些"超级自信"的贿赂犯罪嫌疑人，首先要打击其自信心，可以用政策攻心，也可以使用挑拨离间，在其他证据情况较好的时候可以采取出示证据。在打击其自信心后，贿赂犯罪嫌疑人会感到灰心绝望，这时就要利用其希望被认可的心理需要，建立起对讯问人员的信任。

但是，一般的讯问人员在看到上述这些结果时可能会产生这样的疑问：为了证明以上的结论所引用的社会心理学实验中，实验结果对于参加实验的被试者来说，都是无关紧要的，在真正的讯问中，讯问结果关系到犯罪嫌疑人的切身利益，甚至关系到犯罪嫌疑人个人的前途命运，乃至整个家庭的幸福和家族的繁荣，犯罪嫌疑人还会受到讯问人员的影响。我们先来看一个关于目击者识别的实验。被试者像目睹犯罪一样，把"罪犯"挑出来，每次先观察"罪犯"的幻灯片，观察过程只有不到 0.5 秒，随后被试者看到放在一起的 4 个人的照片，其中一张是"罪犯"的，罪犯所穿的衣服可能与之前看到的那张幻灯片中不同。每个小组有 4 个人，其中 3 个是实验者的同谋，幻灯片放映结束之后，先由 3 个同谋大声报告结果。被试者被要参加13次识别，其中7次关键性实验中，为了考察被试者受信息性影响程度，3个同谋故意全部给出错误的答案。实验结果对被试者的重要程度也通过操纵来控制。在高重要性条件下，被试者被告知将要进行的实验将要建立一种常态模型，并用于警察局和法庭辨认罪犯，实验中的罪犯都是真实的，而且准确率高的被试者将被给予20美元的奖励。在低重要性条件下，被试者被告知这是首次测试目击者的辨识能力，而且幻灯片的播放标注还需要进一步改进，实验者感兴趣的是在法庭上如何播放幻灯片有利于证人辨认罪犯，而且实验者也不清楚具体的标准。这样在实验开始前，被试者已经存在两种心态，一半的被试者认为自己的判断很重要，对司法机关有借鉴意义，另一半的被试者则认为自己的判断无关紧要，仅仅是进行一项普通的实验而已。研究发现，在高重要性条件下，被试者有“把事情做好”的愿望，因此更易受到影响，在低重要性条件下，有35%的被试者在关健实验中受到了信息性影响选择了错误的答案，而在高重要性条件下，有51%的被试者在关健实验中受到信息性影响而选择了错误的答案。

认可与虚假供述。也许有人认为，贿赂犯罪嫌疑人为了获得讯问人员的认可而做出虚假供述。笔者认为，为了获得讯问人员的认可，贿赂犯罪嫌疑人可能在一些证实犯罪的细枝末节上附从讯问人员提供的信息和出示的证据，当然这是在说服教育到位的前提下，但是对于犯罪事实是否发生、犯罪事实是否为犯罪嫌疑人所为这样的大是大非的问题上，贿赂犯罪嫌疑人是不会为了获得认可而随意编造做出虚假供述。当然为了验证贿赂犯罪嫌疑人的供述是否真实，就需要讯问人员重视书证、物证等其他证据的收集，将这些证据与犯罪嫌疑人的供述结合在一起审查判断。例如笔者参与办理的北京市海淀区计划委员会刘某某受贿案中，刘某某供述了其在海淀区计委工作期间，利用职务之便为他人谋取利益，收受他人财物的犯罪事实。但是对于赃款去向，因为年代久远，许多消费凭证难以调取，从案件整体脉络上来看，刘某某收受的他人的银行卡一直由其保管使用，并且前期说服教育到位，所以虽然有些赃款使用情况由于客观证据灭失难以查清，但刘某某为了得到讯问人员的认可争取从宽处理都承认是其消费使用的。最终，法院结合犯罪嫌疑人的供述和客观证据情况对刘某某收受他人财物并用于个人消费的犯罪事实予以了认定。

四、"从众"在讯问贿赂犯罪嫌疑人时的应用

阿希惊人的研究发现表明，即使结果是显而易见和明确的，被试者也可能改变自己最初的意见，这就是规范性影响在起作用。正如赛奇·莫斯科维奇（Serge Moscovici）指出的，"阿希的研究是对从众行为最富戏剧性的证明，即使人们知道这么做有违事实和真理，他们还是盲目地顺从了团体"。规范性影响起作用的机理就是人们都希望被群体所接受，保全面子和赢得体面或尊重，不愿被群体所排斥，这也就是从众。在阿希的实验中，如果实验者让一个实验者同谋在从众判断中公开反对多数的意见，并避免意见一致趋势，那么，真的被试者在这些判断中从众的表现则从全部实验者同谋都给出错误答案时的32%下降到了6%。[①]其他一些研究也发现，当人们观察到有其他人做出与规范性影响不一致的行为时，人们从众的压力会大大减小。

虽然从众是普遍存在的，但是人们并不总是屈从于同伴的压力。那么在什么情况下，规范性社会影响才会起作用呢？根据比布·拉塔纳（Bibb Latané）的社会影响理论，人们受到规范性社会影响的程度受到三方面因素的影响：（1）强度（strength）：所处的团体对你的重要性；（2）接近性（immediacy）：当团体试图影响你时，团体与你的时空接近程度；（3）人数（number）：试图影响你的团体

① 参见菲利普·津巴多（Philip G. Zimbardo）、迈克尔·利佩（Michael R. Leippe）：《态度改变与社会影响》，邓羽、肖莉、唐小燕译，人民邮电出版社2007年版，第50页。

中的人数。[①] 该理论同时认为从众行为的可能性随着强度和接近性的增强而增加，而人数增加与团体中原有人员数有关，当团体规模增大时，每增加一个人所产生的影响力边际效应则会减少。团体人数从 3 个人增加到 4 个人，增加的影响力比从 33 个人增加到 34 个人增加的影响力大得多。团体成员的数量增加时，从众行为也会增加，但当团体成员增加到 4 人至 5 人时，团体中的从众行为就不会再增加很多。同时，团体的强度即团体对个体的重要性对从众行为的产生也很重要。所以如果规范性社会影响来自爱人、师长、敬爱的朋友，那么这种影响力更大，因为我们知道失去他们的爱是多么惨重。同时研究还发现，文化对人们对团体强度的认识有重要影响。在两个使用阿希范式的研究中，当团体一致地给出错误答案时，日本学生总体上的从众程度低于美国学生，因为在日本，人们只对自己认同或从属的团体保持忠诚和合作。集体主义文化的被试者在实验中表现出比个人主义文化中被试者更高的从众性。因为在集体主义文化中，从众是一种被社会认可的特质，同意他人的意见与其说是一种从众行为，不如说是老练、老道的表现，而且集体主义更注重团体而非个人，因此在这种文化下的个人更加注意规范性社会影响的作用。贝里还从农耕文化与狩猎文化的不同角度做了实验，更加说明了文化对从众行为的影响。[②]

在讯问贿赂犯罪嫌疑人时，要想利用从众对贿赂犯罪嫌疑人施加影响，首先就要让贿赂犯罪嫌疑人认同属于讯问人员这一团体，

---

① 参见埃利奥特·阿伦森、提摩太·D. 威尔逊、罗宾·M. 埃克特：《社会心理学（插图版）》，侯玉波等译，世界图书出版公司 2012 年版。

② 贝里假设以渔猎为生的民族更加崇尚独立、自由和冒险，因为这对于搜寻猎物是必需的，而农耕社会更崇尚合作、顺从和妥协，这些特质对于相互依赖的农耕劳作更加有益。贝里比较了非洲塞拉利昂的滕内人和加拿大巴芬岛上的因纽特人在阿希式实验中的结果，滕内人表现出显著的接受规范性社会影响的倾向，而因纽特人几乎对此置若罔闻。参见埃利奥特·阿伦森、提摩太·D. 威尔逊、罗宾·M. 埃克特：《社会心理学（插图版）》，侯玉波等译，世界图书出版公司 2012 年版，第八章第三节。

并认为讯问人员这一团体对其是至关重要的。犯罪嫌疑人与讯问人员之间的关系通常是对立的，犯罪嫌疑人对讯问人员抱有很强的对抗心理，他们总是在想，讯问人员是不是要"害"他们，讯问人员又要设计什么样的圈套让他认罪伏法。所以想让犯罪嫌疑人认可他自己与讯问人员是属于同一个团体是很困难的，而且贿赂案件有很强的隐秘性，既然会案发，贿赂犯罪嫌疑人就会很敏感，受贿嫌疑人也会狐疑是不是自己政治上的竞争对手在利用司法手段打击自己，那么贿赂犯罪嫌疑人就很容易将讯问人员归为竞争对手一方的人，而不是和自己一个团体。那么，怎样才能让贿赂犯罪嫌疑人认同自己与讯问人员属于同一个群体呢？首先，讯问人员要树立公正执法的形象，消除贿赂犯罪嫌疑人的疑虑。讯问人员主要通过自己的为人作派和对检察机关执法办案的有关规定消除贿赂犯罪嫌疑人的疑虑，使贿赂犯罪嫌疑人明白讯问人员是站在公正执法的立场上的，并不会偏袒举报人和被举报人任何一方，也不会介入经济纠纷，利用职务犯罪侦查权为任何人报私仇、泄私愤。讯问人员并不是针对贿赂犯罪嫌疑人而进行的侦查办案，而是为了查明事实真相，维护法律公平公正。其次，讯问人员要尽可能使贿赂犯罪嫌疑人感受到讯问人员真心地关心和帮助，在消除贿赂犯罪嫌疑人疑虑的基础上，使贿赂犯罪嫌疑人觉得讯问人员是在真心地关心和帮助自己。讯问人员为了使贿赂犯罪嫌疑人认同自己与讯问人员是属于同一个团体的，可以向其讲解有关法律规定，帮助犯罪嫌疑人分析目前所面临的问题和如何更好地解决问题，怎样做对犯罪嫌疑人是最有利的，两害相权取其轻，既然犯罪事实已经发生了，就目前的事实和证据情况，犯罪嫌疑人肯定要接受惩罚，对自己的行为负责，抗拒讯问会带来相对较重的处罚，而如实供述、揭发检举他人的犯罪行为则可以依法从轻处罚。另外，讯问人员从文明司法的角度，可以多关心贿赂犯罪嫌疑人的身体和家庭情况，尽可能地在法律允许的范围内帮助犯罪嫌疑人解决困难，因为贿赂犯罪嫌疑人大多是中老年人，身体状况不佳，家庭负担较重。讯问人员通过这些工作就可以逐步使贿赂犯罪嫌疑人产生认同感。另外，社会影响的强度也就是被影响者所处团体的重要性对从众也有重要影响，而在贿赂犯罪嫌疑人尤其是受贿犯罪嫌疑人大都是党组织的一员，所以在必要的时候，讯问人员可以让贿赂犯罪嫌疑人所在单位的领导或者上级单位领导做其工作，当然前提是所在单位的领导或上级领导不涉案。来自领导的规范性影响力更大，而且许多领导在工作上对贿赂犯罪嫌疑人有过支持，甚至有过知遇之恩，或者对其成长进步情况比较了解，贿赂犯罪嫌疑人为了赢得尊重保全面子，会接受单位领导的建议。例如，在办理北京市电力公司房山供电公司原生产技术处处长单某某受贿案时，单某某面对强有力的书证拒绝交代，非常不配合讯问人员的工作。讯问人员面对这种情况请房山供电公司纪委领导在讯问人员不在场的情况下与单某某单独进行了长时间的沟通。随后，在接下来的讯问中，单某某供述了自己在担任房山供电公司生产技术处处长期间，利用职务便利，收受房山供电公司有关工程项目承包商巨额贿赂的犯罪事实，并且真心悔罪，口供情况一直非常稳定。当然，这与讯问人员的真诚关心也是分不开的。犯罪嫌疑人单某某的父亲患有严重的心脏病，母亲患有严重的老年痴呆症，哥哥因为车祸高位截瘫，孩子刚刚3岁，单某某为了解决家庭困难，才经不起承包商的诱惑，收受了承包商的巨额贿赂，当讯问人员了解到这些情况后，及时从精神上表示理解和惋惜，从其他方面竭尽所能依法提供帮助，让单某某真心感受到讯问人员是在挽救帮助他，从而取得了很好的讯问效果。单某某多次声泪俱下地表示“检察官，谢谢你们的帮助，及早帮助我纠正了错误，要不然我会在受贿的深渊里越陷越深，也许有一天就到了无法挽救的地步，我想想都怕。我愿意作为反面典型到处去做廉政和预防腐败报告，以我的亲身经历告诫国家工作人员千万不能越雷池一步”。

贿赂犯罪嫌疑人有时还会将自己与曾经接受过检察机关或纪检机关调查的人归为一个团体，想借鉴这些人的所谓逃避法律打击的“成功经验”来抗拒讯问人员的审讯。这时讯问人员就要利用影响的时空优势来对贿赂犯罪嫌疑人产生更大的影响，改变犯罪嫌疑人的供述。根据比布·拉塔纳（Bibb Latané）的社会影响理论，影响的强度与影响的接近性密切相关，也就是与团体和被影响者的时空接近程度密切相关。在讯问室里，贿赂犯罪嫌疑人和其他人隔绝，想要接受他们现时的影响已经不可能，所以讯问人员要利用这种接近性上的优势对贿赂犯罪嫌疑人产生更大的影响。

附条件逮捕制度实证分析及完善建议

刘福谦　于　萌　张　宁*

为了使检察机关在侦查监督工作中更加深入地履行打击犯罪、保障人权和维护社会稳定的检察职能，最高人民检察院于2006年《人民检察院审查逮捕质量标准（试行）》中初步规定了附条件逮捕制度，作为拓展逮捕制度的一项有益尝试。附条件逮捕经过6年的实际运行，在审查批捕过程中被推广运用，体现了它有力打击刑事犯罪、保障刑事诉讼顺利进行的制度优越性，同时也暴露出该程序适用标准不明确、配套工作机制不完善等不足之处。2013年4月，最高人民检察院侦查监督厅发布《关于人民检察院审查逮捕工作中适用"附条件逮捕"的意见（试行）》（以下简称《意见（试行）》）的通知，进一步明确和细化了附条件逮捕的适用范围、证据标准、执行程序等，对于侦查监督部门适用附条件逮捕具有重要的指导意义。本文立足于对2010年至2012年全国各个省份适用附条件逮捕情况的报告进行深入分析，并结合对《意见（试行）》的具体规定进行详细解读，希望对进一步规范附条件逮捕的依法准确适用作出有益的探索。

---

* 作者简介：刘福谦，最高人民检察院侦查监督厅审查逮捕二处处长；于萌，北京市朝阳区人民检察院侦查监督一处处长；张宁，北京市朝阳区人民检察院侦查监督一处检察官。

一、各地检察机关适用附条件逮捕的基本情况

（一）适用比例

2010年至2012年，全国各地检察机关适用附条件逮捕共计1993件2699人。其中2010年445件550人，分别占当年逮捕案件及逮捕人数的0.61%和0.63%；2011年615件756人，分别占当年逮捕案件及逮捕人数的0.70%和0.73%；2012年933件1393人，分别占当年逮捕案件及逮捕人数的0.82%和0.77%。附条件逮捕案件呈上升趋势。

（二）犯罪嫌疑人基本情况

1. 性别。附条件逮捕总人数共计2699人，其中男性嫌疑人2316人，占85.8%；女性嫌疑人383人，占14.2%。附条件逮捕的嫌疑人中，男性占绝大多数。

2. 年龄。附条件逮捕的2699人中，年龄不满18周岁的81人，占3.0%；年龄在18周岁至39周岁之间的1897人，占70.3%；年龄在40周岁至59周岁的699人，占25.9%；年龄在60岁以上的22人，占0.8%。青壮年是犯罪的主要群体。

3. 文化程度。从文化程度上看，附条件逮捕案件中，文盲35人，占1.3%；小学文化程度的有475人，占17.6%；初中文化程度1142人，占42.3%；高中文化程度456人，占16.9%；专科（中专、大专）文化程度348人，占12.9%；大学文化程度208人，占7.7%，其中2010年43人、2011年60人、2012年105人；硕士以上文化程度35人，占1.3%，其中2010年5人、2011年11人、2012年19人。低文化程度人群犯罪率偏高，同时高学历人员犯罪呈迅猛上升之势。

4. 本地、外地。从地区来看，附条件逮捕案件中，本地居民有553人，占20.5%，外地来京人员有2146人（其中含台湾地区人员15人），占79.5%。这一数字说明附条件逮捕多用于外来人口犯罪。

5. 前科情况。在适用附条件逮捕的2699人中，有前科者210人（包括被判处刑罚、劳动教养人员，不包含行政处罚、治安处罚人员），占7.8%，无前科者2489人，占92.2%。

（三）犯罪类型

附条件逮捕案件共计1993件，涵盖了《刑法》第二章至第六章中的罪名，其中侵犯公民人身权利犯罪263件，占附条件逮捕案件的13.2%；侵犯财产犯罪805件，占附条件逮捕案件的40.4%；妨害社会管理秩序犯罪295件，占附条件逮捕总人数的14.8%；破坏社会主义市场经济秩序犯罪594件，占附条件逮捕案件的29.8%；危害公共安全犯罪36件，占附条件逮捕案件的1.8%。

（四）附条件案件的处理结果

1. 整体处理结果。附条件逮捕案件中，撤销逮捕案件共计427件，占21.4%，其中2010年145件、2011年132件、2012年150件；不起诉案件167件，占8.4%，其中2010年54件、2011年57件、2012年56件；有罪判决案件共计1028件，占51.6%，2010年316件、2011年448件、2012年364件，因该数字统计于2013年年初，2012年部分案件未审结，未审结案件共计371件。

2. 有罪判决判处的刑期（因2012年大部分案件未审结，现仅就2010年和2011年进行人数统计）。在附条件逮捕案件的处理结果中，有罪判决的共计764件884人，其中判处拘役的有15人，占1.7%，判处3年以下有期徒刑的172人，占19.5%，判处3年以上10年以下有期徒刑的578人，占65.4%，判处10年以上有期徒刑的112人，占12.7%，判处无期徒刑以上刑罚的7人，占0.8%。这一数字说明附条件逮捕案件中，判处3年以下有期徒刑和3年至10年有期徒刑是判决的常态，而判处10年以上有期徒刑、无期徒刑、死刑刑罚的较为罕见。

二、各地检察机关适用附条件逮捕存在的问题及原因分析

（一）对附条件逮捕的适用力度不大，部分地区对该制度的推广仍有顾虑

全国各个省份2010～2012年适用附条件逮捕的情况报告显示，大多数的省份每年适用附条件逮捕的案件均不足百件，占全省逮捕案件总数的比例均不到0.8%。其中适用较多的吉林省平均每年适用附条件逮捕案件90件，云南省平均每年76件；而适用较少的甘肃省、陕西省，平均每年适用附条件逮捕案件仅2件。尽管《人民检察院审查逮捕质量标准》（以下简称《质量标准》）明确了附条件逮捕措施，但在各地司法实践中适用力度不大，主要有4个原因：一是附条件逮捕仅在《质量标准》中有粗线条的规定，尚未有规范性法律文件对附条件逮捕作出权威的、专门的成系统的规定，致使办案人员在适用附条件逮捕时容易产生依据不足的想法。二是附条件逮捕对外的责任并无特殊，而附条件逮捕往往是针对证据存在缺陷的案件，需要冒一定风险，故在刑事赔偿和错案追究的双重压力下，检察机关为保险起见而宁纵勿枉，对证据达不到逮捕标准的案件直接作不捕处理。三是由于附条件逮捕的决定程序相对烦琐，且会带来一系列的后续工作，承办人的工作量和工作压力也相应加大，故承办人适用附条件逮捕的积极性不高。四是公安机关并无针对检察机关附条件逮捕工作制度的配套机制，导致附条件逮捕之后证据的补充工作不到位，侦查监督部门也难以开展有效的后续监督工作，这也阻碍了附条件逮捕的适用。

（二）附条件逮捕案件存在较高的撤捕率

根据全国各个省份适用附条件逮捕的情况报告，多数省份在适用附条件逮捕后在侦查羁押期限届满前就撤销逮捕的案件占有很高的比例，比如辽宁人平均每年的撤销逮捕率为16.47%，安徽省更是高达36%。造成如此高的撤捕率主要有以下3个原因：

1. 对于附条件逮捕的证据标准把握不一。《质量标准》中明确附条件逮捕的证据标准为“现有证据所证明的事实已经基本构成犯罪，认为经过进一步侦查能够收集到定罪所必需的证据”，实践中对这两个判断标准的把握较难。一是在对“基本构成犯罪”的把握上分歧较大，由于对何谓“基本构成犯罪”缺乏相对明确的界定，在具体案件中把握尺度不一，有人认为有“重大嫌疑”即可，有人认为定罪的主要证据应达到“八九不离十”的程度。对于标准理解的因人而异，导致司法实践中部分承办人“重打击轻保护”，在欠缺一些主要证据的情况下就贸然适用附条件逮捕，从而造成错误逮捕和非法羁押。二是“认为经过进一步侦查能够收集到定罪所必需的证据”这一条件同样缺少更明确的指导标准和意见，完全依赖承办人的主观推断，需要承办人在全面把握现有证据的基础上，根据办案经验和知识水平，对后期的侦查取证工作作出准确分析、判断；同时补侦工作也很大程度上受制于侦查机关的侦查态度、侦查能力和水平以及其他的客观因素。实践中部分承办人不顾案件的客观情况和侦查取证的客观规律，适用附条件逮捕时要求补充的证据取证难度极大，可操作性差，导致侦查羁押期限届满时仍无法调取所需的证据不得不撤销逮捕。例如案件中部分共犯嫌疑人在逃，对于在案的共犯嫌疑人往往适用附条件逮捕，并将抓捕同案共犯作为补充侦查的重要事项，然而在短时间内抓捕同案共犯具有很大的偶然性；关键证据因时空原因已经灭失，不具备补充取证可能，仍要求调取此类证据等。

2. 《提供法庭审判所需意见书》的质量不高，引导侦查不力。《提供法庭审判所需意见书》是检察机关作出附条件逮捕决定之后给侦查机关出具的，列明需要继续查清的事实和补充的证据。可以说《提供法庭审判所需意见书》质量的好坏直接影响到附条件逮捕程序是否能够顺利的运行，最终关系到案件的“捕”还是“不捕”。但在实践中承办案件的检察人员因为从未参与过侦查活动，缺乏侦查工作的实践经验，往往会在《提供法庭审判所需意见书》

中提出一些不具备可操作性的补充侦查事项；也有的承办人责任心不强，认为附条件逮捕后的继续侦查完全是侦查机关的工作，制作《提供法庭审判所需意见书》也是草草了事，最常见的就是“继续讯问犯罪嫌疑人，突破口供”、“查证犯罪嫌疑人涉嫌犯罪的其他证据”，这种补充侦查的事项过于空洞，起不到任何引导侦查的作用。

3. 附条件逮捕后侦查机关取证不力。在我国的刑事诉讼制度中，公安机关拥有独立的侦查权，并不受检察机关的领导和指挥；而且公安机关考核的批捕率，附条件逮捕也是逮捕，纳入逮捕数，但附条件逮捕后再撤捕并不纳入考核数。导致的问题是部分侦查人员有意地将逮捕标准降低，寄希望于检察机关附条件逮捕；再者就是对于附条件逮捕的后续侦查工作不到位，造成较高的撤销逮捕率。

（三）扩大了附条件逮捕案件的适用范围，捕后有罪判决的重刑率不高

全国各个省份适用附条件逮捕的情况报告显示，实践中附条件逮捕的案件，既有故意杀人、抢劫、绑架等严重侵害人身权利的暴力犯罪，集资诈骗、非法吸收公众存款等严重破坏社会主义市场经济秩序的涉众型犯罪，社会影响重大的职务犯罪，但也有一些情节较轻的盗窃、故意伤害、交通肇事等案件；从有罪判决的结果上看，被告人被判处10年以上有期徒刑所占的比例很小，大多数的被告人被判处较轻的刑罚。比如吉林省和云南省，有罪判决的重刑率较高（统计判处10年以上有期徒刑刑罚），但也仅有15.70%和16.67%；安徽省和贵州省较低，分别为6.35%和7.57%；2010年江西、青海两省还出现附条件逮捕后没有被告人被判处10年以上有期徒刑的情况，捕后有罪判决的重刑率为零。导致该问题的原因：一是对附条件逮捕的案件是否属于“重大案件”的把握有欠缺，“重大案件”是指社会影响大，还是刑期重，没有统一明确的标准，导致对于轻型犯罪滥用附条件逮捕，这与我国目前宽严相济

的刑事政策和构建和谐社会降低羁押率的要求相悖。二是基层检察院承担了大量的刑事案件的办理，这些案件大都情节较轻，不符合“重大案件”的范畴。但实践中基层检察院往往考虑侦查工作的需要，担心对犯罪的打击不力，从有利于侦查的角度做出附条件逮捕。三是部分地区根据当地办理刑事案件的客观需要或者办理一些特殊案件多适用附条件逮捕。例如，北京市近3年附条件逮捕的犯罪嫌疑人中，有近80%属于在本地没有固定住所的外来人员，他们中的一部分人在京没有工作单位和联系人，本人也交不起保证金，不符合取保候审的条件，若不采取逮捕的强制措施，很难保障诉讼的顺利进行。另外就是从社会影响的角度出发，对于一些社会影响重大，群众反应强烈的案件即使不够重大也较多适用附条件逮捕。四是侦查工作本身具有的不确定性也使得对“重大案件”的判断是否应动态考虑有分歧。比如流窜作案、多次作案的犯罪嫌疑人，报捕时可能只查实一两起事实，但据已有线索或侦察预测，可能还涉嫌多起犯罪事实，对此检察机关往往认为有逮捕必要；共同犯罪案件中，报捕犯罪嫌疑人的行为可能不严重，但从全案看属于“重大案件”，为保证侦查工作开展，往往也认为有逮捕必要。

（四）做出附条件逮捕决定后的监督跟踪机制不完善

根据各地的情况报告，检察机关做出附条件逮捕决定后，除了向侦查部门制发《提供法庭审判所需证据材料意见书》，详细列明需要补充侦查的证据外，未能建立行之有效的监督跟踪体系，及时督促、了解侦查机关的补充侦查工作。究其原因，一是侦查监督部门的承办人由于办案任务重等原因，很多没有采取有力的后续跟踪监督措施，对附条件逮捕案件后续侦查情况和证据完善情况不了解，对补充侦查不力、证据达不到定罪标准的案件没有及时撤销逮捕。二是检察机关侦查监督部门对公安机关侦查部门的侦查工作没有领导权，两机关之间也没有相关的法律文件对附条件逮捕后补充侦查的工作机制有明确的规定，导致实践中侦查监督部门对侦查部门补充侦查工作的监督和指导缺少详细的依据和具体的操作规范。

（五）附条件逮捕缺少外部制衡和内部监督机制

各地的情况报告显示，侦查监督部门在适用附条件逮捕的过程中，基本没有设置听取律师意见、必须讯问犯罪嫌疑人等外部制约机制；对于《质量标准》中明确要求的3日内将附条件逮捕的案件报送上一级人民检察院备案的内部监督规定，各地执行的效果也不理想。附条件逮捕本身就是通过控制特殊犯罪来保障人权，在一定意义上是牺牲了犯罪嫌疑人的权利，如果再缺少外部制衡和内部监督的机制，附条件逮捕就很有可能成为个别办案人员、办案单位滥用逮捕权，逃避责任追究的“保护伞”，背离了适用附条件逮捕设置的初衷。

三、详尽解读最高人民检察院《关于人民检察院审查逮捕工作中适用“附条件逮捕”的意见（试行）》的相关规定

针对全国各地检察机关在适用附条件逮捕过程中普遍存在的标准不统一，配套程序不完善等问题，最高人民检察院侦查监督厅于2013年4月19日发布《意见（试行）》的通知，进一步明确和细化了附条件逮捕的适用范围、证据标准、执行程序等，对于侦查监督部门依法、准确适用附条件逮捕作出重要指导。

（一）从量刑幅度和案件类型两个方面对“重大案件”作出明确的界定

《意见（试行）》规定可能被判处10年以上有期徒刑以上刑罚的，或者可能判处5年以上不满10年有期徒刑但属于危害国家安全和严重危害公共安全的暴力犯罪案件，故意杀人、抢劫、绑架、强奸、故意伤害致人重伤、死亡的严重暴力犯罪案件，毒品犯罪、走私犯罪案件，涉众型犯罪案件等6种案件类型的，可以适用附条件逮捕。这一标准的明确，将占绝大多数的轻罪案件排除在适用附条件逮捕范围以外，有效解决了实践中出现的对可能判处3年以下有期徒刑的轻罪案件也适用附条件逮捕的问题，杜绝“以捕代侦”

的现象。同时严格限制附条件逮捕的适用，也符合设置附条件逮捕的初衷，即贯彻宽严相济的刑事政策，严厉打击严重刑事犯罪。但该规定存在两点争议：一是如何准确把握“五年以上不满十年”的量刑幅度。实践中适用附条件逮捕的罪名，其设置的较低的量刑档通常为“三年以上十年以下”，例如抢劫罪，《刑法》第263条规定除了8种加重情节或结果加重犯之外，一般抢劫的量刑档就是3年以上10年以下的有期徒刑。那么一般抢劫要适用附条件逮捕，就必须对该量刑档的抢劫犯罪区别对待，综合考量犯罪嫌疑人的主观恶性，犯罪动机、手段，后果的严重性等因素，对其中情节严重的才能适用附条件逮捕，对于一般抢劫罪中情节较轻的也就不宜适用附条件逮捕。这种区分固然有利于严格限制附条件逮捕的适用范围，防止滥用，但实践中操作难度较大，不仅要求批捕阶段的承办人准确把握案件的定性和逮捕必要性，对于量刑也要有精确的判断，这对承办人的业务能力提出了更高的要求。二是对于“重大案件”的界定采取刑度和列举案件类型相结合的方式详尽罗列，绝对排除了可能判处5年以下有期徒刑的轻罪案件。有人会质疑如果一些轻罪案件具有重大的社会影响，群众反应强烈，不批准逮捕可能引发一些群体性事件，从维稳的角度出发能否“特事特办”。

（二）进一步明确了适用附条件逮捕的证据标准

“现有证据所证明的事实已经基本构成犯罪”是指现有证据基本上能够认定犯罪嫌疑人的行为已构成犯罪，只是略有欠缺或较为薄弱，需要在捕后进一步完善定罪所必需的证据。这样的表述表明附条件逮捕的证据标准已经非常接近逮捕的证据标准，达到了“八九不离十”的程度。比如证明犯罪的证据中存在非法言词证据，但全案证据看基本能够对犯罪嫌疑人定罪；有证明犯罪嫌疑人有罪的主要证据，但相关鉴定意见尚未作出等情形均能适用附条件逮捕。对于证据存在严重缺陷，不足以证实基本犯罪事实的案件以及证据并无缺陷，只是在证据认定上存在争议的案件就不应适用附条件逮捕。比如只有犯罪嫌疑人的有罪供述，查证的其他佐证不充分，或者有证明犯罪嫌疑人有罪的佐证，但证明犯罪嫌疑人有罪或无罪的主要证据认定上存在争议，这样的情形就不能适用附条件逮捕。“经过进一步侦查能够收集到定罪所必需的证据”需要结合全案现有证据和欠缺证据的情况以及侦查机关的侦查方案、取证技术和侦查能力等进行综合判断，明确排除了所欠缺的证据已经灭失或者丧失取证条件，不具备补充完善证据可能的情形。该规定明确要求侦查监督部门的承办人从案件的客观、实际情况出发，在全面分析事实和证据的情况下，列出可行、合理的补充侦查事项，防止主观臆断。同时《意见（试行）》第7条规定侦查监督部门应当要求侦查机关书面说明案件有进一步收集、补充、完善证据的客观依据并提供补充取证的工作方案。这样的规定能够有效避免侦查监督部门对进一步侦查可行性的研判发生偏差，从而影响附条件逮捕案件的质量。附条件逮捕决定做出后证据是否能够收集到，一方面取决于侦查人员的办案水平和能力，另一方面还取决于其他客观因素，如能否找到证人、证人是否配合、相关的书证、物证是否还保留，现场是否已经破坏等，这些客观因素都是侦查监督部门书面审查案件时无法评估的。通过建立侦捕的衔接机制，加强沟通和交流，从而使附条件逮捕后的补侦工作更加科学、规范、切实可行。

（三）建立了较完备的外部制衡和内部监督机制

《意见（试行）》第8条明确规定了附条件逮捕案件应当讯问犯罪嫌疑人；辩护律师要求的，应当听取辩护律师意见。这充分保障了犯罪嫌疑人在附条件逮捕过程中享有的申辩权和辩护权。犯罪嫌疑人可以直接面对检察人员陈述自己的辩解，辩护律师也可以介入批捕阶段为犯罪嫌疑人进行辩护，这种来自外部的制衡能够有效地抑制办案人员和办案单位滥用逮捕权的不良冲动。《意见（试行）》第9条明确了附条件逮捕的决定程序，经分管副检察长审核同意后，报检察长或者检察委员会决定。这样既避免了实践中因为批捕案件审查周期短，把每件案件都交付检委会决定的不可操作性，又有利于从严把握附条件逮捕的程序要件。《意见（试行）》

第 11 条明确了附条件逮捕案件需要报上一级人民检察院侦查监督部门备案，同时抄送本院公诉部门。这样有利于畅通检察机关内部的监督机制，上级检察机关可以及时审查附条件逮捕的适用对象是否正确，办案程序是否规范，发现有适用错误的，及时通知撤销逮捕。本院公诉部门也可以配合侦查监督部门对案件后续侦查情况进行监督，保证批捕、审查起诉的案件质量。

（四）建立了附条件逮捕后侦查羁押定期审查机制

《意见（试行）》第 13 条、第 14 条、第 15 条详尽规定了侦查监督部门适用附条件逮捕后跟踪监督机制，明确要求捕后第 1 个月届满前 5 日，2 个月侦查羁押期限届满前 2 日对侦查机关继续侦查取证情况进行定期审查，如发现侦查机关未继续侦查取证，已经丧失继续侦查取证条件，未收集到定罪必需的证据，无继续羁押必要的，应及时撤销逮捕决定。实践中捕后的跟踪监督是附条件逮捕实施中最为关键的一环。这种定期审查机制的建立，不仅从思想层面上明确侦查监督部门承办人的责任，要求其积极主动地跟踪监督，摒弃“一捕了之”的观念；从制度层面上也设置了完备的跟踪监督的工作机制，具有可操作性。但是这种定期审查机制也有可能存在隐患，正如前文所述，检察机关侦查监督部门对公安机关侦查部门的侦查工作并不具有领导权，侦查部门可能因为办案任务重、考核机制等原因怠于配合侦查监督部门的跟踪监督。实践中检察机关与公安机关应建立工作机制，明确侦查部门反馈侦查进度情况的义务。

四、对完善附条件逮捕制度的再思考

（一）通过逮捕标准的层次性适用明确附条件逮捕适用的正当性

附条件逮捕作为逮捕制度的补充工作机制，其适用的标准与逮捕标准在本质上并没有区别。《刑事诉讼法》第 79 条规定逮捕的证据标准是“有证据证明有犯罪事实”[①]。而附条件逮捕的证据要求为“证据虽有欠缺但已基本构成犯罪”。显然，逮捕对证明犯罪事实的证据要求比附条件逮捕要高。但是，正如学者所指出的，逮捕证明的要求中包括证据的质和量两个方面的内容。所谓证据的质，即证据的性质，证据必须是确实的，这是逮捕对证据的质的要求；同时，证据又必须具有一定的数量，这是逮捕对证据量的要求。[②] 而“证据必须是确实的”是指证据证明犯罪事实确已发生，犯罪嫌疑人或被告人实施了犯罪行为。不难看出，在质的要求上，逮捕与附条件逮捕是一致的，即都要求证据能证明犯罪已经发生，只是在量的要求上，逮捕比附条件逮捕的要求稍高一些，符合逮捕条件的证据数量应当是“充分”，而符合附条件逮捕的证据数量为“基本充分，略有欠缺或较为薄弱”。因此，在质相同的前提下，证据量的微小差异，并不会导致附条件逮捕在本质上与逮捕产生区别。

我国《刑事诉讼法》规定的单一的逮捕标准偏高偏严，不符合司法实践中办案的客观需要。与我国《刑事诉讼法》规定的逮捕条件相比，无论是英美法系还是大陆法系，对逮捕的限制一般相对宽松。比如德国“审前拘留”（相当于我国的逮捕）的条件，是“强烈怀疑有犯罪行为发生”[③]。日本的逮捕措施，分为普通逮捕和现行犯逮捕。普通逮捕的条件是“有相当的理由足以怀疑犯罪嫌疑人曾经犯罪”；现行犯逮捕则没有条件限制，“任何人可以无逮捕证逮捕现行犯”[④]。英国的情形与日本相似，分为有证逮捕和无

---

① 这是逮捕的“法定标准”，实践中由于各种原因，侦查监督部门在把握逮捕的证据标准时往往达到“证据确实、充分”的起诉标准，下文所述逮捕标准都为“实践标准”。

② 参见孙谦：《逮捕论》，法律出版社 2001 年版，第 109 页。

③ 程味秋、樊崇义主编：《外国刑事诉讼法概论》，中国政法大学出版社 1994 年版，第 146 页。

④ 参见［日］田口守一：《刑事诉讼法》，刘迪等译，法律出版社 2000 年版，第 8 页。

证逮捕，无证逮捕不规定任何条件，“任何人可以无证逮捕正在实施或者有正当理由怀疑其正在实施可捕罪的人”[1]。可见，虽然都称逮捕，但国外的逮捕在条件和标准上与我国有很大区别。正是因为我国立法对逮捕的标准规定的偏高偏严，导致司法实践中检察机关在逮捕问题上的自由裁量权空间很小，不仅不符合国际通用的尺度，而且与打击日益严重的刑事犯罪的实际需要不相适应。因此，逮捕制度迫切需要进行分层次适用。附条件逮捕实际上就是把审查逮捕案件分为两个层次，适用不同的逮捕标准。对于普通刑事案件适用较高的逮捕标准，即《刑事诉讼法》规定的逮捕标准，要求证据达到“确实、充分”的程度。这样既符合宽严相济刑事政策的需要，适应构建和谐社会降低羁押率、少捕慎捕的司法理念，又能减少逮捕给人权带来的危害性，取得最佳的法律效果和社会效果。而对于重大案件，适用较低的逮捕标准，即附条件逮捕标准，要求证据“基本充分，略有欠缺或较为薄弱”。这样既有利于打击严重刑事犯罪，满足我国社会转型期维护稳定形势严峻的客观需要，又能通过对重大案件的犯罪嫌疑人实施附条件逮捕，保障大多数人的生存权、自由权、财产所有权。所以说，附条件逮捕是检察机关在审查逮捕中的一项工作机制的创新，是逮捕条件的应有内涵和逮捕制度的应有外延，它没有突破现行法律规定的逮捕制度的框架，而是检察机关为了分层次适用逮捕标准，实现惩治犯罪和保障人权的平衡而提出的科学的、正当的做法。

（二）通过建立案件风险评估机制和案件分类办理制度完善附条件逮捕的适用

对于侦查机关批捕的案件，可以根据犯罪性质、犯罪情节和手段、社会危害性、社会影响、群众反响等因素，对案件进行风险评估和分类。对于风险较小的轻罪案件，适用逮捕标准，要求案件基

---

① 程味秋、樊崇义主编：《外国刑事诉讼法概论》，中国政法大学出版社 1994 年版，第 24 页。

本事实清楚，证据确实充分；对于犯罪性质恶劣、情节严重的案件或者可能引发群体性事件的敏感案件，适用附条件逮捕标准，要求证据虽有欠缺但基本能够证实犯罪嫌疑人实施犯罪行为，同时进一步开展侦查有获取充足证据的现实可能性。因此，《意见（试行）》明确规定可能被判处10年以上有期徒刑以上刑罚的，或者可能判处5年以上不满10年有期徒刑但属于危害国家安全和严重危害公共安全的暴力犯罪案件，故意杀人、抢劫、绑架、强奸、故意伤害致人重伤、死亡的严重暴力犯罪案件，毒品犯罪、走私犯罪案件，涉众型犯罪案件等6种案件类型的，可以适用附条件逮捕。这是最高人民检察院《意见（试行）》确立的案件分类办理制度，在司法实践中既有利于严格限定附条件逮捕的适用范围，又能最大限度地发挥附条件逮捕打击严重刑事犯罪的作用，具有重大的指导意义。但稍显遗憾的是，《意见（试行）》只是按照犯罪性质和情节严重程度对附条件逮捕的适用范围做了“一刀切”的规定，绝对排除了可能判处5年以下有期徒刑的轻罪案件，而没有充分考虑案件本身可能存在的涉访风险。2010年山东省济宁市梁山县有一个适用附条件逮捕的案例。犯罪嫌疑人张某雇用他人使用剧毒农药磷化铝（粉剂）对其承包的李官屯粮所1～9号粮仓进行熏蒸的过程中，未设置警戒线或警戒标志，且未告知粮所周围居民，导致在紧挨7号粮仓平房内居住的孙某甲、孙某乙4天后出现呕吐症状，经简单治疗，无明显效果，次日经抢救无效死亡。本案在审查批捕阶段，公安机关提供的鉴定结论只排除了其他几种常见物品中毒的可能性，尚未得出死者孙某甲、孙某乙确系磷化氢中毒的排他性鉴定结论。当时，被害人亲属情绪激动，若作出不予批准逮捕决定，极有可能激化矛盾，导致被害人亲属有不理智的举动，给社会稳定留下隐患。梁山县检察院结合证实两被害人卧室内含有磷化氢气体的另一鉴定结论，依法作出附条件逮捕，以涉嫌危险物品肇事罪批准逮捕了张某并向公安机关提出了毒化检验的建议。后经公安部毒化检验，证实两被害人心血、肝组织等器官中均检出磷化氢成分，梁山县公安局据此出具了二人均系磷化氢中毒死亡的鉴定结论。该案的办理，稳定了被害人亲属的情绪，避免了事态的扩大，维护了社会的稳定，应该说是适用附条件逮捕的成功案例。因此，在司法实践中适用附条件逮捕时，充分考虑案件本身可能存在的风险是非常必要的。侦查监督部门在办理审查逮捕案件时，应当按照案件的性质、紧急状况、行为方式、形成规模、激烈程度和发展趋势，以及可能造成的社会危害与影响等因素，确定风险等级：一级为特别重大风险，如当事人及其亲属可能采取自杀等极端行为，或者可能采取聚众闹事、游行示威、围堵检察机关等行为；二级为重大风险，如当事人及其亲属可能越级上访，造成事态扩大或者涉案当事人及其亲属情绪激烈、对抗性较强，可能引起重大信访案件等；三级为较大风险，如可能引发静坐、请愿、滞留、吵闹、辱骂或殴打干警等行为，影响检察机关正常工作秩序的；四级为一般风险，如可能出现无理缠访等行为的。侦查监督部门经过对案件风险的充分、准确评估，认为存在特别重大风险或者重大风险的案件，应当结合案件的性质、查证属实的证据情况等综合考虑，可以适用附条件逮捕。当然，对于存在较大风险和一般风险的案件，也应当在充分评估的基础上制定相应的化解（控制）风险措施，防止风险的扩大。

（三）通过建立有效的侦、捕、诉衔接机制健全附条件逮捕的各项工作规范

侦查监督部门应当加强与侦查机关的交流和沟通，通过签署工作文件或者定期召开联席会议等方式建立长期、有效的侦捕衔接机制。第一，侦查机关对于重大疑难案件，认为有必要时可以及时通报侦查监督部门。侦查监督部门尽量在提前介入阶段就加强引导侦查取证，对证据的收集、固定提出明确的要求；同时强化对书证等非言词证据的收集，弱化口供的作用，使证据在报捕前尽可能充分收集。第二，侦查监督部门在可能适用附条件逮捕时，应当要求侦查机关就继续侦查后能否取到定罪所必需的充足证据提供意见和依据，侦查机关应当书面说明进一步补充完善证据的客观依据并提供

详细的补充侦查的工作方案。第三，侦查监督部门作出附条件逮捕之后，应在《提供法庭审判所需证据材料意见书》中详细列明补充的证据事项，确定补充侦查的方向，必要时派员参与侦查机关的侦查活动；侦查机关应当及时补充侦查，按照要求定期向侦查监督部门通报补充证据的进展情况，并在侦查羁押期限届满前将补充侦查获取的证据报送侦查监督部门审查。第四，侦查监督部门承办人也应当积极向办理案件的侦查机关的侦查员学习侦查活动的特点和客观规律，从而规范《提供法庭审判所需材料意见书》的撰写，杜绝补充侦查事项过于空洞、宽泛，不符合侦察活动的客观规律。侦查监督部门应当加强与公诉部门的横向沟通，完善捕诉衔接机制。第一，侦查监督部门在拟适用附条件逮捕时对案件中犯罪嫌疑人是否可能判处 5 年以上有期徒刑有疑问的，应当及时与公诉部门沟通，公诉部门应当就量刑提出建议。第二，为了保证检察机关引导侦查取证思路的一致性，确保附条件逮捕后的案件能诉、能判，侦查监督部门应当将《提供法庭审判所需材料意见书》抄送公诉部门，公诉部门认为需要补充其他证据的，可以直接要求侦查机关补充侦查取证。

完善附条件逮捕工作机制研究

万建成　关振海　王　晨　杨振强*

附条件逮捕是检察机关在审查批捕工作中的一项制度创新，也是检察机关着力推行检察改革的一项重要举措。2006 年 8 月 17 日最高人民检察院通过的《人民检察院审查逮捕质量标准（试行）》（以下简称《逮捕质量标准》）（已失效）第 4 条规定，检察机关批准附条件逮捕，应当同时采取以下措施：（1）向侦查机关发出补充侦查提纲，列明需要查明的事实和需要补充收集、核实的证据，并及时了解补充取证情况；（2）批准逮捕后 3 日内报上一级人民检察院备案；（3）侦查机关在侦查羁押期限届满时，仍未能取到定罪所必须的充足证据的，应当及时撤销批准逮捕决定。此后最高人民检察院《逮捕质量标准》（2010 年版）又对上述规定做了进一步修改完善。应当说，我国关于附条件逮捕的制度设计不仅具有打击重大刑事犯罪的职能，也存在加强对侦查机关侦查活动进行引导和监督的价值目的。然而，在实践中，公安机关对于被批准附条件逮捕的案件消极侦查，补侦效果很不理想；再加上检察机关承办人仅仅关注侦查机关补充侦查的结果，对侦查机关补侦过程缺乏应

* 作者简介：万建成，北京市石景山区人民检察院副检察长；关振海，北京市德恒律师事务所律师；王晨，北京市石景山区人民检察院侦查监督处副处长；杨振强，北京市石景山区人民检察院反贪污贿赂局检察官。

有重视，导致侦查监督职能在附条件逮捕案件中极度弱化，甚至被虚置化，没有体现出制度设计应有的价值和功能。

一、附条件逮捕制度适用的现状（2008 年至 2012 年）

本文将以某市 A 区人民检察院 2008 年至 2012 年 5 年间办理的附条件逮捕案件为样本，分析附条件逮捕制度的司法现状和特点。

（一）附条件逮捕制度适用现状

1. 附条件逮捕案件罪名情况。5 年来 A 区检察院附条件逮捕适用罪名较为广泛，涉及盗窃罪、诈骗罪、故意伤害罪、敲诈勒索罪等 30 个罪名。如表 1 所示：

表 1　附条件逮捕案件罪名情况

序号	罪名	人数	序号	罪名	人数
1	盗窃罪	19 人	16	非法拘禁罪	1 人
2	诈骗罪	17 人	17	销售假药罪	5 人
3	故意伤害罪	26 人	18	抢劫罪	1 人
4	敲诈勒索罪	5 人	19	遗弃罪	1 人
5	传播淫秽物品罪	5 人	20	职务侵占罪	1 人
6	合同诈骗罪	9 人	21	挪用资金罪	1 人
7	强奸罪	4 人	22	非法经营罪	1 人
8	组织卖淫、介绍卖淫罪	5 人	23	非法买卖枪支、弹药罪	1 人
9	信用卡诈骗罪	3 人	24	销售不符合安全标准食品罪	7 人

续表

序号	罪名	人数	序号	罪名	人数
10	非法出售发票罪	3人	25	故意毁坏财物罪	3人
11	伪造事业单位印章罪	3人	26	聚众斗殴罪	3人
12	掩饰隐瞒犯罪所得罪	3人	27	以危险方法危害公共安全罪	1人
13	非法采矿罪	2人	28	非法处置查封财产罪	1人
14	开设赌场罪	2人	29	组织传销罪	1人
15	寻衅滋事罪	4人	30	非法行医罪	1人

2. 附条件逮捕案件撤捕情况。5年A区检察院共批准逮捕犯罪嫌疑人2991人，其中附条件逮捕犯罪嫌疑人139人，占批准逮捕总人数的4.6%。在适用附条件逮捕的139名犯罪嫌疑人中，因羁押期限内侦查机关未能补充到相应证据而撤销的37人，占附条件逮捕人数的26.6%。如图1所示：

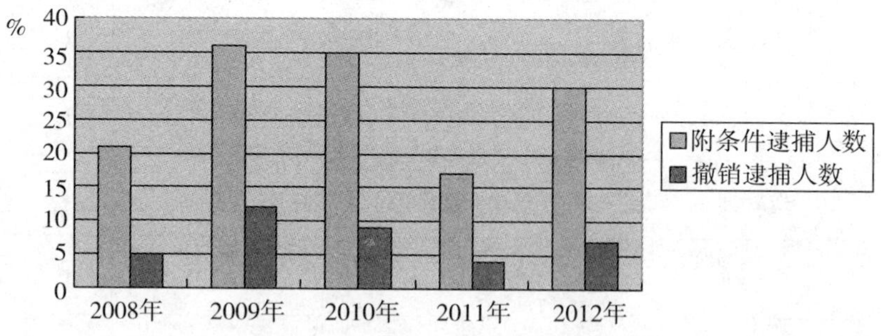

图1　附条件逮捕后撤捕情况图

3. 撤捕案件经公诉补充侦查后被法院判决有罪情况。为深入了解被撤捕附条件逮捕案件证据的可补性，我们对撤捕后经公诉补侦被判决有罪的案件进行了统计，如表 2 所示：

表 2

年度	撤销案件人数	公诉补侦后有罪判决数	占撤捕比例
2008	5 人	1 人	20%
2009	12 人	2 人	16.6%
2010	9 人	1 人	11.1%
2011	4 人	0 人	0%
2012	7 人	1 人	14.3%

由表 2 可见，被撤销附条件逮捕的犯罪嫌疑人，经公诉阶段补充侦查后反而被法院判决有罪，这也在一定程度上说明，撤捕案件认定犯罪所需要的证据是可以补充的。

（二）附条件逮捕制度适用的特点

通过以上分析，可以发现该检察院在适用附条件逮捕制度方面具有以下几个特点：

1. 数量过多、使用范围过广。最高人民检察院《审查逮捕质量标准（试行）》明确规定，附条件逮捕只适用于重大刑事犯罪且适用程序十分严格。这表明附条件逮捕应作为一般刑事案件审查逮捕工作的一种有力补充，而不应是审查逮捕工作的常态，因此附条件逮捕的数量和范围都应受到严格控制。但从该 A 区检察院的实践来看，适用的案件类型呈现多元化趋势，不仅罪名较为广泛，包括轻伤害案件及一定比例的普通盗窃、诈骗案件，而且包含一些轻微刑事案件，以至于被决定不起诉、被判处 3 年以下有期徒刑的案件分别占 3.6% 和 20.1%。

2. 撤销附条件逮捕的比例较大。撤销附条件逮捕是指在检察院作出附条件逮捕后，向公安机关列明补充侦查提纲，如果侦查机关不能在法定时限内取得这些证据，则检察机关撤销原附条件逮捕。该检察院附条件逮捕撤捕率达到 26.6%，如此之高的撤捕率一方面反映了侦查机关在附条件逮捕后进行的补侦工作不到位，证据补充收集不主动；另一方面也反映了检察机关有些承办人对案件没有进行充分的跟踪了解和监督，也没有进行必要地引导侦查取证。

3. 事中监督功能严重虚置化。在实践中，由于承办人均承担繁重的办案任务，且附条件逮捕案件补充侦查的周期较长，与普通案件最多审查 7 天的办案节奏不一致，承办人对附条件逮捕案件的跟踪监督并不完全及时、到位。以 A 区检察院为例，在被撤销逮捕决定的案件中，无一案件承办人在侦查机关补充侦查过程中介入引导侦查取证，也没有因侦查机关补侦工作的不及时或懈怠而向其提出督促意见或发出书面《侦查监督督促意见书》。对这些案件的补充侦查活动是否符合法定程序，也没有发出任何纠正违法或检察建议，检察机关对附条件逮捕案件的侦查监督职能被严重虚置化。

二、附条件逮捕制度相关问题的原因分析

（一）侦查监督意识淡薄

一些检察人员误认为附条件逮捕制度仅为打击重大刑事犯罪而设，对检察机关应对附条件逮捕案件进行法律监督认识不够。这种侦查监督意识淡薄的现状反映到司法实践中，就表现为案件承办人对附条件逮捕案件补充侦查工作“等”、“靠”的现象。实践中，承办人在对一个案件适用附条件逮捕，向侦查机关发出《继续补充侦查意见书》后，基本不跟踪了解补充侦查情况，而是坐等侦查机关提供补充侦查的证据材料，很少主动介入补充侦查过程，引导侦查机关补充、完善、核实证据；亦极少跟踪了解侦查机关的补充侦查过程，至于因侦查机关补侦工作的不及时或懈怠而向其提出督促意见或发出书面《侦查监督意见书》的情形更是鲜见。承办人的这种被动等待侦查机关补充侦查的现状，实际上是检察机关过

分依赖于侦查机关，而忽略对侦查机关的补充侦查主动进行引导和监督的表现。

（二）补充侦查意见书质量不高

补充侦查意见书起着引导侦查机关补充侦查的作用，其质量状况直接影响补充侦查工作的质量，决定着附条件逮捕案件的最终处理结果。实践中，由于部分承办人对附条件逮捕的制度价值尚不熟悉，且年轻承办人较多，司法实践经验不足，尤其是从未实践参与过侦查活动，缺乏侦查工作经验，对侦查活动方法和规律认识不足，特别是对证据的可补充性认识不足，导致在补充侦查意见书中所列补充侦查事项根本不具有可行性。如在一起敲诈勒索案件中，在对犯罪嫌疑人作出附条件逮捕决定后，承办人要求公安机关调取案发前犯罪嫌疑人与被害人之间的手机通话和短信记录。这项工作看似容易实现，实际上根本不具有操作的可能性。因为从作案至附条件逮捕时，已经过去3个多月，手机网络运营商已经不再保存嫌疑人手机的通话与短信记录，[①] 公安机关根本无法调取。有些补充侦查意见书中列明的补充侦查事项过于空洞、宽泛，不能切实起到引导侦查的作用。如在补充侦查意见书中出现"继续讯问犯罪嫌疑人、询问证人"或"继续抓捕同案犯"、"寻找证人"等补充侦查事项，这些补充侦查事项对于附条件逮捕案件的最终处理结果非常重要，但这些工作的难度也是不言而喻的。这种公式化的补充侦查意见不但不能反映案件真正需要完善的症结，也会使侦查机关产生抵触情绪，影响对补充侦查工作的积极性。[②]

（三）侦查机关消极配合

附条件逮捕案件的最终处理结果，取决于侦查机关的补充侦查质量。当前，附条件逮捕案件的补充侦查工作并没用纳入侦查机关

① 当前，我国手机网络运营商对手机通话和短信记录只保存3个月。

② 参见刘婕扬、徐云：《北京市海淀区人民检察院附条件逮捕程序运行现状》，载《国家检察院学院学报》2008年6月第12卷第6期。

的考核指标体系中，在任务繁重、办案压力大，且缺乏硬性考核约束的背景下，侦查机关对补充侦查工作普遍缺乏积极性，一些很容易调取的证据，也不积极侦查，甚至对补充侦查工作推诿、故意拖延。在很多情况下，在附条件逮捕期限届满时，侦查机关只提供了一份“经工作无法调取上述证据”的工作说明，检察机关不得已只能撤销对犯罪嫌疑人的逮捕决定，放任犯罪嫌疑人逃避司法追究。侦查机关对补充侦查工作的消极、懈怠是大量附条件逮捕案件最终被撤销逮捕决定的重要原因。

（四）监督保障机制缺失

附条件逮捕制度作为一种新的工作机制，在现阶段，公安机关和大多数检察机关均没用将其纳入案件质量考评体系当中，① 使得附条件逮捕工作缺乏一个硬性的考评和责任追究机制的约束，这也是承办人缺乏跟踪监督意识和侦查人员缺乏补充侦查积极性的根本原因。在公安机关的考核体系中，附条件逮捕与普通逮捕是无异的，一旦检察机关做出附条件逮捕决定，公安机关就已经完成了相关考核指标，即使最终因证据不足撤销附条件逮捕，也不影响对公安机关考核指标的完成。② 在检察机关，附条件逮捕决定由检察委员会做出，且多数检察机关也没有开展对附条件逮捕案件质量考核工作，这就导致附条件逮捕案件无论最终是维持逮捕决定，还是撤销逮捕决定，均无法从案件质量上反映出最终处理结果的正确与否，承办人也无须为附条件逮捕案件承担任何错案的风险。监督保障机制的缺失，使得检察机关履行侦查监督职能缺乏刚性约束，对

---

① 北京市检察院在《办理刑事立案监督审查逮捕案件质量标准》中“对附条件逮捕案件在侦查羁押期限届满时，应当撤销批准逮捕决定而不撤销的”作C类案件考核，但该考核标准仅对附条件逮捕案件作撤销与否的形式考核，而未对撤销决定是否正确做出实质考核，且没用将“侦查羁押期限届满时及时撤销附条件逮捕的案件”纳入考核范围，对附条件逮捕案件考核过于形式化和狭窄。

② 参见刘婕扬、徐云：《北京市海淀区人民检察院附条件逮捕程序运行现状》，载《国家检察院学院学报》2008年6月第12卷第6期。

补充侦查工作的跟踪监督完全成为承办人任意掌控的范围，侦查监督虚置化在所难免。

三、完善现行附条件逮捕制度的对策建议

（一）理念：强化侦查监督意识

最高人民检察院原副检察长朱孝清指出，设立附条件逮捕的意义在于实现打击犯罪与保障人权的统一，体现检察机关对侦查活动的监督和对取证的引导。[①] 侦监部门应当科学认识附条件逮捕制度的价值和功能，强化对附条件逮捕案件的侦查监督意识，改变以“结案为目的”的狭隘办案思想，扭转“重配合、轻制约”的思维习惯，克服“怕监督、不愿监督”消极心理，积极履行对附条件逮捕案件的侦查监督职能。在做出附条件逮捕决定后，检察机关应当积极跟踪了解侦查机关的补充侦查取证工作情况，引导侦查机关补充、完善、核实证据，必要时侦监部门可以介入侦查引导取证。对于侦查机关未按照《继续侦查取证意见书》的要求补充、完善、核实证据的，检察机关应当及时提出督促意见，必要时可以向侦查机关发出书面《侦查监督意见书》。同时，加强对侦查机关补充侦查活动的监督，对不符合法定程序的侦查活动，依法进行纠正。

（二）队伍：提高干警执法水平

“徒法不足以自行”、“打铁还需自身硬”，监督者的自身素质和能力是诉讼监督制度运行中的重要因素，再完美的制度也要人去执行才能实现其设计初衷，[②] 附条件逮捕制度也不例外，因此，提升办案人员的素质是正确运用附条件逮捕制度的前提和基础。侦监部门的检察人员，应善于从繁忙的业务工作中边总结、边学习，尤

---

① 参见李继华：《附条件逮捕：控制犯罪与保障人权的权衡选择》，载《人民检察》2008 年第 20 期。

② 参见崔杨、余双彪、刘丽、李佳：《公诉环节诉讼监督工作机制研究》，载《检察工作机制与实务问题研究》，法律出版社 2008 年版，第 68 页。

其是对侦查业务知识的学习，如各种类型证据的提取方法、提取程序等，熟知侦查机关对各种类型案件的侦查过程、规律，掌握收集各种类型证据在不同诉讼阶段的可补充性、可操作性，以在建议侦查机关补充相关证据时有的放矢，防止将事实上已经湮灭或客观上无法提取的证据列入补充侦查意见书。通过学习不断夯实干警的刑法理论功底和丰富干警的司法实践经验，提升其对附条件逮捕的制度功能和价值目标的理解和把握，提高侦监部门干警对附条件逮捕制度的运用能力。

（三）制度：建立相应工作机制

1. 建立监督保障机制。如前文所述，缺乏对附条件逮捕案件的考核评价与责任追究机制，是导致侦查机关消极侦查、检察机关怠于履行监督职能的重要原因，在相应的考核与评价机制尚未建立的情况下，附条件逮捕制度便极易引出严重的“随便捕、随便放”的问题，造成对司法权威的损害和当事人人权的侵害，[①] 因为在面临越来越大的办案压力以及错案责任追究压力的情况下，部分案件承办人倾向利用附条件逮捕决定的可撤销性来规避办案风险。所以，有必要建立附条件逮捕案件的考核与评价机制，防止该制度在实践中被滥用。具体而言，检察机关应当对附条件逮捕案件质量实施考评：（1）在不符合法定条件的情况下，对犯罪嫌疑人适用附条件逮捕的，应对案件承办人和承办单位予以不利评价，造成严重后果的，应按照规定追究相关人员责任。（2）在附条件逮捕后，不按照相关规定履行跟踪了解、引导侦查、督促整改等职责的，应对案件承办人和承办单位予以不利评价，造成严重后果的，应按照规定追究相关人员责任。（3）在侦查羁押期限届满仍未能取到定罪所必须的充足证据时，不按照相关规定及时撤销批准逮捕决定的，应对案件承办人和承办单位予以不利评价，造成严重后果的，

① 参见王臻、潘云龙：《刍议附条件逮捕制度》，载《中国刑事法杂志》2010年第7期。

应按照规定追究相关人员责任。当然，公安机关也应当建立附条件逮捕案件的考核与评价机制，在附条件逮捕后懈怠补侦工作，不积极收集补充证据的，也应对案件承办人和承办单位予以不利评价，造成严重后果的，应按照规定追究相关人员责任。①

2. 建立捕后跟踪监督机制。检察机关侦查监督职能的发挥离不开检警两家之间良好的沟通协调，侦监部门应加强与侦查机关承办人之间的沟通、联系，及时了解补充侦查情况，督促承办人积极开展补充侦查工作。同时，积极建立捕后跟踪监督机制，可以从两个方面入手：一是建立检察机关与侦查机关不定期联席会议制度，实行重大附条件逮捕案件沟通协调机制。对于重大附条件逮捕案件，根据办案需要，侦监部门可以要求召开联系会议，听取侦查机关补充侦查取证的情况，必要时，可以介入引导侦查。二是成立专门监督小组。安排办案经验丰富的承办人成立专门附条件逮捕监督小组，负责对每一个附条件逮捕案件进行登记备案，并对此类案件的证据补充情况进行跟踪监督。案件承办人对犯罪嫌疑人做出附条件逮捕决定一个月后，向侦查机关承办人核实该案的证据补充情况，并反馈给专门监督小组，监督小组根据反馈结果，督促侦查机关承办人及时补充侦查证据。由监督小组对全部附条件逮捕案件进行后期追踪，将分散监督与集中监督有机结合起来，避免因办案周期较长而忽略附条件逮捕案件的证据补充情况，以便对案件及时做出最终处理。②

（四）规范：明确附条件逮捕案件范围和程序

1. 明确适用条件和案件范围

首先应明确适用附条件逮捕是有证据构成犯罪，但证据有欠

---

① 参见王剑波、王宏平：《附条件逮捕适用中的问题与对策》，载《人民检察》2011 年 12 月第 23 期。

② 参见刘婕扬、徐云：《北京市海淀区人民检察院附条件逮捕程序运行现状》，载《国家检察院学院学报》2008 年 6 月第 12 卷第 6 期。

缺，通过进一步侦查能够补充，确有逮捕必要的严重刑事犯罪嫌疑人。

对严重刑事犯罪的界定是：对于可能判处10年以上有期徒刑、无期徒刑或者死刑的重大案件的犯罪嫌疑人，可以适用附条件逮捕。对于可能判处3年以上、10年以下有期徒刑的犯罪嫌疑人，一般不适用附条件逮捕，但对于符合下列情形的犯罪嫌疑人，可以适用附条件逮捕：（1）危害国家安全犯罪案件；（2）恐怖犯罪案件；（3）有组织犯罪；（4）犯罪集团案件；（5）事关群众利益和社会稳定的涉众型犯罪案件；（6）有重大影响的犯罪案件。可能判处3年以下有期徒刑、拘役或者管制的犯罪嫌疑人，不得适用附条件逮捕。[①]

对证据有欠缺通过继续侦查能够获取理解不应包括以下四点：（1）现有证据不足以证实提请批准逮捕的犯罪事实，但经过进一步侦查可能涉嫌其他犯罪的；（2）现有证据不足以证实涉嫌提请批捕的犯罪事实，需要进一步侦查取证的事项仅限于提取犯罪嫌疑人有罪供述的；（3）现有证据不足以证实涉嫌提请批捕的犯罪事实，需要进一步侦查取证事项仅限于追查在逃同案犯罪嫌疑人、补强定罪证据的；（4）据以定罪的关键证据已经灭失，不具备继续侦查取证可能的。[②]

2. 严格把握适用程序

（1）附条件逮捕案件前期沟通程序。公安机关在办理重大刑事案件，需要向检察机关提请批准逮捕，由于案件重大、取证尚不完全等情况，应当在报捕前限期与检察机关侦查监督部门沟通案件情况，邀请侦查监督部门的办案人员提前介入案件侦查取证，并将

① 参见北京市人民检察院第二分院《关于对重大案件正确适用附条件逮捕加强定期审查工作的规定（试行）》第7条。

② 北京市人民检察院第二分院《关于对重大案件正确适用附条件逮捕加强定期审查工作的规定（试行）》第10条。

案件相关必要材料移交检察院侦查监督部门审查。前期沟通程序的设定主要是解决审查逮捕时限相对较短，延伸检察机关办案人员的审查时间。

（2）附条件逮捕的启动程序。附条件逮捕的启动可以分为公安机关向检察机关主动提出适用附条件逮捕申请，以及检察机关案件承办人审查案件材料认为符合附条件逮捕条件可以适用后向侦查监督处主管检察长、处长汇报案件情况。或者是承办人在审查逮捕工作中认为需要适用附条件逮捕措施，向主管检察长和处长汇报案件情况。

检察机关与公安机关办案人员就案件所欠缺必要证据进行磋商，并就所需补充证据的补证可行性进行分析，公安机关办案人员必须根据自身实际情况就是否能够补充证据做出如实答复。双方就需要补充证据达成一致后，由检察院办案人员根据磋商情况向主管检察长和检察委员会汇报。并将该情况作为是否决定做出附条件逮捕的重要参考因素。

（3）附条件逮捕适用审查和备案。主管检察长、处长同意后，由承办人汇总案件材料向检委会汇报，由检委会决定是否适用附条件逮捕强制措施。经检委会讨论决定适用附条件逮捕上一级检察机关的侦查监督部门备案。

（4）补充侦查和捕后监督。在做出附条件逮捕决定后，侦查监督部门根据此前与公安机关共同磋商制作的《附条件逮捕补充证据提纲》详细规定需要补充证据，要求公安机关按照要求补充证据，并于逮捕后第一个月届满前 10 日和侦查羁押期限届满前 10 日，与公安机关办案人员就证据补充情况召开联席会议，由公安机关汇报案件取证情况和下一步取证方向，届时侦查监督部门邀请公诉部门提前介入案件取证工作，如果能够达到检察机关证据要求，由侦查监督处承办人向检委会就案件补充证据情况进行汇报，检委会根据证据补充情况作出变更为正式逮捕决定，并将决定向上一级检察机关侦查监督部门备案。如果不能达到正式逮捕的证据条件，且进一步取证的可能性较低，则由承办人汇总材料向检委会汇报，经检察委员会讨论决定撤销附条件逮捕决定，及时通知公安机关变更强制措施，并将撤销附条件逮捕结果报上一级检察机关备案。

公诉视角下讯问同步录音录像制度的问题与完善

黄　河　郭竹梅　齐　涛　张　军　黄进科*

修订后的《刑事诉讼法》第121条规定了对讯问过程进行录音或者录像的制度。最高人民检察院颁布的《人民检察院刑事诉讼规则（试行）》（以下简称《规则》）也作了具体的阐述。早在2005年，最高人民检察院就颁布了《关于人民检察院讯问职务犯罪嫌疑人实行全程同步录音录像的规定（试行）》（以下简称《规定》），揭开了我国同步录音录像制度的大幕，但从实施的情况来看，同步录音录像制度还远未达到制度设计者的理想高度。本文试从公诉工作的视角，就这一制度实施几年来的情况加以反思检讨，以期对同步录音录像制度的完善和有效实施有所裨益。

一、同步录音录像制度相关规定概述

《刑事诉讼法》第121条规定："侦查人员在讯问犯罪嫌疑人的时候，可以对讯问过程进行录音或者录像；对于可能判处无期徒刑、

* 作者简介：黄河，最高人民检察院侦查监督厅厅长；郭竹梅，最高人民检察院公诉厅副处长；齐涛，最高人民检察院公诉厅副处长；张军，最高人民检察院公诉厅副处级检察员；黄进科，最高人民检察院公诉厅副处级检察员。

死刑的案件或者其他重大犯罪案件，应当对讯问过程进行录音或者录像。录音或者录像应当全程进行，保持完整性。”最高人民检察院《规则》对《刑事诉讼法》第121条规定作了多方面的细化，比较完整地规定了讯问录音、录像的调取、移送、审查、播放等问题。

第一，关于同步录音录像的移送。根据《规则》第73条的规定，人民检察院直接受理立案侦查的案件，侦查部门移送审查逮捕、审查起诉时，应当将讯问录音、录像连同案卷材料一并移送审查。这就是说对于自侦案件应当移送同步录音录像。最高人民检察院对自侦案件早就规定“全面、全部、全程”同步录音录像，因此，公诉部门在受理自侦案件后应当审查是否随案移送录音录像，发现没有随案移送全程同步录音录像资料的，可以不予受理，或者要求补充移送。而对于其他依法应当录音录像的案件，需要向侦查机关确认是否依法制作了同步录音录像，在此基础上再根据案情确定是否有必要调取侦查机关的同步录音录像。

第二，关于录音录像的审查。根据《规则》第374条的规定，对于随案移送的同步录音、录像或者人民检察院调取的录音、录像，人民检察院应当审查相关的录音、录像；对于重大、复杂、疑难案件，必要时可以审查全部录音、录像。这实际上就规定了有限度分层次选择审查的原则。由于有的案件录音、录像非常多，一律要求审查全部录音、录像并不现实，也不需要，故承办人在审查录音、录像时，可以不审查全部录音、录像，而仅审查能够证明证据收集的合法性以及犯罪嫌疑人、被告人供述的真实性的部分。也就是说，可以根据需要确定审查的内容。当然，时间允许的话，一般应尽量审查全部录音、录像。而对于重大、疑难、复杂的案件，则更应审查全部录音、录像。

在审查过程中，要正确对待录音、录像的作用，既不能完全否认录音、录像的功能，也不能过于依赖录音、录像，对录音、录像也要客观地审查其真实性，合理利用其价值。例如当录音录像与讯问笔录不一致时如何处理？笔者认为应当视情处理，由于讯问笔录有双方签名，有法定地位，而录音录像的法律地位还众说纷纭，故一般应以讯问笔录为准，录音录像为参考；但在重要情节上有不一致时，经审查录音录像又是真实客观的，可以考虑重新制作讯问笔录，或者由法庭经过质证后决定。

第三，关于律师查阅录音录像的问题。辩护人在审查起诉阶段提出查阅同步录音、录像的，如何处理，《规则》并未明确规定，只是第 74 条规定，对于提起公诉的案件，被告人及其辩护人提出审前供述系非法取得，并提供相关线索或者材料的，人民检察院可以将讯问录音、录像连同案卷材料一并移送人民法院。笔者个人认为，由于录音、录像既有证明证据真实性、合法性的功能，也具有证明案件事实的功能，又属于证据材料，故随案移送或者从侦查机关调取录音、录像后，律师要求查阅的，应当采取分段负责制，即在审查起诉阶段辩护人提出的，公诉部门有条件提供；在提起公诉后，由法庭负责提供。

第四，关于录音录、像移送法院的问题。提起公诉时，如果被告人及其辩护人提出审前供述系非法取得，并提供相关线索或者材料，则人民检察院可以将讯问录音、录像连同案卷材料一并移送人民法院。不存在此类情形的，可以不向人民法院移送录音、录像。

第五，关于录音、录像庭审播放的问题。在法庭审理中，需要播放的讯问录音、录像中涉及国家秘密、商业秘密、个人隐私或者含有其他不宜公开的内容的，公诉人可以对讯问录音、录像的相关内容作技术处理，也可以建议在法庭组成人员、公诉人、侦查人员、被告人及其辩护人范围内播放。采取技术处理的，公诉人应当向法庭作出说明。辩护方对技术处理提出异议的，由法庭决定是否向辩护方公开经技术处理的内容。

二、我国讯问同步录音录像实施状况的评析

虽然同步录音录像制度在立法上得到了确认，而且在 7 年的实践中对司法文明、人权保障起到了积极的推动作用，并对这一制度

的立法确认提供了丰富的经验和有益借鉴。另外，从实践情况来看，这一制度还存在一些需要反思检讨之处。

（一）同步录音录像制作工作存在的问题

1. 不制作或不全部制作录音录像。实践中，侦查人员在讯问过程中，不制作或者不全部制作的情况时有发生。不久前，广受社会各界关注的某重大职务犯罪案件，竟然也没有讯问过程的录音录像，在多家媒体的镜头底下，核心主犯当庭翻供，成为新闻热点，尽管公诉人提前做了充分的应对预案，在庭上予以有效应对，但不免被动。如果有同步录音、录像在案，证据的合法性将会得到有力的证明，被告人翻供的概率将大大降低，即使翻供，也没有什么可信度。此外，还有的犯罪嫌疑人对某起事实做了多次笔录供述，但只有其中一次讯问进行了同步录音录像，这种情况下，犯罪嫌疑人如果在庭审中声称在没有录音录像的那几次讯问中侦查人员有违法行为，在法庭上公诉人将不免陷入被动。

2. 不全程制作录音录像。修改后《刑事诉讼法》要求“录音或录像应当全程进行”，最高人民检察院的《规定》也要求“录制的起止时间，以被讯问人员进入讯问场所开始，以被讯问人核对讯问笔录、签字捺手印结束后停止”。实践中，对“全程”的执行并不规范。有的案件录像画面一开始，各方人员已经“各就各位”；有的案件没等到“签字捺手印”就匆匆关机；有的案件甚至审讯基本要结束了，才开始录像。更有一些案件甚至存在先讯问、再录像，供则录，不供不录的情况，使同步录音录像流于形式。这些不规范、选择性的录制，严重削弱了同步录音录像的可信性及其存在的价值，给法庭证明侦查活动合法性和指控的犯罪事实带来困难。

3. 同步录音录像内容与笔录内容存在矛盾。供述是侦查人员对供述的语言进行的文字记录，由于口语与书面语言的差异和工作效率的需要，有时不可避免地要进行整理归纳，因此文字笔录与录像中的内容不完全相同属于正常现象。但是，有的案件出现了同步录音录像内容与笔录内容严重矛盾的情况。比如，有的录像中明确表示记不清了，但笔录中却记得清清楚楚；有的录像时间很短，根本没说几句话，但笔录却长达十几页；有的录像里既有供述也有辩解，但笔录里只有供述，找不到辩解内容。有的录像中说的是干了A事，但笔录中却是干了B事；还有的录像中犯罪嫌疑人否认具有主观故意，笔录中却深刻剖析自己的主观恶性。这些录像与笔录在内容上的严重矛盾，增加了审查判断证据的难度和出庭支持公诉的风险。

4. 侦查讯问活动不够规范。在诉讼中进行同步录音录像的目的既是为了规范侦查活动保障人权，同时也是对侦查人员的保护。但由于侦查人员的重视不够，暴露出侦查讯问活动中存在的一些问题。主要是讯问方式不当，甚至存在指供嫌疑。有的侦查人员在犯罪嫌疑人供述时，不时在一些细节问题上进行提示，例如："行贿人送钱时是坐出租车到你家的，你想想是不是?"有的整个讯问过程中，犯罪嫌疑人手拿稿子，对侦查人员的讯问进行"照本宣科"的回答。甚至有案件在整个讯问过程中没有进行记录，讯问即将结束时侦查人员直接用事先打印好的讯问笔录让犯罪嫌疑人签字。这些不规范的讯问行为，一旦犯罪嫌疑人翻供，同步录音录像不但不能起到固定言词证据的作用，反而成为辩护人、被告人否认侦查活动合法性和供述笔录真实性的证据。

（二）同步录音录像审查工作存在的问题

1. "无用论"与"万能论"的认识偏差。实践中，一些公诉人对同步录音录像的审查存在两种错误认识：一种是同步录音录像无用论，认为以前没有同步录音录像照样办案，录音录像只是犯罪嫌疑人供述的另一种载体，既然已经审查了笔录供述，就没有再对同步录音录像进行审查的必要，有没有录像、看不看录像都一样，该定还得定，该翻还是翻，于是将录音录像束之高阁。另一种是同步录音录像万能论，认为案件的同步录音录像规范、清晰，犯罪嫌疑人在录像中自然真实地供认了所犯罪行，于是万事大吉，放松和忽视了对其他欠缺证据的补证工作。这两种错误思想都对同步录音录像在实践中的运用带来不利影响。

2. 审查同步录音录像不全面。一些地方因为人员紧、任务重的原因，没有做到对每起案件每个录像都进行全面审查，而是对一些案件的同步录音录像进行了选择性审查（抽样审查）。严格来讲，公诉部门对同步录音录像应当全部进行审查，唯此才能对讯问活动的合法性、录像与笔录的一致性做出正确判断，任何死角和遗漏都可能给庭审应对留下隐患。

3. 对瑕疵同步录音录像的补救不积极。面对侦查阶段制作的有瑕疵的同步录音录像，特别是对存在指供嫌疑的，公诉部门对“已经录成那样”往往采取无可奈何的态度，只在论证答辩上下功夫，期望从“虽有些瑕疵，但供述与其他证据相印证，不影响笔录供述真实性”的角度圆场过关。往往怠于要求侦查人员采取补救措施、作出合理解释或者通过公诉人员直接针对瑕疵部分涉及的内容，重新讯问犯罪嫌疑人并制作同步录音录像，由其对该部分内容作出主动自然的供述，来弥补先前指供嫌疑的瑕疵。

（三）同步录音录像在诉讼中运用存在的问题

1. 提起公诉时是否向法院移送做法不统一。实践中，对同步录音录像可以作为证明侦查活动是否合法的证据没有争议，但对同步录音录像是否可以作为证明原案犯罪事实的证据存在争议，故在起诉时是否作为指控原案的证据向法院移送做法不一。有的在起诉时作为证据移送；有的虽不作为指控证据但也移送；有的一概不移送；有的只移送认罪的，不认罪的不移送；还有的是在法院提出移送要求后才移送。

2. 运用同步录音录像的意识不强。虽然检察机关的该项制度实施已经6年，但仍有个别公诉人员，仅将该项制度停留在内部监督的层面，不会运用同步录音录像增强指控力度，有效打击犯罪。在工作中我们曾发现一起案件，同步录音录像制作得很好，但公诉人员面对庭审中被告人的无理翻供束手无策，没有提请法庭播放同步录音录像，致使一审宣告无罪，经二审抗诉并运用同步录音录像对翻供进行反驳，最终使案件改判有罪。这种情况是个别的，但也反映出一些公诉人员对同步录音录像的功能作用认识不够、运用同步录音录像意识不强的问题。

3. 运用同步录音录像的方式不合理。一是对于录音、录像效果较好的案件，有的地方即使庭审中被告人认罪态度很好，也仍然提请播放多份同步录音录像，无意义地拉长了庭审时间。二是对于被告人翻供的案件，没有进行灵活地选择性播放，而是录像有多长就放多长，影响了庭审效率和效果。三是对于录音、录像存在瑕疵但还达不到应当排除程度的案件，在被告人、辩护人提出播放申请时，不敢播放。当然，录音录像制作本身的不规范是导致公诉人面对播放申请不敢播放的根本原因，面对合理的播放申请，拒绝播放的答辩技巧再好也会显得牵强无力，影响整个案件的指控效果。

三、同步录音录像制度实施存在相关问题的反思

我们认为，从同步录音录像制度的实践来分析，出现上述问题的主要原因是观念层面、理论层面和操作层面矛盾共振的结果。核心问题还是无细节要求，则无规范，也难以操作，反映出法治观念、规则意识、精细司法的重要性。

（一）侦查人员的认识和能力与制度的要求还存在差距

全程同步录音录像可以客观、真实地记录讯问过程，可以有效证明侦查人员是否有违法讯问行为。但实践中，许多不规范的侦查活动都是在讯问室外发生的，存在部分犯罪嫌疑人被事先“制服”后再进入讯问室接受讯问和同步录音录像的情况。这些选择性的录音录像严重弱化了同步录音录像制度存在的价值。这主要是因为侦查人员受传统的封闭办案思维、口供中心主义和落后侦查习惯的长期影响，在同步录音录像、在镜头下开展侦查工作的能力不足，不适应镜头下审讯的要求；对同步录像录像手段的功能和价值认识不足，存在畏难情绪，认为是限制自己、约束自己，认识不到该制度同时可以固定证据、保护自己，对这一制度本能地反感、抵触。从

国外的实践来看，侦查人员的观念未能及时转变、抵触情绪是制约同步录音录像积极开展和发挥功能的重要原因之一。

（二）录制主体缺乏中立性

虽然最高人民检察院对同步录音录像规定了审、录分离原则，即讯问人员和录制人员相分离，讯问由检察人员负责，不得少于二人，录制工作一般由检察技术人员负责。但实践中，实施讯问的检察人员与录制工作的检察技术人员没有真正分离，甚至其他检察人员也可以负责录制工作，没有建立起严格的监督管理机制，实践中，审录不分的情况已经存在，这直接影响到了同步录音录像的客观性、真实性。

（三）在诉讼中同步录音录像如何运用缺乏明确规定

按照《刑事诉讼法》、《规则》和其他相关的规定，同步录音录像主要是用于案件审理过程中，人民法院、被告人或者其辩护人对讯问活动提出异议的，或者被告人翻供，或辩解因受刑讯逼供、威胁、引诱、欺骗等而供述的情况，公诉人提请审判长当庭播放讯问全程同步录音、录像资料，对有关异议或者事实进行质证，也即主要用于证明侦查行为的合法性。由此可见，这里主要是将同步录音录像资料作为证明侦查过程合法的“视听资料”证据来看待，并未赋予其与讯问笔录作为犯罪嫌疑人供述或辩解的同样的证据效力和证据适用规则。此外，由于公、检、法三家对同步录音录像缺乏统一的操作规范，实践中，不少法院都是将同步录音录像资料作为验证讯问笔录是否真实的辅助资料，当被告人当庭翻供或提出讯问时遭受刑讯逼供或不当讯问时，才将同步录音录像资料调出来查看。而且由于具体案件的同步录音录像资料往往很长，一些内容也与案件无关，庭审中全部播放难免不当拖延庭审时间，影响庭审效果和效率。

（四）全程同步录音录像的实施缺乏有效的监督

目前，对讯问过程进行全程同步录音录像，由于缺乏中立的录制主体和有效的监督主体，使同步录音录像的制作过程处于一个不受第三者监督的封闭状态。特别是，对于没有按照规定执行录音、录像的诉讼活动，缺乏严格的救济措施，违法了而没有相应的后果，这都对录音、录像制度的实施效果带来影响。同步录音录像制度的设置初衷是为了规范和监督侦查行为、保障犯罪嫌疑人的人权，但是如果讯问同步录音录像过程本身得不到有效监督，没有救济措施，则该制度的设置无法达到预期的效果，形同虚设。无救济则无权利、无后果则无约束，在缺乏监督、救济的情况下，同步录音录像的执行很可能出现操作不合法，甚至出现先审后录，不供不录的情形，这些都将大大折损同步录音录像制度的价值。

四、同步录音录像制度进一步完善的建议

（一）对同步录音录像制度的考察

讯问犯罪嫌疑人同步录音录像制度滥觞于 20 世纪 70 年代的英国。经过数 10 年的争论和发展，这一制度已经为诸多国家和地区所吸纳，成为现代刑事诉讼的一项重要制度，在保障人权、推进法治的进程中发挥了积极的作用。

早在 1972 年，英国刑事法律修改委员会就提出在警察讯问中实施录音，但遭到警察部门的强烈反对。随后，有关讯问犯罪嫌疑人是否录音的问题，争论了 20 余年，经过各界的不懈努力，1995 年《会见嫌疑人录音操作守则》对讯问录音作了明确而又严格的规定，到 1999 年，进一步规定所有警察机关在进行讯问时，必须同时录音录像。为了保证这一制度实施的效果，在英国，负责录音录像的并非主持讯问的人员，而是中立的羁押警官，这些警官不依附警察局，并且独立于侦查活动。在向治安法院提起起诉后，犯罪嫌疑人被羁押在监狱、拘留所等非由警察、检察官控制的羁押场所，而是由专门的司法行政部门加以管理。即使在起诉前，犯罪嫌疑人尽管被羁押在警察局内设的拘留室内，但是侦查权与羁押权严格分离，犯罪嫌疑人的羁押与管理由羁押官负责，并且羁押官的警衔要高于侦查警察。羁押官的主要职责就是保障犯罪嫌疑人在羁押

期间受到公正的对待。[①] 在英国之后，美国、澳大利亚、加拿大等西方国家和我国的香港特区、台湾地区等先后在刑事诉讼中明确了同步录音录像制度。在美国，不少州都已立法对讯问录音录像作出规定，俄勒冈州、哥伦比亚特区、密苏里州等都规定对于重罪案件、危险犯和暴力犯罪案件，在讯问时应全程电子记录。纽约州法律规定，所有讯问应当进行录像，并且规定，只有经过全程同步录像，所取得的犯罪嫌疑人口供才能作为证据使用。伊利诺伊州也规定，对于杀人案件，在警察局或者其他拘禁场所的讯问如果没有电子记录，所获得的口供不能用作指控被告人的证据。[②] 澳大利亚 1991 年的《联邦犯罪侦查法》规定，所有联邦执法机关进行的审讯活动，除无法实施的情形外，必须进行录音，否则所获得的陈述不得作为证据使用。在新威尔士州，对当事人的言词证据均采用录音的方式进行固定，在某些情况下还辅之以录像，已经转换为文字材料的笔录，只是作为附件，其本身不是证据，作为证据的，是经过当事人确认的录影资料。这一制度，保证了讯问活动的合法性，也提高了证据的客观真实性，也减轻了警方的工作量。为规范侦讯行为，保障犯罪嫌疑人权益，提高讯问活动的公信力，我国台湾地区在 1998 年“刑事诉讼法”的修订时，增加了有关讯问时录音录像的规定。

（二）同步录音录像制度价值评析

同步录音录像制度是现代科技手段在刑事诉讼中的运用，是司法现代化的体现。由于国情和文化的差异，不同国家和地区的同步录音录像制度并不完全一致，但在基本原则、价值追求和理念设计上是共通的。

---

① 参见徐美君：《侦查讯问录音录像制度研究》，载《中国刑事法杂志》2003 年第 6 期。

② 参见段明学：《侦查讯问录音录像制度探析》，载《国家检察官学院学报》2007 年第 1 期。

第一，对于同步录音录像的性质，录音录像是作为证明案件真实情况的证据在诉讼活动中加以确认和使用的，其地位和效力等同于甚至高于书面的口供与证词，有些国家立法规定对于没有录音录像或是与之不相符合的讯问笔录，则规定不得作为证明案件事实的证据。台湾地区 1998 年修订的“刑事诉讼法”第 100 条之一第 1 项规定：“讯问被告。应全程连续录音，必要时应全程连续录影。但有急迫情况且经记名笔录者，不在此限。”第 2 项进一步规定：“笔录内记载之被告称述与录音或录像内容不符者，除有前项但书情形外，其不符之部分不得作为证据。”

第二，对于录音、录像的范围有明确规定，并不是所有案件都适用同步录音录像，而是根据案件的类型加以区分，主要集中在重罪案件和职务犯罪案件。此外，也从客观实际出发，对不实行录音、录像的例外做出规定。

第三，注重录音录像制度之外相关制度的建设，保证这一制度实施的效果。上述各国、各地区的录音、录像制度均是以审讯人员和羁押管理人员及录制人员的分离为前提。特别是审讯人员和羁押管理人员、录制人员在管理体制、职责上分离，而不是形式上的分立，从而保证录音录像的客观、公正，提高了录音录像的公信力。

第四，上述各国、各地区的录音、录像制度都注重对当事人权利的保障，赋予当事人选择权、知情权。对于是否录音、录像，当事人可以进行选择，香港特区廉政公署从 1992 年开始在查问疑犯和录取口供时适用录音、录像，其目的是保证讯问活动的合法性，保障人权，增强向法庭提供证据的证明力，在发生争议时查明真相。在讯问时，侦查人员一般不做笔录，所制作的录像资料，作为提供法庭的证据。但在被询问人要求不使用音像时，侦查人员应当做文字记录。

（三）我国同步录音录像制度的完善和精细化

从国外有关制度规定和司法实践来看，同步录音录像制度的建立和实施是一个完整的系统工程，需要得到立法、司法等各项制度的配套和支持。修改后的《刑事诉讼法》虽然明确了讯问同步录音录像的制度，但针对实施中的具体问题，还需从以下几个方面进一步加以完善细化：

1. 进一步明确同步录音录像资料的属性和效力

尽管《刑事诉讼法》规定了讯问同步录音录像制度，但由于《刑事诉讼法》并没有明确规定同步录音录像资料的属性和功能，这导致同步录音录像资料的法律地位不明确，在适用上出现争议。有观点认为，讯问同步录音录像只是作为侦查工作资料，否认其证据效力。实际上，这一问题在域外并不存在争论，一致的观点认为，与讯问笔录一样，讯问犯罪嫌疑人同步录音录像本身就是犯罪嫌疑人供述的重要内容，甚至其效力还要高于侦查人员所制作的笔录。

我们认为，为了保证同步录音录像制度的顺利推进和开展，有必要通过司法解释明确同步录音录像的证据属性和效力，特别是其与犯罪嫌疑人供述的关系，避免因不同认识产生的分歧影响其在实践中的运用。实践中，同步录音录像资料与讯问笔录不一致的情况是客观存在和无法避除的，在全程同步录音录像与讯问笔录发生不一致情况时，该如何采信证据呢？在理论界和司法界有着不同的观点。这直接影响到全程同步录音录像的运用和案件的认定。因此，需要在证据规则上对同步录音录像与讯问笔录发生不一致情况下证据采信加以明确，不一致的程度如何对证据效力的影响程度，在不一致的情况下，应当如何采信。

2. 规范和完善同步录音录像的运用规则

由于同步录音录像资料是对讯问过程的客观、全程记录，内容比较冗长，一些案件所录制的录音录像资料可能几十、上百个小时。如果在庭审中全部连续播放不仅严重拖延庭审，影响庭审效果，也不符合诉讼经济原则。因此，对于同步录音录像的运用还需制定相关的细则，以提高同步录音录像适用的效能。最高人民法院《关于适用〈中华人民共和国刑事诉讼法〉的解释》对同步录音录像的使用作了一些规定，但仍不够全面。笔者认为，由于修订后的《刑事诉讼法》规定了审前会议制度。对于同步录音录像资料内容有异议的案件，或者被告人提出被刑讯逼供或存在非法讯问行为的，可以进行庭前证据交换，由主审法官主持，公诉人在播放同步录音录像资料之后，控辩双方可就同步录音录像证明的事实以及证据效力交换意见。这样，大部分案件在开庭时，就不必再播放同步录音录像资料了。

3. 制定和完善相关的配套保障制度

“徒法不足以自行。”同步录音录像制度的建立和有效实施还需要相关配套制度的支撑，包括同步录音录像在法庭的示证规则、被告人播放提请权、违反规定不制作或者制作虚假的同步录音录像的法律后果、同步录音录像资料与讯问笔录不一致情况下的证据采信规则，等等。考虑到同步录音录像制度对侦查工作带来的现实困难，实践中各国的阻力基本来自侦查部门和侦查人员，因此，应当建立相关的奖惩制度，使得这一制度的实施能够得到侦查人员的认可和支持。在诉讼制度的设计上，建立实行侦押分立、严格限制侦查人员控制犯罪嫌疑人的时间、地点等，均是同步录音录像制度有效实施的重要保障。

全程同步录音录像是以技术方式改革和完善侦查讯问的有益探索，但它仅仅是技术性措施，虽然对于侦查讯问活动依法进行具有积极作用，但是不能指望它从根本上解决问题。要真正发挥全程同步录音录像制度的价值，必然需要与侦查讯问程序相关的配套制度保障，需从我国的国情和司法现状出发，建构与侦查讯问相关的配套制度，保障同步录音录像制度价值的充分发挥。如实行侦押分离、设立专门的讯问监督人员、重大案件强制移送同步录音录像制度等。

4. 区分不同情形，稳步推进

关于讯问同步录音录像的具体实施，还需兼顾不同案件、不同地区的实际情况作出具体的操作规程，并适当区分录音与录像的不同适用情形，以保证这一制度的实施取得切实的效果。同步录音录像的实施和推行必须结合我国国情，考虑可行性和必要性两方面，所谓可行性，是因为同步录音录像不论人力物力投入都较大，不少经济落后地区欠缺实施条件，侦查人员素质也无法一蹴而就达到适应同步录像录像的要求，同步录音录像制度是一项司法成本高昂的制度，必须考虑诉讼经济原则，这些地区可以考虑采用录音的方式为主；所谓必要性，是指要根据案情和司法的实际需要，确有必要适用同步录音录像的案件再适用，而不是不加区分，所有案件都采用这一形式。这些都需要相关具体规则加以规范。

非法证据排除规则实施问题研究

蓝向东　申文宽*

本项目选择北京市东城区人民检察院为调查对象，并以该院2013年度的非法证据排除数据为研究样本，主要基于以下3个方面的考虑：第一，该院地处经济发达地区，司法业务规范化程度与司法人员素质较高，贯彻非法证据排除规则的主动性较强，力度较大，调查结果具有一定的代表性；第二，检察机关在侦查、起诉、审判、执行以及执行终结后，均有权决定或者参与非法证据排除程序，故而调查检察机关的非法证据排除数据，可以较为全面地了解排除规则在该司法辖区内的实施情况；第三，该年度是2012年《刑事诉讼法》实施的第一年，也是完备的排除规则入法之后正式付诸实践的第一年，以该年份的非法证据排除数据为调查样本，能够较好地检验排除规则在实践中的执行效果。

一、非法证据排除规则的实证调查情况

非法证据排除规则的实施体现为非法证据的发现、审查、认定和排除，相应地，我们将实证调查的内容也分为非法证据的类型、线索来源与审查机制、处理结果、后期影响等4个方面。通过运用

* 作者简介：蓝向东，北京市东城区人民检察院检察长；申文宽，北京市东城区人民检察院未成年人检察处助理检察员。

文献分析、访谈、问卷调查等方法，共收集到非法证据排除的案例23个，其中1例的口供被法院在审判阶段排除。

（一）非法证据的类型及产生、排除阶段

调查结果显示，非法证据主要产生于侦查阶段，检察机关发现、处理非法证据的职能部门主要为侦查监督部门和公诉部门，反贪污贿赂局、反渎职侵权局等自侦部门一般在移送审查起诉时已主动采取不入卷的方式将非法证据予以排除，控告申诉部门和监所部门则很少遇到非法证据排除的案例，提起公诉的案件中仅有李某、刘某诈骗案被法院认定口供非法取得而予以排除。非法证据的类型以书证、犯罪嫌疑人供述、证人证言、被害人陈述、辨认笔录等为主，物证、鉴定意见、视听资料涉及非法取证的问题较少。

1. 物证

2012年，最高人民法院《关于适用〈中华人民共和国刑事诉讼法〉的解释》（以下简称《高法解释》）第70条、第73条规定了物证存在瑕疵或者不能作为定案根据的各类情形。调查发现，由于物证具有很强的客观性，状态较为稳定，在案物证存在瑕疵或者不能作为定案根据的情形较少，实践中主要表现为搜查过程中提取的物证缺少搜查笔录导致物证来源不明或者扣押手续瑕疵导致物证不能证明为原物。

案例：张某涉嫌贩卖毒品案。侦查机关提取的毒品因未附搜查笔录，导致无法说明在案扣押毒品的起获位置、份数以及状态，难以证明毒品系张某持有。依据2012年《高法解释》第73条第1款的规定，搜查过程中提取的物证，未附笔录，不能证明物证来源的，不得作为定案根据，因此，存在上列问题的物证系非法证据。

案例：刘某某涉嫌盗窃案。2月19日，侦查机关将刘某某抓获后，在其住所地起获被盗赃物手镯一只，并出具扣押决定书依法对手镯进行扣押。当日，侦查人员在未对赃物拍摄、制作足以反映原物外形和特征的照片、录像，亦未进行价格鉴定的情况下，即将起获的赃物交给被害人王某某保存。2月22日，嫌疑人之子刘某与被害人王某某合谋将赃物手镯砸碎。3月1日经鉴定价值后于3月7日再次发还被害人王某某。因王某某涉嫌帮助毁灭证据罪，于4月16日涉案手镯再次扣押。由于侦查人员在扣押过程中未依法进行拍照或者录像以及估价即进行发还，本案证据链条断裂，导致在案扣押手镯与被盗手镯无法进行同一性认定，加之王某某提供的宝玉石鉴定证书所描述的物品特征与进行价格鉴定的标的特征不能完全吻合，存在重大疑点，故该物证已无法确认就是刘某某盗窃案中的赃物。依据2012年《高法解释》第70条的规定，无法证明为原物的物证不能作为定案根据，故侦查机关于4月16日扣押的手镯应为非法证据。

2. 书证

书证在实践中的表现形式多种多样，如证明文件、财务账单、到案经过、扣押清单、发还清单、搜查笔录、公证文书、裁判文书等。书证在证明犯罪事实方面直接、有力，在多数案卷材料中总是占据较大比例，相应地，非法书证也呈现出多种形式。2012年《高法解释》第71条、第73条详细列举了收集程序、方式存在瑕疵以及不能作为定案根据的各类书证，实践中遇到的非法书证则主要有以下几种情形：

（1）到案经过叙述的案件来源与客观事实不符

案例：李某涉嫌贩卖毒品案。到案经过显示举报人张某在派出所内拨通李某电话联系购买毒品事宜，卷宗内的视频资料却显示张某在马路边打电话购买毒品，两者之间存在矛盾。2012年《刑事诉讼法》及相关司法解释对于到案经过的上列情形究竟如何认定均未作出明确规定，但是，参照非法物证、书证的认定规则，到案经过的上述问题尽管可能不会严重影响司法公正，然而毕竟有违事实真相，理应列为瑕疵证据。

（2）扣押物品持有人与客观事实不符，扣押物品数量不明

案例：孙某某涉嫌贩卖毒品案。犯罪嫌疑人在毒品交易完成后方被抓获，毒品系由购买人上交，然而，在扣押清单持有人一项签

字的却是犯罪嫌疑人，且扣押清单也未注明毒品数量。依据 2012 年《高法解释》第 73 条第 2 款第 1 项的规定，存在上列问题的扣押清单系瑕疵证据，经补正或者作出合理解释的，可以采用。

（3）发还清单的涉案物品领取人非被害人所签

案例：田某某涉嫌盗窃案。案卷中所附发还清单涉案物品领取人一栏的签字，经过比对，显然系侦查人员代签。依据 2012 年《高法解释》第 73 条第 2 款第 1 项的规定，存在上列问题的发还清单系无物品领取人签字，属瑕疵证据，经补正或者作出合理解释的，可以采用。

3. 证人证言、被害人陈述

除 2012 年《刑事诉讼法》规定的以暴力、威胁等方式获取的证人证言、被害人陈述应当排除之外，2012 年《高法解释》根据证人证言与被害人陈述收集程序、方式的违法程度，分别规定了不得作为定案根据的四种情形与存在瑕疵的四种情形。调查结果显示，不得作为定案根据与存在瑕疵的证人证言均在实践中出现过。

（1）询问未成年人无法定代理人或者合适成年人在场

案例：高某、师某某涉嫌寻衅滋事案与胡某某涉嫌盗窃案。在高某、师某某涉嫌寻衅滋事案中，侦查机关提供的询问未成年证人的笔录无法定代理人或者合适成年人签字；而在胡某某涉嫌盗窃案中，侦查机关提供的询问未成年被害人的笔录也无法定代理人或者合适成年人签字。依据 2012 年《高法解释》第 77 条第 1 项和第 79 条的规定，存在上列问题的证人证言和被害人陈述系瑕疵证据，经补正或者作出合理解释的，可以采用。

（2）证人证言并非由证人本人签字确认

案例：谢某某涉嫌持有假币案、孙某某涉嫌贩卖毒品案及王某某涉嫌贩卖毒品案。民警周某某、文某某参与了案件侦破，抓获了犯罪嫌疑人，是该案的关键证人。但是，经审查发现，周某某、文某某询问笔录签名处的笔迹相同，明显系一人所签，而且周某某、文某某在 3 份询问笔录中的签名，笔迹也均不相同，显然属于伪造证人签名，应当认定为书面证言未经证人核对确认。依据 2012 年《高法解释》第 67 条第 2 项，书面证言没有经证人核对确认的，不得作为定案根据。

（3）询问笔录与其他笔录的制作人员和制作时间相冲突

案例：白某某涉嫌盗窃罪案。本案证人的询问笔录与被害人的辨认笔录系侦查机关的两名侦查人员在同一时间制作，严重违反法律规定，均系非法证据，不得作为定案根据。

此外，通过调查问卷，我们还发现证人证言和被害人陈述存在以下几种瑕疵情况：一是侦查人员在询问笔录上相互代签字；二是一名侦查人员单独询问；三是首次询问未告知证人权利义务；四是询问笔录记载的时间、地点、被询问人姓名、询问人、记录人等有误；五是询问地点不符合法律规定。

4. 犯罪嫌疑人、被告人供述和辩解

依据 2012 年《刑事诉讼法》第 54 条的规定，凡是刑讯逼供获取的供述均为非法证据，应当予以排除。2012 年《高法解释》第 81 条、第 82 条在刑讯逼供的基础上，增加了不得作为定案根据的三种情形与存在瑕疵的三种情形。实践中，东城检察院办理的案件中涉及刑讯逼供而排除非法证据的仅有一例，除此之外，还有个别的犯罪嫌疑人供述存在瑕疵问题。

（1）侦查人员实施刑讯逼供

案例：李某、刘某涉嫌诈骗案。犯罪嫌疑人李某、刘某提出曾被 ZZ 市 EQ 区公安分局的侦查人员以打耳光等方式刑讯逼供，后经东城区法院在庭审过程中予以认定。依据 2012 年《刑事诉讼法》第 54 条的规定，上述口供属于非法证据，应当予以排除。

（2）讯问笔录填写时间未如实记载

案例：文某涉嫌职务侵占案。检察机关审查批捕时发现犯罪嫌疑人文某同一天的两份讯问笔录，一份在贵州，另一份在北京，时间却仅间隔半小时，且未注明使用远程讯问设备，显然与事实不符。依据 2012 年《高法解释》第 82 条第 1 项的规定，存在上列问题的供述系讯问笔录填写的时间相互矛盾，属瑕疵证据，经补正或者作出合理解释，可以采用。

调查问卷显示，犯罪嫌疑人供述与辩解的瑕疵还有以下几种情形：一是讯问犯罪嫌疑人无传唤手续；二是讯问持续时间超过 12 小时，案情特别重大、复杂的超过 24 小时；三是未保证犯罪嫌疑人饮食和必要休息时间；四是讯问过程应当录音、录像而没有全程录音录像；五是讯问笔录未经犯罪嫌疑人核对签字或者笔录的修改、签字不符合法律规定。

5. 鉴定意见

鉴定对象与送检材料、样本不一致。案例：赵某某涉嫌盗窃案。卷宗中的证据材料证实鉴定标的涉案手机已灭失，而鉴定意见却记载鉴定人员进行了实物勘验。依据 2012 年《高法解释》第 85 条第 4 项的规定，存在上列问题的鉴定意见系鉴定对象与送检材料、样本不一致，属瑕疵证据，该份鉴定意见经补正或者作出合理解释的，可以采用。

6. 辨认笔录

（1）辨认笔录记载的见证人前后不一致

案例：张某某涉嫌贩卖毒品案。辨认笔录格式中见证人姓名为张某，而笔录内容中出现的见证人以及最终签字的见证人却均为王某某，导致辨认笔录的真实性存在疑问。依据 2012 年《高法解释》第 90 条第 2 款第 6 项的规定，见证人前后不一致系违反有关规定、不能确定辨认笔录真实性的情形，上述辨认笔录不能作为定案根据。

（2）见证人身份不合法

案例：张某某涉嫌贩卖毒品案。辨认笔录中出现的前后两名见证人的身份均为受案派出所的保安。2012 年《高法解释》第 67 条规定："下列人员不得担任刑事诉讼活动的见证人：……（三）行使勘验、检查、搜查、扣押等刑事诉讼职权的公安、司法机关的工作人员或者其聘用的人员。由于客观原因无法由符合条件的人员担任见证人的，应当在笔录材料中注明情况，并对相关活动进行录像。”保安为公安机关的聘用人员，依据上述规定，不得担任见证人。因此，上述辨认笔录应当属于非法证据。

（3）见证人签字系伪造

案例：郑某某涉嫌非法买卖枪支案。检察机关通过鉴定发现，见证人签字处的“刘某某”系经刮擦后书写而成。伪造见证人签字，意味着该份辨认笔录可能并无见证人参与，属于重大程序违法，应当直接予以排除。

（4）辨认笔录未附被辨认人身份信息

案例：郑某某涉嫌非法买卖枪支案。辨认笔录显示郑某某、吕某、陈某3人在派出所内有见证人在场的情况下，通过对12名真人比对的方式进行辨认明确指认对方，但是辨认笔录后却未附12名被辨认人的身份信息，导致辨认笔录的真实性存在疑问，依据2012年《高法解释》第92条第2款的规定，违反有关规定、不能确定辨认笔录真实性时，辨认笔录不得作为定案的根据。

（二）非法证据的线索来源与审查机制

1. 非法证据的线索来源

通过对司法实践的调查，我们发现，非法证据的线索来源总体上看有两大类、三小项。两大类，即依申请发现线索和依职权发现线索；三小项，即依据犯罪嫌疑人、被告人申请发现、依据律师申请发现和检察机关依职权主动发现，且实践中以检察机关主动发现非法证据线索为主。

（1）犯罪嫌疑人、被告人提出申请

检察机关在提讯犯罪嫌疑人或者听取犯罪嫌疑人意见时，偶尔会有嫌疑人提出曾遭遇派出所民警殴打或者在被公安机关讯问过程中曾被诱供，但往往无法提供相关线索、材料或者证据。而仅有个别案件的犯罪嫌疑人在审查起诉阶段会向检察机关提出排除非法口供的申请，或者在审判阶段向法院提出排除非法口供的申请，且能够说明刑讯逼供的时间、地点、内容以及具体刑讯的民警特征，形式上具备了非法证据排除审查程序启动的条件。例如，在李某、刘某诈骗案中，二人曾在审查起诉和审判阶段以口头方式分别向检察机关和法院申请确认侦查机关刑讯逼供，并提供了具体的线索，要求排除非法供述。

（2）律师申请

在实践中，律师以辩护人身份申请排除非法证据分为确定性申请和试探性申请两种情形。确定性申请系指律师通过会见、阅卷等活动，坚定地认为侦查机关存在非法取证行为，并以正式辩护意见的方式向检察机关或法院提出排除非法证据的申请。律师在庭前会议上申请排除非法证据是确定性申请的代表，但是，2013 年东城检察院参加庭前会议的案件有 6 件，而律师提出非法证据排除申请的仅有 2 件，分别是李某、刘某诈骗案和刘某某贩卖毒品案。试探性申请系指律师在会见犯罪嫌疑人、被告人以及阅卷前后，认为侦查机关存在非法取证的可能，但申请排除非法证据的主观意愿不强，仅仅是在提交全案辩护意见时，以口头方式象征性地向检察机关提出非法取证方面的疑虑。

（3）检察机关主动发现

访谈与问卷调查的结果均显示，多数非法证据线索都由检察机关办案人员在认真、细致地阅卷过程中发现，如下文提及的各类案件在物证、书证、证人证言、被害人陈述、鉴定意见、辨认笔录等方面存在的问题基本上都由办案人员依职权主动发现，表明东城检察院排除非法证据的主动性、积极性较高。

2. 审查机制

（1）不予启动调查程序

针对犯罪嫌疑人、被告人及其辩护人提出的排除非法证据的申请，检察机关一般都会要求对方提供非法取证的相关线索或者材料，如刑讯逼供的时间、地点、办案人员特征等。若犯罪嫌疑人、被告人及其辩护人仅主张排除非法证据，而未予提供相关线索或者材料的，检察机关通常都不会启动正式的调查核实程序。对于未附相关线索或者材料的非法证据排除申请，检察机关不予审查主要基于以下两个方面的考虑：一是仅有排除非法证据主张的申请不符合2012年《刑事诉讼法》关于启动正式审查程序的条件要求；二是此举可以避免犯罪嫌疑人、被告人及其辩护人借故拖延诉讼，浪费司法资源。

（2）审查流程与职权配置

在犯罪嫌疑人、被告人及其辩护人主张排除非法证据，且附有相关线索或者材料，或者检察机关依职权主动发现非法证据线索时，检察机关一般都会启动非法证据排除的审查程序，对证据取得是否合法进行调查核实。

由于检察机关业务部门存在明确分工，加之未成年人案件检察处具有捕诉合一的职能，决定了非法证据的调查核实工作分由检察机关多个业务部门完成，各部门分享非法证据排除调查权。综合来看，在侦查阶段的非法证据线索，主要通过侦查监督处在审查批捕过程中调查核实，审查起诉、执行和执行完毕后则分别由公诉部门、监所部门和控告申诉部门负责。如前文提及的涉嫌毒品犯罪案件中的非法证据问题多数都由侦查监督部门在审查批捕过程中发现，涉及询问未成年人无法定代理人在场、笔录由侦查人员代签字、刑讯逼供等问题则主要由公诉部门在审查起诉时发现。

关于非法证据排除在检察机关业务部门内的职权分配问题，实践中主要考虑非法证据在证明案件事实重要性方面的差异。对于排除后不影响事实认定和法律适用的证据，具体办案人员可直接作出决定，如在刘某涉嫌盗窃罪一案中，办案人员发现卷宗材料中的某一份辨认笔录显示的被辨认对象与所附照片中的人员不一致，便不在结案报告中摘录该份证据，相当于以默示的方式直接予以排除。对于关键性的物证、书证、犯罪嫌疑人、被告人供述与辩解、证人证言、被害人陈述等证据，排除后可能影响指控事实成立的，办案人员无权直接作出排除决定，而必须履行报批程序，层报主管检察长决定，特殊情况下还须提交检察长或者检察委员会决定，如在李某、刘某涉嫌诈骗罪一案中，辩护方在审查起诉阶段申请排除非法证据，关于口供是否排除问题就是由办案人员报请主管检察长决定的，而刘某某盗窃案中涉案物证手镯的排除则是由检察长决定的。

（3）调查核实方式

依据2012年《刑事诉讼法》、2012年《高法解释》、2012年《人民检察院刑事诉讼规则（试行）》的规定，检察机关可以采取多种方式调查核实是否存在非法取证行为。然而，调查资料显示，实践中的多数非法证据排除几乎都不需要开展太多的调查核实工作，类似询问未成年人无法定代理人在场、辨认笔录见证人前后不一致、提取物证无搜查笔录、扣押清单未注明物品数量、笔录代签名等诸多非法证据类型，由于非法取证的特征较为突出，认定较为容易，检察机关基本上均可直接作出判断。事实上，实践中真正需要依靠大量调查工作来核实证据取得是否合法的情形，主要是犯罪嫌疑人、被告人供述与辩解，证人证言，被害人陈述等言词证据。由于言词证据具有易变化、不稳定的特点，非法取证更易造成言词证据不真实，加之作为直接证据，言词证据是否排除对案件事实认定影响甚大，而且侦查机关曾经刑讯逼供的形象至今难以彻底去除，导致言词证据也就顺理成章地成为非法证据排除的主阵地。如在李某、刘某涉嫌诈骗罪一案中，控辩双方自审查起诉时起至审判阶段，就一直围绕供述是否系刑讯逼供取得展开了激烈的争论。检察机关在审查起诉时，通过调取犯罪嫌疑人入所体检报告、调取侦查机关出具的证据取得合法性的有效书面证明文件、比较分析相关证人证言、调查核实同案被告人供述、要求侦查机关出具讯问录像等方式，开展了大量的调查核实工作。然而，令人略感遗憾的是，本案中的侦查机关以未配备录音录像设备为由，没有应检察机关的要求出具讯问录音录像资料，造成口供取得合法性的证明力不足，给庭审过程中法院排除该份口供埋下了隐患。

通过对实践做法的总结，我们发现，检察机关调查核实证据取得的合法性问题分为两种类型：一是非正式的调查核实，即给侦查人员打电话进行询问，待得到对方未予刑讯逼供的答复之后，即认定不存在刑讯逼供行为；二是正式的调查核实，即通过要求侦查机关出具附有侦查人员签字的情况说明、要求讯问人员出庭说明情况、出具讯问录音录像资料、宣读讯问笔录等手段来予以证明。

（三）非法证据审查后的处理结果

检察机关或者法院对证据的合法性问题进行审查后，存在三种处理结果：认定证据非法取得，予以排除；认定证据取得合法；认定证据存在瑕疵，经补正或者作出合理解释后予以采用。

1. 非法证据被排除

检察机关和法院认定证据是否应当排除，主要是依据2012年《刑事诉讼法》第54条和第58条的规定，即确认或者不能排除供述系以刑讯逼供等非法方法收集；确认或者不能排除被害人陈述、证人证言系以暴力、威胁等非法方法收集，或者被害人陈述、证人证言存在瑕疵不能补正或者作出合理解释；确认物证、书证的收集不符合法定程序，可能严重影响司法公正，且不能补正或者作出合理解释。

（1）以刑讯逼供等非法方法取得的供述的排除。在李某、刘某涉嫌诈骗罪的庭审过程中，关于控辩双方就是否应当排除口供所产生的争议，法院经审查，认定被告人能够提供受到刑讯逼供的时间、地点、参与人员及方式等详细情况，刑讯逼供的合理怀疑已经形成，而作为控诉方的检察机关未能提供讯问时的现场录像资料以证明讯问过程的合法性，且侦查机关的办案人员也以种种理由相互推脱，拒绝出庭说明情况，致使侦查机关刑讯逼供的合理怀疑无法排除，因此，对被告人的口供予以排除，不作为定案的根据。

（2）瑕疵不能补正或者作出合理解释的被害人陈述、证人证言的排除。侦查机关询问未成年被害人或者证人，因无法定代理人或者合适成年人在场，侵犯了未成年人的诉讼权利，导致询问笔录成为瑕疵证据。依据法律规定，上述询问笔录存在的瑕疵本可通过补正或者作出合理解释而使其恢复合法性，取得作为定案依据的资格。然而，在高某、师某某涉嫌寻衅滋事和胡某某涉嫌盗窃案中，侦查机关对无法定代理人或者合适成年人在场所取得的证人证言和被害人陈述，均未进行补正，且以“时间紧急来不及聘请合适成年人”等十分牵强的理由予以解释，违背了瑕疵证据应作出“合理解释”的要求，最终招致检察机关对上述证人证言和被害人陈述予以排除。

（3）物证、书证收集不符合法定程序，可能严重影响司法公正，且不能补正或者作出合理解释的排除。依据法律规定，物证、书证的排除必须同时具备3个条件，即收集不符合法定程序、可能严重影响司法公正和不能补正或者作出合理解释，三者缺一不可。如在张某涉嫌贩卖毒品案中，搜查过程中提取的毒品无搜查笔录证实，难以证明毒品系张某持有，表明物证毒品的提取不仅不符合法定程序，而且一旦将该来源不明的物证作为定案依据，就可能冤枉无辜，系严重影响司法公正的行为。因此，作为本案重要物证的毒品应属瑕疵证据，必须在补正或者作出合理解释后才能作为定案依据。检察机关依据法律规定，要求侦查机关对该份物证的收集进行补正或者解释，然而，侦查机关不仅未能提供证明搜查过程中提取到该份物证的录像资料或者见证人证言，也不能说明为何提取物证无搜查笔录，导致瑕疵无法修补。据此，检察机关将该份物证予以排除，未将其作为定案根据。

2. 非法证据未予认定

在李某、刘某涉嫌诈骗罪一案的审查起诉阶段，针对犯罪嫌疑人及其辩护人提出的排除刑讯逼供所取得供述的申请，检察机关进行了一系列的调查核实工作。通过调取犯罪嫌疑人李某、刘某的入所体检报告证明嫌疑人被送往看守所时身体情况正常，根据侦查机关提供的情况说明证明讯问嫌疑人过程中无刑讯逼供的情况，分析证人证言与嫌疑人供述的内容，确认两者能够相互印证，核实同案其他嫌疑人供述与刘某、李某的供述也能相互印证。正是基于此，检察机关认定犯罪嫌疑人李某、刘某的供述真实，未予认定口供取得非法。

除上述典型案例之外，东城检察院监所部门也对两例与在押人员伤情有关的案件进行了调查核实，发现均不存在刑讯逼供行为。一例是在押人员反映侦查人员对其进行殴打，经调查，该情况不属实，未予认定；另一例是检察人员发现在押人员眼部有伤，主动介入调查，证实系在押人员入所前自己造成。

3. 瑕疵证据经补正或作出合理解释后未被排除

调查结果显示，检察机关在实践中未予排除瑕疵证据的，主要采取以下三种补正或解释方式：一是补签名，如在刘某某涉嫌寻衅滋事案中，讯问笔录无侦查人员签名，系瑕疵证据，案件移送审查起诉后，检察机关考虑到上述瑕疵的违法程度较轻，且不影响笔录的真实性认定，于是通知侦查人员补充签名，并将该讯问笔录作为起诉依据；二是征得关系人同意或确认，如前文提及的田某某涉嫌盗窃案中，因涉案物品领取人一栏系侦查人员代签，导致发还清单存在瑕疵，检察机关在审查起诉时联系本案被害人，核实涉案物品发还情况，在确认涉案物品已经发还被害人后，要求其出具证明材料，然后将发还清单作为起诉依据；三是侦查机关出具工作说明进行解释，如在刘某涉嫌盗窃案中，检察机关在审查起诉时发现案卷中的发还清单无被害人签字，无法证实涉案物品是否已经发还被害人，且联系不到被害人，于是通知侦查人员对此作出解释，之后侦查人员出具工作说明一份，并盖有侦查机关印章，证实涉案物品确已发还被害人，但因工作疏忽而未让被害人在发还清单上签字，检察机关据此将发还清单与工作说明一并作为提起公诉的依据。

（四）非法证据排除的影响

通过对东城检察院办案情况的调查，我们发现，该院所办理案件中的非法证据被排除后产生的影响包括程序层面、实体层面和侦查主体层面。

1. 程序层面

（1）对程序无影响。当检察机关排除非法证据后，诉讼程序依然稳步推进，未出现任何程序上的倒流或停止状态，就可以认定非法证据排除对程序未产生任何影响。如在张某某等涉嫌抢劫案中，检察机关审查起诉时发现辨认笔录记载的见证人前后不一致，系非法证据，但考虑到有无该份辨认笔录并不影响事实认定，于是直接予以排除，不在结案报告中摘录，但同时也未开展退回补充侦查或者自行侦查工作。

（2）退回补充侦查或自行侦查。依据2012年《人民检察院刑事诉讼规则（试行）》的规定，检察机关认为犯罪事实不清、证据不足或者遗漏罪行、遗漏同案犯罪嫌疑人等情形需要补充侦查的，应当提出具体的书面意见，连同案卷材料一并退回公安机关补充侦查；检察机关也可以自行侦查。因此，一旦排除非法证据后，导致犯罪事实不清、证据不足，检察机关就应当退回补充侦查或者自行侦查。如在孙某某涉嫌贩卖毒品案中，由于民警作为证人提供的询问笔录上的签字系伪造，所以不能作为定案根据，检察机关在审查起诉阶段及时对证据予以排除，同时开展自行侦查工作，通知民警重新出具证人证言。

2. 实体层面

证据作为认定案件事实的依据，一旦被排除，直接影响的往往就是对案件事实的认定，如罪与非罪、此罪与彼罪、刑罚轻重等，轻则影响量刑，重则影响定罪。依据2012年《刑事诉讼法》的规定，检察机关对于二次补充侦查的案件，仍然认为证据不足，不符合起诉条件的，应当作出不起诉决定。如在郑某某涉嫌非法买卖枪支一案中，由于辨认笔录系非法证据，不能作为定案根据，直接影响到事实认定，案件经两次退回补充侦查，仍然未能弥补辨认笔录被排除后的缺陷，最终检察机关只能对该案作出存疑不起诉决定，刘某某盗窃案也因涉案物证手镯的排除被检察机关作出存疑不起诉决定。而在李某、刘某诈骗案中，东城检察院的办案人员不唯口供论，提前制定排除口供后的应急方案，在法院排除非法口供且无其他有罪供述的情况下，依然通过其他证据使法院作出了有罪判决。

文献资料也显示，在东城检察院办理的向法院提起公诉的案件中，无一起案件因排除非法证据而被法院判决无罪。

3. 侦查主体层面

（1）纪律处分。纪律处分虽不如刑事责任那般严厉，但是对非法取证的侦查人员处以纪律制裁，同样可以对非法取证行为发挥一定的威慑作用，防范其随意地违法取证。但是，经过调查，我们发现，不论证据排除后对案件的影响如何，侦查人员都不会受到任何纪律处分，至少在东城检察院办理的案件中，尚无一例因排除证据而由侦查机关给予侦查人员纪律处分的案件。

（2）刑事责任。依据《刑法》第247条的规定，司法工作人员对犯罪嫌疑人、被告人实行刑讯逼供或者使用暴力逼取证人证言的，构成刑讯逼供罪和暴力取证罪。因此，一旦侦查人员在侦查过程中实施刑讯逼供或者暴力取证行为，就可能构成犯罪而被追究刑事责任。《刑法》此举旨在有效防范侦查人员严重的违法取证行为。然而，实践中除非因刑讯逼供产生冤假错案，否则侦查人员基本上不大可能因刑讯逼供被追究刑事责任。法院在李某、刘某诈骗案中对侦查人员刑讯逼供行为的认定，表明侦查人员可能已经触犯《刑法》，从严格执行法律的角度来看，应当启动对侦查人员的调查程序，确认侦查人员的刑讯逼供行为是否达到犯罪的程度。但是，由于本案刑讯逼供取得的供述被及时排除，并依靠其他证据最终判决被告人有罪，且案件的实体认定也未出现偏差，导致侦查人员的刑讯逼供行为并未引起重视。

（3）纠正违法通知。依据2012年《刑事诉讼法》第55条的规定，检察机关对于确有以非法方法收集证据情形的，应当提出纠正意见。发出纠正违法意见，一方面可以及时遏制侦查机关的非法取证行为，督促其整改，避免违法侦查的恶劣影响持续蔓延，另一方面可以对侦查机关发挥威慑作用，监督侦查机关依法行使调查取证权。实践中，检察机关就曾针对郑某某涉嫌非法买卖枪支案中的辨认笔录未附被辨认人身份信息、见证人签字系伪造、书面证言未经证人签字确认等问题，向侦查机关提出纠正意见，要求对方加强对侦查活动的监督管理，规范侦查行为，杜绝违法情况的发生。

二、非法证据排除规则实施存在的问题

调查资料的分析结果表明，东城检察院各个业务部门在办案过程中均较好地贯彻了非法证据排除规则，该院不仅重视对非法证据的发现、审查、认定和排除，而且在个别情况下，还对侦查机关发出纠正违法通知，督促其认真整改在证据收集方面的违法现象，可以说初步实现了排除规则的立法预期。但是，我们同时也应当看到，由于某些观念、制度因素的掣肘，导致排除规则在实施过程中也面临着一些问题需要解决。

（一）犯罪嫌疑人、被告人及其辩护人申请排除非法证据频率低、时间散、效果差

申请排除非法证据是2012年《刑事诉讼法》赋予犯罪嫌疑人、被告人及其辩护人的一项重要的诉讼权利，对于监督侦查机关依法行使侦查权，及时纠正违法侦查行为具有十分重要的意义。但是，一年来的司法实践表明，犯罪嫌疑人、被告人及其辩护人对该项权利的行使不充分、不到位，与其在诉讼程序中所处的位置不相匹配，与司法机关积极主动地发现非法证据线索也形成了强烈反差，突出表现在申请排除非法证据的案件比例小，排除的时间分散在各个诉讼阶段，提出的非法证据排除申请很少附带线索或材料，难以启动非法证据调查程序。

1. 犯罪嫌疑人、被告人及其辩护人很少主动申请排除非法证据

根据2012年《刑事诉讼法》的规定，犯罪嫌疑人、被告人及其辩护人在侦查、起诉、审判过程中均可以向专门机关提出非法证据排除申请。从趋利避害的角度分析，犯罪嫌疑人、被告人及其辩护人与司法机关相比，理应更加积极主动地申请排除非法证据。然而，调查中却发现，犯罪嫌疑人、被告人及其辩护人提出非法证据

排除申请的积极性不高，数量较少，与司法机关主动发现并予以排除的非法证据数量完全不成比例，这并不符合正常的制度实施规律。通过分析，我们认为，产生上述现象的原因主要有以下 3 个方面：

第一，长期以来非法证据排除的“真实性优先”理念造成犯罪嫌疑人、被告人及其辩护人心存顾虑，对司法机关坚决执行排除规则缺乏信赖感。在多年的司法实践中，司法机关对于非法获取的证据，包括供述等言词证据，如果确认内容真实，一般均选择不予排除，久而久之，便会逐渐在公众心目中形成证据“合法性”让位于“真实性”的潜规则。当犯罪嫌疑人、被告人被刑讯逼供，如实供述了犯罪事实，并经其他证据予以佐证后，往往会选择接受司法机关对事实的认定。如果再行提出非法证据排除申请不仅证据不会被排除，无法对结果产生实质性影响，而且还可能会给司法机关留下“认罪态度不好”的坏印象，甚至影响最终的量刑。两相权衡之下，犯罪嫌疑人、被告人及其辩护人当然会更倾向于对非法取证行为保持沉默。

第二，辩护人认为排除非法证据不影响案件的事实认定，有意绕开对非法证据问题的争辩，以减少不必要的麻烦。通过观察司法机关的非法证据排除情况，我们可以发现，绝大多数被司法机关主动发现并排除的非法证据都是问题较为明显的证据，这些证据被排除后极少会影响到案件的事实认定，对诉讼程序也几乎无任何影响，而类似刑讯逼供、暴力、威胁等非法取证行为则无一例被司法机关主动发现并予以排除。基于非法证据排除的上述特点，我们有理由相信，辩护人作为专业的法律人士，依靠阅卷应当能够独立发现司法机关排除的非法证据所存在的问题。辩护人之所以对非法证据选择性忽视，最主要的原因是其认为那些非法证据对案件的事实认定无关紧要，提出排除非法证据的申请，除了增加司法人员的工作量以及对辩护人的厌恶感以外，似乎无其他明显效果。既然申请排除非法证据产生的效果对辩护人来讲基本上都是负面的，那么，辩护人又有什么理由去积极主动地申请排除非法证据呢?

第三，侦查机关依靠刑讯逼供、暴力、威胁等非法方法获取言词证据的案件数量较少，导致犯罪嫌疑人、被告人及其辩护人缺少提出非法证据排除申请的条件。东城检察院所处地域经济发达以及司法机关执法规范化程度较高的特点，决定了该地区的侦查机关相比全国许多地区，更加严格地遵守了依法行使侦查权的原则，实践中对犯罪嫌疑人刑讯逼供，对证人、被害人采取暴力、威胁手段的情形较少。在涉及非法言词证据的案件数量较少的情况下，犯罪嫌疑人、被告人及其辩护人将缺少素材，提出非法证据排除申请的案件数量理应比较少，除非其无中生有地捏造刑讯逼供等违法取证行为，用于混淆视听。

2. 犯罪嫌疑人、被告人及其辩护人申请排除非法证据要么提出时机不当，要么未附带可靠的线索或材料

我们在调查过程中发现，个别辩护律师“不按常理出牌”，在案件尚未提请批准逮捕时即向检察机关申请排除非法证据，对检察机关的工作提出了新的挑战。首先，案件处于侦查阶段，且未提请批准逮捕，律师依据法律规定本应向侦查机关提出非法证据排除申请，但或许是由于对侦查机关不信任，律师转而跳过侦查机关，提前向检察机关申请排除非法证据，导致检察机关在完全不了解案情时直面非法证据排除申请；其次，检察机关认定是否存在非法取证行为，必须建立在接触并了解案情和证据的基础之上，由于此时的检察机关根本不了解案情，连证据都不曾看到，自然难以对是否存在非法取证行为作出判断；最后，检察机关虽然暂时无法对非法取证行为作出判断，但却不能对律师的申请不作任何回应，否则将有损司法公信力，也与法律监督机关的地位相悖，那么，检察机关此时究竟如何答复律师？又或者是否可以通过提前介入侦查对证据进行调查核实？目前都不甚明了，而这些都是摆在检察机关面前必须解决的问题。

另外，非法证据排除申请须附带线索或材料，是司法机关启动

调查核实程序的前提条件。由于犯罪嫌疑人、被告人及其辩护人在多数提出非法证据排除申请的案件中，均未能附带提供非法取证的线索或材料，也就难以推动司法机关开启对非法证据的调查核实程序，非法证据排除往往就只能停留在申请阶段。产生这一现象的原因主要有：

第一，侦查机关并无非法取证行为，犯罪嫌疑人、被告人及其辩护人提出非法证据排除申请并无客观依据，目的纯粹是拖延诉讼或者转移办案机关视线。存在的事物才能被合理的描述，如果非法取证行为客观上不存在，那么，犯罪嫌疑人、被告人及其辩护人提出非法证据排除申请时，就将很难附带线索或材料，或者仅仅用“被人怎么打了”等十分模糊的话语，因为这里所谓的线索或材料只能被凭空捏造出来，缺乏客观事实作为基础。实践中，也确实存在一些虚构非法取证行为的案例，如前文提及的东城检察院监所部门在办案过程中，接到一名在押人员的反映，称侦查人员对其进行殴打，但经过调查，情况并不属实，就是例证。因此，犯罪嫌疑人、被告人及其辩护人虚构违法取证行为的情形也是存在的，应当引起司法机关的注意。

第二，犯罪嫌疑人、被告人及其辩护人申请排除非法证据态度不够坚决，对附带提交非法取证的线索或材料重视不够，导致司法机关在许多情况下无法认定犯罪嫌疑人、被告人及其辩护人提交了非法取证的线索或材料。实践中，不少辩护律师提出非法证据排除申请时都是一种“试探性”的态度，排除申请也很少以书面方式呈现，一些犯罪嫌疑人、被告人就非法证据排除问题也非极力坚持，往往只是“随口一说”。犯罪嫌疑人、被告人及其辩护人以上述态度与方式申请排除非法证据时，附带提交的信息如刑讯逼供时间、地点、人员等往往是支离破碎的，也就无法将非法取证行为以完整的印象呈现给司法机关，司法机关将其认定为非法取证的线索或材料的可能性自然就会大大降低。

（二）非法证据调查核实的方式不当，证明取证合法难度较大

前文已经指出，司法机关调查核实取证合法性的手段包括非正式手段和正式手段。非正式手段如打个电话询问等随意性过大，缺少执法行为最起码的严肃性，基本流于形式，也无太大实质效果，而正式调查核实手段看似合法、合理，实际上也存在较大问题：

1. 以出具情况说明或者出庭说明情况来证实取证的合法性违背诉讼证明的基本规律

关于是否存在非法取证行为的情况说明或者出庭说明的情况皆系侦查人员就讯问过程合法所出具的证人证言，而证人与侦查人员双重身份所引发的利害关系，决定了情况说明在证明取证合法性方面的证明力较弱。调查结果也表明，检察机关在向侦查人员了解讯问过程中是否有刑讯逼供行为时，对方普遍以没有刑讯逼供来予以回答，出具的情况说明也明确写着“侦查人员在讯问过程中没有对犯罪嫌疑人进行刑讯逼供”。据我们了解，迄今为止，不论是东城检察院还是其他检察院，还尚未发现一例侦查机关出具的情况说明承认非法取证。原因其实很简单，一方面，侦查人员在情况说明中承认非法取证，就等于自证违法，表明自己先前的工作是无成效的，这无异于自我否定；另一方面，侦查人员出具的情况说明往往缺少其他实物证据的反驳，故而即使出具的情况说明违背事实真相，弄虚作假，也会查无实据，从而放纵侦查人员肆意妄为。因此，类似这些情况说明对供述取得是否合法的证明力几乎可以忽略不计。

此外，2012年《刑事诉讼法》还规定了侦查人员经法院通知后出庭说明情况的义务，这似乎意味着与出具情况说明相比，侦查人员出庭接受质证，更能够帮助法院查明是否存在非法取证行为。然而，现实可能事与愿违，因为即使侦查人员到庭说明情况，当庭与被告人进行对质，也可以继续沿用类似情况说明的应对策略，向法庭表明“侦查人员在讯问过程中没有对犯罪嫌疑人进行刑讯逼

供”，彼时法庭似乎也无能为力，毕竟具有“幽灵抗辩”[①] 特征的情况说明材料或者到庭说明情况行为历来都是证明领域的一大难题。

2012 年《人民检察院刑事诉讼规则（试行）》要求侦查机关出具的情况说明应当由侦查人员签名，并加盖公章，试图以此来确保情况说明的真实性、可靠性，但是，签名与盖章真的可以保证情况说明真实可靠吗？显然并非如此。李某、刘某案中的侦查人员出具的情况说明也明确写着“侦查人员在讯问过程中没有对犯罪嫌疑人进行刑讯逼供”，可结果法院还是认定刑讯逼供行为存在，排除了口供。然而，我们还不能以此认定李某、刘某案的侦查人员作伪证而追究其刑事责任，因为“不能排除刑讯逼供的合理怀疑”与“侦查人员作伪证事实清楚、证据确实充分”两者之间在证明标准方面还是有差异的。那么，这就会引发一种奇怪的现象，即法院认为侦查人员刑讯逼供而排除证据，侦查人员却很可能不会因出具未曾刑讯逼供的情况说明而受到伪证罪的责任追究，最终导致侦查人员否认刑讯逼供的说谎情结可能越来越深。

2. 以播放录音录像资料来证明取证的合法性面临法律依据与人为因素的双重障碍

依据 2012 年《刑事诉讼法》第 121 条及 2012 年《人民检察院刑事诉讼规则（试行）》第 201 条的规定，除了可能判处无期徒刑、死刑或者其他重大犯罪案件以及职务犯罪案件外，侦查机关在讯问犯罪嫌疑人过程中是否进行录音录像均可裁量决定。因此，讯问过程录音录像并非法律对所有案件的硬性要求，现实中侦查机关办理的许多普通刑事案件可能均无讯问时的录音录像资料。那么，在讯问过程本身就不曾进行录音录像的情况下，法院要求控诉方出具讯问录音录像资料就无异于强人所难。尽管“从有利于司法公

① 关于“幽灵抗辩”的相关论述，参见万毅：《“幽灵抗辩”之对策研究》，载《法商研究》2008 年第 4 期。

正、程序正义和犯罪嫌疑人人权保障的角度分析，侦查讯问过程中应当做到全程录音录像”[①]。但是，2012 年《刑事诉讼法》毕竟给侦查机关留下了裁量的空间，要求侦查机关在所有案件的讯问中都进行录音录像可以说有点“于法无据”，除非侦查机关“自愿”在所有案件的讯问过程中推行录音录像制度。

另外，某些案件的讯问确实曾进行过录音录像，但当司法机关要求侦查机关出具录音录像资料时，也经常遭遇对方的抵制或者变相抵制。检察机关的一些办案人员在访谈过程中就反映，部分案件在移送审查起诉时要么根本不附录音录像光盘，要么光盘处于损坏状态，根本无法打开观看，当办案人员向侦查人员要求补充录音录像资料时，对方也往往是以“未留底版”、“数据清除”等理由百般推辞，或者根本不予理睬。李某、刘某案中的侦查人员就是以“录像录像设备正在安装为由”，拒绝向检察机关和法院提供讯问时的录音录像资料。侦查机关提供损坏的录音录像载体或者事后拒绝补充，原因主要有两个方面：一是侦查人员客观上实施了刑讯逼供行为，为避免“自证其罪”，刻意隐瞒真相；二是侦查人员执法行为不规范，录音录像载体（如光盘）存在瑕疵，且无备份，导致资料丢失后无法补救。那么，当侦查机关拒绝提供录音录像资料或者再三推辞之时，司法机关如何认定这种行为的后果？对于应当和可以录音录像的案件，在缺少录音录像资料的情况下，如何分别处理以体现差异化原则？是否可以据此推定为刑讯逼供行为存在呢？这些问题都值得进一步思考。

3. 以宣读讯问笔录来证实取证的合法性属于自我证明

侦查人员的刑讯逼供行为一般都在讯问笔录制作之前实施，待对犯罪嫌疑人造成强有力的身体或者精神压迫之后，犯罪嫌疑人往往会乖乖就范，之后顺理成章地形成看似合法的讯问笔录，导致我

---

① 杨宇冠：《侦查讯问录音录像制度研究》，载《中国刑事法杂志》2013 年第 9 期。

们单纯从纸面上的讯问笔录中几乎不可能发现刑讯逼供线索，结果就是控诉方宣读讯问笔录均能证实讯问过程合法。特别是在讯问笔录中，侦查人员往往会问到一句话，即“本次讯问中，有无非法羁押、刑讯逼供、威胁、引诱、欺骗或者以其他非法方法获取口供的情形？”犯罪嫌疑人的回答普遍是“没有”，甚至有个别侦查人员未经讯问犯罪嫌疑人意见，直接在笔录上填写“没有”，这样的讯问笔录是否就能证明没有刑讯逼供行为呢？显然是不能的。因此，讯问环境的封闭性以及侦查人员在讯问中所处的强势主导地位，导致讯问笔录中很难发现非法取证痕迹，期待依靠控诉方出示、宣读讯问笔录借以证明讯问过程合法与否效果十分有限。

（三）非法证据的认定与排除缺少程序规范，过度随意化

司法机关认定侦查机关存在非法取证行为，并对非法证据予以排除，是排除规则适用过程中的核心环节。从规范排除规则适用，公平对待每一名犯罪嫌疑人的角度来衡量，非法证据的认定与排除应当遵循统一、明确的标准和方式，实现“同案同判”。但是，从我们调研的情况来看，司法机关在认定非法证据时，要么依据的理由含糊其词，要么说理不足，导致其他专门机关和诉讼参与主体不了解非法证据是如何认定的；司法机关排除非法证据采用的方式也经常不为外界所知，如不入卷、不摘录、不出示等，未能全面呈现取证过程。

1. 认定非法证据的心证不予公开，排除证据的标准模糊不清

2012 年《刑事诉讼法》以“确认”或者“不能排除”存在本法第 54 条规定的情形作为排除非法证据的标准，看似清楚明确，实则存在较大争议。首先，“确认”或者“不能排除”皆隶属于司法人员的心证活动，究竟何为确认？何为不能排除？均缺乏客观的衡量标准，容易造成非法证据排除在适用方面的随意性。其次，司法人员认定非法证据并予以排除时，习惯性地完全不予公开心证或者心证公开不足，进一步增强了非法证据排除标准的神秘性。法院在判决中排除李某、刘某的口供时，只是轻描淡写地认为“不能

排除刑讯逼供的合理怀疑"，但是，法院究竟如何认定"存在刑讯逼供的合理怀疑"则不得而知。

由于讯问往往在侦查人员与犯罪嫌疑人一对一的情景下进行，如果讯问未进行录音录像，那么，庭审中证明是否存在刑讯逼供行为时，就极有可能会形成侦查人员与犯罪嫌疑人各执一词，且证词互相矛盾的局面，法院此时究竟该如何采信？李某、刘某案中的侦查人员经法庭通知而不予出庭作证，可能强化了法庭对存在刑讯逼供行为的认可度。但是，我们反过来设想，如果李某、刘某案的侦查人员经法庭通知后出庭作证，且在庭上一口咬定没有对被告人进行刑讯逼供，法庭是否还可以"不能排除刑讯逼供的合理怀疑"而排除口供呢？这个问题显然就没那么容易回答。因为彼时侦查人员不出庭作证的负面效应已经消失，法庭不可能再因侦查人员未出庭作证而影响其心证判断。因此，司法机关在排除非法证据时，如何通过公开心证，增强裁定说理性，逐步明确非法证据排除规则的实践操作标准，是未来必须着力解决的问题。如果司法机关在排除非法证据时回避心证公开，造成说理不充分，不仅可能导致证据排除方面的错误判断，还可能影响司法机关所作判断的权威性，法院在李某、刘某案中排除非法证据时心证公开不足就曾引发检察机关的质疑。我们认为，司法人员之所以不予公开如何认定非法证据的心证，既可能源自"不能排除刑讯逼供的合理怀疑"的内涵在表述上存在较大难度，为避免引发争议而故意不予公开，也可能是由于法院本身就不确定"是否存在刑讯逼供的合理怀疑"。

此外，检察机关认定李某、刘某案中无刑讯逼供行为，法院认定有刑讯逼供行为，也表明检察机关与法院在非法证据的认定标准上存在认识分歧，导致被告人口供在审查起诉阶段未予排除，直到审判阶段才被排除。尽管检察机关与法院在事实或证据的认识问题上存在不一致属于正常现象，但是，如果检察机关与法院能就非法证据排除标准达成共识，或者说至少在某些关键问题上，如何种情况下可以认定存在刑讯逼供、暴力取证行为，何种情况下可以认定违反法定收集程序的物证、书证可能严重影响司法公正等方面，形成共识，则会避免类似李某、刘某案的被告人供述直到庭审过程中才被排除，从而降低公诉风险，或者确保非法供述在审查起诉阶段就提前予以排除，减少司法资源浪费，更好地维护被告人权利。因此，如何在检察机关与法院之间就非法证据排除的适用标准问题逐步达成共识，对于更好地贯彻非法证据排除规则具有十分积极的意义。

2. 非法证据以隐蔽的方式被司法人员排除，掩盖了违法取证行为

我们在调查中发现，相当数量的非法证据被司法人员以不入卷、不摘录、不出示等较为隐蔽的方式予以排除，此举虽然提高了非法证据排除的效率，同时也维护了司法人员积极履行排除职责的良好形象。但是，上述排除方式带来的问题也是比较突出的。

第一，大量非法证据排除资料丢失，不利于全面、准确地把握排除规则实施的整体状况，阻碍排除规则的发展、完善。排除规则从立法走向实践过程中必然会遭遇各种各样的问题，既可能源自立法层面的疏漏，也可能起因于实践层面的客观障碍，这些问题都有赖于进行系统的梳理、整合之后，提出相应的完善举措加以改进。而司法人员略显随意地以不入卷、不摘录、不出示等方式对非法证据予以排除，将使大量的非法证据排除信息仅仅停留在办案人员的记忆中，从来不曾书写于纸面之上。随着时间的推移，办案人员的记忆逐渐淡化，案卷也被移送、归档，导致非法证据排除的诸多资料都将变得难以查找。在这种情况下，对非法证据排除规则的实施情况进行调查不仅费时费力，而且还会出现较多残缺，从而影响到研究者对排除规则落实效果的准确判断，阻碍专门针对排除规则的具备必要性与可行性的改革举措的出台。

第二，未能及时将非法证据排除信息反馈于违法取证主体，纵容其继续坚持非法取证恶习。在相当一部分案件中，当检察机关审查起诉时发现非法证据问题后，如果确认该证据不影响事实认定，那么，检察机关经常采取的处理方式就是结案报告中不摘录、庭审

举证阶段不出示。上述做法可以避免因通知取证主体将非法证据予以排除而引起对方反感，维系检察机关与侦查主体之间的良好关系，为实现双方以后的互帮互助打下坚实基础。但这样一来，侦查机关将意识不到非法取证行为的危害性，也不会有足够的动力去积极纠正自身在取证方面存在的问题，如此循环往复之后，侦查机关在某些方面的违法取证将会逐渐形成惯性，甚至个别侦查人员还会肆无忌惮地去伪造证据。访谈过程中，很多办案人员都提出了辨认笔录存在的问题，如伪造签名、涂改见证人、凸显被辨认人等，证明有问题的辨认笔录在实践中较为普遍。同时，办案人员也反映，他们对待辨认笔录的瑕疵问题一般就是直接予以排除，仅在极个别案件中会向侦查机关发出纠正违法通知，随之而来的结果就是有问题的辨认笔录屡见不鲜。因此，司法机关对违法侦查行为的单方面低调处理，不利于强化侦查主体的依法取证意识，也难以实现有效纠正非法取证行为的目标。另外，侦查机关以不入卷的方式排除非法证据有毁灭证据、隐瞒事实真相的嫌疑，因为我们有理由相信，侦查机关既然可以将非法证据不入卷，自然也可以将有利于犯罪嫌疑人的证据不入卷。

（四）非法证据排除后的责任追究执行不到位，表明检察机关的诉讼监督能力和水平还有待提高

法律规定了非法证据排除后对侦查机关和侦查人员的责任追究机制，如追究纪律责任或刑事责任、提出纠正违法意见等，初步建立了针对非法取证主体的制裁措施，对于侦查主体依法取证能够产生一定的威慑效果。但是，我们在前文对调查资料的分析中已经指出，侦查人员几乎不可能因非法证据排除而受到纪律处分，刑讯逼供罪也必须在违法行为达到一定严重程度之后才可能被认定，而且如果案件实体未发生错误，即使侦查人员有刑讯逼供行为，也很难追究其刑事责任，同时检察机关针对非法取证行为发出纠正违法意见的情形也寥寥无几，并且即使发出纠正违法通知也很少得到回复。因此，当前针对非法证据排除建立的制裁措施效果较为有限。

制裁措施的局限性突破了完整的法律规则应当具备行为模式和法律后果两要素的原理，导致非法取证行为缺少法律后果的约束。

第一，侦查机关为了鼓励侦查人员破案，一般都不会因为违法取证行为而给予其纪律处分，除非违法取证行为造成了犯罪嫌疑人死亡或者冤假错案等严重后果。因为“警察局的领导与违纪警察的目标具有同一性，他们关心的不是定罪，而是破案率、逮捕率和打击率。如果侦查人员完成了破案任务，却要因违法取证而受到领导的纪律制裁，怎么能够激励其他警察再去积极破案?”① 由于实践中的多数违法取证行为可能都达不到追究侦查人员刑事责任的程度，因此，非法证据排除后的责任追究主要还应该是对侦查人员的纪律处分和对侦查机关的纠正违法通知。但是，在公安机关内部已经默认为了破案可以违法取证的情况下，还试图依靠侦查机关对侦查人员的纪律处分来实现对违法取证的责任追究已不太现实。东城检察院办理的涉及非法证据排除的案件中，尚无一件因证据排除而使侦查人员受到纪律处分就是最好的例证。

第二，检察机关个别办案人员履行法律监督职责的积极性不高。非法证据被排除后，不论是追究侦查人员的刑事责任，还是向侦查机关发出纠正违法通知，均是诉讼监督的重要内容。但是，我们在调查中发现，个别检察人员害怕得罪侦查人员而不敢监督，他们认为很多工作有赖于侦查人员的支持与配合，一旦监督侦查人员，对方可能会在诸多方面制造障碍，不利于自己以后的工作，本着互利共赢的原则，能不监督就不监督。特别是在一些不影响定案的非法证据被排除后，由于产生的影响比较轻微，检察人员更是乐于不对侦查人员和侦查机关进行监督，以维护双方的关系，如此一来，检察机关既默许了侦查机关的非法取证行为，也放弃了自身的法律监督职责。

---

① 李昌盛：《违法侦查行为的程序性制裁效果研究》，载《现代法学》2012 年第 3 期。

第三，检察机关的个别办案人员不善于履行诉讼监督职能，对于发出的纠正违法通知督促落实不够。依据法律规定，检察机关发出的纠正违法通知是否能够得到回复以及侦查机关是否据此进行整改，皆有赖于侦查机关的主动配合。“这必然会导致现有的纠正违法制度刚性不足，纠正违法通知书缺乏应有的法律强制性和执行力，在实践中难以有效发挥法律监督作用。有的被监督机关藐视人民检察院的纠正违法通知书的情况时有发生，而人民检察院只能是无可奈何。”① 基于专门机关分工负责、互相配合、互相制约的关系，检察机关发出的纠正违法通知不可能具备强制执行力。但是，这并不意味着检察机关发出纠正违法通知后，只能被动等待侦查机关回复和整改。因为一旦检察机关形成这种思维定式，极有可能出现的结果就是侦查机关不予回复，违法行为不予纠正。实践中类似辨认笔录等非法证据问题的反复出现，表明检察机关对纠正违法通知的贯彻落实还缺少较好的办法，表现得有些被动。因此，检察机关如何采取积极有效措施，切实解决纠正违法通知遭遇的难题，是不断提升自身诉讼监督能力的应有之义，也是督促侦查机关纠正违法取证行为的必然要求。

三、提升非法证据排除规则实施效果的建议

2012 年《刑事诉讼法》及 2012 年《人民检察院刑事诉讼规则（试行）》实施一年以来，东城检察院在贯彻排除规则过程中已经遭遇一些较为突出的问题。因此，我们有必要采取切实可行的措施予以妥善解决。

（一）妥当处理非法证据排除申请，准确界定非法取证线索或材料

申请排除非法证据是犯罪嫌疑人、被告人及其辩护人享有的一

① 尚爱国：《刑事诉讼检察监督中纠正违法制度的立法完善》，载《人民检察》2006 年第 23 期。

项重要的诉讼权利，司法机关有义务保障上述权利依法行使。同时为了确保权利行使的有效性，司法机关应当逐步明确非法证据线索或材料的内容，为犯罪嫌疑人、被告人及其辩护人准确提出非法证据的线索或材料提供便利。

1. 司法机关处理非法证据排除申请应当秉承公正、便民、务实的原则

犯罪嫌疑人、被告人及其辩护人申请排除非法证据是发现非法证据线索的重要渠道，司法机关应当充分调动其积极性，引导其积极行使该项权利，以弥补司法机关自身主动发现非法证据线索的不足。

第一，司法机关在提讯和律师阅卷时，应当增加告知事项，即明确告知犯罪嫌疑人、被告人及其辩护人申请排除非法证据不会影响司法机关对其个人和案件的态度，以打消其后顾之忧。司法机关应当让犯罪嫌疑人、被告人及其辩护人认识到证据的真实性与合法性是两个问题，真实性无疑问的证据也可能系违法取得，对于内容真实但系刑讯逼供取得的供述也应当予以排除。这里最关键的是要让犯罪嫌疑人、被告人及其辩护人相信司法机关能够以合法性替代真实性，秉公处理非法证据问题，并且确保即使内容真实的口供因犯罪嫌疑人、被告人及其辩护人申请而被排除，也不会导致司法机关对犯罪嫌疑人、被告人产生“认罪态度不好”的印象，或者对律师产生“厌恶感”。如此一来，犯罪嫌疑人、被告人及其辩护人才能放下包袱，积极地提出非法证据排除申请。或许有人会质疑上述做法的可行性，但是实践中的案例已经为我们提供了最好的可行性证据。东城检察院在李某、刘某案的审查起诉过程中，曾因犯罪嫌疑人及其辩护人提出的非法口供排除申请而进行了大量的调查核实工作，提起公诉时也未认定口供是非法取得而予以排除，但是承办本案的检察人员并未因此而对犯罪嫌疑人及其辩护人产生偏见，证明司法人员能够不偏不倚地公正处理非法证据排除问题，不会将其与犯罪嫌疑人的认罪态度与律师本人的职业作风相联系。

第二，犯罪嫌疑人、被告人及其辩护人以口头方式申请排除非法证据时，检察机关应当对申请的时间、地点、人员做好书面记录，予以附卷，并在审查批捕报告、审查起诉报告等法律文书中列明，以书面方式申请时，应直接附卷和在报告中列明。由于实践中相当一部分犯罪嫌疑人、被告人及其辩护人申请排除非法证据时都是抱着试探性的态度，对于申请是否能够得到司法机关的回应也不抱太大希望。因此，为了保障其行使该项权利，司法机关应当对申请予以充分重视，让犯罪嫌疑人、被告人及其辩护人感受到司法机关处理非法证据问题的决心和魄力。对非法证据信息详细地做书面记录，并在正式法律文书中体现，无疑最能表明司法机关对非法证据排除的重视程度，而司法机关的重视必然能够逐步提高犯罪嫌疑人、被告人及其辩护人申请排除非法证据的积极性。

第三，检察机关对于还未提请批准逮捕案件的非法证据排除申请，应当主动向侦查机关质询，必要时可提前介入侦查。检察机关对刑事诉讼是一种全程、动态监督，不能因案件未到自己手中而放弃行使监督权，容忍损害公民权利的事件发生和持续。因此，在案件尚未被提请批准逮捕之时，检察机关虽不了解案情和证据，却仍有义务对律师的非法证据排除申请进行处理。我们认为，检察机关可以就律师提出的非法证据问题向侦查机关了解有关情况，如确认非法取证行为存在的，应要求侦查机关予以纠正，并向侦查机关说明非法取证问题是否得到妥善处理将成为是否批准逮捕的重要参考因素。而且，检察机关还应当在一定的时限内就非法证据所开展的工作对律师进行答复，以维护司法公信力。此外，若涉及的非法取证问题较为重大，如刑讯逼供可能影响到案件事实认定等，检察机关还应当提前介入侦查，一方面解决非法取证问题（侦查人员刑讯逼供的责任追究将在下文专门讨论），另一方面发挥对侦查的引导作用。

2. 非法证据线索或材料的内容应当逐步格式化

依据2012年《高法解释》第96条的规定，犯罪嫌疑人、被告人及其辩护人应当提供涉嫌非法取证的人员、时间、地点、方式、内容等相关线索或者材料。理论界有学者认为，“由于讯问一般在封闭的环境下进行，再加之法律对于犯罪嫌疑人被羁押后多长时间内移送看守所没有明确规定，而且侦查机关讯问时律师没有在场权，因此，被告方很难提供非法取证人员的具体名单，具体的时间、地点……因此，如果被告方提供的线索，如说明几个人对其刑讯逼供，大致的时间、地点，说明刑讯的方式和内容，能让法官产生侦查机关有非法取证的可能，就应当启动非法证据排除程序”①。我们认为，上述论断对实务操作具有一定的借鉴价值。但是，为了确保司法机关认识的连贯性和一致性，以及便于司法实践操作的需要，有必要就非法证据的线索或材料制定统一的专门表格。每次当犯罪嫌疑人、被告人及其辩护人申请排除非法证据时，均由其填写相应的表格。表格的内容应当包括刑讯逼供的时间、地点、刑讯方式、人物特征、刑讯后果等。另外，记载非法证据线索或材料的表格还可以将申请排除非法证据的人员、时间、地点也纳入进来，从而形成一份较为完整的非法证据排除申请表。申请表填写完成之后，司法人员通过初步审查，只要认定内容符合逻辑，且无明显不当之处，即应启动非法证据的调查核实程序。

（二）优化非法证据调查核实方式，提高证明取证合法性的能力和水平

十八届四中全会《决定》提出，“推进以审判为中心的诉讼制度改革，确保侦查、审查起诉的案件事实证据经得起法律的检验”，这就要求检察机关在审查起诉时必须严格把握证据关，支持公诉的证据必须均为依法取得。由于犯罪嫌疑人供述和辩解、被害人陈述、证人证言等言词证据受人为因素的影响较大，且取证过程往往较为封闭，导致证明起来殊为不易，而物证、书证、鉴定意

---

① 汪海燕：《评关于非法证据排除的两个〈规定〉》，载《政法论坛》2011 年第 1 期。

见、辨认笔录、视听资料等证据存在的问题则较为容易发现和认定。因此，应当重点解决如何对非法言词证据进行调查核实。当前，调取讯问录音录像资料显然是用于证明取证是否合法最有效的一种方式，侦查人员以证人身份出庭作证接受交叉询问的效果也将比较显著，而对于出具情况说明与宣读讯问笔录则应当慎用。

1. 调阅讯问录音录像资料

与情况说明、讯问笔录等其他证据相比，录音录像资料更能够排除人为因素干扰，也成为证明取证过程是否合法效果最好的证据形式。然而，2012 年《刑事诉讼法》以案件类型为依据对讯问录音录像作出的“应当”与“可以”的划分，为侦查机关规避讯问录音录像提供了广阔的空间。因此，必须在法律的框架内采取措施解决该问题，全面推行讯问录音录像制度。

第一，目前在所有案件的讯问中普及录音录像已经不存在物质障碍。“在几年前，录音录像设备不发达，数码技术没有得到广泛应用，司法实务部门对录音录像设施比较陌生，录音录像设备价格昂贵，并需要培养专业人员操作，在这种情况下，统一要求刑事司法各部门的讯问过程进行录音录像确实存在许多困难。近年来，录音录像设施已经非常普及，侦查讯问中进行录音录像在技术上和资金上已经不再存在困难。”[①] 特别是我国的经济发达地区一般都为侦查人员或者司法人员配备了执法记录仪，即使是对于不需要拘留、逮捕的犯罪嫌疑人，到犯罪嫌疑人所在的市、县内的指定地点或者他的住处讯问时，也可以全程录音录像。技术与资金困难的解决，为全面推行讯问录音录像扫清了物质障碍，那么，下一步就要看侦查机关是否有意愿来推行该项制度。

第二，讯问全程录音录像是保护侦查人员的有力武器。“通过提供准确的讯问记录以及限制侦查人员的非法讯问活动，讯问同步

---

① 杨宇冠：《侦查讯问录音录像制度研究》，载《中国刑事法杂志》2013 年第 9 期。

录音录像制度无疑给犯罪嫌疑人的权利保护提供了有力保障，但是，这也给侦查人员提供了免受犯罪嫌疑人错误投诉和指控的保护。”① 检察机关应当让侦查人员认识到讯问录音录像的上述功能，以便调动侦查人员进行讯问录音录像的积极性。

第三，职务犯罪讯问全程录音录像的确立过程为侦查机关提供了可资借鉴的经验。检察机关自 2005 年在职务犯罪讯问中试行全程录音录像以来，已经积累了丰富的经验，建立了较为成熟的制度体系，且以实践的方式充分证明讯问录音录像制度可以普遍适用。因此，检察机关可以将讯问录音录像的经验与做法向侦查机关介绍、推广，引导侦查机关逐步普及讯问录音录像制度。

2. 慎用情况说明和讯问笔录证明讯问的合法性

检察机关在审查批准逮捕特别是审查起诉阶段，认为取证合法性存在疑问需要进行证明时，虽然可以运用侦查机关的情况说明和犯罪嫌疑人的讯问笔录，但是必须对情况说明和讯问笔录的证明力保持清醒的认识。2012 年《高法解释》第 101 条第 2 款已经明确规定，情况说明不能单独作为证明取证过程合法的依据，以讯问笔录来证明取证过程合法的自我证明方式也存在证明力上的缺陷。因此，检察机关在作出提起公诉的决定之前，如果在卷仅有情况说明和讯问笔录来证明讯问过程的合法性，就必须对全案证据作出判断，即一旦口供被排除，是否还可以认定指控罪名成立。如果排除口供之后，将动摇指控证据体系，可能产生无罪判决，检察机关就应当将案件退回侦查机关补充侦查，或者自行补充侦查，以便确保供述被排除之后，依靠其他证据仍然可以认定指控罪名成立。目前，实践中比较可行的做法是，检察机关在讯问犯罪嫌疑人时，以执法记录仪等录音录像设备记录下犯罪嫌疑人的有罪供述，并向法庭移送上述证据材料。当被告人在庭审中提出供述系侦查机关刑讯

① 徐美君：《侦查讯问程序正当性研究》，中国人民公安大学出版社 2003 年版，第 222 页。

逼供取得时，检察机关可要求法庭播放录音录像资料来证明被告人在审查起诉阶段所作供述的合法性，以替代侦查阶段的供述，此举既可弥补单纯以情况说明和讯问笔录来证明讯问过程合法的不足，也可巩固检察机关的指控证据体系。

3. 督促侦查人员出庭作证

侦查人员仅仅出庭说明情况，无法对证明讯问的合法性发挥实质性作用，反而往往会造成侦查人员与被告人各执一词的局面。因此，侦查人员出庭应当履行交叉讯问程序下的作证义务。“侦查人员出庭作证将要证明的对象是口供取得的合法性问题，而口供是否依法取得属于侦查人员亲身经历的事项，这决定了侦查人员出庭时应当具有证人身份。”① 由于证人对待证事实承担法定作证义务，除非遇到特殊情况，不能拒绝作证，且在庭审过程中应当接受控辩双方及法庭的询问，以促进待证事实的证明，故而侦查人员出庭作证时不应再以警察的“特殊身份”来回避作证义务，理应接受交叉询问，而非简单地向法庭说明不存在刑讯逼供等非法取证行为。

当然，侦查人员出庭作证也应考虑现实的可行性问题，既不能对侦查人员过度施加义务，也不能让出庭作证流于形式。为此，须从以下两个方面加以规范：一是侦查人员出庭作证应作为一种补充性证明手段，以“必要性”为条件，法庭不能在所有的案件中都盲目地要求侦查人员出庭，否则将干扰侦查机关正常的工作。为了实现两者兼顾，我们认为，法庭应当在讯问录音录像资料欠缺，违法取证的疑问又难以消除时，才能认定为侦查人员有出庭作证的必要。二是侦查人员经通知应当出庭，无正当理由而拒不出庭作证时，法庭可推定其存在刑讯逼供行为，将口供予以排除。侦查人员出庭作证必须以具有一定强制力的措施来保障其落实，否则将形同虚设，因为普通证人出庭作证都曾因无强制力约束而停留于纸面之

① 甄贞等：《非法证据证明责任的履行与保障措施》，载《人民检察》2013 年第 4 期。

上，侦查人员自然有过之而无不及。法庭认定侦查人员存在刑讯逼供行为，并将口供排除，显然是对侦查人员拒绝出庭作证最有力的回应，但需要注意的是，法庭排除口供乃至因此而作出无罪判决，受影响最大的往往是检察机关而非侦查机关，那么，如何以此来对侦查机关产生威慑力呢？其实对侦查机关最有效的威慑在于对刑讯逼供的查处以及对违法侦查行为发出纠正违法通知等方面，一旦口供因系刑讯逼供取得而被排除，就意味着侦查人员可能构成刑讯逼供罪，发出纠正违法通知也将影响侦查机关的考评业绩。因此，检察机关是否对刑讯逼供予以查处和发出纠正违法通知就显得尤为重要。

（三）明确非法证据认定与排除程序，最大限度公开司法人员心证

司法机关认定与排除非法证据因程序粗放而表现出的过于随意的态度与行为方式，以及对心证内容的隐瞒，损害了社会各界对排除规则贯彻执行的信心，严重影响了排除规则的实施效果。因此，司法机关在认定与排除非法证据时必须接受精细化程序的约束，必须以充分的说理赢得其他专门机关和诉讼参与人对排除规则适用的认可。

1. 认定与排除非法证据应作书面记载并备案存档

以不入卷、不摘录、不出示等方式排除非法证据产生的弊端已无须赘言，因此，司法机关应当转变观念，切实认识到上述非法证据排除方式与程序法定原则的抵牾之处，并在认定与排除非法证据时遵循特定的方式与要求，杜绝以不入卷、不摘录、不出示等不当方式排除非法证据。第一，司法机关及其工作人员应当认识到以不入卷的方式排除非法证据，属于隐匿证据的行为，严重时可能构成犯罪被追究刑事责任。第二，检察机关在审查批捕与审查起诉时，认定与排除非法证据的，应当在结案报告中列明，作为纠正侦查机关违法行为的依据，而不能不予摘录，访谈结果显示，东城检察院的部分检察人员已经在结案报告中列明了非法证据问题，而且多数

检察人员也认为非法证据应当在报告中摘录。第三，非法证据在本案的审判过程中可不向法庭出示，但是在追究侦查人员的刑事责任时则显然应当向法庭出示，而且检察机关还应当监督法院是否在裁判文书中将非法证据作为了定案依据。第四，司法机关认定与排除非法证据的，须将排除结果告知其他专门机关和利害关系人，以便逐步强化适用排除规则所产生的社会效果。

2. 认定与排除非法证据应履行审批手续

内部审批是防止办案人员随意处置非法证据、确保排除规则正确适用的重要保障，且与司法机关当前试行的办案责任制改革并不冲突。基于实物证据和言词证据的特点，以及证据对证明案件事实的重要程度，我们认为，非法言词证据的认定与排除均须履行审批程序，可由办案人员提交部门负责人审核，最后由主管院领导决定，非法言词证据的问题重大、复杂，比如因涉及刑讯逼供需追究侦查人员刑事责任时，还须提交检察长（院长）或者检察（审判）委员会讨论决定；非法实物证据可由办案人员直接决定排除，但排除后影响定罪量刑时则仍需履行上述审批程序。待主审法官、主任检察官办案责任制全面推行以后，非法证据的认定与排除应一律由主审法官、主任检察官决定。

3. 认定与排除非法证据应详细阐述事实论据

司法机关必须认定非法取证的自然事实存在，并将其转变为法律事实，即实现事实的法律化，才能依据相关法律规定排除非法证据。因此，司法机关依据法律认定与排除非法证据之前必须完成以下两项工作：第一，司法机关认定非法取证的自然事实存在。下面我们以被告人曾遭侦查人员殴打的自然事实认定为例进行说明，假设被告人提出曾遭侦查人员殴打，并提供了殴打的时间、地点、方式以及人物特征等线索，检察机关通过阅读讯问笔录、提交情况说明等证明方式，还无法排除非法取证的合理怀疑，这时就需要播放录音录像资料。但是，法院在调取录音录像资料时，发现检察机关在无正当理由的情况下，无法提供所有涉嫌非法取证的讯问过程同步录音录像，或者提供的讯问过程录音录像不完整或者是经过剪辑、修改的，就可以认定为被告人曾遭侦查人员殴打。为什么呢？因为如果侦查人员不曾殴打过被告人，则提供讯问时的录音录像根本不应存在障碍，况且此举还可证明侦查人员清白，应是侦查人员极力追求之事；反之，侦查人员不予提供或者提供存在缺陷的录音录像资料，意味着曾记录在录音录像中的殴打行为可能被人为删除或者还隐藏在未曾出示的录音录像资料中，甚至侦查机关为了殴打之便利，根本不曾录音录像，在上述合理怀疑无法排除的情况下，司法机关当然可以认定侦查机关曾有殴打被告人等行为。第二，自然事实向法律事实的转化。以上文为例继续推演，通俗点讲，就是侦查人员曾对被告人实施的殴打行为是否可以认定为法律上的刑讯逼供？认定是否构成刑讯逼供的理由是什么？回答了这些问题，基本上就实现了自然事实的法律化。但是要想回答这一问题，就必须准确理解法律上所指刑讯逼供的内涵，并对殴打行为的严重程度作出判断，这涉及非法证据认定与排除的法律依据的内容。上述推理过程实际上就是司法人员的心证形成过程，都应当成为公开的对象。

4. 认定与排除非法证据应写明依据的具体法律条文

2012 年《刑事诉讼法》第 54 条规定了应当直接排除的“非法证据”以及可补正或者作出合理解释的瑕疵证据，证据类型涉及物证、书证、犯罪嫌疑人、被告人供述与辩解、证人证言、被害人陈述等，上述规定显然较为原则，实践操作性不强。为弥补 2012 年《刑事诉讼法》的不足，2012 年《高法解释》以列举的方式，规定了应当直接排除以及可补正或者作出合理解释的大量证据形式，八种法定证据种类也均有涉及。2012 年《人民检察院刑事诉讼规则（试行）》对刑讯逼供、其他非法方法、可能严重影响司法公正的内涵也进行了界定。如果司法机关只是依据 2012 年《刑事诉讼法》的条文认定与排除非法证据，将造成排除规则适用的模糊性，既不利于公、检、法就非法证据排除问题达成共识，也不利于赢得当事人对排除规则适用的认可。因此，司法机关在表述非法证据认定与排除的法律依据时，应当综合运用2012年《刑事诉讼法》、2012年《高法解释》、2012年《人民检察院刑事诉讼规则（试行）》的相关规定，确保法律依据准确而具体。

（四）强化检察机关诉讼监督力度，以责任追究保障排除规则的实施效果

排除规则的实施效果表现为在排除非法证据的同时，纠正侦查机关的违法取证行为，最终达到确保侦查机关依法行使侦查权的目的。因此，如何依靠排除规则的实施来督促侦查机关切实纠正违法侦查行为，提高侦查的规范化水平，应是贯彻排除规则过程中必须完成的一项重要任务，而检察机关发挥职务犯罪侦查、纠正违法通知等诉讼监督职能无疑有助于督促侦查机关纠正违法侦查行为。

1. 职务犯罪侦查

据我们掌握的资料，迄今为止，检察机关直接对侦查人员的刑讯逼供、暴力取证行为立案侦查，追究侦查人员刑事责任的情形主要在冤假错案被平反后适用。如果未产生冤假错案，即使法庭认定侦查机关存在刑讯逼供行为对口供予以排除时，检察机关一般都不会追究侦查人员的刑事责任，我们认为这种做法应当予以纠正，否则将无法对侦查人员的刑讯逼供、暴力取证行为发挥有效的威慑作用。

尽管检察机关追究侦查人员刑事责任的证明标准与法庭认定刑讯逼供行为存在的证明标准有差异，但这不足以成为检察机关放弃追究侦查人员刑讯逼供刑事责任的理由。从2012年《刑事诉讼法》有关案件线索处理的规定来看，只要法庭认定刑讯逼供行为存在，就应当视为发现了案件线索，检察机关即有责任对此开展查证工作，而不能对此案件线索放任不管，否则就有渎职的嫌疑。同时，考虑到侦查人员构成刑讯逼供罪、暴力取证罪要以产生一定的严重后果为前提，因此，检察机关经查证后，认定刑讯逼供、暴力取证行为未达到入罪标准的，应终止对侦查人员的调查程序，并告知法院、侦查人员、被告人等利益相关者，以保障各方主体的知情

权。但这里需要注意的是，尽管检察机关不能对上述涉嫌刑讯逼供、暴力取证的侦查人员追究刑事责任，却仍应当通过向侦查机关发出纠正违法通知的形式，要求侦查机关对相关的侦查人员予以处理。

2. 纠正违法通知

检察机关就非法证据排除问题向侦查机关发出纠正违法通知，可能会一时有损侦查机关的面子，甚至对侦查人员带来利益损失，但及早地发现与纠正却争取了补充证据的时间和机会，从长远来看，显然对侦查机关是有利的。因此，检察机关应当转变陈旧的思维理念，充分认识到维系公检法之间熟人关系的最佳策略，轻微的违法取证行为可以口头方式纠正，严重违法行为以及类案纠违则必须采用书面方式强制纠正，以尽力消除违法行为所产生的负面影响，特别是要防范负面影响的扩大化。对于纠正违法通知刚性不足、执行效果不佳的问题，可考虑从以下两个方面加以解决：

第一，检察机关发出的纠正违法通知应当写明侦查机关非法取证的具体内容、排除非法证据的法律依据以及反馈纠正结果的时间、方式等事项，特别是要详细说明认定非法取证的理由，以充分的说理赢得侦查机关对非法证据排除的认可。通过排除规则实施经验的不断积累，我们认为，关于非法证据排除的纠正违法通知也可以实现格式化，即针对不同证据类型、不同违法形式设计纠正违法通知的固定模板，既方便检察机关工作人员使用，也会给侦查机关留下标准、规范的良好印象。

第二，为了保障侦查机关承担的纠正义务得到落实，避免其藐视关于非法证据排除的纠正违法通知，应当以明确的法律责任来约束侦查机关。依据 2012 年《人民检察院刑事诉讼规则（试行）》的规定，有关机关没有合理理由拒不纠正违法行为或者拒不采取调查活动的，提出纠正意见的检察机关可以报请上一级检察机关向有关机关的上一级机关提出纠正意见，上一级机关应当启动相应的调查、督促程序，并应当将下级机关纠正的情况在一定期限内通知检察机关。但这种纠错机制仍然依赖于有关机关的配合，主动权不在检察机关之手，显得较为被动。因此，有学者提出，“应当明确规定，有关机关没有合理理由拒不纠正违法行为或者采取调查活动的，应当承担相应的法律责任，如可以将拒不纠正违法行为或者采取调查活动的行为作为要求有关人员回避的理由或更换办案人的条件，或者将其作为要求上一级机关对有关人员进行处罚的理由等”①。

（五）公、检、法联合适时发布非法证据排除参考性案例

“广义、宽泛的判例制度对于法官正确理解和适用非法证据排除规则却有着极其重要的意义。例如，法官通过参考判例可以灵活地把握不同案件情境中‘酷刑’和‘受压迫’的标准，另外公开判例也可对侦查人员的取证行为进行积极地引导。”② 尽管我国并非判例法国家，但是鉴于案例对司法实践所具有的重要指引作用，最高人民法院汇编出版了《刑事审判指导性案例》，以供司法实务部门办案时参考。2010 年，最高人民检察院、最高人民法院还先后发布《关于案例指导工作的规定》，迄今最高人民法院分 10 批发布 52 个指导案例，其中包含 9 个刑事指导案例；最高人民检察院分 5 批发布 19 个刑事指导案例。然而，目前“两高”专门针对非法证据排除的指导性案例还尚未出台，不利于具体办案人员灵活把握非法证据排除规则的适用标准，特别是对于刑讯逼供、其他非法方法、可能严重影响司法公正内涵的理解在文本到实践的过程中极可能会出现偏差。

或许是由于非法证据排除规则的司法实践经验不足，还缺少能够指导全国的成熟案例，而“两高”出台指导性案例要综合全国

---

① 邓思青：《检察机关诉讼监督制度的改革与完善》，载《国家检察官学院学报》2012 年第 5 期。

② 陈卫东：《人民检察院适用非法证据排除规则若干问题的思考》，载《国家检察官学院学报》2013 年第 1 期。

各地的实际差异，尽力确保指导性案例的广泛指导性，因而导致“两高”难以发布非法证据排除的指导性案例。但是，基层司法机关可以尝试在本辖区内总结非法证据排除的经验，收集、整理典型案例，并综合吸收公、检、法意见，将案例汇编成册以供内部培训学习之用，这样一方面可方便辖区内的司法人员更好地适用排除规则，另一方面则可为以后“两高”发布非法证据排除的指导性案例积累经验。检察机关内网上的“案例分析”栏目以及“首都检察案例参阅”都可以成为发布非法证据排除参考性案例的基础平台，关键是要重视收集非法证据排除案例。

关于参考性案例的具体构成，我们认为，基层司法机关出台的非法证据排除参考性案例必须具备完整的排除规则适用流程，即包括线索发现、证据类型、审查机制、处理结果、产生影响等5个方面，且每一个参考性案例都应当以事实认定准确和法律适用正确为底线，充分重视问题分析和释法说理，既要避免明显分歧，又要能够对具体办案人员适用排除规则发挥引导、参考作用。

量刑规范化改革实证研究

徐建波　李　斌*

量刑是人民法院在认定犯罪行为性质、程度、情节的基础上，对行为构成犯罪的被告人裁量决定刑罚的司法活动，是刑事审判活动的重要组成部分，甚至可以说是刑事诉讼中最核心的环节。在1996年的《刑事诉讼法》中，量刑是合议庭封闭、独立进行的一项裁判活动，控辩双方不能提出具体的量刑建议，更不可能就具体的量刑建议展开辩论，基本上不能参与和了解量刑过程、预测量刑结果，也无法对量刑过程进行有效监督。为了进一步贯彻中央司法改革方案“规范自由裁量权，将量刑纳入法庭审理程序”的要求，最高人民法院于2010年在全国法院开展量刑规范化试点工作，2012年《刑事诉讼法》修改，规定了法庭审理中要对定罪、量刑的证据进行充分的调查、辩论，同时规定控辩双方可以“对证据和案件情况发表意见并且可以互相辩论”。课题组对量刑规范化改革推行两年来的司法实践情况进行调研，选取北京4个有代表性的基层检察机关，分别是D院（北京核心城区，案件量适中，最早试点量刑建议）、C院（北京中心城区，案件量大）、T院（北京近郊城区，案件量适中）、H院（北京远郊地区，案件量相对较

* 作者简介：徐建波，《人民检察》杂志社社长；李斌，北京市人民检察院第二分院案件管理办公室检察官，中国社会科学院法学所博士后。

小)，并选取了实践中常见、多发的3个罪名作为研究对象，分别是故意伤害、盗窃、寻衅滋事，由于此3个罪名在量刑指导意见中有明确的量刑规范。对此类案件进行调研，既可以验证司法实践中量刑的规范性，又可以进一步检验量刑指导意见设置的合理性与适用性，从而分析得出量刑规范化改革中存在的共性问题和个性问题。

一、量刑规范化改革全面推行两载考：从纸面到现实尚存在一定的距离

2010年9月最高人民法院制定的《人民法院量刑指导意见(试行)》(以下简称《量刑指导意见》) 颁布实施后，对审判人员的量刑裁量权进行规范，将量刑程序纳入法庭的审理程序。该意见在正式实施的一年中，在规范量刑程序方面起到了积极的作用，取得了阶段性成效，但是也出现了理解与适用标准不统一以及过于机械、僵化适用量刑指导意见的情形。最高人民检察院也于同期颁布施行了《人民检察院开展量刑建议工作的指导意见（试行)》（以下简称《量刑建议指导意见》）以及会同最高人民法院、公安部、国家安全部、司法部印发《关于规范量刑程序若干问题的意见(试行)》(以下简称《量刑程序意见》) 均对量刑程序尤其是量刑建议制度进行了明确的规定，将其作为量刑规范化改革的重要组成部分，但修改后的《刑事诉讼法》中对量刑建议仍未进行明确，只是在“两高”出台的司法解释中有所着墨。最高司法者将其视为打开量刑暗箱的一把“金钥匙”，但靴子总要落地，量刑规范化改革推行两年多以来，以“指导意见”的方式出现，总归效力不足，在实施过程中也多有折扣。

(一) 基准刑的确立仍任重道远

此次量刑规范化改革的亮点之一就是明确了量刑的步骤，即“确定量刑起点——调整为基准刑——确定最终的宣告刑”三步，其中基准刑的拟定具有“准星”的作用，是作出最终宣告刑的关键。基准刑是根据“其他影响犯罪构成的犯罪数额、犯罪次数、

犯罪后果等犯罪事实”，在量刑起点的基础上增加刑罚量而最终得出的。《量刑指导意见》中针对15种常见罪名的量刑起点进行了规定，但所应增加的刑罚量却仅有粗略、概括的描述，可操作性较差。例如，在故意伤害罪中规定，伤亡后果、伤残等级、手段的残忍程度是增加刑罚量的其他影响犯罪构成的犯罪事实，但对各自所影响的比重却没有继续明确，使基准刑的确定仍处于朦胧状态。由此也就无法得出统一、标准的刑罚增加量，从而影响了量刑建议提出的准确性。而且不同司法者之间的裁量标准不一，也容易造成检、法机关在基准刑问题上产生不同认识，直接影响最终量刑结论的统一性。如盗窃案中的前科劣迹是影响罪量轻重的一个重要因素，犯罪恶习大小对犯罪人的人身危险性、再犯可能性的判定有很大关系，但实践中的量刑往往更重视犯罪数额与量刑之间的均衡，而有意无意地忽视了前科劣迹的影响。如调研中发现很多犯罪数额相当的案件，有犯罪前科的与初犯之间量刑大体一致，甚至出现了有前科者的量刑反而轻于无前科者的情况，这种现象不仅出现在不同的司法域，即使在同一个司法域、同一个案件中，也不乏其例（见表1）。再如故意伤害这种存在当事人和解可能尤其是轻伤害又有公诉转自诉空间的情况，更是容易将是否赔偿、被害人是否谅解作为影响量刑的最大因素，从而产生了酌定情节法定化、超然化的趋势，导致量刑结果的超预测性增大。

表1　犯罪数额5000元组

编号	姓名	前科劣迹情况	犯罪数额（元）	退赔情况	判决主刑
H47	安某光	非累犯	5294	积极退赃	有期徒刑1年7个月
T108	亢某	非累犯	5426.4	扣押发还	有期徒刑1年
T465	卢某记	非累犯	5400	扣押发还	有期徒刑1年2个月
H84	张某	行政处罚（劳动教养）	5100	扣押发还	有期徒刑10个月

表 2　犯罪数额 1200 元组

编号	姓名	前科劣迹情况	犯罪数额（元）	退赔情况	判决主刑
T447	胡某平	非累犯	1200	扣押发还	有期徒刑 7 个月
T897	潘某媛	非累犯	1200	扣押发还	有期徒刑 6 个月，缓刑 1 年
T218	侯某娜	行政处罚（劳动教养）	1440	积极退赃	有期徒刑 6 个月
T670	王某	刑事处罚（盗窃）	1200	扣押发还	拘役 5 个月

表 3　同案被告组

编号	姓名	前科劣迹情况	犯罪数额（元）	退赔情况	判决主刑
T513	杨某庆	非累犯	38612	扣押发还	有期徒刑 3 年
T513	谭某威	刑事处罚（盗窃）	38612	扣押发还	有期徒刑 3 年

（二）多个量刑情节、数罪的调节方法适用分歧

在个案中可能存在多个法定或酌定量刑情节，在这种量刑情节竞合的情况下如何适用，目前学界有多种观点，包括整体综合判断说、绝对抵消说、抵消及排斥结合说、相对抵消说、优势情节适用说、分别综合判断说等。[①] 比较而言，绝对抵消说有一定的优势，即在发生情节冲突的情况下，只按各冲突的量刑情节所反映的趋轻、趋重系数来折抵，剩余的系数则为在基础刑或基本刑期之上的增减幅度。只要在确定各情节的轻重系数时充分考虑其主从作用即可，而无须再按量刑情节的优劣主从排列先后次序适用。[②] 上述抵

① 参见陈航：《量刑情节的冲突问题研究》，载《法学研究》1995 年第 5 期。

② 参见周光权：《法定刑研究——罪刑均衡的建构与实现》，中国方正出版社 2000 年版，第 292 页。

消法在《量刑指导意见》中也得到了体现，如该规定对于具有多种量刑情节的，既有“同向相加、逆向相减”的一般方法，也有针对特殊情节的“部分连乘、部分相加减”法（即分步调节法）。[①] 这种抵消法虽然方便操作，但还存在相当的不能被抵消的情节，如《刑法》第356条所规定的毒品特别累犯情节是否优先适用。而《量刑指导意见》中也缺乏必要的说明，而且在“部分连乘、部分相加减”法中，存在先后次序的排列问题，如同为《刑法》总则规定的累犯和未成年人犯罪情节，究竟是应该先减还是先加，就没有进一步的说明；在应当型情节和可以型情节竞合的情况下，应当如何抵消，也缺乏确实可行的操作手段。这种粗疏的量刑情节调节方法也导致实践中做法不一，得出不同结论也就不足为奇。如实践中针对数罪并罚的情况应当如何量刑就有不同做法，一种是先用各个量刑情节调节各罪的基准刑，确定各罪所应判处的刑罚，再依法实行数罪并罚；另一种则是确定各罪的起点刑，不明确提出各罪所应判处刑罚的量刑建议，仅出具数罪并罚后的量刑建议。甚至在同种数罪的场合，对单一犯罪事实中的量刑因素适用也存在不同做法，有的是将个案中的法定从轻情节如自首、从犯等适用于整体量刑，这会造成对其他本无任何从轻情节的犯罪事实也从轻处罚的情况，有违罪刑相适应原则。

（三）自由裁量权过宽导致难以规范量刑

由于缺乏检、法机关共同遵循的量刑参考标准及相应规则，容易导致检法机关在具体量刑上产生意见分歧。建立统一的量刑参考标准是一个世界性的难题，在没有参照物的情况下，无论是检察机关的量刑建议还是法院的最终量刑，除根据《刑法》分则规定的量刑幅度外，往往需要通过判例总结类案的量刑规律，同时结合个案的具体情节，按照裁判者本人对于罪刑相当的理解作出判断，其

---

① 参见熊选国主编：《〈人民法院量刑指导意见〉与“两高三部”〈关于规范量刑程序若干问题的意见〉理解与适用》，法律出版社2010年版，第88页。

本身就具有一种自由裁量的性质，同时，这也意味着存在分歧的可能，势必会对开展量刑监督的效果产生影响。甚至在个别案件中法官为了强调自己裁判者的地位，而有意规避量刑建议。在被法院采纳的案件中也存在建议量刑幅度过宽的现象，如建议跨刑种或法定量刑幅度一致，有些甚至只建议适用缓刑，没有建议刑种和刑期，使建议失去实际意义；而未被法院采纳的案件多是由于建议幅度过窄，适用绝对确定的法定刑。同时，量刑建议出现的刑种刑期普遍偏重、个别建议违背法律规定，刑期幅度超出《刑法》总则的限制性规定的现象，也充分反映了检察机关提出量刑建议的质量不高，对其实际效果产生负面影响。如调研中发现，《量刑指导意见》中虽然对常用的量刑情节进行了规定（采用幅度制），但还远远不能满足实践的需求，实践中普通量刑情节适用存在很多问题，如坦白与当庭认罪混淆、前科情况对被告人人身危险性影响度不被重视、被害人赔偿等案外因素对量刑有重大影响等。即使是在具体类案中，也存在不重视《量刑指导意见》的情况。以盗窃罪为例，《量刑指导意见》中规定，在盗窃罪量刑过程中，在量刑起点的基础上，可以根据盗窃次数增加刑罚量，确定基准刑，而我们在调研中发现检察机关的量刑建议抑或是法院的量刑都存在未将盗窃次数、入户盗窃作为增加刑罚量的情节确定基准刑的情况，不仅有违《量刑指导意见》的规定，而且在《刑法修正案（八）》增加了“多次盗窃”、“入户盗窃”成立盗窃罪的情况下，体现出法律对多次行为较一次盗窃行为的处罚要严厉，需要在量刑规范化中加以明确。

（四）量刑证据的调查仍滞后于定罪证据

在目前的刑事审判中，法庭调查始终是围绕被告人是否构成犯罪问题进行的，只是在最后的法庭辩论中，控辩双方才会就自首、立功、认罪态度、赔偿损失等与量刑有关的问题进行辩论，而且由于公诉人客观公正义务的履行，导致大部分对被告人有利的量刑情节也在公诉意见中进行了充分论述，辩护人往往尴尬地“同意公诉人的意见”，实质性的量刑辩论没有展开。造成这种局面的症结在于，控辩双方所掌握的量刑证据不够全面，一般不会超出案件笔录所记载的信息范围，即使辩方提交有关被告人品行的一些证据，也容易被认为与案件无关而被排除。虽然《刑法修正案（八）》确立社区矫正制度后，但普通案件中缺乏与之配套的“社会调查报告”，仅在少部分未成年人犯罪案件中有一定比例的适用，对广泛存在的酌定量刑情节难有妥当的形式出现在法庭上。

（五）量刑说理仍是一纸空文

裁判文书作为审判活动的载体，是满足司法活动公开性、民主性需求的重要手段。因此，量刑规范化的最终体现就是在裁判文书量刑理由的充分说明上，《量刑程序意见》第16条对此也予以明确。该意见要求裁判文书中载明“（一）已经查明的量刑事实及其对量刑的作用；（二）是否采纳公诉人、当事人和辩护人、诉讼代理人发表的量刑建议、意见的理由；（三）人民法院量刑的理由和法律依据”。而从司法实践来看，无论是控辩双方的量刑建议、量刑意见，还是法院的量刑理由，都未能在判决书中予以体现；法院如何作出的量刑结论，控辩双方的量刑辩论从中起到多大作用，仍无据可查；判决文书量刑说理的语言千篇一律，刻意模糊说理过程，用程式化的语言，如“初犯”、“认罪态度较好”、“犯罪行为极其恶劣”、“情节特别严重”、“具有较大的主观恶性”、“民愤极大”等，缺少对实际量刑情节影响程度的分析和说明。即使在法定刑存在多种可选刑种或同一刑种的刑度跨度较大时，对于选择结果也没有相应的说理过程，尤其是针对适用缓刑的案件，没有充分地说明采纳何种量刑情节，为何得出此种量刑结果。不仅判决书中对量刑说理不足，检察机关专门制作的量刑建议书也同样存在量刑说理不充分的问题，量刑建议书仅将量刑分为“法定情节”与“酌定情节”，相对于较为明确的法定情节，酌定情节在认定和掌握上容易产生理解偏差，而这恰恰是个案的不同之处，也是决定个案量刑的关键所在，如行为手段、行为环境、主观恶性大小、期待可能性多少等。由于酌定情节所包含的要素较多，在量刑建议书样本中又没有相应的项目与之对应，使得检察机关承办人在提出量刑建议时容易遗漏相关罪量要素，如一起故意伤害案中，量刑建议书中仅明确了自首（法定情节）、如实供述自己的罪行，认罪态度较好，无前科（酌定情节），而忽视了“被告人使用砍刀将被害人头部砍伤”这一事实中包括的持械殴打、击打被害人要害部位两个关键酌定量刑情节。同样，对于各量刑情节适用幅度的大小及理由，在量刑建议书样本模板中也没有体现，导致绝大部分量刑建议仅在简要列出法定情节与酌定情节后，径行得出量刑建议幅度，而没有给出量刑建议的确定理由。

（六）检法配合有待规范，尤其是检察机关量刑建议质量有待提升

量刑建议作为量刑程序的启动项，其在量刑规范化改革中所处地位和作用不言而喻。但从检察机关推行量刑建议的情况来看，仍存在推行进程不同、力度大小不一、适用范围宽窄不一、发表方式不统一等问题。如绝大部分检察院都制定了符合本院实际情况的量刑建议工作规范，有的甚至以内设处室（如公诉一处、公诉二处）的名义，分别制定了工作规范，而少部分检察机关仍处于量刑建议的“萌芽”阶段，如中级以上检察机关，由于级别管辖多为无期徒刑以上的刑事案件，刑罚幅度窄、案件敏感度高，存在量刑建议适用困难。从推行的力度、开展的范围来看，大部分地方均从程序上（如适用简易程序或简化审理程序的案件）或实体上（如犯罪事实清楚、证据确实充分、定性无分歧）的角度对量刑建议的适用范围进行了界定，基于起诉风险、公诉素质等方面考虑，未将量刑建议全面、大力推广。其中，犯罪推行的进度也存在阶段性的变化，如D院曾经作为量刑建议试点院，在推行中经历了从全面推开到限缩范围、突出重点的过程，该院认为，全面推行容易造成量刑建议质量下降、采纳率不高等问题，从而将适用范围限制在“两抢一盗”等常见罪名中，同时加强了对量刑建议审批程序的控制。另外，《人民检察院刑事诉讼规则（试行）》中对量刑建议的发表形式规定为，相

对确定的量刑建议和绝对确定的量刑建议相互补充，既可以提出幅度的量刑建议又可以提出具体确定的建议。[①] 大部分检察院也都采用了这种并行的模式，对法定刑幅度较大、容易把握的案件采用了相对确定的方式，对不宜把握的案件、容易造成检法机关分歧的案件，则发表概括量刑建议即可，同时绝对确定的量刑建议较少。从目前的情况来看，个别检察机关“求固定刑”的做法很有典型性，要求“建议内容应当明确、具体”，提出绝对确定的量刑建议，在事后审查法院判决时，不超过一定幅度的都认定为建议成功，但从这种“求固定刑”做法的运行后果来看，量刑建议采纳率非常低，甚至出现了法官有意与检察官的量刑建议保持距离的情况，绝大部分判决刑期都与检察官的绝对量刑建议不一致。但也有检察机关的未成年人办案组采用绝对确定的量刑建议方式，成功率较高。据承办人介绍，因其与法院的少年庭法官共事多年，对方的大概量刑幅度都比较了解，法院出于对检法配合的考虑，一般都认同检察机关的量刑建议。

二、量刑规范化改革的宏观进路

（一）深度改造量刑程序，确保量刑建议有的放矢

修改后的《刑事诉讼法》规定法庭审理过程中，控辩双方可以就定罪和量刑问题分别展开调查和辩论，这也就产生了量刑程序是否应当独立化的争议。根据最高人民法院的改革方案和目前地方法院的改革做法，改变了过去的定罪、量刑合二为一的模式，设立了相对独立的量刑程序。所谓相对独立的量刑程序，是指在保持原有的法庭审理程序不变的情况下，将法庭调查程序设置为定罪调查环节和量刑调查环节，将法庭辩论程序设置为定罪辩论环节与量刑

---

① 《人民检察院刑事诉讼规则（试行）》第399条规定：人民检察院对提起公诉的案件，可以向人民法院提出量刑建议。除有减轻处罚或者免除处罚情节外，量刑建议应当在法定量刑幅度内提出。建议判处有期徒刑、管制、拘役的，可以具有一定的幅度，也可以提出具体确定的建议。

辩论环节。这种相对独立的程序设置与过去将定罪、量刑合二为一的模式相比，凸显了量刑的重要性，推动了量刑过程的公开化、透明化。但是这种相对独立的量刑程序比较单一，没有区分认罪和不认罪分别设置不同的程序。新近出台的最高人民法院司法解释中，对量刑程序尤其是量刑辩论如何进行区分被告人认罪和不认罪的不同场合进行了规定，即第231条规定：对被告人认罪的案件，法庭辩论时，可以引导控辩双方主要围绕量刑和其他有争议的问题进行；对被告人不认罪或者辩护人作无罪辩护的案件，法庭辩论时，可以引导控辩双方先辩论定罪问题，后辩论量刑问题。但这一规定也并非确立了不认罪案件先解决定罪问题再解决量刑问题的原则，仍是胡子眉毛一把抓的老做法。我们同意在被告人认罪的情形下，可以采用目前的相对独立的量刑程序，因为控辩双方均对定罪无异议，案件的焦点就集中在量刑问题，故对量刑证据的调查和辩论与定罪证据的调查辩论不必截然分开。但在被告人不认罪的场合，我们认为应将定罪程序和量刑程序完全分离，也就是说要开庭两次，第一次开庭审理只解决定罪问题，经过法庭调查、法庭辩论以及被告人陈述之后，合议庭休庭对被告人定罪问题进行评议；随后继续开庭，由审判长宣布合议庭的决定。如果认定被告人有罪，再进行第二次开庭。这次开庭审理解决被告人的量刑问题，由合议庭组织举行量刑辩论，并最终给出量刑结论。虽然在被告人不认罪的情形下明确划分定罪程序和量刑程序貌似违背了效率价值，似乎提高了司法成本，实务界也对这种改革持质疑态度，但是这种相对分离的量刑程序如果真正运作好，达到公开透明的程度，可以降低当事人的上诉、申诉率。上诉、申诉其实是一种更大的资源浪费。所以，如果在一审程序中适当增加一些环节可以降低上诉率的话，是更加符合效率和低成本追求的。

（二）明确量刑建议配套制度，确保量刑建议生存环境优良

1. 量刑证据调查的社会化探索

在量刑程序改革的探索中，关于量刑方法的规范以及构建相对独立量刑程序等问题，有了较为充分的关注和讨论，但关乎量刑决定是

否科学、合理的量刑证据调查方面尚未引起普遍重视。在量刑前对被告人的犯罪背景、一贯表现等进行专门的调查，并对其人身危险性和再犯可能性进行系统的评估，将之作为量刑的基础资料，是刑罚从对客观后果的关注转向对犯罪人可改造性的一个重要体现，也是教育刑、目的刑思想的应有之义。在英美等实行独立量刑程序的国家，均规定了所谓的量刑前调查报告制度，并成为量刑程序的标准程序。而在部分大陆法系国家的少年司法制度中则规定了人格调查制度，如1948 年《日本少年法》第 9 条就规定，“家庭法院调查少年事件时，务须就少年、保护人或关系人之现状、经历、素质、环境等，运用医学、心理学、教育学、社会学及其他专门知识，努力为之”。

从我国的司法实践来看，以往的立法及相关配套的司法解释中没有明确要求人格调查制度（尤其是成人的人格调查），裁量刑罚的观念仍以结果、数额为准，同时由于实践经验、办案压力的限制，仅在一部分未成年人、在校学生案件中试行了社会调查报告制度，2012 年的《刑事诉讼法》修改，将社会调查制度正式引入，但仍限于未成年人犯罪案件，修正后的《刑事诉讼法》（2013 年）第 268 条规定：公安机关、人民检察院、人民法院办理未成年人刑事案件，根据情况可以对未成年犯罪嫌疑人、被告人的成长经历、犯罪原因、监护教育等情况进行调查。在这种背景下，为全面收集、提供量刑证据，检察机关有必要克服以往仅通过案卷笔录①来反映量刑信息的做法，而控辩双方各自提供量刑证据的做法也带来了法庭查证的困难。因此，有必要在审查起诉阶段即通过一个客观中立的第三方机构，对被追诉人的人格情况、人身危险性、改造可能性进行评估。在司法资源尚不充沛的当下，除目前的未成年犯领域外，还可以选取拟判处缓刑案件、过失犯罪案件、无期徒刑以上案件等进行试点，等司法技术成熟、社会认可度达到一定程度之后，再全面推广。

① 来自侦查机关的案卷笔录将不可避免地带有积极追诉的倾向，忽视甚至故意舍弃对被告人量刑有积极影响的量刑信息。

就社会调查报告的建立和完善而言，尚有一系列的问题需要解决，如实施人格调查的机关、调查的内容、调查的方式以及调查报告的效力等均有待进一步明确。

（1）调查的实施机关。可以参考2001年最高人民法院《关于审理未成年人刑事案件若干问题的规定》，控辩双方以及法院委托的社会团体组织都可以实行社会调查，必要时可以委托司法行政机关来行使人格调查的职能。例如，由社会团体（如关心下一代委员会、妇联、工会等）、居民自治组织、社区、自愿者参与这一工作。

（2）人格调查的内容。被告人的人格是由被告人的性格、心理特征、家庭与社会环境等各方面的因素共同决定的，但是否应该包括被告人的道德因素，还存在一定的争议。① 笔者认为，道德是被告人人身危险性的重要表现，将道德引入量刑领域是司法文明的重要表现，因此在人格调查中应对其性格特点、道德因素、家庭情况、社会交往、成长经历以及有无帮教条件等进行全面调查。

（3）人格调查的方式。对于案情比较简单、被告人情况也比较简单，可采用书面调查的方式，要求被告人填写“被调查人情况调查表”，被调查人家属填写“被调查人家庭情况调查表”即可，这也是目前检察机关对未成年人案件采用的常见方式。对于案情复杂，通过书面调查难以全面反映被告人详细情况的，则由调查人员到被告人住所、学校、工作单位、所在社区等单位进行实地调查。当然，在实践中也可以采用书面调查与实地调查相结合的办法开展人格调查。

（4）人格调查报告的效力。形成的书面调查报告应在提起诉讼或开庭时提交法庭，作为量刑建议的依据，但其不具有当然的影响量刑的效力，控辩双方在量刑过程中可以对人格调查报告的内容进行质疑和辩论。

2. 量刑说理的全面展开

作为刑事法律公正重要宣示载体的刑事判决文书，是当事人乃

---

① 参见《北京法院首次将道德调查纳入量刑参考》，载《北京晨报》2007年4月20日。

至社会公众了解案件事实、法院裁判的重要窗口。而刑事判决是否说理或者说理是否充分直接决定了一个国家刑事司法公信力的程度与水平。一方面量刑建议的拟定应当充分、明确，应基本上涵盖案件中全部法定、酌定情节，并对最终量刑建议的得出过程进行充分的阐述，说明各个罪量因素的实际影响力大小，对此，可以参考北京市人民检察院第二分院进行的量刑建议书的改革模板，（参见附件）即将原量刑建议模板中的“酌定情节”进行细化，将需要考察的罪量因素以表格方式确定，同时增加“起点刑”罪量与“调整刑”罪量等环节，在将量刑情节格式化后，与之对应增加相应的量刑幅度或期限，并在备案表中留出一部分空白部分，交由案件承办人在制作结案报告后，根据案件中查证属实的量刑情节进行分析论证。撰写内容为简要说明其选取量刑情节以及该情节所确定的刑罚幅度，由此进一步提高量刑建议的说理性。此外，在庭审阶段，在公诉意见发表环节将量刑说理部分予以宣读，确保量刑公开。由是，量刑建议书抑或是公诉意见中的量刑建议可以作为辩方辩驳的靶子以及法院裁判的标杆，相应地，也要求法院在裁判文书中建立量刑理由说明制度，即要求法院判决载明检察机关的量刑建议以及辩方的量刑意见，并对是否采纳说明量刑的理由和依据。在量刑建议推行之初，法院也是采用了这种做法，如在 D 检察院提起公诉的一起职务侵占、诈骗案中，法院判决书中明确表述采纳了检察机关的量刑建议。但由于上级法院作为决策主体一直没有明确对量刑建议的态度，基层人民法院法官对量刑建议的施行存在一定的不理解，使得量刑建议程序一直处于由检察机关单向推进、隐蔽操作的状态，进而直接制约了这项工作的深入开展。因此，有必要在量刑建议的施行程序上检法机关形成一致意见，对量刑建议发表的场合、法院判决中对量刑建议是否采纳说明理由等问题进行详细规定，从而进一步推动定罪程序和量刑程序的分离、增加量刑程序的透明性，使量刑公正问题能够切实得以解决。

3. 量刑建议的诉讼人参与

（1）被告人的认罪答辩。在英美法系国家，控方的量刑建议很大部分都是建立在控辩双方的答辩协议之上的，被告人自愿认罪可以换来量刑优惠，而双方达成的答辩协议可以直接被法院认可。这种审前达成的认罪量刑协议，对于法官确立内心确信起到重要作用，而且事先对被告人进行量刑承诺，可以稳定其有罪答辩，保障整个诉讼程序能够更顺利、快速地进行。针对我国高达70%~80%的案件认罪率，对认罪案件，如果能在审查起诉阶段告知被告人有关量刑建议情况，甚至有条件的可以就认罪、量刑问题与被告人进行协商，将会大大提高诉讼效率，节约诉讼资源。为保证被告人认罪的自愿性及其对自己权利的了解，在整个过程中均应保证律师在场参与，检察机关可以通过司法行政机关为没有聘请律师的犯罪嫌疑人指定律师。具体程序可以考虑与讯问犯罪嫌疑人同步进行，如在讯问犯罪嫌疑人时，查明其是否自愿认罪，在律师在场的情况下，告知其案件相关证据情况，必要时可以向其出示预审卷宗，向犯罪嫌疑人解释法律规定以及认罪后可能导致的法律后果，如果犯罪嫌疑人仍自愿认罪的，应说明量刑建议的具体内容，征求犯罪嫌疑人及其律师的意见。上述情况应当在讯问笔录中详细列明，并由参加人员签字。形成的认罪、量刑笔录可以在提起公诉或者发表公诉意见时提交法庭，作为法官判处刑罚的依据。

（2）被害人意见的听取。目前对于量刑建议的主体限于检察机关及辩护方和被害人方是否有权参与到量刑程序中，仍有一定的观念和制度障碍。即使从境外的量刑程序经验来看，虽然部分国家建立了被害人参与制度，但参与程度比较小，如在美国，辩诉交易协议达成后，会通知被害人并征求其意见，被害人也有权反对答辩协议的条款，法庭也允许被害人在法庭上发表反对意见，但法院仍可不顾及被害人反对意见接受该答辩协议。[①] 考虑到构建和谐社会的需要，检察机关不仅要指控犯罪，更重要的是要通过刑事司法程序化

① 参见Ira Belkin：《美国的辩诉交易——一个美国检察官的视角》，李哲、李萍译（未公开出版）。

解社会矛盾，而很多犯罪（尤其是可能判处3年以下的轻微刑事案件）均是人与人之间的冲突引起的。存在具体的被害人，如故意伤害案件、故意杀人案件等，被害人、被害人的近亲属及其委托的诉讼代理人作为权利受损方，其意见带有一般正义的色彩，如果不加以重视，容易造成后续的缠访、上诉问题，因此在某些案件中，尤其是被害人、被告人矛盾比较突出或者已经化解的案件中，可以听取被害人方的意见，并适当作为建议从重、从轻处罚的因素。

三、量刑规范化改革的微观进路

在立法解释、司法解释日益完善的今天，伴随审判公开、各种判例文书的发行，同罪同罚已经是司法界共同追求的目标，就一个司法区域而言，在统一上级院的领导下，对类似案件的判罚基本能做到一致化，例如，北京市两个中级人民法院就分别在各自辖区内会同检察机关就有关案件的情节认定、定性问题以会议纪要的方式达成共识，并在实践中遵照执行，这对消除区域司法差异具有重要作用。“同案同判”作为实现量刑公正和均衡的一个重要方式，已成为清晰可见的现实。这场从上而下的量刑规范化改革就可以视为司法裁量从封闭走向公开的一种进步，最高人民法院的《量刑指导意见》也在扮演着中国式“量刑指南”的角色。但对于具体罪名中具体情节对刑罚的影响力大小、影响范围，以及个别偏离因素对量刑的影响，需要司法经验的总结和提炼，才能做到既有一般的量刑原则指导又有细致的量刑幅度对应，使自由裁量与合理标准能够完美结合，从而推动量刑均衡这一法治目标进程。

（一）量刑基准点需要明确

量刑规范化的重点在于基准刑的掌握，一旦明确了基准刑，量刑情节对于基准刑的影响不仅通过计算可以得出，通过经验分析也可以得出。如美国的《联邦量刑指南》中列出的监禁刑量刑表，纵轴有43个犯罪等级，横轴有6个犯罪档次，此外还单列有罚金刑量刑表，这种细分的量刑基准其基础在于海量判例的搜集和分析，美国联邦量刑改革委员会在出台该指南之前，先后投资1000亿元，针对每个罪名搜集了约5万份的案例材料，经过十几年的总结和比较，才最终确定了量刑基准。而我国《刑法》中罪名不下400余个，要完成类似工作，至少要2000万份判例材料，根据某些专家的估计，这是不现实的做法。结合我国实际情况，在实证分析的基础上进行逻辑推演而达到量刑基准点比较合理，这一工作适宜各省通过自己辖区内的案例进行分析分别确定各地区的不同量刑基准点，也是我国国情需要。从现有的情况来看，江苏、四川、湖北等省院各自出台的《量刑指导意见实施细则》就是针对各地的不同经济发展水平、既往的判决情况，对各罪中的犯罪数额等的罪量影响因素进行了不同的规定，如抢劫罪中抢劫数额大小反映了行为危害程度的严重性，各地对犯罪数额的罪量影响程度规定不同，四川省高级人民法院制定的《〈人民法院量刑指导意见（试行）〉实施细则》规定，抢劫财物数额未达到数额巨大起点的，每增加1000元，增加6个月至8个月刑期；抢劫财物数额达到数额巨大起点的，每增加1万元，增加3个月至4个月刑期。[①] 湖北省《〈人民法院量刑指导意见（试行）〉实施细则》则按照经济发展程度的不同，对犯罪数额与刑罚增加量之间的比例关系进行了细化，规定：抢劫财物数额满350元或每增加350元（普通抢劫）、满2万元后每增加2500元，对应增加1个月的刑罚量，而如果是贫困山区县、市，上述数额标准则调整为200元和满1万元后每增加1500元。[②]

（二）对量刑方法进行科学改造

与量刑指导意见等规范性文件所倡导的计分式、数量化的量刑

① 参见熊选国主编：《〈人民法院量刑指导意见〉与“两高三部”〈关于规范量刑程序若干问题的意见〉理解与适用》，法律出版社2010年版，第622页。

② 参见熊选国主编：《〈人民法院量刑指导意见〉与“两高三部”〈关于规范量刑程序若干问题的意见〉理解与适用》，法律出版社2010年版，第599页。

计算方式不同，本课题认为在立法中罪刑阶梯不均衡、没有系统量刑指南的情况下，坚持对案件的综合估量式量刑是顺应司法实践要求的，而且在量刑的“点”还是“幅度”问题上，即使量刑指导意见中规定了较为详细的常见量刑情节、常见犯罪的量刑调节幅度，都采用了幅度式的拟定方式，是不是在所有的方面都规定为一定的幅度就意味着更加科学合理？这也是立法（指成文的法律、司法解释等具有普遍指导意义的立法）的明确性与司法（指具体个案中的司法）的裁量性冲突的问题。立法越明确，越容易执行，但意味着司法的裁量余地就越小，而且出现不能涵盖或者不能罪刑相均衡的可能性更大；反之，立法越模糊，越不精确，赋予司法的裁量余地越大，但导致不同适用结果的可能性也就越大。量刑规范化的目的就是要避免同案不同判，据此是否所有的情节、可能都应该由立法考虑到，甚至统一制作成软件来电脑量刑？综观《美国量刑指南》，其对于情节的设计详细之至、对于量刑等级的设定也都是选择了固定的数字，可以说是力图最为明确的规定量刑标准，即使是在这种情况下，美国的大法官也并未开发出什么软件进行电脑量刑。司法永远是个性的，正如世界上没有两片完全相同的树叶，任何一个案件，即使犯罪数额、行为手段、行为人的身份等构成要件事实都是一致的，在其他方面总有一些不一致的地方，如被告人当庭的认罪态度、被害人的谅解程度等，这也就决定了绝对明确、绝对平等是可望而不可即的。另外，是不是在所有的方面都规定为一定的幅度就意味着更加科学合理？答案也不尽然，这不仅会导致适用上的复杂性，对于结果的修正更是要参考之前判例以及类似的判例，由此可见，貌似很科学、合理的量刑规范化，结果也不过跟过去的经验量刑一致，只是多了一个计算的过程，戴了一个“科学”的帽子。所以量刑规范化的重点在于基准刑的掌握，一旦明确了基准刑，量刑情节对于基准刑的影响不仅通过计算可以得出，通过经验分析也可以得出。

附件　北京市检察院第二分院量刑建议书（改革样本）

<table>
<tr><td colspan="5">北京市________区检察院量刑建议书</td></tr>
<tr><td colspan="2">案由</td><td>故意伤害</td><td>起诉书文号</td><td></td></tr>
<tr><td colspan="2">被告人</td><td></td><td>法定刑</td><td></td></tr>
<tr><td rowspan="4">起点刑</td><td colspan="3">量刑情节</td><td>对应刑罚幅度</td></tr>
<tr><td colspan="3">（　）伤</td><td></td></tr>
<tr><td colspan="3">手段残忍致六级以上严重残疾（　）</td><td></td></tr>
<tr><td colspan="3">共同犯罪（　）</td><td></td></tr>
<tr><td rowspan="12">调整基准刑</td><td>法定情节</td><td colspan="2">自行填写</td><td></td></tr>
<tr><td rowspan="11">酌定情节</td><td colspan="2">实施其他犯罪引发（　）</td><td></td></tr>
<tr><td colspan="2">黑恶势力背景（　）</td><td></td></tr>
<tr><td colspan="2">对弱势人员犯罪（　）</td><td></td></tr>
<tr><td colspan="2">持械殴打（　）</td><td></td></tr>
<tr><td colspan="2">打击要害部位（　）</td><td></td></tr>
<tr><td colspan="2">雇佣他人实施伤害行为（　）</td><td></td></tr>
<tr><td colspan="2">民间纠纷导致矛盾激化（　）</td><td></td></tr>
<tr><td colspan="2">被害人过错（　）初次犯罪（　）</td><td></td></tr>
<tr><td colspan="2">被害人谅解（　）</td><td></td></tr>
<tr><td colspan="2">赔偿损失（　）</td><td></td></tr>
<tr><td colspan="2">当庭自愿认罪（　）</td><td></td></tr>
<tr><td colspan="2">量刑建议</td><td colspan="3">（　）至（　）年</td></tr>
<tr><td colspan="5">量刑说理（样例）</td></tr>
</table>

续表

<table><tr><td>经本院审查认为，被告人________的行为已触犯《中华人民共和国刑法》第二百三十四条第________款之规定，犯罪事实清楚，证据确实充分，应当以故意伤害罪追究其刑事责任。本案被告人造成被害人________伤，其所实施的犯罪法定刑应为________年。
本院在审查该案中注意到，被告人具有前述量刑情节。根据被告人对被害人造成的现实伤情（以及因伤残而导致今后生活的不便）等危害后果，我们认为，应当以________年作为对被告人的量刑基准。
同时需要指出的是：（被告人持械对被害人的要害部位进行殴打，这种高度危险行为仍需作为量刑情节进行考虑，因此本院认为，应当在量刑基准上适当增加刑罚量________%）；此外，本院也注意到了（被告人在案发后，向侦查机关投案并如实供述，可以认定为自首，根据其自首的主动性与自愿性以及供述的真实性、稳定性，我们认为，可以对被告人从轻或减轻处罚。但鉴于伤害的严重程度，从轻或减轻的幅度不宜超过________%）。最后，本院需要强调的是：（被告人对被害人进行了赔偿，但相对于伤害行为所造成的后果，任何经济上的弥补都有其局限性，更何况相对于本案中被害人头部的伤情，是否产生后遗症都是不确定因素，因此对于赔偿情节的从轻幅度，不宜超过________%）。
综上，本院认为，对被告人在________至________年量刑内较为适当。</td></tr></table>

未成年人社会调查报告在量刑程序中的适用研究

马 迪 王 瑀 张宏伟*

一、未成年人社会调查报告在量刑程序中的性质[①]

自北京市朝阳区人民检察院实施社会调查制度以来，共委托北京市朝阳区心声社会工作事务所制作社会调查报告300余份，起诉案件的社会调查报告均随案卷移送至人民法院，其中社会调查员出席法庭出示社会调查报告近70份。

目前，未成年人社会调查材料或者社会调查报告的属性及性质如何界定存在不同观点，如属于“量刑证据”、“品格证据”或“诊断报告与治疗方案”[②]，其中，“量刑证据”[③] 与“诊断报告和

* 作者简介：马迪，北京市朝阳区人民检察院公诉二处处长；王瑀，北京市朝阳区人民检察院未成年人检察处副处长；张宏伟，北京市朝阳区人民检察院未成年人检察处助理检察员。

① 下面在表述“未成年人社会调查报告”时，简称为“社会调查报告”或者“调查报告”。

② 唐震：《未成年被告人个体情况调查报告的法律性质及其运用》，载《法治论丛》2002年第6期。

③ 汪贻飞：《论社会调查报告对我国量刑程序改革的借鉴》，载《当代法学》2010年第1期。

治疗方案”[①] 是近年来学术界对未成年人社会调查报告性质争议的两种典型观点。简单来说，有两个争议的焦点：第一，未成年人社会调查报告是否可以归于我国《刑事诉讼法》规定的证据类型；第二，如果不属于法理上的证据类型，应当怎样对其进行界定。

（一）未成年人社会调查报告的一般性质

未成年人社会调查报告作为一个“新兴事物”，虽然镶嵌于刑事诉讼程序之中，但毕竟与原有框架内的诉讼程序存在较大区别。一旦我们先入为主地给未成年人社会调查报告进行框架化处理，便容易陷入逻辑死角，难以自拔。明晰一个事物的性质，需要考虑诸多方面，但主要是其内涵与外延的属性。所以我们先从社会调查报告的内容和适用上着手，为其下一个简单定义。

1. 未成年人社会调查报告的内容

在实践中，不同地区、不同的刑事诉讼阶段的涉案未成年人社会调查报告由于调查的目标有所不同，从而致使内容上有所区别，但该内容主要包含涉案未成年人以下情况：（1）家庭状况，涉案未成年人与家庭成员的感情、关系以及在家庭中的遭遇状况等；（2）在校表现、师生关系及同学关系；（3）性格特点、品行、智力结构、身心状况、成长经历；（4）就业情况及单位的工作表现情况；（5）在社区的表现及社会交往情况；（6）犯罪后的认罪悔罪态度和表现；（7）犯罪的原因；（8）量刑建议及矫正建议方案等。目前，北京地区的涉案未成年人社会调查报告基本涵盖了上述内容。[②]

2. 未成年人社会调查报告的适用

（1）在公安侦查阶段，调查报告中有关涉罪未成年人的社会

① 杨飞雪、杨晓玲：《中美未成年人量刑前程序比较研究与展望——中美未成年人量刑前程序比较研究专题研讨会综述》，载《法律适用》2010 年第 10 期。

② 参见刘丽霞、路海霞：《品格证据在刑事案件中的运用》，中国检察出版社 2008 年版，第 15 页。

危害性、人身危险性以及认罪态度等情况为公、检部门对其适用何种强制措施提供了较为充分、可靠的依据。在公安、检察机关适用强制措施的过程中，调查报告的内容使其更加深入和全面地了解和掌握了涉罪未成年人的案件事实状况，很大程度上弥补了公安机关卷宗内容的局限性问题。

（2）在审查起诉阶段，检察机关结合社会调查报告，同时根据涉罪未成年人犯罪的事实、情节、性质、社会危害性以及相关法律和司法解释的规定，作出对涉罪未成年人更加适宜的处理。例如，检察机关根据案件事实和调查报告的内容，认为涉罪未成年人符合犯罪情节轻微不起诉或者附条件不起诉的适用条件的，可以作出相应类型的不起诉之决定。同时，对于检察机关未向法院提起公诉的涉罪未成年人，社会调查报告的内容可作为检察机关或其他部门为涉罪未成年人制定帮教方案提供重要参考依据，当然，社会调查报告还可以帮助涉罪未成年人悔思罪错，促使其重拾人生，早日重归社会。

（3）在法院审理阶段，社会调查报告除了可以作为量刑证据参与举证质证程序外，还可为法庭教育提供重要参考。

综上，未成年人社会调查报告无论在内涵上还是形式上都具有一定的广泛性，因此，我们在分析其性质时，不能一概而论，而应将其放在未成年人刑事诉讼各种程序阶段的大框架下，对其进行区别性的分析。只有这样，才能很好地理解未成年人社会调查报告的性质。①

因此，笔者认为可以这样定义未成年人社会调查报告：未成年人社会调查报告，是指司法机关、司法机关委托的机构或者个人对未成年人的身心特点、家庭情况、一贯表现、学校教育等情况进行

① 参见马迪、张宏伟：《未成年人刑事司法中社会调查材料的法律性质》，载《北京政法职业学院学报》2013 年第 3 期。

调查并应用于涉罪未成年人量刑、帮教的事实材料。①

（二）未成年人社会调查报告在量刑程序中的性质探究

一般情况，社会调查报告根据内容和适用方案，可以具有不同的性质。例如，一份社会调查报告既可以作为检察机关量刑建议、法院判处刑罚的依据，又可以作为对涉罪未成年人帮教的参考，社会调查报告与司法机关的量刑程序存在一定范围内的交叉关系。因此，未成年人社会调查报告在量刑程序中具有何种性质便成为其发挥作用的重要前提。

我国《刑事诉讼法》只规定了八种定罪证据种类，对于量刑证据部分并没有涉及，甚至我国的理论和实务界对于定罪证据和量刑证据的划分都没有形成最终的统一看法，有的学者只是遮遮掩掩地用“量刑事实”的表述方法，不承认“量刑事实”属于证据。其实，我们完全可以不加拘谨地使用“量刑证据”这一表述，简单阐述理由：我国《刑事诉讼法》规定，可以用于证明案件事实的材料，都是证据。② 而案件事实既包括定罪事实，也包括量刑事实，若抛弃了量刑事实，难以达到法律人常提及的“犯罪事实清楚，证据确实充分”，质言之，就是指没有量刑事实的案件事实，是不完整的案件事实。从这个角度上来说，量刑事实符合我国《刑事诉讼法》关于证据的认定标准，只是没有具体列举而已。并且，量刑事实复杂多样，甚至因人而异，难以通过列举的方式进行立法。最高人民法院、最高人民检察院等部门联合印发《关于规范量刑程序若干问题的意见（试行）》规定：侦查机关、人民检察院应当依照法定程序，收集能够证实犯罪嫌疑人、被告人犯罪情节轻重以及其他与量刑有关的各种证据。这里，“与量刑有关的”材料被直接称为“证据”。因此，从规范刑事司法定罪量刑程序的角

① 参见马迪、张宏伟：《未成年人刑事司法中社会调查材料的法律性质》，载《北京政法职业学院学报》2013 年第 3 期。

② 参见《刑事诉讼法》第 48 条。

度看，定罪证据和量刑证据的划分已经是不可逆转的趋势，量刑事实作为量刑证据，既包括除定罪证据外与犯罪有关的证据，也包含能够影响量刑的、与犯罪事实无关的证据。

那么，未成年人社会调查报告是否属于量刑证据？笔者认为答案是肯定的。

一方面，《关于规范量刑程序若干问题的意见（试行）》第11条规定，“人民法院、人民检察院、侦查机关或者辩护人委托有关方面制作涉及未成年人的社会调查报告的，调查报告应当在法庭上宣读，并接受质证”。上述“质证”中的“证”，即为证据。因此，不难看出，未成年人社会调查报告在我国的立法形式上，具有刑事量刑程序中的证据地位，应属于量刑证据。

另一方面，实践中，北京地区乃至全国各地司法机关制作或委托制作的未成年人社会调查报告的内容一般与八种定罪证据无关，而是主要涉及上文所提的与量刑有关的八种内容。根据我国《刑事诉讼法》规定，“公安机关、人民检察院、人民法院办理未成年人刑事案件，根据情况可以对未成年犯罪嫌疑人、被告人的成长经历、犯罪原因、监护教育等情况进行调查”①。这些情况对于人民检察院提出量刑建议、人民法院裁量刑罚具有重要的意义。因此，在实质上，未成年人社会调查报告也应当在量刑程序中承担着量刑证据的证明职责。

由此可以肯定，未成年人社会调查报告无论是在形式上，抑或是在实质上，其在量刑程序中的性质应认定为量刑证据。

二、证据规则对未成年人社会调查报告的规制思路

从文章第一部分可以看出，在量刑程序中，未成年人社会调查报告具有量刑证据的属性。因此，无论是检察机关审查起诉阶段，还是法院审判阶段，都应当给予未成年人社会调查报告证据地位，

---

① 参见《刑事诉讼法》第268条。

并进行相关的适用。这样，未成年人社会调查报告归于证据类型，就应当受到证据规则相应的规制。

既然我们认为未成年人社会调查报告属于量刑证据的一种，那么证据规则如何对其进行规制，也就成为我们规范社会调查报告一个亟须解决的问题。一般情况下，未成年人社会调查报告中包含了未成年被告人的前科劣迹、个性特征、社区声誉等品格证据的内容；而由电话、实地走访获取的被告人的教育情况、成长经历、家庭背景等情况，就属于典型的传闻证据；[①] 而未成年人社会调查报告中，在某种情况下还会包含对被告人的心理评估、量刑建议等意见方面的证据。为了保证定罪的准确性，在审判程序中，法官在适用证据规则时的自由裁量权是受到严格限制的，通过这样来保证证据符合可采性和相关性的要求，并且保障被指控人的合法权益不会受到侵犯，所以社会调查报告因为其内容多数属于传闻证据、品格证据、意见证据等，应当排除在法庭定罪程序之外，以避免对被告人进行错误定罪。[②] 然而，“现代刑罚哲学要求惩罚应该和罪犯的个体相契合而不仅仅是罪犯犯下的罪行”[③]。因此，在量刑程序中，为实现刑罚个别化，就应当使广泛的量刑事实进入法官的视野中，在法官作出对被指控人应予适用的刑罚种类和刑罚幅度的决定时，对所采用的证据种类或者证据来源，应当享有更大的自由裁量权，应当尽可能地使得与被告人有关的生活或者性格特征的材料进行程序，以此确定最恰当的刑罚，所以上面主要目的在于规制证据的可采性的规则，在量刑程序中不应当对未成年人社会调查报告发挥很

---

① 参见李国莉：《未成年人社会调查报告的证据法解析及量刑适用》，载《学术交流》2013 年第 10 期。

② 参见李国莉：《未成年人社会调查报告的证据法解析及量刑适用》，载《学术交流》2013 年第 10 期。

③ 伟恩·R. 拉费弗、杰罗德·H. 伊斯雷尔、南西·J. 金：《刑事诉讼法》，卞建林、沙丽金等译，中国政法大学出版社 2003 年版，第 134 页。

大限制作用。[①]

当然，未成年人社会调查报告在量刑程序中仍应遵守证据规则中的相关性规则，因为其内容应与主张的量刑请求相关，否则法庭不应当采纳这样的证据。不难理解，未成年人社会调查报告一旦失去了与量刑请求的相关性，其就不再具备证据属性，更难以在量刑程序中发挥作用。

总的来说，证据规则对于未成年人社会调查报告的规制应当是“宽松的”、“恰当的”，与定罪证据的证据规则“相区分的”。尤其是深化少年司法体制改革的背景下，鼓励司法实践中略带突破性的适用不仅不会冲击原先定罪证据规则的适用规范，反而对于我国证据规则的完善有补强的作用。

三、在量刑程序中适用未成年人社会调查报告的方式

一般来说，作为证据材料，就应经过法庭调查程序；参与量刑，就应经过法庭辩论程序。在《关于规范量刑程序若干问题的意见（试行）》中，对量刑证据的适用方式、原则已经作出了较为适合我国司法实践的规定，未成年人社会调查报告作为量刑证据的一种特殊类型，也要符合一般量刑证据适用的方式，参与法庭调查、法庭辩论。但是正如本文第二部分所述，考虑到未成年人刑事诉讼程序对于未成年人“教育、感化、挽救”的特殊性和少年司法体制改革的前瞻性，在量刑程序中适用未成年人社会调查报告的方式应当是规范且宽松的。下面结合北京市朝阳区的实践做法，探讨关于适用方式的几点看法。

（一）对于未成年人社会调查报告的量刑程序适用应当相对独立化

在我国的司法实践中，法院审理阶段在何时出示社会调查报

① 参见李国莉：《未成年人社会调查报告的证据法解析及量刑适用》，载《学术交流》2013 年第 10 期。

告，各地做法不尽相同，有些法院在法庭调查阶段出示社会调查报告，而有些地方则是在庭审结束后对未成年人进行教育时方才出示，甚至在有些案件的审理过程中进行了社会调查，但并不出示未成年人社会调查报告。依照证据规则的要求，证据须经过法庭调查才能作为裁判依据，作为包含了丰富的量刑事实、对量刑结果会产生重大影响的社会调查报告，应当在法庭上出示才符合证据规则，这也保障了控辩双方对该量刑事实进行质证和法庭辩论的权利。[①]我国2012年最高人民法院《关于适用〈中华人民共和国刑事诉讼法〉的解释》的相关规定也体现了这一精神[②]，但对于调查报告的出示时间则没有明确规定。

在实践中，部分基层法院在将出示、宣读社会调查报告放在法庭审理结束后的法庭教育阶段，而笔者认为，社会调查报告不应当仅为法庭教育提供参考作用，更重要的是要充分体现社会调查报告作为量刑证据这一核心的价值。目前，北京市朝阳区人民法院在法庭调查阶段便出示未成年人社会调查报告，笔者认为，这一方式在原则上是恰当的，但也需要解决与一般刑事诉讼法原则如“无罪推定”、“正当法律程序”等原则的矛盾问题。

基于对未成年人“教育、感化、挽救”的6字方针和“教育为主，惩罚为辅”的8字原则，我国的未成年人刑事诉讼程序与成年人刑事诉讼程序相比，存在较大的特殊性，但是在未成年人定罪程序中，正当法律程序、无罪推定等基本原则仍然是需要坚守的。[③]《联合国少年司法最低限度标准规则》第7.1条规定，“在诉

① 参见李国莉：《未成年人社会调查报告的证据法解析及量刑适用》，载《学术交流》2013年第10期。

② 第484条规定：“对未成年被告人情况的调查报告，以及辩护人提交的有关未成年被告人情况的书面材料，法庭应当审查并听取控辩双方意见。上述报告和材料可以作为法庭教育和量刑的参考。”

③ 李国莉：《未成年人社会调查报告的证据法解析及量刑适用》，载《学术交流》2013年第10期。

讼的各个阶段，应保证基本程序方面的保障措施，诸如假定无罪、指控罪状通知本人的权利、保持沉默的权利、请律师的权利，要求父亲或母亲或监护人在场的权利、与证人对质的权利和向上级机关上诉的权利”，这些是少年诉讼程序中最基本的保障程序公正的措施。正如上文所述，社会调查报告在内容上多属于品格证据、意见证据、传闻证据等，如果在定罪证据没有完成前出示，社会调查报告内容有导致法庭产生有罪推定的可能性，影响法院审判中立的立场，从而违反了程序正义的基本要求。除此之外，定罪证据，是指对未成年被告人犯罪行为最明确的否定性评价，能够让未成年被告人真正了解自己行为的违法性以及社会危害性，是未成年被告人能够真诚悔罪并接受教育改造的前提条件。在定罪证据中出示未成年人社会调查报告易使未成年被告人对自己的行为产生疑问，亦即导致自己走上犯罪道路主要是由于家庭、社会、学校教育等多方面原因造成的，从而无法正确、全面地了解自己的行为，难以正视自己犯下的“错误”，因此会将自己的犯罪责任完全归咎于自身以外的因素。[①] 这样，有违我国对涉罪未成年人的“六字方针”和“八字原则”之嫌。所以，一旦确立相对独立化的量刑程序，便可避免未成年人社会调查报告对于定罪证据的干扰作用。那么，如何在未成年人审判过程中确立相对独立化的量刑程序呢？就具体方式而言，就是要在审判阶段进行以下处理：

1. 社会调查报告的出示者应当是相对独立的社会调查员

公诉人作为控方，承担着运用各种证据指控犯罪的目的，而这里所说的证据大部分属于定罪证据。由公诉方出示社会调查报告，即使在时间节点上与定罪证据的出示相区分，也不可避免地会导致定罪证据被社会调查报告所干扰的后果。从辩护方来说，同样如此。

---

① 李国莉：《未成年人社会调查报告的证据法解析及量刑适用》，载《学术交流》2013 年第 10 期。

也就是说，绝对独立的第三方出示社会调查报告似乎是比较恰当的。然而，一方面，在学理上，绝对独立的第三方出示一份特殊的量刑证据，与法庭构造相违背，会从根本上动摇法庭审判的根基。因此，这种独立应当是相对的独立，这种独立还应当是依托于现行的法庭审判程序的，即证据的出示应当依附于控辩双方的提供和法庭的调取。另一方面，北京地区的司法实践中，社会调查报告的制作方大部分是侦查机关和检察机关委托的社会机构或者高校的社会调查员，人民法院和辩护方委托社会调查的情况鲜有。单就北京市朝阳区来说，检察机关基本实现了涉罪未成年人社会调查全覆盖，而公安机关也在侦查阶段积极地委托社会机构进行社会调查工作，但这种调查距离量刑程序较远，适用性相对较弱。就全国各地的实践来说，检察机关委托相对独立的机构进行社会调查的情况占绝大多数。这种情况下，基于检察机关的委托，社会调查报告的制作者与出示者也不可能绝对的独立。

因此，无论是在学理上，还是在实践中，检察机关委托相对独立的社会调查员参与法庭量刑程序的方式是较为妥当的。这种方式不但避免了对于法庭构造和审判程序的很大冲击，也在很大限度上实现了不干扰定罪证据又发挥量刑证据的意义。目前，北京市朝阳区人民检察院近一年多来委托社会调查员出庭近 70 人次，取得良好的法律效果和社会效果，在一定程度上印证了上述方式的可靠性。

2. 社会调查报告的法庭调查和辩论程序应当相对独立于定罪证据的法庭程序

上文中提及，一般情况下，凡是证据，就要进行法庭调查程序；凡是涉及量刑，就要进行法庭辩论程序，未成年人社会调查报告也不应例外。同时，基于本部分笔者论述的原则，未成年人社会调查报告既要作为证据适用，又要符合刑事诉讼法的一般原则。

有的学者指出，为了不干扰定罪程序，应当在定罪程序之后设立专门的量刑程序。这种想法与英美法系的实践不谋而合，但是这种方式也彻底推翻了我国的法庭审判程序，在目前的司法实践中不具备可操作性。试想，我国的法庭对于定罪证据进行法庭调查和法庭辩论后，又重新开始对于量刑证据的法庭调查和法庭辩论，不仅人为割裂了连贯通畅的审理程序，也大大降低了司法效率，在目前中国尤其是大城市“案件较多办案人少”的背景下更显得可操作性较低。

那么，绝对独立的法庭程序不具备可操作性，就应当适用相对独立的法庭程序。法庭调查阶段，社会调查员出示社会调查报告参与举证质证，可以位于或者分别位于定罪证据的举证、质证程序之后，以达到融入法庭程序又发挥量刑证据价值的作用。而在法庭辩论环节，控辩双方虽包含定罪和量刑的各个方面，但每个案件都有所侧重，因此，社会调查员在法庭辩论程序中运用社会调查报告发表意见，应当是机动的。但是，社会调查员意见的发表只能限制在社会调查报告的内容内，而不能对案件的其他证据发表意见。

（二）对未成年人社会调查报告的量刑证明应当进行规制

虽然在量刑程序中对于社会调查报告的运用应当比较灵活，但其亦应受到一定程度上的限制，即社会调查报告必须符合量刑证明规则，进而防范司法机关在量刑程序中的司法权力滥用。

1. 社会调查报告的证明对象与量刑请求之间应当具有相关性

量刑程序中的证明对象，包含量刑请求及量刑事实，未成年人社会调查报告中包含着丰富的量刑事实，但是并非所有的事实都是量刑程序中的证明对象，否则量刑程序将变得冗长而缺乏效率，失去重点。所以，未成年人社会调查报告中的证明对象，理应包含控辩双方提出的量刑建议或量刑意见所依据的未成年人社会调查报告中的事实，以及从这些事实中所提出的量刑请求。[①]

---

① 参见李国莉：《未成年人社会调查报告的证据法解析及量刑适用》，载《学术交流》2013 年第 10 期。

2. 未成年人社会调查报告证明责任的承担者

证明责任这个概念包含提出所主张的事实、完成举证义务、完成论证过程及承担相应后果等4个密不可分的要素。在定罪程序中，根据无罪推定原则，举证责任应当由指控方即检察机关来承担。然而在量刑程序中，“定罪过程”结束后，控辩双方根据量刑情节提出各自的意见和建议，而此时所要解决的便是刑罚问题。因此，举证责任应当遵循“谁主张，谁举证”的原则。但社会调查报告通常是由相对独立的第三方出示，且一般情况下并非提出明确的“量刑建议”，而是对社会调查报告内容进行客观阐述，所以社会调查员不应当成为证明责任的承担者。实践中，检察机关多为社会调查员的委托方，但社会调查报告的证明责任也不应当归于控方，否则社会调查报告便失去了其相对独立性。

因此，在社会调查员并非为证明责任承担者的情形之下，控辩双方一般会根据调查报告的内容提出相应的量刑请求，在对方对该量刑请求没有异议的情况之下，可以看成证明责任的完成；但是，一旦对方提出异议，那么主张基于社会调查报告中的客观事实提出量刑请求的一方，就应当进行论证，证明本方的主张成立，所以这样的方式依然符合“谁主张，谁举证”的证明责任分担原则，从而解决了社会调查报告在适用过程中证明责任的承担问题。

3. 未成年人社会调查报告在量刑程序中的证明标准

未成年人社会调查报告作为量刑证据，其证明标准是什么，在理论界和实务界观点不一：有的学者认为，在量刑事实证明问题上，至少应当适用两种证明标准：从重处罚的量刑事实采用排除合理怀疑标准，而从轻处罚的量刑事实则采取优势证据标准。[①] 然而，有的学者认为，对于法定的量刑事实应当采取清楚可信标准，

① 参见李玉萍：《程序正义视野中的量刑活动研究》，中国法制出版社2010年版，第124～126页。

对于酌定的量刑事实以及量刑请求应适用优势证据标准。[①] 笔者赞成第二种主张。因为在定罪程序中，法官的裁量权受到较大限制，此时的证明标准应当是最高的证明标准。然而，法官在量刑程序中对涉罪未成年人适用何种刑罚以及确定具体量刑幅度时，相比在定罪程序中有着较大的自由裁量权，这时除考虑涉罪未成年人的自身因素外，还应考虑到社会危害性、社会舆论以及基于“双向保护”原则进而充分考虑到被害人等多种因素。只有这样，法庭才能作出对涉罪未成年人最有利于早日回归社会、最有利于修复社会关系的裁判。因此，未成年人社会调查报告，在量刑标准上应当适用优势证据的证明标准。

四、结语

以上是本课题组对于未成年人社会调查报告在量刑程序中的性质、适用思路和规范的一些探讨，这种探讨既是规范的，也是实务的，其最终目的是通过未成年人社会调查报告运用于量刑程序之中，对未成年被告人做出适当的量刑，进而更好地保障未成年人的合法权益，实现对未成年人特殊保护之目的。当然，这种量刑不仅是惩罚手段，其对于后续的帮教工作也具有重要的参考意义。

---

① 参见闵春雷：《论量刑证明》，载《吉林大学社会科学学报》2011 年第 1 期。

浅谈刑事冤假错案发现机制的完善

——以服刑人员刑事申诉检察制度为分析视角

王　煜　赵福杰　徐　华　赵　刚*

近年来，我国陆续曝光的一些重大刑事冤假错案引起社会公众广泛的关注。刑事冤假错案是对社会公平正义的极大伤害，长此以往会影响公众对法律的信仰，直接侵蚀国家法治的社会根基。正如培根所言："犯罪仅仅是污染了河流，而错误的审判却污染了整个水源。"因此，坚决防止和依法纠正冤假错案是法学理论界和司法实务界所必须勇于面对和共同解决的现实课题。防冤纠错的前提是及时地发现冤假错案，我国刑事诉讼中的死刑复核程序和审判监督程序目前仍是发现冤假错案最主要的机制，当审判监督的案件是判处死刑（包括死刑立即执行和死刑缓期两年执行）的案件时，两者之间有重合之处。因为死刑复核程序只针对判处死刑的案件，涉及范围非常小，且申诉审查时间较短，因限于篇幅，本文论域仅限于刑事审判监督程序。而刑事审判监督程序包括申诉与再审两个阶段，它的具体内容：一是由当事人、法定代理人及其近亲属申诉，

* 作者简介：王煜，天津市滨海新区大港人民检察院检察长；赵福杰，天津市滨海新区大港人民检察院副检察长；徐华，天津市滨海新区大港人民检察院副检察长；赵刚，天津市滨海新区大港人民检察院检察委员会办公室秘书。

由人民法院、人民检察院确认，然后再启动审判监督程序；二是由人民法院内部审查、人民检察院诉讼监督来实现司法机关自行纠正。前者可称为“被动纠错机制”，后者可称为“主动纠错机制”，在实践中仍以当事人上诉、申诉、告诉等被动纠错机制为主，但纠错的通道并不畅通，对于弱势的当事人而言，单凭自己申诉很难启动再审。现实中的冤假错案的发现更多的还是依赖“真凶现身”或“死者复活”（被害人再现）等特殊情境和动因，错案发现程序设计在很大程度上并没有起到其应有的效果，当事人申冤之路为何如此艰难?① 笔者以刑罚执行监督环节服刑人员刑事申诉检察制度为分析视角，就检察机关对服刑人员（服刑人员主要是指监狱的已决犯，本文对两者不做严格区分）提出撤销或变更原罪名或刑罚请求的申诉权利和申诉处理进行诉讼监督的基础理论与实务问题略陈管见，以期能对完善刑事冤假错案发现机制有所助益。

一、刑罚执行环节刑事冤假错案的外延限定

最高人民检察院原副检察长朱孝清提出认定冤假错案的标准：“冤案是客观上有刑事案件存在，但被追诉人不是犯罪人；假案是客观上不一定有刑事案件存在，进入诉讼程序的案件或被追诉人是假的。两者的共同点在于，都把没有犯罪事实的人当作犯罪来追究。狭义的错案，与冤案假案相同，广义的错案，还包括将犯罪事实不清、证据不足的疑案作为犯罪来追究。”② 笔者赞同朱孝清副检察长的观点，认为冤假错案包括所有公安司法机关错立、错侦、

① 最高人民法院曾于2005年9月27日召开刑事重大冤错案件剖析座谈会，分析了1979年后发生的14起重大刑事冤错案件，这些案件中有12起已经得到纠正，因找到真凶或“被害人”重新出现，经再审宣告无罪的7起；因被告人不断申诉，经法院重新审理以证据不足而宣告无罪的4起；经再审认为事实不清发回重审后检察机关撤诉的1起。转引自苏凌、王新环：《无罪案件的研究》，中国检察出版社2006年版，第1页。

② 2013年6月21日，朱孝清副检察长在全国第四次侦查监督会议闭幕式上的讲话。

错捕、错诉、错判、错执的刑事案件。其中冤案是指公安司法机关立案、侦查、批捕、起诉、审判和执行的刑事公诉案件中因存在实体上的认定事实错误，导致追诉对象被错误追究刑事责任的案件，即无罪之人被确定为有罪的无罪受冤案件，但不包括有罪错放的案件；假案则是指公安司法机关办理的虚假刑事案件，根本没有犯罪人或犯罪事实发生，刑事案件根本就不存在，但公安司法机关办案人员出于非法的动机或目的，或错误认定证据材料，导致虚构出客观上根本就不存在的案件事实，并对追诉对象进行立案、侦查、批捕、起诉、审判和执行的案件，其中往往隐藏着公安司法人员的枉法裁判或渎职侵权事件，如甘肃荆某某贩毒假案。[①] 假案都是人为故意作用的结果，而错案鉴定等过失导致的事实认定错误不属于假案范畴。假案与冤案都是对无罪之人追究刑事责任，不同之处在于冤案的前提是确有案件事实发生，而假案则是根本不存在案件事实。但从广义上来看，假案是冤案分类后的一种特殊表现形式，因为从逻辑上分析，假案的出现往往预示着一个无辜之人被追究刑事责任情形的出现。狭义的错案即是冤案假案的总和。而广义上的错案则包括所有冤案、假案和疑案，是指公安司法机关在办理刑事案件过程中，对于案件的基本事实或者基本证据认定错误，或者适用法律错误，或者严重违反法定程序，而导致的刑事立案、侦查、批捕、起诉、审判和执行环节出现错误的案件或严重违反诉讼程序侵犯他人合法权益并造成刑讯逼供、暴力取证等重大损害性结果的案件。广义上的错案与冤案、假案是全集与子集的关系，错案在广义上外延更丰富：如冤案仅是无罪受冤，而错案还包括有罪之人被认定为无罪的特殊情形；此外冤案一般以法院的终局裁判为最终衡量

---

① 2001年6月，因为临洮县公安局的缉毒任务还没有完成，并且“缉毒队在全地区公安系统的各项评比中都是倒数第一”，临洮县公安局副局长张某某和缉毒队长边某某便找到协勤马某某，要其“策划一件毒品案子”。后马某某陷害兰州市出租车司机荆某某，致使荆某某以涉嫌犯运输毒品罪被一审判处死刑，后经本人上诉和申诉，再审无罪。定西市中级人民法院以徇私枉法和滥用职权罪数罪并罚判处张某某有期徒刑10年。

标准，而错案还包括严重的程序违法性错误。如应立案不立案、错捕、应起诉不起诉等都属于广义上的错案。如《检察人员执法过错责任追究条例》规定：错案是指检察官在行使职权、办理案件中故意或重大过失造成认定事实或者适用法律确有错误的案件，或者在办理案件中违反法定诉讼程序而造成处理错误的案件。

限于主题范畴，本文仅研究狭义上的错案，且将其界定为法院已作生效有罪判决并交付执行过程中的刑事冤假错案，对此类案件，服刑人员即服刑罪犯可依据《刑事诉讼法》规定向司法机关提出撤销或变更原判罪名或原判刑罚的申诉。从实践来看，服刑人员通过申诉得到无罪翻案的冤假错案又可以分为两种基本类型：一是“有新证据型”。因出现新的证据证明原判决、裁定认定的事实确有错误而使得冤案得以发现并纠正的案例。比较典型的有两种：（1）因他案牵连而偶然落入法网的真凶；（2）“死者复生”或重新出现的被害人。二是“无新证据型”。没有新的证据证明原判决、裁定认定的事实确有错误，而是在据以定罪量刑的证据不确实、不充分或者证明案件事实的主要证据之间存在矛盾的情况下，申诉得以进入再审程序并被纠正的冤案。无辜者大多没有新的证据证明原裁决认定的事实确有错误，只是由审查人发现原裁决“据以定罪量刑的证据不确实、不充分或者证明案件事实的主要证据之间存在矛盾”，或者“原判决、裁定适用法律确有错误”，又或者“审判人员在审理该案件的时候，有贪污受贿，徇私舞弊，枉法裁判行为”，才得以翻案。① 在两种类型的冤假错案中以第一种类型翻案概率最大，因为事实无法反驳。而第二种类型的翻案多是审判机关受到权力机关指示后重新审查后予以翻案，通过无辜者及其家属的直接申诉发现冤案的比例不高。

① 参见郭欣阳：《冤案是如何发现的》，载法律教育网，2014 年 2 月 1 日最后访问。

二、我国现行刑事冤假错案发现机制之检讨——以无效申诉为例

（一）我国立法规定的发现冤案的主要渠道及运行困境

2012年后修改的《刑事诉讼法》规定的审判监督程序仍是我国立法规定的发现刑事冤假错案的主要渠道。提起审判监督程序的材料来源有很多种，主要包括：当事人及其法定代理人、近亲属的申诉；人民法院、人民检察院在办案过程中和复查、评查、执法大检查等渠道发现的错误裁判；各级人大代表提出的纠正错案的议案；人民群众的来信来访；机关、团体、企事业单位和新闻媒体等对生效裁判反映的质疑、意见和情况反映等。在上述材料来源中，申诉是最主要的形式。《刑事诉讼法》第241条规定："当事人及其法定代理人、近亲属，对已经发生法律效力的判决、裁定，可以向人民法院或者人民检察院提出申诉，但是不能停止判决、裁定的执行。"最高人民法院《关于适用〈中华人民共和国刑事诉讼法〉解释》第371条规定，案外人认为已经发生法律效力的判决、裁定侵害其合法权益，提出申诉的，人民法院应当审查处理。因此，法定的申诉主体包括当事人、当事人的法定代理人、当事人的近亲属、有利害关系的案外人四种人。而本文研究的是服刑罪犯申诉人，即服刑人员申诉。可现实问题是服刑人员申诉提出该申诉后的效力如何，法律并没有明确，这种宣喻性条文在实践中很难被有关部门理会，集中表现在刑事执行环节的服刑人员提出的申诉极易成为无效申诉。实践中，近年来一些有重大社会影响的刑事冤假错案大多是因真凶重现或死者复活才被揭露的，也证明服刑人员申诉制度没有发挥应有的作用，无效申诉普遍存在。

表 1　典型刑事冤假错案发现情形统计表

序号	服刑人员	职业	被害人关系	罪名	一审	二审	再审	再审原因
1	赵作海	农民	可能是情敌	故意杀人	死缓	维持原判	无罪	被害人复活
2	佘祥林	巡逻员	妻子	故意杀人	死立即	改判 15 年	无罪	被害人复活
3	吴鹤声	个体户	前女友	故意杀人	无期	维持原判	无罪	真凶出现
4	杜培武	检察官	妻子、妻子情人	故意杀人	死立即	改判死缓	无罪	真凶出现
5	陈金昌等	农民	被害人指认	故意杀人、抢劫	死立即	改判死缓	无罪	真凶另案落网，供认本案
6	谭俊虎、兰永奎	农民	案发地附近村民	故意杀人、抢劫	死缓；无期	维持原判	无罪	真凶投案自首
7	黄亚全、黄圣育	农民	案发地附近村民	抢劫	死缓	终审裁定，核准死缓	无罪	真凶出现并认罪
8	滕兴善	农民	可能是情人	故意杀人	死立即	未查明二审判决	无罪	被害人复活
9	李久明	警察	情人的近亲属	故意杀人	死缓	撤销一审、发回重审	无罪	真凶出现
10	丁志权	副厂长	妻子	故意杀人	死缓	改判无期	无罪	真凶出现
11	随洪建等	农行主任	领导	故意杀人	有期 3 年	改判故意伤害，减轻为有期 3 年	无罪	真凶另案落网，供认本案
12	杨云忠	工人	同事	故意杀人	死立即	改判无期	无罪	真凶出现
13	王海军	工人	妻子	故意伤害致死	有期 15 年		无罪	真凶出现
14	李化伟	工人	妻子	故意杀人	死缓	维持原判	无罪	真凶出现
15	张庆伟	居民	未查明	强奸	无期	改判 9 年	无罪	真凶出现
16	王俊超	农民	侄女	奸淫幼女	9 年有期	未上诉	无罪	本人及律师有效申诉，抓住真凶
17	张海生	农民	到过案发现场	强奸	9 年有期	撤销、发回重审	无罪	真凶出现

续表

序号	服刑人员	职业	被害人关系	罪名	一审	二审	再审	再审原因
18	杨黎明等	农民	未查明	抢劫	死立即	撤销、改判无罪		真凶出现
19	岳兔元	农民	同村	故意杀人	1年半徒刑	撤诉	无罪	被害人复活
20	秦艳红	农民	未查明	强奸	死立即	撤销、重审	无罪	真凶出现
21	朱旺坡、朱连生	农民	债务人	盗窃	5年有期	维持原判	无罪	真凶出现
22	荆爱国	司机	未查明	运输毒品	死立即	改判无罪		查明系警察
23	杨树喜	司机	未查明	运输毒品	死立即	改判无罪		真凶出现
24	陈才兴	未查明	未查明	抢劫	5年有期	再审改判3年6个月	无罪	查明系警察
25	杨明银	农民	同村	抢劫罪	16年有期		无罪	他犯立功举报，重新侦查并抓住真凶
26	赵新建	农民	同村	故意杀人	死立即	死缓	无罪	真凶出现
27	石东玉	转业军人	未查明	故意杀人	死立即	改判无罪		真凶出现
28	李杰、何军、黄刚等	农民	素不相识;群众举报	故意杀人	分别判处无期、有其10年、5年	维持原判	无罪	真凶因另案被抓后供认本案
29	陈科云、吴昌龙	农民	福清纪委爆炸案	爆炸罪	死缓	连续发回重审	无罪	有效申诉
30	李怀亮	农民	同村	强奸、故意杀人	死刑	两次发回重审	无罪	记者跟踪调查，后判决因证据不足被河南省高级人民法院撤销，疑罪从无第一案
31	李天	学生	同学	故意杀人	死缓	维持原判	无罪	申诉
32	吴风	大学生	同学	故意伤害	有期7年	维持原判	无罪	吴风及家人委托律师有效申诉及法医补充鉴定
33	汪席春		合伙人	故意伤害	有期3年		无罪	申诉

续表

序号	服刑人员	职业	被害人关系	罪名	一审	二审	再审	再审原因
34	胥敬祥	农民	同村	抢劫罪 盗窃罪	有期16年		无罪	上级检察院督办
35	曹强	承包人		贪污罪	有期16年	维持原判	无罪	申诉
36	崔坤安	农民	同村	故意杀人罪	有期7年		无罪	检察院复查
37	杜绍泓	干部		受贿罪	有期4年	维持原判	无罪	申诉
38	张金波	民警	仇人	强奸罪	有期10年		无罪	申诉
39	艾小东	工人	路人	故意杀人罪	有期15年	维持原判	无罪	律师向人大反映
40	李德田	农民	同乡	故意杀人罪	有期12年		无罪	申诉，驻监狱检察室复查后支持
41	孟存明	农民	同乡	强奸	有期9年	维持原判	无罪	申诉
42	孙万刚	农民	女友	故意杀人罪	死刑	死缓	无罪	孙及家人有效申诉，最高人民检察院督办
43	信祖平、张国宗	农民	同村	拐卖妇女儿童罪	有期6年 有期5年		无罪	家人申诉，检察院审查后抗诉
44	郝金安	工人	老乡	抢劫罪、杀人罪	死缓	维持原判	无罪	真凶出现
45	赵新建	农民	同村	故意杀人罪	死立即	死缓	无罪	重新侦查抓住真凶
46	陈世江	农民	同村	故意杀人罪	死缓	维持原判	无罪	省人大内务司法委员会建议山东高院再审
47	刘前	个体户	邻居	强奸	有期6年	维持原判	无罪	刘前的爱人和父母不断为他申诉
48	文崇军	中学教师	学生	强奸罪	有期5年	维持原判	无罪	本人持续有效申诉12年

续表

序号	服刑人员	职业	被害人关系	罪名	一审	二审	再审	再审原因
49	张辉、张高平	农民	同行人	强奸罪；故意杀人罪	死立即；无期徒刑	死缓；有期15年	无罪	本人持续有效申诉，驻监检察官介入，辩护律师帮助，媒体参与
50	黄秀岩	党务干部	上级领导	诬告陷害罪	有期2年	维持原判	无罪	有效申诉，文检技术鉴定
51	徐计彬	乡村教师	邻居	强奸罪	有期8年	维持原判	无罪	有效申诉，重新鉴定血型

（数据来源：系笔者从报纸、网络等大众媒体搜集）

通过笔者对这51例典型案例的研究，从1995年的黑龙江杨云忠冤案到2000年的云南杜培武冤案，从2005年的湖北佘祥林冤案到2010年的河南赵作海冤案，其中的42件案例（占77.78%）在翻案昭雪细节上都有着惊人的相似之处：没有任何有效途径启动对错判的再审程序，而只能依靠真凶现身或被害人的再次出现证明被告人的清白。典型的如1994年，佘祥林因涉嫌杀害妻子被法院一审判处死刑，后改判为有期徒刑15年。11年后，被害人突然返回，证明佘祥林确系无辜；无独有偶，2010年5月9日，因故意杀人罪被判死缓的河南农民赵作海在被羁押11年后，同样因为被害人的突然回家而冤情大白。而在其他冤假错案中，由服刑人员本人或其近亲属直接提起有效申诉并启动再审程序，最后作无罪处理的案件所占比例极小。此类申诉案件中，服刑人员及其家人往往运用了大量社会资源才达到再审目的。每个当事人及其家人都曾以各种不同的方式向各级人大、政法委等部门上访，并最终通过该机构的政治权威得以提起再审并纠正错案。而如黄秀岩冤案，本人在服刑期间，多次提出申诉，其妻也是四处奔走，向上级政法机关和领导机关告状申诉。郑州市中级人民法院按照审判监督程序另行组成合议庭，对此案进行了再审，并提请上海市公安局和最高人民检察院对匿名信重新进行技术鉴定，结果证实25封信件上的字迹均非黄所写，原基层政法机关的技术鉴定有误。该院最后按照有错必纠的原则，于1991年9月21日宣告黄秀岩无罪。陈世江冤案，陈世江被送往潍坊监狱服刑，由于其拒不认罪，后又被改送泰安监狱服刑，但本人始终不服原判而长期申诉，其母亲则连续8年上访，引起学者和媒体的重视。后全国人大得知此案，并引起吴邦国委员长的高度关注，先后两次责成山东省人大加紧督办。2005年3月8日，山东省人大内务司法委员会经充分调查取证后，一再建议省高院再审此案。2006年2月8日，省高院终于作出无罪判决，撤销烟台中院的有罪判决及省高院的维持裁定。笔者将此类刑事冤假错案概括为冰山现象（icebergphenomenon），海水中的冰山露出水面的一角很小，其实下面很庞大，但大部分淹没在水面以下，经常被人们所忽视。同理，现实中绝大多数刑事冤案要靠“真凶再现”或“死者复活”等偶然现象启动再审，虽然有少数申诉案件受到非司法力量的关注而得以进入再审程序，尽管各级人大、政法委、一些媒体对于司法系统的影响力是巨大的，但因其调查权力、专业职能及资源精力的限制，侥幸能够得到其关注的申诉简直是冰山一角。至于民间团体的建议和呼声常常缺乏权威性，难以引起申诉审查处理部门的重视。刑事申诉制度的“无所作为”导致无论是等待真凶出现、被害人“死而复生”，还是直接申诉或向权力机关上访，服刑人员都必须寄希望于某个人、某个组织能够发现，但现实生活中，真实的无罪证据难敌虚假的有罪证据，我国冤案发现的道路最终陷入重复申诉、上访以企盼“青天”垂怜的怪圈，其结果是申冤成本过高而效率低下、申诉难以得到迅速有效和公正的处理，申诉审查部门的回复缺乏公信力以致重复上访等无效申诉现象频频出现，造成中国冤假错案的发现带有一定偶然性，成为小概率事件。

（二）刑事冤假错案无效申诉的主要成因

造成刑事冤假错案无效申诉现象的原因非常复杂。笔者以服刑人员申诉为例进行分析。

1. 服刑人员的申诉材料在法律上并不必然启动再审程序，检法机关在审查申诉环节缺乏初步筛选和监督制约机制

根据现有法律规定，我国了解案件情况的当事人并不具备启动再审的权力，以服刑人员为例，其对生效裁判不服提出的申诉并不具有引起再审程序的法律效力，而只能充当再审立案的材料来源。是否提起审判监督程序，取决于经过法院审查，裁定服刑人员的申诉是否具有法定的理由。具体而言，根据《刑事诉讼法》规定，提起审判监督程序必须具有下表中的法定理由。

表2　提起审判监督程度的法定理由一览表

序号	主要理由	具体理由
1	原判决、裁定在认定事实上确有错误	有新的证据证明原判决、裁定认定的事实确有错误
		据以定罪量刑的证据不确实、不充分或者证明案件事实的主要证据之间存在矛盾
2	原判决、裁定在认定事实上确有错误	有罪判无罪，无罪判有罪，混淆罪与非罪的界限
		重罪轻判、轻罪重判，量刑不当
		认定罪名不正确，一罪判数罪，数罪判一罪，影响定罪量刑或者造成严重的社会影响
		免予刑事处罚或者适用缓刑错误
		对具有法定从重、从轻、减轻处罚情节的，没有依法从重、从轻、减轻处罚情节的，没有依法从重、从轻、减轻处罚，使量刑显失公正
3	严重违反法律规定的诉讼程序，影响了对案件的正确裁判	违反《刑事诉讼法》关于公开审判的规定
		违反回避制度
		审判组织的组成不合法
4	审判人员在审理该案件时，有贪污受贿、徇私舞弊、枉法裁判的行为	

因此，只有检察院和法院才是有权确认并启动再审、纠正错判的实际主体，简称“法院+检察院型”，特别是法院在再审程序中发挥着关键的裁判角色作用。因此，尽管法律并没有禁止申诉人向其他法院或检察院提出申诉，各级人民法院、人民检察院都可以对申诉进行受理和审查，但由于刑事申诉案件多疑难复杂，时过境迁，且申诉审查程序规定得比较笼统，受理条件非常苛刻，又没有初步的筛选机制，因此申冤人递交的材料并不像民事案件中的诉状一样，司法机关收到以后未必会认真进行审查。随着服刑人员维权意识普遍增强，申诉次数又不受限制，申诉成本低廉，提出申诉的人员较多，让有权启动再审的法院、检察院难以辨别哪些申诉确实是有理由、有依据的，面对大量的申诉材料往往无法全部认真加以复查，经常疲于应付各种申诉，确实有力不从心的现象；由于缺乏必要的监督制约机制，部分检察院和法院对刑事申诉案件的审理缺乏严肃、认真的态度。表现在对申诉人申诉理由缺乏认真细致审查，申诉的正当理由没能引起应有的重视，使申诉虽然理由充分也被驳回了，有的受理后置之一旁，石沉大海。典型案例如“张氏叔侄强奸致死案”：从2009年开始，驻监检察官张彪将服刑人员张高平的申诉材料重新整理后，连同所有的谈话笔录等质疑原审判决的所有材料，一同寄给了浙江的相关部门，3年以来持续寄送5~6次，但均无回应，张彪除了等待无其他法定救济手段。事后据张氏叔侄代理律师到浙江省高级人民法院时才发现，张氏叔侄本人和家人之前7年的申诉，从未被登记过。[①] 同时，根据最高人民法院制定的《关于各级人民法院处理刑事案件申诉的暂行规定》，人民法院受理、审查申诉一般由作出发生法律效力的判决、裁定的人民法院进行。可以想见，认为生效裁判存在错误，但又由作出生效裁判的法院负责审查申诉，并主动纠正自己的判决，其难度是可想而知

① 参见中央电视台综合频道《今日说法》:《十年冤狱谁之罪》，2013年4月8日首播。

的。原审法院或其上级法院由于自我护短、不愿纠错等原因不愿启动再审。种种因素使得很多冤案线索石沉大海，服刑人员通过申诉途径纠正已生效裁判的成功概率是非常之小的。

2. 服刑人员申诉在刑罚执行检察监督环节存在盲点

笔者搜集的51件案例中，冤案中的被告人大部分属于农民、工人、个体户等处于社会弱势阶层的群体。这个事实足以显示，不论是审判还是申冤过程中，蒙冤者所能调动的社会资源并不多，他们只能依赖正式的纠错体制，作为服刑人员提出申诉。根据《刑事诉讼法》规定“监狱和其他执行机关在刑罚执行过程中，如果认为判决有错误或者罪犯提出申诉，应当转请人民检察院或者原判人民法院处理”。《监狱法》第21条规定：“罪犯对生效判决不服的，可以提出申诉，对于罪犯的申诉，人民检察院或人民法院应当及时处理。”第23条规定：“罪犯的申诉、控告和检举材料，监狱应当及时转递，不得扣压。”虽然有相关的法律规定，但在司法实践中服刑人员申诉难的问题依然不同程度地存在，主要表现在：

（1）监管部门重在悔罪表现的改造考核标准和管理缺陷阻碍服刑人员充分行使申诉权利。许多监狱实行“计分考核奖惩罪犯制”，考核实行百分制，思想改造占一定权重，而认罪悔罪是思想改造的首要标准，而服刑人员不断进行无罪申诉会直接影响监狱对其的“认罪伏法”考核成绩①，波及加分减刑、假释等后续奖励待遇，一些服刑人员会因此顾虑而不敢充分申诉。同时，监狱内部对服刑人员申诉也缺乏必要的重视，长期以来没有一个固定的机构和健全的制度来受理无罪申诉，有的由狱政部门管，有时由狱侦部门管，政策执行亦不统一。② 也正因为基于此利害计算，加之申诉成

① 据笔者在监所检察科的10余年工作经历来看，确实有监狱明确规定对服刑人员“认罪伏法”情况实施考核，申诉驳回后，又继续多次申诉（通常是3次上）的行为可能影响到“认罪”表现进而不利于考核成绩。

② 参见中华人民共和国司法部编：《司法行政执法手册》（上），法律出版社2003年版。

功概率确实过低，赵作海才在申诉一次后就对此失去信心，在长达11年的服刑时间里选择了认真“改造”以争取减刑，从而放弃了申诉上访等改变生效裁判的努力。

（2）服刑人员通过申诉“自力救济”的渠道不畅，缺乏必要的法律服务帮助。服刑人员是在监管场所的服刑罪犯，与外界存在空间隔离，一定程度上制约了服刑人员寻求法律服务的权利和机会。服刑人员在服刑期间，人身自由被剥夺，被监禁在狱内，与社会的联系也受到严格的限制。在这一特定环境内，服刑人员对其自身合法权益的主张与维护，要比外界的普通公民受到的限制多，本人申诉的渠道主要是通过监狱或驻监狱检察官，而在实践中本人写的申诉材料有时会被狱方扣留，有的服刑罪犯为了使自己的申诉有回音，甚至采用抗拒改造，认为自己无罪不要求减刑、自杀自残等极端方式以引起监狱和派驻监狱检察院（室）的关注。[①] 在本人申诉受到限制的情况下，许多案件是由服刑人员亲属帮助申诉，申诉圈子是非常狭窄的，难以通过专业的社会法律服务实现申诉。51件案例中仅有7件有律师介入，而律师作为体制外的申诉救济人在司法实践中受到司法部门不同程度的排斥和忽视，如佘祥林一案中，相关人员为其申诉、作证竟被关押；国家刚废除经常用于羁押上访者的劳教制度，2014年2月就曝出河南省非法设置拘留冤案上访者的“训诫中心”事件，凡此各种导致冤案救济渠道的缩窄，直接影响到申诉的预期效果。

（3）检察机关对服刑人员申诉法律监督工作有待加强。根据《刑事诉讼法》和《监狱法》的规定，人民检察院对监狱的刑罚执行和监管活动是否合法，依法进行法律监督，所以派驻监狱检察院

---

① 服刑人员申诉难是一个老大难问题，在2007年就比较突出。据朱海丽：《河南许昌：服刑犯申诉难，难在何处》文中介绍，自2004年以来，河南省许昌市辖区两所省属监狱正常押犯数千人，向驻狱检察室和监狱提出申诉的共有148人次，仅有7人申诉有回音（占提出申诉总人数的4.7%），其余的申诉材料寄有关机关后没有任何结果。载《检察日报》2007年3月25日。

（室）有权利和义务保护服刑人员的合法权益，维护服刑人员的控告、申诉的合法权益。但在立法层面，派驻监狱检察院（室）或者监狱在接到服刑人员递交的申诉材料后是否受理、受理后的审查期限都没有法律做出明确的规定。导致派驻监狱检察院（室）往往会以此为理由拖延办案甚至无限期搁置，所以部分服刑人员申诉的案件久拖不决而且申诉最终需要原判地的检察院和法院办理，服刑罪犯的申诉无果，监狱和驻狱检察室也非常无奈，缺乏后续的监督法规和配套制度。如根据《监狱法》和最高人民检察院《关于调整服刑人员刑事申诉案件管辖的通知》规定，与服刑罪犯最方便接触的监狱和驻监狱检察机构[①]，对服刑罪犯的申诉只有转办和做好息诉工作的权利和责任，申诉有待原作出生效判决的法院处理，由于监狱和驻监狱检察机构与服刑罪犯生效判决地的检察院和法院在地域上没有隶属关系，工作沟通起来不方便，申诉案件几经转办后没有回音，也无法过问，“转而不办”的现象非常严重；在司法实践中，由于受申诉案件管辖范围、办案权限和经费限制等因素影响，派驻监狱检察院（室）对服刑人员的控告、申诉权益的保障方面不尽如人意。如申诉案件多疑难复杂，时过境迁，一些案件据以定罪量刑的证据却较为单一，有的案件甚至不排除是为了安抚被害人或是因为其他复杂原因，经过各级有关机关协调后才判决的案件，很难再重新审查。凡此种种，致使派驻监狱检察院（室）在受理服刑人员申诉中的监督公信力受到不同程度的削弱，服刑人员向派驻监狱检察院（室）申诉少、立案复查少、抗诉更少。实

① 实践中，派驻检察机构包括派驻监狱检察院和检察室、派驻看守所检察室。但看守所的服刑人员主要是未决犯和余刑在3个月以下的留所服刑人员。本课题以监狱已决犯为研究对象，故派驻检察机构主要指派驻监狱检察院（检察室），简称派驻监狱检察院（室）。

践中，驻狱检察机构和监狱与原判地司法机关联系机制不顺畅，[①]派驻监狱检察院（室）也缺乏与检察机关申诉、公诉部门的配合，难以形成监督合力，由此形成的对申诉只转不办现象也导致服刑人员对检察官缺乏必要的信任。

三、刑罚执行监督环节服刑人员刑事申诉检察制度改革与创新

（一）检察机关监所检察部门应更新执法理念，明确服刑人员申诉监督职责所在，发挥在防止和纠正冤假错案中的职能优势

与社会上普通人群不同，服刑人员身处监管场所，环境的封闭性以及自身的弱势地位，容易发生冤案申诉被漠视的现象。2013年，最高人民检察院在《关于切实履行检察职能防止和纠正冤假错案的若干意见》中特别强调“要高度重视在押和服刑人员的举报和申诉，发现有疑点、有错案可能的，要及时提请原办案部门审查处理”。因此，保障被监管人犯人权，尤其是重视社会关注的服刑人员刑事冤假错案问题，应引起检察机关监所检察部门和干警的高度重视。监所检察干警要认真总结反思一段时期以来相继出现的冤假错案的深刻教训，通过深化向张飚同志学习活动，切实转变观念，强化监督意识，从履行法律监督职责的高度来看待此项工作，提高对办理不服法院生效刑事裁判申诉案件重要性的认识，增强对法院判决、裁定实行法律监督的主动性和自觉性，真正将其作为一项重要工作来抓。监所检察干警必须要认识到，办理服刑人员申诉是自身职责所在。2007 年 3 月，最高人民检察院《关于加强和改进监所检察工作的决定》中明确规定了受理被监管人及其近亲属、法定代理人的控告、举报和申诉是监所检察的重要职责和重点。同

① 一般情况下，监所派出院与接受移送刑事申诉案件的人民检察院之间互不隶属，有的案件接受移送的人民检察院没有给予回复，移送案件的派出检察院难以给予必要的约束、质询，导致刑事申诉石沉大海，难以给提出申诉的服刑人员一个满意的答复。

年9月5日，最高人民检察院《关于办理服刑人员刑事申诉案件有关问题的通知》中进一步规范了检察机关办理服刑人员及其法定代理人、近亲属刑事申诉程序，即“人民检察院监所检察部门及派出检察院接到服刑人员及其法定代理人、近亲属提出的刑事申诉后，应当认真审查，提出审查意见，并分别情况予以处理”。实践中，监所检察干警通过审查，认为原判决裁定有错误可能的，需要立案复查的，移送刑事申诉部门办理；通过审查，认为原判决、裁定正确，申诉理由不成立的，应当将审查结果答复申诉人并做好息诉工作。在实践中，服刑人员刑事申诉反映的问题主要有以下三类：一是对原判决、裁定不服。二是反映刑期折抵错误。三是反映公安机关、监管部门违法扣押款物等侵犯合法权益的违法行为。服刑人员提出刑事申诉的渠道主要有三个：一是服刑人员直接向监狱提出，由监狱向有关部门转递服刑人员的申诉请求。二是服刑人员向监所检察派出院提出，由监所检察派出院向作出生效判决、裁定的人民法院的同级人民检察院移送服刑人员的申诉请求。三是服刑人员通过其近亲属直接向有关部门提出刑事申诉。笔者认为，派驻监狱检察院（室）直接受理服刑人员刑事申诉应成为办理服刑人员刑事申诉最简单、最有效的渠道。这主要是基于检察机关在绝大多数监管场所都设置了派驻检察机关，[①] 派驻监狱检察院（室）工作人员能够直接接触服刑人员，能够全面掌握服刑人员的案情、思想变化和改造表现等情况，在及时发现、纠正冤假错案方面有着特殊的职能优势。与监管部门不同，派驻监狱检察院（室）是唯一客观中立的法律监督部门，相对较容易获得服刑人员的信任。因此，派驻监狱检察院（室）应勇于担当，把尊重和保护服刑人员

① 据调查，看守所按照14%的比例配置警力，监狱按照18%的比例配置警力，而全国检察机关派驻看守所一般按照0.5%~1%的比例配置检察人员，派驻监狱一般按照1%的比例配置检察人员。截至2009年年底，全国检察机关共有监所派出检察院80个，派驻检察室3204个，这些派出、派驻检察机构共有派驻检察人员9000多人，对全国95%的监管场所实行了派驻检察。

的合法权利放在重要位置，要高度重视在押和服刑人员的举报和申诉，发现有疑点、有错案可能的，要及时提请原办案部门审查处理，以在防止和纠正冤假错案工作中充分发挥职能优势。

（二）检察机关应积极推动立法来完善服刑人员申诉权利保障制度

当前，尽管服刑人员有申诉权利是法律所明确规定的，但是现行监狱管理制度中存在与申诉权相冲突的地方。申诉被认为是“不认罪服法”，申诉的服刑人员往往会被当成抗拒改造的典型而受到一整套监管制度的制约。2013 年，中央政法委制发《关于切实防止冤假错案的规定》，其中明确提出“对罪犯提出的申诉、控告、检举材料，监狱或其他刑罚执行机关不得扣压，应当及时转送或者提请有关机关处理。有关机关应当认真审查、及时处理，并将处理结果通知监狱或其他刑罚执行机关。罪犯提出申诉、控告的，不影响对其减刑、假释”。检察机关应根据此规定，就服刑人员申诉权利保障在监管场所开展立法调研，向立法机关提出有针对性的立法建议，建议修改《监狱法》，增加“服刑人员对已生效的判决、裁定不服的，可以向原判人民法院和上级人民法院或有关人民检察院提出申诉。相关单位或者个人不得以任何理由拒绝受理服刑人员提出的申诉，扣押服刑人员的申诉材料，阻挠服刑人员依法行使申诉权利”，“公检法司应指定具体部门和专门人员负责办理，坚持保障合法权益、依法客观公正的原则明确分工职责，加强沟通协作”，“在申诉期间，服刑人员符合减刑、假释条件的，刑罚执行机关应当依法为其提出减刑、假释，法院依法裁定”。“保证服刑人员充分行使申诉权，不得将是否申诉作为服刑人员思想改造的考核标准。”“监狱狱政管理部门具体负责管理服刑人员的申诉工作”等专门规定，为服刑人员申诉打消后顾之忧。同时还要推动立法机关增加刑罚执行机关收到申诉材料后转递有管辖权的法院、检察院处理时限和不得拆阅、扣压服刑人员写给司法机关的信件等规定，对法院或检察院收到申诉材料后登记，决定立案审查的书面通知及作出决定的具体时限作出明确规定，以防止“压信不转”、“一转了之”、“拒不回复”等阻碍服刑人员行使申诉权利的行为。

（三）检察机关应不断完善服刑人员申诉监督方式，健全和强化驻监检察监督力度

检察机关要健全刑事申诉案件的接收、受理、办理、移送、答复及跟踪反馈制度，试行服刑人员刑事申诉不受理、不抗诉由监所和控申部门联合答疑制度，坚持和完善刑事申诉案件“两见面”制度，保障服刑人员及其家属的知情权和人民群众的参与权，提高刑事申诉案件办理透明度和检察公信力。对于具有冤错可能的申诉案件，依法进行复查，复查结果要及时通知申诉人。具体来说：

1. 在监管场所深化检务公开，主动受理服刑人员及其家属刑事申诉

2013年10月，最高人民检察院制发《深化检务公开制度改革试点工作方案》，要求检察机关要进一步拓展检务公开范围、丰富检务公开形式、健全检务公开机制、加强检务公开保障、强化检务公开效果，更好地保障人民群众对检察工作的知情权、参与权、表达权、监督权。检察机关监所检察部门应牢固树立“以公开促公正、以透明促廉洁”的理念，坚持“依法、全面、及时、规范”和“公开是原则，不公开是例外”的原则，正确处理公开与保密的关系，在监管场所继续深化检务公开工作，在监管场所显著地方设立检务公开宣传栏，向服刑人员印发《检务公开手册》和派驻检察官联系卡、约见卡，重点告知服刑人员申诉权利。在服刑人员便于隐秘投递的地方设置检察官信箱，信箱应每周开启，保证服刑人员申诉能得到及时处理；还可以制定类似英国监狱视察委员会一样在监狱听取服刑人员刑事申诉的巡视制度，通过多巡视、多宣传，增强服刑人员的维权意识。在实践中完善约见检察官制度，积极开展谈话教育，特别把握服刑人员出所投监、新入监后等关键节点，鼓励他们申诉冤情，通过零距离接触、交流，有利于监所检察干警及时发现和了解是否存在错案疑点；定期接待服刑人员家属来

访，如利用服刑人员近亲属、监护人每月到监管场所与服刑人员会见节点，现场开展检察官接待和法律咨询活动，在接待过程中注意发现冤假错案线索。①

2. 正确处理与相关部门的监督配合关系，建立受理审查服刑人员申诉案件协作机制

监所检察部门要不断加强刑罚执行监督能力建设，正确处理监督制约与协调配合的关系，注意搞好与相关部门的分工合作和相互制约，做到既敢于监督，又讲求监督的方式、方法，努力做到在配合中监督，在监督中配合。首先要处理好与监管场所的关系。监所检察干警要立足于监督，通过开展专项检察，依职权主动发现冤假错案，特别是重点监督死刑案件中二审被改判的、二审被发回重审的、最高人民法院不核准死刑的及久押不决、超期羁押的案件，对此类案件的申诉要及时审查并向上级领导报告处理，及时发现并纠正冤假错案；同时，通过定期与监管场所召开联席会议、参加狱情分析会、与监管干警交流等多种方式，争取其支持，以办好监管场所转交的刑事申诉案件，及时发现和掌握冤假错案信息。其次要处理好与本院控申部门的关系。监所检察部门对服刑人员的申诉要及时受理和审查，对符合本院立案条件的要及时移交控申部门，并做好跟踪监督工作。笔者认为，经检察长同意，监所检察部门应适时介入，与控申部门共同做好实体审查工作。符合抗诉条件的，可配合控申部门提请上级院抗诉；还要处理好与兄弟检察院关系。监所检察部门对于服刑人员申诉进行初步审查后，认为有可能提起再审的，可督促原审检察机关履行诉讼监督职责。再审改判后，可督促原审出庭支持抗诉的检察机关及时将再审改判的判决裁定交付罪犯服刑地的派驻监狱检察院（室），以利于其及时掌握情况，消除监督死角。最后要处理好与上级检察院的关系。刑事申诉案件的处理

① 参见李革、张鹏：《议畅通监管场所刑事错案的发现渠道》，载《天津检察》（内刊）2013年第5期。

属于纠错机制，牵涉各方切身利益，翻案的阻力非常之大。需要推进上下级检察机关服刑人员申诉工作一体化工作机制，共同攻艰克难。如孙万刚冤案就是在最高人民检察院申诉厅的直接督办下才得以顺利实现再审改判的。李德田冤案也在抚顺市河北地区检察院立案复查后，经辽宁省检察院复核，并决定启动审判监督程序实现再审改判的。鉴于部分检察机关对处理本院所参与过的刑事案件的申诉工作存在一定的顾虑，可以考虑由最高人民检察院或者各个省级院出台相应的规定：可借鉴外省市经验，规定监所检察部门在接到服刑人员刑事申诉后，经审查，对不属于本地市管辖的，应在10日内将申诉材料直接报送省院控申部门审查处理，由省院自行办理或交有关单位办理。而有关单位对于驻监检察院（室）移送的服刑人员申诉案件，要积极办理，在办理申诉案件的过程中坚决认真地依法办事，避免相互推诿、久拖不办、办理不力而导致申诉无回音问题长期存在。探索建立地方检察机关与派驻检察院（室）的联络机制，派驻检察院（室）移送案件后可以设定一定的问询时限、了解案件办理情况，对个别有影响力的案件可以考虑由监所检察派出院和原提起公诉的人民检察院的共同上级检察院指导、移送案件，增强约束力。上级院应将申诉案件的成功办理作为检察机关平时以及年终考核的重要成绩，对冤假错案中不存在贪污受贿、渎职失职等个人责任的可不进行错案追究，但对刑事申诉案件设置各种阻力，不积极办理的应追究相关检察机关的主管领导和直接责任人员的个人责任和单位责任，必要时给予行政处分或纪律处分，取消年度评先资格。

3. 积极为服刑人员获得法律援助提供条件，保障刑事申诉救济渠道的畅通

一些西方现代法治国家通过建立定罪后DNA鉴定制度、设置专门的独立审查机构、鼓励“无辜者运动”之类的民间志愿者组

织发展等，形成了较为完善的刑事错案发现机制。[①]

在社会力量的介入方面，派驻检察院（室）检察官要主动接受舆论监督，借助媒体力量，善于从网络舆论中发现冤假错案线索。如张飚同志在受理张氏叔侄申诉线索的同时，还通过2008年《民主与法制》第13期，发现一篇文章《被疑“灭门杀手”终于无罪释放》，与张高平申诉案件有重大联系，后经浙江省杭州市检察院监所处调查，查清了袁连芳的真实身份；经河南省浚县检察院调查，确认了马廷新灭门案的证人“袁连芳”与张高平的证人“袁连芳”是同一个人。案件获得了较大突破，对该案最后的立案复查起到了重点推动作用。[②] 同时，监所检察部门还要保障服刑人员与近亲属及法定代理人会见畅通，对监管部门对非法定理由拒绝会见的情况提出纠正违法，保障服刑人员的会见权。还要与监管部门沟通，完善服刑人员获得法律援助的条件，健全律师介入方式，完善其为服刑人员提供法律服务的范围、方式和程序；试行服刑人员刑事申诉不受理、不抗诉由监所和控申部门联合答疑制度，共同对服刑人员释法说理，息诉止访，维持正确的法院判决裁定。完善公开答复，针对申诉人提出的申诉理由和相关证据，将经复查认定的原审判机关裁判是否正确，申诉理由能否支持的事实和法律根据及复查处理决定，面对面地向申诉人做出准确、细致的说明。在答复过程中，服刑人员的申诉不但可以就理由和新的证据进行申诉，而且他们对相关法律问题有疑问时，检察机关应当予以解释，对申

---

① 美国建立了定罪后DNA鉴定制度，从1989年至2012年已有超过280人因此被改判无罪；英国成立刑事案件审查委员会，专门负责对可能存在错判的刑事案件进行调查，1997年至2009年，该委员会向上诉法院移交了400余件案件，其中有290件有罪判决已被撤销；自1992年“无辜者运动”在美国叶西瓦大学建立起，许多国家都成立了类化的民间组织，如德国的被监禁无辜者国际运动，加拿大的错案辩护协会等。参见肖铂奕：《国外刑事错案发现机制介绍及借鉴》，载《天津检察》（内刊）2013年第5期。

② 参见李革、张鹏：《议畅通监管场所刑事错案的发现渠道》，载《天津检察》（内刊）2013年第5期。

诉人同意或不同意公开答复的表示及具体意见、态度，应当翔实记录在案；申诉人如不服该院的复查决定，检察机关应引导其采取理性合法的方式继续反映意见和要求。在公开答复时，代为服刑人员申诉的近亲属、监护人、辩护人或者其他委托代理人等经批准可以到场一同听取公开答复，探索吸收人民监督员参与，并全程录音录像，以对公开答复过程进行过程监督。

涉法涉诉信访工作改革对刑事申诉检察工作的影响

罗庆东　杨崇华　张　伟*

当前，涉法涉诉信访事件易发、多发，这是社会转型期利益冲突的集中表现，同时也是人民群众维权意识、法治意识提高的必然结果。如果信访问题处理不当，就会影响到社会的安定和谐，不利于从根本上维护群众的合法权益，不利于在全社会形成尊重司法、崇尚法治的良好氛围。面对严峻形势，2013 年年初，中央政法工作会议及时作出了将涉法涉诉信访工作改革列入当前重点推进的“四项改革”之一的重要决定。因此，研究涉法涉诉信访改革对刑事申诉检察工作的影响，并按照改革的精神重新审视刑事申诉检察工作，构建更为科学合理的刑事申诉工作机制，在新的历史时期立足刑事申诉检察职能做好涉法涉诉信访工作，已成为亟待研究解决的重要问题。

一、涉法涉诉信访工作改革的源起

（一）涉法涉诉信访的相关概念

根据 2005 年国务院颁布的《信访条例》第 2 条的规定，信访

* 作者简介：罗庆东，最高人民检察院刑事申诉检察厅副厅长；杨崇华，最高人民检察院刑事申诉检察厅检察官；张伟，北京市昌平区人民检察院控告申诉检察处检察官。

是指公民、法人或者其他组织采用书信、电子邮件、传真、电话、走访等形式，向各级人民政府、县级以上人民政府工作部门反映情况，提出建议、意见或者投诉请求，依法由有关行政机关处理的活动。

涉法涉诉信访是信访案件中比较特殊的一类，是指依法属于法院、检察院、公安部门和司法行政等部门处理的信访案件。[①] 针对检察院的涉法涉诉信访又被称为涉检信访，它是指公民、法人或其他有关单位通过信访渠道反映的涉及检察机关或检察人员的案件，包括不服检察机关处理决定的案件；反映检察机关在处理群众举报线索中久拖不决，未查处、未答复的案件；反映检察机关违法违规或检察人员违纪违法的案件等。[②]

从上述概念可以看出，涉法涉诉信访与一般的信访相比较有明显的法律特征和司法属性，是需要纳入法治轨道解决的问题，而不应当与一般信访混同对待。

（二）涉法涉诉信访工作改革的背景

信访工作在制度创设之初，旨在通过倾听基层民众的诉求达到了解社情民意和积极预防、有效化解社会矛盾的目的。

然而，近些年，由于群众来信来访数量居高不下，各类集体访、越级访、重复访、多头访情况严重，极端访、告急访等非常规信访形式也较以前有了显著增加，部分群众"信访不信法"、"信上不信下"、"弃法转访"等问题突出，难以得到彻底解决，使得各级司法机关信访任务繁重且压力巨大。笔者认为，究其原因主要在于以下五点：

第一，随着我国经济转轨和社会转型速度的加快，社会体制和

① 参见中央政法委政法〔2005〕9号《涉法涉诉信访案件终结办法》第2条的规定。

② 参见最高人民检察院《检察机关执法工作基本规范》，中国检察出版社2013年版，第29页。

利益格局发生了重大调整，地区发展不平衡、城乡差距拉大、社会分配不均等诸多问题凸显，各种社会矛盾和利益纠纷集中爆发。当事人在其利益得不到满足或者诉求得不到支持时，就会千方百计寻求各种表达途径。检察机关作为法律监督机关，必然成为群众信访的重要渠道。

第二，一方面，由于我国司法体制本身存在发展中的阶段性缺陷，司法机关行政化和地方化倾向严重，加上部分司法人员法律素养和道德水平不高，导致司法不规范、司法不公正和司法腐败现象频发。[①] 于是，大量本应在诉讼程序内处理的问题无法得到真正解决，便涌入了信访渠道寻求答案。另一方面，信访群众普遍缺乏法律知识，诉讼风险意识和证据意识淡薄，当裁决结果或执行结果与期望值有差距时，便迁怒于司法机关或司法人员，进而就采取到检察机关信访的方式“讨说法”。

第三，当前，关于司法机关的各种负面报道和现实中存在的诸多问题，使得司法机关的公信力急剧下降，冲击了改革开放后在民众中逐步建立起来的法治意识、法治信念和法治情感。“信访不信法”的心态在社会逐步蔓延扩散，两千多年封建社会中形成的“青天意识”重新抬头。[②] 一些群众不愿通过诉讼程序解决问题，而是寄希望能在不断的信访过程中遇到“清官”来为其主持公道。

第四，由于我国信访制度的设计缺陷，使得信访活动具有了5个无限性的特点，即主体无限、时间无限、次数无限、级别无限、条件无限。[③] 无论信访人是否与信访事项存在实质的利害关系，无论其诉求是否合理合法，无论其经历了多少程序，都可以到相关部

---

① 参见刘炳君：《涉法涉诉信访工作的法治化研究》，载《法学论坛》2011年第1期。

② 参见苏建忠、陈允政：《浅谈当前涉检上访的原因及对策》，载《西南政法大学学报》2009年第2期。

③ 参见苏力：《上访——中国司法制度研究》，中国政法大学出版社2000年版，第208页。

门进行信访，相对于诉讼程序来说可谓门槛极低。而且，多数普通群众运用法律进行维权的能力薄弱，又无力或不愿承担不菲的律师费和诉讼费。相比之下，信访不仅不收费、门槛低，而且还可能因为引起各级领导、新闻媒体等方面的关注而使得问题最终得以解决。因此，“经济实惠”的信访便成为越来越多民众的选择。

第五，多年来，政府有关部门把控制和化解涉法涉诉案件数量作为政法综治工作的重要评判标准，往往只看重信访案件最终处理结果。因此，部分基层政府和司法机关惮于越级访、群体访的政绩考核指标和一票否决制，在很多情况下不得不满足上访群众合理或者不合理的要求，以求换取息诉罢访的结果。然而，这些“成功”的信访示范效应又促使部分原本不准备上访的民众竞相效仿，于是信访问题逐渐步入了愈演愈烈的恶性循环。

自 2003 年全国首次“集中处理涉法访”案件以来，各地相关部门集中力量查办了一大批涉法涉诉案件。2010 年，全国政法机关还同时开展了“涉法涉诉信访积案清理”活动和“百万案件评查”活动，旨在一手抓积案化解，减少信访“存量”，一手抓源头治理，控制信访“增量”。虽然如此，目前涉法涉诉信访仍存在诸多问题尚待解决，特别是诉讼和信访交织，信访问题终而不结，缠访闹访层出不穷等，甚至在一些地方出现了起组织、策划、挑头作用的“上访专业户”，他们不仅直接组织、策划并参与集体访，而且经常插手他人同类问题的上访，挑动串联访，已严重影响到了社会的稳定。而各地政法机关对于涉法涉诉信访，仍旧处在认识不统一、做法不一致、机制不健全，疲于应付和“花钱买平安”的状态。地方政法委对于数次处理过的涉法涉诉信访案件仍进行受理和评查，对于一些经过多级司法机关作出的裁决还是转交给法院、检察院和公安机关再审或复查。[①] 这样不仅使得信访人及相关人员长

① 参见陈桂禄、春桃：《处理涉法上访的实践与探索》，人民出版社 2005 年版，第 98 页。

期处于纠纷困扰之中，也使得本身就有限的司法资源显得更加捉襟见肘。

此外，从涉法涉诉信访的最终目的来说，信访人是希望通过司法系统外的权威来引起相关领导对案件的重视和过问，继而希望出现对其有利的结果。但是，通过带有浓厚的行政色彩的信访模式影响或改变已生效的法律裁决，违背了法治的基本原则。长此以往，势必导致客观上没有权威的终局裁判机制、没有公认的判断是非曲直的标准，势必削弱司法的权威，损害法律的尊严，强化“信访不信法”的不良社会倾向，影响人民安居乐业和国家长治久安。

因此，在此关键时期，中央提出涉法涉诉信访工作改革有着重要的意义，既是贯彻落实党的十八大和十八届三中全会精神的要求，又是贯彻修改后的《刑事诉讼法》、《民事诉讼法》的实际行动；既是全面推进依法治国的需要，又是从根本上扭转当前信访形势，维护人民群众合法权益的具体体现，成为我国信访工作法制化、规范化的新起点。

二、涉法涉诉信访工作改革的内容和要求

2013 年年初，全国政法工作会议将涉法涉诉信访工作改革确定为“四项改革”内容之一，明确提出了把涉法涉诉信访问题纳入法治化轨道处理的改革思路。2013 年全国“两会”上，国务院总理温家宝在《政府工作报告》中，也明确提出要“推动涉法涉诉信访工作改革”。2013 年全国检察长会议上，最高人民检察院曹建明检察长进一步明确要求全国各级检察机关“建立健全依法处理涉法涉诉信访问题的工作机制”。2013 年 1 月，中央政法委组织河北、辽宁、江苏、云南 4 个省份先行开展涉法涉诉信访工作改革试点工作，4 月初，又增加了北京等 10 个省、市、自治区作为试点省份，进一步扩大试点。

根据涉法涉诉信访改革的相关精神，此次改革就是要加强和改进对涉法涉诉信访工作的组织领导，改变诉访不分、集中交办、行

政推动、通过信访启动法律程序的工作方式。让各级政法机关成为依法处理涉法涉诉信访问题的责任主体，由政法机关依法按程序对诉访进行分离，把解决涉法涉诉信访问题纳入法治轨道，依法律程序不同进行区分处理。同时，紧紧依靠党委和政府，加强与党委、人大、政府、政协、纪委信访部门的协调配合，努力形成依法处理涉法涉诉信访问题的合力，依法保障合法权益，依法维护公正结论，依法纠正错误裁决，保护合法信访、制止违法闹访，努力做到息诉罢访、案结事了，实现维护人民群众合法权益、维护司法权威与维护社会和谐稳定的统一。

三、刑事申诉检察工作与涉法涉诉信访工作改革的关系

我国检察机关作为国家法律监督机关，也承担着大量的涉法涉诉信访工作。涉法涉诉信访工作体现在检察工作中，主要是通过受理和办理举报控告、刑事申诉和民事申诉等检察工作来解决群众的信访诉求。

由此可见，刑事申诉检察工作不仅是检察机关法律监督职能的重要组成部分之一，而且是处理申诉类信访案件的最后一个诉讼环节，是检察机关维护司法公正和社会和谐的重要方式。

目前，根据相关法律规定，刑事申诉检察部门承担的主要工作职责有五项：一是办理不服检察机关诉讼终结刑事处理决定的申诉案件，包括不服人民检察院因犯罪嫌疑人没有犯罪事实，或者符合《刑事诉讼法》第 15 条规定情形而作出的不批准逮捕决定的申诉，不服人民检察院不起诉决定的申诉，不服人民检察院撤销案件决定的申诉，以及不服人民检察院其他诉讼终结的刑事处理决定的申诉；二是办理不服人民法院生效刑事判决、裁定的申诉案件，对确有错误的依法提出抗诉或者再审检察建议并出庭支持抗诉，监督纠正刑事审判中的违法行为；三是统一办理检察机关作为赔偿义务机关的刑事赔偿案件，对法院赔偿委员会作出的刑事赔偿决定、民事行政诉讼赔偿决定和法院作出的生效行政赔偿判决、裁定进行监

督；四是办理国家司法救助案件；五是对办理的上述案件做好善后息诉工作。

从以上工作职责可以看出，刑事申诉检察工作具有四大功能：

第一项功能是权利救济保障。提出申诉、取得国家赔偿是我国《宪法》规定的公民基本权利。检察机关依照宪法、法律和有关规定办理刑事申诉、国家赔偿等案件，对于保障公民合法权益、维护社会和谐稳定具有重要意义。2012 年，全国检察机关共受理不服检察机关诉讼终结刑事处理决定的申诉案件 6359 件，受理不服人民法院生效刑事判决、裁定的申诉案件 8830 件。

第二项功能是司法监督制约。检察机关通过办理刑事申诉、国家赔偿案件，确保公民合法权益不受侵犯；通过依法维持正确的判决、裁定和决定，维护司法权威；通过依法纠正法院错误的判决、裁定和检察机关的错误决定，有效发挥对外监督和对内制约作用，促进司法公正廉洁。2012 年，全国检察机关通过复查改变检察机关原处理决定 1470 件，纠正率达到 32.5%；向法院提出抗诉 124 件，提出再审检察建议 1064 件，法院改判率都比较高。实践中，刑事申诉检察的监督制约功能也被称为“纠错功能”。近年来，云南孙万刚、湖南滕兴善、安徽于英生、浙江张氏叔侄等多个重大冤错案件通过再审检察建议得到纠正后，刑事申诉检察制度设置的优势日益彰显。

第三项功能是社会矛盾化解。通过办理申诉案件，能够起到修复社会关系，缓和社会矛盾，平息社会纠纷的作用。2012 年，全国检察机关共复查息诉不服检察机关处理决定申诉案件 3876 件，审查息诉 1587 件；办理刑事被害人救助案件 10517 件，实际发放救助金 7559 万元。

第四项功能是反向审视功能。通过办理刑事申诉案件和国家赔偿案件，对整个刑事诉讼过程活动进行全面审视，发现工作中存在的问题，及时提出纠正和改进意见，促进依法办案和文明执法。

由上述职责和功能可以看出，刑事申诉检察是公民合法权益受到侵害后依法寻求司法救济的重要手段，也是法律规定的保障公民救济权利的重要程序，更是当事人在经历了侦查、起诉、一审、二审等多个诉讼程序后，仍然觉得自己的合法权利没有得到有效保障而寻求司法救济的最后一个渠道，可以说是当事人基于对法律的“最后一点信仰”、对司法机关的“最后一点信任”和对保障自身权利的“最后一线希望”而选择的司法途径。因此，刑事申诉检察工作的重要性和本身的司法救济属性决定了刑事申诉检察工作就是要通过依法履行职责妥善解决群众的诉求，运用法治思维、法治方式和司法人文关怀化解矛盾、维护稳定、促进和谐，让人民群众切实感受到公平正义就在身边。所以，从这个意义上来讲，刑事申诉检察工作是涉法涉诉信访工作不可分割的重要组成部分，是一项与涉法涉诉信访改革紧密相关的重要工作。

四、涉法涉诉信访工作改革对刑事申诉检察工作的影响

涉法涉诉信访工作改革要求政法机关要站在推进依法治国的战略高度，把依法维权与依法办事有机结合起来，引导涉法涉诉信访问题在法治轨道内妥善解决，强调依法按程序处理涉法涉诉信访问题，确保依法、公正、及时解决群众诉求，坚决防止信访事项在法律程序内“空转”。这里所讲的“程序”，包括了依法受理、依法办理、依法终结、依法救助、依法退出等程序。刑事申诉检察部门不仅直接承担了依法办理、依法救助等环节的工作，而且要参与依法受理、依法终结等环节的工作。因此，涉法涉诉信访改革对刑事申诉检察工作在执法理念、工作机制、执法行为和队伍建设方面都提出了新的更高要求。

（一）刑事申诉检察执法理念要有新的转变

理念是行动的先导。这次改革是在创新社会治理体制、推进国家治理体系和治理能力现代化的大背景下出台的，尤其需要用先进理念来推进改革。改革的核心是把涉法涉诉信访纳入法治轨道解决，实现维护合法权益与维护司法权威的统一。这就要求我们切实

增强法治意识和法治思维，树立现代执法理念，更加重视刑事申诉检察工作在依法处理涉法涉诉信访问题中的职能作用，更加注重依法按程序办案，更加注重加强法律监督、保障救济权利。从近年刑事申诉检察部门立案复查和监督纠正的浙江张氏叔侄案、安徽于英生案等一批典型案例来看，只有首先更新执法理念，按现代法治精神办案，才能监督纠正冤假错案。如果还是按照以前的信访工作理念和模式去处理，甚至花点钱买平安，这些冤错案件就很难得到依法纠正。但在实践中，仍有部分检察人员头脑中存在申诉案件办理就是“摆平”当事人，把刑事申诉当信访处理，处理申诉不必走法律程序等错误的思想认识，还没有完全克服“重打击、轻保护”、“重实体、轻程序”等陈旧的执法观念。有的地方不敢监督、不善监督，对群众申诉反映的问题不愿纠正、不善纠正，对正确的司法结论不敢坚持、不敢维护，造成群众不满、案件久诉不息，影响司法权威，甚至引发新的信访问题。因此，可以说，涉法涉诉信访改革首先就是对工作观念和执法理念的挑战。

（二）刑事申诉检察工作机制要有新的调整

涉法涉诉信访改革最重要的变化不是某个具体措施的改变，而是对涉法涉诉信访治理模式的根本改变，就是由以往的行政化治理模式向法治化治理模式改变。就刑事申诉检察工作来说，就是要改变以往把申诉案件当作一般信访处理的惯例，改变处理申诉只是“走程序”而不严格依法办理的模式，改变办理申诉案件主要是检察机关内部程序而当事人参与少的局面，改变对申诉案件可以重复申诉、重复交办、重复复查的传统，真正把申诉与一般信访分离，按照规范透明的程序，严格依法公正办理，实现保障群众合法权益与维护司法权威的统一。

首先，实现“诉访分离”是改革的重要目标。此次改革的总体思路是将涉法涉诉信访从普通信访中分离出来，纳入法治轨道，由政法机关依法按程序处理。然而，实践中，由于一些地方刑事申诉与一般信访不分，一些申诉案件被当作一般信访处理，依法该受理的未受理、该复查的未复查、该纠正的未纠正、该赔偿的未赔偿，申诉人反映的问题得不到依法解决，合法权益得不到法律保障，群众“申诉难”问题不同程度存在；另外，一些申诉人“信访不信法”甚至“以访压法”，将本该通过申诉程序依法解决的问题通过一般信访渠道来反映，越级申诉、重复申诉、缠访缠诉等“申诉乱”现象时有发生。这次改革明确提出“诉访分离”，强调把涉及诉讼权利救济的信访事项从普通信访中分离出来，既依法纠正执法差错，依法保障合法权益，依法维护公正结论，又建立依法终结制度，严肃处理违法上访行为。这就要求刑事申诉检察工作必须研究如何畅通和规范刑事申诉案件的“进口”与“出口”，为依法处理申诉创造有利的条件和环境。

其次，依法按程序处理是改革的核心要求，也是改革成败的关键。依法按程序处理的基本要求就是严格规范执法。应当说，刑事申诉检察工作在立法上和实践上至今仍然是规范执法的相对薄弱环节。修改后的《刑事诉讼法》虽然在规范刑事申诉行为、完善刑事再审程序方面有了较大进步，但总体来说，有关刑事申诉的办理无疑是《刑事诉讼法》规定最为原则、最缺乏可操作性的内容之一。实践中，刑事申诉检察工作也是检察机关内部诉讼与信访交织、法内处理与法外解决并存状况最为突出的工作环节之一。更重要的是，一些刑事申诉检察人员因为执法理念偏差和法律素养不高，还存在不同程度的执法不规范问题：一是程序瑕疵，如超期办案，文书该送达未送达或送达超期，未告知当事人相关程序权利等；二是文书瑕疵，如适用文书错误，文书名称错误，文书内容存在笔误等；三是行为瑕疵，如履行职务行为不到位，对当事人态度粗暴，违规对当事人进行承诺等。执法瑕疵案件问题虽小，但常常引发当事人的再次信访或控告，是申诉案件中难终结、难息诉的案件，化解处理难度大，牵扯的人力物力精力多。

因此，刑事申诉检察部门需要深刻领会和把握改革的实质精神，正确认识改革措施的针对性、有效性，对处理刑事申诉的工作模式、办理方式和制度机制等进行深刻调整。

（三）刑事申诉检察工作的执法效果要有新的提升

涉法涉诉信访工作改革的着眼点和着力点是要依法按程序办案，确保解决群众诉求。这对办理刑事申诉案件的力度、质量、效率和效果都提出了更高标准。改革要求将涉法涉诉信访案件全部纳入法律程序办理，加快办案进度，提高办案质量，确保办案效果，增加办案过程的透明度，依法赔偿到位、救助到位，做好释法说理，既解开申诉人的“法结”，又解开其“心结”，实现案结事了、息诉息访的目标。

改革后，随着诉访分离、依法导入机制的建立和相关因素的影响，进入刑事申诉检察部门的案件量会出现大幅增长。例如，随着相关司法解释的修改、防范冤假错案机制的完善和宽严相济刑事政策的实施，不起诉案件逐年增多，这将导致不服不起诉决定的申诉以及相关刑事赔偿案件同时增多。2013 年，全国检察机关决定不起诉 68000 多人，上升 47.4%，其中逮捕后不起诉 12808 人，上升 27.9%。这些都可能是潜在的刑事申诉案件。此外，近年来检察机关受理的不服生效刑事裁判申诉案件以年均 46% 的增幅持续上升，2013 年达到 1.3 万件。改革后要求案件受理条件就低不就高，对有管辖权的案件不能相互推诿，所以这类申诉案件在一段时期内仍会上升。此外，国家司法救助制度出台后，救助范围明显扩大，预计司法救助案件数会在近两年大幅上升的基础上出现更猛的增长势头。从改革试点情况来看，不少地方改革后群众到党政信访部门反映涉法涉诉问题的少了，选择法律程序解决问题的多了。大量原来按信访程序处理的案件转为按申诉程序处理，如第一批试点的云南，2013 年办理刑事申诉案件 2267 件，同比上升 91.6%；广东去年全省受理刑事申诉案件同比上升 62.4%。

不仅如此，据统计，2013 年有 62% 的刑事申诉案件立案复查后维持了原决定，加上审查结案的案件，总计有超过 70% 的刑事申诉案件，检察机关认为原决定和裁判是没有错误予以维持。对这部分申诉案件，刑事申诉检察部门需要做大量的释法说理和善后息诉工作。

由此可见，作为法律程序的最后一关，涉法涉诉信访工作改革后，大量难以化解的矛盾将会给刑事申诉检察部门带来前所未有的压力。[①] 但从实践看，有些检察机关和检察人员依法按程序处理申诉问题的意识还不强，对不少刑事申诉案件没有严格审查、复查就草率结案。部分检察人员对释法说理不重视，对申诉人的诉求从法律上予以回应和解决不到位，对于作出维持原决定的案件，只简单地依照程序向被害人宣布决定书或通知书，很少对作出决定的原因进行细致解释，容易导致被害人的不满，从而引发缠访闹访。办理申诉案件的程序还不完善、透明度还不高，申诉人的诉讼参与程度不高，处理申诉的程序公正性、透明度、公信力都有待提高。还有部分刑事申诉检察干警缺乏群众工作经验，不严格按照首办责任制和联合接访制度处理信访问题，不善于利用刑事申诉和解和公开审查等工作机制化解矛盾，在与当事人和信访人的接触中经常处于被动地位，在息诉罢访的工作中往往手足无措，办案的力度、质量、效率和效果离改革的标准还有不小差距。

因此，按照涉法涉诉信访改革预防和减少涉法涉诉信访的要求，刑事申诉检察工作人员执法办案的能力和效果都必须有新的、更大的提升。

（四）刑事申诉检察队伍的整体素质要有新改进

涉法涉诉信访工作改革实施后，大量的申诉案件将最终汇集到检察机关。然而，在当前人民群众的法治意识、权利意识、监督意识不断增强，对司法工作的要求越来越高，而司法机关的执法水平和执法公信力却不尽如人意的情况下，通过司法程序解决信访问题并让当事人息诉罢访越加困难。而且作为法律程序的最后环节，涌

---

① 参见刘太宗、李高生：《刑事涉检信访工作探讨》，载《中国刑事法杂志》2012年第12期。

入检察机关的将会是数量众多案情复杂、当事人要求高、化解难度大的案件或者上访老户，必然给刑事申诉检察工作带来前所未有的压力。

但是，长期以来，由于认识上的偏差，刑事申诉检察部门，尤其是一些基层检察机关的控告申诉部门，被认为是检察院的“传达室”和边缘业务部门。目前，仅有 8 个省级院和少数地市级、基层院设立有单独的刑事申诉检察部门，绝大多数检察院的刑事申诉检察业务与控告检察业务由同一个部门承担，而且不少地方迫于信访压力，对控申部门的人员主要是按照信访工作要求进行配备的。不少地方的检察机关往往认为控告申诉部门做好信访和维稳工作是主要任务，不重视刑事申诉工作。反映到人员配备上，大部分基层检察院的控申部门，干警都在 5 人以下，甚至有的出现控申处只有两人的现象。在编干警严重缺乏，平均年龄老化，能够办理刑事申诉的业务骨干更加稀少。然而，控申部门干警还要承担着受理和分流举报控告线索、职务犯罪线索初核、信访接待和处理各种缠访闹访、内部数据统计、案件评查、信息报送、材料撰写、各种会议等常规工作，同时还要应对当地政法委、维稳办、人大信访办交办案件的办理工作和维稳任务。如此繁重的工作任务与控申检察部门干警的配置极其不协调，严重影响了干警办理刑事申诉案件的积极性。此外，控申部门配置的干警绝大部分并没有公诉实务经验，在知识结构和专业能力等方面根本不适应刑事申诉检察业务开展的需要，特别是对出庭支持抗诉的新职责不适应。因此，在办理刑事申诉案件时往往有心而无力，不会监督、不敢监督、不愿监督。随着刑事申诉检察工作职能的增加、办案数量的突增、办案要求的提高，刑事申诉检察部门人手紧张、专业人才缺乏和机构设置不合理的问题将日益突出，远远不能达到涉法涉诉信访工作改革的要求。

五、刑事申诉检察工作应对涉法涉诉信访工作改革的对策建议

（一）适度进行控申分设，落实诉访分离要求，畅通申诉受理渠道

诉访分离是改革后涉法涉诉信访工作机制运行的基础。诉访分离，要求把涉及诉讼权利救济的申诉，从普通信访中剥离出来，涉法涉诉的按照诉讼程序处理，普通信访按信访条例、信访工作机制处理。具体到刑事申诉检察环节，就是把需要按照《刑事诉讼法》第176条、第177条、第241条等明确规定的刑事申诉及审判监督程序和《国家赔偿法》明确规定的刑事赔偿及赔偿监督程序办理的案件，与普通信访包括普通涉检信访事项区分开来，对前者导入法定程序依法规范办理。受案时要认真审查、甄别，从性质上严格区分是刑事申诉案件还是普通涉检信访，特别是对形式上表现为信访而实际上是申诉，或形式上表现为申诉而实际上是信访的事项，包括形式上表现为一种诉求而实质上既有申诉又有信访事项，都要严格区分处理，只有性质上是申诉并且符合刑事申诉案件职能管辖、级别管辖要求的，才按照刑事申诉程序处理。

目前，全国绝大多数地方检察机关的控告和刑事申诉工作是合二为一的，都属于控告申诉检察部门。虽然这两种检察业务同为检察机关法律监督职能体系中的一部分，但两者职能之间有着很大差异。

首先，控告检察部门作为检察机关接受群众举报、控告、申诉和信访的窗口，是很多案件线索进入检察机关的第一个关口。其职能主要是通过依法受理公民各类申诉、控告、举报和处理信访问题，办理相关控告案件，发现监督线索，将外部监督转化为内部监督；通过审查实现诉访分离，回应群众的信访诉求，化解社会矛盾，维护社会稳定。刑事申诉检察的职能主要是通过对不服人民检察院诉讼终结刑事处理决定申诉案件、不服人民法院已生效刑事裁

判申诉案件、国家赔偿和赔偿监督案件、国家司法救助案件的审查和立案复查，发现和纠正错误的裁决，维护正确裁决的稳定性和严肃性，实现对刑事诉讼活动公正性的法律监督，是检察机关刑事诉讼活动的最后一道关口。[①]

其次，控告接待岗位需要的是素质高、心态好、司法和社会经验丰富、群众观念强、擅长做群众工作的同志，也只有具备这样素质的检察人员才能做好信访接待工作，处理好复杂、棘手的控告信访案件和缠访闹访问题。刑事申诉检察工作则需要具有丰富的侦查监督和公诉办案经验的业务能手和专家，只有这些比一般办案人员水平更高的专家型检察人员，才能在作为“挑错”的案件复查环节准确发现原案诉讼过程有无错误或执法瑕疵，做到严格纠错和依法监督，维护公平正义。

因此，这两种检察业务在职能属性、目标定位、业务范围、办案程序、监督手段及人才需求等方面都具有很大的差异性，不属于相同或类似的监督职能，将其设置在一个部门中，没有任何协作和配合的需要，只能影响其各自职能的充分发挥。

此外，相关法律和规定的修改赋予了刑事申诉检察以再审抗诉和出庭、国家赔偿监督等新的业务，办案任务大幅增加，法律监督职责越来越重，专业性要求越来越高，亟须进行专业化的队伍建设。而且，从实践情况看，单独设立刑事申诉检察机构的省级检察院的刑事申诉检察业务普遍在全国处于领先位置，法律监督职能作用发挥更充分。

基于以上的分析，为避免信访量增大挤压刑事申诉检察工作的空间，或者刑事申诉案件增多影响检务接待工作的开展，建议在刑事申诉业务量较大的省级检察机关和地市级检察机关将控告检察工作和刑事申诉检察工作部门分设。这样有利于各自职能的充分发

---

① 参见陈磊：《申诉检察与控告检察适当分离的理论分析与实践考察》，载《人民检察》2013 年第 6 期。

挥，有利于提高办案效率和办案质量，有利于刑事申诉检察工作和检务接待工作专业化的发展和队伍建设，也是检察机关优化内部机构设置和增强法律监督职能的必然选择。

（二）完善刑事申诉案件办理工作机制，提升执法办案水平

面对改革后显著增加的办案任务，不能仅仅从人员机构上寻求解决途径，更要从制度机制上进行探索，积极构建更加高效的办案工作机制，解决好案多人少、案件积压、“程序空转”等问题。

一是建立完善刑事申诉案件一体化办理机制。针对刑事申诉案件“上行”压力大、办案任务“倒三角”分布等结构性矛盾，积极建立上下一体、分工协作、密切配合、互相支持的刑事申诉案件一体化办理机制。上级检察机关应当依托各级刑事申诉检察人才库，加强对本地区办案人力资源的统一调配使用，整合检察资源，增强整体合力，改变有的地方“案多人少”而有的地方“无案可办”的不平衡状况。上级检察院特别是省级院要在一体化办案中发挥组织作用和“龙头”作用，切实加大直接办案和督导办案力度，尤其是高度重视抗诉和提请抗诉案件的办理工作。针对案件“上行”问题，应当进一步强化基层检察机关办案责任和复查首次申诉案件和办理上级院交办、转办案件力度，促进办案重心下沉。上级检察机关应当结合办理不服下级院复查决定的申诉，做好办案质量检查和个案评查，加强对下级院复查案件质量的通报，督促下级院尤其是基层院切实负起责任，提高首次复查申诉案件质量，努力把矛盾化解在基层、化解在首办环节。

二是建立完善刑事申诉案件督办指导机制。刑事申诉案件“上行”的特点，要求上级检察机关在办案工作中承担更大责任。上级检察机关特别是省级检察机关应当更加重视抓好办案工作，既要带头办案，发挥办案表率带动作用，又要建立健全刑事申诉案件交办、督办、协办等制度，加强个案指导和督办，促进提高办案质量和效率，有效防止和解决案件积压、“程序空转”、“矛盾上交”等问题，推动本地区办案工作有力、有序开展。建立健全业务通

报、案例指导、分类指导等制度，组织开展办案质量检查、个案评查等活动，不断完善业务指导的载体、手段和方式，提高督办指导工作实效和水平。

三是积极开展刑事申诉案件检察官办案责任制改革试点工作。根据最高人民检察院关于检察工作改革的部署，部分地方检察院已开始检察官办案责任制的试点工作，试点单位要在刑事申诉工作中积极探索试行检察官办案责任制，按照“责、权、利相一致”和“谁主办，谁负责”的原则，完善办案责任主体，优化办案工作组织，规范减少审批程序，强化监督保障措施，把办案责任落到实处，充分调动刑事申诉检察人员的积极性和责任心，促进刑事申诉案件依法、公正、高效办理。同时，建立办案质量终身负责制，促进办案人员以高度负责的精神办理每一起申诉案件。

四是推广刑事申诉权利告知和风险提示机制。针对有的当事人对申诉结果期望过高、结案后仍然无理取闹的现象，一些地方检察机关在办理刑事申诉、国家赔偿案件中探索实行权利告知和风险提示制度，引导当事人依法有序理性维权，取得了积极效果。各地可以借鉴这一做法，对前来申诉的当事人预先告知其申诉权利和诉求可能不被支持的风险，引导当事人合理预期申诉结果、正确对待案件结论，防止缠访缠诉、案结事不了的问题发生。

五是完善刑事申诉和解工作机制。通过承办检察官居中协调，释法说理，从法理、人情等多个层面，入情入理地进行沟通协调，对双方当事人进行法制教育和心理疏导，缓解案件双方对立情绪，促使他们更加理性平和地看待争议问题。在调解中搭建面对面恳谈、电话沟通、居间斡旋等平台，促进双方有效沟通，晓之以理，动之以情，使双方都能感受到检察机关真心帮扶、力求解决实际问题的诚意，最终努力促成案件双方达成和解协议，自愿息诉罢访，将矛盾化解在办案阶段。

（三）完善刑事申诉检察公开机制，促进规范执法

中央改革意见明确提出，要把加强执法公开、扩大群众参与、

接受群众监督作为依法处理涉法涉诉信访问题的重要内容，以公开确保公正、促进息诉。最高人民检察院有关意见也明确要求，要深入推进司法民主和执法公开。在刑事申诉检察环节，应当进一步从以下三个方面完善执法公开机制：

一是深入推进刑事申诉案件公开审查。公开审查是实现“看得见”的公平正义的重要途径，是确保申诉案件公正办理、增强当事人认同的重要措施。2013 年，全国刑事申诉检察部门推进公开审查工作取得明显进展，运用公开审查程序办案 3063 件，同比增加 10 倍多，占全年结案总数比例由 2012 年的 4% 上升到 35%，产生了良好的社会反响。2014 年 10 月 27 日，修改后的《人民检察院复查刑事申诉案件规定》颁布施行，规定了不服人民法院生效刑事裁判的申诉案件也可以进行公开审查。因此，刑事申诉检察部门在复查各类申诉案件过程中，应当积极运用公开听证、公开示证、公开论证、公开答复等多种形式，努力以公开促公正、赢公信。将公开审查制度与人民监督员制度、第三方参与化解机制等有机结合，提高公开审查工作水平。积极探索公开审查下基层、到社区、进乡村和网上公开等贴近群众、经济简便的新方式，进一步增强执法透明度、提升执法公信力。

二是积极落实刑事申诉案件信息公开机制。目前，最高人民检察院已颁布了《人民检察院案件信息公开工作规定（试行）》，今后刑事申诉办案人员应当按照规定通过该系统向案件相关人员提供案件程序性信息查询服务，向社会公开重要案件信息和法律文书，实现网上律师预约服务，确保当事人和广大群众能够及时了解办案依据、程序、流程和结果，切实保障人民群众对检察工作的知情权、参与权和监督权，增强检察机关执法办案的透明度，规范执法行为，促进公正执法。这也有利于刑事申诉检察部门借助社会力量做好息诉工作，减轻信访接待、释法说理等息诉任务和压力。所以，应当依照“谁办案、谁公开，谁公开、谁负责”的原则强化审查，明确责任，加强组织领导，以强化对检察机关的社会监督和便民利民为出发点，扎实稳健地落实案件信息公开工作。

三是完善刑事申诉法律文书说理制度。强化法律文书说理，有助于当事人全面正确地理解刑事申诉检察部门的执法行为和所作决定的事实、法律、政策依据，增强对执法结果的认同，促进息诉息访。最高人民检察院《关于进一步加强新形势下涉法涉诉信访工作的意见》对完善法律文书说理制度提出了明确要求，在制作刑事申诉检察文书中，无论是纠正或者维持原处理决定、抗诉或者不抗诉、赔偿或者不赔偿，都要针对申诉人的诉求和理由，都要从事实认定、证据采信、法律适用等方面，进行理性、平和、文明、规范的回应和释法说理，注重法、理、情相结合，切实增强文书的说服力和公信力。

（四）完善刑事申诉检察工作反向审视和源头治理机制，提升监督效力

规范执法行为、提高办案质量，杜绝冤假错案和执法不公正、不规范案件的发生，是从源头上预防和减少涉法涉诉信访问题的治本之策。最高人民检察院《关于进一步加强新形势下涉法涉诉信访工作的意见》明确提出要坚持标本兼治、源头治理原则，健全源头治理机制。刑事申诉检察部门可以说是案件质量的最后一道检验关口，对执法办案质量问题及其成因有更深刻、全面的认识，理应发挥职能优势，对促进源头治理、提高办案质量发挥积极作用。

刑事申诉检察部门应当逐步建立相关机制，结合办理刑事申诉、国家赔偿案件，定期或不定期地对侦查、审查批捕、审查起诉等办案环节存在的问题进行分析，有针对性地提出规范执法、改进工作的意见和建议，提出有情况、有对策的分析报告，从源头上预防和减少刑事申诉、赔偿案件的发生。对于人民法院、公安机关的执法司法工作，也要进行经常性的个案监督和类案剖析，认真查找突出问题和制度漏洞，通过检察建议等方式进行反馈，督促其完善制度、规范执法。

（五）落实国家司法救助机制，促进信访问题的息诉化解

2014 年 1 月 17 日，中央政法委员会、财政部、最高人民法院、最高人民检察院、公安部、司法部联合下发了《关于建立完善国家司法救助制度的意见（试行）》，对国家司法救助基本原则、救助的对象、救助的方式和标准、救助程序、救助工作的组织领导等都作了明确规定。与刑事被害人救助相比，扩大了救助范围，强化了资金保障，调整了审批权限，大大提高了救助工作的广泛性和时效性。

司法救助体现了司法的人文关怀，有利于维护社会公平正义，提升检察工作亲和力、公信力。在司法救助中，应当继续坚持主动救助原则，在遵循辅助性救助、公正救助、及时救助、属地救助等原则的同时，增强救助的主动性，发现符合条件的当事人或其近亲属时应主动告知其获得救助的权利，为当事人申请救助创造条件、提供便利。对于当事人提出救助申请的，要及时认真审查。刑事申诉检察部门也可以依据职权启动救助程序。其他部门将案件和当事人基本情况移送至刑事申诉检察部门后，刑事申诉检察部门应当及时受理、认真核实申请人提供的申请材料，严格遵循审批程序，切实提高工作效率。

刑事申诉检察部门还应根据中央和最高人民检察院的文件精神，将开展司法救助与复查刑事申诉有机结合，探索适合各自地区实际情况的司法救助实施细则，探索将经济救助、法律援助、心理辅助、社会扶助、回访帮助等多元化司法救助机制融入执法办案中，充分发挥司法救助在解决信访当事人的法律诉求、生活困难、心理障碍等信访矛盾中的积极作用，通过司法救助打开申诉人的“心结”，促进“息诉罢访、案结事了”的执法目标的实现，最大限度地避免涉法涉诉信访现象的发生。

（六）增强刑事申诉终结机制的刚性，保障信访秩序的良性循环

建立依法终结制度是这次改革的重要内容。刑事申诉检察部门

应当根据中央精神，在坚持有限救济的原则下，抓紧研究刑事申诉案件终结工作机制。

为避免对同一案件反复多次受理和复查，《人民检察院刑事诉讼规则（试行）》第 594 条和《人民检察院复查刑事申诉案件规定》第 20 条规定：对不服人民检察院诉讼终结的刑事处理决定的申诉，经两级人民检察院立案复查且采取公开审查形式复查终结，申诉人没有提出新的充足理由的，不再立案复查；对不服人民法院已经发生法律效力的刑事判决、裁定的申诉，经两级人民检察院办理且省级人民检察院已经复查的，如果没有新的事实、证据和理由，不再立案复查，但是原审被告人可能被宣告无罪或者判决、裁定有其他重大错误可能的除外。

但是，目前的终结制度设计过于柔性，缺乏配套的强制性实施细则，起不到应有的作用。一些符合案件终结条件的当事人长期缠访闹访，导致相当数量的申诉案件“终而不结”，甚至是“不终不结”。2013 年，公安部出台了相关指导意见，进一步规范了处置在国家机关缠访闹访行为的相关规定。但在实际操作中，公安机关对年纪较大的闹访者，仅用训诫的手段收效甚微，对连续多日滞留接待大厅、门口静坐、穿状衣挂横幅的闹访行为，或不训诫不处置，或训诫处置不到位。而法律法规又未赋予检察机关对违法上访的行为必要的惩治手段，所以处置起来非常被动。

因此，笔者建议应当在涉检信访案件终结制度的具体细则上增加强制性的规定。对符合“法律问题解决到位、执法过错查究到位、解释疏导教育到位、困难帮扶救助到位”标准的，坚决依法予以终结决定并采取适当方式公布相关情况。信访人以同一事实和理由继续信访的，检察机关不再登记、不再办理、不再通报，避免大量的精力被迫用于少数缠访、闹访的当事人身上，保证更多的正常信访能够得到接待和解决。

此外，各地政法机关应当共同研究，联合制定对于依法终结案件的当事人仍然长期缠访闹访和各种违法上访行为的具体处理办法。在对采取极端方式闹访滋事，串联上访，长期缠访，严重扰乱社会秩序的，或者以上访为名制造事端、煽动闹事的，公、检、法等机关要密切配合，及时收集固定证据，敢于严格执法，依法打击，快速处理，尽快扭转社会上流传的“小闹小解决、大闹大解决、不闹不解决”的非正常现象，有效遏制闹访滋事不断增多的势头，确立正确和良性循环的信访新秩序。

同时，建议有条件的地方检察机关与党委政法委、政府信访部门、纪检监察部门以及公安、法院、司法等部门沟通协调，构建省市级的区域信访案件信息共享平台。对本地区信访案件实行联网化管理，各单位对来信来访案件逐件登记电子档案，在相关单位之间实现信息沟通、情报共享、矛盾联调、问题联治、工作联动、平安联创，使涉法涉诉信访工作形成整体合力，实现情报准、信息灵、反应快、预案合适、处结得当，有利于避免已终结案件的当事人利用各单位之间信息不通畅的漏洞，多头缠访，浪费司法资源。当然，这种联动机制的形成和运作更多依赖上级政府的支持，非检察机关一己之力可以实现。

（七）加强刑事申诉检察队伍建设，保障改革任务顺利实施

面对新形势下刑事申诉检察工作量和困难度都日趋增大的情况，刑事申诉检察人员的年龄结构、工作经验、学历水平、人员素质、业务能力与工作量之间的矛盾将更加突出，恐怕难以达到涉法涉诉信访工作改革的目标要求。

按照改革意见的要求，今后刑事申诉检察工作不仅要化解社会矛盾，而且要抓好执法办案；不仅要纳入法治轨道解决，而且要妥善解决群众诉求；不仅要加强司法救济，而且要强化法律监督。这对刑事申诉检察部门和检察人员的法律专业水平、法律监督能力都提出了刚性要求和硬性任务。随着改革的贯彻实施，不仅将有力促进各级检察院更加注重加强刑事申诉检察队伍专业化建设，而且将增强广大刑事申诉检察人员的“本领恐慌”意识，更加注重提高自身执法办案的业务技能和专业化水平。

面对新形势、新任务，检察机关应当积极转变观念，重视刑事申诉工作，在人员配备上向刑事申诉部门倾斜，增加人员编制，将素质良好、心态平和、办案经验丰富、擅长做群众工作的业务骨干充实到刑事申诉检察队伍中。要以涉法涉诉信访工作改革为契机，认真分析和准确把握当前社会矛盾发展变化的新形势、新特点、新规律，进而深入研究和破解涉法涉诉信访工作的深层次问题，找准切入点，强化刑事申诉检察干警的业务能力，不断加强对刑事申诉检察干警业务知识的学习和培训，开展岗位练兵和各种形式的业务竞赛，组织庭审观摩，锻炼办案能力，加大对办理申诉案件的调研力度，及时解决新情况和新问题。要加强对刑事申诉检察干警信息化应用、突发事件处置等实战能力的培养，提高刑事申诉检察人员在新形势下正确履行法律监督职责、积极化解社会矛盾的同时掌控局面和自我保护的能力和水平。

刑罚执行变更检察监督机制的完善对策与改革前瞻

杨玉俊　徐　建*

一、引言

目前，刑罚执行变更中权钱交易等腐败案件还时有发生，[①]“有权人”、“有钱人”减刑快、假释及暂予监外执行比例高、实际服刑时间偏短等现象比较普遍，群众对此反映强烈。另外，2013年11月12日，党的十八届三中全会通过了《中共中央关于全面深化改革若干重大问题的决定》，提出“严格规范减刑、假释、保外就医程序，强化监督制度”的要求。为回应群众关切和落实党的十八届三中全会的决定，2014年1月21日，经中央同意，中央政

---

* 作者简介：杨玉俊，上海市松江区人民检察院检察长；徐建，上海市松江区人民检察院法律政策研究室主任。

① 2014年2月，最高人民检察院《关于印发〈检察机关法律监督典型案例（2013年度）〉的通知》印发各院，就检察机关近期查处的张海违法减刑案进行了通报，截至2014年1月，检察机关对广东健力宝集团原董事长张海违法减刑系列案共立案24人。2014年7月，据上海市有关文件通报，原某监狱唐某等10名干警利用职务之便，在6年的时间里，为罪犯在奖励、调整劳役岗位及报请减刑、假释、评选劳改积极分子等方面予以照顾，谋取不当利益，分别收受罪犯及其家属的贿赂，其中7名干警被追究刑事责任，并被双开；3名干警被党政纪处分。

法委制定了《关于严格规范减刑、假释、暂予监外执行切实防止司法腐败的意见》，提出“健全检察机关对减刑、假释暂予监外执行的同步监督制度”，并要求“两高三部”切实执行。为贯彻中央政法委的意见，2014年3月18日，最高人民检察院发布了《关于开展减刑、假释、暂予监外执行专项检察活动的通知》，决定在全国部署开展减刑、假释、暂予监外执行专项检察活动，要求在全国范围内对减刑、假释、暂予监外执行案件进行一次全面清理，促进减刑、假释、暂予监外执行依法、公正、规范进行，并于2014年8月1日制定了《人民检察院办理减刑、假释案件规定》。尽管如此，刑罚执行变更检察监督制度在实现同步监督上还存在一些问题，亟待研究。

二、刑罚执行变更检察监督机制的概念厘定

刑罚执行变更指在刑罚交付和执行过程中，为发挥刑罚作用和实现刑罚目的，由有关国家机关依照法律规定，对原判刑罚的内容或执行方式加以变动更改的制度。在我国，一般指减刑、假释和暂予监外执行，[①] 具体包括减刑、假释的提请、裁定、撤销，以及暂予监外执行的建议、决定或批准、撤销或收监等一系列制度。其中，减刑制度既包含监内执行犯的减刑，也包含监外执行犯的减刑，实践中，后者主要是指管制犯的减刑。[②] 另外，应当明确收监活动亦属刑罚执行变更。相应地，刑罚执行变更检察监督机制则是指检察机关依照法律规定，对有关机关办理减刑、假释、暂予监外执行的考察、提请、建议、裁定、决定、批准、撤销、收监、执行

① 参见黄兴瑞：《刑罚执行变更程序改革考察》，载《国家检察官学院学报》2012年10月。

② 根据有关规定，除重大立功外，缓刑、假释和暂予监外执行罪犯一般不得减刑，被剥夺政治权利的罪犯不得独立减刑。

等活动是否合法进行全程监督的系列制度的总和。[①] 从犯罪对象来看，除对监狱罪犯减刑、假释、暂予监外执行活动监督外，刑罚执行变更检察监督还包括对公安机关留所服刑犯减刑、假释、暂予监外执行的监督和对社区矫正机构监外执行犯减刑和假释撤销、暂予监外执行撤销和收监的监督。同时，从程序上来看，为强化监督效果，刑罚执行变更检察监督有必要向前延伸至规范制定和日常考察阶段，向后延伸至处遇执行和撤销收监阶段，而不仅仅体现在提请和裁决阶段由事后向事前事中延伸的层面。

三、刑罚执行变更检察监督最新立法及评析

（一）刑罚执行变更同步检察监督立法历程

2005 年 3 月，中央政法委下发了《关于进一步加强保外就医工作的通知》，要求检察机关强化监所检察工作，“变事后监督为同步监督，从程序上确保保外就医工作的全过程置于法律监督之下”，这是中央首次在刑罚执行环节引入“同步监督”的概念。[②] 2006 年 11 月 29 日，最高人民检察院十届检委会六十五次全会通过了最高人民检察院《关于加强和改进监所检察工作的决定》（高检发〔2007〕3 号），其中第 12 条明确规定“建立对减刑、假释的提请、裁决活动和暂予监外执行的呈报、审批活动全过程同步监督机制”。这标志着刑罚执行变更同步检察监督制度正式得到最高人民检察院的确认。2007 年 3 月 2 日，最高人民检察院第十届检委会第七十三次会议又通过了最高人民检察院《关于减刑、假释法律监督工作程序的规定》，对检察机关开展减刑、假释法律监督工作的程序进行了具体规定，在全国范围内启动了减刑、假释同步监

① 参见杨飞：《完善刑罚变更执行的检察监督》，载《人民检察》2011 年第 10 期。

② 中央政法委关于加强保外就医工作的通知体现了《刑事诉讼法》等法律规定的立法精神，也是对我们上海检察机关对减刑、假释和暂予监外执行开展多年同步检察一个有力支持，但此时文件并未提及对减刑、假释开展同步监督的要求。

督的探索工作。随着我国社区矫正工作的落实以及刑罚执行监督的发展，最高人民检察院于2008年2月22日又审议通过了《人民检察院监狱检察办法》、《人民检察院看守所检察办法》和《人民检察院监外执行检察办法》，并于同年2月23日开始公布实施，将检察机关减刑、假释同步监督工作纳入了检察机关监狱检察、看守所检察和监外执行检察的整体工作中予以考虑，使刑罚执行变更同步检察监督更为规范。2010年，最高人民法院制定了最高人民法院《关于贯彻宽严相济刑事政策的若干意见》，其中明确规定“人民法院对减刑、假释案件要采取开庭审理与书面审理相结合的方式”，开启了人民检察院出庭监督的大门。[①]

（二）《刑法》和《刑事诉讼法》修改后的立法发展

2011年5月1日，《刑法修正案（八）》正式实施，对减刑、假释制度进行了较大修改。2012年3月1日，最高人民法院、最高人民检察院、公安部、司法部联合发布了《关于印发〈社区矫正实施办法〉的通知》，对监外执行罪犯的减刑和收监执行活动的检察监督做了规定。2012年1月17日，最高人民法院又公布了《关于办理减刑、假释案件具体应用法律若干问题的规定》，主要对减刑、假释条件的把握等实体问题进行了细化。2012年3月14日，《刑事诉讼法修正案》通过并公布，严格规范了暂予监外执行的适用和强化了人民检察院对减刑、假释、暂予监外执行的监督。2012年10月26日，全国人大常委会根据修改后的《刑法》和

---

① 最高人民法院《关于贯彻宽严相济刑事政策的若干意见》第43条规定，“对减刑、假释案件，要采取开庭审理与书面审理相结合的方式。对于职务犯罪案件，尤其是原为县处级以上领导干部罪犯的减刑、假释案件，要一律开庭审理。对于故意杀人、抢劫、故意伤害等严重危害社会治安的暴力犯罪分子，有组织犯罪案件中的首要分子和其他主犯以及其他重大、有影响案件罪犯的减刑、假释，原则上也要开庭审理。书面审理的案件，拟裁定减刑、假释的，要在羁押场所公示拟减刑、假释人员名单，接受其他在押罪犯的广泛监督”。实际上，在此之前，较多地方中级人民法院已经开始了开庭审理减刑、假释案件的探索，并初步形成了一些地方性的经验，如湖南省长沙市中级人民法院和辽宁省大连市中级人民法院等。

《刑事诉讼法》对《监狱法》进行了修订，主要将暂予监外执行和假释纳入社区矫正，以及将人民检察院的裁定监督方式由抗诉修改为书面纠正意见。为落实《刑事诉讼法》新规，最高人民检察院《人民检察院刑事诉讼规则（试行）》、最高人民法院《关于适用〈中华人民共和国刑事诉讼法〉的解释》、公安部《公安机关办理刑事案件程序规定》、六部委《关于实施刑事诉讼法若干问题的规定》相继作出调整，并统一于2013年1月1日与《刑事诉讼法》同时实施。2013年11月13日，公安部《看守所留所执行刑罚罪犯管理办法》，对留所服刑犯暂予监外执行、减刑和假释工作中的检察监督做了规定。2014年1月21日，中央政法委印发了《关于严格规范减刑、假释、暂予监外执行切实防止司法腐败的意见》，明确提出要健全检察机关对减刑、假释、暂予监外执行的同步监督制度，并提出了具体的意见。2014年4月24日，全国人民代表大会常务委员会通过了《关于〈中华人民共和国刑事诉讼法〉第二百五十四条第五款、第二百五十七条第二款的解释》，规定在人民法院决定暂予监外执行的案件中，由人民法院负责组织进行病情诊断、妊娠检查和生活不能自理的鉴别，人民法院决定收监的，由公安机关负责送交执行刑罚。2014年4月4日，司法部发布了《关于贯彻中政委〔2014〕5号文件精神严格规范减刑、假释、暂予监外执行工作的通知》，要求各地司法行政机关要积极配合落实减刑、假释、暂予监外执行中的检察监督工作。2014年6月1日，最高人民法院《关于减刑、假释案件审理程序的规定》开始实施，就减刑、假释案件庭审检察监督和裁定检察监督做了规定。2014年8月1日，最高人民检察院《人民检察院办理减刑、假释案件规定》，就人民检察院对减刑、假释同步监督做了系统规定。

（三）《刑法修正案（八）》对变更执行检察监督修改评析

1. 严格限制死缓罪犯的减刑条件。将死缓罪犯在死刑缓期执行期间确有重大立功表现，2年期满后由原来规定“减为十五年以上二十年以下有期徒刑”修改为“减为二十五年有期徒刑”，提高了死缓减为有期徒刑的刑期。增加了“对被判处死刑缓期执行的累犯以及因故意杀人、强奸、抢劫、绑架、放火、爆炸、投放危险物质或者有组织的暴力性犯罪被判处死刑缓期执行的犯罪分子，人民法院根据犯罪情节等情况可以同时决定对其限制减刑”的规定。

2. 延长无期死缓罪犯实际服刑期。将被判处无期徒刑的罪犯减刑以后实际执行的最低期限由过去不少于 10 年提高到不少于 13 年；对被判处死缓的累犯以及因故意杀人、强奸、抢劫、绑架、放火、爆炸、投放危险物质或者有组织的暴力性犯罪被判处死缓的，缓期执行期满后依法减为无期徒刑的，实际执行的最低期限不能少于 25 年；缓期执行期满后依法减为 25 年有期徒刑的，实际执行的最低期限不能少于 20 年。

3. 延长假释罪犯最低实际服刑期。将不得假释的范围又扩大到“因放火、投放危险物质或者有组织的暴力性犯罪被判处十年以上有期徒刑、无期徒刑的犯罪分子”。将被判处无期徒刑的犯罪分子，最低实际执行由原来的 10 年提高到 13 年。增加了“对犯罪分子决定假释时，应当考虑其假释后对所居住社区的影响”的规定。

4. 规定假释犯依法实行社区矫正。从上述内容看，本次《刑法》修正主要纠正了实践中长期存在的“死刑过重、生刑过轻、生死两重天”的刑罚轻重不平衡问题，从严控制了减刑、假释的条件，对刑罚执行变更检察监督工作的影响主要体现在对减刑、假释实体标准的变化上。

(四)《刑事诉讼法》对变更执行检察监督的修改评析

1. 严格规范暂予监外执行的适用。表现在：将暂予监外执行的适用对象扩大至无期徒刑的罪犯；增加规定了交付执行前由人民法院决定暂予监外执行以及人民法院撤销暂予监外执行的程序；明确了交付执行后的暂予监外执行的决定程序：由监狱或看守所提出书面意见，报省级以上监狱管理机关或者社区的市一级以上公安机关批准；增加规定：不符合暂予监外执行条件的罪犯通过贿赂等非法手段被暂予监外执行的，其在监外执行的期间不计入执行刑期；罪犯在暂予监外执行期间脱逃的，脱逃的期间不计入执行刑期。

2. 强化检察院对变更执行的监督。增加规定：监狱、看守所提出减刑、假释建议或者暂予监外执行的书面意见的，应当同时抄送人民检察院。人民检察院可以向决定或者批准机关提出书面意见。

3. 假释或暂予监外执行社区矫正。上述修改一方面进一步严格规范了暂予监外执行的决定、批准和及时收监的程序，为防止罪犯利用这一制度逃避刑罚做了专门的规定，另一方面有利于检察机关及时了解刑罚执行机关减刑、假释、暂予监外执行的提请情况，并明确了人民检察院有权向人民法院提出书面意见的权力。

（五）其他立法对变更执行检察监督修改评析

由于《刑法修正案（八）》和《刑事诉讼法修正案》的实施，其他有关制度也进行了相应的修改。主要有：

1. 社区矫正实施办法。《社区矫正实施办法》明确规定了对假释、暂予监外执行实施社区矫正，并对监外执行犯的减刑程序及其检察监督、假释和暂予监外执行的具体执行与社区矫正衔接及其检察监督、假释的撤销和暂予监外执行的收监及其检察监督等做了较为详细的规定，解决了监外执行罪犯刑罚执行变更及其检察监督工作规定不系统、不规范的问题。

2. 修订后的《监狱法》。全国人民代表大会常务委员会《关于修改〈中华人民共和国监狱法〉的决定》，除了明确规定对假释和暂予监外执行实行社区矫正外，还将人民检察院认为减刑、假释裁定不当的，应当在《刑事诉讼法》规定期间内提出“抗诉”的规定修改为“纠正意见”，使《监狱法》的规定与《刑事诉讼法》、《人民检察院刑事诉讼规则（试行）》以及相关司法解释的规定相一致，避免了长期以来法律之间相冲突的现象。

3. 减刑、假释审理规定。最高人民法院《关于办理减刑、假释案件具体应用法律若干问题的规定》和《关于减刑、假释案件审理程序的规定》，分别从实体和程序两个方面对人民法院审理减刑、假释案件作出了细化的规定，尤其是为增加审理程序的透明度，上述司法解释明确规定了人民法院开庭审理减刑、假释案件的程序，使检察机关出庭监督法院审理减刑、假释活动成为可能，防止了减刑、假释审理的行政性过强的弊端。

4. 留所服刑管理规定。《看守所留所执行刑罚罪犯管理办法》的实施，为留所服刑犯的刑罚执行变更活动及其检察监督做了规定，由于本次《刑事诉讼法》修改将留所服刑的对象由“剩余刑期为一年以下有期徒刑的罪犯”修改为“剩余刑期为三个月以下有期徒刑的罪犯”，大大减少了留所服刑犯刑罚执行变更的数量，但由于实践的复杂性，留所服刑犯暂予监外执行的情形依然存在，相应的检察监督工作也应开展。

5. 减刑、假释检察规定。最高人民检察院《人民检察院办理减刑、假释案件规定》，系统规定了人民检察院在减刑、假释案件办理中的同步监督职权与方式，吸收了同步监督的最新成果，与人民法院开庭审理减刑、假释案件改革相匹配，对出庭监督也做了详细的规定，另外，从同步的意义上，还对日常考察监督和执行落实监督做了规定。从上述情况看，在本次《刑法》和《刑事诉讼法》双双修改后，刑罚执行变更检察监督工作与刑罚执行变更工作都发生了较大的变化，在力求实现刑罚执行变更检察监督全程参与、同步监督、公开透明、公平正义方面，取得了较大的进步，但并没有改变立法散乱、实践混乱、工作忙乱的三乱问题。

四、刑罚执行变更检察监督的实践做法

目前，由于研究薄弱、立法不完善、各地情况不一以及司法实

践本身的复杂性，各地刑罚执行变更检察监督工作并不一致。[①] 尽管如此，刑罚执行变更检察监督工作仍然取得了较大的成绩。以上海为例，上海共有 13 所监狱，常年在押罪犯合计约 25000 人。2006 年至 2010 年，共审查减刑、假释、暂予监外执行案件 36 万余件，5 年合计对 1400 余件不符合法定条件或程序的案件提出了纠正意见，99% 被执行机关采纳，其中，减刑率接近 30%，假释率则为 5% ~6%，假释罪犯的重新犯罪数量很少，改造和回归社会的积极作用明显。刑罚执行变更检察监督从过程看涉及考察、提请、裁决、执行 4 个阶段。从罪犯种类看，既包括对监狱服刑犯执行变更的检察监督，也包括对留所服刑犯执行变更的检察监督，还包括对监外执行犯执行变更的检察监督。从监督的对象看，既包括对监狱、看守所和社区矫正机构考察和提请的监督，也包括对监狱管理机关、公安机关和司法行政机关批准和决定的监督，还包括对人民法院裁定和决定的监督。从监督主体看，主要是审理案件的同级人民检察院、对执行机关执行检察任务的人民检察院、罪犯居住地县级人民检察院，根据中央关于备案审查的要求，还涉及省级人民检察院和最高人民检察院。由此可见，刑罚执行变更检察监督具有过程长、类型多、涉及面广、情况复杂等特点。实践中，具体做法大致如下：

（一）日常检察

监所检察部门或派驻检察机构建立罪犯减刑、假释、暂予监外执行专门档案，记载日常检察的相关信息，并对重点罪犯进行跟踪检察，减刑、假释审查采用每月相对集中审查的模式。在暂予监外

① 例如，对于派驻检察机构介入的时间上，立法规定为“刑罚执行机关向法院提出减刑、假释建议或向决定或批准机关提出暂予监外执行意见的同时，可以向法院、决定或批准机关提出书面意见”。而实践中，检察机关往往在刑罚执行机关提出建议或意见之前，已就刑罚执行变更案件进行了审查并提出了检察意见，立法显然滞后。但是实践中，检察机关审查并出具检察意见的具体时间不一致，有的是在评审会之前，有的是在评审会之后，操作不一。

执行环节，检察人员作为“生活不能自理”认定小组的成员，参加对生活不能自理型暂予监外执行的认定。

（二）列席会议

监所检察机构或派驻检察机构可以派员列席刑罚执行机关减刑、假释、暂予监外执行评审委员会的会议，并根据案件的不同情形，分别依照一般审查程序和重点审查程序，指定检察官审查。

（三）分类审查

刑罚执行机关在决定提请前应当将相关材料移送相应的监所检察部门或派驻检察机构审查。一般案件由承办人办理，经三级审批后提出检察意见。重点案件由审查小组办理，经三级审批或检委会决定后提出检察意见。检察意见不具有法律上的强制效力。

（四）提请检察

监所检察部门或派驻检察机构发现罪犯符合减刑、假释、暂予监外执行情形，刑罚执行机关未提请的，可以提出提请减刑、假释或暂予监外执行的检察建议或者纠正意见。认为减刑、假释、暂予监外执行不当，在提出检察意见书的同时，也可以向刑罚执行机关提出书面纠正意见。对严重违法的，应制作《纠正违法通知书》，并上报备案。

（五）提请裁决

对留所服刑犯、监狱罪犯提出暂予监外执行的，看守所、监狱应提出书面意见，报设区的市一级以上公安机关或省、自治区、直辖市监狱管理局批准，同时将书面意见抄送人民检察院派驻检察机构。社区矫正人员符合减刑条件的，由居住地县级司法行政机关提出减刑建议书并附相关证明材料，经地市级司法行政机关审核同意后提请社区矫正人员居住地中级人民法院裁定。人民法院应当自收到之日起 1 个月内予以裁定，暂予监外执行罪犯的减刑，案情复杂或者情况特殊的，可以延长 1 个月。司法行政机关减刑建议书和人民法院减刑裁定书，应当同时抄送社区矫正人员居住地同级人民检察院和公安机关。在交付执行前，被告人符合暂予监外执行条件的，被告人及辩护人可以向法院提出暂予监外执行的申请，看守所可向法院通报，人民法院审查并组织鉴定后做出决定，未强制要求听取检察机关的意见。

（六）庭前监督

对减刑、假释提请检察意见书，刑罚执行机关应当附入案卷，一并移送相应的人民法院裁定，同时，将减刑、假释建议书抄送监所检察部门或派驻检察机构。监所检察部门或派驻检察机构对刑罚执行机关不执行检察意见书内容的，应当经所属人民检察院同意，及时报告予审理减刑、假释案件的人民法院同级的人民检察院。同级人民检察院不同意执行机关意见的，应当建议人民法院开庭审理，人民法院应当开庭审理。

（七）庭审监督

人民法院可以采用书面或开庭的方式审理案件。对人民法院开庭审理减刑、假释案件的，同级人民检察院对执行机关不承担检察职责的，同级人民检察院须指定对执行机关承担检察职责的人民检察院派员出庭，对庭前送达与通知情况进行检察，开展调查，出示调查取证等形成的证据材料，对人员到庭、合议庭核实罪犯、法庭权利告知、执行机关宣读的内容、法庭宣告程序等进行监督，询问出庭作证的监管民警、同监罪犯、被提请减刑假释的罪犯，宣读《减刑、假释案件出庭意见书》，并可建议延期审理或休庭。出庭检察人员发现庭审违法的，可区分情况以口头或书面方式提出纠正意见，以口头方式提出的，应于庭后及时向部门负责人报告，对书面提出的，应在休庭后及时向检察长报告，因严重违法需制发《纠正违法通知书》的，应当由同级检察院提出。

（八）裁定送达

人民法院的减刑假释裁定应向报请减刑、假释的执行机关、同级人民检察院以及罪犯本人送达，做出假释裁定的，还应当送达社区矫正机构或基层组织。人民法院决定暂予监外执行的，应通知居住地的县级司法行政机关派员办理交接手续，并将暂予监外执行决定书抄送罪犯居住地的县级人民检察院和公安机关，不直接向派员出庭的人民检察院送达。省、自治区、直辖市监狱管理机关批准暂予监外执行的，应将批准的决定通知公安机关和原判人民法院，并抄送人民检察院。

（九）裁决监督

同级人民检察院认为人民法院减刑、假释的裁定不当，应当在收到裁定书副本后 20 日内，向人民法院提出书面纠正意见；认为暂予监外执行不当的，应自接到通知之日起 1 个月内，报检察长批准，向决定或者批准暂予监外执行的机关提出书面纠正意见。下级人民检察院（包括农场院）发现人民法院减刑、假释裁定或者暂予监外执行不当的，应当及时向做出减刑、假释裁定的人民法院、决定或批准暂予监外执行的同级人民检察院报告。人民法院收到同级人民检察院提出的纠正意见的，应当在 1 个月内重新组成合议庭审理，并做出最终裁决；批准或决定暂予监外执行的机关接到人民检察院的书面意见后应立即进行重新核查，人民检察院应对重新审理和重新核查活动进行监督。

（十）二次监督

同级人民检察院或下级人民检察院超过 20 日发现人民法院裁定减刑假释不当的，或者认为最终裁定仍然不当的，应向人民法院提出书面纠正意见，提请人民法院按照审判监督程序另行组成合议庭重新审理。认为暂予监外执行的核查结论仍然不当的，应当依法提出纠正意见，并向上一级人民检察院报告。

（十一）撤销收监

假释的撤销，由居住地司法行政机关向原判人民法院提出撤销假释建议书并附相关材料，人民法院应自收到之日起 1 个月内依法作出裁定，撤销假释的建议书和裁定书，应同时抄送社区矫正人员居住地同级人民检察院和公安机关。暂予监外执行罪犯的收监，由居住地县级司法行政机关向批准、决定机关提出收监执行的建议书并附相关证明材料，批准、决定机关应自收到之日起 15 日内依法作出决定。收监执行的建议书和决定书，应同时抄送社区矫正人员居住地同级人民检察院和公安机关。人民法院决定撤销假释或对暂予监外执行犯收监的，由居住地县级司法行政机关及时将罪犯送交监狱或看守所，公安机关协助。监狱管理机关决定收监的，监狱应当立即赴羁押地将罪犯收监执行。公安机关决定收监的，由罪犯居住地看守所将罪犯收监执行。通过非法手段被暂予监外执行的，暂予监外执行的刑期不计入执行期，暂予监外执行期间脱逃的，脱逃期间不计入执行期，人民法院决定收监的，应同时确定不计入刑期的期间，监狱管理机关或公安机关决定收监的，由监狱或看守所在收监后及时向所在地中级人民法院提出不计入执行刑期的建议书，由人民法院审核裁定。人民检察院有权对上述收监执行活动进行监督，发现违法不当的，应依法提出纠正意见。

（十二）执行监督

检察机关对刑罚执行变更裁定、决定是否依法执行实行监督，发现未及时执行的、暂予监外执行刑期届满未及时释放的、依法交社区矫正而不交付的，应当提出纠正意见。

（十三）备案审查

对原厅局级以上职务犯罪罪犯减刑、假释、暂予监外执行的案件，人民检察院应当在收到减刑、假释裁定书或者暂予监外执行决定书后 10 日以内，逐案层报最高人民检察院备案审查；对原县处级职务犯罪罪犯减刑、假释、暂予监外执行的案件，人民检察院应当在收到减刑、假释裁定书或者暂予监外执行决定书后 10 日以内，逐案层报省级检察院备案审查。最高人民检察院和省级检察院收到备案审查材料后，应当指定专人进行登记和审查，并在收到材料后 10 日以内，分别情形作出处理。对于职务犯罪罪犯减刑、假释、暂予监外执行不当的，应当通知下级检察院依法向有关单位提出纠正意见。其中，省级检察院认为高级法院作出的减刑、假释裁定或者省级监狱管理局、省级公安厅（局）作出的暂予监外执行决定不当的，应当依法提出纠正意见。对于职务犯罪罪犯减刑、假释、暂予监外执行存在疑点或者可能存在违法违规问题的，应当通知下级检察院依法进行调查核实。下级检察院收到上级检察院对备案审查材料处理意见的通知后，应当立即执行，并在收到通知后30日以内，报告执行情况。

（十四）分析总结

省级检察院应当将本年度原县处级以上职务犯罪罪犯减刑、假释、暂予监外执行的名单，以及本年度职务犯罪罪犯减刑、假释、暂予监外执行的数量和比例对比情况，与人民法院、公安机关、监狱管理机关等有关单位核对后，于次年1月底前，报送最高人民检察院。对于职务犯罪罪犯减刑、假释、暂予监外执行的比例明显高于其他罪犯的相应比例的，检察机关应当对职务犯罪罪犯减刑、假释、暂予监外执行案件进行逐案复查，查找和分析存在的问题，依法向有关单位提出意见或者建议。最高人民检察院和省级检察院应当每年对职务犯罪罪犯减刑、假释、暂予监外执行情况进行分析和总结，指导和督促下级检察院落实有关要求。

五、刑罚执行变更检察监督的实践问题

从上述考察的情况看，目前，刑罚执行变更检察监督在《刑法修正案（八）》和2012年《刑事诉讼法》实施后取得了较大进步，主要是进一步明确了刑罚执行变更的实体条件、规范了刑罚执行变更的程序、严格了对“有权人”和“有钱人”“减假保”的条件，但仍存在一些问题，具体如下：

（一）考察阶段

1. 考察范围狭窄。考察阶段虽规定了对于刑罚执行机关的记分情况进行考评，但对于罪犯记分的规范性文件[①]以及罪犯特定岗

---

① 1990年8月31日，司法部印发了《司法部关于计分考核奖罚罪犯的规定》，至今仍然有效，但由于该规定制定时间较早，很多规定已经不符合实际，各地均出台了较为细致的规定，对这些计分考核的规定基本没有监督。

位任免[①]等对罪犯记分情况有重大影响的环节则没有纳入监督的范围。

2. 考察时限滞后。对罪犯在看守所、新收犯监狱和其他监狱之间考察阶段的不连续性，造成对罪犯悔罪表现的考察和检察机关同步监督滞后，影响了罪犯在看守所和新收犯监狱的悔罪和劳动的积极性。

3. 监督角色混同。在留所服刑犯暂予监外执行鉴定中，由驻所检察人员担任"生活不能自理"鉴定小组成员的规定将导致"法律监督者"与"刑罚执行者"的角色混同。[②]

（二）提请阶段

1. 消极提请监督方式混乱。根据最高人民检察院《关于加强和改进监所检察工作的决定》[③]、《关于减刑、假释法律监督工作的程序规定》[④] 和《人民检察院办理减刑、假释案件规定》[⑤]，对于应当减刑、假释、暂予监外执行，而刑罚执行机关没有提请减

---

① 根据2009年1月9日《上海市监狱管理局特定岗位罪犯管理规定》，特定岗位包括"炊场岗位"、"医护岗位"、"文教岗位"、"勤杂岗位"、"值星岗位"、"生产技术岗位"和"监组长"。要求特定岗位必须是分级处遇C级以上的罪犯。其选任程序为：前五种由分监区讨论，监狱审核，监所审批；后两种则由监区审批，监所备案。对于这种高计分岗位的选任，检察机关也没有监督。

② 根据《看守所留所执行刑罚罪犯管理办法》的规定，生活不能自理鉴定，由看守所分管所领导、管教民警、看守所医生、驻所检察人员等组成鉴定小组进行。

③ 最高人民检察院《关于加强和改进监所检察工作的决定》第12条第2款规定："检察机关发现刑罚执行机关对不符合减刑、假释、暂予监外执行情形的罪犯违法提请、呈报减刑、假释、暂予监外执行的，应当及时提出纠正意见；发现罪犯符合减刑、假释、暂予监外执行情形，刑罚执行机关未提请、呈报减刑、假释、暂予监外执行的，应当及时提出检察建议。"

④ 《关于减刑、假释法律监督工作程序的规定》第9条规定："人民检察院发现罪犯符合减刑、假释情形，监狱未提请减刑、假释的，应当及时提出提请减刑、假释的检察建议。"

⑤ 《人民检察院办理减刑、假释案件规定》第9条规定："人民检察院发现罪犯符合减刑、假释条件，但是执行机关未提请减刑、假释的，可以建议执行机关提请减刑、假释。"

刑、假释、暂予监外执行的，检察机关应当采用“检察建议”的方式开展同步监督；而根据《人民检察院刑事诉讼规则（试行）》[①]和《人民检察院监狱检察办法》[②]的规定，检察机关开展同步监督的方式应为“纠正意见”。

2. 检察介入时间不够科学。根据《刑事诉讼法》、《监狱提请减刑、假释工作程序规定》[③]、《社区矫正实施办法》的规定，检察机关介入减刑、假释、暂予监外执行程序的时间是在刑罚执行机关提出减刑、假释建议或暂予监外执行意见时。[④]此时，刑罚执行机关首长办公会已决定提请减刑、假释和暂予监外执行，再征求检察机关的意见，也起不到纠正不当提请的效果。实践中，各刑罚执行机关的做法并不相同，有的在评（初）审会之前征求检察机关的

---

① 《人民检察院刑事诉讼规则（试行）》第650条规定：“人民检察院发现监狱等执行机关提请人民法院裁定减刑、假释的活动有下列情形之一的，应当依法提出纠正意见：……（二）对依法应当减刑、假释的罪犯，不提请人民法院裁定减刑、假释的……”第643条规定：“人民检察院发现监狱、看守所、公安机关暂予监外执行的执法活动有下列情形之一的，应当依法提出纠正意见：……（五）对符合暂予监外执行条件的罪犯没有依法提请暂予监外执行的……”

② 《人民检察院监狱检察办法》第14条规定：“发现监狱在提请减刑、假释活动中有下列情形的，应当及时提出纠正意见：……（四）对依法应当减刑、假释的罪犯没有提请减刑、假释的……”

③ 司法部《监狱提请减刑假释工作程序规定》规定：监狱在向人民法院提请减刑、假释的同时，应当将提请减刑、假释的建议，书面通报派出人民检察院或派驻检察室。

④ 根据《监狱提请减刑假释工作程序规定》的规定，减刑、假释程序为：分监区全体警察会议、监区长办公会审核、监狱刑罚执行部门审查、减刑假释评审委员会评审并公示、监狱长办公会审议决定、刑罚执行部门制作减刑假释建议并报送。根据有关规定，对留所服刑犯、监狱罪犯提出暂予监外执行的，看守所、监狱应提出书面意见，报设区的市一级以上公安机关或省、自治区、直辖市监狱管理局批准，同时将书面意见抄送人民检察院派驻检察机构。对监外执行犯提请变更执行的，司法行政机关减刑建议书和人民法院减刑裁定书，应当同时抄送社区矫正人员居住地同级人民检察院和公安机关。对减刑、假释提请检察意见书，刑罚执行机关应当附入案卷，一并移送相应的人民法院裁定，同时，将减刑假释建议书抄送监所检察部门或派驻检察机构。

意见，也有的在评（初）审会后，首长办公会决定前，将案卷所有材料报送驻所检察室。

3. 检察监督效力刚性不足。当前，检察机关对于刑罚执行机关报请减刑、假释、暂予监外执行案件提出的《检察意见书》的效力没有规定，导致该法律文书的刚性效力不足。实践中，尽管数量不多，但驻所检察机构或监所检察部门不同意减刑、假释、暂予监外执行的，刑罚执行机关仍将减刑、假释建议书和暂予监外执行意见书报送法院、决定或批准机关。在刑罚执行机关不接受检察意见的情况下，驻所检察机构或监所检察部门只能将相关情况报“相应的人民检察院”[①] 处理。

4. 监督文书适用不够规范。根据《刑事诉讼法》的规定[②]，暂予监外执行中，人民检察院可以向决定或者批准机关提出书面意见。减刑、假释中，人民检察院可以向人民法院提出书面意见。《人民检察院法律文书格式样本（2013）》规定，人民检察院提出书面意见的载体为《××人民检察院暂予监外执行提请检察意见书》、《××人民检察院减刑提请检察意见书》、《××人民检察院假释提请检察意见书》。而实践中的书面意见的载体为《检察意见书》[③]，名称不规范，没有主送对象或者将刑罚执行机关列为主送对象。

---

① 司法解释对于在该种情况下是上报“上级人民检察院”还是“审理减刑、假释案件同级的人民检察院”的规定表述并不一致。

② 《刑事诉讼法》第255条规定：“监狱、看守所提出暂予监外执行的书面意见的，应当将书面意见的副本抄送人民检察院。人民检察院可以向决定或者批准机关提出书面意见。”第262条第2款规定：“被判处管制、拘役、有期徒刑或者无期徒刑的罪犯，在执行期间确有悔改或者立功表现，应当依法予以减刑、假释的时候，由执行机关提出建议书，报请人民法院审核裁定，并将建议书副本抄送人民检察院。人民检察院可以向人民法院提出书面意见。”

③ 根据《人民检察院法律文书格式样本（2013）》规定，《检察意见书》适用于人民检察院向有关主管机关提出对被不起诉人给予行政处罚、行政处分或向其他有关单位提出纠正意见及其他检察意见时使用。

（三）裁决（批准）阶段

裁决阶段的法律监督是检察机关对减刑、假释、暂予监外执行案件实施同步监督中关键环节之一，同步监督是否取得实效，检察机关的意见是否得到采纳，裁决（批准）阶段的法律监督是关键。这一阶段存在的主要问题如下：

1. 法院决定暂予监外执行缺乏监督。修改后的《刑事诉讼法》[①] 和全国人大常委会《关于〈中华人民共和国刑事诉讼法〉第二百五十四条第五款、第二百五十七条第二款的解释》[②] 仅规定，在交付执行前，人民法院有权作出暂予监外执行的决定，并负责组织有关病情诊断、妊娠检查和生活不能自理的鉴别。既未规定鉴定应听取检察机关的意见，也未规定决定应听取检察机关的意见，使人民法院决定暂予监外执行程序缺乏事前监督。另外，对这类案件的犯罪嫌疑人、被告人往往采取审前非羁押措施，派驻检察机构对其情况并不掌握，且人民法院暂予监外执行的决定一般只送达到同级检察机关公诉部门，导致监所检察部门不知情。

2. 暂予监外执行送达时间、对象混乱。根据修改后的《监狱法》规定，[③] 省级监狱管理机关批准暂予监外执行的，应将批准的决定抄送人民检察院，既未明确抄送的对象具体为同级人民检察院、对监狱履行监督职责的人民检察院或罪犯居住地县级人民检察院，也未明确抄送的时间。根据修改后最高人民法院《关于适用

---

① 《刑事诉讼法》第 254 条规定，“在交付执行前，暂予监外执行由交付执行的人民法院决定”。

② 全国人大常委会《关于〈中华人民共和国刑事诉讼法〉第二百五十四条第五款、第二百五十七条第二款的解释》规定，罪犯在被交付执行前，因有严重疾病、怀孕或者正在哺乳自己婴儿的妇女、生活不能自理的原因，依法提出暂予监外执行的申请的，有关病情诊断、妊娠检查和生活不能自理的鉴别，由人民法院负责组织进行。

③ 《监狱法》第 26 条第 1 款规定：“暂予监外执行，由监狱提出书面意见，报省、自治区、直辖市监狱管理机关批准。批准机关应当将批准的暂予监外执行决定通知公安机关和原判人民法院，并抄送人民检察院。”

〈中华人民共和国刑事诉讼法〉的解释》规定[1]，人民法院决定暂予监外执行的，应将暂予监外执行决定书抄送罪犯居住地县级人民检察院，仍未规定具体的抄送时间。根据修改后的《公安机关办理刑事案件程序规定》的规定，[2] 公安机关决定暂予监外执行的，应将决定书抄送同级人民检察院。实践中，送达时间缺位和主体混乱，导致暂予监外执行决定或批准机关不送达或不及时送达的情况时有发生。另外，由于暂予监外执行决定做出即生效，即使检察机关提出纠正意见，也因罪犯已出监而难以纠正。

3. 出庭监督人员与送达对象不一致。根据《人民检察院办理减刑、假释案件规定》的规定[3]，审理减刑、假释案件的同级人民检察院可以指定对执行机关承担检察职责的人民检察院派员出席法庭。但根据最高人民法院《关于适用〈中华人民共和国刑事诉讼法〉的解释》[4] 和最高人民法院《关于减刑、假释案件审理程序规

---

① 最高人民法院《关于适用〈中华人民共和国刑事诉讼法〉的解释》第432条规定："……人民法院决定暂予监外执行的，应当制作暂予监外执行决定书，写明罪犯基本情况、判决确定的罪名和刑罚、决定暂予监外执行的原因、依据等，通知罪犯居住地的县级司法行政机关派员办理交接手续，并将暂予监外执行决定书抄送罪犯居住地的县级人民检察院和公安机关……"

② 《公安机关办理刑事案件程序规定》第297条规定："公安机关决定对罪犯暂予监外执行的，应当将暂予监外执行决定书交被暂予监外执行的罪犯和负责监外执行的社区矫正机构，同时抄送同级人民检察院。"

③ 《人民检察院办理减刑、假释案件规定》第3条第2项规定："对减刑、假释案件审理、裁定活动的监督，由人民法院的同级人民检察院负责；同级人民检察院对执行机关不承担检察职责的，可以根据需要指定对执行机关承担检察职责的人民检察院派员出席法庭；下级人民检察院发现减刑、假释裁定不当的，应当及时向作出减刑、假释裁定的人民法院的同级人民检察院报告。"

④ 最高人民法院《关于适用〈中华人民共和国刑事诉讼法〉的解释》第454条规定："人民法院作出减刑、假释裁定后，应当在7日内送达提请减刑、假释的执行机关、同级人民检察院以及罪犯本人。"

定》[①]，人民法院作出减刑、假释裁定后，应当在7日内送达提请减刑、假释的执行机关、同级人民检察院以及罪犯本人。这势必造成“知情者无权监督、有权者不知情”的尴尬局面。即便是由审理减刑、假释案件的同级人民检察院转送，也将压缩“二十日”的提出纠正意见的法定期限。

4. 减刑假释裁定可抗诉纠正有争议。根据修改后的《监狱法》[②]、《刑事诉讼法》[③] 和《人民检察院刑事诉讼规则（试行）》[④]的规定，人民检察院应当在收到裁定书副本后20日内向人民法院提出书面纠正意见，同时也规定最高人民检察院有权对各级人民法院的判决和裁定，上级人民检察院有权对下级人民法院的判决和裁定按审判监督程序提出抗诉，其中并没有将减刑、假释裁定排除在外。尽管本次《监狱法》修改，已经将“提出抗诉”修正为“提出书面纠正意见”，但实践中，能否以抗诉方式纠正减刑、假释裁

---

① 最高人民法院《关于减刑、假释案件审理程序规定》第18条规定：“人民法院作出减刑、假释裁定后，应当在7日内送达提请减刑、假释的执行机关、同级人民检察院以及罪犯本人”。

② 《监狱法》第34条第2款规定：“人民检察院认为人民法院减刑、假释的裁定不当，应当依照刑事诉讼法规定的期间提出书面纠正意见，对于人民检察院提出书面纠正意见的案件，人民法院应当重新审理。”

③ 《刑事诉讼法》第243条第3款规定：“最高人民检察院对各级人民法院已经发生法律效力的判决和裁定，确有错误时，上级人民检察院对下级人民法院已经发生法律效力的判决和裁定，如果发现确有错误、有权按照审判监督程序向同级人民法院提出抗诉。”第263条规定：“人民检察院认为人民法院减刑、假释的裁定不当，应当在收到裁定书副本后二十日以内，向人民法院提出书面纠正意见。人民法院应当在收到纠正意见后一个月以内重新组成合议庭进行审理，作出最终裁定。”

④ 《人民检察院刑事诉讼规则（试行）》第597条规定：“最高人民检察院发现各级人民法院已经发生法律效力的判决或者裁定，上级人民检察院发现下级人民法院已经发生法律效力的判决或者裁定确有错误时，可以直接向同级人民法院提出抗诉，或者指令作出生效判决、裁定人民法院的上一级人民检察院向同级人民法院提出抗诉。”第653条规定：“人民检察院经审查认为人民法院减刑、假释的裁定不当，应当在收到裁定书副本后二十日内，报经检察长批准，向作出减刑、假释裁定的人民法院提出书面纠正意见。”

定，实务部门的认识仍然不一致。

5. 书面纠正意见检察监督效力不足。如前所述，人民检察院认为人民法院减刑、假释裁定不当的，可以在收到裁定书副本后20日内提出书面纠正意见，人民法院应在1个月以内重新审理。同时，根据《刑事诉讼法》和《人民检察院刑事诉讼规则（试行）》的规定，[①]人民检察院认为暂予监外执行不当的，应当在收到通知之日起一个月内向决定或批准机关提出书面纠正意见，决定或批准机关应立即重新核查。从实践的情况看，由于人民检察院提出书面意见后，仍由原人民法院重新审理或原批准、决定机关重新核查，难免陷入"自我纠错"的尴尬境地，纠正率之低可想而知。

6. 检察监督救济机制设计不够科学。根据《人民检察院刑事诉讼规则（试行）》[②]和《人民检察院办理减刑、假释案件规定》的规定[③]，人民检察院对人民法院重新组成合议庭作出减刑、假释的最终裁定认为不符合法律规定的，或者对暂予监外执行的核查决定认为不符合法律规定的，只能再次向作出减刑、假释裁定的同级法院提出纠正意见或者向决定、批准机关提出纠正意见。如实践中检察机关和法院、暂予监外执行决定或批准机关之间对减刑、假释裁定和暂予监外执行决定存有异议，这样的监督模式将很难使案件

① 《刑事诉讼法》第256条规定，"人民检察院认为暂予监外执行不当的，应当自接到通知之日起1个月以内将书面意见送交决定或者批准暂予监外执行的机关，决定或批准暂予监外执行的机关接到人民检察院的书面意见后，应当立即对该决定进行重新核查"。《人民检察院刑诉规则（试行）》第646条规定，"人民检察院经审查认为暂予监外执行不当，应当自接到通知之日起一个月以内，报经检察长批准，向决定或批准暂予监外执行的机关提出书面纠正意见"。

② 《人民检察院刑事诉讼规则（试行）》第647条规定，人民检察院"对核查不符合法律规定的，应当依法提出纠正意见，并向上一级人民检察院报告"。第655条规定，人民检察院"对最终裁定不符合法律规定的，应当向同级人民法院提出纠正意见"。

③ 《人民检察院办理减刑、假释案件规定》第22条规定："人民检察院发现人民法院已经生效的减刑、假释裁定确有错误的，应当向人民法院提出书面纠正意见，提请人民法院按照审判监督程序依法另行组成合议庭重新审理并作出裁定。"

得到终局的处理，法律所讲的“最终裁决”无疑被司法解释所抹杀。

7. 减刑假释裁定检察监督依据不明。根据最高人民检察院《人民检察院办理减刑、假释案件规定》，人民检察院发现人民法院已生效的减刑、假释裁定确有错误的，应向法院提出纠正意见。其起草说明指出，该解释是对2007年最高人民检察院《关于减刑、假释法律监督工作的程序规定》进行的修订，而根据2007年解释，人民检察院超过20日发现减刑、假释裁定不当或者认为再次裁定减刑、假释仍然不当的，可以向法院提出纠正意见。可见，新解释认为“已生效的减刑假释裁定”是指超过20日发现的首次减刑、假释裁定和再次减刑、假释裁定，其监督依据为《人民检察院办理减刑、假释案件规定》第22条。这也就意味着首次减刑、假释裁定送达后未超过20日的，减刑、假释裁定未生效，其监督依据则为该解释的第20条。然而，实践中，人民法院普遍认为减刑、假释裁定送达即生效，造成人民检察院收到首次减刑、假释裁定时，该裁定已经生效，究竟如何适用法律，信心不足。

（四）执行阶段

检察机关有权对刑罚执行变更裁定、决定是否依法执行实行监督，而执行阶段存在的问题是检察机关对减刑、假释、暂予监外执行的落实没有细化规定，尤其是对于应当减刑、假释、暂予监外执行而刑罚执行机关没有依法提请，经检察机关提出意见后纠正的案件，检察机关应当对刑罚执行机关执行减刑、假释裁定和暂予监外执行决定的情况开展同步监督。实践中主要存在的问题是：

1. 没有将处遇落实纳入监督。由于目前监管机关普遍实行罪犯分级处遇的管理模式，对减刑后的余刑和悔罪表现作为罪犯处遇和担任劳动岗位的条件，这也应当成为刑罚执行变更同步监督的延伸。

2. 变更与矫正监督通道不畅。实践中，假释犯往往采取自行向居住地司法行政机关报到的方式执行，造成脱漏管难禁。而暂予监外执行中，尽管司法解释规定监管机关应押送至居住地县级司法行政机关或通知居住地县级司法行政机关派员到庭办理交接手续的做法，[①] 但由于执行不到位，实践中由家属接送出狱和不通知司法行政机关派员到庭的现象都不同程度存在，也存在脱漏管的问题。这固然与刑罚执行变更与社区矫正工作衔接有关，但与刑罚变更执行监督与社区矫正监督衔接不畅也不无关系。

3. 收监执行监督效力无规定。根据《社区矫正实施办法》的规定，司法行政机关撤销假释、暂予监外执行的建议书和人民法院的撤销假释的裁定书、决定机关决定撤销暂予监外执行的决定书应同时抄送假释犯居住地同级人民检察院。可见，法律没有规定任何的监督手段。根据《人民检察院刑事诉讼规则（试行）》，人民检察院对暂予监外执行犯应及时收监而未及时收监或未提出收监执行建议的，以及未建议人民法院将以非法方法被暂予监外执行的期间、脱逃期间不计入执行刑期或对罪犯执行刑期计算的建议违法的，应当依法提出纠正意见。尽管司法解释明确采用“纠正意见”的方式加以监督，但对于相关主体收到纠正意见后，应如何处理没有规定。

（五）其他方面

除上述纵向4个阶段的问题外，由于刑罚执行变更工作和检察工作自身等方面的复杂性，刑罚执行变更检察监督中的问题还包括：

1. 立法规范方面的问题。首先，刑罚变更执行检察监督的依据散乱在《刑事诉讼法》、《监狱法》、《人民检察院刑事诉讼规则

---

① 《社区矫正实施办法》第6条第2款规定：“暂予监外执行的社区矫正人员，由交付执行的监狱、看守所将其押至居住地，与县级司法行政机关办理交接手续。罪犯服刑地与居住地不在同一省、自治区、省辖市，需要回居住地暂予监外执行的，服刑地的省级监狱管理机关、公安机关监所管理部门应当书面通知罪犯居住地的同级监狱管理机关、公安机关监所管理部门，指定一所监狱、看守所接受罪犯档案，负责办理罪犯收监、释放等手续。人民法院决定暂予监外执行的，应当通知其居住地县级司法行政机关派员到庭办理交接手续。”

（试行）》、刑诉解释、办案规定等法律、司法解释、规章文件中，由于立法主体不一致，一方面，难免造成立法冲突的问题；另一方面，部门立法对其他部门的约束力也屡遭质疑。[①] 其次，互相矛盾的考评机制，给检察监督工作带来了较大的困难。目前，对刑罚变更执行检察监督工作的考核主要是纠正违法的数量，而这势必将影响司法行政机关、公安、法院的内部考核，造成实践中，不配合监督甚至抵制监督的现象也时有发生。再次，对于部分文件规定"建议更换办案人员"的监督方式并不符合检察权乃程序性监督的权力本质。"建议更换办案人员"的监督方式最早出现在本次《刑事诉讼法》修改的征求意见稿中，但由于这种方式直接涉及办案单位内部的工作安排，因此，在《刑事诉讼法》修正案中被舍弃。此次中央政法委又提出"建议更换办案人"的监督方式，并不妥当。[②] 最后，在减刑中"法院是否有权增加减刑的幅度"，立法没有规定。实践中，部分法院增加减刑幅度的情况在部分地区比较突出，应否提出纠正意见，观点不一。假释中，需要征求地方社区矫正机构的意见，少数矫正机构出于种种考虑，不同意接受，或者由于居住地确定的问题，而相互推诿扯皮，造成难以假释，或假释后立即脱管的问题。

2. 检察机关自身的问题。首先，主要是审理减刑、假释案件的人民法院的同级人民检察院、对执行机关开展检察监督职责的人民检察院、社区矫正所在地县级人民检察院之间工作的协调问题，

---

① 实践中，人民法院往往以司法部、最高人民检察院、公安部制定的《罪犯保外就医执行办法》对人民法院没有拘束力为由，将《罪犯保外就医执行办法》之外疾病作为保外就医的依据。

② 中央政法委《关于严格规范减刑、假释、暂予监外执行切实防止司法腐败的意见》第13条规定："检察机关对于减刑、假释、暂予监外执行中有关执法司法人员涉嫌违法犯罪的举报、控告和相关线索，应当依法严查，并根据情况，向有关单位提出纠正违法或者不当的建议，或者建议更换办案人，并对涉嫌违法犯罪的，建议依纪予以纪律处分或者依法追究刑事责任。"

防止刑罚执行变更过程中对提请、裁决、执行各监督环节的脱节。其次，监所检察部门人员少、年龄大、学历低、素质不高的问题还一定程度存在，监所检察部门与监管机构尚未实现信息联网、监控联网全覆盖。再次，监所检察部门与监管机构之间存在级别不对等的问题，严重影响了监督效果。以上海为例，浦东、杨浦、宝山、闵行等区院派驻的6所监狱检察室与派驻单位存在监督级别不对等问题。最后，检察机关内设部门之间的沟通协调问题，尽管监所检察部门是刑罚变更执行的业务部门，但在人民法院决定暂予监外执行中，其决定书往往送达至公诉部门，而且在暂予监外执行环节，监所检察部门也需要技术部门配合做好文证鉴定审查工作。

3. 执行变更本身的问题。首先，减刑、假释、暂予监外执行批次少、数量多的提请模式，降低了检察机关的监督质量。目前，检察机关虽然采取逐案审查的方式，但根据最新的《〈人民检察院办理减刑、假释案件的规定〉（第二次征求意见稿）起草说明》，人民检察院提出的书面检察意见并非逐案提出。实践中，由于人员少、案件多、时间有限，往往不做调查，不得不牺牲质量求数量。其次，立法对人民法院决定暂予监外执行并未附带审级的限制，造成暂予监外执行把握标准不一；人民法院对无期徒刑的执行起始时间规定混乱，导致无期徒刑罪犯刑罚执行变更时间计算不一；人民法院决定暂予监外执行的没有规定具体时限，导致了收监难和监外执行到底的问题；暂予监外执行中因贫困无力承担复查费用，造成暂予监外执行延长工作中组织复查工作推诿扯皮的问题，而且对于复查的医院，法律也没有明确；暂予监外执行情形消失且刑期未满，但由于老弱病残幼无人照顾等特殊原因无法收监的问题等，造成监督落地难。最后，刑罚执行变更中没有吸收被害人的参与，无论是提请环节还是裁决环节，都未设置听取被害人意见的内容，既不利于刑罚执行变更后的案件风险防控，实践中往往造成被害人或家属上访、群访等问题，也不符合被害人一方乃刑事诉讼主体的地位要求。

六、刑罚执行变更检察监督机制的完善对策

（一）深化考察同步监督

考察监督是同步监督工作的起点，也是探索同步监督的新内容。做好考察环节的同步监督包括：

1. 扩大考察范围。根据公安部、司法部关于罪犯记分奖惩的有关规定，对各刑罚执行机关的记分考核依据开展专门检察，清理不合法、不合理的记分考核规范，并由相应的检察机关要求有关机关予以纠正。针对目前部分地方开展的“以减分为主”的罪犯记分考核模式改革，就相关记分依据修订开展监督。同时，建议规定刑罚执行机关遴选监组长、带班长等高记分岗位应当征求相应检察机关的意见。

2. 畅通连续考察。建立由驻看守所检察室、新收犯监狱检察室和其他监狱检察室之间的日常考察联系制度。取消目前将看守所的羁押表现作为量刑情节的规定，转而将羁押表现在折抵时作为刑罚执行期内的表现认定，并在看守所、新收犯监狱、其他监狱之间建立连续考察制度，将连续表现作为减刑、假释提请和同步监督的事实依据。

3. 界定监督角色。建立老弱病残孕罪犯台账，定期向管教干部、罪犯本人、同监罪犯、医务室了解罪犯本人的身体情况。同时，将“驻所检察人员担任留所服刑犯生活不能自理鉴定小组成员”的规定修改为“驻所检察人员有权参与留所服刑犯生活不能自理的鉴定但不得担任鉴定小组成员”，以防止“裁判员”和“运动员”的混同。

（二）强化提请同步监督

1. 明确消极提请以检察建议方式监督。统一规定对于应当减刑、假释、暂予监外执行而刑罚执行机关没有提请减刑、假释、暂予监外执行的，检察机关可要求执行机关说明理由，认为执行机关说明的理由不成立的，应当采用检察建议的方式提出纠正意见，要

求刑罚执行机关依法提请减刑、假释；刑罚执行机关仍拒绝提请减刑、假释的，检察机关可以依法制发《纠正违法通知书》，通知刑罚执行机关纠正。一方面，设置“要求说明理由”的前置程序，可以弥补检察机关对刑罚执行变更具体情况掌握的不足；另一方面，明确采用检察建议的方式，更容易被刑罚执行机关所接受，也体现了尊重刑罚执行机关执行地位的精神。

2. 明确介入时间为评审会后办公会前。建议规定检察机关审查减刑、假释、暂予监外执行案件的时间应当为评（初）审会议之后，执行机关办公会决定之前。只有在刑罚执行机关决定前，检察意见才能起到监督刑罚执行机关提请权行使的效果，也才能谈得上刑罚执行机关是否采纳检察意见的问题，同时也避免将不符合减刑、假释条件的案件报送法院而造成的司法资源的浪费，而且由于执行机关和检察机关意见相左的案件一般都需要开庭审理，因此对这种资源的浪费可能较一般案件更加严重。在庭前，经检察机关指出减刑、假释、暂予监外执行提请中存在的问题，由刑罚执行机关认真核实后予以纠正，避免进入审理程序而造成的司法浪费，无疑符合诉讼经济的原则，也避免了给法院造成案多人少的办案压力。

3. 赋予检察意见书以相应的法律效力。可以规定检察机关不同意刑罚执行机关提请减刑、假释、暂予监外执行的，审理、批准或决定机关必须开庭或听证，既使庭审和听证有了冲突而不至于流于形式，也可以使双方在充分听取对方意见中找出自身工作的不足，并达到辩证求实的效果。另外，还不至于造成因检察机关信息不足所致的刑罚执行变更无法提请的问题。目前，根据最高人民法院最近颁布的《关于减刑、假释案件审理程序的规定》，对“人民检察院有异议的”减刑假释案件，人民法院应当开庭审理。参照上述规定，亦应明确对“人民检察院有异议的”暂予监外执行案件，批准或决定暂予监外执行的机关应当组织听证。

4. 严格实践中监督类文书的制发活动。一方面，进一步厘清《监所检察建议》、《检察建议》、《检察公函》的制发情形和规范格式；另一方面，根据《人民检察院法律文书格式样本（2013）》的规定，开展对基层监所检察人员法律文书规范制作的培训，禁止在刑罚执行变更检察工作中使用不规范的《检察意见书》和将刑罚执行机关列为主送对象，并进一步强调对本阶段"发现刑罚执行变更不当或违反法定程序的，可向人民法院、决定或批准暂予监外执行的机关提出书面意见和向执行机关提出书面纠正意见"的双重检察职责。

（三）加强裁判同步监督

1. 规定法院决定暂予监外执行应听取检察意见。增加"对人民法院决定暂予监外执行的，应当听取同级人民检察院意见"的规定。理由是：一方面，实践中公安机关和监狱管理机关批准暂予监外执行程序中，都要求看守所或监狱上报暂予监外执行时应征求派驻检察机构的意见。另一方面，根据有关规定①，交付执行前，被告人及其辩护人有权向人民法院提出暂予监外执行的申请，从控辩平等的原则出发，也应赋予控诉方提出意见的权力。另外，明确听取意见的对象为"同级人民检察院"主要是考虑到实践中这部分被告人往往在审前未被羁押，监所检察部门对被告人的情况并不掌握或掌握并不充分，具体由公诉部门提出意见更为合适。

2. 规定裁决文书应在7日内送达相关检察机关。建议规定"减刑假释裁定书、暂予监外执行决定书均应在作出后7日内抄送人民法院、暂予监外执行决定或批准机关同级的人民检察院、对执行机关承担监督职责的人民检察院，假释和暂予监外执行的，还应

① 最高人民法院、最高人民检察院、公安部、国家安全部、司法部、全国人大常委会法制工作委员会《关于实施刑事诉讼法若干问题的规定》第33条规定，《刑事诉讼法》第254条第5款中规定，"在交付执行前，暂予监外执行由交付执行的人民法院决定"。对于被告人可能判处拘役、有期徒刑、无期徒刑，符合暂予监外执行条件的，被告人及其辩护人有权向人民法院提出暂予监外执行的申请，看守所可以将有关情况通报人民法院。人民法院应当进行审查，并在交付执行前作出是否暂予监外执行的决定。

抄送罪犯居住地县级人民检察院”。理由为：一是根据规定，[①] 对减刑、假释裁定和暂予监外执行决定的监督，主要由同级人民检察院负责，只有直接抄送同级人民检察院，才可以保证监督效率。二是实践中，对执行机关承担监督职责的人民检察院对罪犯的情况比较熟悉，而且在减刑假释庭审中，还承担了派员出庭的任务，对庭审也比较了解，只有直接抄送该检察院，才有利于及早发现刑罚执行变更中的问题。三是根据修改后的《刑事诉讼法》规定，假释、暂予监外执行罪犯应依法实行社区矫正，为确保监管机构与社区矫正机构对罪犯的顺利交接，以及后续对社区矫正活动的有效监督，也有必要将法律文书及时送达罪犯居住地县级人民检察院。四是考虑到相关司法解释明确规定减刑、假释裁定在作出后 7 日内送达，为保持刑罚执行变更送达期限的一致性，结合送达工作本身的相似程度，将暂予监外执行决定书的送达期限定为 7 日应当是适当的。

3. 明确减刑假释裁定的生效时间为送达即生效。建议明确“减刑、假释裁定送达即生效”，同时将《人民检察院办理减刑、假释案件规定》第 22 条表述的“已生效的减刑、假释裁定”修改为“再次减刑、假释裁定”。这样规定一方面尊重了人民法院减刑、假释裁定送达即生效的实践做法，另一方面也有利于厘清《人民检察院办理减刑、假释案件规定》中各法条之间的关系，同时，还可以与对暂予监外执行决定监督和重新核查结果监督的表述

① 《人民检察院刑事诉讼法规则（试行）》第 646 条规定，人民检察院经审查认为暂予监外执行不当的，应当自接到通知之日起一个月以内，报经检察长批准，向决定或者批准暂予监外执行的机关提出书面纠正意见。下级人民检察院认为暂予监外执行不当的，应当立即层报决定或者批准暂予监外执行的机关的同级人民检察院，由其决定是否向决定或者批准暂予监外执行的机关提出书面纠正意见。《人民检察院办理减刑、假释案件规定》第 3 条第 2 项规定：“对减刑、假释案件审理、裁定活动的监督，由人民法院的同级人民检察院负责……下级人民检察院发现减刑、假释裁定不当的，应当及时向作出减刑、假释裁定的人民法院的同级人民检察院报告。”

相一致[①]，实现刑罚执行变更体系内的一致性。但同时，也应当明确减刑、假释一般应在符合时间节点前的合理期限内提请，不仅应预留人民法院的审理时间，也应预留人民检察院对裁定的纠正时间，尤其是对假释，防止因罪犯已出监导致检察监督难以落实的问题。相应地，在看守所、监狱报请暂予监外执行中，也应预留相应的审批时间和人民检察院的纠正时间，理由与假释一致。

4. 明确生效的减刑假释裁定可用抗诉方式纠正。建议规定“对于人民法院未生效的减刑、假释裁定，同级人民检察院认为不正确的可以提出纠正意见，要求人民法院组成合议庭重新开庭审理，并做出最终裁定。同级人民检察院认为最终裁定仍不正确的，既可以直接提出纠正意见，由同级法院再审，也可以报告上级人民检察院提出再审抗诉，由上级法院再审，且不得指令下级法院再审；上级人民检察院发现下级人民法院减刑、假释裁定有错误，下级人民检察院没有提出纠正意见的，或者下级人民法院减刑、假释最终裁定错误，下级人民检察院没有报告的，可以指令下级人民检察院提出纠正意见或者直接提出再审抗诉”。这样规定的积极作用主要在于：一是通过再审抗诉，打通了检察监督与法院内部上下级监督的通道，可以促使下级法院在“自我纠错”中勤勉尽责。二是解决了对法院最终裁定，仍只能采用纠正意见予以监督的不合理做法，有利于防止案件久拖不决、检法相互扯皮。三是从当前《刑事诉讼法》的规定来看，在审判监督程序中并没有禁止对减刑、假释裁定提出抗诉，而是规定对下级法院的裁定，上级检察机关可以提出抗诉。四是根据规定[②]，尽管对最终裁定提出纠正意见

---

① 《人民检察院刑事诉讼规则（试行）》第 647 条仅仅表述为，“对核查不符合法律规定的，应当依法提出纠正意见”，并未增加“超过一个月发现暂予监外执行决定不符合法律规定的”表述。

② 《人民检察院办理减刑、假释案件规定》第 22 条规定，人民检察院发现人民法院已经生效的减刑、假释裁定确有错误的，应当向人民法院提出书面纠正意见，提请人民法院按照审判监督程序依法另行组成合议庭重新审理并作出裁定。

和再审抗诉都可以引起审判监督程序，但在程序法上的意义却不相同，前者仍然属于人民法院自主启动审判监督程序的范畴，且要求“上级法院再审”，也提高了审级。另外，需要明确的问题有二：一是从《监狱法》到《刑事诉讼法》的变化以及全国人大常委会对《监狱法》的修订，仅仅是对未生效的减刑、假释裁定，规定以“纠正意见”的方式代替了“抗诉”的方式，而对于“超过20日后发现的以及最终裁定”等已生效的减刑、假释裁定，完全可以按照《刑事诉讼法》和《人民检察院刑事诉讼规则（试行)》的规定，按照审判监督程序提出抗诉。这不仅避免了法律规定之间的冲突，而且在抗诉之外又创设了“纠正意见”监督方式。这种监督方式较抗诉而言更符合司法经济和司法高效的原则，纠正意见由同级检察院提出，同级法院重新审理，将问题解决在基层，无疑比再审抗诉程序节约了司法资源。

5. 完善暂予监外执行核查决定的检察监督规定。规定“同级人民检察院认为暂予监外执行核查不符合法律规定的，可以依法提出纠正意见，并向上一级人民检察院汇报，上一级人民检察院同意纠正意见的，可向与自己批准或决定机关的上一级机关提出纠正意见，由批准或决定机关的上一级机关重新核查，上一级人民检察院不同意纠正意见的，可以要求下级人民检察院撤回纠正意见或者直接撤回纠正意见”。这样规定一方面可以与减刑、假释裁定中“纠正意见与抗诉手段的衔接适用规则”相协调，实现刑罚执行变更监督的体系性，另一方面也有利于规范上一级人民检察院在接受报告后的权力行使，纠正法条表述中断的突兀性。另外，还可以避免对暂予监外执行决定和核查结果监督都采用同一纠正方式所导致的相互“踢皮球”和案件久拖不决。

（四）细化执行同步监督

执行环节是落实减刑、假释裁定的重要环节，但在司法实践中却受到了忽视。要改变这一局面，具体建议如下：

1. 增加处遇落实监督。应当将减刑后的罪犯处遇落实纳入同步监督的范围，减刑后凡是符合外劳、宽管等条件的，监狱应当予以落实，对拒绝落实或落实过度的，应当给予纠正。

2. 畅通变更矫正渠道。在假释和暂予监外执行过程中，打通派驻检察机构与居住地县级检察机关的监督衔接通道，规定在执行前，派驻检察机构应当及时将罪犯在押期间的表现等情况向居住地县级检察机关通报，实现执行变更监督与社区矫正监督的衔接。

3. 明确纠正意见文书。建议规定检察机关刑罚执行变更裁定、决定执行不符合法律规定的，可以区分违法程度，采用检察建议书、检察意见书、纠正违法通知书三种通用法律文书或者其他专门法律文书的方式提出纠正意见，并明确“检察建议书”和“检察意见书”的效力为：无正当理由必须执行，纠正违法通知书的效力为：必须执行。

（五）其他方面制度完善

正所谓“功夫在诗外”，要做好刑罚执行变更监督工作，除了落实上述同步监督举措外，还必须从更广的视野关注立法规范制定、检察机关自身建设和刑罚执行变更本身制度的完善。建议如下：

1. 规范立法活动。一是建议国家六部委联合制定刑罚执行变更的统一规定，既可以防止因部门立法导致的规定之间的相互冲突，也可以增加立法的权威，防止地方有法不依。二是建议废除“建议更换办案人员”的监督方式，但如符合法律规定回避情形的，可建议回避。更换办案人员本质上是一个单位内部的问题，在不涉及程序正义的情况下，检察监督不应过分包办。三是建议限制“法院增加减刑幅度”的做法。相较于刑罚执行机关和派驻检察机关而言，法院作为消极中立的一方，对罪犯的服刑表现往往缺乏直观了解，所以原则上应禁止法院增加减刑幅度，但在检察机关提出增加减刑异议的情况下，人民法院可以增加减刑幅度。四是建议禁止将“社区矫正机构是否同意接收”作为是否假释的前提条件。社区矫正从本质上来讲是一种国家义务，建立完善的帮教体系，实行科学的帮教措施是国家义不容辞的职责。如果因帮教这种国家义务的缺位，而让本应获得假释的罪犯失去了假释的机会，这既不利于罪犯的改造，也不符合法治的要求。

2. 加强自身建设。一是适度建立审理减刑、假释案件的人民法院的同级人民检察院、对执行机关开展检察监督职责的人民检察院、社区矫正所在地县级人民检察院之间的定期或不定期的沟通协调制度。二是充实监所检察部门力量、提高监所检察部门人员素质、科学配置人员年龄梯次，实现检察机关与刑罚执行机关的信息联网、监控联网全覆盖，重点是监外执行犯与社区检察部门联网全覆盖。三是加强暂予监外执行中监所检察部门、公诉部门和技术部门的协调配合，打通内设部门之间各自为政的不利局面。尤其是对外地人犯罪案件需要暂予监外执行的，公诉部门应当及时将案件情况向监所部门通报。

3. 完善变更制度。一是建议改变报请模式，增加报请批次，以每年4次至12次或者符合条件逐案报请为宜，具体次数视看守所、监狱或社区矫正机构的不同情况确定。二是完善暂予监外执行制度。参照监狱系统和公安系统暂予监外执行决定的级别规定，建议规定中级以上人民法院可以决定暂予监外执行；参照《罪犯保外就医执行办法》的规定，建议明确人民法院决定暂予监外执行的时间为半年至一年，每次可以延长半年至一年；对因贫困无法复查的，可向批准或决定机关申请，由批准或决定机关组织复查，并明确复查同样由省级人民政府指定的医院诊断并开具证明文件；对因收监将导致罪犯老弱病残幼的亲属无人照顾的，暂予监外执行批准或决定部门在作出收监决定前，应联系民政、街道或居委会，妥善安排好罪犯亲属的生活问题。三是明确无期徒刑的执行应自判决确定之日起执行，羁押日期不得折抵刑期，刑罚变更执行中已执行期限应自判决确定之日开始计算。四是在减刑、假释审理和暂予监外执行决定或批准环节，建议吸收被害人的参与，听取被害人的意见。一方面，可以更好地了解罪犯履行民事赔偿义务的情况和被害人对刑罚执行变更的意见；另一方面，也可以使被害人了解罪犯认罪悔罪的情况，减少对司法不公的质疑。

七、刑罚执行变更检察监督的类诉讼化程序设计

从长远来看，减刑、假释、暂予监外执行法律监督工作应采取类诉讼化的设计路径较为适宜。基本思路为：在事前，由检察机关充任“预审法官”的角色，负责对日常记分以及与记分有关的事项、刑罚执行机关提请是否合法适当等予以审查并作出决定。在事中，则由法院、省级监狱管理机关、设区的市级以上公安机关作为中立的第三方，裁定是否减刑、假释、决定或批准是否暂予监外执行，化解减刑、假释、暂予监外执行争议。在事后，由检察机关作为中立的第三方，负责对减刑、假释、暂予监外执行的具体执行中的争议予以处理。基本的框架性制度可作如下设计：

（一）考察环节的类诉讼化设计

在考察环节，由检察机关作为中立第三方，考察异议人和刑罚执行机关为争议双方当事人。异议人主要是指对于日常考察有异议的同改犯。同改犯对于日常考察中的记分依据、记分标准、记分岗位、记分管理等有异议的，可以通过检察官信箱、约见检察官、检察官巡监面告等方式向检察机关提出意见，检察官认为有理由的，应当要求刑罚执行机关说明情况，在听取双方意见后，检察官认为事实仍不清楚的，可以主动调查核实，作出决定。

（二）提请环节的类诉讼化设计

在提请环节，由检察机关作为中立第三方，异议人和刑罚执行机关为争议双方当事人，异议人可以是原判决中载明的被害人、认为应当提请的罪犯以及认为提请不当的同改犯。异议人对于刑罚执行机关应当提请而没有提请和不应当提请而决定提请以及认为刑罚执行机关提请幅度不当或者没有及时提请的，同样可以通过检察官信箱、约见检察官、检察官巡监面告等方式向检察机关提出异议。检察机关认为异议有理由的，应当将异议以书面的方式转告刑罚执

行机关，由刑罚执行机关及时提出意见，在听取双方意见后，检察机关认为有必要的，也可以主动调查核实，并作出决定。检察机关决定不得提请的，禁止刑罚执行机关向法院提请，裁决和批准机关也不得受理；检察机关认为应当提请的，刑罚执行机关应当向裁决或批准机关提出变更的建议或意见。

（三）裁决（批准）环节的类诉讼化设计

在裁决环节，由裁定、决定或批准机关负责开庭审理、减刑假释案件或对暂予监外执行案件进行听证，异议人和检察机关为争议双方，异议人除被害人、同改犯外，还包括认为对自己提请减刑幅度或者假释、暂予监外执行条件不当的罪犯。在审判环节之所以将刑罚执行机关不列为案件当事人，主要是考虑到上述提请阶段的设计，使减刑、假释案件只有在刑罚执行机关与检察机关意见一致时才可能进入裁决（批准）环节，将检察机关单独列为刑事案件的一方当事人，已完全可以代表刑罚执行机关的意见，这也符合我国当前在整个刑事诉讼中对检警关系的配置模式。异议人可以对提请不当，包括提请幅度不当等问题向人民法院、省级监狱管理机关、设区的市级以上公安机关提出异议，也可以委托代理人提出异议。在被害人、同改犯、罪犯本人以及检察机关 4 方均提出相关意见，且各自意见均不一致时，裁决或批准机关应当逐一听取各利害相关方的意见，听取意见后仍然认为事实不清的，可以主动调查案件并作出裁定、决定或批准。

（四）执行环节的类诉讼化设计

在执行环节，由检察机关担任中立的第三方，被裁定减刑、假释、决定或批准暂予监外执行的罪犯和刑罚执行机关作为当事人双方，被减刑、假释、暂予监外执行的罪犯可以就刑罚变更不及时宣告，减刑后处遇不及时落实和落实不到位，暂予监外执行和假释没有及时执行或者任意增加假释罪犯的义务等向检察机关提出异议。检察机关认为异议成立的，可以要求刑罚执行机关说明理由，认为理由不成立的，应当督促刑罚执行机关予以纠正，认为理由成立的，应当向提出异议的罪犯做出书面回复。检察机关在听取双方意见后，认为事实仍不清楚的，可以主动开展调查，并做出决定。

在强化减刑、假释、暂予监外执行检察监督深度和广度的同时，为了强化检察机关自身的监督，还必须设置针对检察权的救济制度。具体为：在救济环节，设置对检察机关决定不服的复议复核程序。由于检察机关在减刑、假释考察阶段、提请阶段和执行阶段都处于中立第三方的地位，权力较大，尤其是对是否提请减刑、假释具有最终的决定权，因此，需要对检察机关的权力予以必要的限制，赋予上述 3 个阶段的当事人双方以申请复议和复核的权利。复议复核程序的具体设置为：刑罚执行机关或者异议人对于检察机关的决定有异议的，可以向作出决定的检察机关申请复议，作出决定的检察机关应当在接到异议材料之日起 15 日内作出复议决定，对复议决定仍有意见的可以向作出复议决定的检察机关的上一级检察机关申请复核。

《民事诉讼法》修改与民事检察制度的完善

郑新俭　孙加瑞*

2012 年 8 月 31 日，第十一届全国人大常委会第二十八次会议通过了《关于修改〈中华人民共和国民事诉讼法〉的决定》，对《民事诉讼法》进行了部分修改，并于 2013 年 1 月 1 日正式实施。本次《民事诉讼法》修改涉及的内容较多，其中强化人民检察院的法律监督是立法修改的一个亮点。修改后的《民事诉讼法》完善了检察机关在民事诉讼中的监督范围、监督条件、监督措施和监督程序等诸多内容，既给检察工作带来了新的发展机遇，也提出了一系列重大的挑战。认真贯彻实施修改后的《民事诉讼法》，积极应对《民事诉讼法》修改给检察工作带来的机遇和挑战，将是今后一个时期民事检察工作的重要任务。

一、检察监督范围

2012 年修改后的《民事诉讼法》，在总则和分则部分都拓展了检察监督的范围。

---

* 作者简介：郑新俭，最高人民检察院民事行政检察厅厅长；孙加瑞，最高人民检察院民事行政检察厅检察员、法学博士。

（一）总则中的检察监督范围

1. 法律修改情况

2011 年 10 月 24 日的《民事诉讼法修正案（草案）》（以下简称《修正案草案》）第 1 条建议将《民事诉讼法》第 14 条修改为："人民检察院有权以检察建议、抗诉方式对民事诉讼实行法律监督。"其理由是："民事诉讼法没有明确规定对民事执行活动和人民法院的调解活动能否实行检察监督。……建议将人民检察院有权对民事审判活动实行法律监督，修改为人民检察院有权对民事诉讼实行法律监督，将民事执行活动纳入法律监督。"①

有的常委委员提出，这样规定与《刑事诉讼法》、《行政诉讼法》的规定表述不一致，法律委员会经同有关方面研究，建议参照《刑事诉讼法》、《行政诉讼法》的规定，将草案第 1 条规定的"人民检察院有权以检察建议、抗诉方式对民事诉讼实行法律监督"修改为"人民检察院有权对民事诉讼实行法律监督"。这就是 2012 年 4 月 24 日《民事诉讼法修正案（草案）（二次审议稿）》（以下简称《二次审议稿》）第 2 条的规定。② 这最终成为 2012 年《民事诉讼法》第 14 条的规定。

2. 理解与适用

1991 年《民事诉讼法》第 14 条规定"人民检察院有权对民事审判活动实行法律监督"，2012 年《民事诉讼法》将该条修改为"人民检察院有权对民事诉讼实行法律监督"，民事检察的监督范围由原来的"民事审判活动"变为"民事诉讼"，扩大了民事检察的监督范围，并与我国《刑事诉讼法》、《行政诉讼法》规定的检察监督原则（分别是"对刑事诉讼实行法律监督"和"对行政诉

① 2011 年 10 月 24 日全国人大法制工作委员会副主任王胜明《关于〈中华人民共和国民事诉讼法修正案（草案）〉的说明》。

② 2012 年 4 月 24 日全国人大法律委员会《关于〈中华人民共和国民事诉讼法修正案（草案）〉审议结果的报告》。

讼实行法律监督”）一致起来。据此，检察机关对民事诉讼的监督范围涵盖了整个民事诉讼过程。

从学理上讲，民事诉讼活动包括人民法院的审判活动和民事诉讼当事人、其他民事诉讼参与人的诉讼活动。[①] 2012年，曹建明检察长《在全国检察机关学习贯彻修改后民事诉讼法座谈会上的讲话》中也指出：“修改后民诉法在基本原则部分，将‘人民检察院有权对民事审判活动实行法律监督’修改为‘人民检察院有权对民事诉讼实行法律监督’，从立法上使民事检察监督的范围扩大到整个民事诉讼领域。”但是，《民事诉讼法》第14条的这一修改，并不意味着检察机关需要对诉讼当事人的活动直接进行监督。民事检察的核心内容是对民事诉讼中公权力，即民事审判权的监督，当事人的民事活动只要不违反法律，一切国家机关都应当尊重其意思自治，检察机关亦不例外，不能对之监督。民事诉讼参与人必须遵守民事诉讼中的相关规定，依法行使诉讼权利，履行诉讼义务；民事诉讼参与人的诉讼活动违法的，人民法院应当依法采取强制措施和其他相应措施，[②] 检察机关亦无须直接监督。因此，曹建明检察长《在全国检察机关学习贯彻修改后民事诉讼法座谈会上的讲话》中明确要求：“检察机关在当事人之间应当保持客观、公正立场，对当事人在民事诉讼中的违法行为不直接进行监督，必要时应当通过监督人民法院的审判和执行活动予以纠正。”

总之，民事诉讼参与人的诉讼活动违法因而影响人民法院公正审理的，人民检察院通过对民事审判活动的监督，足以维护司法公正和法制权威，同时也可以间接地实现对其他民事诉讼活动的监

① 在本次修改《民事诉讼法》中，有些代表提出，应增加规定人民检察院对民事诉讼当事人及其他诉讼参与人的诉讼活动进行监督。（全国人大常委会法制工作委员会民法室编：《民事诉讼法立法背景与观点全集》，法律出版社2012年版，第35页。）

② 这里的“其他相应措施”，是指人民法院事后发现这些诉讼活动违法，并且这些诉讼活动已经影响了人民法院的正确判断、决定，人民法院可以依职权或者依申请进行再审或者复查，重新作出裁判或者决定等。

督。因此，检察机关可以通过加强审判监督来实现对整个民事诉讼活动的法律监督。“诉讼监督”的核心内容就是“审判监督”，两者并无实质区别。

曹建明检察长在第二次民事行政检察工作会议上指出：“民行检察监督作为检察机关法律监督的重要组成部分，在性质上是对公权力的监督，监督对象是民事审判、行政诉讼活动。”这一论述深刻地揭示了民事检察的法律监督属性。最高人民检察院《关于深入推进民事行政检察工作科学发展的意见》也提出：“民事行政检察工作是检察机关为保障民事行政法律统一正确实施而进行的法律监督，其核心是对公权力的监督。”所谓民事审判活动，就是指人民法院、民事审判人员行使民事审判权的活动，这种民事审判权作为公权力应当依法接受监督，民事检察就是这种监督体系中的一个重要组成部分。[①] 因此，民事检察就是对民事审判权的法律监督。“诉讼监督”实为“审判监督”，《民事诉讼法》总则中检察监督原则的修改对于民事检察制度并无实质性的影响，民事检察制度在性质上仍然是对公权力的监督。检察机关为履行民事检察职责，就应当加强对民事审判活动的法律监督，并主要通过对民事审判活动的监督实现对其他民事诉讼活动的监督。

（二）分则中的检察监督范围

与总则中扩大民事检察监督范围相一致，《民事诉讼法》分则中也在原有的对生效判决、裁定的监督之外，增加规定了对其他具体民事审判活动的监督。

1. 明确了对于生效调解书的监督

（1）法律修改情况

2011 年《关于〈中华人民共和国民事诉讼法修正案（草案）〉

① 曹建明检察长在第二次民事行政检察工作会议上提出：对民事审判、行政诉讼的多元化监督体系中，民行检察监督发挥着其他监督不可替代的重要作用，与其他监督相辅相成、分工制约。

的说明》提出，“民事诉讼法没有明确规定对民事执行活动和人民法院的调解活动能否实行检察监督。针对……通过调解协议损害社会公共利益的情况，建议……增加规定人民检察院发现调解书损害社会公共利益的，应当提出再审检察建议或者提出抗诉”。

《修正案草案》的这一内容略加修改后，成为《民事诉讼法》第208条第1款和第2款中对调解书的监督内容：“最高人民检察院对各级人民法院……上级人民检察院对下级人民法院……发现调解书损害国家利益、社会公共利益的，应当提出抗诉。地方各级人民检察院……发现调解书损害国家利益、社会公共利益的，可以向同级人民法院提出检察建议，并报上级人民检察院备案；也可以提请上级人民检察院向同级人民法院提出抗诉。”

这一规定吸收了司改文件《民行监督意见》[①] 的相关内容。该司改文件第6条规定，“人民检察院发现人民法院已经发生法律效力的民事调解、行政赔偿调解损害国家利益、社会公共利益的，应当提出抗诉”；第7条第1款规定，“地方各级人民检察院对符合本意见第五条、第六条规定情形的判决、裁定、调解，经检察委员会决定，可以向同级人民法院提出再审检察建议”。

（2）理解与适用

《民事诉讼法》规定了对调解书的监督，其监督对象是人民法院在审理案件中经调解制作的调解书；人民法院依据《民事诉讼法》第十五章“特别程序”中第六节“确认调解协议案件”的程序，作出的确认调解协议有效的裁定，不属于第208条规定的“调解书”，检察机关不能依据该规定对之抗诉。

2. 明确了对于审判人员违法行为的监督。

（1）法律修改情况

《二次审议稿》第2条规定：地方各级人民检察院对审判监督

① 2011年3月10日，最高人民法院和最高人民检察院发布了《关于对民事审判活动与行政诉讼实行法律监督的若干意见（试行）》（以下简称《民行监督意见》）。

程序以外的其他审判程序中审判人员的违法行为，有权向同级人民法院提出检察建议。这一内容略加修改后，成为《民事诉讼法》第208条第3款的内容："各级人民检察院对审判监督程序以外的其他审判程序中审判人员的违法行为，有权向同级人民法院提出检察建议。"

这一规定吸收了两个司改文件中的重要内容：一是"两高三部"《渎职监督规定》[①] 的规定，即检察机关可以对民事诉讼中司法工作人员（包括民事审判人员、执行人员）的渎职行为实行法律监督，检察机关发现民事审判人员有渎职行为的，可以建议更换办案人、提出纠正违法意见等；二是《民行监督意见》第9条第1款的规定，检察机关可以对全部的民事审判活动（包括审判程序违法）实行法律监督，检察机关发现民事审判活动程序违法的，可以提出检察建议。

（2）理解与适用：对审判人员违法行为的法律监督

所谓审判人员，是指依照法律行使审判权的人员及其辅助人员，包括审判员、助理审判员、人民陪审员和书记员。因此，此类检察案件中的被监督者，包括法官、人民陪审员和书记员。

依照该第208条第3款规定，此类检察建议的适用范围是"对审判监督程序以外的其他审判程序中审判人员的违法行为"。从字面上看，这里将"审判监督程序"明确地排除在外。[②] 不过，立法部门有关人士对此另有解释：检察机关对于审判监督程序中审判人员的违法行为当然可以监督，对于其他审判程序中审判人员的违法

① 2010年7月26日，最高人民法院、最高人民检察院、公安部、国家安全部、司法部联合发布了《关于对司法工作人员在诉讼活动中的渎职行为加强法律监督的若干规定（试行）》（高检会〔2010〕4号，以下简称《渎职监督规定》）。

② 在本次修改《民事诉讼法》中，有些代表提出，应增加规定人民检察院对审判人员的职务违法行为进行监督。有的地方提出，检察建议也应适用于审判监督程序中的违法行为。（全国人大常委会法制工作委员会民法室编：《民事诉讼法立法背景与观点全集》，法律出版社2012年版，第35页、第201页。）

行为也应当予以监督。[1] 按照这一理解，对于全部民事审判程序中审判人员的违法行为，检察机关都应当按照本款规定进行监督。[2]因此，《民事诉讼法》第 208 条第 3 款规定的审判程序包括：①第一审普通程序；②简易程序；③第二审程序；④特别程序；⑤审判监督程序；⑥督促程序；⑦公示催告程序；⑧海事诉讼特别程序；⑨破产程序。

（3）理解与适用：对审判程序的法律监督[3]

审判人员行为的合法性与审判程序的合法性密不可分，《民事诉讼法》第 208 条第 3 款实际上也包括了对审判程序的监督制度。[4]

审判程序的内容十分丰富。依照《民行监督意见》第 9 条的规定，人民检察院提出检察建议的对象是“不适用再审程序的审判活动”。对于生效裁判（包括调解），凡是可以适用再审程序的，应当依法提出抗诉；凡是不能适用再审程序的，应当依法提出检察建议。生效裁判以外的其他审判活动，包括立案活动和其他审理活

① “修改后《民事诉讼法》第 208 条第 3 款规定，各级人民检察院对审判监督程序以外的其他审判程序中审判人员的违法行为，有权向同级人民法院提出检察建议。将检察院的法律监督覆盖于整个诉讼程序。检察建议比抗诉的适用范围更广，除了在审判监督程序中发挥作用外，检察建议还可以用于帮助人民法院发现其他审判程序中审判人员的违法行为，及时纠正失误。”扈纪华：《民事诉讼中的检察监督张弛有度》，载《检察日报》2012 年 9 月 14 日。

② 其实，对于民事审判监督程序中审判人员的违法行为，检察机关即使不能依据第 3 款规定进行监督，也可以按照《渎职监督规定》进行监督。

③ 在本次《民事诉讼法》修改中，有些代表建议，建立和完善对特别程序、督促程序、公示催告程序和破产程序的检察监督制度（全国人大常委会法制工作委员会民法室编：《民事诉讼法立法背景与观点全集》，法律出版社 2012 年版，第 29 页）。

④ 在本次《民事诉讼法》修改中，有些代表提出，明确检察监督范围，可考虑两种方案：一是列举需要检察监督的情形，包括违法立案或者不立案、违法决定保全或者不保全、违法送达或者不送，以及其他违反《民事诉讼法》规定的行为。二是参照《刑事诉讼法》，增加规定：“人民检察院发现审理案件违反法律规定的诉讼程序，有权向人民法院提出纠正意见。”（全国人大常委会法制工作委员会民法室编：《民事诉讼法立法背景与观点全集》，法律出版社 2012 年版，第 35 页。）

动，都不能适用再审程序，对于这些审判活动都应当按本条规定提出检察建议。依照《渎职监督规定》，监督对象是审判人员的渎职行为及相关的审判活动，其第3条详细列举了12种应予监督的渎职行为，涉及审判程序违法的各种情况，其中有关民事审判程序违法的情况概括起来就是“违反民事诉讼法规定，不依法履行职务，损害当事人合法权利，影响公正司法的诉讼违法行为”。

3. 明确了对于民事执行活动的监督

（1）法律修改情况

本次修法中，自《二次审议稿》开始专条规定了执行检察的内容，即“人民检察院有权对民事执行活动实行法律监督”，这最终成为2012年《民事诉讼法》第235条的内容。这是对于执行检察工作最直接、最明确的法律规定，吸收了关于民事执行检察司法改革工作成果。[①]

1991年《民事诉讼法》第14条规定，“人民检察院有权对民事审判活动实行法律监督”。全国人大常委会原副委员长王汉斌在《关于〈中华人民共和国民事诉讼法（试行）〉（修改草案）的说明》中指出：“执行是审判工作的一个十分重要的环节，它关系到法律和人民法院的尊严，有效保障公民、法人和其他组织的合法权益，维护正常的社会经济秩序。目前有些地方人民法院在审判工作中执行难的问题比较突出……”可见，民事审判活动包括了民事执行活动，执行检察监督的对象就是法院的民事执行活动。此后的民事执行检察探索工作及司法改革工作，都是以此为依据的。

---

① 这一规定十分原则，因此在本次修改《民事诉讼法》中，也有些代表提出：当前检察机关对民事执行的监督工作难以开展。建议由最高人民法院和最高人民检察院联合出台相关规定，明确检察院对法院民事执行活动实行监督的范围、程序和措施，并赋予检察机关必要的调查权、调卷权、现场监督权以及特殊情况下采取强制措施的权力等。（全国人大常委会法制工作委员会民法室编：《民事诉讼立法背景与观点全集》，法律出版社2012年版，第29页。）

（2）理解与适用

2012 年 6 月 14 日，姜建初副检察长在全国检察机关民事行政执行检察工作座谈会上的讲话中指出：执行检察监督的基本对象是人民法院及执行人员在执行程序中的活动。这是检察机关关于执行检察对象的权威意见。

民事执行活动的核心内容，是人民法院及其执行人员在执行程序中的活动，主要包括：第一，在执行程序中作出裁定、决定等法律文书的活动，例如准予执行裁定、不予执行裁定、追加或变更执行当事人的裁定、执行措施裁定以及其他裁定。第二，在执行程序中的积极执行活动，例如立案、实施执行、保管执行款物等。第三，在执行程序中的消极执行活动，例如不立案、不作出执行裁定、不实施执行等。

二、关于检察监督的条件

《民事诉讼法》规定的抗诉条件，与当事人申请再审的条件相同，其对于当事人申请再审条件的修改完善，也是对抗诉条件的修改完善。2011 年《关于〈中华人民共和国民事诉讼法修正案（草案）〉的说明》中提出“对再审事由作适当限制”，同时也是对生效判决、裁定抗诉条件的适当限制。

2012 年《民事诉讼法》对于调解案件的抗诉条件、对审判人员行为的监督条件都作出了比较明确的规定，但对于执行案件的监督条件未作明确规定。

（一）对生效判决、裁定的抗诉条件

1. 法律修改情况

针对《民事诉讼法》原第 179 条规定的当事人申请再审的事由，2012 年《民事诉讼法》作了三个方面的修改：

第一，删除了原第 1 款中的一项内容，即“违反法律规定，管辖错误的”。这主要是考虑到，因管辖问题导致案件有错误的，一般都表现为判决、认定的事实和适用的法律是错误的，而这些错误依照本条有关规定已经明确可以再审。况且，《民事诉讼法》在第一审程序中就对管辖问题规定了异议和上诉纠错机制。[①]

第二，修改了原第 1 款中的一项内容，把“对审理案件需要的证据，当事人因客观原因不能自行收集，书面申请人民法院调查收集，人民法院未调查收集的”中的“对审理案件需要的证据”，修改为“对审理案件需要的主要证据”。其主要理由是：一个案件涉及的证据可能有许多，但对认定案件事实起决定性作用的证据可能只是其中的一部分。如果事无巨细都要求法院去调查收集，不仅会浪费司法资源，而且也无助于案件审理，因此只有人民法院没有调查的“主要证据”，从而影响正确认定当事人权利义务的，才能作为应当再审的情形。这样修改完全符合 2007 年修改《民事诉讼法》时增加这一项的本意，可以更好地体现本项规定的精神。[②]

第三，把原第 2 款的“对违反法定程序可能影响案件正确判决、裁定的情形，或者审判人员在审理该案件时有贪污受贿，徇私舞弊，枉法裁判行为的，人民法院应当再审”，修改后作为第 1 款第 13 项的内容，即“审判人员审理该案件时有贪污受贿，徇私舞弊，枉法裁判行为的”。在此，删去了“对违反法定程序可能影响案件正确判决、裁定的情形”，其主要考虑是：司法实践表明，已有的 13 项情形已经比较全面，审判过程中有的细微的程序性错误虽然发生，但没有必要启动再审程序。[③]

2. 理解与适用

(1) 关于管辖错误的监督问题

2012 年《民事诉讼法》实施后，检察机关不能再以管辖错误

① 参见王胜明主编：《中华人民共和国民事诉讼法释义》，法律出版社 2012 年版，第 486 页。

② 参见王胜明主编：《中华人民共和国民事诉讼法释义》，法律出版社 2012 年版，第 479 页。

③ 参见王胜明主编：《中华人民共和国民事诉讼法释义》，法律出版社 2012 年版，第 486 页。

作为理由对生效判决、裁定提出抗诉。《民行监督意见》第9条第1款规定："人民法院的审判活动有本意见第五条、第六条以外违反法律规定情形，不适用再审程序的，人民检察院应当向人民法院提出检察建议。"检察机关发现人民法院管辖确有错误的，人民法院可以按照该条规定提出检察建议，由人民法院依法纠正。

（2）关于法院违法未调查收集证据的监督问题

当事人因客观原因不能自行收集证据，书面申请人民法院收集，人民法院应当收集但未调查收集的，如果该证据并非审理案件需要的主要证据，检察机关不能据此提出抗诉，但必要时可以按照《人民检察院检察建议工作规定（试行）》，向人民法院提出工作建议。

（3）关于审判程序违法的监督

《民事诉讼法》第200条已经列举了可以作为再审事由（抗诉事由）的各类审判程序违法的情形，对于其他的审判程序违法情形，检察机关不能再作为抗诉理由，但必要时可以按照《人民检察院检察建议工作规定（试行）》，向人民法院提出工作建议。

（二）关于对生效调解书的抗诉条件

1. 法律修改情况

《修正案草案》第44条规定：人民检察院发现调解书"损害社会公共利益的"，应当提出再审检察建议或者提出抗诉。最高人民检察院研究室提出，《民行监督意见》第6条已经规定"人民检察院发现人民法院已经发生法律效力的民事调解、行政赔偿调解损害国家利益、社会公共利益的，应当提出抗诉"，故建议在立法中明确规定对调解案件的抗诉条件是"损害国家利益、社会公共利益"。立法部门采纳了这一意见，《二次审议稿》的该条内容修改为：人民检察院"发现调解书损害国家利益、社会公共利益的"，应当提出抗诉或者再审检察建议。这最终在《民事诉讼法》第208条第1款、第2款中确定下来：最高人民检察院和上级人民检察院"发现调解书损害国家利益、社会公共利益的，应当提出抗诉"，地方各级人民检察院"发现调解书损害国家利益、社会公共利益的，可以向同级人民法院提出检察建议，并报上级人民检察院备案；也可以提请上级人民检察院向同级人民法院提出抗诉”。

不过，关于“损害国家利益、社会公共利益”作为调解案件的抗诉条件是否妥当，在司改中一直有争议；在本次修法中，对于“损害社会公共利益”或者“损害国家利益、社会公共利益”作为抗诉条件，也一直有不同意见。①

《十一届全国人大五次会议代表议案关于修改民事诉讼法的意见》中，有些代表提出，在审判实践中，虚假调解、恶意调解损害国家利益以及调解违反自愿原则的案件在增多，将调解书纳入检察监督范围有利于实现司法公正。建议《民事诉讼法》第 187 条中增加规定，“发现调解违反自愿原则或者调解协议违反法律的”，人民检察院应当抗诉。

《民事诉讼法修正案草案向社会公众征求意见的情况》中，有人提出，调解违反自愿原则的、调解协议的内容违反法律或者损害第三人合法权益的，人民检察院也有权进行监督。

《有关部门、地方及有关方面对民事诉讼法修正案草案的意见》中，有的部门、地方和单位建议，在“发现调解书损害社会公共利益”之后增加“或者他人合法权益”。有的建议增加规定，调解书违反自愿、合法原则的，检察院也可抗诉或者提出再审建议。有的建议将其中的“调解书损害社会公共利益”改为“调解违反自愿原则，调解协议的内容违反法律的”。

《部分地方对民事诉讼法修改的意见》中，有的地方提出，对调解的检察监督应当包括调解违反自愿原则、调解协议的内容违反法律规定和损害第三人利益的情况。

《检察官对民事诉讼法初步修改方案的意见》中，有的检察官

① 参见全国人大常委会法制工作委员会民法室编：《民事诉讼法立法背景与观点全集》，法律出版社 2012 年版，第 35 页、第 44 页、第 56 页、第 67 页、第 109 页、第 137～138 页、第 201 页、第 553 页。

认为，实践中，一些当事人除了利用调解损害国家利益和社会公共利益外，更多的是损害第三人利益。对这样的调解若不进行监督，不利于保护第三人利益。建议规定，检察机关对损害国家利益、社会公共利益或者第三人利益的调解书可以提出再审检察建议或者抗诉。有的检察官认为，这里对调解的监督限于损害国家利益、社会公共利益的情形，但在实践中，出现较多的是双方当事人利用虚假调解损害第三人利益的情形。建议将损害第三人利益的调解书纳入监督范围，以遏制实践中的虚假调解。有的检察官认为，目前，利用调解结案的案件较多，有的地方甚至80%的案件都采用了调解。从实践看，调解中的问题主要有：一是损害国家利益、社会公共利益或者第三人利益；二是调解协议的内容违反法律；三是违反自愿原则强迫调解。检察机关对这些情形都应有权进行监督。将检察机关对调解书的监督范围限于损害国家利益、社会公共利益的情形较窄，建议扩大到对前述三种情形的监督。

《专家对民事诉讼法初步修改方案的意见》中，有的专家提出，目前调解中突出问题是虚假诉讼、骗取调解书损害第三人合法权益的情况，损害公益情形较少，将检察机关再审建议限定于损害公益，范围太窄，不利于检察监督。并且第三人申请再审非常困难，需要检察机关介入后查明事实、搜集证据，建议将该范围扩大到“损害第三人合法权益”。有的专家建议以“违反自愿、合法”条件替代“损害国家利益、社会公共利益”。有的专家提出，调解再审的事由应与判决、裁定统一。建议增加规定：“人民检察院发现已经发生效力的判决、裁定、调解书损害国家利益、社会公共利益、第三人利益的，可以依职权提出抗诉。”

《江西、江苏两省有关方面对修改民事诉讼法的意见》中，有的建议，对调解的监督应扩大到“违反自愿原则、协议内容违反法律”的调解协议；有的建议，将利用调解书侵害案外人利益的情形纳入检察监督范围。

《四川省民事检察监督的有关情况和检察机关对民事检察监督

的立法建议》中，检察机关普遍建议明确规定，检察机关对严重违反自愿、合法原则，或者损害国家、集体、第三人利益的生效调解书可以抗诉。

特别需要注意的是，在2011年《关于〈中华人民共和国民事诉讼法修正案（草案）〉的说明》中，全国人大法工委把“损害社会公共利益”的抗诉条件概括为“对……调解书，发现有错误的”，所谓“调解书错误”与“损害社会公共利益”实质相同。

2. 理解与适用

调解是民事诉讼中解决当事人争议的重要方法，是尊重当事人在解决民事纠纷中意思自治和权利处分的重要体现。但是，在民事诉讼实践中，也确实存在当事人滥用调解权利（例如虚假调解）损害国家、集体和他人合法权益的问题，存在审判人员滥用调解权力损害当事人和他人合法权益的问题，因此，检察机关有必要加强对人民法院调解案件的监督，维护司法公正和法制权威。

调解活动是由人民法院主持的，调解书是由人民法院认可调解协议后制作的，这种主持调解和认可调解的活动都属于审判活动。检察机关对于生效调解书的监督，是对人民法院在调解活动中审判权的监督，不是对诉讼当事人在调解活动中民事处分权的监督，这种监督仍然符合关于民事检察是对公权力监督的论断。

《民事诉讼法》在第208条第1款、第2款规定了调解案件抗诉条件，此外在第201条还规定了当事人对生效调解书申请再审的条件，其内容是：“当事人对已经发生法律效力的调解书，提出证据证明调解违反自愿原则或者调解协议的内容违反法律的，可以申请再审。经人民法院审查属实的，应当再审。”检察机关为全面履行法律监督职责，应当结合《民事诉讼法》这两条的规定，做好对于调解案件的法律监督工作。第一，检察机关按照《民事诉讼法》第209条第1款的规定受理对生效调解书的监督申请后，应当按照第208条第1款、第2款的规定严格把关，认为确实符合“损害国家利益、社会公共利益”的抗诉条件时，依法提出抗诉（或者再审检察建议）。第二，诉讼当事人按照《民事诉讼法》第201条规定向人民法院申请再审，人民法院裁定驳回再审申请或者逾期未作出裁定的，当事人又以调解违反自愿原则、合法原则为由按照第209条第1款规定向检察机关申请再审，检察机关应当依法受理。检察机关经审查，发现审判人员在主持调解时违反自愿原则，例如强迫调解、欺骗调解等，或者发现调解协议内容违法、审判人员违法予以确认的，可以按照《民事诉讼法》第208条第3款的规定进行监督，提出检察建议。通过一段时间的实践检验，检察机关还可以总结经验，发现更好地监督调解案件的方法。

（三）关于对审判人员违法行为的监督条件

1. 法律修改情况

在本次修法中，自《二次审议稿》第2条开始规定对审判人员违法行为的监督内容，即地方各级人民检察院对审判监督程序以外的其他审判程序中审判人员的违法行为，有权向同级人民法院提出检察建议。这一内容，经删去其中的“地方”二字后，成为《民事诉讼法》第208条第3款的规定：各级人民检察院对审判监督程序以外的其他审判程序中审判人员的违法行为，有权向同级人民法院提出检察建议。

2. 理解与适用

《民事诉讼法》第208条第3款强调此类案件的监督对象是“审判人员违法行为”，同时也明确了此类案件的监督条件是“审判人员的行为违法”。因此，只要检察机关发现审判人员在民事诉讼中的行为涉嫌违法，检察机关就应当启动监督程序；经查证发现审判人员的行为确实违法的，就应当采取监督措施。

具体地说，人民检察院发现人民法院审判人员在民事审判程序中存在下列行为之一的，应当按照本款规定向同级人民法院提出检察建议，监督其纠正：（1）判决、裁定确有错误，但不适用再审程序纠正的；（2）调解违反自愿原则或者调解协议的内容违反法律的；（3）符合法律规定的起诉和受理条件，应当立案而不立案的；（4）审理案件适用审判程序错误的；（5）保全和先予执行违反法律规定的；（6）支付令违反法律规定的；（7）诉讼中止或者诉讼终结错误的；（8）违反法定审理期限的；（9）对当事人采取罚款、拘留等妨碍民事诉讼强制措施违法的；（10）违反法律规定送达的；（11）审判人员接受当事人及其委托代理人请客送礼或者违反规定会见当事人及其委托代理人的；（12）审判人员实施或者指使、支持、授意他人实施妨害民事诉讼行为，尚未构成犯罪的；（13）其他违反法律规定的情形。

（四）关于对执行活动的监督条件

1. 法律修改情况

《民事诉讼法》第235条规定："人民检察院有权对民事执行活动实行法律监督。"这里只是明确了执行监督的对象，尚未明确规定执行监督的条件。

2. 理解与适用

如前所述，1991年《民事诉讼法》第14条规定"人民检察院有权对民事审判活动实行监督"，包括了对民事执行活动的检察监督。2011年"两高"制定司改文件《关于在部分地方开展民事执行活动法律监督试点工作的通知》（以下简称《试点通知》）的法律依据，也正是《民事诉讼法》第14条的这一规定。

《人民检察院组织法》第5条规定，"各级人民检察院行使下列职权：……对于人民法院的审判活动是否合法，实行监督"。该条规定与《民事诉讼法》第14条的前述规定结合起来，可知民事检察的任务是对民事审判活动（包括民事执行活动）是否合法实行监督。因此，民事执行检察中的监督内容，就是民事执行活动的合法性；民事执行检察的监督条件，就是民事执行活动违法。

在司改过程中，最高人民法院办公厅2010年12月22日对执行检察司改文件第七稿的修改意见函中曾明确提出："执行检察监督的重点是违法行为，对没有违反法律规定（有时法律没有规定），而仅仅是不够合理的行为，原则上不应当纳入监督范围，但严重不合理并严重损害当事人合法权益的除外。”这一意见十分正确，《试点通知》第2条列举的需要监督的五类民事执行活动，实际上也是以“执行活动违法或严重不当”为监督条件，其中执行活动严重不当也可以视为一种特殊的执行活动违法（隐性违法）。

人民法院的民事执行活动，可以分为三类：以执行文书为表现形式的民事执行活动，以积极作为表现形式的民事执行活动，以消极不作为表现形式的民事执行活动。以“执行活动违法”为监督条件，就可以确定相应的需要监督的民事执行活动，这就是：（1）执行文书违法；（2）违法作为（违法执行）；（3）违法不作为（违法不执行）。执行人员在执行程序中的违法行为，既包括履行执行职责的活动，例如滥用执行权、怠于履行职责，也包括利用职权谋取私利的活动，例如贪污受贿等活动。

三、监督方式

（一）概述

1. 基本内容

完善监督方式是加强法律监督工作的重要内容。2012年《民事诉讼法》第208条第2款、第3款增加规定了两种检察建议，一是针对生效判决、裁定、调解书的再审检察建议；二是针对审判人员违法行为的检察建议。

2. 关于检察建议作为监督措施的讨论

对于检察建议是否适宜作为正式的监督措施，在司改中曾有很大争议。在2012年《民事诉讼法》修改中，征求意见稿拟将《民事诉讼法》第14条修改为“人民检察院有权以检察建议、抗诉方式对民事诉讼实行法律监督”，并在分则中规定了检察建议措施，对此亦有很大争议。①

① 参见全国人大常委会法制工作委员会民法室编：《民事诉讼法立法背景与观点全集》，法律出版社2012年版，第35页、第43页、第67页、第108~109页、第151页。

《十一届全国人大五次会议代表议案关于修改民事诉讼法的意见》中，有的代表提出，检察建议既无程序启动的价值，又无明确的法律支撑，不宜作为检察监督的形式，建议删除修正草案中的"检察建议"。《民事诉讼法修正案草案向社会公众征求意见的情况》中，有人建议再将"检察建议"改为"检察意见"。

《部分地方对民事诉讼法修改的意见》中，有的地方建议将"检察建议"改为"检察意见"或者"民事诉讼监督意见"，具体监督方式可另款表述。

《检察官对民事诉讼法初步修改方案的意见》中，有的检察官认为，实践中，检察建议主要用于对有关单位在工作中存在的问题的监督；对民事审判活动的法律监督，检察机关主要采用抗诉、检察意见等方式。这里规定的检察建议与实践中的用法不完全一致，易与工作检察建议混淆。建议将"检察建议"修改为"检察意见"。有的检察官认为，检察建议是一种工作方式，比较柔性，建议改为"检察意见"。这样修改，一是与国家赔偿法等法律的规定相一致；二是检察意见更能体现检察机关的法律监督性质。

《专家、学者及有关部门对民事诉讼法相关问题的意见》中，有人提出，检察院的监督涉及"违法"与"合法"的问题，反对"建议"这种比较软弱的方式，应该用"纠正违法通知"，这是命令。

3. 修法讨论中的其他监督措施

在对检察建议是否适宜作为监督措施的讨论中，人们还提出了其他监督措施的建议。①

对于修正案草案第1条"人民检察院有权以检察建议、抗诉方式对民事诉讼实行法律监督"，《民事诉讼法修正案草案向社会公众征求意见的情况》中，有人建议在"检察建议、抗诉"后增

① 全国人大常委会法制工作委员会民法室编：《民事诉讼法立法背景与观点全集》，法律出版社2012年版，第19页、第20页、第43页、第35页、第36页、第55页、第101页、第107页、第108页、第555页。

加“纠正违法通知书”或者“等”。《检察官对民事诉讼法初步修改方案的意见》中，有的检察官建议将之修改为“人民检察院有权以抗诉、检察建议等方式对民事审判活动实行法律监督”，增加一个“等”字，可以为检察机关探索新的监督方式留出空间。《有关部门、地方及有关方面对民事诉讼法修正案草案的意见》中，有的部门、地方和单位也提出了同样的建议。

《全国人大代表议案、建议中对修改民事诉讼法的意见》中，有的代表提出，应当明确纠正权的适用范围、适用程序和被监督对象纠正错误的期限。

《十一届全国人大五次会议代表议案关于修改民事诉讼法的意见》中，有些代表提出，参照《刑事诉讼法》，增加规定：“人民检察院发现人民法院审理案件违反法律规定的诉讼程序，有权向人民法院提出纠正意见”。有些代表建议，明确检察监督措施包括检察建议、抗诉以及“纠正违法通知”等方式。有些代表提出，吸收“两高三部”《渎职监督规定》的有关内容，增加规定人民检察院可以向人民法院发出纠正违法通知书和建议更换办案人的监督方式。

《检察官对民事诉讼法初步修改方案的意见》中，有的检察官认为，检察监督的性质是对公权力的监督，目的是促使法院纠正审判过程中的违法行为。为达到这个目的，应赋予检察机关的监督方式不能仅仅限于抗诉和检察建议，建议增加纠正违法意见书、通知更换办案人等监督方式。

《四川省民事检察监督的有关情况和检察机关对民事检察监督的立法建议》中，有的检察院认为，为增加监督实效，提高监督的针对性，应赋予检察机关多样化的监督方式。建议明确规定检察机关可以采取检察建议、纠正违法通知书、更换承办人意见、说明不予执行理由通知书等监督方式，并完善相关程序以保障其监督效力。

此外，《全国人大代表议案、建议中对修改民事诉讼法的意见》中，有的代表提出，应当明确规定，最高人民检察院认为最高人民法院的裁判和司法解释确有错误的，有权提请全国人民代表大会常务委员会裁决。

（二）再审检察建议

1. 法律修改情况

《修正案草案》第 44 条第 2 款规定："地方各级人民检察院对同级人民法院已经发生法律效力的判决、裁定，发现有本法第一百九十八条规定情形之一的，或者发现调解书损害社会公共利益的，可以向同级人民法院提出再审检察建议，也可以提请上级人民检察院向同级人民法院提出抗诉。"这一内容略经修改后，成为现行《民事诉讼法》第 208 条第 2 款的一部分，"地方各级人民检察院对同级人民法院已经发生法律效力的判决、裁定，发现有本法第二百条规定情形之一的，或者发现调解书损害国家利益、社会公共利益的，可以向同级人民法院提出检察建议，并报上级人民检察院备案……"由此可见，本款中的检察建议，就是《修正案草案》中的再审检察建议。

《民事诉讼法》关于再审检察建议的规定，吸收了《民行监督意见》第 7 条第 1 款的监督措施，即"地方各级人民检察院对符合本意见第五条、第六条规定情形的判决、裁定、调解，经检察委员会决定，可以向同级人民法院提出再审检察建议"[①]。

---

① 再审检察建议是"两高"协商沟通的重要成果。2001 年 9 月 21 日至 24 日，最高人民法院在重庆市召开全国审判监督工作座谈会，11 月 1 日最高人民法院印发了《全国审判监督工作座谈会关于当前审判监督工作若干问题的纪要》（法〔2001〕161 号），其第 17 条规定："人民检察院……经与同级人民法院协商同意，对个案提出检察建议书的，如符合再审立案条件，可依职权启动再审程序。"2001 年 9 月 30 日，最高人民检察院第九届检察委员会第九十七次会议讨论通过了《人民检察院民事行政抗诉案件办案规则》（以下简称《办案规则》），其第 47 条规定："有下列情形之一的，人民检察院可以向人民法院提出检察建议：（一）原判决、裁定符合抗诉条件，人民检察院与人民法院协商一致，人民法院同意再审的……"这两个文件所规定的再审检察建议制度，共同明确了同级人民检察院对生效判决、裁定的法律监督职责。《民行监督意见》关于再审检察建议的规定则是对《办案规则》第 47 条内容的进一步肯定与规范。

2. 理解与适用

(1) 再审检察建议与抗诉的关系

再审检察建议与抗诉制度都是对审判结果（生效裁判）的监督，两者的监督对象、监督条件完全相同。其差别主要在于：一是监督级别不同。抗诉属于上级监督，只有原审法院的上级检察院才能提出抗诉；再审检察建议属于同级监督，原审法院的同级检察院可以提出再审检察建议。二是监督效力不同。抗诉可以直接启动再审审理程序，法院收到抗诉书后应当裁定再审；再审检察建议只能启动法院的再审审查程序（立案审查程序），法院经审查后决定是否裁定再审。2012 年 11 月 29 日，曹建明检察长在杭州召开的全国检察机关学习贯彻修改后的《民事诉讼法》座谈会上的讲话中亦提出：从法律规定上看，抗诉和检察建议的适用条件相同，但两种监督方式适用主体和效力不同，抗诉由上级检察机关提出，可以直接启动人民法院对生效判决、裁定、调解书的再审，检察建议由同级检察机关提出，不当然启动再审，但可以促使法院发现、纠正错误。

2012 年 11 月 29 日，曹建明检察长在杭州召开的全国检察机关学习贯彻修改后的《民事诉讼法》座谈会上的讲话中提出：“两种监督方式相比，抗诉更具有刚性，检察建议则相对柔性，并且有利于节约司法资源、实现诉讼经济。……检察机关对当事人申请在决定是提请上级检察院抗诉还是向同级法院提出检察建议时，虽然适用相同的法律规定，但应区分不同的情形。其中，抗诉一般应适用于案件比较重大或者是裁判确实明显不公，发生了重大错误的情形；检察建议主要适用于已经发生法律效力的判决、裁定虽有错误，但实体裁判错误并不是非常严重或突出，办案程序有瑕疵等，就可以不提请抗诉，以取得最佳的监督效果。”

(2) 再审检察建议的适用

再审检察建议的对象和条件，与抗诉对象相同。再审检察建议的内容，是建议人民法院对本案裁定再审。

《民事诉讼法》没有明确规定再审检察建议的效力，在司法实践中需要遵守《民行监督意见》第7条第2款规定："人民法院收到再审检察建议后，应当在3个月内进行审查并将审查结果书面回复人民检察院。人民法院认为需要再审的，应当通知当事人。……"

再审检察建议的后续效力。《民行监督意见》第7条第2款规定："……人民检察院认为人民法院不予再审的决定不当的，应当提请上级人民检察院提出抗诉。"人民检察院应当执行这一规定。同时，人民法院收到再审检察建议后，在3个月内未将审查结果书面回复人民检察院的，人民检察院应当进行督促，经督促无效的，应及时提请抗诉。

（三）检察建议

1. 法律修改情况

《修正案草案》中只规定了再审检察建议，未规定其他检察建议。《二次审议稿》第2条增加规定：地方各级人民检察院对审判监督程序以外的其他审判程序中审判人员的违法行为，有权向同级人民法院提出检察建议。这条内容经修改后，成为现行《民事诉讼法》第208条第3款针对审判人员违法行为的检察建议："各级人民检察院对审判监督程序以外的其他审判程序中审判人员的违法行为，有权向同级人民法院提出检察建议。"

2012年《民事诉讼法》把检察建议作为监督措施，吸收了司改文件《民行监督意见》第9条规定的检察建议制度。[①] 另外，《渎职监督规定》中明确了检察机关对于司法工作人员（包括审判人员）在诉讼活动（包括民事诉讼活动）中渎职行为的监督职责，

① 在司改过程中，对于审判程序违法的监督措施，最高人民检察院提出的监督措施有纠正意见、检察意见、监督意见等多种，"高法"一直要求使用"检察建议"，认为这一名称比较温和、容易接受，因而《民行监督意见》第9条暂时将监督措施确定为"检察建议"。但是，这种监督的内容一直是要求人民法院纠正其违法行为，并未因名称变化而影响。

其监督措施包括建议更换办案人、通知纠正违法、向有关部门移送相关材料等，但未明确规定检察建议作为监督措施。权威人士在解读中指出，检察机关“认为应当追究有关人员纪律责任的，可以在向有关部门移送相关材料的同时，提出给予其处分的建议”，[①]这种“提出给予其处分的建议”实为一种检察建议。因此，《民事诉讼法》第208条第3款的检察建议制度，也吸收了《渎职监督规定》中的检察建议内容，这是一种制裁违法人员、追究违法责任的检察建议。

2. 理解与适用

在实践中，对于审判人员违法行为的监督经常被称为“调查违法”或者“违法行为调查”，这一提法来源于2008年12月5日《中央政法委员会关于深化司法体制和工作机制改革若干问题的意见》提出的司改任务，即“依法明确、规范……调查违法、建议更换办案人……程序，完善法律监督措施”。2010年7月的《渎职监督规定》则完成了关于“调查违法”和“建议更换办案人”的司改任务。但是，“调查违法”只是检察机关对渎职行为实行法律监督的基础环节，并非全部；检察机关经调查发现司法工作人员中确有渎职行为的，还应当进一步采取措施，提出追究其违法责任的意见，提请有关部门依法处理。如果检察机关只是“调查违法”，在查明违法后“到此为止”，不再采取进一步的监督措施，不再提请有关单位追究违法者的责任，就是放纵甚至包庇违法行为，与法律监督职责不符。因此，“调查违法”的提法不能全面概括检察机关的法律监督职责。特别重要的是，《渎职监督规定》已经不再使用“调查违法”一词，其内容也不限于“调查违法”。

《民事诉讼法》第208条第3款没有规定检察建议的效力，需要在将来予以明确。不过，《民事诉讼法》第208条第3款已经明

① 王洪祥、高景峰：《〈关于对司法工作人员在诉讼活动中的渎职行为加强法律监督的若干规定（试行）〉解读》，载《人民检察》2010年第21期。

确了检察建议是法定的监督措施，人民法院或者其他有关部门就应当接受，及时处理，并将处理结果回复检察机关。这是监督措施的当然效力，否则本款规定就失去了意义。

《民行监督意见》第 10 条第 1 款规定的检察建议基本效力是："人民检察院提出检察建议的，人民法院应当在 1 个月内作出处理并将处理情况书面回复人民检察院。"按照该款规定，检察建议虽然名为"建议"，但并非"仅供参考"。检察建议的效力有三：第一是启动效力。检察建议能够引起法院的处理程序。人民法院应当对检察建议所针对的审判活动进行处理，不能置之不理。第二是期限效力。人民法院应当在 1 个月内作出处理，不能久拖不决。第三是回复效力。人民法院应当将处理情况书面回复人民检察院，不能"内部消化"。

四、关于监督程序

2012 年《民事诉讼法》第 209 条第 1 款增加规定了当事人申请抗诉和再审检察建议制度，与检察机关的受理（申诉）工作直接相关；第 209 条第 2 款规定了检察机关的审查期限制度，第 210 条规定了检察机关的调查制度，这两者构成了民事检察程序中的审查与调查制度；《民事诉讼法》第 208 条则规定了检察机关决定提出抗诉、检察建议制度，奠定了民事检察中决定程序的基础。这三者相结合，就构成了民事检察程序的基本框架：立案（受理）程序、审查（调查）程序和决定程序。

《民事诉讼法》第 213 条规定的检察机关派员出庭制度，属于决定抗诉后的相关程序（后续监督程序）。

（一）当事人申诉与受理

1. 法律修改情况

《民事诉讼法》第 208 条规定了民事检察中的管辖制度，与民事检察的受理制度直接相关。依该条第 1 款规定，最高人民检察院和上级检察机关可以决定抗诉，因而可以受理申请抗诉案件；[①] 依该条第2款规定，地方同级检察机关可以提出再审检察建议、提请抗诉，因而可以受理申请检察建议、提请抗诉案件；依该条第3款规定，各级检察机关有权针对审判人员的违法行为向同级人民法院提出检察建议，未对检察机关的级别作出明确规定，因而同级和上级检察机关均有权受理此类案件。

《民事诉讼法》明确了当事人向检察机关申诉（申请监督）的制度，亦与民事检察的受理制度直接相关。《民事诉讼法》第209条规定："有下列情形之一的，当事人可以向人民检察院申请检察建议或者抗诉：（一）人民法院驳回再审申请的；（二）人民法院逾期未对再审申请作出裁定的；（三）再审判决、裁定有明显错误的。人民检察院对当事人的申请应当在三个月内进行审查，作出提出或者不予提出检察建议或者抗诉的决定。当事人不得再次向人民检察院申请检察建议或者抗诉。"首次通过立法的方式明确规定了当事人向检察机关申诉的制度。[②] 该规定是在司改文件《民事监督意见》基础上的进一步发展，明确了当事人向检察机关申诉的前置条件。《民行监督意见》第9条第2款规定："当事人认为人民

---

① 在修改过程中，有代表建议修改现行的上级抗诉制度。例如，有代表提出，应赋予检察机关对同级法院的督促抗诉权或者抗诉权。有些代表提出，现行《民事诉讼法》中关于上级检察院对下级法院生效裁判提出抗诉的监督模式，违背了检法对等的司法体制，实践中导致检法关系不协调。有些代表提出，《民事诉讼法》规定了上级检察院对下级法院已经发生法律效力的判决、裁定有权提起抗诉，但因检察院没有制约权，实践中并不能形成有效的监督，建议修改。有些代表建议，将"由上级检察机关抗诉"修改为"由同级检察机关抗诉"。（全国人大常委会法工委编：《民事诉讼法立法背景与观点全集》，法律出版社2012年版，第19页、第20页、第29页。）

② 2011年8月2日室内稿中尚无本条第2款的内容，自10月24日《民事诉讼法修正案（草案）》开始增加了1款规定："经人民检察院提出再审检察建议或者抗诉，人民法院再审的，当事人不得再向人民检察院申请再审检察建议或者抗诉。"二次审议稿又将之修改为："人民检察院对当事人的申请应当在三个月内进行审查，人民检察院对当事人的申请应当在三个月内进行审查，作出提出或者不予提出检察建议或者抗诉的决定。当事人不得再次向人民检察院申请检察建议或者抗诉。"

法院的审判活动存在前款规定情形，经提出异议人民法院未予纠正，向人民检察院申诉的，人民检察院应当受理。”

在法律修改过程中，各方对于是否规定当事人申诉的前置条件，争议很大，意见不一。查全国人大常委会法工委民法室编写的《民事诉讼法立法背景与观点全集》中的修法说明、报告和相关简报，对于该规定一直有不同的意见。

（1）全国人大法工委意见

全国人大常委会法工委副主任王胜明在2011年10月24日《关于〈中华人民共和国民事诉讼法修正案（草案）〉的说明》中提出：“实践中不少当事人既向人民法院申请再审，又向人民检察院申请抗诉。为更好地配置司法资源，增加法律监督实效，有必要明确当事人申请再审检察建议或者抗诉的条件。建议增加规定，在三种情况下当事人可以向人民检察院申请再审检察建议或者抗诉：……同时，针对各方面反映的一些当事人反复缠诉、终审不终的问题，建议明确规定：经人民检察院提出再审检察建议或者抗诉，人民法院再审的，当事人不得再向人民检察院申请再审检察建议或者抗诉。”

（2）委员、代表意见[①]

《十一届全国人大四次会议代表议案和建议、十一届全国政协四次会议委员提案关于修改民事诉讼法的意见》中，有些代表提出：应当通过立法明确赋予当事人程序选择权，当事人对生效裁判不服的，可以向人民法院申请再审，也可以向人民检察院申请提起的，但两者原则上不可同时提起。有的委员提出，应当实行再审程序启动的一元化机制，建议规定当事人如果要申诉或申请再审，应当向检察院提出，而不得向人民法院提出。

《十一届全国人大五次会议代表议案关于修改民事诉讼法的意

---

① 参见全国人大常委会法制工作委员会民法室编：《民事诉讼法立法背景与观点全集》，法律出版社2012年版，第25页、第26页、第35页。

见》中，有些代表提出，检察监督不是对当事人的救济程序，不能以法院处理当事人再审申请的情况作为检察监督的前提。有些代表提出，建立当事人既可以向法院申请再审，也可以向检察院申请抗诉的权利救济渠道。①明确对于发生法律效力的判决、裁定和调解书，当事人既可以向上一级人民法院申请再审，也可以向人民检察院申请再审检察建议或者抗诉。②增加规定当事人申请再审检察建议或者抗诉，人民检察院应当进行审查。人民法院已经受理当事人再审申请的，应当中止审查。人民法院已经裁定再审的，应当终止审查。

（3）法院意见

《最高人民法院民事诉讼法修改座谈会对修改民事诉讼法的意见》中，有的法官建议对审判监督程序作以下修改：一是明确抗诉的启动条件。对普通民事案件，检察院应依当事人申请提出抗诉，且当事人只能在向法院申请再审被驳回后才可以向检察院申请抗诉……

《部分法官对民事诉讼法初步修改方案的意见》中，有的提出，按照本条规定，如果当事人先向上一级法院申请再审，这时当事人再通过检察建议要求原审法院再审，原审法院面对上级法院的驳回裁定和同级检察院的再审检察建议，如何处理，在实践中可能面临两难。

《部分人民法院对民事诉讼法审判监督程序的意见》未涉及本条内容，但《北京市中级法院和基层法院的同志对民事审判监督程序的意见》提到了“关于当事人申请再审与申请检察院抗诉的关系”，内容是：有的提出，当事人向法院申请再审，同时又向检察院申请抗诉，给司法实践带来了不利影响。一是加剧了再审混乱，不利于审判监督工作顺畅有序；二是法院和检察院对同一案件分头审查，增加了工作量，浪费了司法资源；三是如果法院和检察院作出不同的处理决定，有损司法权威。建议明确当事人再审申请被法院驳回后，才可以向检察机关申请抗诉。有法院提出，不应规定当事人只有在被法院驳回再审申请后才可以向检察机关申请抗诉。这样做的问题是：第一，促使当事人向法院申请再审，增加法院审查再审申请的工作负担；第二，剥夺了当事人的申诉选择权；第三，限制了检察院的审判监督权。目前检察院抗诉之前，也要调卷审查，一般都会先与法院沟通。如果法院正在进行审查，就不会直接决定抗诉。建议规定：人民检察院对人民法院已经驳回和尚未审查再审申请的案件可以抗诉，如果人民法院正在审查再审申请的，人民检察院应当暂不抗诉。有法院提出，目前，当事人申请再审和检察院抗诉这两个再审渠道并行不悖，当事人是可以选择的。当事人肯定会利用法律赋予他们的全部途径，检察院在抗诉时也会及时与法院沟通情况。

（4）检察院意见

①最高人民检察院意见[①]

早在 2011 年 11 月 18 日，最高人民检察院已对草案中的该条规定提出意见，建议将该条第 1 款修改为："当事人向人民检察院申请再审检察建议或者抗诉，人民检察院应当进行审查。人民法院已经受理当事人再审申请的，人民检察院应当中止审查；人民法院已经裁定再审的，人民检察院应当终止审查。"建议删去第 2 款。

建议修改第 1 款的理由。"两高"会签的司改文件中就当事人放弃上诉权的情况下检察机关如何行使监督权的问题进行了规范，现就检察机关审查当事人申请再审案件作进一步的规范也是有必要的。但是，草案稿关于该规定的表述可能会产生以下问题：第一，限制了公民依法行使申诉权。申诉权在诉讼法上是诉讼权利，在宪法上是公民的一项政治权利和自由。公民有权依法向各级党委、人

① 2012 年 6 月 21 日下午，最高人民检察院召开了"部分省市人民检察院民诉法修改座谈会"，主要就该条规定以及其他涉及检察监督的问题征求地方检察机关的意见。其一，关于限制当事人向检察机关申诉的问题。与会的 14 名地方检察机关同志，多数人明确反对，建议删除；只有两人表示赞成该规定。其二，关于限制当事人再次申请抗诉的问题，与会的同志均持反对意见，建议删除该规定。

大、政协及其他有关机关进行申诉，没有先后之分。如果要求当事人一律要先向法院申请再审，可能会加剧申诉难问题，与中央关于疏通申诉渠道、化解矛盾纠纷的政策导向不相符合。而且，检察机关对于当事人的申诉不予受理也不符合《宪法》的有关规定。《宪法》第41条规定，对于公民的申诉、控告或者检举，有关国家机关必须查清事实，负责处理。第二，不利于强化检察机关对民事审判活动的监督。加强和完善检察机关对民事审判活动的监督，是中央19号文件的重要精神，而草案上述规定对民事检察监督不是加强而是削弱。该规定在实践中对民事检察监督工作可能产生以下不利影响：其一，检察监督是对公权力的监督，不应以当事人是否向法院提出过再审申请为前提，例如，发现法官徇私枉法等行为，检察机关有权直接立案审查以决定是否抗诉。而如果规定了上述前置程序，这项工作将会遇到障碍。其二，草案新增再审检察建议的监督方式，但按照上述前置程序的规定，如果上一级法院对当事人的再审申请予以驳回，则下一级法院的同级检察机关提出再审检察建议可能就无法发挥监督作用。其三，关于法院可以延长审查再审期限的规定，会给检察机关开展监督工作造成很大困难。按照草案第45条第1款第2项的规定，人民法院逾期未对再审申请作出裁定的，当事人可以向人民检察院申请再审检察建议或者抗诉。而草案第42条又规定："人民法院应当自收到再审申请书之日起三个月内审查，符合本法规定的，裁定再审；不符合本法规定的，裁定驳回申请。有特殊情况需要延长的，由本院院长批准。"这样，如果想要规避第42条第1款第2项的规定，法院可以反复延长审查期限，既不驳回再审申请，也没有超过法律规定的期限，使第45条第1款第2项的规定落空。第三，先申请再审、后申请抗诉的程序，将加剧再审案件和抗诉案件的"倒三角"现象，不利于把矛盾纠纷解决在基层和当地。现行《民事诉讼法》第178条和第181条规定，当事人对已经发生法律效力的判决、裁定，认为有错误的，可以向上一级人民法院申请再审。因当事人申请裁定再审的案件由中级人民法院以上的人民法院审理。最高人民法院、高级人民法院裁定再审的案件，由本院再审或者交其他人民法院再审，也可以交原审人民法院再审。按照这一规定，如果中级法院为终审法院，当事人申请再审的法院则为高级法院，高级法院再审后，如果当事人申请抗诉，则抗诉所指向的法院应当是最高人民法院。这样，一个基层法院的案件，按照先申请再审、后申请抗诉的程序就到了最高人民法院。即便受理再审案件的法院交下一级法院进行再审，按照这一模式案件也会到高级人民法院。因此，再审案件的处理将会进一步集中在最高人民法院和高级人民法院，尤其是最高人民法院将承担更大的压力，其不当是显而易见的。第四，增加当事人讼累和司法成本，进一步加大了法院处理申诉的工作量和难度。从当事人的诉讼心理看，如果对再审结果仍不满意，还是会申请抗诉。这样，对于同一个生效裁判，经过先申请再审、后申请抗诉的程序，法院就会先后产生两个再审案件，启动两个再审程序，一方面会给当事人增加负担，另一方面将造成法院再审案件的总量进一步扩大，息诉工作的复杂和困难程度也会增大。第五，造成三大诉讼法相关规定的不一致和不协调。尽管三大诉讼法有不同的性质和特点，但关于当事人申诉权的问题，不应当存在区别。《刑事诉讼法》和《行政诉讼法》都规定，当事人既可以向法院申诉，也可以向检察院申诉，而且没有先后之分，《民事诉讼法》也不应例外。尤其是在法院受理的案件中，民事案件占绝大部分，数量远远大于刑事案件和行政案件。因此，在民事诉讼中保障当事人的申诉权尤为重要。

建议删去第 2 款的理由。第一，该规定限制了当事人向人民检察院再次申请再审检察建议或者抗诉的权利，不符合我国《宪法》和法律关于保障公民申诉权的规定。第二，该规定也限制了检察机关再次提出再审检察建议或者抗诉的权力。检察机关提出再审检察建议或者抗诉，经人民法院再审后的判决、裁定仍然可能存在错误，尤其是在交原审人民法院再审的情况下，错误裁判得不到纠正的可能性仍然很大。因此，检察机关再次提出再审检察建议或者抗诉的权力应当保留。第三，该规定可能导致上级检察机关包括最高人民检察院对各级法院生效裁判无法行使监督权，与现行《民事诉讼法》第187条存在明显的矛盾。如果以当事人申请再审并被驳回作为申请再审检察建议或者抗诉的前置程序，且限制当事人向检察机关再次申请再审检察建议或者抗诉，法院作出再审判决、裁定后，上级检察机关包括最高人民检察院对生效的再审判决、裁定将无法进行监督。第四，该规定并不能解决终审不终、再审次数没有限制的问题。实践中，由检察机关抗诉引起的再审，在再审案件中只占一小部分。草案只对当事人向检察院再次申请再审检察建议或者抗诉作出限制，而没有限制当事人向法院再次申请再审，也没有限制法院依职权再次决定再审。给社会留下的印象是，限制、削弱、排除检察机关的外部监督。

②修法中的检察人员意见

《检察官对民事诉讼法初步修改方案的意见》中，针对这一规定提出了许多意见。[①]

有的检察官认为，将当事人申请再审作为向检察机关申请抗诉的前置条件，一是与检察机关依职权提起抗诉的法律定位不符；二是损害了当事人的申诉选择权，不利于解决当事人的申诉难。建议删除该规定。有的检察官认为，将当事人向法院申请再审作为检察机关抗诉的前置条件，实质上剥夺了检察机关依职权提起抗诉的权力，不利于检察机关对公权力的监督，也不利于保护国家利益和社会公共利益。有些检察官认为，以当事人向法院申请再审作为抗诉的前置条件，限制了当事人诉权，同时还有可能影响和冲击民事检察监督制度。

有的检察官认为，根据这一规定，地方各级检察机关可以向同

---

① 参见全国人大常委会法制工作委员会民法室编：《民事诉讼法立法背景与观点全集》，法律出版社2012年版，第109～110页。

级法院提出再审检察建议。而根据《民事诉讼法》第 178 条的规定，当事人向上一级法院申请再审。若将当事人申请再审作为检察机关提出再审检察建议或者抗诉的前置条件，上级法院驳回当事人的再审申请后，检察机关向同级的原审法院提出再审检察建议，原审法院在收到现检察建议后，考虑到上级法院已驳回了当事人的申请，较难作出与上级法院相违背的裁判。这将使再审检察建议发挥的作用有限，削弱了检察机关的监督功能。建议删除该项规定。

有的检察官建议删除该项规定，理由如下：一是申诉是公民的宪法性权利，向检察机关申请抗诉是申诉权的具体内容，立法不能限制公民向哪个机关申诉。二是该规定与当前中央要求的疏通申诉渠道、鼓励多元化解决纠纷的导向不符。三是该规定有可能使检察机关不能依职权对当事人恶意损害国家利益、社会公共利益或者第三人利益的行为进行监督。四是抗诉是监督的方式，监督不是救济，抗诉启动再审在客观上为申诉人提供了救济机关，但监督的直接目的不是救济当事人的权利，而是依职权监督公权力的行使，不应当受当事人是否申请再审的限制。五是不利于实现申诉案件的息诉分流。从统计数据看，检察机关提出抗诉和再审检察建议的案件数占全部受理案件数的 25% 左右，对 75% 的申诉案件，检察机关在决定不抗诉的同时，做了大量息诉工作，减轻了法院负担，共同维护了司法权威和社会和谐。这一规定使检察机关息诉案件的作用无从发挥。

有的检察官认为，该规定存在如下问题：一是损害了当事人申请抗诉的权利；二是让基层检察机关基本无法发挥对民事案件的监督作用；三是如果要求当事人必须先向法院申请再审，才可以申请检察院抗诉，当事人会认为国家机关之间相互推诿，引起不满，这不利于做好服判息诉工作，有可能产生新的不稳定因素。建议删除该项规定。对于当事人多头申诉有可能产生的问题，可以通过检法两家加强相互沟通解决。

有的检察官认为，不应以当事人向法院申请再审作为申请抗诉的条件，一是有利于解决长期存在的申诉难；二是根据《民事诉讼法》的规定，当事人可以向原审法院的同级检察机关申请抗诉，由同级检察机关提请上级检察机关抗诉。若将当事人申请再审作为申请抗诉的前提条件，对基层法院作出的裁判不服的，老百姓必须先到较远的上级法院申请再审，而不能就近向当事人所在地检察机关申请抗诉，这会增加当事人负担。

（5）学界意见①

《专家对民事诉讼法初步修改方案的意见》中，有的专家提出，该规定反而增加了法院再审案件的负担，对申请再审的救济也不利，建议删除。有的专家提出，检察院的检察监督重点在于民事审判行为违法，行使的是监督权；当事人申请再审是救济性，行使的是诉权，两者不应混同。有些专家建议不设置前置程序，而是由当事人选择。有些专家提出，应从区分检察院抗诉事由和当事人申请再审事由入手，解决检察机关引发再审和当事人申请再审的关系问题。检察院抗诉事由集中在法院民事审判行为程序违法和实体违法。有的专家建议将《民事诉讼法》第188条规定的第1项至第5项事实和证据问题，限定于当事人申请再审；第1项至第5项之外的违反法定程序的事由，由检察院提请。

2. 理解与适用

（1）本款规定无涉“法院救济先行、检察监督断后”

全国人大法工委编写的《中华人民共和国民事诉讼法释义》（法律出版社2012年版）和全国人大法工委民法室编著的《2012年民事诉讼法修改决定条文释解》（中国法制出版社2012年版）均认为：实践中不少当事人就同一发生法律效力的判决、裁定、调

---

① 在修法过程中，针对有人建议把当事人向法院申请再审作为检察监督的前置程序，中国人民大学法学院教授汤维建2011年10月10日在《检察日报》上发表文章《申请再审不宜成为申请抗诉的前置程序》，详细阐述了申请再审不宜成为申请抗诉的前置程序的理由。

解书重复提出申诉，既向法院申请再审，又向检察院申请抗诉，这往往会导致法院和检察院都对同一生效裁判进行审查，不仅增加了国家机关的重复劳动，占用了宝贵的司法资源，还使当事人增加了不必要的成本。为更合理地配置司法资源，切实解决重复申请、审查的弊端，增加法律监督实效，本次修改的《民事诉讼法》对此增加规定，当事人对于生效的判决、裁定、调解书，应当首先依法向法院申请再审，在第209条第1款规定的三种情况下才可以转而向检察院申请检察建议或者抗诉。在第一种情况下，向法院申请再审工作已经结束，此时向检察院申请监督不会造成重复工作。在第二种情况下，向法院申请再审处于不正常的延宕中，此时向检察院申请监督有利于发挥监督效能，促进审判监督程序尽快进行。在第三种情况下，有必要迅速决定再审，及时纠正错误，向检察院申请监督有利于保障当事人的权利，实现公正和效率的和谐兼顾。结合2011年《关于〈中华人民共和国民事诉讼法修正案（草案）〉的说明》的相关内容可知，全国人大法工委在起草第209条第1款时，只是为了解决重复审查的问题，并未考虑到什么“法院救济先行、检察监督断后”。

2012年修改的《民事诉讼法》公布后，最高人民法院副院长江必新主编的《〈中华人民共和国民事诉讼法〉修改条文解读与应用》（法律出版社2012年版），即明确将第209条解读为“关于法院纠错先行、检察监督断后和有限再审的规定”[①]。最高人民法院在《人民法院报》上组织的贯彻实施新民事诉讼法系列文章之一“关于检察监督制度的理解与适用”更明确地提出：“为了解决多头申诉、多头审查以及终审不终等问题，这次修法还确立了‘法院救济先行，检察监督断后’的申请再审‘路线图’，进一步规范了当事人行使权利的路径。”这说明，最高人民法院在修法后的这

① 该部分还提到：最高人民法院根据司法实践的情形，向立法机关提出“法院纠错先行、检察抗诉断后”的意见。

一认识，与立法部门的意见以及修法时法院提出的相关意见并不一致，不符合立法本意。

（2）本款与第199条的关系：《民事诉讼法》已经规定了当事人对于再审裁判的申诉选择权

《民事诉讼法》第199条规定："当事人对已经发生法律效力的判决、裁定，认为有错误的，可以向上一级人民法院申请再审；当事人一方人数众多或者当事人双方为公民的案件，也可以向原审人民法院申请再审。……"该条中的"已经发生法律效力的判决、裁定"，包括生效的再审判决、裁定。结合第209条第1款的规定，即对于"再审判决、裁定有明显错误的"，当事人可以向人民检察院申请检察建议或者抗诉，可知《民事诉讼法》实际赋予了当事人对于（明显错误的）再审裁判向法院和向检察院的申诉选择权。因此，认为《民事诉讼法》第209条第1款已经排除了当事人对再审裁判向人民法院申请再审的权利，排除了人民法院对于再审裁判的再审立案（受理当事人的此类再审申请），违反了《民事诉讼法》第199条的规定。

（3）本款规定与第208条的关系

民事检察案件的来源包括：①当事人向人民检察院申请监督（申请抗诉和检察建议）；②当事人以外的公民、法人和其他组织向人民检察院控告、举报；③人民检察院自行发现。不过，《民事诉讼法》第209条只规定了当事人申诉制度（申请监督），没有规定控告、检举（举报）制度。当事人、利害关系人或者其他人向检察机关控告、检举民事审判中违法行为的，检察机关应当适用第208条关于"发现"的规定进行处理。

《民事诉讼法》第209条规定了当事人申诉制度，其内容仅指当事人对于部分裁判（生效判决、裁定、调解）申请抗诉和申请再审检察建议。对于人民法院的其他处理决定，例如决定、支付令或者不适用再审程序的判决、裁定等，当事人提出申诉的，《民事诉讼法》没有明确规定，检察机关应当适用第208条的"发现"

程序予以处理。

检察机关按照第 209 条规定审查申诉案件，在决定是否提出抗诉或者再审检察建议时，仍应适用第 208 条规定的条件（此外没有其他的可适用条件）。因此，第 209 条规定从属于第 208 条规定，该条规定的申诉只是检察机关“发现生效裁判符合抗诉（再审检察建议）条件”的途径之一。

（4）当事人申请监督

检察机关有权提出抗诉和提出检察建议，因而《民事诉讼法》第 209 条规定当事人可以申请抗诉或者再审检察建议。《民事诉讼法》第 208 条规定同级检察院有权提请抗诉，当事人也可以向同级检察院申请提请抗诉。从民事抗诉的实践来看，检察机关通常要求当事人先向同级检察院申诉；同级检察院认为符合抗诉条件时提请抗诉，上级检察院对提请抗诉的案件进行审查后决定是否抗诉。

当事人向人民检察院申请监督，应当提交监督申请书、身份证明、相关法律文书及证据材料。提交证据材料的，应当附证据清单。申请监督材料不符合规定的，人民检察院应当要求申请监督人限期补正，并明确告知应补正的全部材料，申请人逾期未补正的，视为撤回监督申请。

（5）受理申诉中需要注意的问题

按照第 209 条第 1 款规定，当事人仅在三种情况下才可以向人民检察院申请检察建议或者抗诉：①人民法院驳回再审申请的；②人民法院逾期未对再审申请作出裁定的；③再审判决、裁定有明显错误的。因此，除了再审裁判外，当事人应当先向法院申请再审，仅在法院裁定驳回再审申请或逾期不作裁定时才能向检察机关申诉；未经人民法院再审审理或者再审审查，当事人不能直接向检察机关申诉。

相应地，检察机关不受理监督申请的情况主要有两大类，一是不符合第 209 条第 1 款要求的监督申请，二是第 209 条第 2 款规定的重复申请。当事人认为人民法院作出的民事判决、裁定或者调解书存在错误，向人民检察院申请监督，有下列情形之一的，人民检察院不予受理：①民事判决、裁定或者调解书尚未发生法律效力的；②当事人未向人民法院申请再审或者申请再审超过法律规定期限的；③人民法院正在对民事再审申请进行审查的，但无正当理由超过三个月未对再审申请作出裁定的除外；④人民法院已经裁定再审且尚未审结的；⑤判决、调解解除婚姻关系的，但对财产分割部分不服的除外；⑥人民检察院已经审查终结作出决定的；⑦民事判决、裁定、调解书是人民法院根据人民检察院的抗诉或者再审检察建议再审后作出的；⑧其他不应受理的情形。

另外，当事人认为人民法院民事审判程序中审判人员存在违法行为或者人民法院民事执行活动存在违法情形，向人民检察院申请监督，有下列情形之一的，人民检察院不予受理：①法律规定可以提出异议、申请复议或者提起诉讼，当事人没有提出异议、申请复议或者提起诉讼的，但有正当理由的除外；②当事人提出异议或者申请复议后，人民法院已经受理并正在审查处理的，但没有正当理由超过法定期间未作出处理的除外；③其他不应受理的情形。

（二）调查程序

1. 法律修改情况

（1）概述

《修正案草案》第46条规定：人民检察院因提出再审检察建议或者抗诉的需要，可以查阅人民法院的诉讼卷宗，并可以向当事人或者案外人调查有关情况。据2012年8月27日全国人大法律委员会《关于〈中华人民共和国民事诉讼法修正案（草案）〉审议结果的报告》所述：最高人民法院、最高人民检察院提出，根据审判和法律监督实践情况，建议将这一条修改为："人民检察院因履行法律监督职责提出检察建议或者抗诉的需要，可以向当事人或者案外人调查核实有关情况。"法律委员会赞同这一意见，建议对该条作相应修改（修改决定草案第48条）。这就成为《民事诉讼法》第210条的规定："人民检察院因履行法律监督职责提出检察建议或者抗诉的需要，可以向当事人或者案外人调查核实有关情况。”首次在立法上明确了民事检察中的调查权。

这一规定吸收了司改文件中关于民事检察中调查制度的内容。《民行监督意见》第3条规定：“人民检察院对于已经发生法律效力的判决、裁定、调解，有下列情形之一的，可以向当事人或者案外人调查核实：（一）可能损害国家利益、社会公共利益的；（二）民事诉讼的当事人或者行政诉讼的原告、第三人在原审中因客观原因不能自行收集证据，书面申请人民法院调查收集，人民法院应当调查收集而未调查收集的；（三）民事审判、行政诉讼活动违反法定程序，可能影响案件正确判决、裁定的。”《渎职监督规定》则主要从对人监督的角度规定了对民事、行政诉讼活动的法律监督工作中调查的内容、措施和程序。

本次司法改革中，最高人民法院办公厅和最高人民检察院办公厅联合发布了《关于调阅诉讼卷宗有关问题的通知》（法办〔2010〕255号），对检察机关调阅诉讼卷宗的有关问题作出比较明确的规定。2012年《民事诉讼法》未对调卷问题作出明确规定。

（2）关于调卷权的争论

《修正案草案》第46条规定“人民检察院……可以查阅人民法院的诉讼卷宗”，未明确检察机关的调卷权，许多代表对此提出了异议。例如，《十一届全国人大四次会议代表议案和建议、十一届全国政协四次会议委员提案关于修改民事诉讼法的意见》中，有些代表建议，赋予检察机关调卷权。《十一届全国人大五次会议代表议案关于修改民事诉讼法的意见》中，有些代表建议，人民检察院可以调阅诉讼卷宗；有些代表建议增加规定，人民检察院可以向有关单位和个人调查核实有关情况或者“有权调查”。《部分地方对民事诉讼法修改的意见》中，有的地方建议，将“查阅”改为“调阅”；明确规定检察院有权向有关单位和个人调查取证，有关单位和个人不得拒绝。[①]

社会各界也对此提出了许多意见。例如，《民事诉讼法修正案草案向社会公众征求意见的情况》中，有人建议，人民检察院认为必要时，可以查阅、调取或者复制人民法院的诉讼卷宗，并有权进行调查。《有关部门、地方及有关方面对民事诉讼法修正案草案的意见》中，一些地方、单位建议，将“查阅”改为“调阅”。有的建议，将“查阅”改为“查阅或者调阅”。有的建议将“查阅人民法院的诉讼卷宗”改为“查阅、复制的诉讼卷宗以及调取诉讼中的证据”。有的建议，将本条修改为“人民检察院办理民事审判监督案件，可以查阅或者调阅人民法院的诉讼卷宗……”，并增加规定“人民检察院提出调阅诉讼卷宗要求的，人民法院应当在十五日内将诉讼卷宗移送人民检察院。人民检察院应当在三个月内将诉讼卷宗归还人民法院”。《部分地方对民事诉讼法修改的意见》中，有的地方建议，将“查阅”改为“调阅”；明确规定检察院有权向有关单位和个人调查取证，有关单位和个人不得拒绝。《四川省民事检察监督的有关情况和检察机关对民事检察监督的立法建议》中，有些检察院认为，为保障检察监督工作的顺利开展，建议明确规定检察机关的调阅案卷权。[②]

最高人民检察院认为，在民事诉讼中，当事人和代理人都可以查阅法院的诉讼卷宗，修正案草案规定检察机关仅可以查阅法院的诉讼卷宗，未明确检察机关的调卷权，把检察机关与诉讼当事人和代理人等同对待，与检察机关的法律监督职能不符，也与司改文件中明确规定的调卷权不符。如果不能明确规定检察机关的调卷权，就建议删去这一规定。立法部门最后删去了检察机关只能“查阅

① 参见全国人大常委会法制工作委员会民法室编：《民事诉讼法立法背景与观点全集》，法律出版社2012年版，第29页、第35页、第68页。

② 参见全国人大常委会法制工作委员会民法室编：《民事诉讼法立法背景与观点全集》，法律出版社2012年版，第44页、第56页、第68页、第555页。

人民法院诉讼卷宗”的规定。

(3) 关于调查核实权的讨论

对于修正案草案中规定的调查核实权，在修法讨论中也引起了很多争论。

①关于“调查核实”的提法

三个诉讼法只有“调查”或“调查取证”，没有“调查核实”，民事检察中“调查核实”的提法是否妥当，许多人提出了不同意见。例如，《十一届全国人大五次会议代表议案关于修改民事诉讼法的意见》中，有些代表建议，增加规定人民检察院“有权调查”。《民事诉讼法修正案草案向社会公众征求意见的情况》中，有的建议，人民检察院认为必要时，有权进行“调查”。《专家、学者及有关部门对民事诉讼法相关问题的意见》中，有人提出，法院作出的裁判应当被推定为正确的，是否有错误必须先有调查、先有证明。检察院在调查之前就抗诉，是不严肃的。《四川省民事检察监督的有关情况和检察机关对民事检察监督的立法建议》中，有些检察院认为，为保障检察监督工作的顺利开展，建议明确规定检察机关的调查取证权。有些检察院认为，检察机关要正确履行法律监督职责，必须重证据、重调查研究，只有这样才能在准确把握案件事实的基础上提出正确的富有针对性的法律监督意见，确保取得良好的监督效果。为此，建议明确规定检察机关的调查取证权。[①] 这里的措辞都是“调查”或“调查取证”，而非“调查核实”。

②关于调查的条件

《修正案草案》规定的调查条件是“人民检察院因提出再审检察建议或者抗诉的需要”，对此许多人提出了不同意见。例如，《民事诉讼法修正案草案向社会公众征求意见的情况》中，有人建

① 参见全国人大常委会法制工作委员会民法室编：《民事诉讼法立法背景与观点全集》，法律出版社 2012 年版，第 44 页、第 151 页、第 151 ~152 页、第 555 页。

议，“人民检察院认为必要时”，可以查阅、调取或者复制人民法院的诉讼卷宗，并有权进行调查。[1]

③关于调查的对象

《修正案草案》规定“向当事人或者案外人调查有关情况”，调查对象限于“当事人或者案外人”。对此，许多人士并不赞同。

《十一届全国人大四次会议代表议案和建议、十一届全国政协四次会议委员提案关于修改民事诉讼法的意见》中，有些代表建议，适当赋予检察机关调查取证权（不同于调查核实权），未涉及调查对象的限制。

《十一届全国人大五次会议代表议案关于修改民事诉讼法的意见》中，有些代表建议，增加规定，人民检察院可以向有关单位和个人调查有关情况或者“有权调查”。

《民事诉讼法修正案草案向社会公众征求意见的情况》中，有人建议，人民检察院认为必要时，有权进行调查，删去了“向当事人或者案外人调查核实”的限制。

《有关部门、地方及有关方面对民事诉讼法修正案草案的意见》中，有的部门、地方建议，明确规定检察院有权向有关单位和个人调查核实情况或调查取证。

《检察官对民事诉讼法初步修改方案的意见》中，有的检察官认为，为了准确全面、客观公正地行使检察监督权，检察机关不但可以向当事人和案外人调查核实，还可以就审判中的违法行为，向法官调查核实，建议将“向当事人或者案外人调查核实情况”修改为“向有关人员调查情况”。有的检察官建议，应明确规定，检察院向有关单位和个人行使调查核实权时，有关单位和个人不得拒绝。这样规定，一是与《民事诉讼法》第65条的规定相一致；二

---

① 参见全国人大常委会法制工作委员会民法室编：《民事诉讼法立法背景与观点全集》，法律出版社2012年版，第44页。

是确保调查核实的效果。[①]

④关于调查的内容（范围）

《修正案草案》和最终的修改决定均未提到民事检察中的调查内容。不过，在征求意见中仍有人对此提出了意见。

《有关部门、地方及有关方面对民事诉讼法修正案草案的意见》中，有的部门、地方建议，严格将检察院向当事人或者案外人调查核实有关情况的权力，限定在三种情况：一是损害国家利益的；二是当事人向人民法院申请调查的；三是法官贪赃枉法的。有的部门、地方建议，将可以向当事人或者案外人调查核实有关情况的对象限定在生效判决、裁定采信的证据上。

《部分法官对民事诉讼法初步修改方案的意见》中，有的法官提出，检察院代表国家利益，不能轻易介入当事人在民事案件中的举证责任，否则既会打破当事人诉讼地位的平衡，也会导致国家司法权的浪费甚至滥用。检察院的调查核实权的范围应当限制。有的法官提出，检察院的调查核实权应当限制在两种情形：一是有损国家利益和社会公共利益的案件；二是人民法院依职权应当调查而未进行调查的证据。明确规定，检察院通过调查核实获得的证据，应当在法庭上接受询问和质证。

《检察官对民事诉讼法初步修改方案的意见》中，有的检察官认为，检察监督既包括对审判结果的监督，也包括对审判过程的监督。检察机关调查核实权的范围应与检察监督的范围一致，不能限于事后的调查核实权。建议修改为："人民检察院对审判活动进行监督时，可以向有关人员调查核实有关情况。"有的检察官认为，调查核实权是检察机关正确监督的重要手段，但调查核实的范围应限于法院的违法行为。对当事人的诉讼活动，检察机关原则上不应

① 参见全国人大常委会法制工作委员会民法室编：《民事诉讼法立法背景与观点全集》，法律出版社2012年版，第29页、第35页、第44页、第56页、第110页、第111页。

行使调查核实权，只有涉及公共利益或者第三人利益的，如双方当事人串通恶意诉讼，才可以行使这种权力。

《专家、学者及有关部门对民事诉讼法相关问题的意见》中，有人提出，检察院的证据调查权不应针对申诉人的诉求，应当是“法院判决是否有错误”，是否符合抗诉条件，对申请人有利不利的都要调查。有人提出，再审之诉中的诉讼标的是原来的纠纷，是当事人双方争议的诉讼标的，检察院的调查权针对的是什么。①

⑤其他相关问题

《专家、学者及有关部门对民事诉讼法相关问题的意见》中，有人提出，民事诉讼是两造平等的双方当事人之间的诉讼，检察机关介入调查取证破坏这种平等的对抗，应该予以限制；如果检察机关调查取证，必须出庭作证，接受质证，否则难以作为定案的证据。有人提出，调查取证权的方法、检察监督权的程序保障问题，还有待进一步具体化和完善。有人提出，检察院的调查权，是代表当事人还是代表国家，是司法性质的还是行政性质的？

《四川省民事检察监督的有关情况和检察机关对民事检察监督的立法建议》中，有的检察院建议明确赋予检察机关行使监督权的相应措施，如实行检察机关对案件定期检查制、法院的法律文书向检察机关备案制等。②

2. 理解与适用

（1）基本概念

人民检察院在民事检察中的调查活动是司法调查，具有强制性，有关单位和个人应当配合。检察机关查明案件事实（民事审判活动是否违法）的活动，包括调查收集证据和审查核实证据两

---

① 参见全国人大常委会法制工作委员会民法室编：《民事诉讼法立法背景与观点全集》，法律出版社2012年版，第56页、第68页、第102页、第110~111页、第150页、第151页、第152页。

② 参见全国人大常委会法制工作委员会民法室编：《民事诉讼法立法背景与观点全集》，法律出版社2012年版，第151页、第152页、第555页。

个方面。调查的功能在于收集证据，审查的功能在于核实证据，两者明显不同。所有的调查工作必然伴随着审查工作，所有的审查工作都以调查工作为前提，二者又密不可分。通常，检察机关为强调审查审核证据的功能，将审查与调查阶段的工作概括为“审查”，其内容也包括调查收集证据，例如，《人民检察院民事行政抗诉案件办案规则》（以下简称《办案规则》）第四章的“审查”内容就包括调查、调卷和接收证据；[①] 反过来说，为强调调查收集证据的功能，也可以将审查与调查阶段的工作概括为“调查”，其内容则可以包括审查核实证据的内容。

调查权是检察权的应有之义，没有调查权的检察权是残缺的、不完整的。调查是查明案件事实的基本手段，查明事实则是检察机关履行监督职责的基本前提。在民事检察和行政检察中，调查工作的意义和价值主要体现在如下两个方面：首先，只有经过调查才能查明民事审判活动和行政诉讼活动是否违法，才能证实或排除立案审查中发现的违法嫌疑。因此，进行调查是人民检察院查明案件事实的基本方法。其次，只有通过调查查明相关事实后，即查明民事审判活动、行政诉讼活动是否违法以及违法的相关情节，人民检察院才能决定是否采取监督措施以及采取何种监督措施。“没有调查就没有发言权”，进行调查是人民检察院正确采取监督措施的前提条件。

调查就是指收集证据的活动，而且是最为基本、最为重要的收集证据的方式。检察机关在立案程序中接受证据材料，也是收集证据的重要方式，包括申诉人、控告人、检举人提交的证据材料，以及有关部门转办、转交的材料。此外，检察机关通过调卷、阅卷等

① 《办案规则》第 14 条规定：“人民检察院应当在立案以后调（借）阅人民法院审判案卷，并在调（借）阅审判案卷后三个月内审查终结。”该条从体例上被放在第三章“立案”，但从内容上看仍属于“审查”。

方式，可以收集卷宗中的证据材料；要求法院说明案件的相关情况时，[①] 也可以从中发现、获取相关证据。因此，广义上的调查包括调卷、接收证据和要求法院说明理由。[②] 收集证据是查明案件事实的基础性工作，也是核心工作。

（2）调查主体和对象

《民事诉讼法》第 210 条规定的调查主体是人民检察院；在检察机关内部，则由民事检察部门代表检察机关进行调查。《办案规则》规定："人民检察院的调查活动应当由两名以上检察人员共同进行。"

指令调查与委托调查。人民检察院可以指令下级人民检察院或者委托外地人民检察院调查核实。人民检察院指令调查或者委托调查的，应当发送《指令调查通知书》或者《委托调查函》，载明调查核实事项、证据线索及要求。受指令或者受委托人民检察院收到《指令调查通知书》或者《委托调查函》后，应当在规定的时间内完成调查核实工作并书面回复。因客观原因不能完成调查的，应当在上述期限内函告指令或者委托的人民检察院。

《民事诉讼法》第 72 条规定，"凡是知道案件情况的单位和个人，都有义务出庭作证"；《刑事诉讼法》第 60 条规定，"凡是知道案件情况的人，都有作证的义务"；《行政诉讼法》亦规定，"人民法院有权向有关行政机关以及其他组织、公民调取证据"。三个诉讼法对于作证义务人都没有限制性规定。《渎职监督规定》对于调查对象没有限制，并特别规定了司法工作人员作为"被调查人"的权利义务。因此，《民事诉讼法》第 210 条规定民事检察的调查对象为"当事人或者案外人"，其中的案外人可以理解为：当事人

---

① 实践中，检察机关为及时了解案件情况，要求法院说明情况或理由，效果很好。关于要求说明情况或理由的文书形式也可以考虑借鉴某些行政机关（如证监会）的问询函形式。

② 调卷、要求法院说明理由的基本功能都是收集证据，不是审查核实证据，因此只能从属于调查活动，不能从属于审查活动。

以外的、包括法官在内的其他有关人员。

（3）调查的内容与调查取得的证据

民事检察和行政检察中的调查任务，是查明诉讼活动中违法行为的相关情况，查明民事审判活动和行政诉讼活动的合法性。具体地说，调查内容又可以分为两个方面：一是民事审判活动和行政诉讼活动本身是否合法，二是审判人员是否有渎职行为（违法行使职权）。

人民检察院代表国家行使法律监督权，在调查取证中保持客观、中立、公正的立场，不代表任何一方当事人，也不得为任何一方当事人的利益调查取证。检察机关为履行法律监督职责的需要，调查取得的、使用的证据可以称为“监督证据”。民事诉讼、行政诉讼中的当事人为证明自己的诉讼主张而调查、举证，其证据可以称为“诉讼证据（审判证据）”或者“行权证据”。在取证目的和使用目的上，监督证据和诉讼证据（行权证据）明显不同。

同一证据既可以由检察机关使用，也可以由诉讼当事人使用；因为使用者身份、目的的不同，同一证据既可以用作诉讼证据，又可以用作监督证据。检察机关可以使用诉讼当事人提供的诉讼证据来支持其监督决定，诉讼当事人也可以用检察机关调查取得的监督证据来证明自己的诉讼主张，从而同一证据在不同的使用者手中有了不同的证据性质，并被用于不同的证明目的。

（4）调查的条件

依《民事诉讼法》第 210 条规定，检察机关进行调查的条件是“因履行法律监督职责提出检察建议或者抗诉的需要”。本条强调“提出检察建议或者抗诉”是为了“履行法律监督职责”，不是为诉讼当事人提供权利救济，不代表或支持任何一方诉讼当事人。

民事诉讼中的法律监督职责，是对民事审判活动的合法性进行监督，“提出检察建议或者抗诉”则是履行法律监督职责的具体方式。因此，所谓“因履行法律监督职责提出检察建议或者抗诉的需要”，就是民事审判活动涉嫌违法，需要通过调查核实来查明事实。具体地说，人民检察院因履行法律监督职责提出检察建议或者抗诉的需要，有下列情形之一的，可以向当事人或者案外人调查核实有关情况：①民事判决、裁定、调解书可能存在法律规定需要监督的情形，仅通过阅卷及审查现有材料难以认定的；②审判人员在民事审判程序中可能存在违法行为的；③人民法院民事执行活动可能存在违法情形的；④其他需要调查核实的情形。

除了上述抗诉案件和检察建议案件外，检察机关办理其他民事检察案件时，可以参照本条规定执行，也可以按照确定该职责的相关规定执行。例如，办理纠正违法案件时，可以按照《渎职监督规定》的规定调查。

(5) 调查的方式与程序

调查就是取证，就是收集证据，因此《民事诉讼法》在多处直接使用“调查取证”（共5处）或者“调查收集证据”（共5处），并具体规定了人民法院收集证据的措施。检察机关的调查任务与人民法院的调查任务虽然有别，但调查方式是相通的，对于不同的调查内容可以使用相同的调查方式。因此，检察机关在调查中可以参照适用《民事诉讼法》规定的调查方法。

具体说来，人民检察院可以采取以下调查核实措施：①查询、调取、复制相关证据材料；②询问当事人或者案外人；③咨询专业人员、相关部门或者行业协会等对专门问题的意见；④委托鉴定、评估、审计；⑤勘验物证、现场；⑥查明案件事实所需要采取的其他措施。人民检察院到外地调查的，当地人民检察院应当配合。另外，人民检察院可以就专门性问题书面或者口头咨询有关专业人员、相关部门或者行业协会的意见；口头咨询的，应当制作笔录，由接受咨询的专业人员签名或者盖章。拒绝签名或者盖章的，应当记明情况。人民检察院对专门性问题认为需要鉴定、评估、审计的，可以委托具备资格的机构进行鉴定、评估、审计；在人民法院诉讼过程中已进行过鉴定、评估、审计的，一般不再委托鉴定、评估、审计。人民检察院认为确有必要的，可以勘验物证或者现场；

勘验人必须出示人民检察院的证件，并邀请当地基层组织或者当事人所在单位派人参加；当事人或者当事人的成年家属应当到场，拒不到场的，不影响勘验的进行；勘验人应当将勘验情况和结果制作笔录，由勘验人、当事人和被邀参加人签名或者盖章。

《民事诉讼法》没有规定调查的程序。《办案规则》第20条规定了调查的程序，即“人民检察院的调查活动应当由两名以上检察人员共同进行。调查材料应当由调查人、被调查人、记录人签名或者盖章”。检察机关在调查中应遵守这些规定。在调查中，调查笔录经被调查人校阅后，由调查人、被调查人签名或者盖章；被调查人拒绝签名盖章的，应当记明情况。

（6）关于调卷

《民事诉讼法》没有明确规定检察机关的调卷问题。2010年“两高”办公厅的《关于调阅诉讼卷宗有关问题的通知》对调卷问题作了明确规定，民事检察工作中应遵照执行。按照该通知规定，“人民检察院在办理法官涉嫌犯罪案件、抗诉案件、申诉案件过程中，可以调阅人民法院的诉讼卷宗”。

特别需要注意的是，检察机关查阅或调阅需要保密的卷宗（即副卷）时，应遵守该通知第6条的规定，“严格执行谁批准谁负责、谁使用谁负责的制度，做好保密工作”。卷宗包括正卷和副卷。关于调卷的司改文件没有明确将副卷排除在外，相反还强调保密问题。鉴于调阅正卷不存在保密问题，这里实际上已经对调取副卷的相关问题（保密问题）作了明确规定。

（7）调查权的保障

“有权利必有救济”，“有权利必有保障”。有关单位、个人不配合检察机关调查、提供虚假证据材料或者有其他妨碍检察工作行为的，人民检察院可以按照《人民检察院检察建议工作规定（试行）》中的相关规定，向该单位或其上级主管部门、有关管理部门提出检察建议，建议其纠正、对相关责任人员予以处分或处罚；涉嫌犯罪的，依照规定移送有关机关或者部门处理。

（三）审查程序

1. 法律修改情况

《民事诉讼法》第209条第2款规定："人民检察院对当事人的申请应当在三个月内进行审查，作出提出或者不予提出检察建议或者抗诉的决定。"这是对《办案规则》中办案期限制度的肯定，[①]也在立法上首次明确了检察机关办理抗诉和再审检察建议案件的审查期限制度。民事检察中审查工作的其他相关制度，由最高人民检察院另行规定。

不过，《民事诉讼法》中关于审查期限的规定，在修法中并未经过认真讨论。查阅2011年全国人大法工委《关于〈中华人民共和国民事诉讼法修正案（草案）〉的说明》和全国人大法律委员会《关于〈中华人民共和国民事诉讼法修正案（草案）〉修改情况的汇报》、《关于〈中华人民共和国民事诉讼法修正案（草案）〉审议结果的报告》、《全国人民代表大会常务委员会关于修改〈中华人民共和国民事诉讼法〉的决定（草案）》修改意见的报告，均未提到这一内容；查阅本次修法中的相关简报，亦未发现对这一问题的讨论、意见。查2011年9月26日和8月2日室内稿、10月14日审议稿和10月24日修正案（草案），均无这一内容；从2012年4月24日的二次审议稿开始增加了这一规定之后，内容再无变化。

2. 理解与适用

《民事诉讼法》第209条第2款规定了检察机关办理申请抗诉和申请再审检察建议案件的审查期限。检察机关办理其他民事检察案件的审查期限，需要参考其他相关规定。

《民行监督意见》没有规定检察机关的办案期限，其理由是这属于《办案规则》确定的事项，不需要在司改文件中明确。《渎职监督规定》第8条"人民检察院对司法工作人员在诉讼活动中的

---

① 《办案规则》第14条规定，"人民检察院应当在立案以后调（借）阅人民法院审判案卷，并在调（借）阅审判案卷后三个月内审查终结"。

涉嫌渎职行为进行调查，调查期限不得超过一个月。确需延长调查期限的，可以报经检察长批准，延长二个月”。这属于对办案期限的特殊规定。

《民事诉讼法》没有规定提请抗诉案件的办案期限。《民事诉讼法》第208条第2款一并规定了提请抗诉和办理检察建议，这两类案件的审查期限也宜相同。另外，同级检察院提请抗诉和上级检察院决定抗诉，是两次不同的审查活动，其期限宜分别计算，否则在事实上不可行，在制度上也不合理。如果要求提请抗诉和决定抗诉合并计算办案期限，上级检察院可能不得不“照准”全部提请抗诉案件，从而把上级抗诉制度变成了事实上的同级抗诉制度。

《民事诉讼法》仅规定办理抗诉、再审检察建议案件的期限是3个月，未规定延期问题，对此尚需明确。例如，对于人民法院的审理期限，《民事诉讼法》就规定了必要的延长制度，其第149条规定，“人民法院适用普通程序审理的案件，应当在立案之日起六个月内审结。有特殊情况需要延长的，由本院院长批准，可以延长六个月；还需要延长的，报请上级人民法院批准”。民事检察工作中也需要参照办理。

办案中的一些特殊事项，例如调卷、鉴定等活动，涉及所占用期限的扣除问题，也需要检察机关在新的办案规则中予以明确。人民法院在相关文件中规定了必要的期限计算方法（期限扣除规则），例如，2011年《第一次全国民事再审审查工作会议纪要》第18条规定：“人民法院应当自受理申请再审案件之日起3个月内审查完毕，但公告期间、鉴定期间、双方当事人申请调解期间以及调卷期间等不计入审查期限。有特殊情况需要延长的，由本院院长批准。”这都是为了满足办案工作的实际需要。检察机关办理案件，也需要类似的期限延长制度和期限扣除规则。

审查期限与抗诉的效力。检察机关在办案中必须遵守关于审查期限的规定，对于严重逾期负有个人责任者还可以追究责任，但与抗诉效力没有关系。例如，人民法院审理案件也必须遵守关于期限的规定，但不能认为逾期作出的裁判不发生效力，不能认为当事人可以拒绝执行逾期的裁判。同理，对于逾期作出的抗诉或检察建议等监督意见，其效力亦不受影响。

3. 审查程序中的其他相关问题

审查范围。人民检察院审查民事检察案件，应当围绕申请监督人的申请请求以及发现的其他情形，对人民法院民事诉讼活动是否合法进行审查。其他当事人也申请监督的，应当将其列为申请监督人，对其申请请求一并审查。

审查方法。人民检察院审查案件，应当听取案件当事人意见，必要时可以听证或者调查核实有关情况。

审查终结。案件承办人审查终结后，应当制作审查终结报告。审查终结报告应当全面、客观、公正地认定案件事实，依据法律提出处理建议。案件承办人通过审查监督申请书等材料即可以认定案件事实的，可以直接制作审查终结报告，提出处理建议。

（四）决定程序

1. 法律修改情况

检察机关决定是否采取监督措施所适用的程序，例如，决定是否（提请）抗诉的程序、决定是否提出检察建议的程序，就是民事检察的决定程序。《民事诉讼法》第208条规定了检察机关决定（提请）抗诉、提出检察建议的条件，与民事检察的决定程序直接相关，是民事检察中决定程序的基础。

《民事诉讼法》没有明确规定民事检察中的决定程序，最高人民检察院需要对此另行作出规定。

2. 理解与适用

人民检察院对审查终结的案件，应当区分情况作出下列决定：（1）提出再审检察建议；（2）提请抗诉；（3）提出抗诉；（4）提出检察建议；（5）提出纠正违法通知；（6）终结审查；（7）不支持监督申请。

人民检察院对案件作出处理决定，应当经集体讨论，参加集体讨论的人员应当对案件事实、适用法律、处理建议等发表明确意见并说明理由。集体讨论意见应当在全面、客观地归纳讨论意见的基础上形成。

集体讨论形成的处理意见，由民事检察部门负责人审核后报检察长批准。检察长认为必要的，可以提请检察委员会讨论决定。

检察机关作出处理决定的，应当按照规定制作相应的法律文书，并按照规定移交或发送。

3. 关于是否“经检察委员会决定”的问题

《办案规则》第38条曾规定：“人民检察院提出抗诉，由检察长批准或者检察委员会决定。”人民检察院决定提出抗诉时，“经检察委员会决定”并非必经程序。

《民行监督意见》第7条第1款规定：“地方各级人民检察院对符合本意见第五条、第六条规定情形的判决、裁定、调解，经检察委员会决定，可以向同级人民法院提出再审检察建议。”这里要求检察机关提出再审检察建议时应当“经检察委员会决定”，其理由是：当时的《民事诉讼法》仅规定了上级监督（上级抗诉），未规定同级监督（再审检察建议），因此同级监督的程序应当比上级监督更加严格；《民行监督意见》是一个“试行”的规范性文件，在“试行”期间宜对这一新制度在程序上从严要求。

《民事诉讼法》正式规定再审检察建议后，再审检察建议已经成为检察机关法定的职责，这一工作也从“试行”走向“常态”，因而无须在程序上继续“从严要求”。在2012年修改《民事诉讼法》的征求意见过程中，有的法官已经提出，第209条关于审查的规定反映了“两高”会签文件的内容，根据会签文件，应当增加规定，提出检察建议应当经检察委员会同意。① 但是，这一意见

① 参见《部分法官对民事诉讼法初步修改方案的意见》，载全国人大常委会法制工作委员会民法室编：《民事诉讼法立法背景与观点全集》，法律出版社2012年版，第102页。

并未得到采纳，这说明，立法部门认为，检察机关提出再审检察建议时，“经检察委员会决定”不是必经程序。不过，最高人民检察院基于工作管理的需要，可以继续规定应经检察委员会决定，这属于检察系统的内部规则，与《民事诉讼法》的要求无关。

关于民事执行检察中的决定程序，《试点通知》中亦有“经检察委员会决定”的要求。不过，制定《试点通知》的前提是当时的《民事诉讼法》对执行检察工作没有明确规定，因而只能“试点”。在《民事诉讼法》第 235 条已经明确规定了执行检察制度后，《试点通知》的适用前提已经不存在，试点工作已经结束，《试点通知》已不再适用于民事执行检察工作；另外，《试点通知》中关于适用地域、监督范围等规定与《民事诉讼法》第 235 条的规定直接冲突，继续适用《试点通知》的规定亦属违法。因此，《试点通知》中关于民事执行检察试点工作中“经检察委员会决定”的程序要求，已经自然失效，不再适用。最高人民检察院基于工作管理的需要，如果规定应经检察委员会决定，则当另论，与《民事诉讼法》的要求无关。

民事诉讼类案监督的实务考察和完善建议

邵世星*

一、民事诉讼类案监督的实务考察

（一）类案监督的概念扩展

类案监督是近年来最高人民检察院推进民行检察工作深入发展的一项重要举措。最高人民检察院《关于加强和改进民事行政检察工作的决定》明确提出："积极开展类案监督研究，使民事行政检察监督由个案监督向类案监督拓展，促进公正司法。"通常认为，类案监督有助于提高监督的效率和质量，增强监督的效果，并最终能够对维护法治统一起到强化作用。

类案监督工作的开展，首先就需要对何为类案进行界定。也就是说，需要对类案的概念有一个基本的理解，以此作为把握类案范围的主要依据。在学理解释上，民事类案是指"那些进入民事诉讼程序并在事实认定和法律适用上具有高度相似性或高度相关性的案件的集合体。民事类案研究既包括对同类案件中同类问题的研究，又包括对不同类案件中同类问题的研究"。[①] 也就是说，理论上的民事类案的界定，多从裁判的角度展开，讲的是纠纷性质意义

* 作者简介：邵世星，国家检察官学院教授，民事行政检察教研部主任。

① 许志鹏：《民事类案监督研究》，载《江西理工大学学报》第33卷第6期。

上的同一类案件，它们在类别上性质相同，内容相似，比如都属于合同案件中的买卖合同，都属于侵权案件中的医疗损害，都属于物权纠纷案件中的确权争议等；或者是虽然案件事实并不同类，但在裁判适用法律上存在同类的问题，例如，都存在诉讼时效的不当适用问题。这样界定的类案，具有单纯性，在监督的意义上指向事实认定和法律适用问题。

检察机关虽然在大力推进民事诉讼和行政诉讼的类案监督工作，但并没有对何为类案做一个概念解释。这就需要从有关的表述中进行分析。《检察机关执法规范培训学程》的提法是："对案件类似但处理结果不一致的多个案件，对于同一法院或地区发生多个类似错误的案件，以及对于同一法院、地区出现的多起假案、枉法裁判案件等情况，检察机关实行类案监督……"[①] "对于类案中表现出来的违法行为，例如同类案件的判决方式不同，多起案件中表现出来的同类错误，检察机关应在详加调查研究后一并予以监督，可以起到监督一（类）案，纠正一片的良好效果。另外，类案监督更符合检察机关维护国家法制的职责，在监督过程中检法两院思考问题也更客观更理性，更容易达成共识，效果更好。"[②] 这里对类案的范围采用的是列举的方式，指出了一些表现形态。从这些列举来看，显然不限于裁判意义上的类案，不限于案件的裁判问题，而是包括了一些程序问题和执法行为问题。

《人民检察院民事诉讼监督规则（试行）》（以下简称《民事诉讼监督规则》）第112条规定："有下列情形之一的，人民检察院可以提出改进工作的检察建议：（一）人民法院对民事诉讼中同类问题适用法律不一致的；（二）人民法院在多起案件中适用法律存

---

① 最高人民检察院组织编：《检察机关执法规范培训学程》，中国检察出版社2013年版，第640页。

② 最高人民检察院组织编：《检察机关执法规范培训学程》，中国检察出版社2013年版，第650页。

在同类错误的；（三）人民法院在多起案件中有相同违法行为的；（四）有关单位的工作制度、管理方法、工作程序违法或者不当，需要改正、改进的。”这里的其中前三项情形，实际讲的也是类案监督问题。它以规范化的文件方式，表明了对类案的理解。在范围上，也不限于裁判问题。

从对上述内容的分析可以看出，目前检察机关所讲的民事行政检察工作的类案监督，实质上是广义的类型化监督，所谓的类案也就是广义的类型化问题。类型化监督包含的范围要广，理论上的纯粹的类案监督属于类型化监督，对同类问题的监督也属于类型化监督。也即在检察监督意义上所讲的类案，包括了类型化的案件和类型化的事件（问题）。而类型化的事件，范围极其宽泛，有各种程序违法行为、其他违法行为等。由此可见，从监督的角度，检察机关拓展了类案的概念内涵。

为了下文叙述的方便，笔者拟遵从检察机关的业务逻辑，从两个角度观察类案监督：类型化的案件监督和类型化的事件监督，并把它们分别简称为案件类的类案监督和事件类的类案监督。其中，案件类的类案监督着重观察案件裁判的适用法律问题，事件类的类案监督着重观察程序环节的违法问题和执法中的违法问题。

（二）类案监督的实证特点

迄今为止，民事诉讼类案监督工作开展的时间并不很长，仍然属于新生事物。《民事诉讼监督规则》的规定一方面是对既有工作的总结，另一方面也是对今后工作的促进和指引。为深入推进这项工作，对实务中类案监督开展的情况进行梳理分析是非常必要的。它便于总结经验，发现问题，对类案监督的工作方法不断进行修正和完善。基于此，本文从收集、分析类案监督实证资料出发，首先对类案监督进行实证性的研究。

为了使资料来源具有普遍性，笔者没有采取到特定的某个地方进行资料收集的做法，因为各个地方民事检察工作开展的程度会有差异，到某个地方采集的资料很可能代表性不够。笔者利用了在国家检察官学院任教的有利条件完成了资料采集工作。2014 年 4 月 20 日，学院举办第三期《民事诉讼监督规则（试行）》研修班。2014 年 6 月 20 日，学院举办第六期《民事诉讼监督规则（试行）》研修班。这两个研修班由笔者所在的民事行政检察教研部负责组织。我部要求学员在入学时提供本院办理的民事行政检察监督疑难案件和类案监督案件用于教学研讨。第三期研修班报到学员 148 人，涵盖了除上海之外的所有内地省份和新疆生产建设兵团。第六期研修班报到学员 128 人，涵盖了全国所有内地省份和新疆生产建设兵团。对于提交的类案，我们的要求是“实际作为类案监督办理的两个以上的相同或相似民事、行政案例”。虽然我们的意图是将案例范围明确地限定为裁判意义上的案件，但从实际提交的案例来看，学员根据实务中的理解习惯，是将同类的程序错误、其他问题也包含在内的。也就是说，学员实际提交的案例包括案件类和事件类。鉴于此，笔者遂将研究问题按学员提交的案例进行扩展，并按此标准对资料进行筛选得出结果。

第三期研修班案例情况。本期研修班有 58 件类案符合要求，均为民事性质（具体构成见表 1）。需要说明的是，这里所说的 58 件类案，并非是 58 个案件。既然是类案，其至少应当包括 2 个以上的类型化案件，否则“类案”之说无从谈起。从学员提交案例的具体情况看，有的作为一起类案进行监督的案件，最多的包含了 158 个案件。

表一：第三期研修班提交类案监督的案件情况（总 58 件）

序号	类案性质	数量	序号	类案性质	数量
一	应当立案不立案	4	五	调解违法	6
二	送达违法	4	六	执行程序违法	24
三	审判程序违法	2	七	多起案件适用法律存在同类错误	6
四	虚假诉讼	4	八	相似案件适用法律不一致	8

从表一中所列的案件情形可以看出，实务中作为类案进行监督的具体情况比较复杂。但是，如果从案件和事件的大类来看，则可以作相对简单的划分。其中表一中前六项都跟程序违法相关，属于对事件类的类案监督，共44件；表一中后两项则是针对裁判案件的适用法律问题，属于对案件类的类案监督，共14件。这两类监督在总数58件中所占的比例如图一所示：

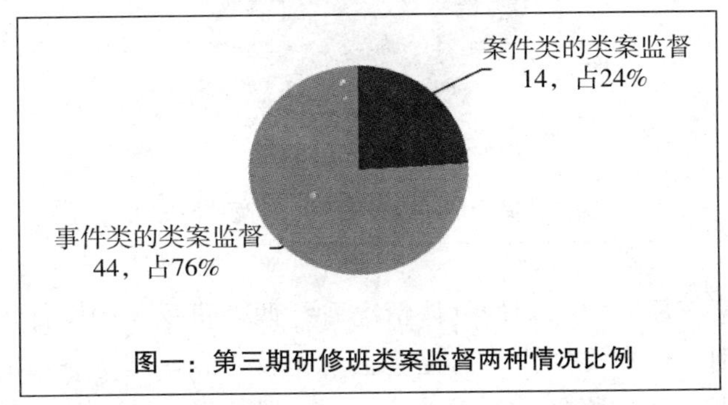

图一：第三期研修班类案监督两种情况比例

第六期研修班案例情况。本期研修班有39件类案符合要求。其中，有5件类案是行政机关的执法问题。具体构成情况见表二。

表二：第六期研修班提交类案监督的案件情况（总39件）

序号	类案性质	数量	序号	类案性质	数量
一	立案程序违法	2	五	行政机关执法问题	5
二	送达违法	3	六	执行程序违法	11
三	审判程序违法	7	七	多起案件适用法律存在同类错误	5
四	超标准收取诉讼费	1	八	相似案件适用法律不一致	5

和第三期研修班的情况一致，第六期研修班提供的类案监督案件亦分作两类，一是对于案件类的监督，二是对于事件类的监督。从大类观察，表二中前六项都属于对事件类的类案监督，共29件；表二中后两项则属于对案件类的类案监督，共10件。这两类监督

在总数39件中所占的比例如图二所示：

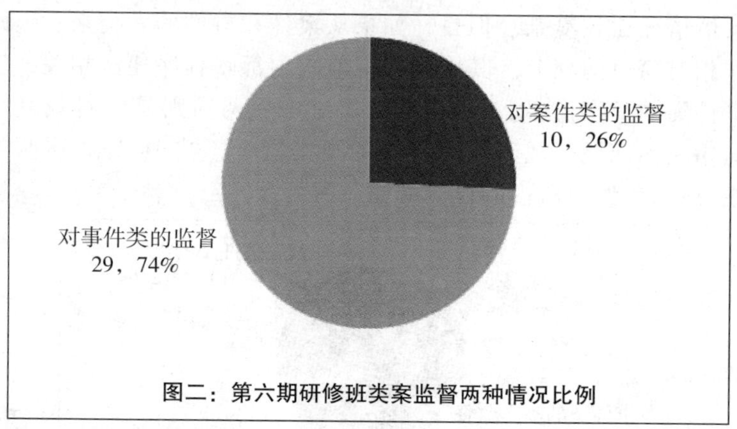

图二：第六期研修班类案监督两种情况比例

从第三期和第六期的具体情况看，两期班反映的案件表现虽然有所差别，但在类别构成的比例上又比较一致。即实务中的类案监督，对事件类的监督数量基本上占到了75%，远大于对案件类的监督数量。

虽然笔者只分析了两期实证资料，但由于资料的来源是全国范围，院别上涵盖了省、市、县三级院，案件产生的时间也没有作限制，因此资料的代表性还是足够的。

二、对类案监督工作的现状分析

（一）类案监督的对象构成分析

案件类的类案监督和事件类的类案监督区分还是很大的。首先，对违法性的判断标准不同。民事诉讼类型化监督，如果监督的对象是程序违法，因违法表现多是显性的，且多发生在某个具体的环节，因而一般形式判断即可。而如果监督的是类似案件的裁判错误，因错误要结合案情才能体现，所以违法性的判断多是实质意义的。同时，裁判是对案件整体的终局评判，是否正确要综合案件的全部信息进行认定，因而审查要做的是全局性的工作。其次，监督的难易程度不同。程序违法因其表象化、绝对性，比较容易判断，使得监督较容易开展。而裁判内容违法，因违法的内容隐藏于案件之中，比较隐秘、弹性，需要结合案情判断，监督相对来说难度较大。最后，监督的重点和方式方法会有区别。程序违法的监督，监督的是违法行为本身，多采取检察建议的方式进行。而类似案件裁判的监督，着重于对案件的实体和适用法律进行监督，可能会根据情况考虑适用抗诉或者检察建议等不同的方式进行，对案件自身一般会发动再审程序才能达到效果。

从上文实证分析的数字看出，民事检察类案监督的实务中对事件类的监督远大于对案件类的监督，这种现象颇值得分析。笔者认为，这一方面说明审判业务过程中还存在较多的程序不规范甚至违法的问题，行政执法过程中此类情况也比较突出。但另一方面似乎也不能简单地从数字的差异就得出法院审判的类似案件中裁判结果错误少的判断，因为两类错误的性质存在重大差别，发现错误的机制存在根本性不同。受发现、认定、处理等各方面难易程度的差异影响，目前进行类案监督的两类情况的数字和实际存在违法情形的两类情况的数字并不一定是完全一致的。

就当前而言，在开展类案监督工作中，对案件类的监督和对事件类的监督不存在孰轻孰重的问题，都是有意义的且非常急需的工作，对增强民行检察的监督效果非常必要。但是从长远来看，加强对案件类的类案监督非常必要。因为，随着司法水平的提高和国家司法职业规范的严格，较单纯的程序违法这种显性的违法行为势必会越来越少。而裁判适用法律错误问题，则会长期存在，且监督的难度很大。因为法律适用是集多重因素于一体的复杂工程，其中既有客观因素，又有主观因素。从客观上讲，每个具体案件的情况都不完全一样，只有相似的案件，没有完全相同的案件，从而决定了每一个案件的法律适用都会有差异。从主观上讲，每一个司法人员都有认知上的差别，同一个司法人员的认知能力和水平也不是固定不变的。司法者是人，而不是机器，应当允许其在认知上有变量，从而也决定了每一个案件的法律适用上有弹性。这种差异和弹性的存在，在机理上就使得类案裁判中的适用法律不一致和尺度混乱的问题极易出现。但是，司法是以实现社会公正为最高目标的，因而其是高度规则化的工作，裁判上的变量是受到严格约束的。这也使得并且保证社会公众对司法裁判结果有一个合理的可以预期的期待，从而产生公众在规则面前认知上的一致，进而带来司法的公信力和社会的稳定。因而，通过各种措施来防止和纠正类案裁判的错误就显得尤为重要。在这些措施中，检察监督具有举足轻重的地位。检察机关必须高度认识对类案裁判进行监督的重要性，以极大的责任心做好这项工作。案件类的类案监督针对法律的不正确适用问题，能够在更高的程度上保障法律的统一正确适用和实现公平正义，维护司法的公信力。但案件类的类案监督工作也具有很大的难度，不能和法官的裁量权相冲突。

总的来说，案件类的类案监督需要熟读案情、熟悉法律才能够发现问题进行监督，难度更大，要求更高。但反过来，它对提高监督能力，促使整个监督工作往深层次、高水平上发展意义重大。对促进法院提升审判质量，在深层次上维护司法公正也有很强的作用。

（二）案件类的类案监督的困境

案件类的类案监督，按照《民事诉讼监督规则》的规定主要针对两类问题：一是人民法院在民事诉讼中对同类问题适用法律不一致，二是人民法院在多起案件中适用法律存在同类错误。实务界将二者分别解读为“同案不同判问题”和“同判不同案问题”，虽不甚准确，但大概也能指向问题的实质，即案件裁判的法律适用问题。

客观地讲，对于《民事诉讼监督规则》规定的人民法院在民事诉讼中对同类问题适用法律不一致的情形，监督实施起来还是相对容易的。因为实施的前提是存在可以用来比较的两个以上的相似的案件或问题，在比对过程中发现法律适用上的错误难度自然会降低。因此，具备细心、耐心的工作精神和较扎实的法律素养，完全可以做好这类案件类的类案监督工作。但是，如何发现案件线索，则不是一件容易的事情。虽然从理论上讲，建立常规性的机制来发现案件线索具备可行的基础，即只要对同类案件或问题进行审查一般就能满足需要。但是，从操作层面看，主动地全面审查法院裁判的相似案件并不现实，除了过于费时费力之外，其正当性也可能会存在争议。另外，法院如不配合，审查也很难开展。因此，实践中这类类案监督，线索来源必定非常偶然。原因在于，既然形成类案监督，那就需要检察机关发现两个以上的相似案件，一般意义上自然也就意味着存在两个以上有相似案情的当事人向检察机关申请了监督。而且，从监督法律适用不一致的命题看，这样的两个以上当事人得到的裁判结果极大可能是相反的。这不合逻辑的事情，过于机缘巧合了。现实来看，这种类案监督的数量非常少，原因很大程度上在于其是可望而不可求的。

对于人民法院在多起案件中适用法律存在同类错误的情形，咋看起来好像容易把握，但稍加思索则会发现其实存在理解和驾驭上的极大困难。因为，从“适用法律存在同类错误”倒推来看作为其源头的“多起案件”，就会发现案件的范围太广，几无限制。相似的多起案件会出现适用法律上的同类错误，这种情形下两个以上的当事人申请检察机关予以监督是可能的，审查认定的难度也不大。但是，不相似的案件也会出现适用法律上的同类错误，如某位裁判人员对诉讼时效理解错误，导致其裁判的多起案件（这些案件可能性质并不相似）都存在时效适用上的不当。这种情况无论在理论上还是现实中，都可能会存在。按照这个逻辑思路将问题放大观察，就会发现这类监督从工作方法上相对缺少常规的、稳定的切入点，不太能够建立起有效的线索发现机制。毕竟从没有种类限制的宽泛的案件中去发现相同的问题和带着同样的问题去评查没有种类限制的宽泛的案件都不甚可行，这就导致监督线索的发现不可避免地带有极大的偶然性和盲目性。现实来看，对于人民法院在多起案件中适用法律存在同类错误的类案监督案例，数量也非常有限，且都是在相似的案件中发现的，笔者尚没有收集到在不相似的案件中发现同类错误的监督案例。

通过上述分析可以看到，按照《民事诉讼监督规则》规定的现有框架和既有的工作模式及思维习惯，案件类的类案监督的线索发现总体上建筑在“机遇”的基础上，因此类案监督数量非常有限，相应的监督工作的效果也就不可能很大。

三、类案监督工作的完善

通过实务的观察，我们看到类案监督工作目前存在的主要问题有：结构不合理，案件类的类案监督比例太低，长此下去容易使类案监督工作肤浅化；类案的线索发现缺乏有效机制，尤其以案件类的类案为甚。从不同当事人的申诉中发现类案线索，犹如大海捞针，概率太小；对案件类类案监督的规定过于原则。这类类案监督因其特殊性，决定了可操作性不强的规定很难指导具体的工作。

类案监督工作的完善，需要从以下几个方面进行：

（一）有目的地强化案件类的类案监督

针对案件类的类案监督过于薄弱的情况，应当着意加大力度，实现结构平衡。从长远来看，只有搞好案件类的类案监督，才能使类案监督工作走向深入和强大。为加强案件类类案监督工作，当前可以采取一些激励性的措施进行推进，并有意识地强化对检察官民商法应用能力的培养。

（二）发挥主动监督职能

在类案监督问题上，坐等当事人上门提供案源的做法作用非常有限。这项工作需要发挥检察机关的主动监督职能。从类案监督的层面看，检察机关监督的是法院适用法律的类型化错误，属于对审判工作宏观性的监督，主动监督具有正当性。

主动监督的具体做法，比较可行的是集中对法院同类别的裁判进行评查。评查前，检察人员应当列出需要评查的具体问题，对裁判的重要节点、主要依据进行对比分析，提高评查的效率和针对性。

（三）类案界定的精细化

类案监督的两个核心元素是“类案”和“法律适用错误”，对这两个方面要作相对精细化的设计。核心元素的任何一个方面界定不明细，都会影响到监督工作的顺畅进行。

类案的精细化划分，主要包含两层意思：首先，作为案件类的类案进行监督的，应该在大类上是一样的，也即确属类似案件，如同属于合同案件或者侵权案件。案件大类相同，才具有对比分析的基础和价值，才能准确及时地锁定适用法律上的问题。至于不属于一个大类的案件裁判中出现了同样的问题，从线索发现上如果不是偶然，那就是问题出现的频率过高导致的。从方法论的角度而言，几乎不具有研究的意义。其次，作为案件类的类案进行监督的，应尽可能属于同一小类，如同属于合同案件中的买卖合同案件或者侵权案件医疗损害案件。小类相同，对比研究才更具有针对性，发现问题才更便捷。

关于案件大类、小类的具体划分，可以参照经 2011 年修订的最高人民法院《民事案件案由规定》。其中，每一部分的一级标题规定的案由，可以看作案件的大类。二级标题规定的案由，可以作为案件的小类。有的案由中还有三级标题，则意味着类别更小。原则上，类比越小，可对比性越强。

（四）适用法律错误认定的精细化

案件类的类案监督，无论是《民事诉讼监督规则》规定的人民法院在民事诉讼中对同类问题适用法律不一致，还是人民法院在多起案件中适用法律存在同类错误，指向的目标都是法律适用错误问题，但法律适用错误问题又是一个超越类案而存在的普遍问题。这就给我们提供了一个详细分析适用法律错误具体表现的路径。

为深入揭示和探究法律适用问题的状况，笔者将法律适用错误问题提升为一般性的问题进行实证研究。案例选择是上述第三期和第六期培训班学员提交的疑难案例。以下是具体情况：

在第三期学员提交的疑难案例中，有 65 个作抗诉处理的案例。[①] 笔者对这些案件的抗诉理由做了具体的分析。具体是：以法律适用错误作为抗诉理由的有 46 件；以认定基本事实的证据缺乏或者不清为理由的有 22 件；以审判程序违法为理由的有 10 件；以有新证据为理由的有 3 件；以认定事实的主要证据系伪造的为理由的有 4 件；以调解违法为理由的有 3 件（含调解书损害国家利益和社会公共利益的 2 件，调解书违反自愿原则的 1 件）[②]。少部分案件中，监督理由有交叉，即存在两个以上的抗诉理由。对于各监督理由出现的情况及所占的比例，笔者分别用图三、图四加以表示：

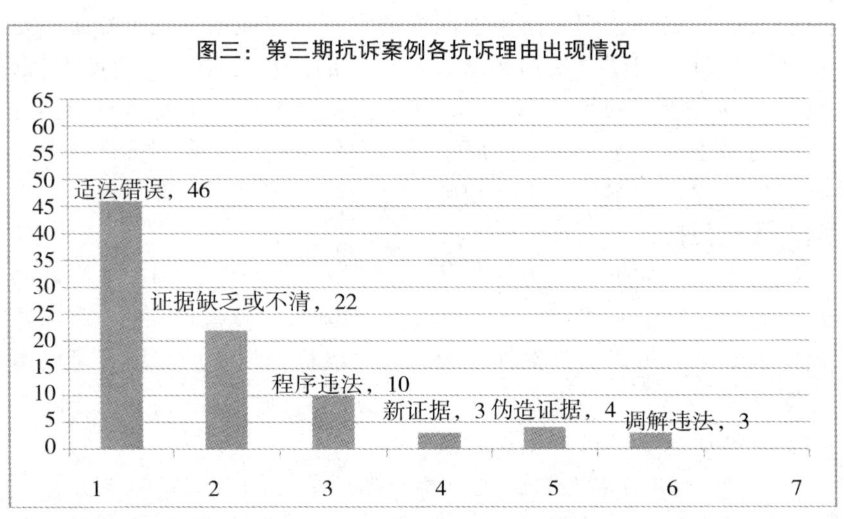

① 一般而言，检察机关选择作抗诉处理的案例，即意味着认为裁判错误比较明显和严重，在监督意义上更为典型。疑难案件中也有一定数量的案件是选择以检察建议的方式进行监督的。其具体的监督理由的构成和抗诉类的比较接近。为避免画蛇添足，此处不再对作检察建议处理的案件进行具体的分析。

② 按照《民事诉讼法》的规定，这些理由都可以构成单独的抗诉理由，故本文均将其总出现次数独立加以统计。但需要指出，在具体的抗诉案件中，几个抗诉理由有时会同时出现，构成复合性的抗诉理由。

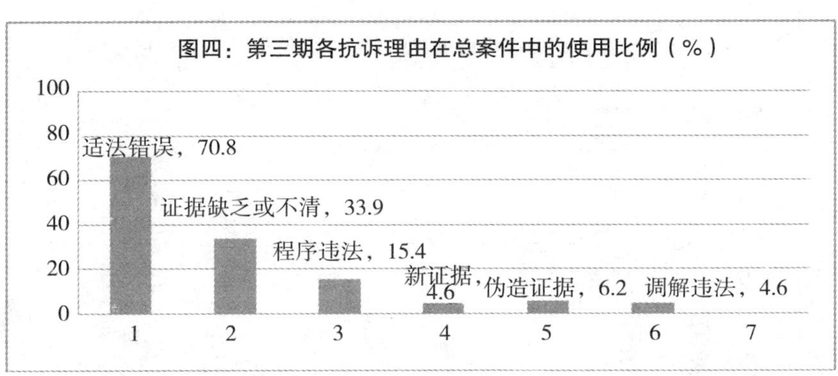

在第六期学员提交的疑难案例中，有 85 个作抗诉处理的案例。具体的抗诉理由是：以法律适用错误作为抗诉理由的有 38 件；以认定基本事实的证据缺乏或者不清为理由的有 36 件；以有新证据为理由的有 5 件；以调解违法为理由的有 5 件（含调解书损害国家利益和社会公共利益的 2 件，调解书违反自愿原则和违法的 3 件）；以审判程序违法为理由的有 3 件；以裁判超出诉讼请求为理由的 2 件；以定性错误、法官徇私舞弊、伪造证据为理由的各 1 件。和第三期情况一样，少部分案件中，监督理由也有交叉。对于各监督理由出现的情况及所占的比例，笔者用图五、图六加以表示：

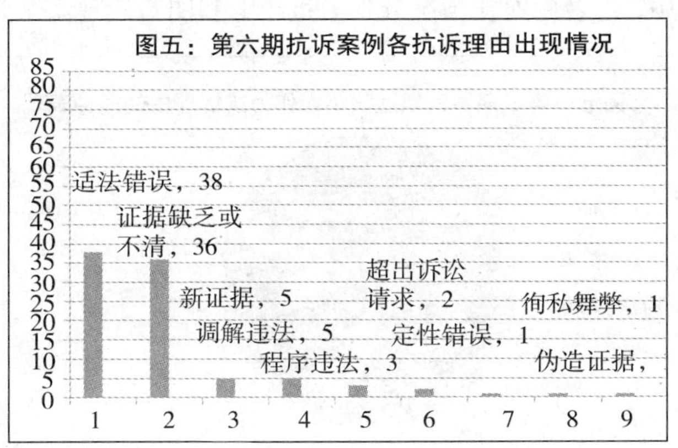

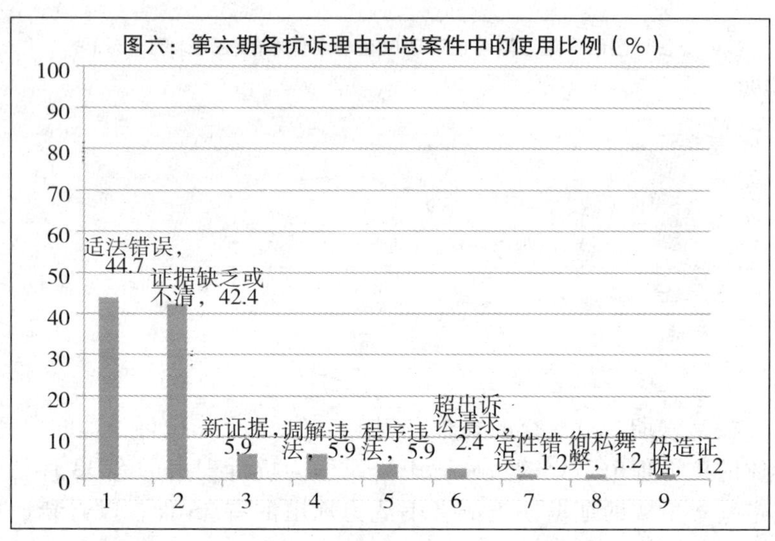

需要指出的是，在上述两期抗诉案例中，以适用法律错误作为抗诉理由的，其又表现为两种情况：一种是单纯的适用法律错误；另一种是因缺乏证据证明而致事实不清、适用法律错误。按照《民事诉讼法》的规定，后者是可以看作两种抗诉理由的，但在实务中将事实不清、适用法律错误捆绑一起作为抗诉理由的情况非常普遍。在研究的两期样本中，二者的对比情况分别通过图七和图八表现出来是：

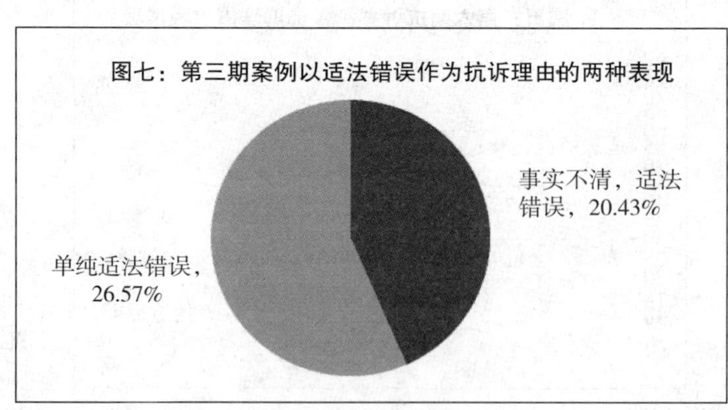

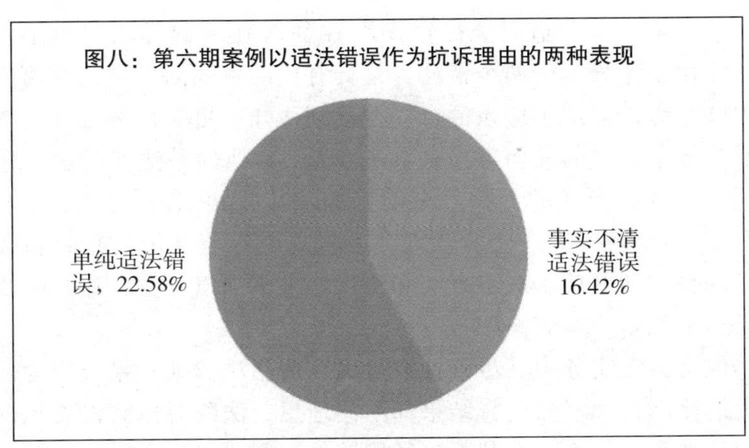

从这些图表反映的数字可以看出两大特点：一是以适用法律错误作为抗诉理由的比例很大。笔者对其他样本的研究也具有同样的规律。从其他论者的研究来看，也反映出再审事由中“适用法律错误”的情况比例最大。[①] 这表明，适用法律错误是错误裁判的最主要表现。二是事实不清和适用法律错误合并使用的现象普遍，这实际上反映了适用法律错误和事实认定问题的关联。事实和法律，是裁判构成的两大基本要素。动态地看，裁判过程就是通过事实导引出法律而形成结论，换句话说，就是法律作用于事实产生结果。由于这是个认识论的过程，因此事实和法律紧密联系。正确认知事实是正确适用法律的前提，如果认知事实不正确，那么就客观上的案件而言，是谈不上正确适用法律的。即使假设裁判者根据错误事实导引出的具体法律规范没有错，也不能说和错误事实相对应的法律适用是正确的法律适用，因为裁判是有因行为，不是无因行为。正因为如此，实务中对于存在事实认知问题的裁判的抗诉，抗诉理

① 江苏省高级人民法院对南京等4个城市的采样分析，“适用法律错误”启动再审的占21.83。参见宫鸣：《外部监督对人民法院公正司法的影响》，载蔡定剑主编：《监督与司法公正——研究与案例报告》，法律出版社2005年版，第345页。

由中“事实不清、适用法律错误”往往放在一起提出。但是，事实和法律毕竟分属于两个范畴，是具有质的不同的。它们在司法裁判中会交织，但却不应该混合，在裁判认知上更应该区分开。依证据及其推论裁决的任何事项是事实问题，其他的是法律问题，包括合同的定性、责任的分担、未明确的法律术语（如诚实信用、重大原因、合理性等）、经验法则和逻辑规则等蕴含价值判断和政策关怀的普遍性事项。对于事实和法律如果不加以区分，那样的裁判结果通常就是一本糊涂账。

但是，在实务中，尽管检察机关以适用法律确有错误作为抗诉理由的比例很大，然监督结果却不甚理想，法院对检察机关抗诉意见的采纳率并不高。在其他途径发动的审判监督程序中，情况也很相似。这在笔者和相关检察人员、审判人员的交流中得到印证。究其原因，笔者认为这和实务中认定适用法律错误比较笼统，特别是将事实不清和适用法律错误放在一起表述更为混沌是紧密相关的。司法实践中大量的法律适用错误，由于缺乏具体的错误情形的列明，在很多情况下演化成了认知性的内容。这就导致了对法律适用错误的评判带有了明显的主观性。而一旦带有主观性，就使得分歧的产生难以避免。按照目前的司法裁判规则，对有争议的认识问题再审往往是不予改判的。

因此，从提升监督效果的角度讲，以适用法律确有错误作为监督理由的，应尽可能地把错误情形明细化。

就类案监督而言，在工作结构上其实存在两个层次：首先，要对个案进行监督。类案由个案累积而成，类案监督的基础是个案裁判存在错误。如属于相似案件适用法律不一致，则通常意味着在相似案件适用法律上，有的是对的、有的是错的。对错误适用法律的个案，要以抗诉或者再审检察建议的方式进行个案监督。如属于相似案件适用法律存在同类错误的，则意味着个案适用法律都有错误，对个案也要以抗诉或者再审检察建议的方式进行纠正。这两种情形也都需要将法律适用错误的情形精细化地列明，以提高监督效能，同时奠定扎实的类案监督基础。换句话说，要确保个案监督成功，类案监督的基础是个案。试想，如果个案监督的理由不能够被采纳，那么何来进一步的类案监督呢？其次，要对类案进行监督。类案监督是在个案监督基础上的提升，目的是提升监督效能，防止法院重犯相同的错误，具有预防作用，有助于司法水平的整体提高。类案监督，通常合适的方式是检察建议。这样的检察建议要取得好的效果，也要明确具体的致命和分析裁判适用法律上错误，并进行深入的说理。

从类案监督两层结构关系上也可以看出，所谓的类案监督，其实只是形式，实质上脱离不了个案监督。因此，在工作上不能对类案监督做形而上学的理解，要扎实做好个案监督工作。个案监督做得好，类案监督就会水到渠成。这提醒我们，类案监督能提高监督效能，但做类案监督工作没有捷径。检察人员要对法律适用错误的情形做细致的梳理和分析。

关于适用法律错误的具体表现形式，《民事诉讼监督规则》第80条规定了九种："（一）适用的法律与案件性质明显不符的；（二）认定法律关系主体、性质或者法律行为效力错误的；（三）确定民事责任明显违背当事人有效约定或者法律规定的；（四）适用的法律已经失效或者尚未施行的；（五）违反法律溯及力规定的；（六）违反法律适用规则的；（七）适用法律明显违背立法本意的；（八）适用诉讼时效规定错误的；（九）适用法律错误的其他情形。"这里第九项是概括性的规定，应当尽可能予以类型化的完善。

应当说，《民事诉讼监督规则》列举的规定还是不够的，有些情况是应当列入适用法律确有错误的范围的。如当事人争议的民事关系定性错误的；认定民事行为或者合同效力不当，或者认定的事实行为不符合法律规定的；对法律规范或者合同条款的解释不当的；举证责任分配不符合法律规定的；确定权利归属与法律规定或者合同约定不符的；引用的法律条款错误的；未指明判决、裁定的法律依据的。

（五）提升检察人员的实操能力

类案监督特别是案件类的类案监督，目的就是找出裁判适用法律上的错误并提出改正意见。这项工作一般来讲难度很大，要求检察人员不仅具有娴熟的法律知识，而且司法实操能力要很强，具有敏锐的发现问题、判断问题、提出改正意见的能力。目前，民行检察队伍中这样的人才相对稀缺，亟待培养。

对调解书的检察监督：角色、范围及实现

张剑文　李清伟*

2011 年 3 月最高人民法院、最高人民检察院会签的《关于对民事审判活动与行政诉讼实行法律监督的若干意见（试行）》首次以规范文件的形式确认检察机关对民事诉讼调解案件的监督权，在此之前，一些地方的检察机关已开始实践探索，关于调解检察监督的研究也在为实践提供理论支持。调解检察监督理论依据的论证有两个进路：其一，由于诉讼调解是民事审判活动，故而属于检察机关监督的范围；① 其二，由于诉讼调解会出现瑕疵或错误，损害当事人及案外人权益，因此需要救济，而审判监督程序是在我国法制框架下的合理救济途径，检察机关是启动该程序的主体之一。② 随着《民事诉讼法》的修订，检察机关对调解书进行监督的权限已为法律确认，立法后问题则随之而来，包括对条文理解存有的争议

* 作者简介：张剑文，国家检察官学院副教授，澳门大学法学院博士研究生；李清伟，宁夏回族自治区固原市人民检察院检察长。

本文已发表在《时代法学》2013 年第 2 期。

① 参见汤维建：《民事检察监督范围若干问题浅议》，载《民事行政检察指导与研究》（总第 4 期），法律出版社 2006 年版，第 162 页；国家检察官学院课题组：《民事诉讼检察监督的职权配置和程序设计》，载《国家检察官学院学报》2008 年第 5 期。

② 参见许少波：《论诉讼调解瑕疵之救济》，载《法学》2007 年第 4 期；刘辉：《民事检察监督视角下的强势诉讼调解》，载《国家检察官学院学报》2008 年第 4 期。

如何达成共识，概括性的条文如何通往具体司法规范，以及相关司法实践之实然如何到达应然等。本文试以既有研究和实践以及新修订的《民事诉讼法》规定为基础探讨关乎该制度实际效用的问题，包括从与其他救济途径关系的视角探讨调解检察监督的角色、由三种审判监督程序启动途径理性解释调解检察监督的范围，以及基于既有实践中的一些难题分析检察机关如何具体地实现对调解书的监督等。

一、检察监督之定位：对问题诉讼调解案件的规制

（一）问题调解案件的主要现象

1. 虚假诉讼、恶意调解

虚假诉讼，是指双方当事人为了牟取非法的利益，恶意串通，虚构民事法律关系和案件事实，提供虚假证据，骗取法院的判决书、裁定书、调解书的行为。① 通过调解结案已成为虚假诉讼的一个显著特征。② 虚假诉讼、恶意调解的案件数量目前并无准确数据，但从一些地方法院对虚假诉讼的统计以及检察院对民事调解案件监督的情形来看，相当比例的问题调解案件有恶意调解的因素。③ 近年来北京、上海、天津、浙江、重庆、江苏、河南等地的法院均受理了不少虚假诉讼案件。④ 据笔者对见诸公开媒介的各地检察机关成功实施监督的47起民事调解案件的梳理，16起案件为

---

① 参见李浩：《虚假诉讼中恶意调解问题研究》，载《江海学刊》2012年第1期。

② 判决方式结案的虚假诉讼如涉及驰名商标认定的案件，由于2009年之前驰名商标司法认定被认为是一条取得此“称号”的捷径，此类案件有一定数量，但随着最高人民法院规范驰名商标司法认定的程序并规定驰名商标认定不写入判决主文，这个类型的虚假诉讼得到遏制。参见魏新璋、张军斌、李燕山：《对虚假诉讼有关问题的调查与思考——以浙江法院防范和查处虚假诉讼的实践为例》，载《法律适用》2009年第1期。

③ 参见王亚明：《诉讼调解检察监督路径研究》，载《福建法学》2011年第4期。

④ 参见钟蔚莉、胡昌明等：《关于审判监督程序中发现的虚假诉讼的调研报告》，载《法律适用》2008年第6期。

虚假诉讼恶意调解，另有11起具有虚假诉讼的因素。双方恶意串通共同实施的恶意调解损害诉讼外第三人合法权益为典型案件。[①]

2. 调解高反悔率、高强制执行率

调解通常被认为是高效的纠纷解决方式，而近几年与高调解率相伴随的调解高反悔率、高强制执行率则颠覆了调解的比较优势。[②] 虽然部分法院将调解自动履行率纳入考核指标，使得调解案件的强制执行率有所下降，[③] 一些法院据称2012年以来调解案件自动履行率达到或接近100%，[④] 但这些有关调解案件强制执行率大幅下降的报道尚不能支持普遍结论，相当比例的调解案件进入强制执行程序的问题仍然存在。

法院民事案件调解率总体上升始于2002年，至2008年、2009年出现峰值。[⑤] 调解率成为考核标准，调解结案成了一种民事司法的目的，而不是解决纠纷的手段。[⑥] 一些地方甚至出现了“零判

---

① 参见李浩：《虚假诉讼中恶意调解问题研究》，载《江海学刊》2012年第1期。

② 参见李浩：《当下法院调解中一个值得警惕的现象》，载《法学》2012年第1期。

③ 参见陈天祎：《江永法院调解率和自动履行率创双高》，http：//jyxfy. chinacourt. org/public/detail. php? id =1122，访问日期2012年11月21日；李军波、陈俊南：《中原法院“四步工作法”提升调解自动履行率》，http：//zzfy. hncourt. org/public/detail. php? id =19650，访问日期2012年11月21日。

④ 参见吴书俊：《睢宁法院：调解结案案件自动履行率达100%》，载中国法院网2012年1月11日，http：//old. chinacourt. org/public/detail. php? id =473476，访问日期2012年11月21日；罗彩萍：《武宣法院调解案件自动履行率达100%》，http：//wxxfy. chinacourt. org/public/detail. php? id =611，访问日期2012年11月21日；罗金瑞：《百色法院1－9月民事调解自动履行率99. 29%》，http：//www. gxbsrd. gov. cn/news_view. php? id =6055，2012－10－15，访问日期2012年11月21日。

⑤ 参见张嘉军：《民事诉讼调解结案率实证研究》，载《法学研究》2012年第1期。

⑥ 参见张卫平：《诉讼调解：时下态势的分析与思考》，载《法学》2007年第5期。

决”现象，并作为工作经验及成绩推广宣传。[①] 最高人民法院工作报告的数据表明全国法院在这一时期一审民事案件调解结案率平均值在50%以上。而调解案件高强制执行率问题则伴随着调解率上升几乎同期出现。[②] 此外，调解结案的民事案件进入强制执行程序的比例与判决结案的案件持平甚至略高。[③] 即便调解率平均值在全国排名靠后的江苏省，其徐州市中院及淮安市中院的数据显示，调解案件强制执行率仍与判决结案案件持平。[④]

（二）问题调解案件的原因

1. 当事人恶意

法院调解通常被认为是在法院主持下，双方当事人通过自愿协商达成合意以解决民事纠纷的过程。根据一项调查，有利于执行是当事人同意调解的动因之一。[⑤] 而由于债务人或被告的恶意，许多

① 参见《南阳法庭竞赛“零判决”》，载人民网河南频道2009年2月19日，http://henan.people.com.cn/news/2009/02/19/365371.html，访问日期2012年11月21日；刘婷、谷地：《“零判决”的背后》，载《秦皇岛日报》2012年10月18日；陆寿青、曾夏：《100%调撤率换来“零判决零上诉零上访”》，载《广西法治日报》2012年11月13日；杨怀荣：《三明法院创新调解方法完善调解机制见成效》，载福建法院网2009年7月22日，http://fjfy.chinacourt.org/public/detail.php?id=1771，访问日期2012年11月21日。

② 参见陈力：《民事调解高反悔率及其解释》，载《法律适用》2010年第7期；贺畅：《达拉特旗人民法院一审民事调解案件申请执行调查情况分析》，http://dltqly.chinaourt.org/public/detail.php?id=116，访问日期2012年11月21日；许翼仙：《武汉市东西湖区法院分析民事调解案件自动履行率不高原因并提出对策》，http://hubeigy.chinacourt.org/public/detail.php?id=10142，访问日期2012年11月21日。

③ 参见韩锡艳：《关于民事调解案件自动履行率情况的调研》，载黑龙江法院网2012年10月30日，http://www.hljcourt.gov.cn/public/detail.php?id=1668，访问日期2012年11月21日；樊美清、梅贤明、何晓慧：《调解：要防“案结事未了”》，载《人民法院报》2007年4月26日。

④ 参见江苏省徐州市中级人民法院课题组：《完善调执衔接机制力案结事了》，载《人民法院报》2010年4月1日第8版；余增明、段庆丽：《压降调解案件申请执行率》，载《江苏法制报》2010年4月13日。

⑤ 参见孙海龙、高伟：《调解的价值是如何实现的》，载《法律适用》2009年第10期。

调解结案的民事案件从一开始就没有自动履行的可能，此类案的增多自然导致调解案件强制执行率的上升。[①] 而对于虚假诉讼恶意调解案件，当事人恶意是重要成因。

2. 调解率驱动下的法官行为异化

近年来法院调解率总体上升的动因主要来自司法政策及考核指标驱动，案件是否适于调解以及调解之后的实际效果如何则不是第一位的考量。[②] 调解率成为不得不完成的工作任务，法官行为便不可避免地走向异化。[③] 细分此异化行为，主要有两种情形：其一，对复杂案件强行调解，以回避判决可能带来的“错案”风险，致使当事人未能实质达成协议，或达成的协议存在瑕疵，调解书缺乏自动履行基础；其二，对事实清楚的案件急于调解，易于为恶意当事人利用，从而导致调解书或损害他人合法权益，或无法得到及时履行。[④]

3. 调解程序的固有缺陷

造就问题调解案件的第三个主要原因是调解程序本身就有着天然的缺陷。法院调解是积极主动的，注重效率及效益多于对公正的追求。[⑤] 除了那些争议事实十分明了的案件，一旦查明事实分清是非，调解程序已然丧失其优势，若非调解率考核指标的驱动，法官并不必采用制作调解书的方式。因而要实现调解的固有功能、发挥调解的优势，则不能将查明事实作为一项原则。[⑥] 即便坚持查明事实的原则，根据自认规则，一方当事人在诉讼中承认对方主张的事

---

① 参见李浩：《当下法院调解中一个值得警惕的现象》，载《法学》2012 年第 1 期。

② 参见孙海龙、高伟：《调解的价值是如何实现的》，载《法律适用》2009 年第 10 期。

③ 参见张卫平：《诉讼调解：时下态势的分析与思考》，载《法学》2007 年第 5 期。

④ 参见李浩：《当下法院调解中一个值得警惕的现象》，载《法学》2012 年第 1 期。另参见李莉等：《规制恶意诉讼，净化司法空间——西安法院“恶意诉讼的识别与治理”研讨会综述》，载《人民法院报》2010 年 6 月 23 日。

⑤ 参见韩波：《诉讼调解的实证分析与法理思辨》，载《法律适用》2007 年第 4 期。

⑥ 参见王亚明：《诉讼调解检察监督路径研究》，载《福建法学》2011 年第 4 期。参见钟蔚莉、胡昌明等：《关于审判监督程序中发现的虚假诉讼的调研报告》，载《法律适用》2008 年第 6 期。

实，审判人员已无须对此事实进一步查证。在当事人虚假诉讼或案件事实较为复杂证据不充分的场合，自然会出现因未查明案件事实而导致调解文书违反合法原则等情形。

（三）四种规制路径

对于前述虚假诉讼恶意调解，以及无法自动履行的民事调解案件，基于现行法律规定及司法实践的做法，可能的规制路径包括事先防范、赋予当事人救济渠道、对恶意调解予以制裁，以及设立监督机制。对民事诉讼调解的检察监督之定位须从这几种规制措施的效用及关系考量。

1. 防范

首先，对于虚假诉讼利用调解结案侵害他人权益的防范。虽然法院在诉讼过程中识别虚假诉讼有一定难度，但根据检察机关监督虚假诉讼案件的有限经验，此类诉讼仍有迹可循。[①] 法官在审理案件时，如能特别关注几类易于发生虚假诉讼的案件，同时注意当事人行为是否符合虚假诉讼特征，应当能在一定程度上防范虚假诉讼恶意调解的发生。[②]

其次，通过强调审理法官对调解协议履行的跟踪以及诉讼调解与执行程序的衔接，提高调解文书的自动履行率。法官在调解时即

① 参见卢志坚等：《虚假诉讼的蛛丝马迹》，载《检察日报》2011 年 3 月 23 日；张晓东、查园花：《义乌九起虚假诉讼都有律师参与》，载《检察日报》2010 年 5 月 5 日；余建华、江检法：《杭州一律师以妨碍作证罪被判刑》，载《人民法院报》2010 年 6 月 4 日。

② 浙江省高级人民法院已出台规范性文件，要求法官在审判中关注民间借贷案件，离婚案件一方当事人为被告的财产纠纷案件，已经资不抵债的企业、其他组织、自然人为被告的财产纠纷案件，改制中的国有、集体企业为被告的财产纠纷案件，拆迁区划范围内的自然人作为诉讼主体的分家析产、继承、房屋买卖合同纠纷案件，涉及驰名商标认定的案件。并要求法官们对诉讼中当事人的异常表现要高度警惕，包括原告起诉的事实、理由不合常理，证据存在伪造可能；当事人无正当理由拒不到庭参加诉讼，委托代理人对案件事实陈述不清；原告、被告配合默契，不存在实质性的诉辩对抗；调解协议的达成异常容易等。参见《浙江省高级人民法院关于在民事审判中防范和查处虚假诉讼案件的若干意见》（2008 年 11 月）第 2 条、第 3 条。

考虑到履行的可能性，尽量督促当事人当庭履行，对调解协议履行情况进行跟踪，以及在调解协议中加入担保履行条款等，可以一定程度防止调解案件因无法自动履行而进入强制执行程序。①

最后，通过调整考核体系防范法官行为异化导致调解失范。2002年之前，相当数量法院不再将调解率作为法官业绩的考核标准，由此引发调解率大幅下降；② 随后法院系统重视调解率考核，从而推动调解率走高。而为解决调解出现的高强制执行率等问题，部分法院将调解自动履行率指标纳入了考核体系，迅即收到调解案件执行率下降的效果。③ 来自法院系统的研究指出，调解案件质量指标评判应重构为正向指标及反向指标，前者包括调解率和调解后自动履行率，后者则包括调解后申请执行率、调解后申诉率以及调

① 参见章俊等：《调解率与调解自动履行率应当并重》，载《人民法院报》2011年4月14日第8版；吕湘：《市中院多措并举稳步提高民事调解案件自动履行率》，http://www.zjlscourt.com/lishui/xwzx/fyxx/2012-07-06/8116.html，访问日期2012年11月21日；王生元：《张掖中院调解书中增设督促履行条款履行率同比上升50.4%》，载人民网兰州2011年11月28日，http://gs.people.com.cn/GB/183341/16422165.html，访问日期2012年12月28日；安徽省马鞍山市金家庄区人民法院：《关于提高民事调解书自动履行率的若干规定》，http://jjz.mascourt.gov.cn/display.php?id=757，访问日期2012年11月21日。

② 参见范愉：《调解的重构》，载《法制与社会发展》2004年第2期。

③ 参见陈天祎：《江永法院调解率和自动履行率创双高》，http://jyxfy.chinacourt.org/public/detail.php?id=1122，访问日期2012年11月21日；李军波、陈俊南：《中原法院"四步工作法"提升调解自动履行率》，http://zzfy.hncourt.org/public/detail.php?id=19650，访问日期2012年11月21日。参见吴书俊：《睢宁法院：调解结案案件自动履行率达100%》，载中国法院网2012年1月11日，http://old.chinacourt.org/public/detail.php?id=473476，访问日期2012年11月21日；罗彩萍：《武宣法院调解案件自动履行率达100%》，http://wxxfy.chinacourt.org/public/detail.php?id=611，访问日期2012年11月21日；罗金瑞：《百色法院1~9月民事调解自动履行率99.29%》，http://www.gxbsrd.gov.cn/news_view.php?id=6055，2012-10-15，访问日期2012年11月21日。

解后申请再审率。[①] 可以预见，调整有关调解案件的考核指标可以相当程度降低调解案件的强制执行率或反悔率。

上述措施的问题在于，无论考核体系调整抑或程序设计的完善，均属政策层面，其非持续性、变动性使得对这些防范措施的效果无法乐观预期。并且上述措施多为使调解回归本质属性的举措，从虚假诉讼的性质来看，没有案外人帮助，法官很难发现相关信息，因而对于虚假诉讼恶意调解问题的防范效果难以预估。[②]

2. 救济

对恶意调解受害人进行救济的一种方式是设立第三人撤销之诉，2012 年 8 月修订的《民事诉讼法》第 56 条第 3 款之规定即被解读为第三人撤销之诉。关于该条文的解释适用，尚有待细化推究之处，[③] 而此途径对于虚假诉讼恶意调解所侵害案外人的救济效果，亦不无疑问。第三人在提起此类诉讼时，须有证据证明生效之调解书内容错误，损害其民事权益，亦即须证明原案的双方当事人虚构民事关系，提供虚假的证据来骗取法院的调解书，这显然是一项艰难的任务。[④]

3. 制裁

新修改的《民事诉讼法》第 112 条规定，当事人之间恶意串通，企图通过诉讼、调解等方式侵害他人合法权益的，人民法院应当驳回其请求，并根据情节轻重予以罚款、拘留，构成犯罪的，依法追究刑事责任。第 113 条规定，被执行人与他人恶意串通，通过诉讼、仲裁、调解等方式逃避履行法律文书确定的义务的，应同样

---

① 参见陈树森：《调解率的功能回归与机制重构——由案件调解后申请执行情况引发的追问、慎思与求解》，载《全国法院系统第二十二届学术讨论会论文集(2010)》。

② 参见李浩：《虚假诉讼中恶意调解问题研究》，载《江海学刊》2012 年第 1 期。

③ 参见王亚新：《第三人撤销之诉的解释适用》，载《人民法院报》2012 年 9 月 29 日。

④ 参见李浩：《虚假诉讼中恶意调解问题研究》，载《江海学刊》2012 年第 1 期。

予以制裁。应该说这两条对于虚假诉讼当事人的制裁力度较大，但前提条件则是人民法院须识别出虚假诉讼，有赖于通过第三人诉讼及审判监督程序的先行规制。

4. 监督

规制问题调解案件的第三路径便是通过审判监督程序对纠纷进行再审，撤销确有错误的调解书并重新裁判。根据2012年8月修订的《民事诉讼法》，对确有错误的调解书启动审判监督程序的途径有三：当事人申请再审、法院依职权启动再审、检察院抗诉及检察建议引起再审。当事人对已经发生法律效力的调解书，提出证据证明调解违反自愿原则或者调解协议的内容违反法律的，可以申请再审。人民法院依职权启动对调解书再审的程序与对生效裁判的程序相同，而检察机关的监督范围为调解书损害国家利益、社会公共利益的情形，以及在当事人再审申请未获支持时，可以依当事人申请引起审判监督程序。

前述防范措施主要针对调解案件高强制执行率的问题，第三人撤销之诉之救济则有着期限及证据的障碍，而对调解书的监督尽管为事后介入，从规制效果来看，仍是预期最为有效的方式。既往实践表明，即便在法律规定缺失的情形下，通过再审撤销错误调解书，对案件重新审理裁判，已然是救济受损害当事人权益、制裁虚假诉讼恶意调解的有效手段。对民事诉讼调解的检察监督是法律对调解案件提供的救济及规制措施之一，问题则在于，三种再审启动途径之间是何种关系，作为国家法律监督机关的检察院在其中是何角色，检察机关对调解书监督的具体范围应当如何理解。

二、检察监督之范围：从三种再审启动途径之关系出发

（一）三种途径之关系

就2012年8月修订的《民事诉讼法》第198条、第201条、第208条、第209条字面而言，对生效调解书启动审判监督程序三种途径关系如下图所示：

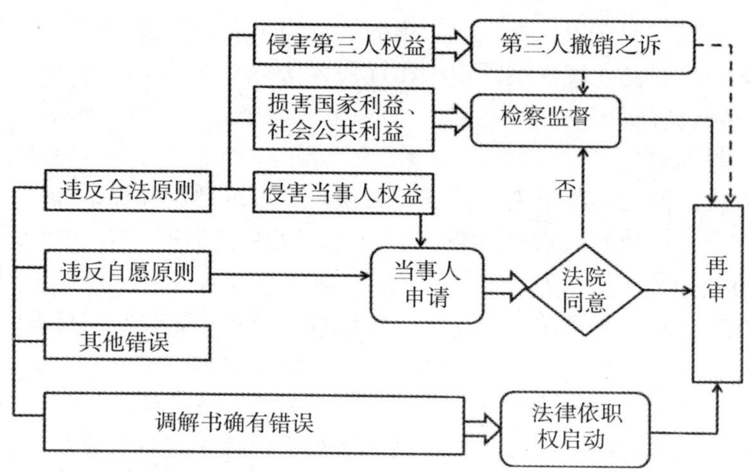

概言之，人民法院对确有错误的生效调解书，无论何种类型的错误，均可依职权启动再审；当事人仅在有证据证明调解违反自愿原则或调解协议内容违反法律时，可向人民法院申请再审；检察机关对调解案件直接进行监督的范围限定为调解书损害国家利益、社会公共利益，另可当事人申请对人民法院驳回再审申请、逾期未对再审申请作出裁定，以及再审裁判有明显错误情形实施监督。此外，对于第三人撤销之诉的生效裁判，亦可依照审判监督程序之一般规定，启动再审。

相对于生效判决、裁定，法律显然对调解案件规定了更为复杂的审判监督程序。问题在于，从调解与判决的关系来看，调解案件几乎无范围限制，调解率高企，其在纠纷解决的地位至少等同于判决，在立法上是否有必要及有理由对二者规定不同结构的审判监督程序？这样规定的合理性何在？

当事人对调解违反自愿原则申请再审的困难，在审判实践中久已存在，主要是调解违反自愿原则的证据难以采集，违反自愿原则的行为具有隐蔽性从而难以审查，以及在法官主导的“背靠背”等调解方式下，当事人在调解协议签字行为是否出于真实意思很难判定。[1] 当事人能够证明调解违反自愿原则的情形，主要是当事人未参加诉讼也未委托诉讼代理人参加诉讼而被调解，或虽然参加诉讼但未在调解协议签字或未签收调解书而该文书已付诸强制执行。如不存在这两种情形，无论当事人是在受欺骗抑或在法官强行调解之下签署调解协议，虽然是违反自愿原则，当事人很难提出证据证明。至于调解协议违反法律的再审申请，同样有证明的问题。而新修改的《民事诉讼法》第198条规定，人民法院发现调解书确有错误即可依职权启动再审，并未限定法院是如何发现错误，则当事人、案外第三人的申诉均可以成为法院发现调解书确有错误的途径，因而是否要求当事人必须提出证据证明调解违反自愿原则及合法原则实质上成为法院裁量事项，即究竟走哪一个启动再审途径的问题，如此则强调当事人申请对调解书的再审必须提出证据证明就失去了实际意义。从诉讼法纠纷解决、创制规范的目的来看，当事人提出申请再审的初步理由，即认为生效裁判或调解书有错误，将生效裁判及调解书是否确有错误交由法院审查，也显然是更为合理的。

从检察监督与法院自我监督的关系来看，将对调解书的检察监督的范围限定为调解书损害国家利益、社会公共利益的理由只能是，通过第三人撤销之诉、当事人申请再审以及法院自我监督，完全可以应对诉讼调解损害当事人利益及第三人权益的各种问题。如前所述，对于为了完成调解率指标而将不适于调解或没有履行基础的案件调解结案的问题，通过调整考核、强调调执衔接等措施，再加上第三人撤销之诉、当事人申请再审，应可相当程度甚而完全解决。但对于虚假诉讼恶意调解，法院就需要查明当事人恶意串通的情形。撤销虚假诉讼案件的调解书以法院认定双方当事人确系虚假

---

① 参见宋石、刘海燕：《调解违反自愿原则之审判监督问题分析》，载中国法院网2007年7月9日，http://old.chinacourt.org/html/article/200707/09/255723.shtml，访问日期2012年11月28日。

诉讼为前提，而虚假诉讼的当事人在事实、证据方面均有充分准备，法院要在庭审中认定虚假证据较为困难。[①] 北京市第一中级人民法院的一份调研报告表明，法官在诉讼中无论是预防还是审查认定虚假证据都有相当的难度，[②] 虚假诉讼恶意调解的识别始终是一个难题。到目前为止披露的虚假诉讼恶意调解案件，很少纯损害国家利益、社会公共利益情形，大多数案件侵害的是案外人或第三人的合法权益。在此情形下，且不论《民事诉讼法》关于调解书的审判监督程序整体结构的合理性，限制检察机关直接监督的调解案件范围是否契合实际需要，至少也是值得考量的。

（二）检察监督的范围

2012 年 8 月修订的《民事诉讼法》第 208 条规定了检察机关对调解书直接实施监督的范围，从内容来看是对《关于对民事审判活动与行政诉讼实行法律监督的若干意见（试行）》相关条文的继受，[③] 主要争议在于如何理解“损害国家利益、社会公共利益”。

我国民事立法中广泛使用国家利益和社会公共利益这两个术语，例如，《民法通则》、《合同法》及之前的《经济合同法》均规定损害或违反社会公共利益的民事行为、合同无效；《物权法》第 7 条规定物权的取得和行使，应当遵守法律，尊重社会公德，不得损害公共利益和他人合法权益。全国人大常委会法制工作委员会编写的合同法释义中，将社会公共利益等同于公序良俗或者公共秩序，认为损害社会公共利益的合同实质上是违反了社会主义的公共道德，破坏了社会经济秩序和生活秩序。例如，与他人签订合同出

---

① 参见李浩：《虚假诉讼中恶意调解问题研究》，载《江海学刊》2012 年第 1 期。

② 参见北京市第一中级人民法院民事证据调研课题组：《关于证据真伪审查与伪证追究的调研报告》，载《证据科学》2008 年第 4 期。

③ 该文件第 6 条规定：“人民检察院发现人民法院已经发生法律效力的民事调解、行政赔偿调解损害国家利益、社会公共利益的，应当提出抗诉。”第 7 条第 1 款规定：“地方各级人民检察院对符合本意见第五条、第六条规定情形的判决、裁定、调解，经检察委员会决定，可以向同级人民法院提出再审检察建议。”

租赌博场所。[①] 关于国家利益与社会公共利益的关系，法学界向来有重大分歧，[②] 但从民事立法表述上来看，国家利益、社会公共利益、集体利益、个人利益为并列关系。

关于社会公共利益或社会利益的定义，历来是莫衷一是的论题，在司法实践中，如何认定社会公共利益同样是一个难题，一些案件究竟是否损害社会公共利益，亦未有据以判别的标准。最高人民法院民四庭庭长刘贵祥将关乎合同效力的社会公共利益等同于公序良俗，又将公序良俗分为五类，[③] 可视作基于司法实践的一种归纳，但仍较为概括。至于何为民法意义上的国家利益，通常认为是指国家所有权利益。[④] 民法上的损害国家利益，根据人大常委会法制工作委员会对合同法等法律的条文释义，主要是指侵吞国有资产或致使国有资产流失的行为。[⑤] 也有观点认为民事司法中的国家利益还应当包括法律秩序的遵守本身，则任何违反诉讼程序、妨害公平正义者皆损害国家利益，这一理解虽然超出民法上国家利益的一般解释，却符合检察机关作为国家法律监督机关的性质。[⑥] 究竟采狭义还是较广义的解释，尚无一致意见。

而民事司法实践亦提供了一种实际的解释。2011 年 3 月“两高”会签文件之前，检察机关对调解书的监督仅仅是一种缺乏法

① 参见胡康生主编：《中华人民共和国合同法释义》（第 2 版），法律出版社 2009 年版。

② 参见王轶、董文军：《论国家利益——兼论我国民法典中民事权利的边界》，载《吉林大学学报（社会科学版）》2008 年第 3 期。

③ 参见刘贵祥：《合同效力研究》，人民法院出版社 2012 年版，“社会公共利益与合同效力”一章。

④ 参见孙笑侠：《论法律与社会利益》，载《中国法学》1995 年第 1 期。

⑤ 参见胡康生主编：《中华人民共和国合同法释义》（第 2 版），法律出版社 2009 年版。

⑥ 参见廖中洪：《检察机关提起民事诉讼若干问题研究》，载《现代法学》2003 年第 3 期；汤维建、温军：《检察机关在民事诉讼中法律地位研究》，载《武汉大学学报（哲学社会科学版）》2005 年第 2 期；傅国云：《论民事督促起诉——对国家利益、公共利益监管权的监督》，载《浙江大学学报（人文社会科学版）》2008 年第 1 期。

律依据的探索，实际监督范围暂且不论；“两高”会签文件生效之后，检察机关对调解书的监督仍然主要集中于对虚假诉讼恶意调解的监督，以及调解违反自愿原则或违反程序规范等情形损害第三人合法权益的案件，单纯损害国家利益的案件数量极少。《民事诉讼法》修正案公布之后，不少地方检察机关办理的调解监督案件仍然并不限于损害国家利益、社会公共利益。[①] 这一现象表明，检察机关的调解监督实践固然不局限于损害国家利益、社会公共利益的案件，法院也并不以案件不属于损害国家利益、社会公共利益为由拒绝检察机关的监督，或者说，法院和检察院对于何为调解书损害国家利益、社会公共利益采较广义的解释，且观念上具有一致性。再者，检察机关只有受理案件并进行初步审查之后，才能判断该调解案件是否损害国家利益、社会公共利益。受理案件的来源通常是当事人或案外人申诉，受理申诉之后的审查过程中，当事人也会认为案件已经为国家法律监督机关受理，必然抱有对纠正错误调解书的期待。如若以案件只是损害第三人权益为由而不实施监督，既造成资源浪费，又使得申诉当事人徒然消耗了时间，无助于保护合法权益、化解社会矛盾，反而可能滋生新的矛盾。

综上所述，由于立法者从未对何为国家利益、社会公共利益作出准确定义，司法实践中也很难确定其范围，在这样模糊的基础上显然难以划定检察机关对调解书监督的具体案件范围。从检察机关介入民事司法的目的及民事司法实践出发，目前不宜对检察机关监督民事调解案件范围进行限定，至少损害第三人合法权益以及明显违反自愿原则、合法原则的调解案件应在检察监督范围之内。

① 例如，大连市检察院办理的一起调解监督案，报道称“突破了民事调解抗诉范围仅在损害国家利益和社会公共利益的局限”，参见王春燕：《我市首例民事调解抗诉再审改判》，载《大连晚报》2012 年 9 月 12 日；又如，江苏省徐州市检察院监督的多起民事调解案件，参见唐颖、王成艳、胡文涛：《民事调解日益增多检察监督亟待到位》，载《检察日报》2012 年 1 月 12 日。

三、检察监督之实现：难题及措施

（一）难题何在

厘清对民事诉讼调解检察监督的范围并不能自动实现监督的效用，检察机关如何具体地实现对调解书的监督，需要进一步制度化。依照我国立法及司法的习惯，对于尚无成熟经验的制度，立法通常极为概括，具体规则由司法机关根据实践需要制定并不断探索完善。① 以下以既有规范及有限实践为基础，探讨对调解书的检察监督之实现程序及措施所面临的几个难题。

1. 主动发现案件存在困难

现有资料表明，检察机关介入的调解结案案件，大多取得了良好的监督效果，例如，2010 年以来，徐州市检察院就对调解结案的 22 起案件，通过再审检察建议和抗诉的形式实行法律监督，22 起案件全部得以改变原调解结果。② 但检察机关介入的调解结案案件只占全部调解案件很小的比例，尚不足以对诉讼调解形成有效监督，原因之一是问题调解案件难以进入检察监督视野。③

检察机关监督调解案件有主动发现和依申诉介入两个案件发现途径。从近几年实践来看，检察机关依申诉介入的，主要是违反自愿原则以及侵害第三人合法权益的调解案件。而侵害国家利益、社会公

---

① 目前民事检察所遵循的全国性具体规范主要有 2001 年《人民检察院民事行政抗诉案件办案规则》，2009 年《人民检察院检察建议工作规定（试行）》，2010 年最高人民法院、最高人民检察院、公安部、国家安全部、司法部（“两高三部”）《关于对司法工作人员在诉讼活动中渎职行为加强法律监督的若干规定（试行）》，2011 年最高人民法院、最高人民检察院《关于对民事审判活动与行政诉讼实行法律监督的若干意见（试行）》以及《关于在部分地方开展民事执行活动法律监督试点工作的通知》。配合《民事诉讼法》的修改，最高人民检察院正在起草《民事行政检察办案规则》。

② 参见唐颖、王成艳、胡文涛：《民事调解日益增多检察监督亟待到位》，载《检察日报》2012 年 1 月 12 日。

③ 笔者多次参与国家检察官学院举办的各层次检察官培训班的研讨，调解监督等新领域的案源匮乏是民事检察官反映较为集中的问题之一。

共利益的调解案件，由于少有利害关系人主张，则更多依靠检察机关的主动发现。检察机关主动发现的途径则主要是在办理其他案件中发现调解案件的问题，具有很大的偶然性，通常距离纠纷发生的时间已较久远，即便发现问题，案件的进一步审查也有相当的困难。[①]

2. 事实及证据调查使案件审查时间延长

对调解书的检察监督方式有抗诉及再审检察建议，与对生效裁判的监督方式相同。不同点则在于，后者所涉事实及证据已经过法庭调查及认定，民事检察官从裁判文书入手，结合当事人陈述及调阅案卷，即可判断该裁判是否存在提出抗诉的事由；前者则证据缺乏法庭质证，事实缺乏必要的审查核实，调解笔录对于调解过程的描述也常常不完整，[②] 在检察监督环节就需要对案件事实及证据重新调查，方可判别该调解书是否存在错误。以实际案件为例。辽宁省大连市检察院办理的“调解抗诉第一案”，在审查法院卷宗中，检察官发现该案唯一的证据是借条复印件；原审被告王某持中间人李某签名的“授权委托书”分别以委托代理人名义和本人名义参加诉讼，经司法鉴定，该委托书签名与李某字迹样本不同。[③] 2011年11月22日，由徐州市检察院提起抗诉的一起民事调解案件，同样对作为案件唯一证据的借条进行了鉴定。[④]

---

① 例如，福建省连城县人民检察院办理的一起调解监督案件，即为与法院执行局协同主持一起和解案件时发现虚假诉讼的恶意调解的线索。参见柴元春：《检察监督：遏制虚假诉讼应有所为》，载《检察日报》2009年5月18日。又如，宁夏回族自治区银川市金凤区人民检察院提请抗诉的一起买卖合同纠纷调解案件（银金检民事提抗〔2012〕9号），在2011年“执行监督年”活动中对法院执行案件进行评查时发现。

② 参见陈树森：《调解率的功能回归与机制重构——由案件调解后申请执行情况引发的追问、慎思与求解》，载《全国法院系统第二十二届学术讨论会论文集(2010)》。

③ 案情见王艺、李亚希：《市检察院大胆探索民事检察监督新领域》，载《大连日报》2012年9月12日。

④ 参见唐颖、王成艳、胡文涛：《民事调解日益增多检察监督亟待到位》，载《检察日报》2012年1月12日。

能否在审查期限内完成事实及证据调查，成为民事检察官审查调解案件时的一大困难。相对于对生效裁判的监督，需要耗费较多的精力，而民事检察部门在大多检察院并没有充足的人力可用，势必增加案件审查的时间。调解案件审查往往面临证据不足的情形，需要调查新证据或借助鉴定以认定现有证据的证明力，使得审查时间再度增加。对于较复杂的案件，就会出现审查期限长从而导致当事人权益长时间不能得到救济，影响监督的实际效果。

3. 检察建议的效力缺乏刚性

发出再审检察建议是监督同级法院调解案件的方式，主要优势是由于不要求达到抗诉的条件，因而可以缩短案件审查时间，同时对法院考核的负面影响小于抗诉。劣势则在于检察建议没有刚性效力，其能发挥多大作用往往取决于检法沟通的情况，在协调不力之时，仍然需要提请上级检察院抗诉，反而导致案件审查时间的进一步延长。

4. 案件量上升的挑战

开启民事调解监督后，会不会有大量案件涌入检察院，是不少人一则以喜一则以忧的问题。现实中的民事检察长期困于案源匮乏，因而无论从编制还是检察官的办案能力，在相当数量的检察院都是短板。一旦案件量急剧上升，固然对于民事检察的发展有促进作用，但检察机关如何应对大量需要较复杂的事实及证据审查的调解案件，则需要足够的准备。

（二）应对措施

1. 案件的发现

在受理申诉之外如何发现问题调解案件，各地检察机关亦有一些探索，包括对国有资产管理和环境保护部门的定向访问、在司法所律师事务所发放宣传材料、建立与法院的沟通协调机制、定期评查法院案卷等。但从对这些创新成绩的宣传来看，不少地方止于制定了措施，对于能够取得的成效尚无法评估，一些地方虽有成效，但地域差异很大；同时在调解监督领域，民事检察实践的一个

“特色”现象同样存在，即检察机关能在多大范围多大程度上实现对调解案件的监督，与当地法院的沟通协调取得共识的程度是重要影响因素。因而诸如定期评查法院案卷等措施，本身就不具有普适性。

总体而言，如何使问题调解案件进入检察机关监督视野仍需要更多的实践探索以形成一般经验。可能的探索方向则至少包括，法院就涉及国有资产、弱势群体权益保护、人数众多的消费者纠纷或劳动纠纷等调解案件向检察机关通报，对于特定案件检察机关出席诉讼调解进行现场监督等。

2. 事实及证据调查

综合各地检察机关监督的民事调解案件，事实及证据调查至少包括调阅原审法院案卷、询问当事人、审查现有证据、必要时对现有证据进行鉴定、调查新证据等环节。而提高效率的措施，已为实践验证的有上下级检察院联动办案或民事检察一体化的工作方式，[①] 各地检察机关均有不同程度的探索和经验。[②] 通过民事检察一体化，可以集中办案资源，减少沟通环节的时间损失。

3. 检察建议与抗诉适用案件类型的划分

近年检察机关民事调解监督实践经验表明，对检察建议和抗诉适用的案件类型做一区分，有助于发挥检察建议的作用。对于违反自愿原则、合法原则的诉讼调解案件，宜采取再审检察建议方式，由法院自行启动再审程序予以纠正；对于虚假诉讼利用调解协议损

---

① 在2007年《民事诉讼法》修订之后，最高人民检察院副检察长姜建初即指出，在今后的民行检察工作中，要建立以省级院为龙头、分州市级院为办案主体、基层院为基础、上下一体化的民行检察工作机制，分工配合，各有侧重，共同促进。

② 例如，浙江省湖州市检察院2012年制定《民事行政检察办案一体化工作规定(试行)》，即为基于实践探索的规范化总结。参见《市院出台〈民事行政检察办案一体化工作规定（试行）〉》，载湖州市人民检察院网2012年6月6日，http://www.huzhou.jcy.gov.cn/zcfg/201206/t20120606_877996.shtml，访问日期2012年12月6日。

害国家利益、公共利益、第三人利益的案件，以及法官有徇私枉法、受贿、渎职的案件，应提起抗诉启动再审。做这样的划分，有利于促进检法有效沟通，提高检察建议被法院采纳的比例，减少抗诉的适用，可以从总体上提高调解案件检察监督的效率。

4. 适当的考核机制

笔者不赞同机械地以增加编制和提高考核指标来促进一项需要加强的检察职能的常见做法。不适当的考核之弊端一如前述，从民事检察的规律来看，当监督真正发生效果之后，案件量总是呈下降趋势，增加人力亦非合宜做法。而鉴于目前司法机关内部管理的主要措施之一即指标式考核，只能寄望于较合理的考核机制。以笔者之浅见，对于民事调解监督，不应采用事先规定任务指标与排名竞赛的常见考核方式；在此项工作全面开展的初期，可以考虑将调解监督效果设定为奖励加分指标，既可起到促进激励作用，又不至于产生负面影响。

法律的生命在于实践，一项立法确立的制度唯有在实践中得到很好的运行，才具有实在效力。对调解书的检察监督的实效仍有赖于在实践中探索合理的监督范围、监督措施等，而由实践反观立法，亦可为《民事诉讼法》未来进一步修订完善累积新的经验。

民事调解检察监督实证研究

北京市石景山区人民检察院课题组*

随着我国市场经济改革的不断深化，社会矛盾日益凸显，人民群众的维权意识逐步增强，民事纠纷呈大幅度上升趋势。民事调解作为简便、快捷、高效的法定纠纷解决方式，在司法实践中被广泛运用，成为法院处理民事纠纷的主要结案方式。法院调解结案率普遍在60%以上，部分基层法院调解结案率达到了90%以上，有的甚至高达100%。①调解结案率的提高大大缩短了办案周期，提高了办案效率，节约了司法资源，促进了社会和谐。但随着民事调解案件的不断增多，也逐渐暴露出一些问题，如不顾当事人真实意愿的强制调解，不管事实是否查清的和稀泥式调解，以及当事人恶意串通、以合法形式掩盖非法目的的恶意调解。②

民事诉讼监督是检察机关法律监督职能的重要组成部分，是实现民事诉讼公平、公正的重要保障。2011年3月，最高人民法院、最高人民检察院出台《关于对民事审判活动与行政诉讼实行法律

* 作者简介：课题组负责人：王春风，北京市石景山区人民检察院检察长；课题组成员：刘京蒙，北京市石景山区人民检察院民事行政检察处处长；张云波，北京市石景山区人民检察院民事行政检察处副处长。

① 参见张嘉军：《民事诉讼调解结案率实证研究》，载《法学研究》2012年第1期。

② 参见黄晓丰：《民事调解检察监督的实现路径》，载《人民检察》2012年第11期。

监督的若干意见（试行）》，首次以规范性文件的形式确认检察机关对民事调解案件的监督权。2012 年 8 月，十一届全国人大常委会第 28 次会议通过《关于修改〈中华人民共和国民事诉讼法〉的决定》对《中华人民共和国民事诉讼法》（以下简称《民事诉讼法》）进行了全面修改。新修改的《民事诉讼法》不仅规定了检察机关有权对民事诉讼实行法律监督，将民事检察监督的范围由民事审判活动扩展到整个民事诉讼活动，而且在第 208 条明确规定检察机关发现调解书损害国家利益、社会公共利益的，应当采取抗诉或者检察建议的方式实施监督。这是我国首次以立法形式明确检察机关有权对民事调解书进行监督，结束了一直以来关于检察机关能否对民事调解书进行法律监督的争论。

对民事调解书实施法律监督是《民事诉讼法》的新规定，也是民事诉讼监督工作的新课题。本文以北京市检察机关办理的民事调解检察监督案件为研究样本，对 2010～2013 年的办案数据进行客观分析，考察检察机关对民事调解实施监督的实际效果，发现问题，并探讨应对措施。

一、北京市 2010 年至 2013 年间民事调解检察监督基本情况

（一）受案数量情况

2010 年至 2013 年间，北京市各级检察机关受理民事调解检察监督案件数量呈规律性变化。

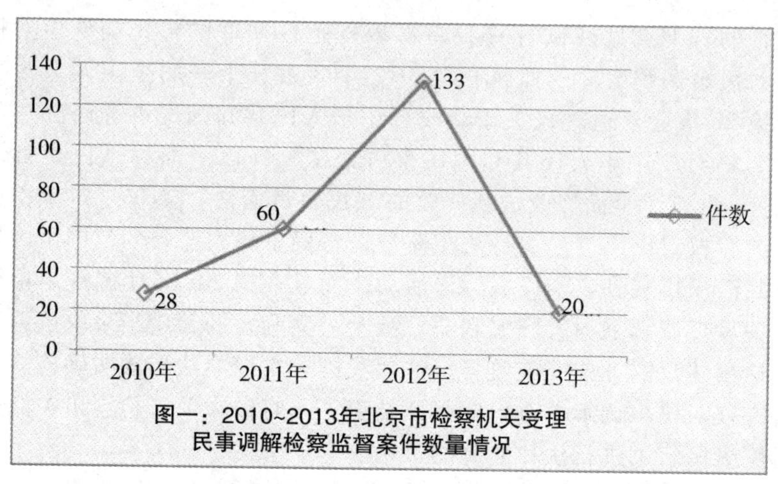

图一：2010~2013年北京市检察机关受理民事调解检察监督案件数量情况

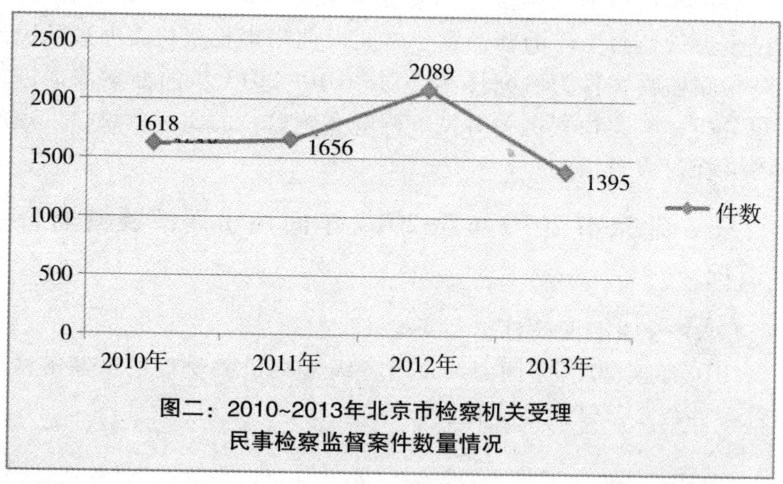

图二：2010~2013年北京市检察机关受理民事检察监督案件数量情况

如图一所示，2010 年至 2012 年间，北京市检察机关受理民事调解检察监督案件数量呈大幅上升趋势。其中，2010 年受案 28 件；2011 年受案 60 件，同比增长 114%；2012 年受案 133 件，同比增长 122%。受案数量在该段时间大幅增长有两方面原因：一是近年来民事检察监督职能越来越为老百姓知晓，更多的当事人在对生效裁判不服时选择到检察机关申请监督，所以检察机关受理民事调解检察监督的案件数量随着检察机关受理的民事检察监督案件总数的增长（参见图二）而增长。二是法律虽未明文规定检察机关可以对民事调解进行监督，但从法理角度讲，民事调解检察监督是与检察权的内涵和民事调解的性质相契合的，且近年来各地检察机关普遍开展以检察建议的方式对违反自愿、合法原则的民事调解进行监督的实践[①]，检、法两家在该问题上逐渐达成共识。特别是2011年年初，最高人民法院、最高人民检察院出台《关于对民事审判活动与行政诉讼实行法律监督的若干意见（试行）》，为民事调解检察监督的进行提供了规范性依据，检察实践亦逐渐推开。

2013年，北京市检察机关受理民事调解检察监督案件数量大幅下降，为20件，同比减少85%，比2010年受理的28件还少。这主要是受《民事诉讼法》修改的影响。2013年是新《民事诉讼法》开始实施之年，根据新法第209条的规定，当事人向检察机关申请监督前，应当先向法院申请再审。这种再审前置程序的设置，使得《民事诉讼法》实施后的一段时间内检察机关受理民事检察监督案件的数量必然大幅下降（参见图二），民事调解检察监督案件数量亦随之下降。

（二）案件来源情况

民事检察监督案件的来源有三种途径：第一种是当事人向检察机关申请监督；第二种是当事人以外的公民、法人和其他组织向检察机关控告、举报；第三种是人民检察院依职权发现。从调取的2010年至2013年北京市检察系统两个分院、两个基层院受理的48件民事调解检察监督案件看，案件来源主要集中在前述第一种和第三种（参见图三）。

① 参见刘辉：《民事调解检察监督研究》，载《国家检察官学院学报》2010年第5期。

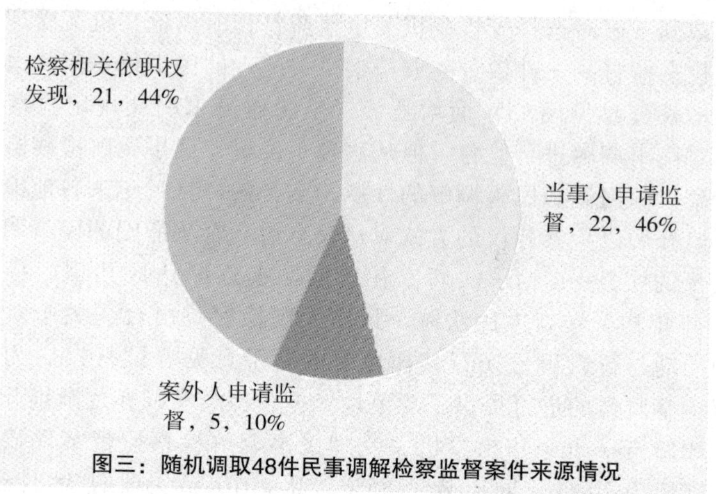

图三：随机调取48件民事调解检察监督案件来源情况

如图三所示，在随机调取的48件案件中，当事人申请监督的案件为22件，占46%；案外人申请监督的案件为5件，占10%；检察机关依职权发现的案件为21件，占44%。在检察机关依职权发现的21件案件中，有两起串案，均是检察机关刑检部门在办案过程中发现犯罪嫌疑人与被害人曾通过民事诉讼达成虚假民事调解书，向民事检察部门移送案件线索得以将案件确立为民事检察监督案件的情形。其中，一起串案为一方当事人因犯合同诈骗罪引起的3件民事调解检察监督案件，即犯罪人与3名被害人通过民事诉讼达成3份民事调解书；另一起串案为一方当事人因犯集资诈骗罪和合同诈骗罪引起的17件民事调解检察监督案件。可见，当事人向检察机关申请监督是民事调解检察监督案件的主要来源，因检察机关依职权发现的案件往往涉及串案，致使依职权发现的案件数量与当事人申请监督的案件数量基本持平。应当指出，检察机关依职权发现民事调解检察监督案件具有偶然性，且不可预期，从长远来看，当事人申请监督依然会是民事调解检察监督案件的主要来源。

（三）监督理由情况

根据2012年新修改的《民事诉讼法》第208条的规定，检察机关仅可对民事调解书损害国家利益、社会公共利益予以监督。对于调解书违反自愿原则及内容违反法律规定的，检察机关则不能以此为由进行监督。此规定与近年来检察机关开展民事调解监督的实践有较大不同。在实践中，检察机关对民事调解书以违反自愿原则、内容违反法律规定为由进行监督的案件占有较大比例。

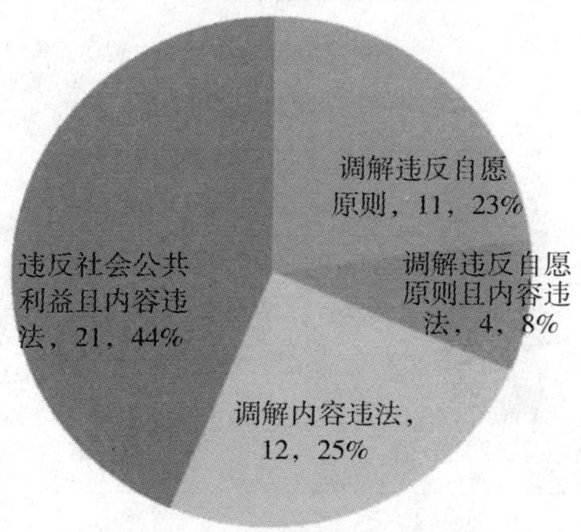

图四：随机调取48件民事调解检察监督案件监督理由情况

如图四所示，在随机调取的 48 件案件中，单独以调解违反自愿原则申请监督的有 11 件，占 23%；单独以调解书内容违法申请监督的有 12 件，占 25%；同时以调解违反自愿和调解书内容违法申请监督的有 4 件，占% 8；检察机关依职权发现的案件，是以存在违反社会公共利益的情形且调解书内容违法为监督理由的，共 21 件，占 44%。其中，调解违反自愿原则主要有三种情况：一是当事人认为委托代理人超越了代理权限；二是当事人认为委托代理人系无权代理，包括代理人伪造委托书参加调解的情形；三是法院存在强制调解的情况。调解书内容违法有两种情况：一是当事人认为法院审查认定事实不清，二是认为调解书内容违反了法律的强制性规定。检察机关依职权发现的案件，因一方当事人涉及犯罪具有社会危害性，且当事人之间为犯罪人与被害人的关系，调解书不具备合法性基础，所以检察机关是以调解书违反社会公共利益及调解书内容违法为由进行监督的。

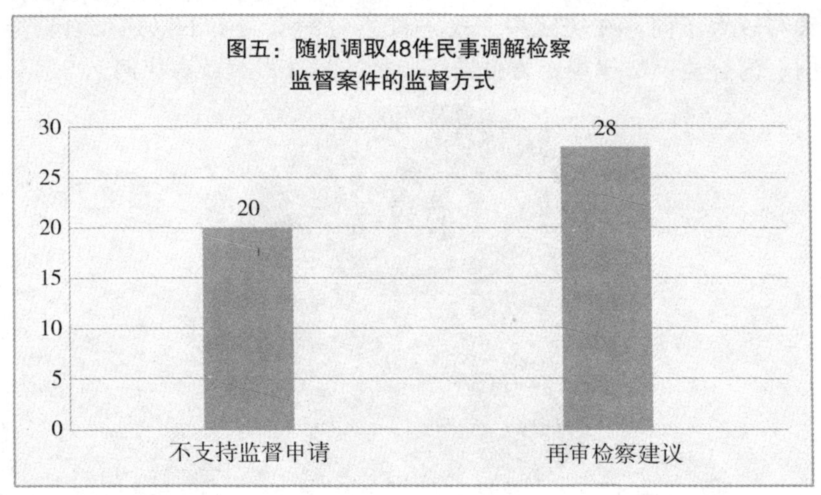

（四）监督方式情况

从随机调取的48件民事调解检察监督案件看，检察机关最终实施监督的案件有28件，均采取了再审检察建议的监督方式。其中，对检察机关依职权发现的21件案件，均予采取了监督措施；对当事人或案外人申请监督的27件案件，仅对其中的7件采取了监督措施。检察建议是2012年《民事诉讼法》修改后新增加的一种检察监督方式，没有抗诉那样强的对抗性，比较灵活和温和，其实质是将人民检察院的外部监督形式转化为法院内部的自我监督。① 实践中，检察机关大多会在发出检察建议之前，与法院进行沟通，取得人民法院的认可和配合，然后再向法院提出监督意见，建议其自行纠正，法院一般予以接受。这不仅能使错误的民事调解

① 参见范伟国、郭魏：《论民事调解的检察监督制度》，载《江南论坛》2010年第6期。

案件得到纠正，还能加强检、法两家的沟通和配合，最终达到共同实现司法公正的目的。[①]

二、民事调解检察存在的问题分析

从前述北京市2010年至2013年间民事调解检察监督基本情况来看，在2012年以前，检察机关对民事调解进行检察监督的实践活动还是十分活跃的，受理案件数量、监督案件数量均较新修改的《民事诉讼法》实施以后要多。检察机关的监督理由范围也比较宽，不但可以以违反国家利益、社会公共利益为由进行监督，也可以以违反自愿原则和内容违法为由进行监督。在监督方式的选择上，检察机关也不受前述监督理由的限制，上述4种理由均可选择适用抗诉或检察建议的方式进行监督。而在2013年新修改的《民事诉讼法》实施以后，由于案件受理条件及监督范围的调整，检察机关受理民事调解检察监督案件的数量呈大幅下降的趋势，民事调解检察监督呈现出较以往不同的新问题。

（一）监督理由设置不合理

1. 立法自相矛盾

《民事诉讼法》第201条规定，当事人对已经发生法律效力的调解书，提出证据证明调解书违反自愿原则或者调解协议的内容违反法律的，可以申请再审；第208条规定，最高人民检察院对各级人民法院已经发生法律效力调解书，上级人民检察院对下级人民法院已经发生法律效力调解书，发现有损害国家利益、社会公共利益的，应当提出抗诉。地方各级人民检察院对同级人民法院已经发生法律效力的调解书损害国家利益、社会公共利益的，可以向同级人民法院提出检察建议。依据上述规定，检察机关只能对损害国家利益、社会公共利益的调解书进行监督，而对调解书违反自愿原则或

① 参见刘辉：《民事调解检察监督研究》，载《国家检察官学院学报》2010年第5期。

者调解协议内容违反法律的则不能进行监督。而依据《民事诉讼法》第209条对当事人申请检察监督条件的规定，当事人以调解违反自愿原则或调解协议内容违反法律为由向法院申请再审之后，向检察机关申请监督的。检察机关如经审查发现调解确实存在违反自愿原则或调解协议内容违反法律规定的情形却不能以此为由进行监督。这就造成了当事人可以申请，但检察机关无法监督的尴尬情形。

《民事诉讼法》未将调解书违反自愿原则、调解协议内容违法列为检察机关监督事由的立法理由在于，法院方面认为，对于调解书是否违反自愿原则和法律强制性规定，一般需要进行实质审查和听取双方当事人意见后才能查清，应当由法院对当事人再审申请进行审查，以避免轻易抗诉而启动再审，使违背诚信原则的当事人止步于再审启动之前。同时法院认为考虑到检察机关法律监督的主要任务应为关注损害国家利益、社会公共利益的生效裁判，生效调解书违反自愿原则、调解协议内容违法及损害第三人利益的事由不属于可抗诉范围。应当说上述理由较为牵强。一方面，法院对当事人的再审申请，不论是生效裁判还是调解书，均采取同等的审查方式，不仅调解书是否违反自愿原则和法律强制性规定，需要进行实质审查和听取双方当事人意见后才能查清，对生效裁判和调解书损害国家利益和社会公共利益的案件也需进行实质审查并听取双方当事人意见方可查清。依照法院的上述逻辑，检察机关对所有生效裁判和调解书损害国家利益和社会公共利益的案件均不宜监督。另一方面，如生硬地将检察机关检察监督的主要任务定位为损害国家利益和社会公共利益的案件，检察机关亦不应适用《民事诉讼法》第200条的规定对生效裁判进行监督，因为第200条规定的再审条件并非均为损害国家利益和社会公共利益。《民事诉讼法》采纳了法院方面的意见，目的无非在于限制检察机关检察监督的范围。这是检察机关与法院方面博弈的结果，但后果却是堵塞了当事人以调解违反自愿原则、调解协议内容违法为由申请检察监督的权利通道。

此项立法的矛盾也给检察机关带来了大量不必要的解释、说明甚至是息诉工作。从前述近几年来北京市检察机关民事调解检察监督的基本情况来看，检察机关受理的近60%的案件，当事人申请监督的理由均为调解违反自愿原则或调解协议违反法律规定。而在2013年以后，此一类案件检察机关均不能再受理。而与检察机关不同，更多的当事人往往会依据《民事诉讼法》规定的申请监督条件，在对生效调解书以违反自愿原则和内容违法为由申请再审，并向检察机关申请监督。此时，检察机关对大量此类案件就不得不在案件受理阶段向当事人进行释法说理工作，造成了案件尚未受理就引发了当事人不满的局面。

2.《人民检察院民事诉讼监督规则（试行）》的变通之举

针对上述检察实践中的困境，最高人民检察院于2013年年底颁布的《人民检察院民事诉讼监督规则（试行）》（以下简称《诉讼监督规则》）作出了变通规定，将调解违反自愿原则或者调解协议违反法律规定视为存在审判人员违反情形予以监督。但根据《民事诉讼法》第208条第3款的规定，因检察机关对审判程序中审判人员的违法行为仅有权提出检察建议，故检察机关在以上述两理由对调解案件进行监督时，也只能采取检察建议的监督方式，[①]而不得采取抗诉的方式。

如此规定，虽然检察机关只能对上述调解案件以检察建议的方

---

① 对于调解违反自愿原则和调解协议的内容违反法律的情形，人民检察院能否监督以及采用何种方式监督，存在不同认识。人民法院对民事案件进行调解是民事审判活动的内容之一，应当属于人民检察院的监督范围，并且实践中大量存在人民法院强迫当事人调解，损害当事人利益等情形，确有监督的必要。在征求意见过程中，有关机关建议对调解违反自愿原则和调解协议的内容违反法律的，人民检察院可以根据修改后《民事诉讼法》第208条第3款的规定提出检察建议，《诉讼监督规则》吸收了该建议。参见最高人民检察院民事行政检察厅编、郑新俭主编：《〈人民检察院民事诉讼监督规则（试行）〉条文释义及民事诉讼监督法律文书制作》，中国检察出版社2014年版，第104～105页。

式进行监督，但至少在案件受理阶段减少了当事人的不满情绪。

（二）案件调查取证难

1. 是否违反自愿原则取证困难

《诉讼监督规则》虽然将检察机关对民事调解案件的监督理由扩大到了调解书违反自愿原则和调解协议违反法律规定。但对于调解是否违反自愿原则的取证相当困难，因此绝大多数当事人以违反自愿原则为由申请监督的案件，检察机关只能作出不支持其申请的决定。

审查调解是否违反自愿原则最有效的方式就是审查庭审光盘。但目前法院只配合检察机关调取审判卷宗，对调取庭审光盘法院始终不予配合。事实上，庭审光盘是审查法院审判行为规范与否的重要依据。检察机关对达成调解协议的双方当事人是否自愿，法官在调解时是否违反自愿原则从庭审笔录中无法看出，只能通过观看庭审光盘才能看出。除此之外，检察机关对人民法院在调解时是否存在其他程序违法也只能通过庭审光盘来反映。例如，在一个案件中，当事人反映在案件审理过程中，合议庭只有两个审判人员在场。对此，检察机关经向该案的合议庭成员逐个询问，虽然被询问人员回答比较隐晦，但基本能够确定当时确有一名审判人员中途退庭。因人民法院始终拒绝检察机关调取庭审光盘，检察机关最终因无确切证据证明该案程序违法，而无法监督。

2. 依职权进行监督的调解案件往往需要刑事手段的介入

从前述北京市近年来民事调解检察监督的情况来看，检察机关依职权监督的21件民事调解案件中，有20件为刑检部门在办理刑事案件的过程中，发现虚假调解或调解协议损害国家利益或社会公共利益的案件线索向民事检察部门移送的。由于民事调解书是在诉讼过程中，由当事人双方自行达成协议，如存在双方当事人串通虚构法律事实或损害他人利益的情形，法官往往难以在调解过程中发现。那么此类案件在调解书生效后，当事人双方也不会主动到检察机关申请监督。即便有利益受损的第三人申请检察监督，民事检察部门也因调查方法有限而无法取得相关证据。最终，只有当当事人的矛盾激化使民事案件变为刑事案件后，相关部门采取刑事手段对案件进行侦查，才能取得调解为虚假或违法的相关证据。

因此，对于民事调解案件的审查，仅依靠检察机关民行检察部门自身的调查取证手段和方法，监督效果是难以发挥的。

（三）监督标准确定难

依照《民事诉讼法》和《诉讼监督规则》的明确规定，检察机关对民事调解进行监督理由也就是监督标准，包括四项：调解书损害自愿原则，调解协议违反法律规定及调解书损害国家利益或社会公共利益。如前所述，此 4 个标准中，除调解协议违反法律规定较为明确外，其他 3 个标准或因取证困难无法认定，或因概念的不确定性而不易认定。关于调解书是否违反自愿原则因取证困难无法认定不再详述。

关于对公共利益的界定，耶林指出“公共利益，是一种谁都能感受得到，谁都能理解得到的非常现实、极为实际的利益……即一种能够保证和维持个人所关注的交易的安定秩序的利益”[①]。从这一论述可以看出，公共利益是一个十分模糊的概念，其具有公共性、整体性以及不确定性，因此难以给出一个范围明确的界定。一般来说，双方当事人的调解书中是对自身利益的处分，很难上升到国家利益和社会公共利益的层面。因此，在具体案件中，何为损害了国家利益和社会利益就很难认定。从前述对北京市检察机关对民事调解案件的监督情况也可以看出，检察机关以损害社会公共利益为由予以监督的民事调解案件，均为检察机关依职权发现的案件，且通常是因一方当事人涉及犯罪具有社会危害性，而并非因为调解协议内容本身侵害了社会公共利益。因此，《民事诉讼法》看似给了检察机关监督民事调解一个很崇高的利器，但终因利器过于崇高

① ［意］莫诺·卡佩莱蒂：《福利国家与接近正义》，刘俊祥等译，法律出版社 2000 年版，第 67 页。

而变得无法锋利。

（四）监督效果呈弱化趋势

1. 抗诉方式几乎难以发挥作用

从北京市近几年来民事调解检察监督的基本情况来看，不论在《民事诉讼法》修改前，还是在《民事诉讼法》修改后，检察机关对民事调解案件进行监督的方式几乎均为以检察建议的方式建议法院再审，从未以抗诉的方式进行监督。检察机关对民事调解的监督更愿意使用检察建议的方式进行是因为，与判决型的审判程序相比较，诉讼调解中易出现程序的软化和实体合法的伸缩性。[①] 程序的软化意为着调解程序更加随意，法官不受普通程序中开庭顺序的制约，可以根据案件的需要对调解过程进行灵活安排。而实体合法的伸缩性也就意味着，当事人对自身实体权利具有较大处分权，只要不违背法律规定的底线，当事人是自愿的，法院便不再予以干预。因此，在法院给予民事调解较大宽容度的情况下，检察机关在监督民事调解案件时，必然也给予其较大的宽容度，一般不采用抗诉的方式，而采用检察建议的方式对民事调解案件进行监督。在实践中，检察机关大多会在发出检察建议之前，与法院进行沟通，取得人民法院的认可和配合，然后再向法院提出监督意见，建议其自行纠正，法院一般予以接受。

2. 检察建议作用发挥有限

如果说在《民事诉讼法》修改以前，检察机关还可以通过检察建议的方式建议法院对民事调解案件提起再审，那么在《民事诉讼法》修改以后，检察机关已很难通过此方式建议法院对民事调解监督案件提起再审。因为，《民事诉讼法》对当事人向检察机关申请检察监督的条件作出了明确规定，当事人必须在向法院申请再审后才可以向检察机关申请检察监督。如此一来，当事人向检察

---

① 参见李浩：《论法院民事调解中程序法与实体法约束的双重软化》，载《法学评论》1996 年第 4 期。

机关申请监督的案件均为法院已经过再审审查的案件，试想检察机关再次向法院建议再审时，法院有多少可能会启动再审程序推翻自己的审查结论呢。

因此，在当事人申请检察监督的案件中，检察机关用检察建议方式予以监督发挥的作用将十分有限。只有在检察机关自行发现的调解监督案件中，检察建议的监督方式才有可能发挥较大的作用，而此类案件在检察机关办理的案件中仅占较小比例。

三、制度完善建议

因民事调解与民事诉讼的最大区别就是在调解活动中，当事人处于主导地位，当事人在不违背法律规定底线的情况下，有权自由处分自己的实体权利和程序权利。因此，不但是作为监督机关的检察机关，就是作为审判机关的法院在调解案件中可置喙的空间亦很小。这也就是上述检察机关在监督民事调解案件时出现重重困境的根本所在。即便如此，民事调解作为法院诉讼程序的一部分，检察机关应当予以监督仍是毫无疑问的。检察机关关键应当解决的是如何采取符合民事调解特点的监督方式予以监督。

（一）关于监督理由和监督标准的问题

如前所述，关于调解监督的理由和标准虽然《民事诉讼法》及《诉讼监督规则》看似规定明确，但在实践中却不易操作。其实，《民事诉讼法》为法院调解设置了基本的合法原则，合法原则应当是调解监督的根本标准。合法原则有两个方面的含义，一是法院调解的程序必须合法，二是调解协议的内容不得违反实体法的规定。[①]

这里又涉及合法性如何判断的问题？如前所述，诉讼调解中出现程序的软化和实体合法的伸缩性就意味着调解协议作出在程序上不违反自愿原则，在实体上不违反法律禁止性规定即可。因此，调

① 参见王怀安：《中国民事诉讼法教程》，人民法院出版社1992年版，第185页。

解书的合法性应当从最宽泛的意义上去理解，检察机关在审查调解书时，不应拘泥于调解书中的某项内容与法律的某一具体规定是否一致，而主要看调解书是否是自愿达成的，协议的内容是否真实地反映了当事人的意愿。只要调解书的内容不与法律中的禁止性规定相抵触，合法性就不会发生问题。至于调解书是否损害国家和社会公共利益，因法律中禁止性规定一般都是从国家利益和社会公共利益角度作出的，故只要调解书不违法律禁止性规定就不会危害到国家利益和社会公共利益。

因此建议将对调解书进行检察监督的理由简化为调解书违反自愿原则和调解协议内容违反法律规定。

（二）关于调查取证的问题

检察机关在对民事调解书进行监督时，最难判断的就是调解书是否违反自愿原则，因此这也是检察机关最需要调查取证的情形。鉴于庭审光盘与审判卷宗的作用相同具有记载庭审经过的功能，且更具直观性，因此，审查庭审光盘是检察机关查明调解书是否违反自愿原则最简单、最直接的方式，检察机关在办理案件需要时应当享有调取庭审光盘的权力。

此外，除了审查庭审光盘外，检察机关还可以通过其他程序违法行为推定调解书是否违反自愿原则，如诉讼代理人、共同诉讼人未经合法授权或者不具调解权限签订调解协议并接受调解书送达；审判人员擅自改动调解协议内容及未经调解直接作出调解书等情形。

关于与检察机关刑检部门相配合调查取证的问题。如前所述，因民事调解案件充分尊重了当事人的自由处分权，故对于双方当事人恶意串通取得法院调解书的案件，如没有刑检部门的介入仅靠民行检察部门使用民事案件调查取证手段是难以取得有效证据的。因此，对于此类案件民行检察部门应与相关部门紧密配合。民行检察部门受理的，有可能构成刑事犯罪，可将案件移送侦查机关。对于侦查机关办理的，可能涉及违法调解的案件，也可向民行部门移送案件线索。

（三）关于监督方式的问题

根据《民事诉讼法》及《诉讼监督规则》的规定，目前检察机关对民事调解案件采取何种监督理由和监督方式是密切相关的。检察机关以违反国家利益和社会公共利益为由对民事调解进行监督时，可以使用抗诉或检察建议的方式，如以调解书违反自愿原则和调解协议内容违法为由进行监督时，则只能发出检察建议。其实，检察机关选择何种监督方式多取决于与法院沟通的情况。在案件符合监督条件的情况下，如法院愿意自行改正，则检察机关会选择较为柔和的监督方式，向法院发出检察建议，如法院态度较为坚决，则检察机关会向其提出抗诉。因此，目前对民事调解的两种监督方式的划分是在绕开立法缺陷下的权衡之举。在将对调解书进行监督的理由简化为调解书违反自愿原则和调解协议内容违反法律规定后，检察机关仍可以选择适用提出抗诉或提出检察建议的方式。

论民事执行检察监督制度的构建

——以修订后的《民事诉讼法》为视角

许永俊　温　军　那　娜　邵世星*

构建民事执行检察监督制度，既是对修订后《民事诉讼法》内容的贯彻和具体化，也是进一步完善检察权和检察制度的需要，同时有利于从权力制衡的角度进一步发挥检察职能，破解“执行难，执行乱”，走出民事执行检察监督的困境。虽然修订后的《民事诉讼法》确立了“检察机关对民事诉讼进行检察监督”的原则，并明确规定了“检察机关有权对民事执行活动实行法律监督”，但是对于民事执行检察监督的原则、范围、方式、程序等组成民事执行检察监督制度的具体内容却没有涉及，势必会在一定程度上影响执行监督工作的进行。基于实践的需要和立法的发展，本文拟对民事执行检察监督制度的构建作具体探讨。

一、民事执行检察监督面临的难点

修订后的《民事诉讼法》虽然回答了检察机关要不要对民事

* 作者简介：许永俊，最高人民法院刑事审判第五庭审判长；温军，北京市清河人民检察院副检察长；那娜，北京市人民检察院第三分院检察官；邵世星，国家检察官学院教授。

执行进行监督的问题，但是没有回答检察机关怎样对民事执行进行监督的问题，因而民事执行监督工作存在以下4个难点。

（一）从理论层面，对于民事执行检察监督的基本问题存在颇多争议

在监督原则方面，存在“二原则说”、“三原则说”、“四原则说”等诸多观点，且即使同为“二原则说”或“三原则说”，其内容也并不相同，莫衷一是。在监督范围方面，没有对监督对象、监督理由、监督事项作出区分，只是笼统地对监督范围进行论述。在监督时机方面，存在“事后监督”和“事后监督与事中监督并行”之争。在监督管辖方面，以同级监督的主张为主，没有考虑到上级监督在执行监督中的作用。在监督方式方面，不针对具体情况，照搬对民事生效裁判监督方式的观点居多。

（二）从立法层面，修订后的《民事诉讼法》并没有涉及民事执行检察监督的范围、事项、程序

对于监督方式和监督手段，只是笼统规定了对于诉讼活动可以采取抗诉和检察建议的方式和调查核实的手段。在最高人民法院、最高人民检察院《关于在部分地方开展民事执行活动法律监督试点工作的通知》（以下简称《通知》）中，在监督范围方面，并没有明确监督对象，只是以完全列举的方式规定了5个监督事项；在监督方式方面，只笼统规定了抗诉和检察建议两种监督方式，并未明确这两种方式是只用于对裁判活动的监督，还是同时适用于对执行活动的监督；在监督程序的启动方面，只规定了当事人申诉一种途径，且以向人民法院提出异议、申请复议或者申诉为前置程序。对于其他问题，则鲜有涉及。

（三）从实践层面，由于理论上的争议、立法和司法政策的规定相对宏观，必然引致实践中的不统一

例如，四川省人民检察院、四川省高级人民法院联合行文发布了《关于在民事、行政、诉讼中应用检察建议的意见（试行）》，

确定四川省检察机关对民事执行案件实施监督的方式是检察建议[①]；内蒙古自治区检察院主要采取要求纠错、现场监督、事先关注、查处违法行为的监督方式[②]；天津市武清区人民检察院主要采用抗诉、检察建议、纠正违法通知书、移送犯罪线索的方式进行监督，监督的对象包括执行中形成的裁定和决定、执行措施、执行行为[③]。上述在监督方式、监督时机、监督对象上的不统一虽然发生在《民事诉讼法》修订前，但是修订后的《民事诉讼法》并未对上述内容做具体规定，因而恐怕很难解决实践中出现的上述问题。

（四）从民行监督检察队伍自身而言，面临着案多人少、业务知识相对欠缺、监督经验相对不足的情况

首先，以某直辖市辖区 2008 年至 2010 年的情况为例，该院民事行政检察部门的检察人员分别为 6 人、6 人、7 人；而同级法院受理和办结的执行案件依次分别为：2008 年收案 15087 件、办结 13692 件，2009 年收案 14383 件、办结 13072 件，2010 年收案 13501、办结 13110 件。监督力量的明显不足由此可见一斑。其次，由于长期以来检察机关以刑事检察为主要职能和主要业务，因而民事法律方面的专业人员和专业知识相对匮乏，对于民事执行则更是缺乏相对深入的了解和研究。最后，同为民事检察监督，由于民事生效裁判的监督业务已经开展了若干年，形成了一支人员相对稳定，并且积累了一定经验的监督队伍，而民事执行检察监督却是此次《民事诉讼法》修订后刚刚明确的检察职权，即使是少数在《民事诉讼法》修订前就已经作为试点的省份，开展民事执行监督的时间依然较短，经验依然不足，而在其他省份，民事执行监督则

---

① 参见刘芬霞、侯明：《论我国民事执行检察监督制度的构建》，载《民主与法治》2011 年第 7 期。

② 参见樊凯军：《内蒙古自治区检察机关开展民事执行检察监督的调研报告》（硕士学位论文）。

③ 参见天津市武清区人民检察院课题组：《对民事诉讼执行检察监督的问题研究》，载《中国检察官》2012 年第 3 期。

是个全新的事物。

综上，我们认为，构建民事执行检察监督制度，既要贯彻立法精神，又要对立法、司法改革文件的空白予以弥补，确立统一的监督原则，明确监督范围、方式、手段，规范监督程序，以规范民事执行检察监督的实践探索，引领民事执行检察监督的队伍建设。

二、民事执行检察监督的原则

（一）依法监督原则

检察机关是国家的法律监督机关，其各项监督活动均严格应依法进行。理想化地讲，监督活动依法进行应体现在监督权力法定、监督对象和事由法定、监督手段法定、监督程序法定、监督责任法定等多个方面。[①] 但是，如上文所述，修订后的《民事诉讼法》对于民事执行检察监督的具体事项涉及较少。在此种情况下，我们认为，依法监督原则应理解为在依法具备监督职权的背景下，在不违反宪法、部门法、相关司法政策的前提下，以达到有效监督的效果为目的，通过实践逐步确定监督的范围、事由、对象、手段、方式、程序等具体问题，条件成熟后，再形成相关的司法解释或办案规定，在全国范围内参照执行。

（二）全面监督原则

理论界一直存在“全面监督说”和“有限监督说”两种观点。其中，“有限监督说”又分为三种观点，观点一认为，所谓“有限监督”，是指检察机关只对执行中的重大违法行为[②]或违法行为[③]进行监督，不对执行行为的合理性、恰当性进行监督。观点二认为，有限监督原则包含两层意思：一是检察监督只针对执行机关的执行行为，而不监督当事人的行为；二是检察监督只针对执行行为的合

① 参见常廷彬：《试论民事执行检察监督制度的建构》，载《法治论坛》第9辑。

② 参见常廷彬：《试论民事执行检察监督制度的建构》，载《法治论坛》第9辑。

③ 参见苏立军：《民事执行检察监督制度研究》（硕士学位论文）。

法性问题，而不针对执行行为的合理性问题。[①] 观点三认为，有限监督的对象一是民事执行法院及其法官的违法执行行为；二是被执行人或案外人严重抗拒合法执行的行为。[②]

我们赞成“全面监督说”。关于“监督公权”与“保障私权”之争，我们认为，当事人对于私权的处分、案外人对执行的不当干预和阻碍，都有可能影响到国家利益、社会公共利益、公平和正义的输出、私权的实现。因而，对于执行和解，对于妨害执行的行为，虽然不属于执行主体的行为，但都应当进行监督。当然，对于前者，应主要限于损害国家利益、社会公共利益、其他人合法权益、违反法律强行性规定的情形；对于后者，检察机关应该并不直接监督，而是通过监督执行主体是否对妨害执行的行为采取了相关措施、措施是否适当来监督。关于“合法性”与“合理性”之争，我们认为，虽然对于合理性可能欠缺具体的法律评判标准，但是并非没有标准。对于执行行为是否合理，可以以是否损害国家利益和社会公共利益、是否影响社会稳定、是否保障了基本人权为标准。例如，在执行被执行财产时，必须给其本人及其抚养的人保留必要的生活费用；又如，执行自然人被执行人的房产时，必须保证其有另外的居所；再如，执行法人被执行人的财产时，要考虑被执行人的正常生产秩序，尽量选择对其正常生产秩序影响小的执行方式，选择能够保证企业继续生存下去的执行方式，还要考虑执行活动可能给其员工造成的影响，避免影响社会稳定的事件发生。

（三）事前监督、事中监督、事后监督并行原则

这一原则主要涉及监督程序启动的时机和当事人申诉的前提条件。由于执行活动在很多时候具有不可逆性，同时又与申请执行人、被申请执行人、其他利害关系人的实体权利义务有着更为直接

① 参见苏立军：《民事执行检察监督制度研究》（硕士学位论文）。

② 参见廖永安、颜杨：《我国民事执行检察监督的科学定位与制度设计》，载《湘潭大学学报（哲学社会科学版）》2010年11月第34卷第6期。

的关系，所以对执行活动应当事前监督、事中监督、事后监督并行。

所谓事前监督，是指在执行活动开始前，即开始对和执行有关的事务进行监督。内蒙古自治区检察院在2004年至2008年的54件民事执行监督案件中，就对5件进行了“事先关注”[①]。事前监督有利于防患于未然，防止亡羊补牢、为时晚矣的损失。所谓事中监督，就是在执行活动进行的过程中，进行同步监督，例如，对于有重大影响案件、有重大影响的执行活动的现场监督。又如，在某一案件执行活动的进行过程中，对某一执行行为、执行措施或执行中作出的裁定进行监督，也属于事中监督。所谓事后监督，是指在案件执行活动结束后，对于已完成的执行活动进行监督。

有观点认为，所谓“事后”，并不是指民事执行全部活动结束后，而是指执行活动的某一个阶段结束或某种行为已经发生。[②] 我们认为，这一观点是值得商榷的。固然，事后的“事”是一个宽泛的说法，既可以指一系列行为和事件，也可以指某一行为和事件。但是，一方面，从目前普遍认同的对于审判活动的事后监督的理解来看，所谓事后监督，是指某一案件的审判活动全部结束后，而非某一案件审判活动进行过程中的某一审判行为结束后。例如，在庭审中指出审判人员的某一审判行为不合法，是不属于事后监督的。另一方面，从概念界定的角度，这一观点容易造成混乱。例如，现场监督是公认的、典型的事中监督、同步监督的情形，如果现场监督的检察官对于执行人员在现场实施完毕的某一行为指出错误之处，那么这种监督属于事后监督还是事中监督呢？可见，将事后监督界定为在某一案件全部执行工作完毕之后的监督，从理论上

① 参见樊凯军：《内蒙古自治区检察机关开展民事执行检察监督的调研报告》（硕士学位论文）。

② 参见江伟、常廷彬：《论检察机关对民事执行活动的法律监督》，载《中南大学学报（社会科学版）》2007年10月第13卷第5期。

更为精准，从实践上也已经得到人们的普遍认同。

（四）被动监督为主、主动监督为辅的原则

这一原则主要涉及监督程序的启动。所谓被动监督，是指经当事人申诉，对人民法院的执行活动进行监督。所谓主动监督，是指检察机关依职权自行启动监督程序，对执行活动进行监督。被动监督原则又称“消极原则”[①]、“依当事人申诉原则”[②]，此观点的合理性在于，执行活动的标的具有私权性质，当事人对私权具有处分权，包括对实体权利的处分权和程序权利的处分权，处分原则作为民事诉讼的基本原则在民事执行程序中也同样应当得到体现和贯彻执行。[③] 被动监督原则观点大多数也都赞同在涉及国家利益、社会公共利益时，检察机关可以依职权主动监督。

我们赞同上述观点，执行监督应以被动监督为主、以主动监督为辅，但是，对于检察机关主动监督的适用条件是否只限于国家利益和社会公共利益受到损害，我们认为是值得探讨的。对于执行程序的规定，无论是像目前这样规定在《民事诉讼法》中，还是将来制定单行的《强制执行法》，均应属于公法范畴。从当事人个人的角度，当然不仅可以放弃私权，而且可以放弃公法规定的权利，包括放弃对于违反公法行为的告诉权。但是，从检察机关的角度而言，作为国家法律监督机关，对于司法机关违反法律的行为不应坐视不理。从执行主体的角度来讲，作为司法者、执法者，更不应知法犯法，具有超越法律的特权。因而，检察机关对于执行主体的违法行为，不能像人民法院受理民事案件那样，采取“不告不理”的原则，也不能以没有损害国家利益、社会公共利益为由，不予监督。当然，在监督方式和监督结果上，还是应当与对损害了国家利

① 参见常廷彬：《试论民事执行检察监督制度的建构》，载《法治论坛》第9辑。

② 参见张琍：《民事执行检察监督制度研究》（硕士学位论文）。

③ 参见常怡、重庆市人民检察院、海南省人民检察院联合课题组：《民事行政裁判执行的检察监督》，载《民事行政检察指导与研究（总第3集）》，法律出版社2005年版，第157页。

益、社会公共利益、当事人或第三人合法权益的执行行为的监督方式和监督结果有所区别。

(五) 同级监督为主、上级监督为辅的原则

这一原则主要涉及监督管辖。

首先，我们认为，同级监督为主、上级监督为辅的执行监督原则与修订后《民事诉讼法》对于审判监督管辖的规定相一致。根据修订后《民事诉讼法》第 208 条之规定，最高人民检察院对各级人民法院已经发生法律效力的判决、裁定，上级人民检察院对下级人民法院已经发生法律效力的判决、裁定、调解书可以通过抗诉的方式进行监督；地方各级人民检察院对同级人民法院已经发生法律效力的判决、裁定、调解书、审判人员的违法行为，可以通过检察建议的方式进行监督。可见，修订后的《民事诉讼法》改变了原有的、单一的“上抗下”的审判监督模式，确认了上级、同级监督并行的审判监督的原则。同级监督为主、上级监督为辅的执行监督原则与上述原则并行不悖。

其次，同级监督为主的执行监督原则符合诉讼便宜主义的精神，从程序启动的角度讲，有利于当事人申诉，有利于检察机关自行发现；从监督的成本角度讲，便于检察机关开展调查，从而提高监督效率，进而促进执行的效率，以保障生效裁判确认的当事人的实体权利尽快实现。我国的民事执行主要由第一审人民法院管辖，也可以由与第一审人民法院同级的被执行的财产所在地人民法院、被执行人住所地或者被执行的财产所在地人民法院管辖。由与执行法院同一行政辖区的同级检察院进行执行监督，既有利于当事人申诉，又有利于行使监督职权的人民检察院向申诉人、被申诉人、执行法院、其他相关人员调查核实情况，了解被执行财产情况，提高监督效率。

再次，同级监督为主的执行监督原则，有利于行使监督职权的人民检察院和行使执行权的人民法院之间的沟通协调、相互配合，从而取得较好的监督效果。同一辖区中的同级检察机关与审判机关

往往对于本辖区的区情、司法惯例都比较了解；且工作联系也较多；另外，虽然人民检察院与人民法院同为司法机关，不属于行政机关，且上级人民检察院与下级人民法院之间也不存在领导与被领导的关系，但是从沟通的平等性和顺畅性而言，还是以同级监督为宜。

又次，同级监督为主、上级监督为辅的执行监督原则，有利于在执行监督中发挥上级检察院对下级检察院的领导作用和上级法院对下级法院的领导作用，确保上级人民检察院监督的权威性和监督效果。我们认为，在执行监督中，应以同级监督为主，只有在同级监督不能顺畅进行，在被监督的执行法院不理睬同级检察院的监督，或者同级检察院和法院在执行问题上发生严重分歧时，才需要上级人民检察院和人民法院的介入。具体而言，当出现上述情况时，由行使监督权的人民检察院将情况汇报至上一级人民检察院，上一级人民检察院认为应当支持下一级人民检察院的处理意见时，向同级人民法院发函，通知同级人民法院督促行使执行权的人民法院接受同级人民检察院的监督。

最后，同级监督为主、上级监督为辅的执行监督原则，其实也是与审判监督实践相一致的。在实践中，对于人民法院审判权的监督，除抗诉之外，发出一般检察建议、发出纠正违法通知书或口头纠正违法、发出再审检察建议等绝大多数监督职能都是由同级人民检察院行使。若干年的审判监督实践也证明同级监督为主、上级监督为辅的监督模式是可行的。

（六）效率原则

效率原则，也有观点称之为“及时原则”，即及时原则要求检察监督应尽可能地缩短办案期限，及时进行监督，避免影响执行效率与监督效果。[①] 效率原则是被众多观点公认的执行监督应遵守的原则，从理论上来讲，这主要是因为民事执行不同于民事审判，虽

① 参见苏立军：《民事执行检察监督制度研究》（硕士学位论文）。

然在价值取向上都应当坚持公正与效率，但各有侧重。民事审判的实质是对当事人争议的法律关系作出裁判，以定分止争，在价值取向上更侧重于公正，而执行的实质在于实现法律文书所确定的权利，其价值取向上更加侧重于效率。[①] 而从实践中看，在有些情况下，执行活动是否讲求效率，可能直接影响到执行活动的目的能否达到。例如，不及时采取相关措施，可能被执行人已经逃到境外；不及时采取相关措施，被执行人可能已经变相处置了自己的财产。上述情况，都有可能导致执行目的不能实现。因而，不仅执行活动要坚持效率原则，对执行活动进行监督时也要奉行效率原则。

三、民事执行检察监督的范围

民事执行检察监督的范围，可以从监督理由、监督事项、监督对象等不同的角度进行分类。从监督理由的角度讲，民事执行检察监督，既包括合法性监督，也包括合理性监督。从监督事项的角度来讲，执行主体不合法、不合理的执行行为，申请执行人、被申请执行人在执行程序中损害国家利益、社会公共利益的行为，其他人员妨害民事执行的行为，均可以作为监督事项。本部分将主要对民事执行检察监督的对象做具体探讨。

（一）民事执行主体

1. 执行人员

多年来，检察机关对民事诉讼的监督权主要体现为对诉讼活动的监督。虽然检察机关对于在诉讼活动中涉嫌职务犯罪的人员具有侦查权，但这种权力主要被认为是职务犯罪侦查权，而非对人员的监督权的体现；另外，对于诉讼活动中只涉嫌违法，而不构成犯罪的人员，检察机关即使监督，往往也只能通过一般检察建议或纠正违法通知书对其行为进行监督，而没有进一步有效的措施对于有违

① 参见廖中洪：《关于强制执行立法几个理论误区的探讨》，载《现代法学》2006 年第 5 期。

法行为的人员进行监督。

2010年8月10日，最高人民法院、最高人民检察院、公安部、国家安全局、司法部《关于对司法工作人员在诉讼活动中的渎职行为加强法律监督的若干规定（试行）》出台，首次明确赋予检察机关对于司法工作人员渎职行为的监督权。修订后《民事诉讼法》首次以法律的形式明确赋予检察机关对审判人员的违法行为的监督权。

2. 执行法院

我们认为，作为监督对象的民事执行主体，不仅仅指执行人员，还包括执行法院，根据修订后《民事诉讼法》第226条之规定，“人民法院自收到申请执行书之日起超过六个月未执行的，申请执行人可以向上一级人民法院申请执行。上一级人民法院经审查，可以责令原人民法院在一定期限内执行，也可以决定由本院执行或者指令其他人民法院执行”。根据该规定，执行法院作为执行主体，理应成为监督对象。另外，从监督理由和监督事项的角度，除拖延执行外，执行法院存在违反回避规定等不适宜就某一案件行使执行职权的情况时，也应属检察监督范围之列。

（二）民事执行依据

执行依据主要包括发生法律效力的民事判决、刑事附带民事判决、裁定、调解书、支付令、仲裁裁决、公证债权文书。我们主张把执行依据作为执行监督的对象之一，主要是避免在错误的前提下开展工作；同时也可以避免在执行完毕后才发现执行依据存在错误，浪费司法成本，影响实体权利的实现。

在对执行依据的监督中，不仅包括对本案裁判过程中形成的执行依据进行监督，而且包括对案外人据以申请参与分配所持的其他案件裁判过程中形成的执行依据进行监督。

（三）民事执行活动

民事执行活动是执行主体依法行使执行权的活动。民事执行程序开始后的民事执行活动可以分为具有行政权性质的执行活动和具有司法权性质的民事执行活动。其中，有学者将前者称为“纯粹的执行行为”[①]，是指执行主体依照执行依据，运用国家公权力，作出一定行为，或采取相关措施，强制债务人履行义务，实现债权人权利的行为。这种行为主要发生在执行主体和债务人之间，遵循的是职权进行主义和当事人不平等主义。例如，查封、扣押、拍卖、划拨。我们将这种行为称为“执行实施行为”。后者又被称为“执行救济行为”，是指执行主体处理在执行过程中出现的争议的行为，例如，执行中止、执行终结、执行异议、暂缓执行、执行回转、代为申请执行，具有司法的消极性和被动性特征，我们将其称为“执行裁判行为”。

（四）达成执行和解

达成执行和解在本质上是处分私权利的行为，不属于人民法院的执行活动，但是对于执行人员不当介入和解、违反自愿原则的和解、和解的结果损害他人的合法权益、国家利益、社会公共利益等情况，也应作为监督的对象。

四、民事执行检察监督的方式——以监督对象为视角

我们认为，对于监督方式不应泛泛而谈，而应针对不同的监督对象，同时考虑不同的监督理由、不同的监督事项，采取不同的监督方式。

（一）对民事执行依据的监督方式——暂缓执行建议书、不予执行建议书

对民事执行依据的监督方式因作出执行依据的主体不同而不同。由于检察机关具有审判监督权，因而如果生效的判决书、裁定书、调解书、支付令存在影响当事人实体权利、他人的合法权益、国家利益、社会公共利益的错误，应当发出暂缓执行建议书，并对执行依据作进一步审查；如果执行依据虽有瑕疵，但不损害上述权

① 参见江伟：《民事诉讼法》，高等教育出版社2007年版，第421～422页。

益，依照审判监督的标准发出一般检察建议、纠正违法通知书即可。

由于人民检察院并未被明确赋予对仲裁和公证活动进行法律监督的职责，因而只有这两类执行依据存在修订后《民事诉讼法》第237条、第238条规定的应当不予执行的情形的，才能通过不予执行建议书进行监督。

（二）对民事执行活动的监督方式

1. 对民事执行实施行为的监督方式

（1）对执行实施行为违法的监督方式——要求说明理由通知书、采取/不采取/变更执行措施/强制措施建议书、督促通知书、复核通知书

对于执行实施行为的合法性监督，主要是对执行措施、执行强制措施的合法性进行监督，对于违法采取执行措施、执行强制措施的情形，应当先向人民法院发出要求说明理由通知书；对于理由不充分的，发出采取/不采取/变更执行措施/强制措施建议书；对于人民法院不说明理由或不回复检察机关建议的，向该人民法院的上一级人民法院发出督促通知书，通知上一级人民法院督促该人民法院说明理由、回复检察机关的建议。对于不接受检察机关建议的，向该人民法院的上一级人民法院发出复核通知书，通知上一级人民法院对该人民法院的执行实施行为是否合法予以复核。

要求说明理由这一监督方式，借鉴了检察机关对公安机关进行立案监督的方式，目的在于给予人民法院执行机构自行纠正的机会。既符合执行效率的要求，又有利于维护执行机关的权威。

督促通知书、复核通知书，主要针对执行法院对于检察机关的监督不予理睬的情况。前者侧重于要求上级法院督促下级法院对检察机关的监督予以回应；后者侧重于要求上级人民法院对下级人民法院执行行为的合法性进行审查。督促通知书、复核通知书应当通过行使监督权的人民检察院的上一级人民检察院向执行法院的上一级人民法院发出，并且要求该上一级法院将处理结果函告该上一级

检察院。这两种监督方式，既有利于维护检察机关监督的权威性，又有利于人民法院内部上级法院对下级法院有针对性的指导工作。

(2) 对执行实施行为不当的监督方式——一般检察建议、纠正通知书

所谓执行实施行为不当，是指虽然依法为一定执行行为或采取相应措施，但在执行行为过程中或采取措施的过程中存在不当的，如采取冻结措施正确，但冻结的金额远远超过了执行债权的数额；又如采取拘留措施正确，但拘留期间过长的。在民事执行活动中，对当事人和案外人造成侵害的执行行为有两种不同情况，违法的执行行为和不当的执行行为。有观点认为检察院依据《宪法》规定是国家的法律监督机关，只应对法院执行中的违法行为进行监督，而对不当执行行为不宜进行监督，可通过法院内部监督的途径解决。① 也有观点认为，对执行中违法与不当的行为均应监督，某些执行活动虽在表面上合法，但实际上是在规避法律或滥用职权，仍应进行监督。② 还有观点认为，对于执行裁定及执行行为本身不具有违法性，但执行行为导致不当结果的，检察机关可发出检察建议，督促执行法院予以解决。③ 我们认为，由于执行行为不当不仅仅涉及规避法律、滥用权力，而且有可能损害当事人及其他相关人员的实体权利义务，因而还是应当予以监督的。

对于不当执行影响到申请执行人、被申请执行人实体权利、侵害第三人合法权益、损害国家利益和社会公共利益的情况；或者不当行为仍然在持续过程中的情况，通过纠正通知书进行监督。对于其他不当执行，发出一般检察建议，指出执行过程中的不当即可。

① 参见王莉、贝金欣：《构建民事执行的检察监督制度》，载《人民检察》2007年第13期。

② 参见江伟、常廷彬：《民事检察监督的改革与完善——民诉法修改应当关注的重大问题》，载《检察日报》2007年5月11日。

③ 参见赵刚、王杏飞：《民事执行检察监督的程序设计》，载《民事行政检察指导与研究》（总第7集），中国检察出版社2008年版，第153页。

2. 对执行裁判行为的监督方式——一般检察建议、纠正违法通知书、再行审查建议书、再行审查通知书

虽然执行裁判行为与审判行为都体现了人民法院的司法权、裁判权，但是由于在不同的诉讼阶段形成、体现人民法院内部不同部门的职权，所以不可能采取相同的监督方式。即使相同或类似的监督方式，也不可能导致相同的后果。对执行裁判行为的监督，不可能导致同一案件审判程序的再次启动；除对能否执行回转裁定的监督外，不可能导致同一案件执行程序的再次启动，只能是同一执行程序内部的变化和调整。

对轻微违法，但不影响实体权利，不损害国家利益、社会公共利益的，通过一般检察建议进行监督。对虽然明显违法，但是不影响申请执行人、被申请执行人、相关权利人的实体权利，不损害国家利益、社会公共利益，通过纠正违法通知书进行监督。对于不仅违法，而且影响实体权利，或损害国家利益、社会公共利益的，先通过发出再行审查建议书进行监督；人民法院不再行审查或再行审查后依然违反法律规定的，向其上一级人民法院发出再行审查通知书，要求其上一级法院对该裁定进行审查。

（三）对执行和解的监督方式——一般检察建议、纠正违法通知书、暂缓执行和解建议书、撤销执行和解建议书、审查建议书

在执行过程中达成的和解，虽然也一定程度上体现了人民法院的裁判权，但其本质是当事人对实体权利的再行处分，是其就实体权利达成的新的协议，体现了当事人对其私权的自由处分权。因而，一方面，对于和解协议本身，如果不损害他人的合法权益、国家利益、社会公共利益，不违反自愿原则，就应予以保护；另一方面，对于执行人员，应当重点监督其是否存在不当介入执行和解的情况。因而，只有在执行和解违反了自愿原则，或损害他人的合法权益、国家利益、社会公共利益，或发现执行人员不当介入执行和解的情况下，才予以纠正。

对于执行人员不当介入执行和解，如果未导致和解违反自愿原

则，也未导致和解协议损害他人的合法权益、国家利益、社会公共利益，且和解已经达成；或和解虽然尚未达成，但执行人员已经不再介入的，发出一般检察建议。如果和解尚未达成，且执行人员仍然参与其中的，发出纠正违法通知书，要求执行人员不再介入。

对于和解违反自愿原则，尚未达成和解协议的，发出暂停执行和解建议书，建议人民法院对导致违反自愿原则的因素进行审查。如果已经达成和解协议的；发出撤销执行和解建议书。

对于和解协议损害他人的合法权益、国家利益、社会公共利益的，发出撤销执行和解建议书。

人民法院不接受建议暂停执行和解或撤销执行和解的，报上一级人民检察院，通过上一级检察院向其上一级法院发出审查建议书。

（四）对执行主体的监督方式

1. 对执行人员的监督方式——更换承办人建议书、违法/违纪处理建议书、移送犯罪线索通知书

我们认为，对于诉讼活动中司法人员的监督，不应仅仅限于对渎职行为的监督，还应包括对于是否存在应当回避的情况、是否存在执行不力的情况、是否存在贪污贿赂等其他职务违法行为的监督。这一点，在修订后的《民事诉讼法》中得到部分认可，赋予了人民检察院对于各级人民检察院对审判监督程序以外的其他审判程序中审判人员的违法行为向同级人民法院提出检察建议的职权。

（1）对于执行人员应当回避而未回避的，向人民法院建议更换承办人。

（2）对于涉嫌渎职、贪污贿赂等职务违法行为的，通过建议更换承办人、建议进行违法/违纪处理、移送犯罪线索的方式进行监督。

我们认为，民事执行检察监督工作中对违法行为的调查权，与职务犯罪侦查部门的侦查权虽存在共同之处，但却有如下区别：首先，职务犯罪侦查部门的侦查大多数是因受理举报线索而启动，民

事执行检察监督中的调查则是因为在监督民事执行活动中发现有违法行为而展开。其次，职务犯罪侦查部门侦查的是涉嫌职务犯罪的行为，民事行政检察部门调查的违法行为，有可能涉嫌职务犯罪，也有可能虽然违法，但不构成犯罪。再次，职务犯罪侦查部门的侦查，其目的在于对该行为是否涉嫌犯罪做出结论，其结果也因是否构成犯罪而不同，对于不构成犯罪的，做撤销案件处理。民事行政检察部门的监督，其侧重点并不在于是否涉嫌犯罪，因而，即使不涉嫌犯罪，也不会不予处理，而是会通过将相关材料移送审判机关的纪律检查部门、建议更换承办人等方式进行处理。又次，对职务犯罪的侦查权由职务犯罪侦查部门行使，对诉讼活动中职务违法行为的监督权，则可以由任何一个有监督权的部门行使，民事行政检察部门只是其中之一，只有经调查发现涉嫌犯罪的，才移送职务犯罪侦查部门。最后，从权力属性来看，职务犯罪侦查部门侦查涉嫌职务犯罪的行为体现了检察机关的职务犯罪侦查权，民事行政检察部门对职务违法行为的调查权，体现了检察机关的法律监督权。

检察机关调查完毕后，应当针对不同情况采取不同的监督方式。①发出违纪、违法处理建议书。对于确有职务违纪、违法行为，但尚未构成犯罪的，向人民法院发出违纪、违法处理建议书，同时移送相关材料。②发出更换承办人建议书。对于确有严重职务违法行为，虽未构成犯罪，但被调查人继续承办案件严重影响正在进行的诉讼活动的公正性，建议人民法院在限定期限内更换承办人。③移送涉嫌犯罪线索。认为有犯罪事实需要追究刑事责任的，应当按照《刑事诉讼法》关于管辖的规定依法移送有管辖权的机关或部门立案侦查，并同时告知被监督的人民法院。

（3）对于既不存在需要回避的情形，也不存在职务违法的情况，但执行人员怠于执行或者执行不力时，可以认为属于不适宜办理执行案件的情形，通过建议更换承办人的方式进行监督。之所以检察机关在上述情况下也可以进行监督，原因有二：一是根据《民事诉讼法》相关规定，执行法院怠于执行的情况下，可以更换执行法院同理，在执行人员怠于执行时，也可以建议更换执行人员。二是在同一执行案件中，检察机关多次针对同一执行人员发出监督文书时，可以认定为执行不力。

2. 对执行法院的监督方式——更换执行法院建议书

对执行法院，主要监督是否存在需要回避的情况、怠于执行的情况、出现新的可执行财产导致需要更换执行法院的情况，发现存在上述情况的，层报上级检察院，向执行法院的上一级法院建议更换执行法院。

(五) 对有影响案件执行行为的监督方式

对于有社会影响的案件的执行行为，实务界有些人士提出检察机关进行现场监督的观点①，现场访问案件当事人，了解执行人员履行职责情况，了解强制措施的采取、查封、扣押财产的处分，了解执行标的是否及时交给申请执行人，并由检察人员根据现场执行监督的情况做相应记录，由法院执行人员、检察人员和当事人签名，保障现场执行监督的规范性和记录的真实性。

我们认为，上述观点尚有亟待完善之处。首先，由于执行活动的特点，在现场可能无法对执行活动进行全面监督，所做的相关记录、填写的相关表格可能无法全面反映执行情况和监督情况。执行活动与审判活动不同，相比而言，审判活动的地点单一且相对封闭，人员固定，且庭审人员的庭审活动都是在法庭内进行的，因而局面较易控制；而执行活动则或是地点相对开放或是可能在同一地点的不同空间，如在同一个单位的不同工作区域，人员较为繁杂，程序和内容都容易发生突然的变化，甚至可能产生突发事件。因而，检察人员出席审判法庭可以达到监督庭审的目的和效果，但是检察人员出席执行现场却不一定能够起到监督的作用。尤其是在被

---

① 参见雷蜜、马树斌：《从实践探索看民事执行监督完善》，载《检察日报》2009 年 10 月 14 日；杨晓林：《改进监督方式促进民事执行》，载《河北法制报》2009 年 12 月 30 日。

执行人或相关人员人数众多，多个执行人员同时实施执行行为时，检察人员在现场很容易顾此失彼，不能全面把握、掌控局面，即使起到一定的监督作用，其效果也是有限的。例如，可能只监督到某个或某几个执行人员的行为，而不能监督到其他同时实施执行行为的所有执行人员的行为；可能只监督到采取某项或某几项执行措施，而不能监督到同时进行的所有执行措施。因而，即使出现违法执行的情况，检察人员也可能无法在现场发现。其次，执行过后，申请执行人、被执行人或其他相关人员对执行中的违法行为向检察机关申诉时，执行人员有可能以检察人员现场监督并未发现不法行为为由，作较为有力的抗辩，不利于对执行违法行为的监督。

因而，我们建议，对于有影响案件执行活动的监督，除现场监督外，还可以同时要求执行人员对执行活动全面进行同步录音录像，并将同步录音录像交检察机关备案，通过同步录音录像发现执行行为违法的，采取相关方式予以监督。

论行政检察的对象和方式

田 力 郝 明 田东平*

当前，不少地方检察机关在机构设置上开始推行民事检察与行政检察分设的模式。民事检察与行政检察制度的独立设置，不仅有利于民事和行政检察队伍的专业化建设，也是民事和行政检察工作科学发展的内在需要，是我国法治建设发展的必然要求，对推进依法行政和依法治国具有重要的现实意义。而如何在适应现实需要中进一步明确行政检察的对象范围，在进行职能定位中进一步完善行政检察的监督方式，进而以其对象和方式为骨架构建整个行政检察制度体系，并据此进一步厘清与检察机关内部其他部门之间的关系，是行政检察要独立存在和发展的基础性问题。

一、确定行政检察对象和方式的立足点

明确的职能定位是行政检察制度独立存在的基础，是确定行政检察监督对象和方式的立足点。我们认为，行政检察作为检察权的组成部分，不能脱离检察机关作为法律监督机关的本质属性和宪法

* 作者简介：田力，最高人民检察院民事行政检察厅执行检察处处长；郝明，北京市人民检察院第二分院民事行政检察处处长；田东平，北京市人民检察院第二分院民事行政检察处处长助理。

定位。[①] 我国《宪法》第129条明确规定，中华人民共和国检察机关是国家的法律监督机关。我国的检察机关之所以独立成为国家权力的重要组成部分，是与我国社会主义国家的政体分不开的。我国实行的是人民代表大会制，人民代表大会的核心权力是立法权，法的制定必然要求法的实施，因此，在人民代表大会下，我国设立了行政机关行使执法权，设立了审判机关行使司法权，并通过法律的颁布要求每个公民自觉遵守法律。毋庸置疑，权力失去监督必然导致滥用和腐败；同时，“徒法不足以自行”，没有有效的、以国家强制力为后盾的法律监督机制，法的实施就是一句空话。由于人大的组织特点，决定了其监督只能是总体的和宏观的，不可能是普遍的和常规的。“为了弥补制约监督的不足，防止权力腐败和被滥用，保证国家权力在法治的轨道上正确运行，就必须在人民代表大会下设立专司监督的法律监督权能，并将权能赋予某一机关，使其成为专门的法律监督机关。”[②] 也就是说，在我国人民代表大会制度下，将检察权作为一项相对独立的国家权力，其目的在于通过检察机关代表人民代表大会实现对法律统一正确实施的经常性监督，监督司法权与行政权，监督公权力的滥用与怠于行使，保障国家法制的统一。[③] 正如有的学者所言，“检察机关作为国家的法律监督机关，其设置的目的和存在的根本价值，在于保障法律的统一正确实施”[④]。事实上，国家法律的实施，离不开司法权与行政权等公权力的行使，公权力的滥用与怠于行使必然影响法律的统一正确实

---

① 姜建初副检察长在2010年9月27日至28日于山东泰安召开的全国部分地区检察机关行政检察工作座谈会上指出，要按照宪法定位认识和思考行政检察监督的职能、范围、方式和程序。

② 朱孝清：《中国检察制度的几个问题》，载《中国法学》2007年第2期。

③ 检察机关与人民代表大会的这种天然关系，在实践中也得到了越来越多的认同。我国各省、自治区、直辖市人民代表大会的常务委员会，均通过了关于加强检察机关法律监督工作（有的称为诉讼监督）的决议或者决定。

④ 张智辉：《检察权研究》，中国检察出版社2007年版，第108页。

施，防止公权力的滥用和怠于行使，与保障法律的统一正确实施具有内在的统一性。从国家权力构建的宪法制度角度和法律实施的角度看，检察监督应当定位于对法律的实施过程中公权力是否依法行使实施法律监督。

要正确理解法律监督，必须立足于我国政权权力架构的宪法定位和法的实施的内在要求。因此，行政检察的职能，相应地应定位为保障行政法律的统一正确实施，监督行政法律实施过程中审判权与行政权的依法行使。换句话说，行政检察的启动，应以在法的实施过程中存在违反行政法律的情形为前提。[①] 我们认为，确定行政检察的对象和方式，正应以检察机关的宪法定位为出发点和归宿。

二、行政检察的对象

对于行政检察的对象，当前理论上和实践中都有不同的观点。有人主张行政检察仅指依据《行政诉讼法》对人民法院已经发生法律效力的判决、裁定进行的监督；有人主张行政检察是根据《行政诉讼法》第 10 条的规定对行政诉讼的检察监督，但监督对象包括行政诉讼的所有参与人、与被诉行政行为有关的任何行政机关、组织和个人[②]；还有人主张行政检察应包括对公共行政活动和行政诉讼活动的监督。我们认为，以监督审判权与行政权，防止其滥用和怠于行使，维护行政法律统一正确实施为出发点，行政检察的对象应与行政法律法规的实施相对应，根据实施主体和环节的不同，具体应包括对人民法院行使行政审判权的活动的监督[③]、对行政机关行政执法行为的监督以及对与公权力行使密切相关的人民法

---

① 参见孙加瑞：《检察监督的对象考证》，载《人民检察》2011 年第 13 期。

② 参见姜明安：《行政诉讼中的检察监督与行政公益诉讼》，载《法学杂志》2006 年第 2 期。

③ 对人民法院行使行政审判权的监督，之所以纳入到行政检察范畴，主要是因为行政审判所调整的是行政法律关系，其审查的是行政主体的行政行为，适用的主要是行政法律。

院和行政机关工作人员是否依法履行职责的监督。

（一）对人民法院行政审判活动的监督

人民法院通过行政诉讼活动行使行政审判权，对行政主体的具体行政行为进行司法审查，为行政相对人受到行政权侵害的权益提供司法救济，是行政法律得以统一正确实施至关重要的环节。行政审判权是否依法行使，行政法律在行政诉讼领域是否得到正确统一实施，属于行政检察的范畴。行政诉讼活动从审判权行使角度而言，是以人民法院行使行政审判权为核心（主导）的，包括受理、审理、裁判、执行等各个环节。人民法院审判权的行使有的以作出法律文书为表现形式，有的以审判行为为表现形式，而人民法院作出的法律文书有的可以适用再审程序，有的不适用再审程序，但无论人民法院作出的法律文书是否适用再审程序，只要该法律文书是人民法院行使审判权的结果，都应当属于人民检察院法律监督的范畴，审判行为也不例外。也就是说，检察机关在行政诉讼中对人民法院的行政审判活动均有监督的权力。实际上，检察权对以审判权为核心的司法活动的监督，早在我国清末引入司法制度之初就已确立。检察制度恢复以来的实践证明，检察权对审判权的分权制衡，从体制上保障了人大权力的集中统一行使和国家法律的统一正确实施。检察权的程序性、中间性与审判权的实体性、终局性相得益彰，促进了审判权的独立行使和公正行使，从根本上维护了司法权威。

检察机关对人民法院行政审判活动进行监督，早在1989年出台的《行政诉讼法》中就被确定。该法第10条规定：人民检察院有权对行政诉讼实行法律监督。但该规定过于概括，并没有明确行政检察的具体对象。我们认为，对人民法院审判活动的监督应包括以下方面：

1. 对人民法院生效行政判决、裁定、决定和行政赔偿调解等法律文书的行政检察

已发生法律效力的行政判决和裁定，是人民法院行使行政审判

权的结果，该结果是否正确、合法，需要同时满足以下 4 个条件：一是认定案件基本事实的证据达到行政诉讼的证明标准；二是适用法律正确；三是审判程序合法；四是审判人员在审理该案时无贪污、受贿、徇私舞弊、枉法裁判行为。不符合上述条件之一的裁判结果，难以得出该判决、裁定合法的结论。

另外，现行《行政诉讼法》规定，“人民法院审理行政案件，不适用调解”，但行政赔偿诉讼可以适用调解。对行政赔偿案件调解，促成双方达成调解协议是行政赔偿案件重要的结案方式，也是化解矛盾，维护社会和谐稳定的有效手段，但行政赔偿调解应当遵循当事人自愿及调解协议内容不得违反法律规定的自愿、合法原则。调解书经过人民法院行使审判权确认，并赋予了与判决、裁定同等的法律效力，说明调解书是人民法院行使审判权的结果。对于不适用调解的行政诉讼，以调解书作为结案方式，或者行政赔偿诉讼的调解违反自愿、合法原则，以及发生法律效力的行政判决、裁定，不符合合法条件的，均属于未依法行使审判权的结果，其必然影响行政法律的统一正确实施，当然属于人民检察院行政检察的对象。

目前，当事人对生效行政裁判不服的，有两种申诉途径，一是向法院申请再审，二是向检察机关申诉。这种模式在实践中出现不少问题：当事人往往两头申诉，两院各自审查，造成资源浪费；有时形成借阅审判卷宗的争抢；有时两院出现不同的申诉审查结果，损害司法的公信力等。我们认为，对裁判的全面审查，包括是否违反证据规则、法律适用是否正确、裁决背后有无职务犯罪等，归属于法律监督的范畴更为适宜。因此，取消法院目前的启动再审制度，将当事人不服法院裁判的申诉案件，全部交由检察机关按照审判监督程序审查并决定是否启动再审，将不失为一项有益的制度选择。[①]

2. 对人民法院行政诉讼中违反法律规定行为的行政检察

除判决、裁定、决定等法律文书外，人民法院的审判活动还包括受理、管辖、保全、回避、证据调查、庭审、强制措施、送达等不以书面法律文书方式表现出来的审判行为，这些审判行为中存在的违法包括作为和怠于履行职责的不作为两种情形。由于人民法院是诉讼进程中的主导者和指挥者，人民法院的审判行为对当事人的诉讼权利和诉讼的进程与诉讼的结果能够产生重要的影响。如人民法院不受理的行政案件不出具书面裁定，对具备受理条件的起诉以种种理由进行刁难，强迫当事人撤诉、违法送达，或者长期不开庭、不判决、对当事人提出的回避、保全申请置之不理等方式违法行使或者不履行审判职责，这些行为都是违反《行政诉讼法》的有关规定而行使审判权的行为，损害了司法机关的威信，影响行政诉讼制度功能的实现，阻碍了法律的统一正确实施，理应成为检察机关行政检察的对象。

3. 对人民法院作出准予、不准予非诉行政行为执行裁定的行政检察

非诉行政行为是指未经过行政诉讼的行政行为。因行政行为生效后具有执行力，但未经过行政诉讼的行政行为是否合法不无疑问，故对于申请人民法院行政执行的非诉行政行为，需要经过人民法院的合法性审查，被确认合法的非诉行政行为才能获得人民法院的强制执行。人民法院对于非诉行政行为是否合法的审查，应当遵循《行政诉讼法》和最高人民法院《关于执行〈中华人民共和国行政诉讼法〉若干问题的解释》及相关行政法律、法规的有关规定，进而作出准予、不准予非诉行政行为执行裁定。对于人民法院是否依法作出准予、不准予非诉行政行为执行裁定，直接关系到行

① 参见王鸿翼、杨明刚：《审判监督程序中再审启动主体制度的重构》，载《人民检察》2006 年第 5 期。

政法律、法规的统一正确实施，亦涉及人民法院审判权是否合法行使，其应当成为行政检察的对象。

4. 对人民法院行政强制执行活动的行政检察

人民法院的强制执行包括人民法院强制执行行政裁判、行政赔偿调解书的行为和行政强制执行非诉行政行为的活动。在执行依据合法的情况下，也可能存在强制执行行为本身错误的情形，如滥用执行权、扩大执行范围、执行对象错误等，因此，将人民法院强制执行行为作为行政检察的对象，完全符合检察监督的宪法定位。在对裁判文书的执行上，人民法院的行政执行与民事执行并没有本质的不同，故“两高”于2011年3月联合下发的《关于在部分地方开展民事执行活动法律监督试点工作的通知》中，在对人民检察院对人民法院民事执行活动开展法律监督作出明确规定的同时，也作出了“人民检察院对人民法院执行行政判决、裁定、行政赔偿调解和行政决定的活动实施法律监督，其范围和程序参照本通知执行”的规定。

5. 对司法解释和一般性指导意见的监督

对于行政审判实践中的疑难问题或经常性的问题，最高人民法院往往出台司法解释，地方法院也会制定一般性指导意见，来规范和指导司法审判工作，保障行政法律的统一正确适用。实际上，司法解释和指导意见同样属于法的实施的重要方式，如果说案件裁判属于个别性行为，司法解释和指导意见不过是司法环节中的一般性行为，同样应纳入检察监督的范畴。如果涉及行政法律适用的司法解释或指导性意见违背了法律的明确规定，检察机关亦应进行行政检察。

（二）对行政机关行政行为的监督

行政行为是行政主体在实施行政管理活动、行使行政职权过程中所作出的具有法律意义的行为。[①] 行政机关的行政行为应否纳入行政检察监督的范畴，目前尚有争议。在主张行政行为作为行政检察对象的观点中，也存在由行政诉讼监督延伸至行政行为监督和直接对行政行为监督之别。我们认为，从行政行为的执法性特点和保障行政法律统一正确实施的角度出发，行政检察也包括对行政机关行政行为的监督，既可以由行政诉讼监督延伸至行政行为监督，也可以直接对行政行为予以监督。而且，由检察机关对行政行为进行监督，同样体现了分工与监督制约的宪法原则。当前我国行政权过于强大，行政机关不作为、乱作为、粗暴执法、滥用职权等违法现象相当普遍。究其原因，主要在于自律机制不能治本，而外部监督机制尚不健全、无法与之形成制衡关系。将行政行为作为行政检察的对象，可以与其他监督形式相辅相成，发挥法律监督的独特优势，弥补其他监督形式的不足，从而有效发挥制约行政权膨胀的功能。

事实上，我国现行法律已有检察权对行政权监督的规定。[②] 如1979 年由全国人民代表大会常务委员会批准的《国务院关于劳动教养的补充规定》第 5 条规定：人民检察院对劳动教养机关的活动实行监督；1990 年国务院颁布的《看守所条例》第 8 条规定：看守所的监管活动受人民检察院的法律监督；1994 年《监狱法》第 6 条规定：人民检察院对监狱执行刑罚的活动是否合法，依法实行监督；1995 年《人民警察法》第 42 条规定：人民警察执行职务，依法接受人民检察院和行政监察机关的监督；2001 年国务院《行政执法机关移送涉嫌犯罪案件的规定》第 14 条规定：行政执法机关移送涉嫌犯罪案件，应当接受人民检察院和监察机关依法实

---

① 参见罗豪才、湛中乐主编：《行政法学》（第 2 版），北京大学出版社 2006 年版。

② 参见王玄玮：《论检察权对行政权的法律监督》，载《国家检察官学院学报》2011 年第 3 期。

施的监督；2005 年《治安管理处罚法》第 114 条规定：公安机关及其人民警察办理治安案件，不严格执法或者有违法违纪行为的，任何单位和个人都有权向公安机关或者人民检察院、行政监察机关检举、控告；收到检举、控告的机关，应当依据职责及时处理。

但是，上述有关规定并非都属于对行政机关的行政行为检察监督的范畴。我们认为，作为行政检察对象的行政行为，应是行政主体实施行政法律的行为，所调整的应是行政法律关系。而监狱、看守所的活动以及行政执法机关移送涉嫌犯罪案件的行为，属于刑事法律规范的范畴，应作为刑事检察而非行政检察的对象。只有对劳动教养机关的活动、人民警察执行行政职务的行为和公安机关及其人民警察办理治安案件不严格执法或违法违纪行为的监督属于对行政机关行政行为检察监督的范围。

虽然我国现行立法对行政机关行政行为检察监督的规定极其有限，各项规定之间也没有自觉的一致性，但存在立法依据却是不争的事实。实践中，许多地方检察机关已经开展了对行政执法行为的监督工作。①

1. 对具体行政行为的行政检察

具体行政行为是指在行政管理过程中，针对特定的人或事采取具体措施的行为，其行为的内容和结果将直接影响某一个人或组织的权益。具体行政行为最突出的特点，就是行为对象的特定性和具体化。具体行政行为是实施行政法律的重要途径之一，理应属于行政检察的范畴，但由于我国法律已经规定了行政复议和行政诉讼两种救济途径，对于一般的违法具体行政行为，检察机关应首先建议行政相对人提起行政复议或行政诉讼，不宜直接予以监督。只有违

---

① 如深圳市南山区区委下发了《南山区建立行政执法检察监督机制工作方案》，明确南山区人民检察院有权对重大责任事故、行政违法行为、重大行政处罚及社会热点问题等四类行政执法行为进行监督。河南省各级检察机关经过实践探索，形成了三种行政检察监督模式，即紧密结合抗诉业务开展行政执法监督的“淮滨模式”、紧密围绕公共利益开展监督的“南阳模式”以及全面对行政执法行为开展监督的“宜阳模式”等。

法具体行政行为损害国家利益和社会公共利益，检察机关具有介入必要性和适当性的，才应作为行政检察的对象。

损害国家利益和社会公共利益的违法具体行政行为，包括作为和不作为。近些年，对于相关行政部门不行使或怠于行使自己的监管职责，致使国有的自然资源、国家文物、环境或国有资产、公益资金等遭受损失，从而损害国家利益或社会公共利益的行为，检察机关开展了卓有成效的监督，主要是通过督促行政机关履行职责或者督促其提起民事诉讼的方式，对行政机关存在的上述情形实行行政检察，取得了良好的法律效果、政治效果和社会效果。

2. 对抽象行政行为的行政检察

抽象行政行为是行政机关针对不特定的人和不特定的事制定具有普遍约束力的规范性文件的行为，包括行政立法和其他抽象行政行为。目前，抽象行政行为并不属于行政诉讼的受案范围，权力机关的监督和社会监督也不到位，致使抽象行政行为存在不少问题，如制定规范性文件的主体混乱，随意性大，越权情况严重，其内容与上位规范性文件不相符合甚至出现抵触等，已经成为亟须予以法律监督的重点领域。

实际上，现行立法不仅没有否定，甚至还在一定程度上提供了行政检察对抽象行政行为的监督路径。《立法法》第 90 条规定：国务院、中央军事委员会、最高人民法院、最高人民检察院和各省、自治区、直辖市的人民代表大会常务委员会认为行政法规、地方性法规、自治条例和单行条例同宪法或者法律相抵触的，可以向全国人民代表大会常务委员会书面提出进行审查的要求，由常务委员会工作机构分送有关的专门委员会进行审查、提出意见。《规章制定程序条例》规定，国家机关、社会团体、企业事业组织、公民认为规章同法律、行政法规相抵触的，可以向国务院书面提出审查的建议，由国务院法制机构研究处理；如认为较大的市的人民政府规章同上位法相抵触的，也可以向本省、自治区人民政府书面提出审查的建议，由省、自治区人民政府法制部门研究处理。《法规规章备案条例》规定，国家机关、社会团体、企业事业组织、公民认为地方性法规同行政法规相抵触的，或者认为规章以及国务院各部门、省、自治区、直辖市和较大的市的人民政府发布的其他具有普遍约束力的行政决定、命令同法律、行政法规相抵触的，可以向国务院书面提出审查建议，由国务院法制机构研究并提出处理意见，按照规定程序处理。《规章制定程序条例》和《法规规章备案条例》中的"国家机关"，当然包括检察机关。上述方式学者称之为法规违宪审查建议权。①

但据了解，近些年的法规违宪审查建议多由公民联名自发提起②，还没有出现由国家机关提起的案例。而公民的审查建议往往石沉大海，杳无音信，无法当然启动违宪审查程序。如果通过建立回复机制或将建议权发展为诉权来实现建议人的预期目的，则不仅需要方方面面的长期制度积累，将来还会把有权审查机关置于频繁应对不特定人的审查要求的境地。在这种情况下，把法规违宪审查建议权归口赋予检察机关，不仅是对宪法将检察机关定位为国家专门法律监督机关的具体落实，还可以实现对不特定公民审查要求的预先审查和把关，从而减少各种不确定因素，保障法规违宪审查建议的质量和效果。对行政立法以外的其他抽象行政行为进行监督也

---

① 参见胡建淼、金承东：《"法规违宪审查建议权"的困境》，载《法制日报》2004年2月12日。也有学者进行了更细致划分，将《立法法》第90条第1款的规定称为违宪审查要求权，将第2款规定称为违宪审查建议权；将《规章制定程序条例》和《法规规章备案条例》的有关规定称为法规合法性审查建议权。详见张卓明：《论法规合法性审查建议权》，载贺海仁主编：《公益诉讼的新发展》，中国社会科学出版社2008年版，第105～114页。

② 参见胡建淼、金承东：《"法规违宪审查建议权"的困境》，载《法制日报》2004年2月12日。也有学者进行了更细致划分，将《立法法》第90条第1款的规定称为违宪审查要求权，将第2款规定称为违宪审查建议权；将《规章制定程序条例》和《法规规章备案条例》的有关规定称为法规合法性审查建议权。详见张卓明：《论法规合法性审查建议权》，载贺海仁主编：《公益诉讼的新发展》，中国社会科学出版社2008年版，第105～114页。

是同样的道理。

3. 对行政机关诉讼违法行为的行政检察

对行政机关的诉讼违法行为进行监督，是由我国行政机关在政治和社会生活中过于强势的地位、法院仍然不能真正实现独立审判的实际情况，以及保障相对人行政诉权的实际需要决定的。检察机关对行政机关的行政诉讼行为的监督对象，主要是行政机关在行政诉讼中实施的不当影响行政诉讼的行为，如行政机关违法采取行政制裁、处分、调动工作、不履行保护职责等诉讼外的手段，或者以实施该手段为威胁，迫使原告以及诉讼参加人放弃诉讼或者退出诉讼的；行政机关利用职权对审判机关以及审判人员违法施加影响，非法干涉行政审判独立公正进行的；行政机关违反《行政诉讼法》的规定，在行政诉讼中为证明行政行为的合法性自行向原告和证人收集证据的行为。在最高人民法院公报公布的行政诉讼案例中就有原告起诉公安机关后，公安机关竟然将原告非法拘留的例子，足以说明检察机关对行政机关诉讼行为进行监督的必要性。

三、行政检察监督的方式

虽然目前法定的监督方式只有抗诉一种，但经过实践探索创新和借鉴域外司法经验，行政检察的方式有所丰富，但这些方式需要进一步梳理归纳。

（一）进行事实调查

进行事实调查是行政检察不可缺少的基础和前提，只有享有调查权，才能及时发现行政法律领域的违法情形的存在。事实调查不是侦查，在监督中发现犯罪线索的，应及时移送侦查部门。事实调查也不是为一方当事人调查取证，以致干扰或影响其他权利的正常行使。

事实调查包括调阅审判卷宗、要求相关当事人说明情况以及调查取证等。随着司法改革的推进，事实调查已经不仅仅是检察监督的基础性手段，同样也是一种监督方式。这种监督方式已经被

“两高三部”《关于对司法工作人员在诉讼活动中的渎职行为加强法律监督的若干规定（试行）》所确认。虽然说检察机关行政检察部门不再直接行使职务犯罪侦查权，但并不意味着行政检察部门无权对行政诉讼中的违法行为进行调查。行政检察部门应当在办理行政诉讼监督案件中，对发现的职务违法行为进行调查，查明违法行为的主体、违法行为的表现、造成的后果以及违法行为产生的原因以及根源等。对于涉嫌构成犯罪的，应当依照相关规定将线索移交相关职能部门进一步处理。

（二）提出行政抗诉或者再审检察建议

提出行政抗诉是我国《行政诉讼法》明确规定的检察机关实行行政检察的方式，抗诉的法律后果是启动审判监督程序，强制启动再审。因此，适用抗诉方式的行政检察的对象的范围只能是可以适用再审的行政判决、裁定。

与民事诉讼不同，在行政诉讼中人民法院作出的判决，均可以适用审判监督程序，启动再审。而行政诉讼中的裁定并非都能适用再审程序。目前，不予受理、驳回起诉、管辖权异议、准予撤诉、按撤诉处理的裁定可以适用再审程序，具有法律依据，但终结诉讼的裁定是否可以再审，尚无明确规定。我们认为，因终结诉讼的裁定具有终局性，具有约束当事人不得以同一事实与理由再次提出诉讼的效力，如其确有错误，应赋予其适用再审对当事人予以救济的效力。

根据最高人民法院在《关于规范人民法院再审立案的若干意见（试行）》中的规定，行政赔偿调解协议违反自愿原则，内容违反法律或损害国家利益、公共利益和他人利益的，人民法院应当再审。这说明以调解书为表现形式的诉讼结果，可以适用再审。故对确有错误的行政赔偿调解书的行政检察亦可以通过抗诉方式进行。

根据现行法律规定，上级人民检察院对下级人民法院已经发生法律效力的行政判决、裁定，发现违反法律、法规规定的，有权按照审判监督程序向同级人民法院提出抗诉。该规定导致人民检察院无权对同级人民法院违反法律、法规规定作出的生效裁判以提出抗诉的方式直接进行监督，其只能以提请抗诉的方式将同级人民法院作出的违反法律、法规规定的生效裁判提请上级人民检察院实行监督，其结果是不仅增加了监督成本，也不符合法律监督是平行的国家权力之间的监督权力架构。

根据现行法律关于人民法院可以对本院违反法律、法规规定的但已经发生法律效力行政判决、裁定、调解书决定并进行再审的规定，人民检察院发现同级人民法院作出的已经发生法律效力行政判决、裁定、调解书，违反法律、法规规定的，通过向该同级人民法院提出再审检察建议的方式行使行政检察权，建议人民法院自行启动再审。这种方式已经被"两高"联合下发的《关于对民事审判活动与行政诉讼实行法律监督的若干意见（试行）》所明确。再审检察建议的适用范围与抗诉的适用范围相同。

需要指出的是，以提出再审检察建议的方式实行同级监督是有效途径，同级监督还需要通过修改《行政诉讼法》进一步规定。

（三）提出检察建议或者检察意见

2009 年 9 月，最高人民检察院通过了《人民检察院检察建议工作规定（试行）》，其中明确规定了检察建议的定义，即检察建议是人民检察院为促进法律正确实施、促进社会和谐稳定，在履行法律监督职能过程中，结合执法办案，建议有关单位完善制度，加强内部制约、监督，正确实施法律法规，完善社会管理、服务，预防和减少违法犯罪的一种重要方式。第 5 条明确规定了可以适用检察建议的六种情形。从该规定的条文看，检察建议主要针对被监督对象存在的制度、管理层面或宏观方面的有碍法律正确实施的问题，而对于具体的确定的违法行为的纠正等，则并未列在检察建议的适用情形之中。

我们认为，对于经检察机关调查核实的具体的确定的行政审判违法行为和属于行政检察范围的行政违法行为，检察机关有权提出明确的纠正要求而不是向被监督主体提出希望其自行纠正的建议，因为从本质上说，对于建议接受与采纳与否完全取决于被建议主体的自觉性，建议本身不具有律他性，而对于检察机关依法提出的意见和要求，被监督主体必须作出处理和回应，即对于检察机关提出的意见要求正确的，应当服从接受；对于检察机关提出的存在瑕疵的意见和要求，被监督主体应当积极作出回应予以说明，以体现国家专门法律监督机关监督的强制性效力。检察建议从形式上和效力上并不能适应这种需要。因此，有必要建立比检察建议效力更强的监督方式，我们称之为提出检察意见。

实践中，不少地方检察机关在履行检察监督职责过程中采用的发出《纠正违法通知书》、督促履行职责建议书（意见书）等方式，应属于检察意见的范畴。目前应根据检察建议和检察意见两者适用情形的不同，进一步区分并规范检察建议和检察意见的使用。对人民法院作出的不适用再审程序的法律文书，如违反法律、法规规定的准予或者不准予执行具体行政行为的裁定、诉讼保全裁定、强制措施决定，以及审判行为违法等实施行政检察时，应适用检察意见方式，对行政主体的行为实行行政检察时也应适用检察意见的方式。

上述检察建议、检察意见在检察监督（包括行政检察）实践中发挥了积极作用，但因尚缺乏明确的刚性的效力保障规定，造成检察机关提出检察建议或者检察意见后，有些未能得到回应，一定程度上影响了行政检察的效果。所以，对于检察建议、检察意见需由立法统一确认，并赋予适当的效力。

（四）提起行政公诉

行政公诉是指检察机关针对行政机关侵害国家利益和社会公共利益的行政行为，向法院提起的行政诉讼。行政公诉的原告和被告为特定的主体，即原告为检察机关，被告为行政机关（行政主体），行政公诉的对象是行政主体实际侵害国家、社会公共利益或者公共秩序或有侵害之可能的公权力行为，包括作为和不作为、具体行政行为和抽象行政行为。[①] 检察机关提起行政公诉不是为了自己的利益，而是基于违法行为对法律秩序的破坏和对公共利益的危害。

提起行政公诉是法律监督的有效手段。正如孙谦副检察长所言："如果没有检察机关提起公诉，那么将有相当大数量的行政违法行为没有适格原告提起行政诉讼，从这个意义上说，游离于检察监督之外实际上也意味着游离于行政诉讼制度的监督体系之外。因此，由检察机关采用诉讼形式，利用国家检察权力启动审判，通过检察权和审判权两种权力的合理运用，发挥司法的政策引导功能和强制威慑功能，从而实现司法权对行政权的制约，这是十分必要的。"[②]

行政公诉与行政公益诉讼存在交集，但两者的侧重点并不相同。提起行政公诉的目的是维护法律的统一正确实施，并在纠正违法行为中恢复被破坏的利益关系，是违法性和公益性并重，而公益诉讼旨在维护社会公共利益，违法性并不是重点。提起行政公诉是检察机关的专有职能，而其他社会组织甚至个人，都可以成为行政公益诉讼的提起者。

四、结语

民事行政检察制度自1989年恢复重建以来，虽然经历了20多年的发展，但仍未达到其应然的状态，远远不能适应司法发展和社会发展的需要。其根本原因在于法律规定的缺失。本文仅是依据《宪法》但又超越现行法律规定的理论探讨，以期能形成更多共识，而行政检察制度的真正健全和发展，离不开法律的明确授权。

---

① 参见黄学贤、王太高：《行政公益诉讼研究》，中国政法大学出版社2008年版，第43页。

② 孙谦：《设置行政公诉的价值目标和制度构想》，载《中国社会科学》2011年第1期。

论非诉行政执行检察监督的制度构建

贾小刚　王天颖　吕玖昌　李　颖*

一、导语

非诉行政执行是指行政相对人对行政机关作出的具体行政行为在法定期限内不申请行政复议，也不提起行政诉讼，又不履行具体行政行为，行政机关依法申请人民法院强制执行的行为。

开展非诉行政执行案件检察监督工作基于以下三个方面原因：一是从法院的行政审判活动来看，非诉行政执行案件数量已经超过了行政诉讼案件，加强对非诉行政执行案件的检察监督，有利于法院及时纠正错误裁判，正确执行国家行政法律，化解社会矛盾。二是从非诉行政执行案件自身的特点来看，开展非诉行政执行案件检察监督有利于促进行政机关依法行政，维护行政相对人合法权益。人民法院的非诉行政执行案件裁定一经做出就具有了法律效力，行政相对人没有上诉的救济渠道，通过开展非诉行政执行案件检察监督工作，可以为行政相对人开辟一条救济途径，满足行政相对人的合法诉求。三是从规范非诉行政执行案件检察监督工作来看，由于

* 作者简介：贾小刚，最高人民检察院民事行政检察厅副厅长；王天颖，最高人民检察院民事行政检察厅行政检察处副处长；吕玖昌，吉林省人民检察院行政检察部处长；李颖，吉林省人民检察院行政检察部检察官。

没有非诉行政执行案件检察监督的有关规定，非诉行政执行案件监督工作很难有效开展，新修改的《行政诉讼法》第101条规定，“人民法院审理行政案件，关于期间、送达、财产保全、开庭审理、调解、中止诉讼、终结诉讼、简易程序、执行等，以及人民检察院对行政案件受理、审理、裁判、执行的监督，本法没有规定的，适用《中华人民共和国民事诉讼法》的相关规定”，明确规定了检察机关可以对非诉行政执行案件进行监督，必将促进非诉行政执行案件检察监督工作的规范和深入开展。

目前全国部分检察机关开展了非诉行政执行检察监督工作，积累了一些有益的经验，本调研报告从学理层面论述了非诉行政执行的内涵、特点、性质、制度沿革、国外行政强制执行模式及我国非诉行政执行制度的成因，结合调研梳理了非诉行政执行案件情况、特点及其存在的问题，在分析非诉行政执行检察监督的必要性和可行性的基础上，结合全国非诉行政执行检察监督的现状及经验，对非诉行政执行进行检察监督进行了制度构建，明确了非诉行政执行检察监督的原则、受案范围、案件来源、管辖与责任和审查，并对非诉行政执行检察监督的重点问题进行了剖析。

二、非诉行政执行制度概述

（一）非诉行政执行的内涵

非诉行政执行，并非《行政诉讼法》上的法律用语，而是司法实践中对《行政诉讼法》“公民、法人或者其他组织对具体行政行为在法定期限内不提起诉讼又不履行，行政机关可以申请人民法院强制执行，或者依法强制执行”规定中“申请人民法院强制执行”内容的概括表述。按照《行政强制法》的框架，对生效具体行政行为的强制执行有两个途径与主体：其一为行政机关依法自行强制执行，其二为申请人民法院强制执行，两者统称为行政强制执行，最大的区别在于执行主体[1]；而“非诉”的表述，则反映其系与“诉讼”相对应的属性，“行政诉讼执行是指对法院生效法律文书的执行；而非诉行政执行是指对具体行政行为确定的义务人在法律期限内既不起诉又不履行，由行政机关申请法院强制执行，因其未经过法院的诉讼程序审查而得名”[2]。“非诉行政执行案件”跨越行政实体法与行政诉讼法，涉及行政权与司法权的范围界定。非诉行政执行是指行政相对人在法定期限内不提起行政诉讼又不履行已经生效的具体行政行为确定的义务，人民法院依据行政主体或者行政裁决确定的权利人的执行申请，经过与诉讼审查不同的审查，裁定执行生效的具体行政行为的活动。

（二）非诉行政执行的特点

非诉行政执行案件的性质是“行政”，其特点是“非诉”和“法院执行”。其中既包含了相对人对具体行政行为在法定期限内不起诉且拒不履行，又指明了是申请司法机关予以强制执行的方式。具体来讲，其特点表现在以下四个方面：

1. 执行主体是人民法院，但必须在申请人的申请下实施，而不能主动进行。

2. 执行的对象是生效的且具有可执行内容的具体行政行为，并且是经过与诉讼审查不同的合法性审查的具体行政行为。

3. 申请人是作出被申请执行的具体行政行为的行政主体或行政机关对平等主体之间民事争议进行裁决的生效具体行政行为确定的权利人或者其继承人、权利承受人。

4. 非诉行政执行的前提是相对人在法定的期限内，既不提起行政诉讼，又拒不履行具体行政行为所确定的义务。

非诉行政执行与行政强制执行、司法强制执行有着密切的联系，但又有不同特点。行政机关申请人民法院执行的非诉行政案

---

① 罗豪才主编：《行政法学》，中国政法大学出版社1999年版，第186～187页。

② 马怀德主编：《行政诉讼原理》，法律出版社2004年版，第448页。

件，不同于行政机关申请人民法院执行生效的法院判决、裁定的行政案件。

（三）非诉行政执行的性质

要想解决非诉行政执行制度的诸多问题，必须明确非诉行政执行的性质，非诉行政执行的性质决定着未来非诉行政执行制度的发展。在法理学界和司法实务界对非诉行政执行的性质，众说纷纭。行政机关申请人民法院强制执行其具体行政行为，这种执行模式，既有行政因素也有司法因素。其究竟是什么性质，对此存在较大的争议，并形成两种截然不同的观点。

1. 非诉行政执行的行政行为说

该说认为，非诉行政执行属于行政性质。这种说法是据法院的执行依据来定性的，执行依据是行政决定，所以法院执行行政决定是行政权的实现过程。在非诉行政执行中，法院依据行政决定实施强制执行，是行政权的延伸和继续，体现的是行政职能。与此相似的观点还有，行政决定（行为）的强制执行是由行政机关实施的，而不应该由其他机关为之。人民法院执行行政机关的行政决定，是行政强制执行的继续和延伸。非诉行政执行，在某种意义上说是行政机关委托法院代其实施强制执行。法院实施强制执行，行使的是行政权，是受行政机关的委托，符合行政委托规则。行政行为说认为执行权的性质取决于执行的依据即具体行政行为的性质，非诉行政执行主要是借助法院的力量实现具体行政行为的内容，在性质上属于委托或协助，应当遵循委托行政的规则。

2. 非诉行政执行的司法行为说

该说认为，我国的非诉行政执行属司法行为，是司法权运行的结果，是行政机关借助司法权来实现行政决定。非诉行政执行是法院凭借司法权力，强制义务人履行义务，其性质应为司法性质。理由是：首先，人民法院受理非诉行政执行案件后，对具体行政行为的强制执行，其整个过程是借助司法手段，以实现具体行政行为所确定的权利义务状态。这是一种司法程序，而不是一种行政程序。

其次，人民法院属于司法机关，人民法院在执行程序中下达的法律文书是司法文书，使用的手段是司法手段。最后，人民法院在非诉行政执行中出现执行错误，属于司法赔偿。

依据两种不同的观点，在明确非诉行政执行性质时不能单纯以执行机关和执行内容来确定，要从现有的法律依据和制定非诉行政执行制度入手来考察。纵观非诉行政执行全过程，非诉行政执行既具有行政行为的性质，又具有司法行为的性质。非诉行政执行制度具有中国特色，与域外的行政强制执行模式有很大的区别，主要目的一是由人民法院进行审查执行更有利于保护行政相对人的合法权益，监督行政机关依法履职；二是节约行政管理成本；三是由法院统一行使强制执行能够保障执行行为规范，减少国家赔偿责任；四是强制执行需要严格的实体规则和程序规则的规范和控制。按照新修改的《行政诉讼法》及其原司法解释和《行政强制法》的相关规定，非诉行政执行包括行政裁定、行政主体对非诉行政执行申请、法院对非诉行政执行案件的立案、审查和裁定、法院的强制执行和行政主体的强制执行。行政裁定属于行政行为，对非诉行政执行申请属于行政行为，法院对非诉行政执行案件的立案、审查和裁定属于司法行为，按照法律规定法院的强制行为属于司法强制行为，2012 年 3 月 26 日，最高人民法院出台《关于办理申请人民法院强制执行国有土地上房屋征收补偿决定案件若干问题的规定》(以下简称《规定》)，在房屋征收补偿领域确立了“裁执分离”，由此由行政机关强制执行的行为属于行政行为。综上所述，按照目前的法律法规规定，非诉行政行为是行政行为和司法行为的混合体，兼具司法权和行政权的性质，非诉行政行为存在的诸多问题是行政权和司法权不能正确履职，相互推诿，都想把“难啃的硬骨头”推给对方，检察机关作为法律监督机关应该监督行政权和司法权的正确行使，不断完善非诉行政执行制度。

(四) 非诉行政执行的制度沿革

非诉行政执行制度在我国已走过了 20 多年的发展历程，并于实践中取得了显著成效。在这20多年间，非诉行政执行制度经历了一个从无到有、从不完善到逐步完善的过程，对非诉行政执行制度的理论研究也不断向纵深发展。但与此同时，这一制度在实践运行中也存在种种弊端和问题。

1. 1990年《行政诉讼法》颁布实施前的行政强制执行情况

我国的行政诉讼和行政强制执行早在《行政诉讼法》实施（1990年10月1日）以前就开始了。1982年3月《中华人民共和国民事诉讼法（试行）》第3条第2款规定："法律规定由人民法院审理的行政案件，适用本法。"第170条规定："执行员接到申请执行书或移交执行书，应当在十日内了解案情，并通知被执行人在指定的期限内履行，预期不履行的，强制执行。"这是我国最早关于行政强制执行的规定。1984年8月最高人民法院《关于贯彻执行〈民事诉讼法（试行）〉若干问题的意见》第3条规定："行政主管机关作出的处理决定，依法申请人民法院强制执行时，须提交申请执行书、据以执行的法律文书和其他必须提交的材料。人民法院发现处理决定确有错误，可发还有关机关复议。"这里首次对行政强制执行的程序作出规定。1985年9月最高人民法院法（经）复〔1985〕49号《关于人民法院依法执行行政机关的行政处罚决定应用何种法律文书问题的批复》规定："人民法院在接到主管行政机关的申请执行书后，应当了解案情，如果认为处罚决定正确，则用《执行通知书》通知被执行人在指定的期限内履行。逾期不履行的，强制执行。如果发现处罚决定确有错误，则不予执行，并通知主管行政机关。"这是我国首次对行政强制执行作出专门规定。1986年10月，我国第一个基层法院行政审判庭在湖南省汨罗县人民法院成立。之后，行政审判庭在全国范围内的人民法院相继成立，行政诉讼案件依照民事诉讼法审理。相应地，行政主体对不履行行政决定的相对人，申请人民法院强制执行，人民法院在接到申请后，实际上是将行政决定视同法院的判决书、调解书等其他生效的法律文书，交由法院负责执行的机构强制执行。

2. 1990《行政诉讼法》框架下非诉行政执行情况

1990 年 10 月 1 日实施的《行政诉讼法》第 66 条规定："公民、法人或者其他组织对具体行政行为在法定期限内不提起诉讼又不履行的，行政机关可以申请人民法院强制执行，或者依法强制执行。"它对行政强制执行问题作了较为统一的规定，之后我国制定的单行法律、法规，都是在《行政诉讼法》第 66 条规定的框架内进行设计的。1991 年 5 月最高人民法院《关于贯彻执行〈中华人民共和国行政诉讼法〉若干问题的意见（试行）》（以下简称《若干意见》）第 85 条规定："行政机关依法申请人民法院强制执行时，如果人民法院发现据以执行的法律文书确有错误，经院长批准，不予执行，并将申请材料退回行政机关。"这里仅仅表达了对确有错误的具体行政行为不予执行，同时规定了不予执行的情况及处理办法，但没有规定以什么形式确定对具体行政行为的执行与不予执行。进行审查的机构与法院执行民事诉讼的裁判或其他法律文书的机构一样，都是执行庭。1996 年 4 月最高人民法院《关于处理行政机关申请人民法院强制执行案件分工问题的通知》（以下简称《执行案件分工问题的通知》）第一次明确规定："行政机关申请人民法院强制执行案件由行政审判庭负责审查，需要执行的，由行政审判庭移送执行庭办理。"1996 年 9 月最高人民法院行政审判庭以〔1996〕法行字第 12 号通知的形式规定："这类案件只进行书面审，不开庭审理和质证。"这里将申请法院执行的非诉行政案件归口行政庭审查，执行庭执行。而在此规定之前，人民法院的任何办案庭室，包括基层人民法庭都可以执行非诉行政执行案件，且对该类案件基本不予审查。

由此可见，《行政诉讼法》至最高人民法院《关于执行〈中华人民共和国行政诉讼法〉若干问题的解释》（以下简称《若干解释》）出台的 10 年，可以视为非诉行政执行案件"审查权被执行权吸附"的时期，典型表现在：人民法院行使司法审查权的法律依据缺乏，需要借助《行政诉讼法》规定的强制执行权的规定；

同时，借鉴民商事案件强制执行中人民法院的审查权隐含获得对具体行政行为合法性审查权，而其职权行使主体、标准、程序等在实践中均欠缺明确性、规范性、统一性；形式上则表现为只立一个执行案号，审查案件不单独编立案号。

3. 2000 年 3 月 10 日《若干解释》实施后非诉行政执行的基本情况

《若干解释》第 87 条规定："法律、法规没有赋予行政机关强制执行权，行政机关申请人民法院强制执行的，人民法院应当依法受理；法律、法规规定既可以由行政机关依法强制执行，也可以申请人民法院强制执行，行政机关申请人民法院强制执行的，人民法院可以依法受理。"这表明即使法律、法规对行政强制执行问题未做规定，也推定行政主体可以申请人民法院强制执行。第 93 条规定："人民法院受理行政机关申请执行其具体行政行为的案件后，应当在 30 日内由行政审判庭组成合议庭对具体行政行为的合法性进行审查，并就是否准予强制执行作出裁定；需要采取强制执行措施的，由本院负责强制执行非诉行政行为的机构执行。"第 95 条还规定了具体行政行为在何种情况下，人民法院应当裁定不予执行的情形。也就是说，《若干解释》进一步明确了行政审判庭对申请执行案件的审查权和执行权以及审查的期限、裁判形式和不予执行的标准等，从而使行政强制执行与民事强制执行完全区别开来，但同时没有明确规定法院对申请执行的具体行政行为如何审查等问题。非诉行政案件呈现三个方面的基本特点：一是案件数量基数较大且增幅较快，但由于相关司法政策的出台，使得持续增长的态势在后期得以平缓；二是经司法审查后裁定准予执行的比例在各年度的升降幅度较大；三是所涉管理领域广泛但相对集中。

4. 2012 年《行政强制法》实施后非诉行政执行的基本情况

2012 年《行政强制法》第五章专章规定了非诉行政执行的内容。《行政强制法》将原规定在《行政诉讼法》及《若干解释》中非诉行政案件审查及执行的相关内容，剥离出来并以整整一个章节的篇幅，详细规定行政机关申请人民法院强制执行的条件（第53~55条），以及人民法院审查的标准、程序（第56~58条）。第53条规定："当事人在法定期限内不申请行政复议或者提起行政诉讼，又不履行行政决定的，没有行政强制执行权的行政机关可以自期限届满之日起三个月内，依照本章规定申请人民法院强制执行。"第54条规定："行政机关申请人民法院强制执行前，应当催告当事人履行义务。催告书送达十日后当事人仍未履行义务的，行政机关可以向所在地有管辖权的人民法院申请强制执行；执行对象是不动产的，向不动产所在地有管辖权的人民法院申请强制执行。"第55条规定："行政机关向人民法院申请强制执行，应当提供下列材料：（一）强制执行申请书；（二）行政决定书及作出决定的事实、理由和依据；（三）当事人的意见及行政机关催告情况；（四）申请强制执行标的情况；（五）法律、行政法规规定的其他材料。强制执行申请书应当由行政机关负责人签名，加盖行政机关的印章，并注明日期。"第56条规定："人民法院接到行政机关强制执行的申请，应当在五日内受理。行政机关对人民法院不予受理的裁定有异议的，可以在十五日内向上一级人民法院申请复议，上一级人民法院应当自收到复议申请之日起十五日内作出是否受理的裁定。"第57条规定："人民法院对行政机关强制执行的申请进行书面审查，对符合本法第五十五条规定，且行政决定具备法定执行效力的，除本法第五十八条规定的情形外，人民法院应当自受理之日起七日内作出执行裁定。"第58条规定："人民法院发现有下列情形之一的，在作出裁定前可以听取被执行人和行政机关的意见：（一）明显缺乏事实根据的；（二）明显缺乏法律、法规依据的；（三）其他明显违法并损害被执行人合法权益的。人民法院应当自受理之日起三十日内作出是否执行的裁定。裁定不予执行的，应当说明理由，并在五日内将不予执行的裁定送达行政机关。行政机关对人民法院不予执行的裁定有异议的，可以自收到裁定之日起十五日内向上一级人民法院申请复议，上一级人民法院应当自收到复议申请之日起三十日内作出是否执行的裁定。

《行政强制法》出台后，非诉行政执行呈现以下几个方面的特点：一是案件申请数量快速攀升，一些原来通过法规获得强制执行权力的行政机关，将需要通过申请法院强制执行，一些法规、规章中规定的行政强制措施被取消，相关行政机关只能待作出行政决定后申请法院强制执行，现行严把非诉行政执行案件受理进口的政策将被迫调整。二是非诉行政案件审查标准渐趋严格。三是非诉行政执行案件审查程序规范化压力加大，言词审查被引入到司法审查程序，审查期限更为紧张，复议救济被引入到审查程序。

2014 年新修改的《行政诉讼法》明确规定了检察机关对非诉行政执行的监督。

新修改的《行政诉讼法》在第十一章附则中第101 条规定“人民法院审理行政案件，关于期间、送达、财产保全、开庭审理、调解、中止诉讼、终结诉讼、简易程序、执行等，以及人民检察院对行政案件受理、审理、裁判、执行的监督，本法没有规定的，适用《中华人民共和国民事诉讼法》的相关规定”。结合第八章执行中第 97 条规定的非诉行政执行制度，明确了检察机关对非诉行政执行制度的监督。

（五）其他国家及地区行政强制执行模式及我国非诉行政执行制度存在的原因

考察世界主要国家及地区的行政强制执行权授予情况，极少有将行政强制执行权归属于单一主体而多将其分配于行政机关和法院之间，由行政机关和法院共享行政强制执行权。不过，各国或地区分配行政强制执行权的情况并不完全相同，大体可分为两种模式：一是以法院执行为主，以行政机关执行为辅的行政强制执行模式。这种模式主要由英美法系国家或地区采用，其代表是美国，法国有些例外，但也属此种模式的代表。二是以行政机关执行为主，以法院执行为辅的模式。这种模式主要由大陆法系国家或地区采用，其代表有奥地利、德国、日本以及我国台湾地区等。

1. 美国行政强制执行模式

美国与大陆法系国家不同，没有专门的行政强制执行法，行政程序法中也没有设立专门的章节规定行政决定如何执行，而是分别由不同的法律，按照行政决定的内容和性质，规定不同的强制执行措施。司法权与行政权的分离以及司法对行政执行的高度参与，构成了美国行政执行机制的基本特色。美国奉行"司法优越"和"法律支配"的原则。"行政决定的执行在很多情况下，直接地或者最终得依赖于司法程序。"这是因为行政决定在当事人不自动履行时，除少数情况外，最后只能以剥夺当事人的人身自由和财产作为强制手段，而在美国，这种权力原则上只由法院掌握，须经过司法程序才能加以确定，因此行政决定的执行直接或者最终得依赖于法院。在多数情况下，行政相对人拒不履行时，根据法律规定可以由行政机关、检察官，或由于不执行行政决定而受到损害的第三人向法院提出申请，由法院发布命令促使行政相对人履行。如相对人仍不执行时，法院以蔑视法庭罪处以罚金或拘禁，通过刑罚来保证行政义务的实现。这种通过法院来执行的方式可以有效地防止行政机关滥用权力，保护公民的合法权益。但在特定情况下，行政机关除了可以适用行政处罚来达到行政目的外，还可以直接强制相对人履行义务。行政机关的这种权力被称为简易权力。但毕竟简易权力属于例外情况，其适用范围有严格限制。"行政机关在必要时和下列情况下可以不经行政上的听证或司法程序即具有行政强制权：1. 查封、扣押负有缴纳国税义务人的财产；2. 驱逐外国人；3. 消除妨害卫生的行为；4. 排除妨害安全秩序的行为。"

2. 法国行政强制执行模式

法国虽是大陆法系国家，但行政强制执行主体模式却类似于英美法系国家。在法国，行政处理的执行方法有三种：刑罚、行政罚和强制执行。适用强制执行必须符合 4 个条件：（1）行政处理符合法律规定；（2）法律有明文规定；（3）紧急情况；（4）在没有法律规定和没有紧急情况时，行政机关采取强制执行手段。只有在法律没有规定其他方法的时候，强制执行才是最后的方法。这反映出注重公益的大陆法系行政法与注重私益的英美法系行政法在某些制度上存在趋同之势。出于行政机关作出的行政决定若再由其依职权执行，可能会对公民的自由和财产构成很大危险的考虑，在法国当行政义务人不履行义务时，主要由刑事法院对义务人处以刑罚，以刑罚来实现行政义务。“在很多情况下，相对人不履行行政法上的义务时，法律规定刑罚制裁，依靠相对人对刑罚的恐惧而自动履行义务。这种制裁以违反行政义务的行为为对象，不是一般的犯罪，称为行政刑罚，由刑事法院判决并执行。”在下列情况下，行政机关也可以自行强制执行：（1）法律明文规定行政机关可以自行强制执行的财物。（2）紧急情况下，当公共安全的即刻利益要求行政机关迅速行动时，行政机关可以无时限无程序地运用强制措施达到行政目的。（3）在无法律明文规定，亦非紧急情况，但行政机关没有其他方法达到实现行政义务时，行政机关也可以采用强制执行以达到目的。

3. 德国行政强制执行模式

大陆法系许多国家一般将行政强制执行分为两类：行为或不行为义务的执行和公法上金钱给付义务的执行，而有关公法上金钱给付义务的执行，一般由法院充当执行机关。

在德国，行政强制执行在多数情况下都由行政机关来执行，但在下列情况下需通过法院方能执行：（1）公法上金钱给付义务如执行标的为不动产时，由法院依民事强制执行程序执行。（2）行政相对人不执行处罚时，由负责执行的行政机关申请，行政法院在听讯义务人后通过裁定命令代偿强制拘留时，由法院依《民事诉讼法》的规定执行。

4. 日本行政强制执行模式

“二战”前，日本行政部门拥有很大的行政强制执行权力。“二战”后，日本制定了《行政代执行法》，该法明确规定：只要没有特别的法律规定，就不得强制执行。日本在执行制度上承袭了德奥模式，强制执行权大多授予了行政机关，但确保行政义务履行的间接性手段，行政刑罚“原则上是按刑事诉讼法规定程序科处”。此外，“关于行政上的义务的强制，有的判例已经承认了司法强制”。日本法学界认为确保义务的履行，在没有可靠的行政上的强制执行方法的情况下，可以通过民事上的强制执行程序要求义务人履行义务。

5. 我国台湾地区行政强制执行模式

我国台湾地区深受大陆法系影响。1913 年北洋政府就曾仿照日本的相关法律出台一部《行政执行法》。该法虽经国民党南京政府重新公布并进行两度修正，但基本内容却无大的改变。该法在台湾地区长期沿用，但从 1957 年就开始酝酿修改，争议随之而起，主要集中在公法上的金钱给付义务的强制执行，是由行政机关还是法院充当执行主体。占主流的观点认为，公法上的金钱给付义务的强制执行，本质上属于行政强制执行范畴。1998 年 11 月我国台湾地区公布修正的“行政执行法”采纳了上述主流意见，其第 4 条第 1 项规定：“行政执行，由原处分机关或该管行政机关为之。但公法上金钱给付义务逾期不履行者，移送‘法务部’行政执行署所属行政执行处执行之。”这是对大陆法系执行模式发展方向的偏离，明显展现出我国台湾地区“对于增进行政效能，发挥公共权力政策目标的重视与坚持”。

6. 我国非诉行政执行制度及其成因分析

我国现行的非诉执行制度发端于改革开放之初，由行政管理领域的单行法律法规所规定。从非诉行政执行制度的发展历程来看，确立了以人民法院强制执行为主，以行政机关自行执行为辅的非诉行政执行制度。形成非诉行政执行制度有以下几个方面的原因：

（1）理论渊源。一是权力制衡原则，形成司法权对行政权的牵制和约束。不受制约的权力必然会导致滥用和腐败，为了保护公民的合法权益不受行政机关的侵害，强化司法权对行政权的控制尤为必要，同时也更能体现公正的价值目标。二是基本人权理念的支撑。公权力的优位极易对私权造成侵害，尤其是强制执行权涉及对公民的人身权和财产权产生侵害，在具体程序进入执行程序前，用司法权对其进行合法性审查，保障行政相对人的权益。三是权利救济理论。非诉行政执行通过对行政强制执行进行司法审查，为行政相对人提供了有效的司法救济途径。

（2）历史渊源。该认识的实践依据源于刑事和民事执行制度。我国在改革开放之初，关于强制执行的法律规定仅限于刑事和民事诉讼法，而刑事强制执行和民事强制执行都是由法院或者在法院的指挥下实施的，因而，强制执行权一直被人们视为司法权。既然强制执行权是司法权，就只能由作为司法机关的法院行使，而不能由行政机关行使。

（3）国情现状。强制执行权的过于分散必然带来人力、财力和物力的浪费，增加行政管理成本。在改革开放之初从行政机关与法院执行效果的比较来看，法院在强制执行过程中能够有效实现具体行政行为的内容，法院地位和威信的提高及执行的有效性使法院成为非诉行政执行的主体。同时法院行使强制执行权有利于防止执行过程中的违法乱纪行为，保障执行行为的规范化，减少国家赔偿责任，在行使职权的过程中由严格的实体规则和程序规则的规范和控制，基于以上考虑，《行政诉讼法》规定了由法院依法对非诉行政执行行为予以审查并予以执行。

三、非诉行政执行案件情况、特点及其存在的问题

课题组赴湖北、福建、江苏、浙江4个地区的检察院及浙江省法院和宁波市中级法院进行调研，抽取了部分地区的数据对非诉行政执行的案件情况进行分析。

（一）非诉行政执行案件基本情况及特点

1. 2009年至2011年全国行政诉讼案件及行政非诉执行案件基本情况

2009年，各级法院共新收一审、二审和再审行政案件154313

件，审结154916件，同比分别上升8.02%和9.12%。其中，新收一审案件120312件，审结120530件，同比分别上升10.99%和10.49%。资源类收案21150件，同比上升11.89%；计划生育类收案4788件，同比上升72.98%；环保类收案2647件，同比上升67.21%；卫生类收案1529件，同比上升76.76%；商标类收案1376件，同比上升184.30%；民政类收案1232件，同比上升127.31%；物价类收案345件，同比上升189.92%；金融类收案200件，同比上升57.48%。在各级法院执结的各类案件中，非诉讼类执行案件387626件，占15.85%，非诉讼类执行案件中，行政非诉审查与执行类案件占执结案件总数的8.18%，仲裁类案件占5.68%，公证债权文书类案件占0.62%，司法协助与其他案件占1.37%。

2010年，各级人民法院共新收一审、二审和再审行政案件165915件，审结166572件，同比均上升7.52%。其中，新收一审行政案件129133件，审结129806件，同比分别上升7.33%和7.7%。全年新收城建类行政案件24975件，同比上升11.03%；公安类行政案件10553件，同比上升9.92%；资源类案件23218件，同比上升9.78%；水利类行政案件1249件，同比上升206.88%；商标类行政案件2026件，同比上升47.24%；计划生育类行政案件6117件，同比上升27.76%；农业类行政案件1376件，同比上升27.64%；劳动与社会保障类行政案件9363件，同比上升2.07%。非诉讼类执行案件356852件，非诉行政执行案件占执结案件总数的7.53%，仲裁裁决执行案件占4.55%，公证债权文书执行案件占0.72%，司法协助与其他案件占1.42%。

2011年，各级人民法院共新收一审、二审和再审行政案件171396件，审结171320件，同比分别上升3.3%和2.85%。审结一审行政案件136361件，同比上升5.05%。其中，资源类案件24928件，同比上升7.36%；城建类案件24574件，同比下降5.55%；劳动与社会保障类案件11121件，同比上升18.78%；公安类案件10153件，同比下降3.79%；计划生育类案件8428件，同比上升37.78%；工商类案件3191件，同比上升17.19%；交通类案件2445件，同比下降6.64%；环保类案件2227件，同比上升19.41%；民政类案件受理980件，同比上升33.33%。非诉讼类执行案件355447件，行政非诉审查与执行类案件占执结案件总数的7.10%，仲裁类案件占3.96%，公证债权文书类执行案件占0.65%，司法协助与其他执行案件占3.13%。

2. 湖北省宜昌市2007年至2011年非诉行政执行案件基本情况

2007年至2011年，宜昌市法院共立案审查各类行政非诉执行案件3146件，其中裁定准许执行行政非诉案件3085件，裁定不准许执行61件。

2007年全市法院审查裁定准许执行行政非诉案件700件，裁定不准许执行9件。裁定准许执行案件中，相对人自动履行125件，采取和解方式结案344件，强制执行36件，终结执行182件，其他结案方式9件，未执结4件。以给付金钱为内容的行政非诉执行案件681件，以履行行为为内容的行政非诉执行案件19件；以给付金钱为内容的行政非诉执行案件数中，申请标的额758万元，执行到位标的额650万元。裁定准许执行案件中，排前两位的申请人（行政机关）分别是：城建148件，计划生育121件；具体行政行为前两位分别是：行政处罚432件，行政征收189件。

2008年全市法院审查裁定准许执行行政非诉案件909件，裁定不准许执行21件。裁定准许执行案件中，相对人自动履行79件，采取和解方式结案655件，强制执行24件，终结执行113件，其他结案方式33件，未执结5件。以给付金钱为内容的行政非诉执行案件877件，以履行行为为内容的行政非诉执行案件32件；以给付金钱为内容的行政非诉执行案件数中，申请标的额1084万元，执行到位标的额860万元。裁定准许执行案件中，排前两位的申请人（行政机关）分别是：城建205件，计划生育77件；具体行政行为前两位分别是：行政处罚613件，行政征收102件。

2009年全市法院审查裁定准许执行行政非诉案件609件，裁定不准许执行18件。裁定准许执行案件中，相对人自动履行46件，采取和解方式结案511件，强制执行8件，终结执行43件，其他结案方式1件。以给付金钱为内容的行政非诉执行案件597件，以履行行为为内容的行政非诉执行案件12件；以给付金钱为内容的行政非诉执行案件数中，申请标的额822万元，执行到位标的额635万元。裁定准许执行案件中，排前两位的申请人（行政机关）分别是：城建176件，计划生育57件；具体行政行为前两位分别是：行政处罚461件，行政征收74件。

2010年全市法院审查裁定准许执行行政非诉案件512件，裁定不准许执行12件。裁定准许执行案件中，相对人自动履行15件，采取和解方式结案417件，强制执行28件，终结执行27件，其他结案方式13件，未执结12件。以给付金钱为内容的行政非诉执行案件481件，以履行行为为内容的行政非诉执行案件31件；以给付金钱为内容的行政非诉执行案件数中，申请标的额787万元，执行到位标的额376万元。裁定准许执行案件中，排前两位的申请人（行政机关）分别是：计划生育47件，城建16件；具体行政行为前两位分别是：行政处罚327件，行政征收88件。

2011年全市法院审查裁定准许执行行政非诉案件355件，裁定不准许执行1件。裁定准许执行案件中，相对人自动履行29件，采取和解方式结案288件，强制执行14件，终结执行21件，其他结案方式3件。以给付金钱为内容的行政非诉执行案件338件，以履行行为为内容的行政非诉执行案件17件；以给付金钱为内容的行政非诉执行案件数中，申请标的额538万元，执行到位标的额402万元。裁定准许执行案件中，排前两位的申请人（行政机关）分别是：计划生育57件，城建40件；具体行政行为前两位分别是：行政处罚270件，行政征收45件。

5年中，有2件案件采取听证方式审查并裁定准许执行。对申请事项具有强制执行权的行政机关申请执行17件。除2件系权利人申请执行的之外，其余均系行政机关申请执行。在申请法院执行具体行政行为前，行政机关或权利人申请法院采取保全措施的案件91件。当事人提出异议和出现申诉上访现象的案件3件。行政非诉执行案件中，采取司法拘留的案件14件。法院在审查执行中发出司法建议的案件3件。

3. 非诉行政执行案件的特点分析

（1）涉及非诉行政执行的领域分布广泛，法律法规庞杂。从行政管理领域看，据对涉及我国行政强制执行的法律、法规的统计，申请法院执行的情形主要集中于农、林、牧、渔、卫生、土地、环保、城建、交通、邮政、资源能源管理等领域；行政机关强制执行的情形主要集中于公安、税收等领域；行政机关和法院选择执行的情形主要集中于海关管理领域。2000年前后，我国涉及行政强制执行法律法规，规定申请人民法院强制执行的大约占70%，集中在农林牧渔、卫生、土地、环保、城建、交通、邮政和资源能源管理等领域；行政机关自行执行的约占23%，集中在公安、税收等领域；由行政机关自行执行或申请法院执行的约占3%，集中在海关管理领域；只有处罚规定而未明确由谁执行的占4%。[①] 截至2003年，具体规定人民法院的强制执行权的法律32部，行政法规58部；规定行政机关自身有权强制执行的法律11部，行政法规30部；而赋予行政机关“执行选择权”法律5部，行政法规8部。[②]

通过梳理，我国现行法律、法规中关于非诉行政执行的规定可以分为以下两大类，具体情况如下：

一是规定可以由行政机关直接强制执行也可以申请人民法院强制执行具体行政行为的法律、法规：《海关法》第93条；《行政处罚法》第51条；《行政复议法》第33条；《防汛条例》第45条；

---

① 参见杨海坤、刘军：《论行政强制执行》，载《法学论坛》2000年第3期。
② 参见章剑生：《中外行政强制法研究资料》，法律出版社2003年版，第210页。

《植物检疫条例》第20条;《义务教育法实施细则》第43条;《取水许可证制度实施办法》第32条;《文物保护法实施细则》第47条;《海关法行政处罚实施细则》第30条;《违反财政法规处罚暂行实施细则》第34条;《社会保险费征缴暂行条例》第7条。

二是规定由行政机关申请人民法院强制执行的法律、法规规定由工商行政管理机关申请法院强制执行的法律、法规有:《商标法》第36条;《商标法实施细则》第44条;《专利法》第60条:《邮政法》第40条;《广告法》第48条。

规定由环境保护机关申请人民法院强制执行的法律、法规有:《海洋环境保护法》第41条;《环境保护法》第40条;《大气污染防治法》第44条;《水污染防治法》第54条;《对外经济开放地区环境管理暂行规定》第11条;《防止拆船环境污染管理条例》第22条;《防治陆源污染物污染损害环境管理条例》第33条;《防治海岸工程建设项目污染损害海洋环境管理条例》第30条。

规定由卫生行政机关申请法院强制执行的法律、法规有:《药品管理法》第55条;《国境卫生检疫法》第21条;《传染病防治法》第36条;《食品卫生法》第50条;《精神药品管理办法》第25条;《麻醉药品管理办法》第34条;《放射性同位素与射线装置放射保护条例》第32条;《学校卫生工作条例》第37条;《医疗机构管理条例》第51条。

规定由农牧业行政机关申请法院强制执行的法律、法规有:《草原法》第21条;《兽药管理条例》第46条;《进出境动植物检疫法》第44条。

规定由林业行政机关申请法院强制执行的法律、法规有:《森林法》第39条;《森林法实施细则》第24条;《野生动物保护法》第39条;《城市绿化条例》第32条;《森林防火条例》第33条。

规定由渔业行政机关申请人民法院执行的法律、法规有:《渔业法》第48条。

规定由水利行政机关申请人民法院强制执行的法律、法规有:

《水法》第48条；《水土保持法》第38条；《河道管理条例》第46条。

规定由城市建设行政机关申请法院强制执行的法律、法规有：《城市节约用水管理规定》第20条；《村庄和城镇规划建设管理条例》第44条。

规定由电力行政机关申请法院强制执行的法律、法规有：《电力设施保护条例》第32条。

规定由交通行政机关申请人民法院强制执行的法律、法规有：《水路运输管理条例》第27条；《公路管理条例》第36条。

（2）非诉行政执行案件与行政诉讼案件数量形成鲜明反差。从全国各级人民法院受理一审行政诉讼案件数量和受理非诉行政申请案件数量来看，受理非诉案件是一审行政案件的3倍左右，两者数量形成明显反差。从宜昌市院的数据来分析，法院共审查行政非诉案件3146件，而同期全市法院审结的一审行政诉讼案件只有614件。2007年审查行政非诉案件709件，而受理一审行政诉讼案件为167件，行政非诉案件是行政诉讼案件的4.25倍；2008年审查行政非诉案件930件，而受理一审行政诉讼案件为146件，行政非诉案件是行政诉讼案件的6.37倍；2009年审查行政非诉案件627件，而受理一审行政诉讼案件为125件，行政非诉案件是行政诉讼案件的5倍；2010年审查行政非诉案件524件，而受理一审行政诉讼案件为90件，行政非诉案件是行政诉讼案件的5.82倍。非诉执行案件的数量多，增长速度快。

（3）非诉行政执行案件所涉及的领域广但相对集中。非诉行政执行案件所涉管理领域十分广泛，包括计生、国土、环保、工商、交通、劳动、卫生、教育、城市管理、规划、安监、农业、质监、公安、文化、水利、海关、物价、民政等近20余种，但主要集中在计生、国土、环保、交通、工商五类案件，共占案件总量的近70%。如宜昌市院城建和计划生育行政非诉执行案件都位于前列，与近年来城市化进程的加快，拆迁、安置等现象关系密切。计划生育行政非诉执行案件较多，主要是原来的计生工作党委、政府大多采用行政手段，再加上宜昌某些县市属于偏远、经济欠发达山区，一些农民超生、“重男轻女”思想严重。随着政府及公民法律意识的不断增强，行政手段越来越受到质疑，从而促使行政机关选择申请法院执行。需要注意的是上述两大类案件，同时也是执行中最困难的案件。比如城建中的“违建拆除”案件，很多违章建筑存在多年，往往已成为被执行人的居所，在执行过程中被执行人对抗情绪激烈，往往采取一些过激方式对抗法院的执行工作。而计划生育行政非诉执行案件中，违反政策超生的很多被执行人是地处偏远地区的农民，其根本没有执行能力。湖北潜江市院工商案件多，因为在流通领域商品质量越来越受到重视，工商部门所办案件以千件计办案基数大。

（4）和解结案多且结案方式多样化。法官在做相关工作后相对人全部自动履行的案件有 294 件，占 9.53%；而在法院主持下，最终申请执行人和被执行人以和解方式结案的有 2215 件，占 71.8%；而采取强制执行措施结案的案件有 82 件，只占 2.66%。大量的行政非诉执行案件通过相对人自动履行或双方当事人达成和解协议方式执行终结。法院在运用和解结案时，其方式也多种多样，既有组织双方自行协商的，又有法院组织双方协商的，还有通过相关部门出面协调的，等等。

（5）辅助司法行为少量化。辅助司法行为过少主要表现在两个方面：一方面，表现在司法建议少。根据最高人民法院《关于办理行政机关申请强制执行案件有关问题的通知》（以下简称《行政执行案件通知》）的规定，人民法院经审查认为申请执行的具体行政行为有明显违法问题，侵犯相对人实体合法权益的，在裁定不予执行的同时应向申请机关提出司法建议。而且对某些存在明显瑕疵但准许强制执行的行政非诉执行案件，法院也应通过发司法建议的方式向申请行政机关指出问题，以利于其在后续执法活动中改进。但从基层法院调查的情况来看，一些基层法院法官“怕麻烦”，导致未注重通过司法建议方式发挥对行政机关的监督、指导作用，宜昌市只有3件案件法院发出了司法建议。另一方面，表现在保全措施少。具体行政行为作出后到法院准许强制执行前，法律规定了一个较长的期限。在此期间，一些行政相对人将财产转移，造成法院执行困难。为了解决该问题，相关司法解释第92条规定了保全措施，但行政机关申请法院采取保全措施的案件数量很少，未发挥保全措施在该类案件中应有的作用。究其原因，可能存在法院宣传不够和“怕麻烦”的因素。正是由于辅助司法行为过少，反映出法院在行政非诉审查、执行案件中，未在现有法律规定下，通过辅助司法行为更好地开展该项工作，存在就执行而执行的现象。

（6）准予执行比例高且升降幅度偏大，实际强制执行比例低。湖北省2008年至2011年间平均准予执行比例达94.35%。在具体执行中，自动履行和解结案的比例相当高，分别为41%、33%，强制执行的比例仅占14%。[①] 浙江省法院裁定准予执行的案件占全部审结案件的比例，最高点出现在2002年接近97%，最低点出现在2011年，略微高于88%，峰谷值相差近10%；2003年准执率同比2002年有较大下降，但之后连续4年持续增长，2006年达到96.5%后，直至2007年才出现下降苗头，2008年准执率相比2007年直降7个百分点，2008年以后，准执率呈现缓慢回落势头。宁波市院2013年至今，非诉执行案件的自动履行和强制执行等实际执结率为40.3%，而执行和解率达26.96%，程序终结率为26.16%，暂缓执行率为5.76%，共计未有效执结的比例可能高达58.9%，国土非诉执行最为消极，且历史欠账过多，2013年新受理246件，其中准予执行69件，不予执行177件，未经审查直接退回153件，审查驳回及暂缓批准执行125件，实际执行39件，有效执行只有32件，占全部申请执行总数的13%。

① 参见刘洋：《检察机关非诉行政执行监督范围、监督重点研究》，第3页。

（二）非诉行政执行制度及案件办理存在的问题

非诉行政执行在制度层面和实践层面存在一定的问题，通过调研，课题组首先梳理行政主体和法院在非诉行政执行过程中存在的问题，这也是对非诉行政执行进行检察监督的着力点，然后剖析非诉行政执行制度存在问题及其未来发展方向。

1. 非诉行政执行存在的问题

如前所述非诉行政执行包括行政裁定、行政主体对非诉行政执行申请、法院对非诉行政执行案件的立案、审查和裁定、法院的强制执行和行政主体的强制执行等行为，兼具司法权和行政权的双重属性，按照行为主体和行为性质的不同，本文从行政主体行政行为和法院的司法审查、强制执行两个维度探讨非诉行政执行过程中存在的问题。

行政主体在非诉行政执行过程中存在的问题主要包括以下几个方面：

（1）行政决定不合法。行政决定是非诉行政执行的依据，不合法的行政决定一旦付诸实施将严重侵害行政相对人的合法权利，对政府的公信力带来严重的影响。行政主体作出行政决定主要分为实体不合法和程序不合法。实体不合法包括，行政主体违法事实认定错误、不清或明显缺乏事实依据，未援引法律依据、援引依据错误、援引依据失效等；程序违法主要包括行政决定严重违反法定程序，未听取当事人申辩、未告知权利、未依法送达等，行政机关没有相关职权、明显超越法定职权或严重滥用职权，行政决定显失公正，行政决定存在以罚代刑等严重违法或严重侵害国家利益、公共利益情形的。如福建省晋江市国土局在办理土地权属登记的土地地籍调查中存在随意性大、调查不规范，私章适用不规范问题，造成错误办证而侵害第三人利益。

（2）行政机关有选择地对不法行为作出决定。如某市环保局对多家皮革厂进行了行政处罚，但对同村其他 200 多家皮革厂非法排污的情况却视而不见，造成严重环境污染，检察机关及时介入，发出检察建议建议该局及时处理，依法履行职责，收到良好社会效果。还有的行政机关在违法行为之初不及时制止和采取措施，如违章建筑在建筑过程中行政不作为，待违章建筑完成再作出行政决定向法院申请强制性，极易在非诉行政执行过程中引发矛盾和冲突。

（3）行政主体在申请法院强制执行过程中存在的问题。在调研过程中发现许多行政机关怠于向法院申请强制或有选择地向法院申请强制执行，造成相同的案件有的向法院申请强制执行，有的则不申请。2013 年 10 月，晋江市检察院在开展环保行政非诉执行监督过程中发现市环保局在作出行政处罚后怠于向法院申请执行，不仅损害了行政执法的权威性，还导致了国有资产的巨大流失。部分地区的土地管理部门在对同一性质的案件作出处罚后，有选择地申请强制执行，被申请人对行政机关有选择性的申请行为存在极大的不满，损害了政府公信力。

行政主体在申请法院强制执行时不履行程序性要件。行政机关向人民法院申请强制执行，不能够准确地提供强制执行申请书、行政决定书及作出决定的事实、理由和依据、当事人的意见及行政机关催告情况、申请强制执行标的情况和法律、行政法规规定的其他材料，致使申请不能。有的行政机关没有负责人签名，还有的强制执行申请书为复印件，没有加盖行政机关的印章。

还有的行政机关超过法定期限申请执行，被法院驳回，造成执行不能，致使国有资产流失。如仙桃市工商局在行政处罚决定生效已快半年，工商部门仍没有结案，行政相对方在法定期限内未履行义务，行政机关多次发出通知催促履行的情况下，行政相对人拒不履行也不起诉。对于此类案件行政机关可能面临超过法定期限而不能进行非诉行政执行。

（4）法院作出行政裁决后，按照司法解释和相关规定“裁执分离”由行政机关执行的，行政机关怠于执行。2012 年 3 月 26 日，最高人民法院出台《关于办理申请人民法院强制执行国有土地上房屋征收补偿决定案件若干问题的规定》，在房屋征收补偿领域确立了“裁执分离”模式，进而浙江省高级人民法院制定了规范全省非诉行政执行案件“裁执分离”工作的纪要，“裁执分离”可以适用于以下非诉行政执行案件：国有土地上房屋征收补偿案件及拆迁裁决案件；集体土地征收中责令交出土地及房屋拆迁裁决案件；根据《土地管理法》作出的责令限期拆除违法建筑、恢复原状等行为罚案件；其他法院与相关行政机关协商一致后同意实施“裁执分离”的案件。对于一些与地方政府具有较大利益关联的征地、征收房屋等行为而言，地方政府组织落实“裁执分离”的积极性较高，也容易取得执行效果。但是对于一些风险较大而又“无利可图”的一些行政行为（典型者如国土处罚决定），则面临着因地方政府组织实施积极性不高难以怠于执行的困境。

法院在非诉行政执行过程中存在的问题主要包括立案、审查、执行和结案4个环节，法院在立案和审查方面存在的问题如下：

（1）大量非诉行政执行案件尤其是执行罚案件法院不收案。2002年以后，随着非诉行政执行案件申请量急速攀升，准予执行率居高不下，许多法院非诉行政案件审查执行工作陷入了积案严重、压力骤增的困局。尤其是在实践中占比较大的涉违法用地的国土处罚如责令退还土地，涉违法生产经营的环保处罚如责令停产停业，以及城市房屋拆迁安置行政裁决三类案件，法院在受理、审查执行中都面临巨大压力。一是案涉行政争议复杂尖锐。被申请执行人不自觉履行生效行政决定的原因复杂：如有些土地、环保领域的违法行为，系当地政府大力发展经济背景下的默许或故意行为，法院强制执行不能得到当地政府的积极协助配合；有的行政机关对违法行为不注重源头治理，不及时履行法定制止职责，而是等到违法行为完成后简单作出处理决定，向法院“一申请了之”；有的行政机关对大面积普遍存在的违法行为只进行个别处罚并申请法院强制执行，群众对此反映强烈；有的行政行为标的涉及被申请人基本生产生活资料等重大民生权益，强制执行易引发群体性冲突。二是被执行人普遍抵触情绪大。如国土部门作出的拆除违法建设的处罚决定、房屋拆迁裁决部门作出的拆迁裁决等，在执法部门作出决定阶段就积累了矛盾与争议，被执行人基于“不愿告、不敢告、担心告了也白告”等顾虑，没有提起复议诉讼救济，但在强制执行阶段却强烈抵触。三是部分行政决定不具有可强制执行内容或虽具有强制执行内容但客观上无法强制执行，如恢复土地原状、没收违法建筑物和其他设施、责令退还土地、恢复耕种、责令改正、停产、停业、关闭等具体行政行为，其执行内容缺乏参照物，也没有相应的执结标准，客观上无法执行。四是法院执行力量“案多人少”矛盾突出。非诉行政执行案件的强制执行所需配套的人力、物力，绝非民商事案件可比。如对于房屋的强制搬迁，动辄需要动用数百人以确保执行效果且不致发生恶性事件。全省各基层法院执行局平均配置不足10人。在民商事执行案件早已普遍面临“执行难”的情况下，基层法院实现对生效行政决定的强制执行，更是力不从心。

浙江省高级人民院在2007年10月召开的第五次全省行政审判工作会议上，对非诉行政案件的受理审查司法政策作出较大调整，并大幅收紧非诉行政案件的受理关口，明确六类非诉行政执行案件①，人民法院可以退回、不予（暂不）受理或驳回申请。实践

---

① 六类案件包括：（1）城市房屋强制拆迁案件。此类案件按规定应由政府责成有关部门强制拆迁，因此原则上不予受理；（2）正在进行的土地、规划违法行为，主管部门应及时向违法单位或个人发出停建通知，当事人拒不停止的，主管部门有权对继续抢建部分予以拆除，因此法院经审查发现这些部门仅发停建通知，却未履行强制拆除法定职责的，可以书面通知退回或裁定驳回其强制执行申请；（3）对不具有强制执行内容的具体行政行为以及恢复土地原状、没收违法建筑物和其他设施、责令退还土地、恢复耕种、责令改正、停产、停业、关闭等虽具有强制执行内容但客观上无法强制执行的具体行政行为，应不予受理；（4）对大面积普遍存在的违法行为而行政机关只进行个别处罚并申请法院强制执行，群众对此反映强烈的，法院可以不予受理。（5）对经审查具体行政行为合法，但执行标的涉及被申请人基本生活资料等重大民生权益或者强制执行易引发群体性冲突而不宜立即强制执行的，可决定暂缓作出准予强制执行的裁定；（6）在法律、法规对集中行使处罚权的执行问题没有作出明确规定前，综合执法局向法院申请强制执行的，法院暂不受理。参见浙江省高级人民法院副院长高杰在第五次全省行政审判工作会议上的讲话。

中，各地法院均不同程度地把紧了上述几类案件的受理关口。据保守估算，仅国土类非诉行政执行案件一项，仅2008年至2011年4年间，浙江省未能进入非诉行政执行案件受理渠道的存量案件就接近15000件。[①] 非诉行政执行案件的收案情况可见一斑。

（2）受案不规范统一。1996年4月29日，最高人民法院在《关于处理行政机关申请人民法院强制执行案件分工问题的通知》中明确规定行政非诉案件应先由行政审判庭负责审查。1997年4月21日，最高人民法院《关于人民法院立案工作的暂行规定》下发后，各地人民法院实行立案统管，各类案件的受理相应归口立案部门负责审查，由于该规定第24条规定了执行案件的立案工作可参照执行，因此许多基层法院认为行政非诉执行案件自然应由立案部门负责审查。这样一来，对行政非诉执行案件的受理审查分工问题，造成各基层法院在实践中做法不尽一致。对此，1998年8月18日最高人民法院《行政执行案件通知》强调行政机关申请人民法院强制执行案件由行政审判庭负责审查，2000年3月8日发布的《若干解释》也明确规定由行政审判庭负责审查。因此，尽管立案实行统管，但行政非诉执行案件应先由行政审判庭负责审查是确定无疑的，该分工必须遵照执行。有些基层法院认为，行政机关申请法院强制执行非诉行政案件，应向法院立案庭申请。立案庭经过审查后，对在形式要件上存在缺陷的应作出不予受理裁定，对形式完备的则由立案庭移送行政庭审查是否准许强制执行。从操作流程规范化的角度看，上述观点是正确的，但其程序较为复杂。实际操作中，各基层法院一般都采取行政庭收取申请，在审查准许或不准许强制执行后，到立案庭登记编号，行政庭再制作行政裁定书。如果申请的案件在形式要件上存在缺陷，一般都是行政庭法官采取口头告知其补正的方式解决。

---

① 该数据来源于2012年浙江省法院重点调研课题报告《关于非诉行政执行案件司法审查的调研》。

（3）审查标准不统一。对行政非诉执行案件的审查标准，现行法律规范只制定了一个条款，即《若干解释》规定，对“明显缺乏事实根据的”、“明显缺乏法律依据的”、“其他明显违法并损害被执行人合法权益的”的具体行政行为，人民法院应当裁定不准予执行，即“三明显”审查标准。过于简单的规定明显与该项司法工作不相称。而且这一条款规定也过于原则、抽象，比如要达到什么程度才属于“明显”，“其他明显违法”的内涵是什么等内容，都没有相应地细化规定，法院在审查时缺乏可操作性。这就导致少数法院在审查标准的把握上，表现为审查过宽或过严，造成了在司法实践中的操作混乱。

对非诉行政案件中人民法院如何审查行政行为的合法性，存有三种意见。①严格性审查。即应当按照新修改的《行政诉讼法》第69～78条的规定逐项审查，既要审查具体行政行为程序是否合法，也要审查具体行政行为实体上是否合法，理由是行政诉讼案件与非诉行政案件的标准应当统一，不能另立标准。②程序性审查。即只对申请执行的程序和条件是否合法进行审查，无须对具体行政行为的合法性进行审查。理由是非诉行政案件中，相对人已经丧失或放弃诉权，该具体行政行为已经失去司法审查的可能，人民法院不能进行合法性审查。③适当性审查。即承认行政诉讼案件与非诉行政案件的审查标准应有所区别，主张以是否明显或严重影响具体行政行为的合法性和被执行人合法权益为标准，主要理由是《行政诉讼法》规定行政机关可以申请人民法院强制执行，将强制执行权赋予人民法院，而没有赋予大多数行政机关以强制执行权，其根本意义在于建立一种司法权与行政权的监督制约。一些基层法院在进行合法性审查时仅书面审查行政处罚文书内容，却没有认真审查有关证据、依据及程序是否合法等，轻易裁定准许执行；另一些基层法院对一些申请执行案件又按照审理行政诉讼案件标准来审查，对于不是明显违法的案件，即执法过程中的瑕疵也不放过，随意裁定不予执行。这些做法极容易造成混乱，与设定行政非诉案件审查的初衷不符。因此，有必要对行政非诉案件的审查标准做进一步的讨论。

（4）审查方式、程序不严格。首先，很多法院由合议庭审查难以实现。基层法院行政庭的主要任务是办理行政诉讼案件，在部分行政诉讼案件数量较少的地区，还要办理民商事等其他案件，“案多人少”矛盾以及考核机制的现实制约，非诉行政执行案件的审查主要是由承办人自行负责，合议庭审查流于形式。再加上多数非诉行政执行案件，事实认定与法律适用并不复杂，办理审查案件只是一项“机械劳动”没有技术含量，一些审判人员不愿办理此类案件。个别法院甚至将具体审查工作交由人民陪审员负责。其次，大量案件书面审查无法确认行政决定的合法性。在一些基层法院，由于非诉行政的案件数量多且审查时间短，绝大多数案件只能进行书面审查，很少采取听证审查方式，法院在审查时不接触被执行人。由于未经言词辩论程序，一些法院在书面审查时，只走审查形式，翻阅案卷材料后，认为案情没有问题的，就直接裁定准许强制执行，一些违法的行政行为也由此被裁定准予执行。最后，法院很少依法采用听证模式，因为部分复杂案件适用听证程序无法及时审结。对于城市房屋强制搬迁以及土地拆除违法建设等非诉行政执行案件，专业性强，涉及的事实认定复杂、法律问题较多，即使人民法院组织各方听证，也无法在30日内查清相关事实与法律问题，再加上此类案件上级法院要求尽量协调处理妥善化解，使得审查周期较长且是否准予执行难以把握。

（5）法院在立案和审查过程中的其他违法行为。一是法院即使受案，很多案件也作出不予受理的裁定。鉴于案件受理后法院面临的巨大执行压力，在案件受理环节不可避免地考虑了能否执行等因素，在此基础上作出不予受理的裁定，或者将大量的案件以书面通知或其他方式退回处理，宁波慈溪等地基层法院对属于可作退回处理范围的案件，甚至直接由立案庭退回。大量的案件难以进入审查程序。二是法院在作出裁定存在适用法律错误，执行未生效的行政裁定，在送达裁定文书后在未确定回执的情况下视为已送达、立案后为依法通知申请人的违法行为等情形。如湖北应城法院在作出非诉行政执行裁定书时适用的是 2007 年《民事诉讼法》，在裁定书送达当日即采取了强制措施。宜都市法院存在案件的合法性审查技术后才告知申请人的行为，侵犯了当事人的诉讼权利。

法院在执行环节和结案环节存在的问题：

（1）执行机构不统一。关于行政非诉执行案件的执行分工问题，最早的文件是 1998 年 8 月 18 日最高人民法院发布的《行政执行案件通知》，该通知规定行政庭在经审查作出准许强制执行的裁定书并送达被执行人后，经教育，被执行人自动履行的，即可结案；需要强制执行的，由行政审判庭移送执行庭办理。而 2000 年 3 月 8 日发布的《若干解释》规定，需要采取强制执行措施的，由法院负责强制执行非诉行政行为的机构执行。该规定其实是最高人民法院将执行机构的确定权下放给各基层法院，基层法院可根据相应情况自行规定由行政庭负责执行，还是由执行庭执行。导致在这一环节不统一，既有行政庭负责执行的，也有执行（局）庭负责执行的，还有法警队和派出法庭负责执行的。

（2）执行措施不统一。比较集中的表现在加处罚款、变更和追加被执行主体这两个问题上。

一是对加处罚款，有的法院对行政机关申请的加处罚款一律不予以执行；而有的法院对行政机关没有处罚或申请执行的加处罚款也予以执行；各个法院在加处罚款的起算时间上也做法各异。有的法院以相对人的起诉期限届满后开始计算；有的以行政机关申请强制执行时开始计算；有的以法院作出准许强制执行的行政裁定之日开始计算；还有的以行政机关处罚决定中确定的履行期届满开始计算。一般情况下，由于行政机关限定相对人缴纳罚款的时间都较短，起算时间过早计算会导致加处罚款数额过大。前三种观点从最大限度地维护相对人合法权益的角度出发，具有一定的合理性，但第四种观点符合法律规定。

二是对是否变更或追加执行主体，有的法院只要申请人申请就变更或追加被执行主体，有的法院完全参照民事执行相关规定变更或追加被执行主体等。认为可以变更或追加的主要理由是：①行政非诉执行案件是执行案件的一种，由于《行政诉讼法》及司法解释中没有对该问题作出规定，因此执行中可参照《民事诉讼法》的规定变更和追加被执行主体。②执行实践表明，许多行政非诉案件如果不变更或追加被执行主体，业已生效的具体行政行为无法实现，不仅导致行政机关行使的国家权力无法受到有效司法保护，而且会使人民法院的司法执行权大打折扣，损害司法权威和法律尊严。认为不能变更或追加的主要理由是：①行政非诉执行案件的标的，是行政机关对行政相对人作出的具体行政行为，其作出的前提和基础是相对人有违法事实存在，只能由特定的相对人承担履行义务，不得株连特定人以外并无违法事实存在的其他人。②没有明确的法律规定可适用，人民法院不得随意适用，这是行政法律关系中的重要核心。现行有关执行的法律及司法解释未规定行政非诉执行案件中可变更或追加被执行主体，不能通过民事执行类推等方式草率适用。③民事执行强调受害人权利的填补，而法院通过执行行政非诉案件，强调的是国家社会秩序的保护和相对人违法行为的惩处和教育，行政非诉执行案件中不能变更或追加被执行主体。

（3）执行裁定书内容不统一。有少数法院执行人员使用制式裁定书，裁定书的内容格式不标准、不统一，随意变动；有些法院还存在全部案件都是用裁定书代替执行通知书，承办人员书写裁定书时，有的缺乏基本内容，过于简单，甚至不进行合议并载明合议庭组成人员等。

另外，2009年7月17日最高人民法院下发《关于进一步加强和规范执行工作的若干意见》后，传统的行政非诉执行案件分工格局被打破，该意见明确规定执行工作应实行严格的归口管理，行政非诉案件和行政诉讼案件的执行均统一由执行机构负责实施。这给行政庭和执行庭的工作格局带来了很大的影响。对行政庭而言，由于行政诉讼案件必须组成合议庭审理，因此行政庭必须配备至少一个合议庭，而行政诉讼案件较少，如果行政庭只审查行政非诉案件，会造成其在案件数量上“吃不饱”。而在民事案件大量增加的情况下，基层法院普遍感觉民事审判力量不足，往往大量分配民事诉讼案件给行政庭审理，一些法院行政庭每年审理的民事案件大大超过行政案件，从而造成众多法院行政庭演变成民二庭、民三庭的尴尬局面。而对执行庭而言，基层法院的执行案件本来就很多，该意见下发后，执行庭的工作量更是大大增加，除原先应由执行庭执行的案件外，财产保全、先予执行、财产刑等工作也都由其实施，造成基层法院执行庭执行力量更加不足，任务更加紧张，增加执行力量的要求很迫切。

（4）在结案方式上，存在和解、终结不统一的问题。一是和解方式结案仍存争议。所谓执行和解，是指在执行过程中双方当事人自行协商，达成协议，从而结束执行程序的一种方式。当事人通过协商变更业已生效法律文书确定的给付内容、给付方式，这在民事案件执行中是司空见惯的。但在非诉行政执行案件中能否完全套用该民事案件执行方式，现有法律规范并未就此作出明文规定。非诉行政执行案件能否以和解方式结案，其主要是一个行政机关能否放弃全部或部分执行标的问题，该问题理论界争议颇大，而且持否定说的观点还是主流观点。但非诉行政执行案件中被执行人对行政处罚往往存在抵触心理，由于涉及被执行人的切身利益，不惜采取上访、闹事甚至暴力抗法等方式抗拒执行，处理不当则极易激化矛盾，引发暴力抗法事件，“难执行”的情况极易产生。执行中行政机关往往不得不做出让步，大量案件最终只得通过和解执行，执行标的完全到位率偏低。

二是终结执行仍有法律障碍。按照新修改的《行政诉讼法》的规定，参照《民事诉讼法》第 233 条的规定。但第 233 条的规定一方面不能全面满足非诉行政执行案件的需要，另一方面在具体参照其条款时仍有鉴别的要求。

三是结案证明内容仍不规范。从查阅的部分已结案的非诉行政案件档案看，有一些非诉行政案件以行政机关出具的“执行完毕证明”结案，该结案证明较为笼统，极不规范。比如行政机关仅向法院出具简单的“执行完毕证明”的结案单，对收到法院转交执行款项的数额未写明；有的虽部分执行到位，行政机关表示余款放弃，但放弃多少也未反映。另外，有少数法院的办案人员为图省事竟要求被执行人直接将执行款交给申请人。

（5）非诉行政执行案件程序终结率高，有效执结率低。据浙江金华中院统计，全市法院实际执结的非诉案件仅占非诉收案总数的30%，远低于民商事案件56%的实际平均执结率。即使以金钱给付为主要执行内容的计生类非诉行政案件，其有效执结率也不高。2009年至2011年，衢州柯城区法院此类案件的平均执行到位率只有38%，低于该院民商事案件近30%。

（6）法院在执行过程中存在的问题表现在：一是存在怠于执行，超过法定期限执行且未采取任何执行措施的；二是当事人、利害关系人对执行行为提出书面异议，人民法院未在规定期限内审查处理的；三是人民法院不送达或违法送达的；四是执行对象、范围、数额错误的；五是原执行法律依据被撤销或变更后仍继续执行的；六是未依法追加被执行人、违法追加被执行人、违法采取查封、冻结等强制措施；七是在执行阶段任意作出裁定书变更或停止原生效裁判执行的，在执行阶段没有作出新的裁定文书而对原生效裁判不予执行或随意变更执行的；八是原生效裁判文书已通过合法程序停止执行，仍继续执行院裁判决定的；九是不符合中止执行条件而随意作出中止执行裁定的；十是其他违法执行行为。

2. 我国非诉行政执行制度存在的问题及其完善

在实践层面非诉行政执行制度随着法制化的发展和公民法律意识的提高，不论行政机关还是法院都存在一定的问题，不仅影响了政府公信力和司法公信力，也极大地损害了行政相对人的合法权益，如何完善非诉行政执行制度引发了学者们对非诉行政执行制度的热议。本文梳理了部分学者对我国非诉行政执行制度存在问题及完善的建议，并结合调研和我国非诉行政执行制度现状提出完善此项制度观点。

学者们提出的非诉行政执行存在的问题主要包括以下几个方面：执行权限划分不清；审查标准和程序不完善；执行难度大；法院与相对人无法有效参与；[①] 混淆了司法和行政的功能；非诉行政执行制度运行效果欠佳，难以实现建立该制度的初衷；不利于相对人的权利救济；[②] 行政主体不作为问题；人民法院司法审查问题；执行和解问题。[③]

在如何完善非诉行政执行制度的问题上，学者们提出了以下观点：合理划分人民法院与行政机关的行政强制权；建立行政公诉制度；建立非诉行政执行听证制度；建立非诉行政执行和解制度；完善相对人的权益救济机制；[④] 构建行政执行诉讼[⑤]。

笔者在调研过程中针对法院和检察机关监督过程中存在的问题，对完善我国的非诉行政执行制度提出如下建议：

(1) 完善相关立法，合理分配行政强制执行权。整合相关法律法规，解决法律法规的冲突问题，明确法院和行政机关的强制执行权，结合司法实践，在明确司法权和行政权不同特点的情况下依据效益原则合理分配强制执行权，同时也可以借鉴域外的先进经验，目前非诉行政执行的司法实践是法院和行政机关相互推诿，行政机关把不好执行的案件推给法院，法院大力提倡“裁执分离”，

---

① 参见鲁金松：《论我国非诉行政执行制度的完善》，第7~9页。

② 参见沈国全：《非诉行政执行研究》，第13~14页。

③ 参见罗亚楠：《我国非诉行政执行制度法律问题研究》，华中科技大学2013年硕士学位论文，第22~24页。

④ 参见罗亚楠：《我国非诉行政执行制度法律问题研究》，华中科技大学2013年硕士学位论文，第27~39页。

⑤ 参见王鹏：《非诉行政执行制度研究》，华中科技大学2013年硕士学位论文，第15页。

又把强制执行权推给行政机关，行政机关大都不执行，造成了非诉行政执行制度的虚设，在法院和行政机关加强配合的情况下亟须立法上加以明确，改变非诉行政执行现状，在节约国家资源的基础上设立合理的非诉行政执行机构，明确相关的权力与职责。

（2）加强对行政机关在非诉行政执行过程中的监督。非诉行政执行制度设立的初衷是为了加强对行政权力控制和约束，保护行政相对人的合法权益。在现行的非诉行政执行的制度框架中，并没有实现设计初衷。行政不作为、行政乱作为依然存在，侵害公民权益的事件屡见不鲜，尤其是行政机关怠于履行职责对违法行政行为不作出决定，不依法申请和履行行政强制行为，在作出行政决定时出现了很多滥用职权和违法情形，还有行政机关工作人员的职务犯罪率居高不下，在此情况下，法院监督乏力，由检察机关在法律监督职权范围内审慎地对非诉行政执行过程中对行政权力监督很有必要。

（3）通过立法和相关司法解释结合实践规范法院非诉行政执行行为。此次课题调研，法院对检察监督提出了一系列的质疑，最主要的是检察机关要监督法院非诉行政执行要有规范和标准，检察机关制定的规范和标准就是合法的吗？鉴于此，要通过相关立法和司法解释明确非诉行政执行法院的受案机关、审查机关和执行机关，解决立案编号的问题，审查标准“三明显”的具体内涵，法院审查方式，采用听证的具体情形，具体的执行措施，尤其是明确追加处罚和追加执行主体这两种执行措施在非诉行政执行过程中的应用，统一执行裁定书，明确结案方式，明确是否准许和解结案，规范终结执行的结案方式，确定合理的非诉行政执行期限。综上法院在法律法规不健全的情况下，本着维护部门利益出发的原则，在非诉行政执行过程中存在诸多问题，检察机关依照相关法律规定依法对法院行使监督职能，有利于法院规范非诉行政执行，共同解决非诉行政执行的难题。

四、对非诉行政执行进行检察监督的制度构建

要构建非诉行政执行检察监督，首先要解决为什么要对非诉行政执行监督，其次要解决检察机关是否有权进行监督的问题，在结合全国检察机关开展非诉行政执行的现状、经验与问题的基础上，提出构建非诉行政执行检察监督的若干建议。

（一）非诉行政执行检察监督的必要性分析

非诉行政执行检察监督有无必要？课题组在宁波市院调研过程中，一法官说检察机关不必对非诉行政执行进行监督，没有标准和规范，也起不到应有的效果，检察机关的监督不能从根本上解决非诉行政执行过程中遇到的问题。目前非诉行政执行存在很多的难题，部分检察机关对非诉行政执行检察监督进行了一些探索，监督了在非诉行政执行过程中行政机关和法院的违法行为，取得了良好的社会效果、法律效果和政治效果。要想明确非诉行政执行检察监督的必要性，首先有必要对行政检察监督和作为其监督范围的非诉行政执行检察监督做必要的论述。

行政检察监督，与刑事法律监督和民事法律监督不同，指的是检察机关独立行使宪法赋予的法律监督权，对审判机关、当事人和其他诉讼参与人的行政诉讼活动及特定的违法行政行为实施检察监督，保证国家的行政法律能够得到正确的实施，防止司法腐败的发生。行政检察监督是构成检察机关进行法律监督活动的极其重要的一个组成部分。根据修改后的《行政诉讼法》第93条规定，检察机关有权对人民法院作出的违反法律规定但已发生法律效力的裁判按照审判监督程序依法提起抗诉。也有的学者对行政检察监督也包括对行政执法行为的监督，认为检察机关作为《宪法》确定的专门法律监督机关，通过行使检察权，代表人民对行政执法行为实施的法律监督，在我国确立行政执法行为检察监督是大势所趋，是我国社会主义民主和法制建设发展的必然结果，具有十分重要的现实意义。部分省份以社会管理创新为切入点，开展行政检察促进社会

管理创新试点工作，取得了良好效果。行政检察监督具有以下特点：

（1）行政检察监督权职能定位是对行政诉讼活动的法律监督权，设定行政检察监督权目的在于不仅防止行政诉讼过程中司法权的滥用，监督法官的违法违纪行为，更重要的是能够促进依法行政，有效制约行政权。检察权的本质是制约权，形式是法律监督，从发展趋势上看逐渐加强对行政权的制约，当然对行政权的监督要有一定的边界。尤其随着经济社会的发展，进行社会管理创新是各级党政机关面临的紧迫任务，最高人民检察院强调要结合检察职能探索促进社会管理创新的方式和方法。这必然要求要进一步拓展和延伸监督领域，督促行政机关采取相应措施，改进管理方式。（2）行政检察检察监督的范围广泛。按照法律规定行政检察监督对行政诉讼活动进行监督，对审判机关、当事人和其他诉讼参与人的行政诉讼活动进行监督，对行政审判、行政执行、行政赔偿调解作出的各种生效判决、裁定和其他法律文书进行监督；人民法院及其司法工作人员在行政审判和行政执行过程的司法行为进行监督；在行政诉讼过程中发现的行政机关及其行政执法人员违法行为的监督；涉及国家利益、社会公共利益或者社会管理创新过程中行政检察监督方式进行监督的情形，如探索对行政执法行为进行法律监督。（3）行政检察监督手段多样化。除抗诉和再审检察建议外；通过检察建议纠正行政审判活动违法，促进行政机关依法履行职责，创新社会管理，进行行政类案监督；通过更换办案人建议来纠正未构成犯罪的人民法院司法工作人员违反法律的渎职行为；纠正违法通知书来纠正人民法院的和行政机关及其行政执法人员的违法行为；督促起诉或督促履行职责来保护国有资产安全和促进行政机关依法行政；支持起诉和行政公益诉讼来保护国家利益和社会公共利益。

非诉行政执行检察监督作为行政检察监督的一部分，是指检察机关对非诉行政执行的全过程进行监督，通过检察建议、更换办案人、纠正违法通知书、督促履职等方式，对行政机关的决定、申请与执行行为和法院的受理、审查、执行行为进行监督，防止和纠正在非诉行政执行过程中司法权、行政权的滥用和不作为，监督法官和行政机关工作人员的违法违纪行为，支持人民法院依法执行国家行政及相关法律，促进行政机关依法行政，维护行政相对人的合法权益。

1. 进行非诉行政执行检察监督是对当前非诉行政执行体制下系列困境的对治

（1）从法院的行政审判活动和执行情况看，非诉行政执行案件数量已经超过了行政诉讼案件，大量的非诉行政执行案件法院难以有效执结，对大量的非诉行政执行申请难以敞开收案，法院非诉审查职能弱化及标准混乱，被执行人更是救济无门，人民法院的司法公信直接受损。大量申请人民法院强制执行的行政决定因执行压力而未被受理，甚至未经登记就直接退还申请的行政机关，造成国有资产的流失客观上给司法公信带来了严重的损害。非诉行政执行案件中高准执率与低执结率之间的巨大反差严重削弱了人民法院司法裁判的权威。加强对非诉行政执行案件的检察监督，有利于法院及时纠正错误裁判，正确执行国家行政法律，化解社会矛盾，重新树立司法公信力和权威。

（2）从非诉行政执行案件自身的特点来看，开展非诉行政执行案件检察监督有利于促进行政机关依法行政，督促行政机关依法履行职责。行政机关在非诉行政执行过程中存在行政不作为、行政乱作为和滥用职权等问题，行政机关怠于决定、怠于申请和执行，行政机关会不当干预法院的强制执行行为，影响了政府的公信力，给公民的人身权和财产权造成了损失，对行政机关在非诉行政执行过程中行政行为的检察监督是监督的重中之重，通过对非诉行政执行中行政决定的调查对行政行为合法性从实体上和程序上进行监督，督促行政机关积极履职，移送执法人员违法渎职线索，促进行政机关依法行政和社会管理创新。

(3) 从维护行政相对人合法权益入手，非诉行政执行检察监督为行政相对人提供了救济途径。人民法院的非诉行政执行案件裁定一经作出就具有了法律效力，现行法律规定虽为非诉行政执行中相对人合法正当权益提供了救济途径，但因其原则性规定且不具有可操作性而于现实中难以达到救济的水准。因行政相对人没有上诉的救济渠道，通过开展非诉行政执行案件检察监督工作，可以为行政相对人开辟一条救济途径，满足行政相对人的合法诉求。

(4) 从规范非诉行政执行案件检察监督工作来看，由于没有非诉行政执行案件检察监督的有关规定，非诉行政执行案件监督工作很难有效开展，在《行政诉讼法》二读修改稿中增设了在《行政诉讼法》修改中明确规定对非诉行政执行检察监督必将促进非诉行政执行案件检察监督工作的规范和深入开展。同时开展非诉行政执行检察监督的实践经验，也可以对修法产生有益的推动作用。

2. 检察机关已经为非诉行政执行检察监督提供了一些探索

民行检察工作一直是整个检察工作的薄弱环节，行政检察工作更是短板中的短板，《民事诉讼法》修改后明确将执行监督纳入检察监督的范畴，相比于民事执行监督，除吉林、湖北、福建、江苏、浙江、河南等少数省份开展非诉行政执行检察监督外，大部分省份没有对此类案件进行行政检察监督。然而通过此次调研，发现部分地区检察机关高度重视非诉行政执行监督，制定规范性文件，和行政机关和法院加强沟通和联系，卓有成效地开展了非诉行政执行检察监督工作，为国家挽回了经济损失，促进行政机关依法履职，规范法院非诉行政执行活动，收到了良好的效果。吉林省人民检察院印发的《开展非诉行政执行案件检察监督工作的暂行规定》，大力探索和开展非诉行政执行检察监督，把非诉行政执行检察监督作为创新行政检察工作和服务经济发展大局的切入点和突破口，深入推进了行政检察工作的科学发展。福建省晋江市检察院出台了《晋江市关于办理行政非诉执行监督案件的暂行规定》，10 年以来共受理行政非诉执行监督线索 245 件，涉案金额高达 1140 余万元。

（二）非诉行政执行检察监督的可行性

开展非诉行政执行检察监督，对行政权和司法权的监督有宪法依据、法理依据、法律依据和现实必要性。

1. 开展非诉行政执行检察监督的宪法依据

要想解决非诉行政执行检察监督的理论困惑，正本清源要厘清检察权的性质，明确行政检察监督职能定位等一系列理论问题，正如贾小刚厅长指出要确立行政诉讼法修法的基本方向和价值目标，需要明确以下思路：一是是否能够加强对行政行为的司法审查和司法监督；二是行政权、行政诉讼权、审判权和检察权是否能够根据其权利（权力）属性和职能定位得到合理配置。① 行政检察监督法律依据不充分，理论研究也相对薄弱，本课题组借非诉行政执行检察监督的研究，加深对行政检察监督理论研究，从宪法层面寻求行政检察监督的依据。

（1）检察权的性质

检察权的产生是人类社会发展的必然结果，国家权力是随着国家的出现而产生的，检察权出现的较晚，英国和法国是两大法系国家最早建立检察制度的代表，苏联所建立的独特的检察制度是社会主义国家的典型代表。检察权的发展是人类社会进步的重要表现，检察权经过了300年的发展，出现了独立性逐步增强、内容不断丰富和民主的发展方向，关于检察权的性质，各国历史传统和政治制度不容，归纳起来一共有三种：一是归属于行政权，以英国和美国等英美法系国家为代表。二是“准司法权”，指既不认为检察权为行政权，也不认为是司法权，而是介入两者之间的权力，采取这种做法的是德、法、日本等国家。三是确立为法律监督权，将法律监督作为国家权力的一种，而检察权则是法律监督权的具体体现，采

① 参见《行政诉讼法修改与行政检察监督职能的完善》，载《人民检察》2013年2月。

用这种做法的是俄罗斯和中国。[①]

我国理论学界关于检察权性质的争论，代表性的意见主要有：第一种意见认为检察权应隶属于行政权，宜借鉴西方国家检察制度，重新定位检察权，将检察机关设定为国家公诉机关，同时作为政府的公共利益代表，行使一部分的公益诉讼职能。理由认为检察权不具备司法权独立性、中立性、被动性的特点，大多情况下积极主动，本质上属于行政权。第二种意见认为检察权属于司法权，检察官如同法官般地行使司法领域的重要职能，具有法律守护人的地位。第三种意见认为检察权具有行政和司法的双重属性，司法性体现为检察机关能独立地作出类似于判决的决定，而且其以适用法律为目的。行政性体现为整个检察体制内部上命下从的纵向关系，检察权的运作又受到行政权的牵制。第四种意见认为检察机关是国家的专门法律监督机关，检察权具有监督属性，有权监督一切涉及公共权力的违法行为，包括日常行政管理、行政执法中的违法问题。与苏联一般监督和最高监督有类似之处。第五种意见认为现行检察制度体现中国传统法制文化，其与古代御史制度存在渊源关系，以强调中国特色。[②]

人民民主专政制度是我国的根本政治制度，人民代表大会是我国的政体，在我国国家一切权力属于人民，人民代表大会是人民行使国家权力的机关，在人民代表大会下，设立行政权、审判权、检察权、军事权，分别由行政机关、审判机关、检察机关和军事机关行使，这些机构由人大产生，对人大负责，检察权与行政权、审判权、军事权平行，成为专司法律监督的权力，监督制约行政权和审判权。《宪法》明确规定检察机关是我国的法律监督机关，人民检察院依照法律规定独立行使检察权，不受行政机关、社会团体和个

① 参见邓思清：《检察权研究》，北京大学出版社 2007 年版，第 23 ~ 29 页。

② 参见傅国云：《行政检察监督研究：从历史变迁到制度架构》，法律出版社 2014 年版，第 94 ~ 97 页。

人的干涉，在办理刑事案件中，与法院、公安机关分工负责、相互配合，互相制约，以保障有效执行法律。通过《宪法》规定，检察机关的独立性、程序性有利于公权力机关进行监督。通过司法实践，依据《民事诉讼法》和《行政诉讼法》的规定，检察机关有权对民事诉讼活动和行政诉讼活动进行监督，现在理论和实践研究的焦点在于检察权是否在合理的限度内对行政权进行有效地监督和制约，能够行使行政法律监督权。

（2）检察权对行政权进行监督的必要性

笔者认为检察机关作为法律监督机关，有权对行政权进行法律监督，从而体现对行政权力的制约。一是整个人类政治文明的发展史是对公权力不断进行制约的发展史，检察权的独立是权力进化的必然趋势。西方三权分立的思想将权力划分为立法权、行政权和司法权，三者的相互制衡有效地防止了权力滥用，达到了以“权力制约权力”的目的。依据我国《宪法》的规定，检察权作为法律监督权已成为共识。检察机关作为法律监督机关，有权对行政权进行法律监督，从而体现对行政权力的制约，当然在对行政权进行制约时，检察机关有其职能定位和权力边界，不能干涉行政权，更不能代行行政权。检察机关按照《行政诉讼法》的规定除了对行政诉讼活动进行检察监督之外，还可以延伸到诉前，按照检察权的性质定位和职权范围对诉前行政执法行为及其工作人员进行检察监督，有效防止行政权力的滥用。

二是行政执法行为检察监督是有效防止行政违法和弥补现有对行政违法监督机制不健全的需要。目前在一定范围内存在执法随意、违法行政、徇私舞弊、贪赃枉法等行政违法现象，行政不作为和行政乱作为普遍存在，行政主体不适格和行政程序违法并存，严重损害了国家利益、社会利益和人民群众的生命财产安全，降低了政府机关的公信力，影响了社会和谐稳定。对行政执法行为的监督主要包括内部监督和外部监督。对行政执法监督的内部监督主要包括上级行政主体的行政复议监督和内部纪检监察部门的监督。行政复议的公正性备受质疑，内部纪检监察部门的监督主要体现在对行政执法人员的监督而不能有效地对行政执法行为进行监督，从而对行政执法行为的内部监督效果有限。外部监督主要体现在人大监督、法院诉讼监督和社会监督。人大作为国家权力机关不可能对具体的行政执法行为起到全面有效的监督，法院在人、财、物上受到行政权干涉不能完全有效地体现司法权对行政权的制约，社会监督由于缺乏相关的法律制度构建作用有限。对诉前行政行为进行检察监督尤为必要，检察监督存在于行政权的外部，既能较好地排除行政权的干扰，又具有法律监督的刚性和专业性，能够克服各种监督方法的局限性，检察机关依托其人员和专业优势，可以更加有效地对行政权进行制约，切实防止行政权的滥用和不作为，帮助行政机关依法履行职责，有效促进社会和谐稳定。

三是对行政行为进行检察监督是促进和规范政府依法行政和推动社会管理创新的需要。依法行政是行使国家权力的重要方式，是实现依法治国方略和推进和谐社会建设的重要环节。行政机关不作为、乱作为的行为普遍存在，而与之相对的则是行政监督体系不完善、不健全，行政机关自我约束的力量有限。检察机关通过对诉前行政执法部门的监督，有助于行政职能部门规范有效地行使权力，完善工作程序，减少纠纷产生，推进社会管理创新。在行政检察监督的过程中，注重发现一些普遍性、倾向性的社会管理问题，向相关部门提出检察建议，促使相关部门不断提高社会管理水平。实践中检察院在对行政执法监督上进行了有益的探索，探索行政检察与行政执法相衔接的机制，得到了党委和政府的高度支持，取得了良好的社会效果，不断促进了社会管理体系的完善。

按照非诉行政执行案件的特点，检察机关不仅可以对法院的立案、审查和执行行为进行监督，也可以对行政机关的行政决定、申请执行行为以及干涉法院非诉行政执行行为进行监督，当然也可以对法院和行政执法工作人员的违法违纪行为进行监督，这体现了检察机关是法律监督机关，不是诉讼监督机关，也不是法律救济机关，对于非诉行政执行的检察监督在于维护行政法律的权威和尊严，维护行政法律统一正确实施，防止权力滥用。

(3) 检察权对行政权监督的界限

检察机关是国家的法律监督机关，按照宪法规定，行政检察监督专司行政法律监督，那么在非诉执行领域是否可以对所有的行政行为进行监督呢？这就涉及行政检察监督的界限问题。对此问题存在两种学说，一种学说是一般监督说，即对行政权的监督没有具体限制，对于行政立法、行政执法及行政救济，检察机关均有监督权。另一种学说是有限监督说。检察权对行政权的行使应该遵守宪法和法律上的限制，防止权力滥用。按照我国目前的法律规定，检察机关对行政机关的监督仅限于对行政机关工作人员的贪污受贿、渎职侵权行为进行立案侦查和公诉，对行政行为的一般违法行为的监督，没有得到法律的明确授权，在开展监督的过程中，可以督促行政机关履职，避免国家利益和社会公共利益受损；通过非诉行政执行案件过程中，对现行政机关的合法性进行审查，对于发现的行政机关的违法行政情况，可以通过检察建议提出意见，促进行政机关自行纠正，在监督过程中发现违法渎职行为的，应移送相关机关处理。

2. 开展非诉执行检察监督的法理依据

(1) 权力分立和制约理论。权力分立和制约理论是人类政治文明发展史上的重要理论，经历了不断发展的历史过程，政治思想家们不断摸索其规律并探索其形式。资产阶级思想家提出了权力分立的理论，将国家权力分为立法权、行政权和司法权。我国没有照搬西方的三权分立的模式，规定国家权力统一归属于人民代表大会，在人民代表大会之下设立“一府两院”，分别行使行政权、司法权和法律监督权。权力分立的目的在于权力制衡。随着行政权的不断扩大和其强势状态，检察权的国家性、宪法性、独立性、专业性、程序性、强制性等基本特征有利于对法院和非诉行政执行检察监督相关行政执法行为的合法性进行监督，检察机关作为法律监督机关有必要制约、监控、规范审判权和行政权的行使，防止审判权和行政权的滥用，更好地服务于政治经济社会的发展。

（2）基本人权保障原则。宪法以人为出发点和归宿、人的全面发展为目的，通过基本权利表述并将其以根本法的形式加以确认和规范，行政法的使命就是根据宪法的基本原理对行政权给予严密的监视，对其加以正确的限制和导向，以此来保证国民的自由权利和幸福。行政权的滥用和缺乏规制已经导致了人民自由和权利的受损，背离了法治的基本目标。唐某某引火自焚抗拒暴力拆迁、张某某开胸验肺推翻先前诊断、“钓鱼执法”引发当事人自断小指，这些事件已经严重影响了中国的法治进程和社会的和谐稳定。对非诉行政执行检察监督势在必行，不仅仅是限制和规范审判权和行政执法权的需要，更是保障人民基本权利的需要。

（3）司法公正理念。司法公正就是要在司法活动的过程中体现公平与正义的精神。人民法院的非诉行政执行案件裁定一经作出就具有了法律效力，行政相对人没有上诉的救济渠道，通过开展非诉行政执行案件检察监督工作，可以为行政相对人开辟一条救济途径，满足行政相对人的合法诉求，行政公益诉讼的启动体现了司法公正理念。

3. 开展非诉行政执行检察监督的法律依据

（1）《中华人民共和国行政诉讼法》

第九十七条 公民、法人或者其他组织对具体行政行为在法定期间不提起诉讼又不履行的，行政机关可以申请人民法院强制执行，或者依法强制执行。

第一百零一条 人民法院审理行政案件，关于期间、送达、财产保全、开庭审理、调解、中止诉讼、终结诉讼、简易程序、执行等，以及人民检察院对行政案件受理、审理、裁判、执行的监督，本法没有规定的，适用《中华人民共和国民事诉讼法》的相关规定。

（2）最高人民检察院《关于深入推进民事行政检察工作科学

发展的意见》

13. 深化民事行政执行监督工作。民事执行监督的范围主要是人民法院执行民事判决、裁定、决定、调解书、仲裁裁决以及公证文书等活动，包括执行裁定、执行决定和执行行为。对于民事执行活动存在违法行为可能影响公正执行的，应当提出执行监督检察建议。在执行监督中，应当把握执行监督规律，不得代行执行权。对行政执行活动的法律监督，参照民事执行监督的规定进行。

(3) 最高人民法院《关于执行〈中华人民共和国行政诉讼法〉若干问题的解释》(2000年)

第八十六条 行政机关根据行政诉讼法第六十六条的规定申请执行其具体行政行为，应当具备以下条件：

(一) 具体行政行为依法可以由人民法院执行；

(二) 具体行政行为已经生效并具有可执行内容；

(三) 申请人是作出该具体行政行为的行政机关或者法律、法规、规章授权的组织；

(四) 被申请人是该具体行政行为所确定的义务人；

(五) 被申请人在具体行政行为确定的期限内或者行政机关另行指定的期限内未履行义务；

(六) 申请人在法定期限内提出申请；

(七) 被申请执行的行政案件属于受理申请执行的人民法院管辖。

人民法院对符合条件的申请，应当立案受理，并通知申请人；对不符合条件的申请，应当裁定不予受理。

第八十七条 法律、法规没有赋予行政机关强制执行权，行政机关申请人民法院强制执行的，人民法院应当依法受理。

法律、法规规定既可以由行政机关依法强制执行，也可以申请人民法院强制执行，行政机关申请人民法院强制执行的，人民法院可以依法受理。

第八十八条 行政机关申请人民法院强制执行其具体行政行

为，应当自被执行人的法定起诉期限届满之日起 180 日内提出。逾期申请的，除有正当理由外，人民法院不予受理。

第八十九条 行政机关申请人民法院强制执行其具体行政行为，由申请人所在地的基层人民法院受理；执行对象为不动产的，由不动产所在地的基层人民法院受理。

基层人民法院认为执行确有困难的，可以报请上级人民法院执行；上级人民法院可以决定由其执行，也可以决定由下级人民法院执行。

第九十条 行政机关根据法律的授权对平等主体之间民事争议作出裁决后，当事人在法定期限内不起诉又不履行，作出裁决的行政机关在申请执行的期限内未申请人民法院强制执行的，生效具体行政行为确定的权利人或者其继承人、权利承受人在 90 日内可以申请人民法院强制执行。

享有权利的公民、法人或者其他组织申请人民法院强制执行具体行政行为，参照行政机关申请人民法院强制执行具体行政行为的规定。

第九十一条 行政机关申请人民法院强制执行其具体行政行为，应当提交申请执行书、据以执行的行政法律文书、证明该具体行政行为合法的材料和被执行人财产状况以及其他必须提交的材料。

享有权利的公民、法人或者其他组织申请人民法院强制执行的，人民法院应当向作出裁决的行政机关调取有关材料。

第九十二条 行政机关或者具体行政行为确定的权利人申请人民法院强制执行前，有充分理由认为被执行人可能逃避执行的，可以申请人民法院采取财产保全措施。后者申请强制执行的，应当提供相应的财产担保。

第九十三条 人民法院受理行政机关申请执行其具体行政行为的案件后，应当在 30 日内由行政审判庭组成合议庭对具体行政行为的合法性进行审查，并就是否准予强制执行作出裁定；需要采取强制执行措施的，由本院负责强制执行非诉行政行为的机构执行。

第九十四条 在诉讼过程中，被告或者具体行政行为确定的权利人申请人民法院强制执行被诉具体行政行为，人民法院不予执行，但不及时执行可能给国家利益、公共利益或者他人合法权益造成不可弥补的损失的，人民法院可以先予执行。后者申请强制执行的，应当提供相应的财产担保。

第九十五条 被申请执行的具体行政行为有下列情形之一的，人民法院应当裁定不准予执行：

（一）明显缺乏事实根据的；

（二）明显缺乏法律依据的；

（三）其他明显违法并损害被执行人合法权益的。

第九十六条 行政机关拒绝履行人民法院生效判决、裁定的，人民法院可以依照行政诉讼法第六十五条第三款的规定处理，并可以参照民事诉讼法第一百零二条的有关规定，对主要负责人或者直接责任人员予以罚款处罚。

(4)《行政强制法》第53条至第60条（前面已作论述）

关于非诉行政执行的法律规定不健全，致使法院和行政机关在非诉行政执行过程中存在诸多问题，关于非诉行政执行检察监督在法律上没有规定，部分省份和地区在和行政机关和法院充分的沟通和协调，制定了关于非诉行政执行检察监督的暂行规定，明确了非诉行政执行检察监督的原则、目的、意义、范围和来源，非诉行政执行检察监督的方法和责任，规范了非诉行政执行案件检察监督工作，注重实现监督的法律效果和社会效果。

（三）检察机关开展非诉行政执行检察监督的现状、经验及遇到的问题

全国检察机关开展非诉行政执行检察监督的现状及经验。全国行政检察工作相比较薄弱，开展非诉行政执行的省份比较少，首先是法律授权不具体，执法监督依据不充分；其次是历史原因，检察机关传统的刑事思维模式，使行政检察工作在各级领导心目中不受

重视；最后是主观原因，即行政工作在检察工作全局中摆位不当，作为不够。通过此次课题研究，以非诉行政执行为切入口补齐行政检察业务短板，构建行政检察、职务犯罪侦查、刑事检察工作三位一体检察业务新格局，着力解决行政检察摆位不当、履职不全和内生动力不足3个方面的突出问题，拓宽基层检察工作的行政检察监督范围。同时做好非诉行政执行检察监督工作是人民群众对司法公正期待的需要，可以有利强化行政检察部门和其他部门的联动，对行政检察工作科学布局，实现行政检察工作的新突破。加强非诉行政执行检察监督可以服务民生，保障民权、民利，维护公平正义；有效化解社会矛盾，促进社会治理现代化，打造行政检察品牌。通过课题调研，构建非诉行政检察监督可以促进行政检察干警用检察一体化的思维模式加强推进工作，推进上下联动，上命下从的一体化运行机制；构建横向协作机制，形成交互介入，良性互动；积极构建外部配合机制。检察部门要主动协调，合作交流，加强与行政机关、法院、人大、政法委的协调配合。

据不完全统计，吉林省、湖北省、福建省、浙江省、江苏省、河南省等省份开展了非诉行政执行活动，尤其是民行分设的省份，即设立行政检察处的省份在非诉行政的研究和实践方面走在了全国的前列，系统地开展了非诉行政执行检察监督工作，部分地区制定了非诉行政执行检察监督的规范性文件，加强对非诉执行的理论探索；即使民行机构没有分设的省份的基层检察院通过办理非诉行政执行案件，对非诉行政执行过程中行政机关和法院存在的问题进行了监督。全国检察机关开展非诉行政执行检察监督的经验做法如下：

1. 建章立制、在实践中逐步规范非诉行政执行检察监督工作

（1）对非诉执行检察监督的办案程序进行规范

吉林省院党组高度重视行政检察工作，依据最高人民检察院《关于深入推进民事行政检察工作科学发展的意见》要求，紧紧围绕省检察院党组书记、检察长杨克勤关于“行政检察工作要抓住

重点、突出亮点，争取在一两个方面有所突破，形成检察工作新的增长点，打出监督威力”的重要指示精神，吉林省人民检察院印发的《开展非诉行政执行案件检察监督工作的暂行规定》，在抓结合上下功夫，大力探索和开展非诉行政执行检察监督，把非诉行政执行检察监督作为创新行政检察工作和服务经济发展大局的切入点和突破口，深入推进了行政检察工作的科学发展，2013 年办理非诉执行案 79 件。通过制定《关于开展非诉行政执行案件检察监督工作的若干意见》，明确了以下 3 个方面工作内容：首先，《若干意见》明确了检察机关应当对非诉行政执行案件进行检察监督，各级院行政检察部门要树立起对非诉行政执行案件检察监督的责任感和使命感，要不断深入探索非诉行政执行案件有效监督的方式方法。其次，《若干意见》明确了非诉执行案件检察监督的原则、目的、意义、范围、来源、方法和责任，规范了非诉行政执行案件检察监督工作，注重实现监督的法律效果和社会效果。最后，《若干意见》明确了对非诉行政执行案件检察监督要遵循其内在的特点和规律，有限监督，居中监督，不滥用检察监督权。人民检察院对人民法院作出的违反法律且明显错误裁定，应当提出检察建议，建议人民法院及时纠正，检察机关的作用在于发现错误和提出纠正建议，如何纠正由人民法院自己决定。在探索开展非诉行政执行案件检察监督的过程中要注意加强和人民法院的协调和配合。

福建省晋江市院以 2010 年被确定为行政非诉执行监督的试点单位为契机，积极探索，制定了《关于办理行政非诉行政执行监督案件的暂行规定》，大胆创新，针对环保、卫生、劳动、国土、工商以及质量技术监督等领域的非诉行政执行活动开展了法律监督工作，受理非诉执行案件线索 245 件，涉案金额高达 1140 余万元。该《暂行规定》明确了监督案件的主要来源：为行政机关移送，人民法院移送备案审查，群众申诉或控告的；人民检察院自行发现的；监督案件情形为：执行的立案程序是否合法；作出的不予执行、中止、终结执行等裁定是否合法；是否怠于执行，当事人、利害关系人对执行行为提出书面异议，人民法院是否在规定期限内不予审查处理的；明确规定人民检察院在办理非诉行政执行检察监督可以查阅、复印、调阅人民法院执行案卷；规定了办理案件的方法：发出要求说明执行情况通知书，提出口头或书面执行检察建议，发出暂缓执行检察建议，诉讼违法调查；规定了人民检察院对人民法院向人民检察院发出执行检察建议的情形：执行申请的主体不适格的，超出法定执行期限且未采取任何执行措施的，执行对象、范围、数额错误的，原执行法律依据被撤销或变更后仍然继续执行的，其他违反法律规定情况的。在完善程序方面制定了案件线索审查表。

在当前行政检察监督研究薄弱，非诉行政执行存在一定困境的情况下，制定关于非诉行政执行检察监督的规范性文件对于加强行政检察职能，规范非诉行政检察监督程序，解决行政机关和法院在非诉执行过程中存在的问题，对非诉行政执行制度的开展具有一定的指导意义。在制定规范性文件的过程中，吉林省检察院征求了法院的意见，法院提出了一些意见和建议，加强在非诉行政执行领域检法两家的合作，对于推动非诉执行检察监督的顺利发展具有重大的意义。

（2）构建了在非诉行政执行过程中对行政机关行政行为检察监督的相关规范和衔接机制

种类包括以下几个方面：一是在人大决议中规定了对政府部门行政行为的制约。吉林省十一届人大常委会第二十六次会议于2011年5月27日听取和审议了吉林省人民检察院检察长张金锁做的《关于加法律监督、促进公正执法工作情况的报告》后，作出了《关于加强检察机关法律监督工作的决议》，并于同日起施行。该“决议”对检察机关与政府行政部门如何相互配合与制约做出了明确规定，这是吉林省人民代表大会赋予检察机关具体法律监督权的有力体现，给全省检察机关深入开展行政执法检察监督提供了武器和保障。6月2日，最高人民检察院检察长曹建明对此做了批示："吉林省人大常委会通过《关于加强检察机关法律监督工作的决议》，是对检察机关法律监督工作的高度重视和有力监督。吉林全省检察机关要认真学习、全面贯彻落实此《决议》，更加自觉地接受党的领导和人大及其常委会的监督，不断创新和完善法律监督机制，不断强化自身建设和自身监督制约，加大监督力度，提高监督质量，充分发挥法律监督在促进执法公正、维护社会公平正义、服务经济社会发展中的作用，切实把《决议》的各项要求落到实处。"吉林省院以〔2011〕13 号文件和 17 号文件的形式，加大行政法律监督力度，推动行政执法部门依法行政。

山东省人大常委会通过的《关于加强人民检察院法律监督工作的决议》。山东省院明确了对行政执法活动进行检察监督的基本原则，即只限于行政执法机关的执法活动，对行政机关的一般行政行为不纳入检察监督的范畴。针对因国家利益、社会公共利益屡遭侵害又得不到有效救济的情形，重点在生态环境、国土资源、医疗卫生等领域，探索开展行政检察促进社会管理创新工作。

以上人大决议为非诉行政执行中行政行为的监督提供了最有力的法律保障，在目前没有更高层级法律依据的情况下争取人大的支持，审慎地开展对行政行为的检察监督是最有效的方式。

二是两委办联合发文，制定行政执法检察监督的暂行规定，积极构建检察机关与行政机关的衔接机制，规范行政机关的具体行为，包括对在非诉行政执行过程中行政不作为和行政乱作为的监督。

吉林省白山市委办公室、市政府办公室联合向相关部门印发了由白山市院行政检察部门起草的《白山市行政执法检察监督工作暂行规定》。暂行规定进一步明确了检察机关对行政执法机关行政执法行为的法律监督职能，确定了行政执法机关对检察机关行政检察建议书、纠正违法通知书的回复期限，建立了检察机关同行政执法机关之间的行政执法法律监督协作机制、联席会议制度以及重大行政执法行为通报制度，同时对检察机关行政执法检察监督案件的受理条件、办理程序、审查结果的处理等问题做出了具体规定。白山市检察院在市委、市政府领导和支持下，与市国土资源局、市食品药品监督管理局等 30 个重点行政执法机关会签文件，制定了《关于加强行政检察与行政执法工作相互协作的暂行规定》，建立起有效的行政检察监督与行政执法衔接机制。福建省晋江市人民政府与检察院联合制定了《关于建立行政检察与行政执法检察监督相衔接工作机制的通知》，建立了信息和案件通报制度，规定了行政执法部门向法院申请执行行政非诉案件要向检察院备案，及时发现行政机关存在的违法情形，如行政机关存在怠于向法院申请强制执行申请的情形。

三是通过市人大制定城市治理条例对城市治理相关活动实施法律监督，其中也包括了在城市治理过程中对行政机关非诉行政执行的法律监督。2013 年 3 月，经南京市人民代表大会常务委员会通过，《南京市城市治理条例》正式实施。其中规定：城市管理相关部门及其工作人员进行城市治理活动应当接受人民检察院的法律监督。人民检察院提出的检察建议，城市管理部门应当认真研究、及时处理，并将处理结果抄送人民检察院。这是迄今全国唯一一个明确赋予检察机关可以对城市管理相关活动实施法律监督的城市治理条例，对于规范性行政机关在城市治理活动具有重大的意义。

四是检察机关结合工作实践，制定行政执法检察监督暂行规定。检察机关为推动行政执法监督工作的有序开展，制定行政执法监督暂行规定，如福建石狮市院制定了暂行规定，明确了行政执法监督的原则、范围、方式、程序，明确规定了围绕民生及社会热点问题，加强对不依法履行或拖延履行法定职责、具体行政行为证据不足、适用法律法规错误或违反法定程序、行政机关行政处罚决定未及时执行或未及时申请法院强制执行，把非诉行政执行检察监督纳入了行政检察监督的范围。

（3）加强和法院的沟通协调，构建对非诉行政行为监督机制。福建晋江市院为进一步加强法院在行政非诉执行监督过程中的协作，草拟了《民事、行政执行活动法律监督工作协作意见》，对行政执行监督工作的受理、立案、监督方式以及抽查、阅卷等进行了详细的规定，促进了非诉行政执行监督工作的规范、深入发展。

2. 加强和相关部门联系，积极主动寻找非诉行政执行案源

（1）和行政机关取得联系，寻找案源。开展非诉行政执行检察监督的检察院能够以服务大局、服务民生为出发点，重点选择劳动、国土、工商、卫生及质量技术监督部门作为非诉行政执行检察监督的重点，加强与上述行政机关的联系，构建联系机制，通过信息备案等方式采取监督。为了能够争取上述机关的理解和支持，加强非诉行政执行检察监督的宣传，列举非诉行政执行监督的成功案例，在广泛和行政机关联系的过程中取得案源。能够听取行政机关执法情况介绍，查阅案件登记簿，调阅部分行政执法案件卷宗，从中发现执法瑕疵和问题。

（2）利用“两法”衔接平台。依托“数字福建”建设，福建石狮市院在“石狮市政务网”增设“检察职权”板块，与26家行政执法机关建立了“两法衔接共享平台”，构筑了以侦查监督工作为中心，外联各行政机关，内接本院民行、控申、反贪，反渎、预防等内设机构的立体监督体系，使检察机关就非诉行政执行案件的监督更快捷、全面、畅通。2013年5月正式接入“行政执法与刑事司法信息共享平台”，配备专门设备，指派干警轮值，每周对行政处罚案件进行巡查，对巡查情况进行造表登记，做到网上衔接，网上监督。借助平台跟踪有关行政机关向法院申请强制执行的案件，获取案件线索，督促法院执结案件。

（3）依托政府热线、新闻媒体、网络等信息资源寻找案源。一是与政府信访部门进行沟通协调，信访部门将政府热线搜集到的相关案件线索移送检察机关进行处理，检察机关及时审查，有效监督。二是注意从广播电视、报纸杂志、网络等媒体报道中发现案件线索，对于媒体报道的群众反映强烈、社会影响大的非诉行政执行案件，积极主动展开调研，发现问题及时予以监督；如湖北省宜昌

市检察院通过在法院裁判网上搜集法院近几年的非诉行政执行案件，发现有问题的非诉案件及时向法院发出检察建议，督促法院纠正。

（4）通过向法院抽查执行卷宗，派员到法院挂职锻炼，寻找案源。检察机关就非诉执行案件加强与法院的沟通联系，争取法院的支持和配合，和法院构建相关工作机制，明确检察机关对非诉行政执行活动的监督以及调阅法院卷宗等制度，检察机关主要采用调阅执行卷宗的方式，发现法院存在的问题，及时予以纠正。福建省晋江市院通过与法院联合制定《晋江市人民法院、人民检察院关于民行检察干警到法院挂职锻炼的实施意见（试行）》，决定实行民行干警到行政审判庭及执行局挂职锻炼的制度，在熟悉法院审判、执行流程、提高业务素质的同时，发现法院存在非诉行政执行监督案件线索的，及时报告检察机关，实行此项制度以来，发现非诉执行监督线索 5 件，纠正违法检察建议 5 件，法院已经采纳反馈。

（5）构建内部协调机制，检察机关其他业务部门发现的案件线索及时向行检部门通报和移送。加强和其他部门的沟通联系，构建内部线索资源共享机制是开展好行政检察工作的重要途径。加强与反贪、反渎、公诉、侦监部门的配合协作，对于发现的案件线索，及时审查，规范行政机关和法院在非诉行政执行过程中的违法行为。

3. 关注民生等重点领域的非诉行政执行检察监督，在监督中突出重点

服务大局、服务民生是检察机关的根本职责，非诉执行案件数量多，检察机关不可能面面俱到，在监督中突出重点，尤其是食品安全、环保卫生、工商行政管理和质量技术监督等部门加强监督。

（1）开展非诉行政执行检察监督的地区把环保领域的案件作为监督重点。很多地区检察机关都和环保机关制定了相关联系机制，就加强环境保护的民事、行政诉讼及执行案件中的监督作了详

尽的规定。在审查环保部门向法院申请强制执行的卷宗时发现法院不受理，超期限受理，有的虽然受理没有采取任何强制执行措施，也没有中止、终结以及延长的法定情形，在发现法院的相关情况后，及时向法院发出检察建议，督促法院及时履职。

（2）食品卫生安全领域案件也是非诉行政执行检察监督的重点。食品卫生安全关乎人民群众生命健康，应是检察监督的重点。检察机关和工商、卫生等部门积极取得联系，督促其对食品卫生安全领域积极履行法定职责，及时对违法行为做出行政处罚并积极向法院申请强制执行。发现法院怠于履行强制执行措施的，建议其积极履行，积极保护人民群众的食品卫生安全。

4. 在非诉行政执行检察监督中注重办案效果，促进行政机关依法行政，督促法院依法履职

在办理非诉行政执行检察监督的案件过程中，各地区并没有盲目追求办案数量，而是把办案效果放在了首位，有效促进行政机关依法行政。

（1）促进行政机关规范执法。在办案过程中，发现行政机关存在执法不规范的现象，向行政机关发出规范执法的检察建议，促使行政机关依法履行职责。如在办案过程中，发现行政机关在做出行政处罚后，怠于向法院申请强制执行，导致国有资产流失，损害了行政执法权威性，向行政机关发出检察建议，建议查找原因，进行整改，杜绝此类情况发生，行政机关能够积极整改并纠正反馈。

（2）纠正行政机关错误执法。在办案中发现行政机关错误执法的，提出纠正堵漏的检察建议，纠正行政机关错误执法行为。如在审查国土局移送的行政非诉执行监督案件线索中发现办证中存在随意性大、调查不规范的、私章使用不规范的情况，造成错误办证的情况，而向国土局发出检察建议，撤销错误的发证，国土局采纳了建议。

（3）监督行政机关履行职责。在办案中发现行政机关怠于履行职责的，向行政机关发出检察建议，促使行政机关及时、适时履

行职责。行政机关对于同类案件，有的做出行政处罚，有的不做出处罚，影响了行政处罚的公正性，检察机关及时督促行政机关履职。

（4）督促法院积极履行非诉行政执行监督职责。通过在行政机关掌握的情况，有针对性地查看受案登记表，调阅卷宗进行审查，发现法院不受案，受案后不立案，不予以执行，在法定期限内不能执结等不作为情形，查明原因，对于应该履行职责的，向法院发出检察建议，督促其履行。

（5）监督法院的违法执行行为。通过当事人申诉或检察院自行发现，发现法院对行政机关作出的明显违反法律规定、违反法定程序、缺乏法律依据和事实根据的具体行政行为作出裁定予以强制执行，没有采取合议制方式进行审理、对符合听证程序没有举行听证，在执行阶段任意作出裁定书变更或停止原生效裁判执行的，不符合中止条件而随意作出中止执行的等实体和程序违法行为进行监督，建议法院及时纠正。

（6）加强跟踪落实，确保非诉行政执行监督办案质量。检察机关在办理非诉行政执行案件过程中对发出的检察建议进行跟踪落实，确保每一份检察建议都能达到应有的效果。如一起建议督促政府恢复执行后，及时跟踪了解申请执行人是否按照检察建议申请恢复执行，法院何时恢复执行，采取了哪些措施等情况，确保案件执行到位。

通过调研，检察机关在非诉行政执行监督过程遇到的难题主要表现在以下几个方面：

（1）开展非诉行政执行检察监督工作存在的最大难题就是立法依据不足，缺乏具有可操作性的规范性文件。对于非诉行政执行检察监督仅有原则性的规定，缺乏具体的具有可操作性的规定，使得全国开展检察监督不规范、不统一。在办案过程中有的采取检察建议的方式，有的采取纠正违法通知书等方式，导致监督的效果差异较大。对于非诉行政执行过程中行政机关的违法行为的监督缺乏法律依据，仅有宪法的原则性规定，在开展监督过程中底气不足，受到行政机关的排斥。加之对于非诉行政执行制度本身法律规定的不具体，也给检察监督带来了一定的难度。

（2）检察机关监督刚性不够，检察建议的权威性面临挑战。对于检察建议，法院往往以案件太多或者人员调整为由拖延处理，导致检察建议往往数月有时甚至长达半年没有得到回复，检察机关即使跟踪督促，也缺乏有效的救济手段。

（3）选择性执行损害行政执法公信力，检察机关尽管监督也难以改变现状。由于非诉行政执行申请人为行政机关，没有信访压力，也没有当事人的步步紧跟，因此在案多人少的情况下，法院对于非诉执行案件不够重视，期限一到即终结执行，法院对于部分案件存在畏难情绪，往往对案件采取拒收或接收但不签收等方式规避法定裁定期限和执行期限。选择性执行导致行政执法流于形式，损害了行政执法公信力，尽管检察机关多次和法院沟通，发出检察建议，法院以难以执行为由拒绝纠正。

（4）非诉行政执行遭遇地方政府"协调"。法院强制执行时要接受地方政府的协调、维稳，有时甚至违反法律规定。如某市环保局作出行政处罚后，移送法院申请强制执行。法院以市政府要求统一行动，配合石材行业转型升级为由不予裁定强制执行，导致环境违法行为没有得到及时查处，后实际已无法执行。

（5）非诉行政执行监督的案件来源缺乏。尽管检察机关为拓展非诉行政执行案件进行了一些积极有效的探索，但获取案源的方式没有具体的规定，在缺乏行政机关和法院的配合下，检察机关自行发现案件线索的能力是十分有限的。

（6）开展行政检察监督的队伍力量、能力不足。由于行政检察机构设置不完备，行政检察监督的队伍力量配备不足，直接影响了行政检察监督工作的有效开展，由于缺乏关于非诉行政执行监督的专业指示，工作经验严重不足，熟悉行政法或行政诉讼法专业知识的人员匮乏，行政检察干警大多没有办理过非诉行政执行案件，也使得非诉行政执行检察监督案件难以有效开展。

（四）关于完善非诉行政执行检察监督的若干建议

1. 在国家立法层面明确规定行政检察监督，细化非诉行政执行的相关法律法规

（1）在《行政诉讼法》修改过程中，明确检察机关对执行活动的监督，其中包括对非诉行政执行的检察监督。《行政诉讼法》中规定的强制执行既包括对生效行政裁判的执行，也包括行政非诉执行，检察机关作为法律监督机关，有必要对这些活动进行监督。

（2）建立行政公诉制度。《行政诉讼法》的修改应增设行政公诉制度。行政诉讼和民事诉讼不同，民事强调处分自由，在民事诉讼中法律监督主要是监督法院的审判，在行政诉讼中法律规定检察机关对行政诉讼活动进行监督，实际更核心的应当是怎样有效地对行政权发挥制约作用。检察机关提起行政公诉，出发点不一定是公益救济，而是约束行政权，目的是维护国家法律在行政活动中得到遵守和统一执行。行政公诉不能由检察机关包办和独揽，只有对于严重违法的行政行为，在没有原告，或者原告没有能力，甚至根本不敢起诉的情况下，由检察机关支持起诉或者提出公诉。修改后的《民事诉讼法》第 55 条明确规定了公益诉讼这种新型的诉讼，但对如何提起公益诉讼并未作出相应的规定，缺乏可操作性。在实践中，诸如深圳等地方创新工作机制，对于行政机关怠于行使相应职权的行为，由检察机关依法代表国家提起诉讼，进而保护国家和公共利益不受侵害。据此，建议修改后的《行政诉讼法》增加行政公诉的内容，明确规定：在国家和公共利益经常受到行政行为的侵害后，检察机关享有提起行政公诉的权力和职责，及时地对行政行为予以有效监督，防止国家和公共利益受到损害，对违法的行政行为予以及时纠正，防止损害扩大。行政公诉应建立前置程序。检察机关提起行政公诉是抗衡行政违法的最后阶段，为了节约司法资源，在检察机关提起行政公诉前，可以设置前置程序，行政行为侵害国家利益或者社会公共利益，也已向有关机关提出要求纠正的法

律意见或建议，行政机关应当在一定时限内纠正或者给予书面答复。逾期未按要求纠正或者不予答复的，检察机关可以提起公诉。通过行政公诉制度，可以对行政机关在行使非诉行政执行过程中的违法行为提起公诉。

（3）通过司法解释如《行政诉讼监督规则》明确检察机关对执行活动包括对非诉行政执行活动监督原则、受案范围、案件来源、管辖、监督方式和监督责任等内容，规范对非诉行政执行活动的检察监督。

（4）在《人民检察院组织法》当中各级人民检察院行使下列职权中，增加一项“人民检察院对于涉及国家利益、公共利益的行政违法行为依法实行法律监督”①。

（5）在起草的《行政程序法》中将行政检察监督作专章规定。② 对涉及国家利益、公共利益的行政违法行为进行监督。

（6）与国务院法制办等相关部门协调沟通，将检察监督纳入法治政府建设体系，在国务院法制政府建设实施意见、标准修改时，能对检察监督作明确规定。

2. 省人民检察院争取人大、政府、法院的支持，积极推动非诉行政执行检察监督的具体制度设计

（1）争取人大支持，积极向人大汇报行政检察工作，在人大加强法律监督的决议中写入对行政执法进行检察监督的内容。从理论和实践层面积极探索行政检察工作，把行政检察的成果和经验及时向人大汇报，作为行政检察监督的重要组成部分的非诉行政执行，要取得人大支持，在人大加强法律监督的决议中写入对行政执法的检察监督，对地方和部门利益保护损害国家利益、公共利益

---

① 傅国云：《行政检察监督的原则与制度设计》，2013 年中国行政法学研究会论文，第 8 页。

② 参见傅国云：《行政检察监督的原则与制度设计》，2013 年中国行政法学研究会论文，第 9 页。

的，滥用行政职权损害国家利益、公共利益的，行政不作为造成国家利益、公共利益严重损害的行为加大监督力度，提高监督质量，充分发挥法律监督在促进执法公正、维护社会公平正义、服务经济社会发展中的作用。

（2）加强与省委、省政府的沟通协调，争取支持，尤其是省政府法制办，探索建立包括非诉行政执行在内的行政执法监督工作机制，为此项工作顺利开展提供规范性依据。力争两委办发文，明确行政检察监督的范围、内容、方式等内容，为行政执法检察监督提供规范性文件，在条件不成熟的省份，也可以就行政检察的重点领域，如非诉行政执行检察监督在国土、环保、工商、食品卫生监管部门达成相关联系工作机制，就监督的重点领域、方式等作具体规定。尤其要加强和政府法制办的沟通和联系，积极构建工作机制，有条件有重点地参与到案件评查，及时发现在非诉行政执行过程中行政机关存在的问题，并予以纠正。

（3）和法院达成共识，构建非诉行政执行监督机制。法院为规范和顺利开展非诉行政执行，需要检察机关的协作和配合，检察机关利用此契机，和法院构建监督机制，在规范法院审查和执行的过程中，发现行政机关的违法行为，规范非诉行政执行的运行全过程。

（4）检察机关积极加强对下指导力度，制定关于行政执法检察监督和非诉行政执行检察监督的规范性文件，指导市州分院和基层院开展行政执法检察监督和非诉行政执行检察监督，在探索中出经验、出效果。市州分院和基层院争取人大支持，和政府机关、法院构建机制的阻碍较小，鼓励两级检察院大胆探索，人大就专项的行政检察监督制定法规和政府和法院会签文件，加强行政执法检察监督和非诉执行监督的规范化建设，明确监督的方式、范围，程序等，推动监督工作的有序开展。检察机关可以把行政执法检察监督与非诉执行检察监督作为考评的重要内容，大力推动两级院开展此项工作。

3. 关于构建非诉行政执行检察监督制度的若干问题

(1) 行政执行检察监督法律制度的发展历程

要合理地对非诉行政执行检察监督制度进行构建，要梳理行政执行检察监督法律制度的发展历程是必要的。

行政执行检察监督在法律上只有原则性的规定，作为执行检察监督的一部分内容，检察机关一直探索对法院执行活动的监督，发展之初几经坎坷。1991 年《民事诉讼法》规定了检察机关对生效判决、裁定的抗诉监督，然而检察机关对法院执行裁定进行抗诉监督上却遭到法院反对。[①] 对于检察机关采取的抗诉以外的监督方式，如暂缓执行建议，法院也采取了拒绝的态度。[②] 通过两则批复，最高人民法院基本上“堵死”了人民检察院对于人民法院民事执行活动的法律监督途径。1991 年至 2007 年，一些地方的人民检察院通过与人民法院“会签文件”，试点性地以检察建议等方式开展了一些民事执行检察监督活动。至 2007 年《民事诉讼法》修改，执行救济是修改的重要内容，并完善执行异议和异议之诉等制度，然而检察机关对法院执行活动的监督制度仍然缺位。行政执行检察监督上述规定同样也适用。

为解决“执行难”和“执行乱”问题，中央加强了检察机关对法院民事执行活动的监督。2005 年中央政法委在《关于切实解决人民法院执行难问题的通知》中指出“各级检察机关要加大对人民法院执行工作的监督力度”，掀起了全国检察机关开展执行检察监督实践探索的浪潮。2010 年和 2011 年，司法体制改革在执行检察监督方面产生了两个成果性文件：“两高三部”《关于对司法工作人员在诉讼活动中的渎职行为加强法律监督的若干规定（试

---

① 参见最高人民法院《关于对执行程序中的裁定的抗诉不予受理的批复》（法复〔1995〕5 号）。

② 参见最高人民法院《关于如何处理人民检察院提出的暂缓执行建议问题的批复》（法释〔2000〕16 号）。

行)》和“两高”《关于在部分地方开展民事执行活动法律监督试点工作的通知》。前者侧重于对“人”的监督，规定了检察机关在执行判决、裁定活动中严重不负责任或者滥用职权，不依法采取诉讼保全措施、不履行法定执行职责，或者违法采取诉讼保全措施、强制执行措施，致使当事人或者其他人的合法利益遭受损害的；其他严重违反《刑事诉讼法》、《民事诉讼法》、《行政诉讼法》和《刑法》规定，不依法履行职务，损害当事人合法权利，影响公正司法的诉讼违法行为和职务犯罪行为，可以行使调查权，并根据调查结果，有权作出建议更换办案人、发出纠正违法通知书、移送犯罪线索等处理。后者侧重于对“事”的监督，明确了执行坚持监督的范围既包括执行法院的消极执行和违法执行行为，也包括国家机关等特殊主体对执行的不当干预行为。同时还对执行检察的启动、审查、终结和保障程序进行了规定，并将发出检察建议作为执行检察监督的唯一方式。两大文件实现了民事行政检察监督的重大突破，但也存在执行监督范围较为狭窄，且监督方式过于单一，不能完全满足现实需求。2012 年新修改的《民事诉讼法》增加规定人民检察院对民事执行活动实行检察监督，但过于原则，缺乏对执行监督的具体程序和监督方式等的规定。2013 年最高人民检察院《关于深入推进民事行政检察工作科学发展的意见》第 13 点指出：民事行政执行监督工作。民事执行监督的范围主要是人民法院执行民事判决、裁定、决定、调解书、仲裁裁决以及公证文书等活动，包括执行裁定、执行决定和执行行为。对于民事执行活动存在违法行为可能影响公正执行的，应当提出执行监督检察建议。在执行监督中，应当把握执行监督规律，不得代行执行权。对行政执行活动的法律监督，参照民事执行监督的规定进行。《人民检察院民事诉讼监督规则（试行)》第八章关于执行监督的规定：人民检察院对人民法院在民事执行活动中违反法律规定的情形实行法律监督；人民检察院对民事执行活动提出检察建议的，应当经检察委员会决定，制作《检察建议书》，在决定之日起 15 日内将《检察建议书》

连同案件卷宗移送同级人民法院，并制作决定提出检察建议的《通知书》，发送当事人；人民检察院认为当事人申请监督的人民法院执行活动不存在违法情形的，应当作出不支持监督申请的决定，并在决定之日起15日内制作《不支持监督申请决定书》，发送申请人。在行政诉讼监督规则没有出台之前，参照民事诉讼监督规则关于执行监督的相关规定。

综上，对行政执行检察监督缺乏深入的理论研究和具体的法律规定，规定过于原则，为非诉行政执行检察监督的开展带来了挑战。

（2）非诉行政执行检察监督的原则

①应坚持依法监督原则。第一，公权法定原则，检察权在非诉行政执行监督中应当遵循依法原则。公权力具有内在的扩张性，人民检察院要立足监督职责，遵循非诉行政执行案件的规律和特点，规范监督、有限监督，居中监督，不代行法院执行权，不代行行政机关行政执法权，支持人民法院依法执行国家行政及相关法律，促进行政机关依法行政，维护行政相对人的合法权益，化解社会矛盾、减少当事人诉累、节约司法资源、维护正确裁判的既判力和执行力等。人民检察院同时应当在法律规定的范围内及时审结案件，保证办案效果和质量的统一。第二，非诉行政执行检察监督权的行使应当以法律、法规和会签文件为依据。

修改后《行政诉讼法》、最高人民法院《关于执行〈中华人民共和国行政诉讼法〉若干问题的解释》和新修改的《民事诉讼法》关于开展执行监督的原则和具体规定，检察机关有权对法院审查非诉行政执行的行为和执行行为进行监督，《行政诉讼法》及其若干问题的解释中关于非诉执行的规定也应该作为办案的依据。《人民检察院民事诉讼监督规则（试行）》第八章关于执行监督的规定可以参照适用。

“两高三部”文件和“两高”会签文件虽然不具有司法解释的效力，但在出台相关的司法解释之前，前述文件对有关执行检察监督的法律做出了补充规定，前瞻性强，具有准司法解释的作用，可以参考使用。

省、市州、县区院和法院或行政机关关于执行监督的会签文件和协作机制在不和法律法规相违背的情况下，可以参照适用。吉林省人民检察院和吉林省高级人民法院《关于民事诉讼法律监督工作有关问题的通知》中第12条规定“人民检察院对同级人民法院执行活动进行监督，认为人民法院执行活动有违法情形的，可通过协调机制向人民法院沟通协调有关情况。确有必要发出检察建议的，应当经检察委员会讨论决定。人民法院在收到检察建议后应当在三十日内回复人民检察院”。在吉林省的范围内可参照执行。福建晋江市人民政府与检察院联合制定了《关于建立行政检察与行政执法检察监督相衔接工作机制的通知》，建立了信息和案件通报制度，规定了行政执法部门向法院申请执行行政非诉案件是向检察院备案，及时发现行政机关存在的违法情形，如行政机关存在怠于向法院申请强制执行申请的情形。

检察机关在充分征求各方意见的基础上制定规范执行监督的规范性文件。吉林省人民检察院制定了《开展非诉行政执行案件检察监督工作的暂行规定》、福建晋江市院草拟了《民事、行政执行活动法律监督工作协作意见》可以参照适用。

②执行救济前置原则。非诉行政执行检察监督应当以执行救济为前置程序。执行当事人和利害关系人只有经过向法院提出异议等阶段，穷尽了必要的程序之后，才允许检察机关的救济。

③审查行政行为合法性和法院审查与执行行为并重的原则。非诉行政执行行为监督不仅监督法院审查和执行行为，对于法院执行行为的监督可以参照民事执行活动，同时要加强对行政机关干预、阻碍人民法院受理行政案件或者在人民法院审理行政案件、进行有关执行活动的过程中进行不当的行为进行监督，也就是注重对行政不当干预的违法行为的监督。对于非诉行政案件更要对非诉行政执行中行政机关怠于履行职责和违法行为进行监督，保护国家利益不

受损失，保护公民的合法权益不受侵害。

④把对行政执行监督和查处司法、行政腐败有机结合起来。在对非诉行政执行行为进行监督的过程中，通过检察建议纠正行政审判活动违法，促进行政机关依法履行职责，创新社会管理，进行行政类案监督；通过更换办案人建议来纠正未构成犯罪的人民法院司法工作人员违反法律的渎职行为；通过《纠正违法通知书》来纠正人民法院和行政机关及其行政执法人员的违法行为；通过督促起诉或督促履行职责来保护国有资产安全和促进行政机关依法行政；通过支持起诉和行政公益诉讼来保护国家利益和社会公共利益。对于在办理案件过程中发现的行政机关和法院执法人违法犯罪线索，应及时移送相关部门处理。

⑤超然性原则。检察机关对行政权和司法审查和执行权的监督始终站在一个超然的立场，其本身没有任何利益诉求，其目的在于维护宪法、法律的权威和法制的统一，维护国家利益和社会公共利益，促进社会公平正义。检察机关对案件涉及有关争议的利益均不具有自身的利害关系，在非诉行政执行检察监督过程中，不论是当事人申诉还是检察机关自行发现的案件，检察机关在办理案件的过程中不能过度地行使调查取证权，替代申诉方应承担的责任，要超然地行使对行政权和司法权的监督。

⑥有限监督原则。检察权的行使不能干涉行政权和司法审查权，要做到节制，尽可能节省监督成本，不代行行政权，不代行司法权。只有对行政不作为造成国家利益损失的，对进入非诉执行领域的严重滥用行政职权等行政行为进行监督；不参与法院的审查和执行行为，坚持事后监督，对法院的不作为行为和在非诉行政执行过程中的违法行为进行监督。

（3）非诉行政执行的受案范围

非诉行政执行案件的受案范围分为对行政机关的监督和对法院的监督两个部分。对行政机关的监督主要包括以下几个方面：

①行政决定违法，损害国家和社会公共利益的；②行政机关怠

于行使行政权损害国家和社会公共利益的；③行政机关怠于或超期向法院申请强制执行的；④行政机关向法院申请强制执行存在程序性瑕疵的；⑤法院作出裁定准予执行，按照法律法规规定由行政机关执行，行政机关怠于执行的；⑥行政机关干预、阻碍人民法院审查和执行非诉行政执行案件的；⑦行政机关在办理非诉执行案件过程中的执行其他违法行为。

在非诉行政执行过程中，对法院的监督主要包括以下几个方面：

①人民法院对符合非诉行政执行受案条件的案件不予受理或对不符合条件的案件予以受理的；②人民法院对行政机关作出的明显违反法律规定、违反法定程序、缺乏法律和事实依据和损害被执行人及第三人合法权益等具体行政行为裁定准予执行的；③法院违法作出不予受理裁定的；④人民法院没有采取合议方式审理非诉行政执行案件的；⑤人民法院对符合听证条件的非诉执行案件没有举行听证的；⑥人民法院没有在法定期限内对非诉行政执行案件作出裁定的；⑦法院怠于执行，超过法定期限执行且未采取任何执行措施的；⑧当事人、利害关系人对执行行为提出书面异议，人民法院未在规定期限内审查处理的；⑨当事人、利害关系人对执行行为提出书面异议，人民法院未在规定期限内审查处理的；⑩人民法院不送达或违法送达的；⑪执行对象、范围、数额错误的；⑫原执行法律依据被撤销或变更后仍继续执行的；⑬未依法追加被执行人、违法追加被执行人、违法采取查封、冻结等强制措施的；⑭在执行阶段任意作出裁定书变更或停止原生效裁判执行的，在执行阶段没有作出新的裁定文书而对原生效裁判不予执行或随意变更执行的；⑮原生效裁判文书已通过合法程序停止执行，仍继续执行院裁判决定的；⑯不符合中止执行条件而随意作出中止执行裁定的；⑰法院在办理非诉行政执行案件的其他违法行为。

（4）非诉行政执行检察监督的案件来源

一是与非诉行政执行案件有利害关系的、符合申请条件的行政机关、法律法规规章授权组织、公民、法人或其他组织的申诉；二是与党委、人大、政府、政协或上级检察机关转办、交办的行政机关或公民、法人和有关组织的申诉；三是人民检察院在办案中自行发现的对公民合法权益受到严重损害等有严重社会影响的案件。

（5）非诉行政执行检察监督的方式

关于对人民检察院采用何种方式对非诉行政执行进行检察监督的问题，理论界争议很多，各地的做法也不尽相同。有人认为人民检察院可以向法院提起抗诉、发出纠正违法通知书、检察建议等方式实行执行监督。[①] 对于执行实施行为，应当实行同级监督，具体方式如下：①要求说明不执行、怠于执行的理由通知书；②命令追加调查与补充调查；③检察建议；④纠正违法通知书：⑤参与执行；⑥追究刑事责任。对于执行裁判行为，应当实行上级监督，具体方式包括：①对具有实体意义的错误裁定提出抗诉；②对于非实体性裁定提出检察建议；③对于涉及国家、社会公益案件提起异议之诉。[②]

笔者认为，抗诉不宜作为执行监督的检察方式，应采用检察建议的方式，应包括以下几个方面：

一是人民检察院对人民法院作出的违反法律规定且明显错误的裁定，应当提出检察建议，建议人民法院及时纠正。二是人民检察院对于人民法院和行政机关在强制执行过程中的违法行为、不履行或怠于履行执行职责的行为应当提出检察建议，建议其依法纠正或履行职责。三是人民检察院在办理非诉行政执行监督案件中，发现审判人员和行政执法人员存在一般违法行为时，应当向人民法院和行政执法机关发出《纠正违法通知书》，提出纠正意见。四是对于

① 参见赵钢、王杏飞：《民事执行检察监督的程序设计》，载《检察日报》2007年5月22日。

② 参见何小敏、吴世东：《检察机关民事执行监督职能管见》，载《民事行政检察指导与研究》2004年第1卷。

贪污、渎职的司法人员和行政机关工作人员要求予以更换。五是人民检察院在办理非诉行政执行监督案件中，发现人民法院和行政机关有关人员有职务犯罪行为的，应及时移将线索送职务犯罪侦查部门。六是人民检察院对决定监督的非诉行政执行案件，须经分管检察长批准，重大、疑难案件，须经检委会研究决定。

（6）非诉行政执行检察监督的管辖与责任

办理非诉行政执行监督案件由办理非诉行政执行案件的人民法院所在地的同级人民检察院管辖。上级人民检察院认为确有必要时，可以对下级人民检察院管辖的案件上提一级进行审查。有管辖权的人民检察院认为不宜由自己管辖的，可以申请上一级人民检察院管辖或由上级人民检察院指定管辖。

人民检察院对行政非诉执行案件进行法律监督，应当依法履行职责，不得滥用监督权力。检察人员违法行使职权的，应当依法追究行政或法律责任。

（7）行政执行检察监督的审查

一是书面审查。①申诉材料的审查。申诉材料通过即在申诉人的申请执行监督的请求，最能反映出执行活动可能存在的违法或不当问题，对检察机关来说具有线索价值。但申诉人可能无法提供充分的申诉依据，需要检察机关调阅执行卷宗予以印证。通过对申诉材料进行审查，检察机关可以初步确定监督焦点和调查方向。②对行政执行案件和执行案件的卷宗进行审查。人民法院在非诉行政执行审查和执行活动中的一切工作都应在执行卷宗中记载，是执行检察监督的重要依据。对于符合法定条件装订且能够反映执行活动全部过程的执行卷宗，可以作为检察机关开展调查、采取监督方式或作出不符合立案条件决定的依据；对于不符合法定条件装订且缺少关键材料的执行卷宗，应当启动调查程序，若法院不能作出合理解释，可以以该卷宗认定执行活动违法或存在瑕疵。对于卷宗内记录不完全甚至缺失的情形，应当结合调查手段对合法性予以综合判断。

二是调查审查。行政执行的调查包括人民检察院在审查法院和行政机关在执行活动和非诉行政执行活动中采取的询问知情人、调阅证据、鉴定等非强制性措施以调查核实手段。

在非诉行政执行和行政执行案件中调查核实的内容：①可能损害国家利益和社会公共利益的；②在非诉行政执行和行政执行过程中通过阅卷及审查现有材料难以认定的基本事实；③当事人提交的证据需要辨别真伪的；④行政裁定认定的事实是伪造的；⑤行政机关工作人员与人民法院审判人员、执行人员可能存在违法情形的；⑥在非诉行政执行和行政执行过程中需要调查核实的其他内容。

人民法院可以依职权采取以下调查措施：①向有关单位查询、调取、复制相关证据材料；②询问诉讼当事人、证人；③咨询专业人员、相关部门或行业协会等对专门问题的意见；④委托鉴定、评估、审计；⑤勘验物证、现场；⑥查明案件事实所需要的其他措施。

人民检察院采取调查措施，不得采取限制人身自由和查封、扣押、冻结财产等强制措施。

（8）对非诉行政执行过程中重点问题的剖析

一是审查标准的问题。对于行政非诉执行案件的审查工作而言，由于“三明显”审查标准存在可操作性差、随意性大等问题，笔者认为在审查标准上应统一、规范，并加以细化，增加可操作性。由于我国的行政诉讼一直处于非良性的循环运行，行政行为给行政相对人带来的损害很难通过行政诉讼得到救济，行政诉讼案件过少就说明了这一点。因此，在一定程度上提高非诉行政执行案件的审查标准，将更多的具体行政行为纳入相对严格的司法审查范围，对我国这个有强大行政权传统的国家的依法行政具有积极意义，也可在一定程度上解决行政诉讼现在所处的困境。对非诉行政案件的审查，应在现行“三明显”审查标准和行政诉讼被诉具体行政行为合法性审查标准之间，来设定审查标准。这一方面体现了行政非诉案件审查与行政诉讼中被诉具体行政行为合法性审查的差别性要求，另一方面也能避免行政相对人消极对待行政机关作出的具体行政行为。

检察机关可以从以下几个方面来监督人民法院对行政非诉案件的审查工作：

①人民法院是否对具体行政行为主体适格问题进行了审查。作为作出具体行政行为的行政机关，应具备对行政管理相对人做出行政确认、处罚等具体行政行为的主体资格，并提供相应依据。

②人民法院是否对具体行政行为的事实证据合法性进行了审查。人民法院应当审查行政法律文书认定的违法事实是否确实存在，证据是否合法充分，如果行政行为事实不清或主要证据不足，应当裁定不准予执行。

③人民法院是否对适用法律问题进行了审查。人民法院应当审查作出具体行政行为是否引用法律依据、所引用的法律依据是否正确。对于法律理解错误的，应当视为明显缺乏法律依据。

④人民法院是否对行政机关作出行政行为的程序合法性进行了审查。重要程序违法，不能裁定准予执行。

⑤人民法院是否对行政文书及送达方式进行了审查。行政法律文书的基本要素，如主体、事实、法律依据、处理结果、救济方法、公章和作出时间等，不能缺失。行政法律文书的送达应按照《民事诉讼法》规定的送达方式进行审核。

⑥人民法院是否对申请执行期限的合法性进行了审查。

二是审查方式的问题。审查行政非诉案件过程中，申请执行的行政行为需要得到法院的合法性确认，对法院而言也是类似于启动了一次诉讼程序，是否准予强制执行的裁定实际上相当于确认行政行为是否合法的裁判。一般来说，尽管非诉行政执行案件都是由于行政相对人逾期既不履行义务又不起诉，而由行政机关申请人民法院强制执行引起的，此时相对人已丧失行政诉讼层面的司法救济权，但这并不意味着其丧失了申辩的权利。因此在非诉行政执行案件审查过程中，人民法院应大力推行相对人参与制度和听证审查程序。通过相对人广泛的参与和听证程序，给相对人一个专门的申辩机会。也使行政机关再次审视申请执行的具体行政行为。法院只进行书面审查，不公开审查过程，甚至不接触相对人，相对人难免会产生“官官相护”的判断，带来抵触情绪，给执行工作增添阻力。对所有的行政非诉审查案件，法院在合议是否准许强制执行前，均应接触相对人，听取其意见。同时对某些行政非诉案件，比如责令停产停业、大数额罚款或事实复杂、双方争议较大的案件，应采取听证程序审查。尽管强调相对人参与制度和听证审查程序，会增加法院的审查程序，但对法院具有重要价值，其也符合法院的司法审查中立性的根本特征，暗合司法行为的被动性要求。检察机关可以通过检察建议的形式，对人民法院审查行政非诉执行案件的方式提出建议，改变法院只进行书面审查，不接触行政相对人的审查方式。

三是加处罚款的执行问题。在行政非诉执行案件中，行政处罚是比例最大的一类，而在行政处罚案件中，罚款类案件的比例又最大。由于《行政处罚法》第 51 条规定了逾期不缴纳罚款就应按日 3% 加处罚款，因此加处罚款问题在行政非诉执行案件中也是一个在很多方面存在争议，且执行较为混乱的问题。所谓加处罚款，是指行政法上的义务人逾期不履行行政机关作出的具体行政行为，行政机关迫使义务人缴纳一定比例的强制金，促使义务人自觉履行行政义务的一种行政强制执行措施。也有人认为其属于新的行政处罚，但不管其性质如何，加处罚款本身是相对独立于基础行政处罚的另一行政行为。

①法院应当有条件地受理并执行加处罚款。由于我国的行政强制权以申请法院执行为原则，以行政机关自行执行为补充，大多数行政机关没有行政强制执行权。依据《行政处罚法》第 51 条的规定，虽然行政机关依法拥有加处罚款的权力，但在其没有行政强制执行权的情况下，不仅加处罚款无法实现，也无法迫使相对人履行行政处罚确定的义务。因此在行政机关申请法院强制执行加处罚款

后，法院应当受理。但要注意的是，依据《行政处罚法》第51条的规定，行政机关在作出基础行政处罚决定时，并不必然都会加处罚款，加处罚款只是行政机关在义务人逾期不缴纳罚款时的一种处理方式，其不是基础行政处罚行为引发的必然后果。因此如果行政机关在行政处罚决定中未载明逾期不缴纳罚款按日3%加处罚款内容的情况下，或是在相对人收到行政处罚决定后未在限定的期限内缴纳罚款，行政机关未另行作出单独的加处罚款决定的情况下，行政机关仅依据《行政处罚法》第51条的规定向法院申请加处罚款，法院不能受理。

②加处罚款计算时间应从处罚决定确定的履行期届满开始计算。在司法实践中，对加处罚款计算时间问题的争议很大，而且各法院的做法也不尽相同。加处罚款计算时间应从行政机关处罚决定中确定的履行期届满开始计算。根据《行政处罚法》第51条的明确规定，加处罚款应从相对人逾期（行政处罚决定确定的履行日期）不履行之日起计算。按照该观点来计算加处罚款的起算时间，虽然存在合理性问题，但其符合法律规定和立法目的。因此，加处罚款计算时间应从处罚决定确定的履行期届满开始计算。

四是变更或追加被执行主体的问题。如前所述，司法理论界对变更和追加执行主体存在较大的争议。非诉行政执行案件中，对是否应变更和追加执行主体，应坚持以不能变更或追加被执行主体为原则，以能变更或追加为例外。一方面，以给付金钱为内容的行政非诉执行案件符合有关规定的可以变更或追加被执行主体，而以履行一定行为为内容的则不可以。理由是：①被执行主体的变更和追加是基于被执行主体之间存在相应的财产关系而设定的法律制度，以给付金钱为内容的行政非诉执行案件需要执行的是被执行人的财产，当被执行人死亡或消亡后，占有或管理其财产的有关公民、法人或其他组织在符合变更或追加为被执行主体的条件下，可据此作出裁定。②以履行一定行为为内容的行政非诉执行案件，需要执行的是使一定的行为予以实现，该行为只能由被执行人自动完成或人民法院依法强制其完成或通过代执行方式来完成，此时缺乏适用变更或追加被执行主体的理论基础和法律依据，因此不能变更或追加他人为被执行主体。另一方面，即使是对给付金钱为内容的行政非诉执行案件，一般情况下也只能在具体行政行为确定的相对人本身所有的财产范围内，变更或追加被执行主体，不能执行被变更或被追加的执行主体的财产。

五是结案方式的问题。第一，行政非诉执行案件不宜以和解方式结案。行政非诉执行案件的执行能否以和解方式结案，行政诉讼理论界一直存在争议。持否定说观点的主要理由有：①行政机关是代表国家行使行政管理职能，在履行职责的过程中，代表的是国家利益。行政机关无权转让或放弃国家利益，也就是其无权与对方当事人和解。《行政诉讼法》规定审理行政案件时不适用调解，也是基于该原因。②行政权力与行政义务的特点决定了行政非诉案件不能和解。因该类执行“实现的是行政法上的义务，行政机关对其享有的行政权力，必须按照法律规定行使”，当事人不能互相约定或自由随意选择。如果允许和解，势必损害国家权力和利益，也会丧失行政机关依法行政的权威及具体行政行为的严肃性。③有效成立的行政行为具有确定力、拘束力、执行力，其对行政机关和相对人都有约束效力，不能随意变更或撤销。

持肯定说观点的主要理由是：行政非诉执行案件的双方当事人虽然在行政地位上不平等，但在适用《民事诉讼法》有关执行规定进行执行过程中，双方应视为平等主体，并接受《民事诉讼法》有关执行规范的调整。行政机关作为执行中的平等主体一方，有权根据自愿原则对执行中的有关权利事项进行适当处分，以期促成争议的妥善终结。此外，行政机关作出的一些具体行政行为超过了被执行人的承受能力，或者基于其他方面的原因，法院无法全额执行总标的，导致大量案件被积压，长期不能执结。此时一味坚持行政非诉执行案件不能以和解方式结案，并没有实际意义，只会导致更多“法律白条”出现。

笔者认为，持否定观点更有法理依据，更符合行政非诉执行工作的目的，从长远来看，对人民法院行政审判工作以及行政机关依法行政都是有着很大的积极意义。从案件执行依据来看，人民法院执行的是经审查合法的、行政机关作出的生效具体行政行为，是行政机关代表国家作出的行政管理行为。具体行政行为的性质决定了在无法定情形出现的情况下，无论人民法院或行政机关都不得变更或放弃具体行政行为。从人民法院行政非诉执行工作的目的来看，人民法院开展这项工作的目的是要使行政机关作出的生效具体行政行为得以实现，维护依法行政的权威，实现国家利益。显然，以和解方式对行政非诉执行案件结案，与案件执行依据的法律性质及人民法院开展该项工作的目的相违背，其实质是对具体行政行为大打折扣的行为。法院执行案件积压严重，以及对法院提出的和谐司法要求，都不能成为对行政非诉执行案件以和解方式结案的理由。因此，笔者认为，对于宜昌两级法院出现的大量的对行政非诉执行案件以和解方式结案，应当进行法律监督，规范其结案方式。具体来说，对于作为被执行人的公民因生活困难无力缴纳具体行政行为确定的款项，无收入来源，又丧失劳动能力的，法院可以裁定终结执行。对于有执行能力的被执行人，人民法院应当按照执行依据的规定不折不扣地执行，不应允许以和解方式结案。

第二，规范终结执行结案方式。《民事诉讼法》规定，法院终结执行的事由有：①申请人撤销申请的；②据以执行的法律大书被撤销的；③作为被执行人的公民死亡，无遗产可供执行，又无义务承担人的；④追索赡养费、抚养费、抚育费案件的权利人死亡的；⑤作为被执行人的公民因生活困难无力偿还借款，无收入来源，又丧失劳动能力的；⑥人民法院认为应当终结执行的其他情形。

参照上述规定，我们理解，第一种情形不能必然引起行政非诉案件的执行终结。这是因为生效具体行政行为是行政机关代表国家确定行政相对人的某种义务，在行政机关申请执行法院作出了准许强制执行的行政裁定后，该行政裁定的作出是法院对具体行政行为的一种司法确认，其是行政非诉执行案件的启动之源。如果申请人撤回申请就可直接、必然的导致案件终结的话，那么法院先前作出的准许强制执行的行政裁定无法处理。因此行政机关撤回执行申请，同样也应由法院决定是否准许，而且对法院准许撤回执行申请的具体行政行为，行政机关不能再次向法院申请强制执行。第二种情形应当区分不同情况处理。如果法院作出的准许强制执行的行政裁定被该法院或其上级法院撤销，那么自然可导致案件的终结。但如果申请执行的具体行政行为被其作出机关或其上级行政机关撤销，我们认为在法院在确认该具体行政行为效力并作出准许强制执行的行政裁定后，行政机关自行撤销已得到司法确认的具体行政行为，其撤销行为明显不妥，法院不能基于该明显不妥的撤销行为终结案件执行；即使行政机关自行撤销具体行政行为后，其也只能按照上述第一种情形向法院撤回申请，由法院决定是否准许。第三种情形可以适用于行政非诉案件的终结执行。第四种情形不能适用于行政非诉案件的终结执行。第五种情形可以适用于行政非诉案件的终结执行，但应进行适当修正，即作为被执行人的公民因生活困难无力缴纳具体行政行为确定的款项，无收入来源，又丧失劳动能力的，法院可以裁定终结执行。